WO LIEGEN SIE BEGRABEN?
WIE SIND SIE GESTORBEN?

HEEL Verlag GmbH
Gut Pottscheidt
53639 Königswinter
Tel.: 02223 9230-0
Fax: 02223 9230-13
E-Mail: info@heel-verlag.de
Internet: www.heel-verlag.de

Deutsche Ausgabe:
© 2008 by HEEL Verlag GmbH

Alle Rechte, auch die des Nachdrucks, der Wiedergabe in jeder Form und der Übersetzung in andere Sprachen, behält sich der Herausgeber vor. Es ist ohne schriftliche Genehmigung des Verlages nicht erlaubt, das Buch und Teile daraus auf fotomechanischem Weg zu vervielfältigen oder unter Verwendung elektronischer bzw. mechanischer Systeme zu speichern, systematisch auszuwerten oder zu verbreiten.

Englische Originalausgabe:
Black Dog & Leventhal Publishers, Inc.
151 West 19th Street
New York, New York 10011
USA
© 2003 Tod Benoit
Originaltitel: "Where are they buried? How did they die?"

Deutsche Übersetzung: Sabine Elbers, Radevormwald
Satz: Tobias Umland, Muser Medien GmbH
Lektorat: Christine Birnbaum, Melanie Jaschob

Fotonachweis:
Alle Gräber-Fotos: ©2003 Tod Benoit
©Photofest: S. 22, S. 25 (Epstein, Harrison, Lennon), S. 43, S. 69, S. 108, S. 151, S. 205, S. 315
S. 302 Sid Viscious & Nancy Spungen ©Bettmann/Corbis; S. 339 Bonny & Clyde ©AP/Wide World Photos; S. 414 Malcom X & Martin Luther King Jr. ©AP/Wide World Photos

S. 176: Christian Steiger
Cover-Bild: Karren Beard/Stone

– Alle Rechte vorbehalten –

Printed in Germany

ISBN 978-3-89880-923-8

WO LIEGEN SIE BEGRABEN?
WIE SIND SIE GESTORBEN?

HEEL

Widmung

Dieses Buch ist dem Andenken von Don Schellhammer senior gewidmet, der nach langer Krankheit im November 2001 im Alter von 58 Jahren verstarb. Don liegt auf dem St. Anne-Friedhof in Sturbridge/Massachusetts begraben.

Danksagung

Für ihre wertvolle Mitarbeit ist der Autor folgenden Menschen zu großem Dank verpflichtet: Brian Benoit, der 1996 an der großen Fahrt von Seattle nach San Diego teilnahm; Meryl Brodsky, die sich als außergewöhnliche Recherche-Bibliothekarin erwies und von unaussprechlicher Freigebigkeit war; Becky Koh, die sehr großzügig war und unter anderem mein Werk dem Verlag zuführte; Cindi Inman, die meine letzten verlorenen Seelen aufspürte; Laura Ross, die kritische Lektorin, deren grenzenlose Begeisterung das Licht am Ende des Tunnels darstellte (und die diesen Satz zweifellos streichen wird); Sid Roberts, der die Unterkunft auf dem Berggipfel stellte; und Alisa Zinno, die besonders freundlich war.
Ebenfalls Dank schulde ich dem Verleger J.P. Leventhal und dem festen und freien Personal des Verlages, darunter Cindy LaBreacht, Kylie Foxx, Michael Driscoll, Sara Cameron, Dara Lazar, Gregory Hurcomb und True Sims. Ihre vereinten Kräfte haben diesem Werk zu einer Qualität verholfen, auf die ich nie zu hoffen gewagt hätte.
Ein Lob schließlich all jenen namenlosen Hundertschaften, von städtischen Verwaltungsbeamten über Beerdigungsinstitutsleiter und Friedhofspersonal bis hin zu Priestern, die sich alle Mühe gegeben haben, zu diesem Projekt beizutragen.

INHALTSANGABE

Einführung	7
Berühmte Vertreter der Generation X	12
Ikonen der Baby-Boom-Generation	21
Erinnerungen an die Altmeister aus Musik und Film	42
Helden des Sports	78
Persönlichkeiten aus Film und Fernsehen	83
Berühmte Frauen	168
Größen aus Literatur, Philosophie, Kunst und Musik	180
Helden des Rock und des Blues	284
Ikonen der Popmusik und des Schlagers	307
Berühmte und berüchtigte Persönlichkeiten	335
Namhafte Persönlichkeiten der Geschichte	378
Anhang: Wie man herausfindet, wer wo begraben liegt	417
Index der Namen	421
Index der Orte	426

EINFÜHRUNG

Der morgige Tag ist stets der wichtigste im Leben.
Er erreicht uns um Mitternacht in reiner Form.
Er ist perfekt, wenn er ankommt, und gibt sich in unsere Hand.
Er hofft, dass wir vom Gestern etwas gelernt haben.
Epitaph von John Wayne

Der Morgen des 9. Dezember 1980 war, soweit ich mich erinnere, ein der Jahreszeit entsprechend kalter Morgen, und er wurde, wenigstens für mich, bitterkalt, so um 10 Uhr herum. Ich glaube, dass damals all das hier mehr oder weniger seinen Anfang nahm.
Ich saß im Englischunterricht, soweit alles wie gewohnt, und als Augenblicke später die Glocke ertönte, ließ sich Chris Lozier auf ihren Platz vor dem meinen plumpsen. Sie war ein heiterer und fröhlicher Mensch und damals stellte ihr Kommen einen Höhepunkt dar.
„Kannst Du das mit John Lennon glauben?", fragte sie.
„Was denn, hat er eine Discoplatte herausgebracht oder was?"
„Nein, er ist tot. Jemand hat ihn gestern Abend erschossen."
So war es. Das kurze Aufbellen einer Waffe hatte ein weiteres Opfer gefordert. John Lennon war nicht der erste Prominente, der starb, und er war nicht der letzte, aber die Sinnlosigkeit seines Todes und die nackte Brutalität der Tat, die zu seinem herzensguten Leben einen Kontrast bildete, gingen mir besonders zu Herzen. Eine ganze Generation,

die mit der Musik der Beatles groß geworden war, machte sich um ihre eigene Sterblichkeit Gedanken, und die Welt trauerte. Einige Monate später bekamen wir in der Schule Lennons „Imagine" aus ungewohntem Mund zu hören, aus dem des Mitschülers John Wood. Er sang das Lied auf einer Schulversammlung, und als er geendet hatte, klatschten alle Schüler ehrfurchtsvoll Beifall. Lennons Tod bedrückte uns weiterhin, aber man machte das Beste daraus und kam schließlich darüber hinweg. Was blieb einem auch anderes übrig.

Mitte der 80er Jahre studierte ich in Lowell/Massachusetts und verschlang die Lehren des berühmten Schriftstellersohnes der Stadt, Jack Kerouac, ein heiterer Trinker, dessen rastloser Geist dazu neigte, die Kehrseiten der Gesellschaft zu erforschen. Jack trank sich, was 1969 dem Zeitgeist widersprach, zu Tode, und in manchen Kreisen ging das Gerücht um, er sei auf einem Friedhof in der Nähe begraben. Da meine Freunde und ich regelmäßig die Bars besuchten, in denen auch er Gast gewesen war, schien eine Pilgerreise zu seinem Grab angemessen.

Das erwies sich schwieriger als erwartet. Es gibt in Lowell mehrere Friedhöfe, und niemand schien zu wissen, auf welchem Jack begraben liegt. Ich brachte den Friedhof schließlich in Erfahrung, indem ich seinen Nachruf ausgrub, musste dann aber noch herausfinden, wie man dorthin gelangte. Als wir dort waren, wurde mein Plan wiederum gestört. Das Büro hatte geschlossen, es gab keinen Lageplan und Jacks Grab konnte jedes unter Tausenden Gräbern sein. Nachdem ich stundenlang die Gräberreihen durchwandert hatte, gab ich auf, kehrte aber einige Wochen darauf mit John Macolini zurück, meinem Zimmergenossen und Kerouac-Mitverehrer. Gemeinsam fanden wir Jacks Grab schließlich; es musste aber doch einen einfacheren Weg geben, solche wichtigen Grabstätten zu finden.

Die Lage berühmter Gräber und wie man das Rätsel lösen konnte, sie zu finden, das kam mir wie eine seltsame Schatzsuche vor, doch andere Aufgaben standen vor mir und ich setzte die Sache ans Ende meiner to-do-Liste. 1992 dann veranlasste mich der Tod Sam Kinisons, eines etwas derangierten Komikers, eine seltsame Übung zu veranstalten: Ich begann damit, eine Liste der verstorbenen Berühmtheiten aufzustellen, an denen mir lag oder an denen anderen etwas liegen könnte. Menschen wie Babe Ruth und James Dean kamen mir sofort in den Sinn, und nachdem die Liste der bekanntesten Berühmtheiten vollendet war, recherchierte ich in der Bibliothek nach VIPs aus der zweiten Reihe. Besonders nützlich waren dabei Jahresrückblick-Sonderhefte von Illustrierten, die mich auf die Spur weiterer obskurer oder unkonventioneller Berühmtheiten führte, etwa Diane Fossey, Jim Fixx und Oskar Schindler. Nachdem ich eine Liste von etlichen Hundert Namen kompiliert hatte, war ich stolzer Inhaber offensichtlich nutzloser Informationen. Ich packte die Liste weg und kümmerte mich um anderes.

1994 aber stieß ich auf einen Zeitungsartikel, in dem es um den Mord an John Lennon ging. Gegenüber von dem Dakota-Apartmentgebäude in New York, vor dem er erschossen worden war, hatte man ein Stück des Central Park seinem Andenken gewidmet und auf den Namen „Strawberry Fields" getauft. Über ein Dutzend Jahre nach Johns Ableben strömten noch immer Besucher dorthin, um mit Johns Geist zu kommunizieren, und die Faszination, die er ausübte, schien nicht nachzulassen. Der Artikel berichtete von diesem seltsamen Phänomen, obwohl der Reporter es im Grunde nicht nachvollziehen konnte. Ich aber schon.

Nur der Mensch ist sich seiner eigenen Sterblichkeit bewusst. Manche mögen optimistisch daran glauben, dass es ein freudenreiches Danach gibt; die meisten aber sind sich bewusst, dass wir nur Körnlein am Strande des Ewigen sind und uns folglich eingestehen müssen, dass unser aller Leben insgesamt unwichtig ist. Während wir es aber hinnehmen, dass alles ein Ende haben muss und niemand ewig lebt, streben wir doch nach etwas Besonderem, nach einer Hinterlassenschaft, die an uns erinnert. Dieses sehr menschliche Bedürfnis, „weiterzuleben", wird durch die Wichtigkeit und Komplexität unserer Friedhöfe unterstrichen, durch unsere Neigung, die Gräber zu besuchen und uns um sie zu kümmern, und die universell anerkannte Idee des „Respekts vor den Toten". Jeder Grabstein, eine Art Wegmarke zwischen Leben und Tod, betont die Individualität. „Ich war jemand", scheinen sie zu sagen.

Etwa 6700 „Jemande" sterben jeden Tag in den Vereinigten Staaten. Ihr Hinscheiden wird von den Hinterbliebenen betrauert, die die Flamme der Erinnerung nähren, bis auch sie zu Staub und Asche werden. Meistens betrifft der Tod einen relativ kleinen Kreis von Familienangehörigen und Freunden, manche Toten werden aber auch von einer größeren Öffentlichkeit betrauert, weil diese Menschen, im Guten oder im Bösen, im Gewebe unserer Kultur einen größeren Abdruck hinterlassen haben. Teil dieser Kultur sind wir alle, und wenn man John Lennons oder irgendjemandes von Ruhm oder Ruch gedenkt, erkennen wir damit an, dass er oder sie für unser Leben von Belang ist.

Im Herbst 1994 zog ich meine Liste der berühmten Verstorbenen wieder hervor und der nächste Schritt war klar: Es war an der Zeit, die Grabstätten unserer kulturellen Helden aufzufinden und zu dokumentieren – und dafür war ich genau der Richtige. Das Projekt entsprach meinen Interessen und Reisen, meiner Geschichte und Recherche – und außerdem sah ich darin eine Gelegenheit, etwas mehr Gerechtigkeit in die Welt zu bringen. Es schien nicht hinnehmbar, dass manche unserer Berühmtheiten, etwa John F. Kennedy oder Elvis Presley, in der Bewunderung derer baden konnten, die den Weg zu ihren wohlbekannten Gräbern fanden, während andere der Ehre Würdigen an den Rand gedrängt wurden, beinahe vergessen.

Am Ende umfasste meine Liste knapp 700 Gräber, von denen 450 in diesem Buch beschrieben sind, und, glauben Sie mir, das war ein enormes Unterfangen. Bei der Suche nach vielen Gräbern gab es Enttäuschungen und ich geriet in zahllose Sackgassen. Aber was mich nicht umbrachte, machte mich stärker, und ich bin im Nachhinein für meine anfängliche Unwissenheit dankbar: Wenn ich geahnt hätte, welche Ausmaße die Sache annehmen sollte, hätte ich mir ganz gewiss ein anderes Hobby gesucht und Sie würden jetzt stattdessen im Internet surfen.

Trotz zahlreicher Enttäuschungen und Rückschläge schien ich doch häufig auch für meine Hartnäckigkeit belohnt zu werden. Jeder tödliche Fehlschlag wurde durch einen erhebenden Triumph aufgewogen. Auf einem Friedhof in Kalifornien bekam ich die Wut einiger Wespen zu spüren, die ich unabsichtlich gestört hatte, doch dieses Missgeschick führte zur Freundschaft mit dem dortigen Verwalter. Später habe ich Teile dieses Manuskripts in seiner hochgelegenen Berghütte in der Sierra Nevada durchgesehen. Es kam zu Problemen mit dem Leihwagen: Ein besonders unglücklicher Ford Taurus erlitt mitten in der Nacht eine Kollision mit einer kurzsichtigen Eule, und zwanzig Minuten später, als mein Auge sich den Blick durch das neue Rissmuster auf der Windschutzscheibe suchte und wir im Nebel in Wisconsin unterwegs waren, kreuzte ein selbstmörderisch gestimmtes Stinktier seinen Pfad. Das Stinktier sollte nie erfahren, wogegen es da geprallt war, aber den freundlichen Hertz-Mitarbeitern in Minneapolis graust es wahrscheinlich noch immer, wenn sie an die Rückgabe dieses Wagens denken. Ein anderes Mal deponierte ich die Autoschlüssel in einem Briefkasten auf Long Island, aber meine Dummheit wurde belohnt, als sich herausstellte, dass der Postbote Mario Puzo persönlich gekannt hatte. Der hilfreiche Postler zeigte mir Marios Grab, und mit lauwarmen Bierdosen, die sich unter dem Sitz des Postautos fanden, statteten wir dem Schöpfer der fiktiven Mafiafamilie Corleone unseren Gruß ab. In Texas verlor ich in einem heftigen Sturm einige Manuskriptseiten, aber einige Tage später im einsamen Pichaco in New Mexico durfte ich dafür als Sargträger für einen vergessenen Armen einspringen. Ich wusste nie, was mich erwartete, und dafür bin ich dankbar. Es war ein Abenteuer.

Ich habe noch eine Anekdote mitzuteilen. Sie ist etwas länger, aber interessant, wahr und führt uns an den Anfang zurück.

Im Oktober 1997 besuchte ich Prominentengräber tief im Süden und war zwischen Nashville und New Orleans unterwegs, als ich, irgendwo in Mississippi, in einen Stau geriet. Es hatte einen Unfall gegeben und die Straße war vorübergehend in beiden Richtungen gesperrt. Die Luft um Mitternacht war so kühl, dass die meisten in ihren Autos blieben und den Motor laufen ließen, ich aber fuhr an den Straßenrand, zog meinen Mantel über und ging zu Fuß zur Unfallstelle. Es war grauenhaft, ein LKW hatte einen Brückenpfeiler gerammt, und ein Dutzend betrübter Zuschauer ließ dem Rettungsteam reichlich Raum für ihre Arbeit. Unglaublicherweise erkannte ich den Mann, der im Latzhemd und im beigefarbenen, schmalkrempigen Hut neben mir stand – es war Bob Dylan. Eine Stunde zuvor hatte er an der Mississippi State University ein Konzert gegeben, gab sich nun aber nicht zu erkennen und unterhielt sich kurz mit seinem Leibwächter, einem robust wirkenden Asiaten, der fast so breit wie groß war.

Ich stellte mich wie beiläufig neben Dylan und äußerte Bemerkungen zu dem Unfall, er blieb aber misstrauisch. Sein kräftiger Begleiter musterte mich missfällig, zweifellos besorgt, dass sein Chef wie dessen alter Freund John Lennon enden könnte. Mein Hirn arbeitete unter Hochdruck, ich benötigte dringend einen Gesprächsstoff, der sich von dem unterwürfigen Geplapper unterschied, das Dylan höchstwahrscheinlich verabscheute. Ich wusste, dass er Boxfan war und wollte ihn in ein Gespräch verwickeln, das Mike Tysons jüngste Ohrbissattacke zum Gegenstand hatte; es kam aber bald ins Stocken. Ich grub tiefer. Am Vortag hatte ich in Montgomery/Alabama das Grab von Hank Williams besucht, und ich wusste, dass Dylan Hank besonders verehrte. Also erzählte ich davon. Bemerkenswerterweise hörte er zu. Zum ersten Mal sah er mich an, während ich sprach. An der Sache mit den Gräbern war doch etwas dran.

Die Unfallstelle war fast geräumt und die Fahrer, die warten mussten, wurden ungeduldig. Die Umstehenden flüsterten sich jetzt zu und zeigten mit dem Finger; man hatte Dylan erkannt, und ein Polizist unterbrach uns, um ihn um ein Autogramm zu bitten. Er ging zufrieden fort, der Leibwächter meinte, man solle zum Bus zurückkehren. Dylan wandte sich zum Gehen und hielt dann inne. Er fragte mich: „Wie hieß der Friedhof?"

Ich weiß nicht, ob Bob Dylan Hank Williams' Grab besucht hat; ich wünsche es mir. 1975 hatte er Jack Kerouacs Grab in Lowell besucht und Allen Ginsbergs Gesang im Schneidersitz mit seiner Gitarre begleitet, zum Amüsement von Jacks Geist. Das war eine passende Hommage; derart bescheidene Ehrerbietungen sind dem Besuch einer Grabstätte überaus angemessen, ob es sich um einen Prominenten handelt oder nicht. Mir ging es bei meinen Besuchen nicht darum, mich mit den Gräbern fotografieren zu lassen oder sie wie eine Einkaufsliste abzuhaken. Ich habe immer versucht, ein Musterbild an Takt abzugeben, und sollten Sie das eine oder andere hier genannte Grab besuchen, dann werden Sie sich sicherlich ebenso verhalten.

Im Angesicht des Weltganzen nehme ich nicht an, dass alles Gerede über die Toten und ihre Grabstätten ins Gewicht fällt. Dennoch möchte ich gerne glauben, dass es nicht ganz unwichtig ist, die Erinnerung an sie hochzuhalten, wenn auch nur auf eine mystische Weise, die wir nicht ganz erfassen können. Aus diesem Grund halte ich meinen Teil dieses unausgesprochenen Vertrages ein. Vielleicht stoßen Sie jetzt zu mir.

Tod Benoit

Zusätzlich zu den Texten von Autor Tod Benoit hat sich Christian Humberg für die deutschsprachigen Leser auf die Suche nach heimischen Persönlichkeiten aus der Welt des Sports, der Musik, des Films, der Literatur und der Politik gemacht und dadurch die amerikanische Originalausgabe bereichert. Seine Einträge sind mit dem Kürzel C. H. gekennzeichnet.

BERÜHMTE VERTRETER DER GENERATION X

KURT COBAIN
20. Februar 1967 – 5. April 1994

Mit dem 1991 erschienenen, bahnbrechenden Album „Nevermind" brachten Kurt Cobain und seine innovative Band Nirvana mit einem Schlag nicht nur eine neue Untergattung des Rock 'n' Roll hervor – den Alternativ-Rock –, sondern befreiten den Rock auch aus den Fängen der künstlichen, synthetischen und öden Klänge der 80er Jahre und verliehen ihm wieder mehr Wahrhaftigkeit. Das wichtigste Stück des Albums, „Smells Like Teen Spirit", wurde zur Hymne der Unzufriedenheit und des Zynismus einer kritischen Generation, „Grunge" wurde in den Wortschatz aufgenommen und Second-Hand-Läden erlebten einen Run auf abgerissene Flanellhemden.

Den einsamen Wolf Cobain aber interessierte der Starrummel nicht, und als die Band steile Höhen erklomm, entwickelte sich das Privatleben des Gitarrenhelden wider Willen zur Achterbahnfahrt. Ihn plagten chronische Magenschmerzen, die überaus schmerzhaft waren, und Cobain behandelte sich selbst – mit Heroin. Seine 1991 vollzogene Hochzeit mit Courtney Love, der frechen Chefin der Punkgruppe Hole, brachte ihm Sicherheit, doch waren Gerüchte im Umlauf, das Paar nehme gemeinsam Drogen. Nach einem Artikel der Zeitschrift „Vanity Fair", in dem Love bezichtigt wird, während der Schwangerschaft Heroin genommen zu haben, griff das Jugendamt ein und untersagte dem Paar einen Monat lang, mit dem kleinen Mädchen allein zu sein.

Nur drei Jahre und drei Hitalben nach Nirvanas Durchbruch ging es mit Cobains geistiger Gesundheit bergab und seine schon zuvor ausgeprägten Ängste gewannen die Oberhand. Im März 1994 fiel er bei einer Europa-Tournee nach einer Überdosis in ein 20-stündiges Koma. Man fand zwar in seinem Magen 50 Dosen des Beruhigungsmittels Rohypnol, dennoch sprach das Paar von einem „Unfall". Man kehrte nach Seattle heim, wo sich die Lage aber weiter verschlimmerte.

Ende März brachte Love Cobain in ein Drogen-Reha-Zentrum in Los Angeles, und während er sich bemühte, sich von der Sucht kurieren zu lassen, arbeitete sie in einem Hotel am anderen Ende der Stadt an einem neuen Album. Cobain schlich sich aus der Klinik in ihr leeres Haus. Am 5. April verbarrikadierte er sich in einem Gewächshaus hinter der Garage, nahm zum letzten Mal Heroin und feuerte zum letzten Mal eine Flinte ab. Drei Tage später entdeckte ein Elektriker, der an der Alarmanlage des Hauses arbeiten sollte, eine stark verweste Leiche. Man nahm an, dass es sich um Cobain handelte, was am Ende anhand der Fingerabdrücke bestätigt werden konnte.

Cobain hinterließ einen Abschiedsbrief, der eine gewisse Kontroverse auslöste. Sein Brief liest sich wie der Entwurf zu einer Rede, mit der er sich aus der Musikbranche verabschieden wollte – nur in den letzten vier Zeilen gibt es überhaupt einen Hinweis darauf, dass er auch seinem Leben ein Ende setzen wollte – und da liegt der Hund begraben: Diese vier Zeilen wurden unter die Unterschrift gesetzt, in einer zwar ähnlichen, aber anderen Handschrift. Natürlich sind nun, nach einem logischen Sprung, manche der Ansicht, Cobain sei ermordet worden und der ruchlose Mörder habe Cobains Abschiedsrede gefunden und einfach den Abschiedsbrief eines Selbstmörders daraus gemacht.

Das ist aber sehr unwahrscheinlich. Es scheint stattdessen klar zu sein - zumindest dem Autor dieses Buchs -, dass der Text ursprünglich als Abschiedsrede gedacht war, Cobain aber, als er davor stand, sein Leben zu beenden, meinte, die Rede könne auch als Abschiedsbrief nutzbar gemacht werden. In seinem gequälten Geisteszustand vor dem Selbstmord hat er wohl einige persönliche Zeilen an die Familie hinzugefügt, und das war es dann.
Der Text ist ohne Weiteres im Internet auffindbar und jeder kann sich sein eigenes Bild von der Sache machen. Die Stars sterben nicht einfach, nicht wahr?
Cobain wurde 27 Jahre alt und eingeäschert. Seine Asche soll hier und dort, fast überall in der Welt, ausgestreut worden sein.

AALIYAH HAUGHTON
16. Januar 1979 – 25. August 2001

In ihrem kurzen Leben hat Aaliyah Haughton, als Aaliyah bekannt, ein modernes Starmärchen durchlebt. Die sinnliche R&B-Sängerin mit der himmlischen Stimme kam sehr jung in die Musikszene: Mit nur elf Jahren trat sie in „Star Search" und gemeinsam mit Soullegende Gladys Knight auf. Mit 14 hatte Aaliyah einen Plattenvertrag. Im Jahr darauf erreichte ihr Debütalbum Platin. Im letzten High-School-Jahr veröffentlichte sie ein zweites Hitalbum und wurde für den Song „Journey to the Past", den sie im Zeichentrickfilm „Anastasia" sang, für den Oscar nominiert.
Es folgten Filmverträge und Filmrollen. In kurzen Abständen spielte Aaliyah in „Romeo Must Die" mit, erhielt eine Hauptrolle in dem übernatürlichen Abenteuerfilm „Queen of the Damned" - der deutsche Titel lautet „Königin der Verdammten" - und ergatterte eine begehrte Rolle in den beiden „Matrix"-Sequels.
Die Geschichte hätte noch viel mehr Kapitel aufweisen sollen, stattdessen endete sie abrupt. Bei Dreharbeiten zu einem Musikvideo auf den Bahamas bestiegen Aaliyah und ihre Entourage ein kleines Charterflugzeug, das unmittelbar nach dem Start abstürzte, wobei alle neun Insassen ums Leben kamen. Später stellte sich heraus, dass der Pilot für diesen Maschinentyp keine Flugerlaubnis besaß und nur zwölf Tage zuvor wegen Kokainmissbrauchs vor Gericht gestanden hatte.
Mit 21 Jahren wurde Aaliyah im Ferncliffe Mausoleum in Hartsdale, New York, bestattet.

Weg zum Friedhof: Verlassen Sie die I-87 an der Ausfahrt 7 in Ardsley und folgen Sie dann der Route 9A etwa 1p Meilen in Richtung Norden. Biegen Sie an der Ampel rechts auf die Secor Road ab, der Friedhof liegt ein Stück weiter auf der linken Seite.

Weg zum Grab: Den Friedhof über die erste Einfahrt betreten, rechts halten und rechts vom Hauptmausoleum parken. Das Mausoleum durch die Glastüren betreten und mit dem Aufzug in den zweiten Stock fahren. Nach rechts gehen; nach etwa 23 Metern befindet sich Aaliyahs Krypta in der linken Mauer.

SHANNON HOON
26. September 1967 – 22. Oktober 1995

Shannon Hoon ersang sich seinen Weg zum Ruhm als Frontmann der Rockgruppe Blind Melon. 1992 wurde das gleichnamige Debütalbum der Gruppe mit mehrfachem Platin bedacht, was in erster Linie auf die fetzige Hitsingle „No Rain" zurückzuführen war. Hoons Sternstunde kam 1994 bei einem Konzert in Woodstock. Er war gewandet und gerierte sich wie eine männliche Janis Joplin, und seine jammervollen Klagen zur Verzweiflung und Verunsicherung der Jugend verwoben sich mühelos mit den seltsamen nostalgischen Ironien, die diese Woodstock-Neuauflage prägten. Hoon brachte das Publikum mit seinen Zeilen „I´ll close my eyes and make you go away" zum Rasen. Leider ließ er sie früher wahr werden, als man erwarten durfte.
Im Spätsommer 1995 veröffentlichte Blind Lemon das zweite Album, „Soup", und ging auf eine längere Promo-Tour. Vor einem Auftritt in New Orleans setzte sich Hoon im Bus der Band einen Schuss und starb an einer Überdosis Heroin.
Mit 28 Jahren wurde er auf dem Dayton-Friedhof in seiner Heimatstadt Dayton/Ohio beerdigt.

Weg zum Friedhof: Der Friedhof liegt an der Route 38 östlich der Stadt.

Weg zum Grab: Hoons Grabmal befindet sich im unteren Teil, einige Reihen vor dem Drahtzaun am Ende des Friedhofs. Wenn man auf die Gräber seiner Großeltern stößt, ist man fast da – Hoons Grab liegt dann sechs Meter hinter dem Besucher.

RIVER PHOENIX
23. August 1970 – 31. Oktober 1993

River Phoenix, benannt nach dem Fluss des Lebens in Hermann Hesses Roman „Siddharta", war ein Teenager-Schauspieler und Herzensbrecher, der dank seiner Offenheit und Sensibilität umschwärmt und von den Kritikern gelobt wurde.
Der Knabe verbrachte seine frühe Kindheit in Venezuela, wo seine Eltern als Missionare der „Children of God" tätig waren. Kurz nach dem Umzug nach Los Angeles ergatterte der zehnjährige River Auftritte in Werbespots, die ihm eine Rolle in der Fernsehserie „Seven Brides for Seven Brothers" und letztlich eine Filmkarriere einbrachten.
Das Starpotenzial des Veganers und politischen Menschen erwies sich erstmals in „Stand by Me" und in späteren Rollen lassen sich häufig autobiografische Spuren entdecken: In „The Mosquito Coast" stellte er den Sohn eines idealistischen Rebellen dar, der mit seiner Familie zurückgezogen im Dschungel Mittelamerikas lebt; in „Running On Empty", der unter dem deutschen Titel „Die Flucht ins Ungewisse" lief, spielte er den Sohn eines

flüchtigen Radikalen, was ihm eine Oscar-Nominierung einbrachte, und in „My Own Private Idaho", der deutsche Titel lautete „My Private Idaho", litt die Figur, die River darstellte, an krampfhaften Anfällen von Schlafkrankheit.
Jede Generation erlebt den Moment, wenn der Mythos der eigenen Unsterblichkeit zu Bruch geht, so erging es auch der Generation X, als Phoenix weit vor der Zeit starb. Es geschah vor Johnny Depps schickem Club in Los Angeles, dem Viper Room, an Halloween 1993. Nach sieben oder acht Minuten schrecklicher Krämpfe, die seine Schwester Rain in die Hysterie trieben, während sie verzweifelt versuchte, gegen die Krämpfe anzugehen, lag Phoenix still und blau angelaufen auf dem Gehsteig, als der Krankenwagen eintraf.
Er kam nicht mehr zu Bewusstsein, und als Todesursache wurde eine „akute, mehrfache Überdosis" angegeben, darunter tödliche Dosen von Kokain und Morphium.
Phoenix wurde eingeäschert und seine Asche auf der Familienranch bei Gainesville, Florida, verstreut.

SELENA
16. April 1971 – 31. März 1995

Mit ihrem Schmollmundlächeln und der sexy Kleidung war die Sängerin Selena Quintanilla die Königin der Tejano-Musik - „La Reina de la Musica Tejana" - und wurde sieben Jahre in Folge zur besten Sängerin gekürt. Die Wurzeln des Tejano liegen in den schwungvollen Polka-Rhythmen, die in Texas beliebt sind, doch Selenas Beimischung von Salsa und Merengue ergaben eine neue, unwiderstehliche Form des Tejano, die hohe Popularität gewann.
Selena kam in Texas zur Welt, wuchs dort auf und hatte dort viele Fans, südlich der Grenze war sie aber noch beliebter, wo es ihr als erster US-Amerikanerin gelang, die enormen Musikmärkte von Mexiko und Mittelamerika zu erobern. 1993 enthielt ihr achtes Album „Amor Prohibido" vier Nummer-Eins-Hits und verkaufte sich millionenfach. Trotz der Triumphe in Lateinamerika war aber klar, dass Selena sich, um bei den Kritikern wirklich gut anzukommen, in den USA einen Fankreis erarbeiten musste, der von Küste zu Küste reiche, und dazu war ein englischsprachiges Album nötig. Englisch war zwar ihre Muttersprache, doch hatte Selena stets in Spanisch gesungen. Die Arbeiten an diesem Album begannen und die Erwartungen waren hoch, doch Selena sollte die Veröffentlichung nicht mehr erleben.
Yolanda Saldivar war eine fanatische Anhängerin Selenas, die einen Fanclub gründete. Der Club wurde zum „offiziellen" Fanclub und Yolanda, stets eifrig, gewann bald Zugang zu den inneren Selena-Kreisen. 1993 präsentierte Selena ein eigenes Modelabel und eröffnete die Selena Etc.-Boutiquen; Yolandas Loyalität wurde belohnt und sie zur Chefin der aufstrebenden Filiale in San Antonio ernannt. Es stellte sich aber heraus, dass sie über praktisch keinerlei Geschäftserfahrung verfügte; die Lage spitzte sich zu, als Selenas Vater

bei einer Prüfung der Geschäftsbelege herausfand, dass Yolanda Geld veruntreut hatte. Yolanda beteuerte ihre Unschuld und traf sich mit Selena in deren Heimatstadt Corpus Christi, um angeblich Bankbelege vorzulegen, die sie entlasten sollten. Yolanda nahm das Zimmer 158 im Day's Inn an der Interstate 37 und dem Navigation Boulevard und am Freitagvormittag gegen 11:45 Uhr stieß Selena dazu. Niemand weiß, was sich in dem Motelzimmer genau zutrug, auf jeden Fall erlitt Selena einen tödlichen Schuss in den Rücken. Selena taumelte in die Lobby, wies auf Yolanda als Schützin und brach zusammen. Sie wurde erst eine Stunde später für tot erklärt, starb aber tatsächlich auf dem Boden der Hotellobby. Als in Minutenschnelle der Notarzt eintraf, lag sie in einer großen Blutlache und es war kein Puls und kein Blutdruck mehr festzustellen.
Yolanda floh über neun Stunden lang in ihrem roten Pick-Up vor der Polizei, bis sie, ohne dass weitere Schüsse fielen, festgenommen werden konnte. Sie wurde zu lebenslanger Haft verurteilt und kann erst im Jahre 2026 Bewährung beantragen.
Selena lebt in ihrer Musik fort, in den Biografien, die erschienen sind, in einem Film und in den Namen vieler Kinder – in den fünf Monaten nach dem Mord wurden in Texas 619 Kinder auf den Namen Selena getauft, das Sechsfache der üblichen Rate.
Im Alter von nur 23 Jahren wurde Selena im Seaside Memorial Park in Corpus Christi, Texas, beerdigt.

Weg zum Friedhof: Folgen Sie, von der I-37 ausgehend, der Route 358 in östlicher Richtung bis zur Ausfahrt Airline Road. Folgen Sie der Airline Road für etwa zwei Meilen nordwärts. Biegen Sie dann links in die Gaines Street ein, der Friedhof taucht nach kurzer Zeit auf der rechten Seite auf.

Weg zum Grab: Fahren Sie auf das Friedhofsgelände und folgen Sie der Straße bis zum Ende. Biegen Sie dann rechts ab. In etwa 45 Metern Entfernung stoßen Sie auf Selenas Grab.

JUNGE RAPPER

Die Rapmusik entstand in den 70er Jahren, als afroamerikanische und hispanische Sänger in New York Reime über eine Tonspur sprachen, die aus Schnipseln von Schallplattenmusik bestand. Mitte der 80er Jahre brachte die Rapgruppe Run-DMC eine Single gemeinsam mit der Hardrockband Aerosmith heraus, die der jungen Musikströmung ein breiteres Publikum bescherte, und Rap wurde bald zur Mainstream-Musik. In der Folgezeit erzielte Rapmusik immer höhere Umsätze und beeinflusste Mode, Sprechweise und Kunst der Großstädte.
Aber ebenso wie der Rock 'n' Roll bei seinem Aufstieg nicht überall auf Gegenliebe stieß, so hatte auch der Rap seine Widersacher, und über seine sozialen und musikalischen Verdienste wird noch immer gestritten. Rapmusik wurde immer wieder als harsch und

eintönig bezeichnet und für das Fehlen jeglicher traditioneller Melodik kritisiert, dazu wurden die Texte als vulgär gebrandmarkt. Andererseits behaupten die Anhänger des Rap, dass die Texte bei aller Derbheit die Poesie der Straße seien und einen sozialen Kommentar aus den Schützengräben des Ghettolebens darstellten.

Auf jeden Fall ist das Rap-Publikum exponentiell gewachsen, eine Vielzahl von Platten neuer Künstler kam in die Musikläden und die Karrieren dieser jungen Rapper wuchsen in den Himmel. Zu ihrem Unglück endete der erträumte Erfolg für einige tödlich und die Gewalt und der Fatalismus ihrer Texte erwiesen sich auf tragische Weise als prophetisch.

Eric „Eazy-E" Wright
7. September 1963 – 26. März 1995

Eric Wright wuchs in den rauen Straßen von Los Angeles auf, wo er nach seinem Abgang von der High School mit Drogen dealte, um sich seinen Lebensunterhalt zu verdienen. Mitte der 80er Jahre gründete er eine Rap-Schallplattenfirma namens Ruthless Records. Bald entstand seine eigene Rapgruppe, NWA (Niggaz With Attitude), in der Eazy-E's hohe, weinerliche Stimme hervorstach.

NWA feierte mit Raps und Rhythmen die Gewalt in den Städten, die Frauenfeindlichkeit und den Ruhm, den Polizistenmorde mit sich brachten, und war bald die berüchtigtste Rapgruppe schlechthin. Die Gruppe gilt heute als Vorläufer des sogenannten „Gangsta-Rap". Es war die Gruppe NWA, die den Zorn besorgter Bürger erregte, die verlangten, dass die Platten mit einem Aufkleber versehen werden sollten, der vor den Textinhalten warnt. Zu deren Ärger stiegen aber die Absatzzahlen mit den Aufklebern weiter an und der Gangsta-Rap wurde zur finanziellen Goldmine.

NWA löste sich 1991 auf und Eazy-E begann eine erfolgreiche Solokarriere. Da er noch immer Ruthless Records besaß und junge Künstler herausbrachte, sah seine wirtschaftliche Zukunft glänzend aus. 1995 aber starb er an AIDS. Nur einen Monat nach der Diagnose erlag er mit 31 Jahren den auftretenden Komplikationen und wurde im Rose Hill Memorial Park im kalifornischen Whittier begraben.

Weg zum Friedhof: Verlassen Sie die I-605 über die Ausfahrt Beverly Boulevard, fahren Sie in Richtung Osten und biegen Sie dann auf den Workman Mill Boulevard, der auch bekannt ist als Norwalk Boulevard, und zwar in nördlicher Richtung ein. Nach etwa zwei Meilen liegt die Einfahrt zum Friedhof zu Ihrer Rechten.

Weg zum Grab: Folgen Sie dem Hauptweg und biegen Sie an der fünften Abzweigung links ab; rechts befindet sich dann der Abschnitt Lupine Lawn. Nach der Haarnadelkurve um Lupine Lawn herum ist der Randstein zur Rechten mit „2215" markiert. Etwa 15 Meter die Wiese hinab befindet sich das Grab von Eazy-E.

Tupac Shakur
16. Juni 1971 – 13. September 1996

In den frühen 90er Jahren stieß Tupac Shakur zu der Rapgruppe Digital Underground, die er aber rasch wieder verließ, um auf eigenen Beinen zu stehen. Sein Debütalbum „2Pacalypse Now" wurde vergoldet, das Nachfolgealbum aus dem Jahr 1993, „Strictly 4 My N.I.G.G.A.Z.", erhielt Platin. Im selben Jahr spielte Tupac in dem beliebten Film „Poetic Justice" eine Hauptrolle, was zu seinem wachsenden Ruhm beitrug.

Die folgenden Jahre verliefen recht turbulent. Ende 1994 sah Tupac wegen sexueller Übergriffe nicht nur das Gericht, sondern auch das Gefängnis von innen. Bei einem Raubüberfall – er war das Opfer, nicht der Täter, das muss gesagt sein – erlitt er fünf Schussverletzungen. Im Februar 1995 wurde Tupac wegen sexueller Übergriffe zu viereinhalb Jahren Gefängnis verurteilt. Während er hinter Gittern saß, kam sein drittes Album auf den ersten Platz der Charts. Im Oktober 1995 wurde Tupac während der Revision des Verfahrens gegen Kaution auf freien Fuß gesetzt; die Kaution stellte Suge Knight, Inhaber von Death Row Records. Tupacs vierte Platte erschien 1996 unter diesem Label und kletterte in den Charts nach oben. Am 7. September 1996 endete die Karriere abrupt. Tupac wurde, auf dem Beifahrersitz von Knights BMW sitzend, vor einer Ampel nahe dem Las Vegas Strip angeschossen. Sechs Tage darauf starb er, ohne noch einmal das Bewusstsein wiedererlangt zu haben. Er wurde eingeäschert, seine Asche von der Familie und von Freunden zerstreut.

Seit Shakurs Tod wurden noch zwei weitere Menschen, die mit seinem Tod zu tun hatten, ermordet. Nur zwei Monate später wurde Yafea Fula, ein Mitglied von Shakurs Entourage und Augenzeuge des Mordes, in New Jersey erschossen. Auch Orlando Anderson, der zur Zeit von Shakurs Ermordung einen Prozess wegen eines tätlichen Angriffs gegen diesen anstrengte, fand ein blutiges Ende. Nur Stunden vor dem Mord an Shakur waren er und seine Gesellen von der Crips-Gang mit Shakurs Begleitern in einer Hotellobby aneinandergeraten. Es konnte nicht nachgewiesen werden, dass diese beiden Morde mit Shakurs Tod in direktem Zusammenhang standen.

Bis heute ist der Mord an Shakur nicht aufgeklärt, was aber nicht an einem Mangel an Spekulationen lag, wer einen Grund gehabt haben könnte, ihn zu ermorden. Diese Spekulationen beschäftigen sich unter anderem mit einem Rap-Rivalen, was uns zu Notorious B.I.G. bringt.

Christopher „Notorious B.I.G." Wallace
21. Mai 1972 – 9. März 1997

Der Gangsta-Rapper Notorious B.I.G., auch bekannt als Biggie Smalls, kam als Christopher Wallace zur Welt und wuchs in New Yorks lebhaftem Stadtviertel Bedford-Stuyvesant auf. Nach dem obligatorischen Auftritt als Drogenhändler und einiger Zeit im Gefängnis wurde B.I.G. zum Rapper. Als Sean „Puffy" Combs sein Demo hörte, erhielt B.I.G. einen Vertrag bei dessen Label Bad Boy Records, und seine Debütplatte „Ready to Die" aus dem Jahr 1994 erreichte rasch Platin. B.I.G. gewann die Auszeichnung ‚Rapper des Jahres' durch die Zeitschrift Billboard und tat sich an allen Vorteilen gütlich, die das Rapper-Star-Dasein mit sich bringt.

B.I.G.s Aufstieg zum Star vollzog sich parallel zum Aufstieg Shakurs, und zwischen den beiden entwickelte sich eine heftige Rivalität, obwohl sie sich einmal sehr nahegestanden hatten. Shakur verdächtigte B.I.G., hinter dem Raubüberfall des Jahres 1994 zu stehen, der ihm fünf Schusswunden eingebracht hatte. Da B.I.G. von der Ostküste und Shakur von der Westküste stammte, kam es zwischen den Anhängern der beiden zu Feindseligkeiten, was das Territorium und die Absatzzahlen anging, was viele als unsinnig abtaten. Shakur behauptete zuletzt, mit B.I.G.s Frau geschlafen zu haben, und protzte damit sogar in einem Songtext.

Am 9. März 1997, nur sechs Monate nach dem Mord an Shakur, wurde B.I.G. unter ähnlich schauderhaften Umständen erschossen. Ein unbekannter Angreifer erschoss ihn in Los Angeles nach den Soul Train Awards, als er vor einer roten Ampel auf dem Beifahrersitz eines Wagens saß. Auch dieser Mord wartet bis heute auf seine Aufklärung. B.I.G. wurde eingeäschert und seine Asche unter drei Personen aufgeteilt – seiner Mutter, seiner Frau und seiner Freundin (fragen Sie nicht weiter).

IKONEN DER BABY-BOOM-GENERATION

DAS UNGLEICHE PAAR

ABOTT & COSTELLO

ABBOTT & COSTELLO

Lou Costello
6. März 1906 – 3. März 1959

William „Bud" Abbot
2. Oktober 1895 – 24. April 1974

Durch ihre geschickt ausgetüftelten Auftritte, vor allem durch die Darstellung eines ungleichen Paares, das stets von einem Missverständnis ins nächste tappte und sich gegenseitig verspottete, wurden Bud Abbott und Lou Costello zu einem der erfolgreichsten Komiker-Duos in der Geschichte Hollywoods. Abbott verkörperte stets den herablassenden Mann mit der „I am not amused"-Attitüde, während Costello den Part des aufrührerischen „bösen, bösen Buben" und Witzbolds übernahm – ein kleiner, rundlicher Einfaltspinsel, der ständig unter der Schelte seines Partners zu leiden hatte und damit unter schallendem Gelächter die Sympathien des Publikums erwarb. Das scharfzüngige Gespann brachte es im Varieté, im Radio, am Broadway, im Fernsehen und im besonderen Maße auf der Filmleinwand zu schallendem Ruhm.

Ihre offizielle Zusammenarbeit begann im Jahre 1936 und das Duo war schon bald darauf Gast in der Radiosendung „The Kate Smith Hour". Dort erhielt auch ihre klassische Nummer „Who´s On First?" nationale Aufmerksamkeit und Abbott & Costello wurden schnell bekannt. Im Jahre 1939 unterzeichneten sie einen Vertrag mit Universal Pictures. Ihre ersten Filme, darunter „Buck Privates", wurden zu Kassenschlagern, aber die erfolgreichsten Filme des Duos sollten noch folgen. Im Jahre 1948 entwickelten die beiden ein Comedy-Horror-Genre mit dem urkomischen Film „Abbott & Costello Meet Frankenstein" – der deutsche Titel lautet „Abbott und Costello treffen Frankenstein" –, der eine ganze Ära von „Abbott & Costello treffen...-Produktionen" nach sich zog. In den folgenden acht Jahren war das Paar in mehreren erfolgreichen Filmen zu sehen, in denen sie unter anderem auf den „Unsichtbaren Mann", die Mumie und Dr. Jekyll und Mr. Hyde trafen. Als Bud und Lou ihre Partnerschaft im Jahre 1956 auflösten, überschlugen sich die Boulevardblätter beinahe mit immer neuen Spekulationen über Streitigkeiten, die es angeblich zwischen den beiden geben sollte. Allerdings scheint eine gütliche Trennung der beiden eher der Wahrheit zu entsprechen: Im Alter von nunmehr 60 Jahren wurde Bud dem Rampenlicht langsam überdrüssig, während sich Lou den Tempowechsel zunutze machte und andere Ziele verfolgte, er machte Talkshows und ging ins Theaterfach. Allerdings musste er seine Pläne nur zwei Jahre später auf Eis legen, nachdem er einen Herzanfall erlitten hatte. Lou erhielt die Anweisung, sich nach Hause zu begeben und sich auszuruhen, was er auch tat. Allerdings erlitt der lustige Kerl wenige Tage später einen weiteren schwerwiegenden Herzanfall und verstarb im Alter von 52 Jahren.

Weg zum Friedhof: Der Whittier Boulevard befindet sich nördlich der Kreuzung der I-5 und der I-710. Der Friedhof liegt am Whittier Boulevard Nr. 4201, westlich der I-710.

Weg zum Grab: Nach Betreten des Friedhofs links halten bis zum großen Mausoleum auf dem Hügel. Innerhalb des Mausoleums befindet sich eine Kapelle mit drei kürzeren Gängen, die sich nach rechts hin erweitern. Lous Krypta befindet sich in der obersten Reihe des mittleren Gangs und ist mit seinem Geburtsnamen versehen, Louis Francis Cristillo.

Im Jahre 1961 erlitt Bud eine Art epileptischen Anfall, während er sich an Bord eines Flugzeugs befand, und im Jahre 1965 hatte er einen leichten Schlaganfall. Nach diesen beiden Erkrankungen war Bud nicht mehr derselbe, aber er lebte noch ein Jahrzehnt weiter und lieh sogar seinem eigenen Charakter bei der Vertonung der kurzlebigen ‚Abbott & Costello Cartoon Show' seine Stimme. Im Alter von 78 Jahren starb Bud an Krebs. Er wurde eingeäschert und seine Asche in den Pazifik gestreut.

DIE BEATLES

Als die Beatles im Rahmen der Ed Sullivan Show im Februar 1964 ihr US-Debüt gaben und ihre mitreißende, neue Form des Rock 'n' Roll präsentierten, erkannte eine ganze Generation, dass nichts mehr so sein würde wie zuvor. Und so war es auch. In den folgenden sechs Jahren dominierten die Beatles – John und Paul, George und Ringo – die Kultur und riefen mit ihrem Stil neue kulturelle Trends ins Leben, die Selbstdarstellung, Erscheinungsbild, Verhalten und die Musik einer ganzen Generation beeinflussten. Weder vor noch nach den Beatles hatte eine andere Musikgruppe solch einen lang anhaltenden Einfluss auf die Popmusik und die Kultur, die dem der Band auch nur nahekäme.

John Lennon und, in etwas geringerem Maße, Paul McCartney wurden stets als Rückgrat der Band betrachtet. Unter ihrer Führung schufen die Beatles auf den Höhepunkten ihrer Schaffensphasen stets Revolutionäres. Jedes ihrer Schlüsselalben – Rubber Soul, Revolver, Sgt. Pepper's Lonely Hearts Club Band, Magical Mystery Tour, The White Album, Abbey Road – wurde zum gefeierten Meisterwerk und legte den Grundstein für neue musikalische Erkundungen und durchdringende lyrische Selbstbetrachtungen. Öffentliche Auftritte der Band riefen hysterische Reaktionen hervor, die als Beatlemania bekannt wurden. Die Hysterie setzte den Bandmitgliedern dermaßen zu und erschwerte „normal ablaufende" Auftritte so sehr, dass ihr Konzert im August 1966 in San Francisco zu ihrem letzten wurde, nur zweieinhalb Jahre nach ihrem US-Debüt bei Ed Sullivan.

Nach dem Tod ihres Managers Brian Epstein im April 1967 entzweiten sich die Bandmitglieder zusehends. Sie durchlitten einen langwierigen, beinahe im Zeitlupentempo ablaufenden Trennungsprozess und lösten sich im Jahre 1970 endgültig auf. John, Paul, George und Ringo folgten mal mehr, mal weniger erfolgreich ihren Solokarrieren, jedoch erreichte keiner von ihnen einen ähnlichen Erfolg wie in ihrer gemeinsamen Zeit.

THE BEATLES

STUART SUTCLIFFE

BRIAN EPSTEIN

JOHN LENNON

GEORGE HARRISON

Stuart Sutcliffe
23. Juni 1940 – 10. April 1962

Stuart Sutcliffe war ein Freund und Kommilitone John Lennons am Liverpool Art College, als John ihm vorschlug, sich eine Bassgitarre zuzulegen und seiner Band beizutreten – obwohl er gar nicht spielen konnte. Stu kaufte sich einen Bass und wurde zu einer Art Pseudo-Bandmitglied – George, Paul und Drummer Pete Best waren bereits Teil der Band und Stus Dienste waren somit also entbehrlich. Nichtsdestotrotz spielte Stu etwa ein Jahr lang mit ihnen zusammen, unter anderem bei einigen Auftritten der Band in Liverpool, während einer kurzen Schottland-Tour im Mai 1960 und ein paar Nachtclub-Auftritten in Deutschland.

Stu wird im Allgemeinen für den Namen der Band verantwortlich gemacht, er war es, der den Namen „Beetles" – was im Deutschen „Küchenschaben" heißt – vorschlug, als Anlehnung an Buddy Hollys Band „The Crickets", „Die Grillen". Stus Freundin Astrid Kirchherr zeichnet sich verantwortlich für die „Pilzköpfe" der Band; sie verpasste zunächst Stu und dann George diesen unverwechselbaren Look und die anderen Bandmitgliedern übernahmen diesen schließlich.

Als die Band nach längerem Aufenthalt in Hamburg im Jahre 1961 nach Liverpool zurückkehrte, blieb Stu bei Astrid in Deutschland, was zu seinem Austritt aus der Band führte. Am 10. April 1962, einen Tag bevor die Beatles für einige Shows nach Hamburg zurückkehrten, starb Stu im Alter von 21 Jahren an einer Hirnblutung. Er wurde auf dem Huyton Parish Church Friedhof an der Stanley Road in Liverpool, England begraben.

Brian Epstein
19. September 1934 – 27. August 1967

Im Herbst 1961 gingen bei Brian Epstein, der zu jener Zeit den North End Road Music Store seiner Eltern in der Whitechapel Street in Liverpool betreute, mehr und mehr Anfragen nach Schallplatten der Beatles ein, einer lokalen Band, die bisher nur einen einzigen Titel vorweisen konnte, der auch noch in Deutschland veröffentlicht worden war. Sein Interesse war geweckt. Epstein machte sich zu einem Treffen mit der Band auf, das in einer Kellerbar namens Cavern Club stattfand, und nur einen Monat später bot er ihnen an, sie zu managen. Begeistert von Brians Geradlinigkeit, stimmte John sofort zu und am 24. Januar 1962 unterzeichneten die Beatles und Brian einen Vertrag.

Brians erster Auftrag war, der Band einen Plattenvertrag zu verschaffen, und wo immer es möglich war, nutzte er den Einfluss seiner Familie, die eine kleine Kette von Plattenläden in Liverpool besaß, um Kontakt zu den großen britischen Labels herzustellen. Brian und die Band erhielten eine ganze Reihe von Absagen, aber schließlich konnte er ihnen ein Engagement verschaffen. Im Juni 1962, zwei Monate nach Stu Sutcliffes Tod, nahm George Martin die Band für Parlophone, eine EMI-Tochter, unter Vertrag. Martin gab später zu, die Band, die er für durchaus vielversprechend hielt, hauptsächlich aufgrund von Brians grenzenlosem Enthusiasmus engagiert zu haben.

John, Paul und George baten Brian kurz darauf, ihren Drummer Pete zu feuern und stattdessen einen gewissen Richard Starkey, der unter dem Namen „Ringo Starr" bekannt wurde, unter Vertrag zu nehmen, was im August 1962 geschah. Dann machte sich Brian daran, die Bühnenpräsenz der Beatles aufzupeppen. Er steckte sie in übereinstimmende Mohair-Anzüge und ermutigte sie dazu, sich am Ende jedes Songs, wie Schauspieler nach einer gelungenen Vorstellung, vor dem Publikum zu verneigen.

Die Beatles waren nun komplett, und während ihrer sechs Jahre während Zusammenarbeit mit Brian als ihrem Manager erlebten sie den größten Erfolg, der jemals einer Gruppe von Künstlern zuteil geworden war und, so schien es, ohne auch nur einen einzigen Rückschlag zu erfahren. Mit seinem Tod verloren sie jedoch den einzigen Menschen, der in der Lage gewesen wäre, ihre Differenzen beizulegen, und nach einer Vielzahl von künstlerischen Differenzen und persönlichen Eifersüchteleien trennten sich die Beatles drei Jahre später.

Brian litt unter Depressionen und nahm oft Schlaftabletten. Am 27. August 1967 starb er im Alter von 32 Jahren, vermutlich an einer Überdosis des Schlafmittels Carbitol. Er wurde auf dem Kirkdale Jewish Cemetery an der Long Lane in Liverpool, England beigesetzt.

John Lennon
9. Oktober 1940 – 8. Dezember 1980

Aufgrund von Änderungen in der Besetzung und des Bandnamens in den 50er und frühen 60er Jahren entwickelte sich John Lennons Band von den Quarrymen über Johnny and the Moondogs zu den Silver Beatles, bevor sie zu ihrem endgültigen Namen kam, den Beatles. Zusammen mit seinem Co-Steuermann Paul McCartney lenkte John, der unverblümteste, aber auch nachdenklichste Beatle, die Band auf ihrem Kurs, die zum Prüfstein ihrer Generation wurde.

Ein Jahr bevor sich die Beatles trennten, heiratete John Yoko Ono, und sie begannen, sowohl auf kreativer Ebene als auch als Aktivisten zusammenzuarbeiten. Er wurde zu einem bekennenden Friedensaktivisten und nahm zusammen mit ihr sogar an einigen „Bed-In for Peace"-Protesten teil. Im Jahre 1971 erklomm John mit seinem Soloalbum „Imagine" erneut die Spitze der Charts und in den folgenden zehn Jahren nahm er zusammen mit Yoko „Shaved Fish" und seine letzte LP „Double Fantasy" auf.

Am 8. Dezember 1980 verließen John und Yoko gegen 17 Uhr ihr Apartment im Dakota Building in New York City, woraufhin sie von mehreren Fans um Autogramme gebeten wurden. John kam der Bitte der Fans nach und versah unter anderem das Cover von „Double Fantasy", das ihm von Mark David Chapman angereicht wurde, mit seiner Unterschrift.

Die Lennons kehrten gegen 22.50 Uhr zum Dakota Building zurück. Als sie aus der Limousine stiegen, rief Chapman, der sich im Schatten verborgen hielt, „Mr. Lennon". Dann feuerte er vier Schüsse aus einer Pistole ab, John wurde von allen getroffen. Er wankte in den Eingangsbereich des Gebäudes, sagte „I'm shot" und fiel zu Boden. Der Polizei, die schon zwei Minuten später eintraf, bot sich ein surrealer Anblick. Während John verblutend auf dem Boden lag und ihm eine hysterische Yoko Ono und einige Passanten hilflos Trost zu spenden versuchten, stand Chapman noch immer starr an der Stelle, von wo aus er die Schüsse abgefeuert hatte, die Waffe zu seinen Füßen. John wurde in einen Streifenwagen gebracht, und als sie zum Roosevelt Hospital fuhren, fragte ihn ein Polizist: „Are you John Lennon?" Die Stimme einer ganzen Generation sprach mit einem leisen Stöhnen ihr letztes Wort: „Yeah."

John war bei der Ankunft im Krankenhaus bereits tot und wurde nur 40 Jahre alt. Der Gerichtsmediziner berichtete später, dass niemand mit solchen Verletzungen länger als ein paar Minuten überlebt haben könne. Als sich die Nachricht seines Todes verbreitete, mussten sich die entsetzten Fans mit der unglaublich erscheinenden Wahrheit auseinandersetzen, dass ihnen ihr Idol durch das kurze Aufbellen einer Waffe für immer genommen war. Später an jenem Abend wurde auf Yokos Bitte hin folgende Nachricht herausgegeben: „John liebte die Menschen und betete für sie. Bitte tut dies auch für ihn."

Nach Johns Tod pilgerten Menschen aus allen Teilen der Welt spontan zum Dakota Building und bildeten dort eine Art Gemeinschaft und natürlich hielten sie sich auch auf dem Rasen des dem Gebäude gegenüberliegenden Central Park auf. Dies wurde der Ort, um den Sänger zu verewigen. Im Jahre 1985 wurde ihm im Rahmen einer Zeremonie ein etwa 8.000 qm großer Teil des Parks gewidmet und „Strawberry Fields" getauft. Er befindet sich an der Ecke Central Park West/72nd Street im westlichen Teil des Parks. Das Herz dieses Gebiets bildet der tränenförmige Garten, in dessen Mitte sich ein kreisförmiges Mosaik befindet, das aus Steinen aus allen Teilen der Welt besteht. Im Zentrum des Mosaiks steht nur ein einziger Appell: Imagine.

Zu jeder Zeit durchstreifen Fans von Johns Musik und Botschaft Strawberry Fields und erweisen ihm, wenn sich sein Geburts- oder Todestag jährt, spontan die Ehre.

Es wird berichtet, dass John eingeäschert und seine Überreste an Yoko Ono übergeben wurden, die seine Asche teils in Johns Heimatstadt Liverpool in England und teils auf dem Gelände Strawberry Fields verstreut hat. Allerdings sorgte sie während eines Interviews im Jahre 1990 für Verwirrung, als sie berichtete, John sei begraben worden. Sie äußerte sich nie wieder dazu und gab auch nie preis, wo er begraben liegen soll. Außerdem hat sie diese Aussage nie zurückgezogen oder erklärt, sie sei missverstanden worden. Stattdessen hat sie dieses Thema nie wieder angesprochen.

Chapman, ein ehemaliger Wachmann aus Hawaii, bekannte sich schuldig an der Ermordung John Lennons und verbüßt eine lebenslange Haftstrafe im Gefängnis von Attica, New York.

George Harrison
25. Februar 1943 – 29. November 2001

George Harrison gehörte als Bassist schon seit den frühesten Quarrymen-Tagen zu den Beatles und war als „der stille Beatle" bekannt. Obwohl seine Präsenz meist von John und Pauls Songwriter-Qualitäten und Ringos Scherzen in den Hintergrund gedrängt wurde, war er ein eigenständiger und bemerkenswerter Musiker, der ebenfalls einige Songs beisteuerte. Er interessierte sich sehr für die fernöstliche Kultur und reiste 1965 nach Indien, um von dem Musiker Ravi Shankar zu lernen. Dieser Einfluss zeigt sich besonders in dem Song „Norwegian Wood". In den folgenden Jahren steuerte er dem Repertoire der Beatles unter anderem noch die Songs „While My Guitar Gently Weeps" und „Here Comes the Sun" bei. Nachdem die Beatles ihre Zusammenarbeit beendet hatten, brachte George im Jahre 1971 ein Album mit dem Titel „All Things Must Pass" heraus, ein Dreifach-Album, mit dem er seine Leidenschaft, Rock und Religion miteinander zu verbinden, zum Ausdruck brachte. Noch im selben Jahr organisierte er Konzerte und Spendensammlungen zugunsten hungernder Bangladesch-Flüchtlinge unter seinen Musikerkollegen, an denen sich Künstler wie Eric Clapton und Bob Dylan beteiligten. Diese Konzerte gipfelten schließlich in einem großen Wohltätigkeitskonzert, dem „Konzert für Bangladesch". Georges Solokarriere schien sich zu jener Zeit auf dem Höhepunkt zu befinden, danach zog er sich vollständig aus der Öffentlichkeit zurück.

Im Jahre 1977 wurde George kurz, wenn auch ungewollt, Aufmerksamkeit zuteil, als seine Ehe geschieden wurde; seine Frau verließ ihn für seinen guten Freund Clapton, den sie später auch heiratete. Im Jahre 1987 trat George als Mitglied der All-Star-Musikertruppe „Traveling Wilburys" wieder ins Licht der Öffentlichkeit und veröffentlichte sein nächstes Album „Cloud 9", ein Soloprojekt, das unter anderem den Song „When We Were Fab" enthält, ein nostalgisches Stück, das auf die Blütezeit der Beatlemania anspielt.

Das Jahr 1999 wurde von einem sehr bizarren Ereignis geprägt, denn ein Einbrecher drang in sein Haus ein und bedrohte ihn mit einem Messer. George sagte, er habe ihm „Hare Krisha, Hare Krishna" entgegengerufen, um ihn zu verwirren, allerdings griff der Einbrecher trotzdem an und fügte George vier schwere Stichwunden zu, unter anderem traf er die Lunge. In diesem Moment dachte George, er sei dem Tod geweiht, und eine persönliche Erinnerung an einen ähnlichen Zwischenfall, vielleicht der Mord an John Lennon, flackerte in ihm auf. Georges Frau griff den Eindringling zunächst mit einem Schürhaken, dann mit einer Lampe an und nur einige Augenblicke später trafen das Personal und die Polizei ein.

Achtzehn Monate später verdichteten sich die Berichte über Georges angebliche Krebserkrankung, jedoch wies er diese Behauptungen stets vehement zurück. Nach einem Aufenthalt in einem Krankenhaus auf Staten Island im Staat New York, in dem er wegen eines Hirntumors eine Strahlentherapie erhielt, erlag er der Erkrankung schließlich am 29. November 2001 im Hause eines engen Freundes in Los Angeles.

George war zum Zeitpunkt seines Todes 58 Jahre alt und, gemäß seinem fernöstlichen Glauben, wurde er eingeäschert und seine Asche im Fluss Yamuna in Indien verstreut, der durch das Ursprungsgebiet seiner spirituellen Erfüllung fließt.

SALVATORE „SONNY" BONO
16. Februar 1935 – 5. Januar 1998

Bevor er im Jahre 1964 mit Cherilyn Sarkisian den Bund der Ehe schloss, schlug sich Sonny Bono als Songwriter durch und verfasste Songs wie „Needles and Pins". Im Jahre 1965 wurden einige peppige Songs, die er herausbrachte, plötzlich zu unerwarteten Hits, da er sie zusammen mit seiner Frau als Duo Sonny & Cher sang. Die beiden schossen mit „I Got You Babe" und „The Beat Goes On" an die Spitze der Charts. Im Jahre 1971 ließ Sonny seine von Depressionen bestimmten Wurzeln hinter sich und wurde zu einem wiedergeborenen Blumenkind, als er und Cher ihre eigene Fernsehshow mit Namen „The Sonny and Cher Comedy Hour" bekamen. Bekleidet mit fransiger Weste und Schlaghosen, spielte Sonny den liebenswerten Trottel mit herabhängendem Schnauzbart neben seiner bemerkenswert schlanken, scharfzüngigen Frau Cher, die das Publikum mit ausgefallenen, paillettenbesetzten Outfits zum Staunen brachte. Millionen von Zuschauern schalteten ein, um ihre unvergesslichen Zankereien auf der Bühne zu sehen, und die Show wurde zum Hit. Als im Jahre 1974 die Ehe der beiden zerbrach, fand auch die Show ihr Ende.

Das Paar wurde 1975 geschieden und nach einem halbherzigen Versuch, die Show wiederzubeleben, verschwand diese auf Nimmerwiedersehen in der Versenkung. Während Cher es zu einer erfolgreichen Karriere in Musik und Film brachte, schlug der unprätentiöse Sonny eine andere Richtung ein und wurde zum Bürger Bono. Er eröffnete zwei Restaurants und stellte sich nach einer Meinungsverschiedenheit mit der City Hall über einige Baupläne im Jahre 1988 zur Wahl zum Bürgermeister von Palm Springs. Und er gewann. Im Jahre 1992 bewarb Sonny sich für den US-Senat, schied jedoch bereits in den Vorwahlen aus. 1994 wagte er einen weiteren Versuch, wurde in das Repräsentantenhaus gewählt und im Jahre 1996 schickten ihn die Wähler zurück nach Washington. Sein Humor, sein selbstkritisches Auftreten und seine unaufdringliche Intelligenz kamen ihm auf dem Capitol Hill zugute und er wurde zu einem erfolgreichen und bekannten Gesetzgeber.

Kurz nach Neujahr 1998 verbrachte Sonny einen Urlaub mit seiner Frau Mary und seinen beiden Kindern im Heavenly Ski Resort. Gegen 14 Uhr machte sich Sonny mit seinen Skiern allein auf den Weg, während seine Frau sich um die Kinder kümmerte, von denen sich eines zuvor verletzt hatte – dies war das letzte Mal, dass Sonny lebend gesehen wurde. Als das Skigebiet geschlossen wurde, gab Mary eine Vermisstenmeldung auf, und gegen 19 Uhr wurde Sonny tot aufgefunden. Er starb an schweren Kopfverletzungen nahe einer Piste für geübte Skifahrer namens Orion. Sonny war, wie er es des Öfteren zu tun pflegte, von der Piste abgewichen, um im tiefen Pulverschnee eines nahen Waldgebiets zu fahren. Dort verlor er die Kontrolle und kollidierte mit einem Baum. Obwohl er sich außerhalb des Skigebiets aufgehalten hatte, war dieser Teil des Berges nicht für Wintersportler gesperrt.

In der Autopsie wurde festgestellt, dass Sonny nicht unter dem Einfluss von Drogen oder Alkohol gestanden hatte. Jährlich sterben etwa 30 Menschen bei Skiunfällen und Sonny ist zufällig einer von ihnen.

Im Alter von 52 Jahren wurde Sonny auf dem Desert Memorial Park Cemetery in Cathedral City, Kalifornien beigesetzt.

Weg zum Friedhof: Verlassen Sie die I-10 über die Ramon Road und folgen Sie der Straße etwa zwei Meilen nach Süden, Richtung Da Vall Drive. Biegen Sie dann rechts ab, der Eingang zum Friedhof befindet sich gleich auf der linken Seite.

Weg zum Grab: Betreten Sie den Friedhof, halten Sie sich rechts und folgen Sie dem Weg zum Fountain Court Wasserfall. Sonnys Grab liegt gleich dort im Gras, nur zehn Fuß vom Fahnenmast entfernt.

Drei Monate nach Sonnys Tod wurde eine spezielle Wahl abgehalten, um seinen Sitz im Kongress neu zu besetzen. Sonnys Witwe Mary, die vor ihrer Ehe mit Sonny als Kellnerin gearbeitet hatte, gewann die Wahl mit überwältigender Mehrheit. Im November 2000 wurde sie mit großer Mehrheit wiedergewählt.

JIMI HENDRIX
27. November 1942 – 18. September 1970

Leben und Karriere von Jimi Hendrix waren bedauerlicherweise nur von kurzer Dauer, allerdings erstreckt sich sein Einfluss auf die Musik über mehrere Generationen. Die Vereinigung von Rock und Blues, die er erreicht hatte, galt als wegbereitend für die unterschiedlichsten Musikstile, wie zum Beispiel für The Who oder Prince. Sein innovatives Gitarrenspiel bereitete den Weg für die Heavy-Metal-Bewegung und er inspirierte Gitarristen von Jimmy Page bis Eddie Van Halen.

Jimi hatte afroamerikanische und indianische Wurzeln und nach einer eher schüchternen und ruhigen Jugend verließ er die Schule und trat in die Armee ein, wo er drei Jahre lang als Fallschirmjäger diente. Im Jahre 1964 zog er nach New York und gründete eine Band namens „Jimmy James and the Blue Flames". Nachdem sie zwei Jahre lang in den Cafés in Greenwich Village gespielt hatten, erkannte Chas Chandler, der frühere Bassist der „Animals", Jimis Talent und brachte ihn nach London. Dort entstand im Jahre 1967 die Band „Jimi Hendrix Experience". In nur sechs Monaten wurde die Band, dank ihres epochalen Debütalbums „Are You Experienced?" und einem ziemlich extremen Auftritt auf dem „Monterey Pop Festival", zu einem der erfolgreichsten Rock-Acts auf beiden Seiten des Atlantiks.

In den nächsten beiden Jahren folgten zwei weitere Alben, jedes mindestens so erfolgreich wie ihr Debütalbum, allerdings hatten Streitigkeiten zwischen dem Management und der Band und der daraus resultierende Drehtüreffekt im Personalstamm Jimis Leben bereits ins Chaos gestürzt. Einige Fans, die mehr von Jimi sehen wollten als seine Gitarrenkünste, drängten ihn dazu, eine politische Position einzunehmen und sich öffentlich zu seinen Wurzeln zu bekennen.

Im Alter von Mitte 20 lief Jimi Gefahr, vom Wege abzukommen, und er tat es. Der Missbrauch von Alkohol und Drogen wurde für ihn zu einem Teil seines Lebens. Eines Tages wachte seine Freundin neben ihm in ihrem gemeinsamen Apartment in London auf und musste entsetzt feststellen, dass Jimi nicht mehr am Leben war. Die Todesursache lautete, Jimi sei „im Schlaf nach Einnahme von Drogen an seinem eigenen Erbrochenen erstickt". Jimi wurde 27 Jahre alt.

Er wurde im Greenwood Memorial Park in Renton, Washington beerdigt.

Weg zum Friedhof: Verlassen Sie die I-405 an der Ausfahrt Bronson Way in Richtung Sunset Boulevard. Folgen Sie der 3rd Street NE, die unter der Interstate hindurchführt, und nach vier Ampeln liegt der Friedhof auf der rechten Seite.

Weg zum Grab: Im linken Teil des Friedhofs liegt eine Wiese mit einer großen Sonnenuhr. Jimis Grab liegt an der Stelle, wo das Gras niedergetreten ist, etwa 20 Fuß von der Sonnenuhr entfernt.

TIMOTHY LEARY
22. Oktober 1920 – 31. Mai 1996

Timothy Learys Name gilt als Synonym für die Kulturrevolution der 60er Jahre. Er polarisierte in extremer Weise und verbreitete die Distanz zwischen den Generationen von einem Spalt zu einer Schlucht. Desillusionierte Jugendliche sahen in Timothy einen Vorboten von sozialen Veränderungen, während ihre Eltern den Psychologen der Harvard Universität als einen nonkonformistischen Verführer der Jugend betrachteten.

Bis zu seiner Zeit in Harvard, in der er Richard Alpert begegnete, verlief Timothys Leben eher konventionell. Er war sogar in West Point stationiert, bevor er im Zweiten Weltkrieg für die Army in den Krieg zog. Allerdings begannen Timothy und Alpert, der heute als Baba Ram Dass bekannt ist, im Jahre 1961, mit Lysergsäurediethylamid zu experimentieren, auch bekannt als LSD. Timothy ging noch einen Schritt weiter und pries die Einnahme von LSD in aller Öffentlichkeit als Mittel für das Wachstum der Persönlichkeit an, woraufhin sich die „Turn on, tune in, drop out"-Revolte entfachte.

Vier Jahre später wurde Timothy in Harvard gefeuert, jedoch befand sich seine Revolution der Psychopharmaka, die Psychedelische Bewegung, zu dieser Zeit bereits in vollem Gange. An einem gewissen Punkt kam jedoch die unausgesprochene Erkenntnis ans Tageslicht, dass LSD nämlich nicht wirklich der Schlüssel zum spirituellen oder intellektuellen Nirwana sein könne, und die psychedelische Erfahrungswelt mündete in die Humanistische Revolution: eine esoterisch angehauchte Bewegung, die zwischenmenschliche Beziehungen, mehrstufige Persönlichkeitstests, Gruppentherapien und die Interaktion zwischen Körper und Geist in den Vordergrund stellte, woraus sich die heutige New-Age-Bewegung entwickelte.

Während all diese Bewegungen und Revolutionen irgendwann eine Balance erreichten, war Timothy in einen Balanceakt mit den Autoritäten des Landes verwickelt. Im Januar 1970 wurde er schließlich wegen Missbrauchs von Marihuana zu einer 20-jährigen Gefängnisstrafe verurteilt. Allerdings gelang ihm bereits neun Monate später mithilfe der Untergrundgruppierung „The Weathermen" die Flucht. Nachdem er sich den Exilanten der „Black Panther" angeschlossen hatte, gelang es ihm weitere drei Jahre lang, seiner Verhaftung zu entgehen, bevor er in Afghanistan festgenommen wurde.

1976 durchlief Timothy einen Sinneswandel und wurde nach der Kooperation mit den Bundesbehörden auf freien Fuß gesetzt. Es ist unglaublich, dass er, nachdem er sein ganzes Leben lang gegen das Establishment gewettert hatte, gerade jene „Weathermen" verriet, die ihn Jahre zuvor aus dem Gefängnis befreit hatten.

Nun hatte er die 60er Jahre, die Drogen und alle Rückschläge überlebt, jedoch hatte Timothy nach seiner Freilassung nie wieder denselben Einfluss auf die Welt wie zuvor. In den folgenden Jahrzehnten verhärtete sich seine Einstellung gegenüber Freizeitdrogen, er bezog ein legales Einkommen durch den Verkauf seiner Bücher, versuchte sich als Stand-Up-Comedian und Softwareentwickler, hing mit seinen Hollywood-Freunden herum und tauchte sporadisch in irgendwelchen Talkshows auf.

1995 wurde bei ihm inoperabler Prostatakrebs diagnostiziert, und er schaffte es, da er immer noch einen gewissen Bekanntheitsgrad besaß, seinen langwierigen Tod in einen Medienevent zu verwandeln. Nachdem er hatte verbreiten lassen, dass sein Tod nun unmittelbar bevorstehe, spann er sich diesen zur „faszinierendsten Erfahrung seines Lebens" zusammen, der er „neugierig und enthusiastisch" entgegenblicke. Eine Zeit lang ließ er sogar verbreiten, er wolle sich vor den Augen der Welt das Leben nehmen. Zu jener Zeit war das Internet noch kein Mainstream-Produkt, und er entwickelte die Idee, eine Internetseite zu erstellen, auf dem seine Fans, Gratulanten - oder auch Gegner - ihn dabei beobachten konnten, wie er die Segel für einen letzten ewigen Ausflug setzte.

Kurze Zeit darauf verschwand Timothys Enthusiasmus den Tod betreffend in privaten und stillen Momenten, in denen der Krebs langsam die Kontrolle über seinen Körper übernahm, und seine Freunde begriffen, dass er diesen letzten Ausflug zu fürchten begann. Über Selbstmord zu reden und es dann auch zu tun, sind nun mal zwei völlig verschiedene Dinge und letztendlich gab es keinen letzten Akt des tollkühnen Widerstands.

Stattdessen starb Timothy im Alter von 75 Jahren zu Hause im Schlaf. Er starb mit Würde und stand weder unter Medikamenteneinfluss noch war er auf einem Trip.

Dieser sollte noch etwas länger auf sich warten lassen; Timothy hatte noch einen letzten ewigen Ausflug vor sich. Im April 1997 wurden etwa sieben Gramm Asche des psychedelischen Astronauten, zusammen mit der Asche von Gene Roddenberry und 22 anderer Weltraumenthusiasten, an der Antriebssequenz einer Rakete befestigt und von einem Unternehmen namens „Celestis" mit Sitz in Texas von unserem Planeten in den Weltraum befördert - die erste Weltraumbestattung der Geschichte. Am 20. Mai 2002 traten die Kapseln mit der Asche der Verstorbenen nach 28.132 Erdumrundungen über Neuguinea wieder in die Erdatmosphäre ein, wo sie in einem feurigen Finale verglühten.

JIM MORRISON
8. Dezember 1943 – 3. Juli 1971

Durch seine Funktion als Leadsänger und Songschreiber der „Doors" wurden Jim Morrisons theatralische Schocksequenzen und seine poetischen - wenn auch oft verstörenden - Übertreibungen zu einem Symbol für die Versuchungen und Exzesse des Rock 'n' Roll. Mit seinem enormen Selbstvertrauen, seinem Charisma und seinen Possen überschattete Jim die anderen Mitglieder der Band. Zu ihren Gunsten sei jedoch gesagt, dass sie sich stets im Hintergrund hielten und Jim die Bühne überließen, während sie die wirbelnde und vielschichtige, psychedelische Rockmusik spielten, die den Soundtrack von Jims Leben bildete.

Jim wuchs als Sohn eines strengen und autoritären Konteradmirals der Navy auf und vielleicht war dies der Ursprung seiner eigenwilligen Rebellion. Oft gab er fälschlicherweise an, seine Eltern seien tot. Jim schrieb sich im Jahre 1964 an der UCLA für ein Studium der Film- und Theaterwissenschaft ein, jedoch fand er Drogen, besonders LSD, bald interessanter als sein Studium. Im Jahre 1965 gab er sein Studium auf und gründete zusammen mit seinem Kommilitonen Ray Manzarek die „Doors".

Als im Sommer 1967 ihr erstes Album erschien, war Jim noch eher ein etwas zögerlicher Frontmann, als die Band jedoch ihren Bekanntheitsgrad steigerte und sich die Rocker der Flower-Power-Bewegung zu den hypnotischen Rhythmen der Single „Light My Fire" bewegten, schlüpfte Jim schnell in die Rolle des schillernden Frontmanns. Ihr nächstes Album „Strange Days" festigte den Erfolg der Band und Jims kehliger Bariton und seine Bühnenpräsenz ließen ihn gar nicht mehr schüchtern erscheinen. Eifrig brachte er anzügliche Texte zum Besten und galt schon bald als düsterer Poet und fieberhafter Wahnsinniger. Sein Benehmen auf der Bühne wurde immer unberechenbarer und äußerst bizarr. Nachdem er sich auf einem Konzert in New Haven, Connecticut obszön verhalten hatte, wurde er wegen Unzucht verhaftet; in Miami kam Jim wegen der Andeutung von sexuellen Handlungen auf der Bühne und lasziven Verhalten hinter Gitter. Jims Vorlieben für hedonistische Exzesse abseits der Bühne und unorthodoxes Verhalten auf der Bühne gefährdeten schon bald die Stabilität und das Fortbestehen der Band.

Nach den tumultgeladenen Konzerten im Jahre 1969 kehrte die Band zu ihren Wurzeln zurück und veröffentlichte in den nächsten zwei Jahren zwei weitere Alben; es schien, als sei Jims Geist für guten, alten Rock 'n' Roll zurückgekehrt. Als die Termine für eine Promotion-Tour für das neue Album angekündigt wurden, hofften alle darauf, dass die übertriebenen Misstöne der Band nun der Vergangenheit angehören würden, doch erneut gaben die Shows Anlass für Kontroversen. Aufgrund von Jims Ruf war die örtliche Polizei bei allen Auftritten permanent und mit Drohgebärde anwesend und damit war es mit der Magie der Live-Auftritte der „Doors" vorbei. Im Mai 1971 zog sich Jim, von den Anfeindungen der Massen entmutigt, zusammen mit seiner Lebensgefährtin Pam Courson nach Paris zurück, um sich zusammen mit ihr der Poesie zu widmen.

Nach ihrer eigenen Aussage fand Pam Jim eines Morgens um fünf Uhr tot in der Badewanne ihres Apartments in der Rue de Beautreillis 17 vor. Seltsamerweise sahen nur Dr. Max Vassille, der Jims Totenschein ausstellte, und Pam Jims Leiche. Es wurde keine Autopsie durchgeführt, aber auf dem Totenschein war zu lesen, dass Jim an einem Herzproblem, das sich durch den Missbrauch von Alkohol und einer abrupten Temperaturveränderung verschärft hatte, gestorben sei. Kurz gesagt: Jim plumpste mit halb heruntergelassenen Hosen in die Wanne und die plötzliche Temperaturveränderung löste einen Herzinfarkt aus. Ja, ehrlich gesagt kommt mir diese Sache auch etwas seltsam vor.

Aufgrund der mysteriösen Umstände, die Jims Ableben und die schnelle Beerdigung begleiteten, kursieren noch immer die merkwürdigsten Theorien von einer versehentlichen Heroinüberdosis bis zum Mord als „wahre" Todesursache. Einige sind der Meinung, Jim sei noch am Leben und habe seinen Tod nur vorgetäuscht, um den Fesseln des Ruhmes zu entgehen.

Jim, oder jedenfalls sein Sarg, wurde auf dem Friedhof Père-Lachaise in Paris beigesetzt. Millionen Besucher pilgern jedes Jahr zu seinem Grab, das mittlerweile Platz vier der am meisten besuchten Touristenattraktionen in Paris belegt.

Weg zum Friedhof: Am einfachsten erreicht man den Friedhof Père-Lachaise mit der Metro, Linie Nation-Porte Dauphine. Steigen Sie an der Station Phillipe-Auguste aus, folgen Sie den Stufen zum Boulevard de Charonne; das berühmte Grabmal ist von dort aus beschildert.

Im Jahre 1969 wurden Jim und Pam von einer praktizierenden Hexe namens Patricia Kennealy in einer heidnischen Zeremonie getraut, und obwohl dieser Bund – mehr oder weniger – anerkannt wurde, war es doch keine Hochzeit im eigentlichen Sinne. Der Sachverhalt wurde noch komplizierter, als sie im Juni 1970 selbst in einer keltischen Zeremonie getraut wurden. Trotzdem war Jims letzter Wille eindeutig formuliert: All sein Besitz ging an Pam. Jedoch starb Pam nur drei Jahre nach Jim in ihrem an einer Überdosis Heroin. Wie Jim wurde sie nur 27 Jahre alt.
Pam wurde eingeäschert und ihre Asche im Fairhaven Memorial Park in Santa Ana, Kalifornien beigesetzt. Auf ihrem Grabstein steht „Pamela Susan Morrison" und ihr Mädchenname ist nirgends verzeichnet.

ELVIS PRESLEY
8. Januar 1935 – 16. August 1977

Geboren in Tupelo, Mississippi durchlebte Elvis Presley eine Kindheit, die sich kaum von der Kindheit anderer Weißer aus armen Verhältnissen im Süden unterschied. Sein Vater war Hilfsarbeiter und verdiente kaum genug, um die Familie zu ernähren, und es gab nirgendwo ein Anzeichen für den riesigen Erfolg, der Elvis eines Tages zuteilwerden sollte. Die Familie zog nach Memphis, und der junge Elvis erhielt nach seinem Highschool-Abschluss einen Job als LKW-Fahrer für 41 Dollar die Woche, eine für seine Herkunft akzeptable Karriere. Jedenfalls so lange, bis ihm Sam Phillips begegnete.
Unter Sams Anleitung nahm der zukünftige Superstar in den Sun Studios im Juni 1954 seine erste Single „That's All Right Mama" auf. Mit seinem sexy Lächeln, dem anzüglichen Hüftschwung und der rauchigen Stimme wurde Elvis sofort zum Phänomen. Wie das Auge eines musikalischen Wirbelsturms gewann er die Zuhörer aus dem Establishment nacheinander für sich, insgesamt nahm er mehr als 700 Songs auf. Zum Zeitpunkt seines Todes hatte er bereits um die 600 Millionen Tonträger verkauft. Jetzt, mehr als 30 Jahre nach seinem Tod, steigen die Zahlen noch immer.
Elvis' Anziehungskraft ließ sich jedoch nicht nur auf seine Hüften und den Rockabilly-Sound beschränken. Er besaß einen besonderen Charme und einen Schlafzimmerblick, den Hollywood kaum ignorieren konnte. Nach zweijährigem Dienst in der Armee, während der er das typische Saubermann-Image Amerikas in die Welt hinaustrug, heiratete er die Tochter eines Armeeoffiziers und gab die Live-Auftritte zugunsten eines ruhigen Familienlebens auf. Elvis wurde jedoch schon bald überredet, einen Filmvertrag zu unterschreiben, woraufhin er einige Filme drehte, von denen etliche jedoch kaum anzuschauen sind. Zu Elvis' Verteidigung sei gesagt, dass

er durch sein Charisma manche dieser Filme, wie „Jailhouse Rock" und „Viva Las Vegas", zu unterhaltsamen Glanzstücken machte.
Im Jahre 1968 ging Elvis, sich seiner schwindenden Musikerkarriere bewusst, wieder auf Tour und läutete mit einer Reihe von Auftritten, die an Selbstparodie grenzten, als burlesker „Las Vegas Elvis", den Anfang seines tragischen Endes ein. In glitzernden Overalls und paillettenbesetzten Umhängen buhlte ein übergewichtiger, müde aussehender, murmelnder und schwitzender Abklatsch seines früheren Selbst bei über Tausend Auftritten um die Gunst der schwindenden Fans. Zu Beginn dieser Phase seiner Karriere waren seine Auftritte meist aufregende, etwas übertrieben wirkende Produktionen, aber acht Jahre später war er in Form der schwächlichen, 140 kg schweren Karikatur „Elvis the Pelvis" auf dem Tiefpunkt seiner Karriere angelangt, eine schmerzhafte Erinnerung an die Abgründe des Ruhms.
Für den August 1977 wurden weitere Auftritte angesetzt und wie auch zuvor waren diese schnell ausverkauft. Eine Woche bevor die Konzerttour beginnen sollte, hielt sich Elvis in seinem Anwesen Graceland auf; er las in der Bibel, schwamm im Pool, spielte mit seiner Tochter, aß Cheeseburger, spielte Racquetball und nahm eine unvorstellbare Menge von Pillen ein. Nach einem Besuch beim Zahnarzt kehrte Elvis nach 22 Uhr nach Hause zurück und spielte zusammen mit seinem Cousin Billy Smith bis morgens um 4 Uhr mit einem Racquetball herum. Dann stieg Elvis zu seiner damaligen Freundin Ginger Alden ins Bett und las nach ihren Angaben noch ein paar Stunden. Sie schlief gegen 6 Uhr morgens ein, und als sie gegen 9 Uhr erwachte, stellte sie fest, dass Elvis noch immer nicht geschlafen hatte. Er trug seinen besten, blauen Pyjama, als er sich mit dem Buch „The Scientific Search for the Face of Jesus" ins Badezimmer zurückzog – dies war das letzte Mal, dass der 42-jährige King of Rock'n'Roll lebendig gesehen wurde. Gegen 14 Uhr fand Ginger den aufgedunsenen Elvis – das Buch lag noch neben ihm – in der Fötusposition liegend auf dem groben, braunen Teppich auf dem Badezimmerboden vor, er atmete nicht mehr.
Ein Gerichtsmediziner stellte fest, dass Elvis an Herzrhythmusstörungen gestorben sei und es keinen Nachweis von irgendwelchen Medikamenten gegeben habe. Als jedoch die Toxikologen der Universität von Utah im Januar 1979 die Ergebnisse seiner Obduktion vorlegten, kam heraus, dass sich zum Zeitpunkt seines Todes elf verschreibungspflichtige Medikamente im Blutkreislauf des Sängers befunden hatten. Vier davon waren bekannte Beruhigungsmittel, Schmerzmittel und Antidepressiva in erhöhten Dosierungen. Die verbleibenden sieben Medikamente waren in geringeren Mengen vorhanden, trotzdem galt eines davon, Morphium, als Indiz dafür, dass Elvis an einer Überdosis starb. Allerdings behaupten einige Toxikologen, dass die Spuren von Morphium in Elvis' Blut nur ein Nebenprodukt der kodeinhaltigen Beruhigungsmittel gewesen seien. Elvis hatte niemals pures Morphium eingenommen. Jedenfalls nicht kurz vor seinem Tod.
Obwohl sich offensichtlich viele Medikamente in seinem Blutkreislauf nachweisen ließen, starb Elvis doch an einer Herzerkrankung. Obwohl er gut daran getan hätte, die Finger von den vielen Medikamenten zu lassen, litt Elvis trotzdem an einem schwachen Herz-Kreislauf-System, und es hätte ihm sehr viel nutzen können, weniger Cheeseburger zu essen und dafür mehr Racquetball zu spielen. Elvis wurde, bekleidet mit einem weißen Anzug, in einem 3.600 Dollar teuren Kupfersarg für kurze Zeit in einer Krypta auf dem Forest Hills Friedhof

beigesetzt. Als jedoch zwei verwirrte Fans im Oktober 1977 versuchten, Teile von Elvis' Leiche an sich zu bringen, wurde Elvis schließlich umgebettet und fand seine letzte Ruhestätte auf dem Gelände seines 14 Morgen umspannenden Anwesens Graceland.

Weg zum Grab: Folgen Sie in Memphis einfach den Tourbussen zum Elvis Presley Boulevard und Graceland. Es ist nicht zu verfehlen.

Auf dem Graceland-Gelände ist Elvis allgegenwärtig. Den ganzen Tag lang führen Tourguides mit monotoner Stimme die staunenden Besucher durch das Anwesen, vorbei an seinen Kostümen und Autos, Platin-Schallplatten, Weidegründen und natürlich auch in den berüchtigten Jungle Room. Falls Sie auch auf die große Memorabilienschau verzichten können und nur das Grab des King besuchen wollen, können Sie das jeden Morgen um 9 Uhr tun. Um den Eintritt zu sparen, seien Sie am besten schon vor 9 Uhr da und geben Sie das gesparte Geld nachher lieber für ein Schnapsglas, einen Topflappen, ein Thermometer oder ein Plastikbeil mit dem Konterfei des King aus.
Nach Elvis' Tod wurde berichtet, dass sich einige hartgesottene Fans aus Verzweiflung das Leben genommen hatten. Es ist sehr schwierig, den Wahrheitsgehalt solcher Berichte zu bestätigen, aber nur 48 Stunden nach Elvis' Tod passierten zwei Unglücke, die deutlich mit ihm zu tun hatten. Als sich vor den Toren Gracelands eine Trauergemeinde versammelt hatte, wurden zwei arglose Teenager aus Louisiana, Alice Hovatar und Juanita Johnson, von dem Wagen des betrunkenen Treatise Wheeler bis zur Unkenntlichkeit zerquetscht, als dieser mit über 50 Meilen die Stunde in die Menschenmenge raste. Nachdem er am Ort des Geschehens gerade noch vor der wütenden Menge hatte fliehen können, verbrachte Wheeler wegen des Unfalls anschließend doch noch neun Jahre im Gefängnis. Seltsamerweise waren Alices Eltern im Jahre 1965 ebenfalls von einem betrunkenen Autofahrer getötet worden.

CHARLES SCHULZ
26. November 1922 – 12. Februar 2000

Das Zeichnen von Comics erfordert solch eine sonderbare Kombination verschiedener Talente, dass nur wenige Menschen damit erfolgreich sind. Unter jenen erfolgreichen Zeichnern steht Charles Schulz für eine eigene Liga. Er beeinflusste und dominierte die Comicindustrie beinahe während der Hälfte ihres Bestehens und die Bedeutung der „Peanuts" für das Genre, und sogar für die heutige Kultur, kann nicht hoch genug gewertet werden.
Nachdem er einen Werbespot zum Thema Zeichnen gesehen hatte, nahm Charles an einem Kurs an der Kunsthochschule teil und entwickelte aus diesen Erfahrungen heraus einen unvergleichlichen kulturellen Meilenstein mithilfe eines eher unerwarteten Mediums: einem Comicstrip namens „Peanuts". Fünfzig Jahre lang schrieb und zeichnete Charles in einem enormen Kraftakt jedes einzelne Abenteuer seiner Comichelden selbst. In seinem Vertrag fand sich eine Klausel, die anderen Zeichnern

sogar über seinen Tod hinaus verbietet, neue „Peanuts"-Cartoons zu entwerfen und zu veröffentlichen.

Der Comic wurde im Jahre 1950, auf der Höhe der Nachkriegsfeierlichkeiten der Amerikaner, veröffentlicht, zu einem Zeitpunkt, an dem es schon fast als unsozial galt, unglücklich zu sein. Charles wagte es, seine eigenen Marotten, sein lebenslanges Gefühl der Ausgrenzung, Unsicherheit und Minderwertigkeit in die Comics mit einzubinden – dieses Vorgehen war in einer Zeit, in der die Comics von Action, Melodramen oder Slapstick-Gags dominiert wurden, etwas völlig Neues.

Seine Charaktere waren nachdenklich, machten intelligente Beobachtungen und durchbrachen mit sanftem Humor und augenzwinkernder Einsicht solche Tabu-Themen wie Glaube, Depression, Intoleranz, Einsamkeit und Verzweiflung. Charlie Brown wurde zu einer realen Person mit einer realen Psyche, und als er zum ersten Mal zugab, „Ich fühle mich nicht, wie ich mich fühlen sollte", sprach er damit den Menschen aus der Seele. In den 50er Jahren äußerte Charles die unkonventionellen Kommentare noch innerhalb der Landesgrenze, doch zehn Jahre später wurden die „Peanuts" zu einem kulturellen Mainstream-Phänomen. Als sich die Lage in der Politik in den 60er Jahren verschärfte und nichts wirklich funktionieren wollte, wurden die „Peanuts" zu einem Rückzugsort für jene, die die Situation hinnahmen. Mit großer Besonnenheit bewies der Comic den Lesern, dass sie nicht allein waren, wenn sie mitten in der Nacht von ihren Misserfolgen geplagt aufwachten und das Gefühl hatten, die Welt sei verrückt geworden.

Als die Nation im Jahre 1967 ins Wanken geriet, erreichte Charles plötzlich ungeahnte Höhen der Popularität, als die halbe Nation seinen Animationsfilm „A Charlie Brown Christmas" im Fernsehen verfolgte, ein Erfolg, der die Verantwortlichen der Fernsehsender verblüffte. Zu diesem Zeitpunkt waren der leidensgeprüfte Charlie Brown, der ausgelassene Snoopy, der nachdenkliche Linus und die dominante Lucy bereits auch international zu beliebten Figuren geworden, aber an jenem Abend erreichte Charles ein mannigfaltigeres und wahrscheinlich auch größeres Publikum als jeder andere amerikanische Künstler in der Geschichte.

Viele der „Peanuts" basieren auf realen Personen aus Charles' Leben. Ein eigensinniger Hund namens Spike aus seiner Kindheit war die Vorlage für Snoopy und die Figur des kleinen, rothaarigen Mädchens, Charlies unerwiderte Liebe, basiert auf einer Freundin von Charles, die im Jahre 1950 seinen Heiratsantrag abgelehnt hatte. Charles behauptete stets, dass Charlie Brown das Produkt einer Freundschaft war, die er auf der Kunstschule geschlossen hatte, aber letztlich scheint es doch so, als sei Charles Schulz Charlie Brown gewesen.

Trotz seines gewaltigen Erfolgs war Charles' Leben von stoischem Gleichmut und Unsicherheit geprägt und er wurde stets von Angstzuständen geplagt. Obwohl die Welt ihn förmlich anflehte, die milden Kritiken hinter sich zu lassen und zu einer Art nationalem Beobachter zu werden, hatte er niemals auch nur das geringste Interesse daran, ein Lehrer oder Guru zu sein. „Ich kenne den Sinn des Lebens nicht", sagte er einst, „und ich weiß nicht, warum wir hier sind. Ich denke, das Leben ist voll von Ängsten und Tränen und es kann sehr grausam sein. Und ich will keinesfalls derjenige sein, der versucht, anderen zu erklären, worum es im Leben geht. Für mich bleibt es ein Mysterium." Stattdessen zog er sich für die nächsten drei Jahrzehnte in sein Atelier am One Snoopy Place in Santa Rosa zurück, um zu zeichnen. Er zeichnete noch immer mit den alten Krähenfederkielen, die er in die Tinte

tauchte, und benutzte noch immer seinen alten Zeichentisch; er sagte gern, er wolle so lange an seinem Zeichentisch sitzen bleiben, bis vor lauter Abnutzung ein Loch darin entstehe.
Obwohl Charles sehr stolz auf den Erfolg seiner Comics war, verdrängte dies nicht auch automatisch seine früheren Enttäuschungen, und er war sich niemals sicher, ob er die Verehrung seiner Fans wirklich verdiente. „Es ist wirklich erstaunlich, dass alle das, was ich geschaffen habe, für so überaus gut halten", sagte er mit zittriger Stimme in einem Interview im Jahre 1999. „Ich habe einfach nur mein Bestes gegeben."
Im Dezember 2001 zwangen ihn mehrere leichte Schlaganfälle und sein Kampf gegen eine Darmkrebserkrankung dazu, seinen Rücktritt zu verkünden. Nur Stunden bevor der letzte „Peanuts"-Comic in den Zeitungen in aller Welt erschien, ein kurzer Strip für die Sonntagsausgabe, in dem ein nachdenklicher Snoopy Charles' Abschiedsbrief tippte, erlag Charles, während er schlief, in seinem Haus einem Herzinfarkt.
Charles starb im Alter von 77 Jahren und wurde auf dem Pleasant Hills Cemetery in Sebastopol, Kalifornien beigesetzt.

Weg zum Friedhof: Verlassen Sie den Highway 101 und folgen Sie der Route 116 für acht Meilen in westlicher Richtung bis ins Zentrum von Sebastopol. Biegen Sie an der Ampel links auf die Sebastopol Avenue ab, die kurze Zeit später in die Bodega Avenue mündet. Biegen Sie nach etwa einer Meile links auf die Pleasant Hill Road ab, der Friedhof liegt etwa eineinhalb Meilen weiter auf der rechten Seite.

Weg zum Grab: Nehmen Sie die erste Einfahrt und parken Sie an den drei Brunnen zu Ihrer Rechten. Die Steinbank nahe dem obersten Brunnen markiert Charles' Grab.

Als der Comic mit 355 Millionen regelmäßigen Lesern seinen Höhepunkt erreichte, wurde alles, was mit den „Peanuts" zu tun hatte, zu einem enormen Geschäft. Tatsächlich entwickelte sich diese Art des Merchandisings quasi im Alleingang aus dem Comic. Auf der ganzen

Welt wurden mehr als eine viertel Million verschiedener Produkte lizenziert, die auf den Charakteren des Comics beruhen, und ihre sorglosen Gesichter sind auf fast allem zu finden, vom Schnürsenkel bis zur Unterwäsche, vom Windspiel bis zur Kerze und von der Keksdose bis zur Uhr. Wenn man seine vielen verschiedenen Einkommensquellen berücksichtigt – die Vermarktungsrechte und sogar eine Broadway-Produktion nicht zu vergessen -, stand Charles' Einkommen dem der Beatles und Elvis Presley in nichts nach. Sein zu Lebzeiten erwirtschaftetes Vermögen betrug bereits über eine Milliarde Dollar. Sogar nach seinem Tod verdient er noch jede Menge Geld – allein im Jahre 2001 erhielt er geschätzte 28 Millionen Dollar.

PETER SELLERS
8. September 1925 – 24. Juli 1980

Peter Sellers eigentlicher Name lautete Richard Henry Sellers, allerdings wurde er von seinen Eltern, vielseitigen Varietékünstlern, in Erinnerung an seinen tot geborenen, älteren Bruder stets Peter gerufen. Bei jeder sich bietenden Gelegenheit streunte der Junge im Varieté herum und im Alter von 16 Jahren tourte er als Drummer einer Jazzband durchs Land. Als er im Jahre 1943 seine Volljährigkeit erreichte, wurde er gleich von der British Royal Air Force eingezogen und verbrachte die Kriegsjahre damit, als offizieller Entertainer der Truppen Sketche vorzuführen und in Bands zu spielen.
Bei Kriegsende hatte sich Peters komisches und eindrucksvolles Talent weiterentwickelt und er wurde zu einer gefragten Persönlichkeit im Radio. Im Jahre 1951 erhielt er seine eigene Radiosendung namens „The Goon Show", die acht Jahre lang erfolgreich in seiner Heimat Großbritannien lief. Wie man heute weiß, übte die Show einen enormen Einfluss auf „Monty Python's Flying Circus" aus.
Peter gab im Jahre 1951 auch sein Filmdebüt, und sein internationaler Ruf etablierte sich im Jahre 1963 mit der Darstellung des Dr. Strangelove, der im Deutschen Dr. Seltsam hieß. Im Jahr darauf wurde die Serie „Der rosarote Panther" aus der Taufe gehoben und er erhielt die Rolle des tollpatschigen und inkompetenten Inspektor Clouseau. Er verkörperte diese Rolle für mehrere Jahre und seine Popularität war unübertroffen. Fünf Filme aus der Reihe „Der rosarote Panther" waren enorm erfolgreich, und das Studio war sogar nach Peters Tod in der Lage, noch einmal an ihm zu verdienen, indem sie aus herausgeschnittenen Szenen der vorangegangenen Filme und neuen Aufnahmen anderer Darsteller einen weiteren Film zusammenschnitten.
Seine wahrscheinlich beste Rolle spielte Peter in dem Film „Being There", der den deutschen Titel „Willkommen Mr. Chance" trug. Er spielte Chance, einen fernsehabhängigen, naiven Gärtner, der irrtümlich für einen Guru gehalten wird. Seine Darstellung war atemberaubend und brachte ihm eine Oscar-Nominierung ein.
Im Alter von 54 Jahren starb Peter an einem Herzinfarkt und wurde eingeäschert. Seine Asche liegt auf dem Gelände des Golders Green Crematorium begraben, unter einem Rosenbusch nahe der Urnenhalle Chapel of Memory.

ERINNERUNGEN AN DIE ALTMEISTER AUS MUSIK UND FILM

PAARE FÜR DIE EWIGKEIT

FRED ASTAIRE & GINGER ROGERS

FRED ASTAIRE & GINGER ROGERS

Fred Astaire
10. Mai 1899 – 22. Juli 1987

Ginger Rogers
16. Juli 1911 – 25. April 1995

Zur Zeit der Weltwirtschaftskrise waren Fred Astaire und Ginger Rogers bereits berühmte Unterhaltungskünstler. Fred und seine Schwester traten als Tänzer am Broadway auf, während Ginger in der amerikanischen Filmbranche Fuß gefasst hatte und bereits in 19 Kinofilmen zu sehen gewesen war. Im Jahre 1933 waren Fred und Ginger zum ersten Mal gemeinsam im Film „Flying Down to Rio" zu sehen, der den deutschen Titel „Carioca" trug. Und ein Wunder geschah: Gingers bodenständige Frechheit vermischte sich mit Freds lässigem Lebemann-Image. Und wenn die beiden miteinander tanzten, war ihre Zuneigung zueinander fast greifbar. Aufgrund überwältigender und enthusiastischer Rückmeldungen seitens des Publikums engagierten die MGM Studios die beiden für ihren nächsten gemeinsamen Film „Gay Divorcée" (der deutsche Titel lautete „Tanz mit mir!"), mit dem sie Filmgeschichte schrieben. Die Story des Films war eher schwach, aber die Tänze, die Astaire und Rogers aufs Parkett legten, waren sowohl grandios als auch revolutionär. Astaire bildete das emotionale Zentrum und Ginger fügte eine erotische Note hinzu. Erst viele Jahre später küsste sich das Paar auf der Leinwand, und es war offensichtlich, dass sie sich liebten. Astaires sanfte Stimme eignete sich hervorragend, um seine Inbrunst auszudrücken.

Das Duo wurde zum beliebtesten und am meisten verehrten Tanzpaar in der Geschichte des amerikanischen Musikfilms. Ginger repräsentierte die bodenständige Dame, während Fred den Part des eleganten, graziösen Europäers verkörperte. In insgesamt zehn Tanzfilmen personifizierten die beiden die Idiosynkrasie der Romantik – zwei Menschen, die laut Aussage von Freunden niemals zusammenpassen würden, die sich jedoch durch eine unbeschreibliche Anziehungskraft zueinander hingezogen fühlen.

Im Jahre 1939 wurde klar, dass die Magie, die von ihren gemeinsamen Tänzen ausging, langsam verschwand, und so trennten sich die beiden im Guten und gingen von nun an verschiedene Wege. In den folgenden Jahrzehnten durchlebten sowohl Ginger als auch Fred beneidenswerte Karrieren, aber der Zauber, die Anmut und der besondere Stil ihrer gemeinsamen Jahre sollten niemals übertroffen werden.

Fred starb am 22. Juli 1987 im Alter von 88 Jahren an einer Lungenentzündung und Ginger erlag 83-jährig am 25. April 1995 einer Herzerkrankung. Beide wurden im Oakwood Memorial Park in Chatsworth, Kalifornien beigesetzt.

Weg zum Friedhof: Verlassen Sie den Highway 118 und folgen Sie dem Topanga Canyon Boulevard in südlicher Richtung bis zur Lassen Street. Biegen Sie rechts auf die Lassen Street ab, der Park liegt dann gleich vor Ihnen.

Weg zu Freds Grab: Betreten Sie den Friedhof, wenden Sie sich an der zweiten Möglichkeit nach rechts und bleiben Sie am Randstein mit der Aufschrift „G-79" zu Ihrer Linken stehen. Zählen Sie von hier aus sieben Markierungen den Hügel abwärts und Sie stoßen auf Freds Grab.

Weg zu Gingers Grab: Betreten Sie den Friedhof und wenden Sie sich gleich nach rechts. Gehen Sie an den ersten zwei Abzweigungen vorbei, bis Sie auf den Randstein mit der Aufschrift „256 E" treffen. Wenn Sie von hier aus 14 Markierungen abzählen, stoßen Sie auf Gingers Grab.

HANS ALBERS
22. September 1891 – 24. Juli 1960

Seinen Vater, den Hamburger Schlachtermeister Philipp Albers, nannte man den „schönen Wilhelm" und Hans Phillip August Albers, das jüngste von sechs Kindern, kam ganz nach seinem alten Herrn.
Albers' Herz schlug für das Theater. Schon in jungen Jahren bemühte er sich um ein Engagement an den Bühnen der Stadt, ein nennenswerter Erfolg blieb aber aus. Albers begann um des Familienfriedens willen eine Kaufmannslehre, brach diese aber schon bald ab und nahm mithilfe der finanziellen Unterstützung seiner Mutter heimlich private Schauspielstunden.
Hans Albers glaubte an sich und sein darstellerisches Talent, auch wenn es sonst noch kaum jemand tat. Diese Willensstärke half ihm auch durch den Ersten Weltkrieg, wo Albers, so erzählt man, nur knapp einer Beinamputation entging. Nach Kriegsende kehrte er zum Theater zurück und überzeugte hauptsächlich in komischen Rollen. Zu dieser Zeit kam er mit der Filmbranche in Berührung, die noch in den Kinderschuhen steckte. Er assistierte in vielen Stummfilmen und bekam 1929 endlich seine erste Hauptrolle in dem deutschen Tonfilm „Die Nacht gehört uns". Ein Jahr später drehte er bereits mit der großen Marlene Dietrich – der Durchbruch war geschafft.
Auf der Leinwand war Albers der Mann fürs Verwegene, der klassische Draufgängertyp mit charmanter Unverfrorenheit und einem spitzbübischen Lächeln auf den Lippen. Nicht umsonst wollte ihn das Publikum immer wieder sehen.
Der Zweite Weltkrieg kam und das Publikum blieb Albers treu. Doch der Druck von politischer Seite wuchs: Albers' Beziehung zur Halbjüdin Hansi Burg, der Tochter seines Mentors Eugen Burg, stieß bei den Nationalsozialisten nicht gerade auf Begeisterung. Mehrfach drängte man den Schauspieler, sich von der jungen Frau zu trennen – eine

Forderung, die Albers, der dem aufkommenden Nationalsozialismus ohnehin nichts abgewinnen konnte, stets ablehnte. Als sich die Situation in Deutschland aber immer mehr verschlechterte, lösten die beiden ihre Lebensgemeinschaft auf – zumindest offiziell. Burg floh mit Albers' Hilfe ins Ausland, während er selbst in Deutschland blieb und weiterarbeitete – unter anderem an „Münchhausen", einem aufwendig produzierten Farbfilm zum Jubiläum der Ufa im Jahre 1943. Im gleichen Jahr entstand auch „Große Freiheit Nr. 7", einer der großen Hans-Albers-Klassiker, der wegen des Krieges zum Teil in Prag gedreht werden musste. Nach Kriegsende kehrte Hansi Burg zu Albers zurück, an ihren gemeinsamen Wohnsitz am Starnberger See. Hans drehte auch nach dem Machtwechsel erfolgreich weiter. Wie bei seinem mehrfachen Filmpartner Heinz Rühmann überlebte seine Beliebtheit beim Publikum jegliche politische Veränderung.

In seinen letzten Jahren litt der Filmcharmeur, der auch als Sänger große Erfolge feierte, zusehends an einem Alkoholleiden. 1957 verabschiedete sich Albers vom Theater, ein Jahr später spielte er seine letzte Filmrolle. Der Träger des Bundesverdienstkreuzes verstarb mit 68 Jahren in einem Sanatorium in Kempfenhausen am Starnberger See.

Friedhof: Der Ohlsdorfer Friedhof in Hamburg ist der größte Parkfriedhof der Welt und befindet sich in der Fuhlsbüttler Str. 756 in 22337 Hamburg.

Zum Grab: Hans Albers' Grab befindet sich im Bereich Y23 der Anlage.
C. H.

HUMPHREY BOGART
25. Dezember 1899 – 14. Januar 1957

Während die Erinnerung an die einstigen Lichtgestalten des Kinos aus der Glanzzeit Hollywoods langsam verblasst, ist die Karriere der Filmlegende Humphrey Bogart noch immer von größter Bedeutung. Sein Lispeln, die im Mundwinkel baumelnde Zigarette und sein lebensüberdrüssiger Zynismus wurden schon bald zu seinem Markenzeichen und Humphrey entwickelte seinen „Bogie"-Charakter zu einem unnahbaren Archetypen des widerstrebenden, aber doch romantischen Anti-Helden mit anrührender Sensibilität.

Mit seiner Rolle als Sam Spade in dem berühmten Film „The Maltese Falcon", der unter dem deutschen Titel „Die Spur des Falken" zu sehen war, wurde er zum profitablen Action-Star, allerdings machte ihn erst seine Rolle neben Ingrid Bergman in „Casablanca" zum vollwertigen Hauptdarsteller. Im Jahre 1944 heiratete er in vierter Ehe die 20-jährige Schauspielerin Lauren Bacall und zusammen drehten sie solch bemerkenswerte Filme wie „To Have and Have Not" – der deutsche Titel hieß „Haben und Nichthaben" – und „Key Largo", mit dem deutschen Titel „Gangster in Key Largo". Im Jahre 1951 spielte Humphrey in dem beliebten Film „African Queen" einen verwahrlosten Dampfboot-Kapitän neben Katherine Hepburn, die eine sittenstrenge Missionarin darstellte.

Humphrey drehte seinen letzten Film, das düstere Boxer-Drama „The Harder They Fall", im Jahre 1956, das unter dem deutschen Titel „Schmutziger Lorbeer" zu sehen war. Kurze Zeit nach der Veröffentlichung des Films unterzog er sich einer Operation, weil er an Speiseröhrenkrebs erkrankt war. Im November, nur wenige Monate später, musste er sich erneut einer Operation unterziehen, in deren Verlauf ihm Narbengewebe aus der Speiseröhre entfernt wurde. Leider erholte sich Humphrey von dieser Operation niemals vollständig. Eines Nachmittags fand ihn Lauren bewusstlos in seinem Rollstuhl vor und am nächsten Morgen verstarb er im Alter von 57 Jahren.
Humphrey wurde gemäß seines letzten Wunsches eingeäschert und seine Asche wurde im Forest Lawn Memorial Park in Glendale, Kalifornien beigesetzt.

Weg zum Friedhof: Verlassen Sie den Highway 2 an der Ausfahrt San Fernando Road und halten Sie sich in nordwestlicher Richtung. Biegen Sie eine Meile später rechts auf die Glendale Avenue ab. Der Eingang zum Park liegt gleich auf der rechten Seite.

Weg zum Grab: Holen Sie sich am Informationsstand eine Karte und gehen Sie zu den Gardens of Memory. Humphreys Asche befindet sich im Columbarium of Eternal Light, das sich rechts neben der Statue des David im Bereich des Gartens befindet. Leider sind die Gärten verschlossen, und der Eintritt ist nur jenen gestattet, die den „Goldenen Schlüssel der Erinnerung" besitzen, der den Angehörigen anvertraut wird. Sie können allerdings Glück haben und auf einen Angehörigen treffen, der Sie einlässt.
Wenn Sie unbedingt in die Gärten hineinwollen, aber nicht so lange warten möchten, bis ein Angehöriger mit einem Schlüssel vorbeikommt, und Sie auch nicht vorhaben, über die Mauer zu klettern – was ich übrigens für unverzeihlich und respektlos hielte, außerdem wäre das unerlaubtes Betreten –, können Sie Folgendes versuchen: Kommen Sie zum Park, bevor er um 8 Uhr morgens offiziell öffnet, fahren Sie an den Schildern vorbei, auf denen es heißt, der Park sei noch geschlossen, und begeben Sie sich zu den Gardens of Memory. Tun Sie so, als seien Sie schon oft dort gewesen, vorher sollten Sie sich allerdings den Weg auf der Karte genau einprägen. Zu dieser Tageszeit werden für gewöhnlich Beisetzungen durchgeführt und die Angestellten wuseln überall herum. Die Türen zu den privaten Abschnitten des Parks stehen dann meist offen, und falls nicht, haben Sie immer noch die Möglichkeit, einen der Angestellten zu überreden, Sie einzulassen, indem Sie ihm sagen, Sie hätten Ihren „Key of Memory" vergessen.

CHARLIE CHAPLIN
16. April 1889 – 25. Dezember 1977

Der in England geborene Charlie Chaplin baute sich in Amerika eine Karriere auf und drehte um die 80 Filme. Dabei trat er oft als legendärer Tramp auf, in dessen Rolle er den beliebten Slapstick-Humor zur Kunst erhob und damit fast ein halbes Jahrhundert lang die Lachmuskeln von Millionen von Zuschauern strapazierte. Im Jahre 1915 erschien der Film „The Tramp" und von da an änderte sich alles. Charlie wurde gebeten, sich für den Film ein lustiges Outfit zuzulegen, also stellte er sich aus den Klamotten der Mitarbeiter der Filmgesellschaft seine völlig zusammengewürfelte Kleidung zusammen: Er besorgte sich eine übergroße Hose von Fatty Arbuckle, ein paar viel zu große Schuhe, eine zu enge Jacke, eine Melone, einen Spazierstock und einen falschen, eckigen Schnurrbart. Ganz impulsiv entwickelte er einen breitbeinigen, schlurfenden Gang und stellte fest, dass er sich mit dieser Kombination am besten ausdrücken konnte. In den 20er Jahren drehte er eine Reihe klassischer Kurzfilme und vielleicht seinen berühmtesten Spielfilm „The Gold Rush", der unter dem Titel „Goldrausch" in die deutschen Kinos kam. Zu Beginn des folgenden Jahrzehnts endete die Stummfilmära und der Tonfilm kam auf. Obwohl Charlie die neue Technologie noch zehn weitere Jahre ignorierte, konnten es seine Veröffentlichungen mit dem Erfolg der Tonfilme aufnehmen.

Allerdings waren nicht nur die Kinozuschauer an Charlie interessiert. Obwohl man ihm im Jahre 1924 die Staatsbürgerschaft der Vereinigten Staaten anbot, lehnte er dieses Angebot ab und gab an, er sei stolz, seine britische Staatsbürgerschaft zu behalten. Dieser Vorfall und seine linkspolitischen Ansichten, die er unter anderem im Jahre 1921 in seinem Film „The Idle Class" - der Titel lautete „Die feinen Leute" - zum Ausdruck brachte, sorgten für die ungewollte Aufmerksamkeit einiger paranoider Bundesbeamter, die eine Akte über den sonderbaren, Schlabberhosen tragenden Schauspieler anlegten. Einige Zeit später veröffentlichte Charlie „Modern Times", „Moderne Zeiten", eine spitze Stellungnahme über die Auswirkungen des Kapitalismus, und „The Great Dictator", der unter dem deutschen Titel „Der große Diktator" lief, eine Satire auf Adolf Hitler, deren Humor an dem ernsthaften und biederen Direktor des FBI, J. Edgar Hoover, gänzlich vorüberging. Charlie stand von nun an unter Beobachtung und wurde von Hoover als „Hollywoods Sprachrohr des Bolschewismus" bezeichnet.

Charlie wurde wegen „unamerikanischer Aktivitäten" angeklagt und Hoover versuchte, ihm die Aufenthaltsgenehmigung zu entziehen. Als er mit diesem Antrag scheiterte, sorgte er kurzerhand dafür, dass Charlie nach einem Kurzbesuch in London im Jahre 1952 nicht wieder in die USA einreisen konnte. Aus einigen Dokumenten des FBI, die mittlerweile veröffentlicht wurden, geht hervor, dass man Charlies Ausweisung mit großem Eifer vorangetrieben hatte. Allerdings zeigten einige Memos der Beamten, dass keine Beweise vorlagen, die seine Einreise hätten verhindern können, falls sich Charlie entschlossen hätte, seine Ausweisung anzufechten. Der enttäuschte Charlie entschied sich jedoch, diese Sache nicht weiterzuverfolgen, und zog stattdessen in die neutrale Schweiz.

Auf gewisse Art erhielt Charlie seine Rache, als er in seinem Film „A King in New York" - der deutsche Titel hieß „Ein König in New York" - einen satirischen Blick auf das Komitee für unamerikanische Aktivitäten warf, jedoch machte es ihm immer noch zu schaffen, dass er von Amerika abgewiesen worden war. Das Verhältnis zwischen Charlie und Amerika verbesserte sich im Jahre 1972 für kurze Zeit, als er zurückkehrte, um einen Oscar für sein Lebenswerk entgegenzunehmen. Im Jahre 1975 erhielt er, nach vielen Jahren der Abwesenheit, in seiner Heimat England den Ritterschlag und wurde zu Sir Charles Chaplin. Am ersten Weihnachtstag des Jahres 1977 starb Charlie im Alter von 88 Jahren an

Altersschwäche in seinem Haus in der Schweiz und wurde auf einer Anhöhe am Genfer See bestattet. Allerdings blieb er dort nicht lange.

Entführungen sind ein riskantes Geschäft, und es kann schwierig sein, das Opfer von der Flucht abzuhalten, wenn es sich wehrt, während um das Lösegeld verhandelt wird. Im März 1978 umgingen zwei Möchtegern-Ganoven diese Schwierigkeiten, indem sie ein totes Opfer entführten: Charlie Chaplin. Wenige Wochen, nachdem Charlie mitsamt seinem Sarg ausgegraben und fortgetragen worden war, erhielt Charlies Witwe Oona eine Lösegeldforderung in Höhe von 600.000 Dollar für seine sichere Rückkehr. Sie lehnte die Forderung ab, verhandelte jedoch über ein überwachtes Telefon unter Aufsicht der Polizei mit den Grabräubern. Die beiden Männer, ein Pole und ein Bulgare, wurden gefasst und unter anderem wegen Störung der Totenruhe verurteilt. Der Pole, der das Verbrechen angestiftet hatte, wurde für vier Jahre eingesperrt, während der Bulgare mit einer Bewährungsstrafe davonkam.

Charlie wurde zehn Meilen entfernt aus einem Kornfeld ausgegraben und auf einem kleinen Stadtfriedhof in Corsier-Sur-Vevey in der Schweiz beigesetzt. Diesmal jedoch in einer massiven Gruft.

HEINZ ERHARDT
20. Februar 1909 – 5. Juni 1979

Die Großeltern hatten einen großen Einfluss auf Heinz Erhardt. Bei ihnen im lettischen Riga verbrachte der junge Heinz seine ersten Lebensjahre, bevor ihn die Schule nach Barsinghausen in der Gegend von Hannover zog. Großvater Paul Nelder, der in Riga ein Musikhaus führte, stellte sich für den Enkel eine kaufmännische Laufbahn vor und brachte ihn schon früh mit der Welt der Musik in Kontakt. Beim Großvater erlernte Heinz das Klavierspiel, doch seinen Traum von einer Pianistenkarriere wollte man nicht teilen.

In einem Fahrstuhl lernte der ausgebildete Musikalienhändler Erhardt schließlich Gilda Zanetti kennen, die Tochter eines Konsuls. 1935 heiratete das Paar, das zusammen vier Kinder hatte: Grit, Verena, Gero und Marita. Durch Willy Schaeffers kam Erhardt Ende der 30er Jahre in Berlin zum KadeKo, dem Kabarett der Komiker am Lehniner Platz nahe Kurfürstendamm, wo man durch eine Verpflichtung zum Verzicht auf zeitkritische Programminhalte auch unter dem Nazi-Regime noch Vorstellungen abhalten durfte. Neben Karl Valentin hatten hier viele Größen der Unterhaltungsbranche gespielt – für Erhardt ein gutes, lehrreiches Pflaster. Doch der Zweite Weltkrieg ging auch an ihm nicht spurlos vorüber. Nachdem er bei zwei Musterungen bereits für untauglich erklärt worden war, bestellte man den Nichtschwimmer und Brillenträger ein drittes Mal vor den Stabsarzt und schickte ihn kurzerhand zur Marine nach Stralsund, wo ein Orchesterpianist benötigt wurde. Abgesehen von seiner Grundausbildung, kam Heinz Erhardt allerdings nie wieder in Kontakt mit einer Waffe.

Nach dem Krieg blieb er den Hansestädten treu und zog mit seiner Familie nach Hamburg. Erhardt bemühte sich um eine Anstellung beim NWDR, dem von den Alliierten etablierten Nordwestdeutschen Rundfunk, und bekam sie auch. Er wurde Radiomoderator und konnte gelegentlich sogar eigene Klavierstücke und Scherze im Programm der Anstalt unterbringen.

Parallel dazu verfasste er Kurztexte und Lyrik meist humoristischen Inhalts, die er im Laufe der Zeit auch öffentlich aufführte – trotz seines stark ausgeprägten Lampenfiebers, das ihn der Legende nach dazu verleitete, auf der Bühne stets eine Brille ohne Gläser zu tragen. Wen er nicht sah, den brauchte er auch nicht zu fürchten. In den 50er und 60er Jahren wurde auch die Filmbranche auf Heinz Erhardts Talente aufmerksam. Bei gut 40 Kinoproduktionen, meist Komödien, wirkte er mit. Zahllose Auftritte in Fernsehsendungen wie „Die Rudi Carell Show" oder „Was bin ich" kamen hinzu. Auch auf der Theaterbühne bewies Erhardt seine Talente und schrieb selbst Stücke. Einige Aufführungen wurden fürs Fernsehen mitgeschnitten und ausgestrahlt.

Am 11. Dezember 1971 erlitt Erhardt einen Schlaganfall, durch den vor allem sein Sprachzentrum geschädigt wurde. Zwar konnte er immer noch lesen und alles verstehen, doch Schreiben und Sprechen waren ihm nicht mehr möglich. Erhardt zog sich ins Privatleben zurück, arbeitete aber im Stillen und mithilfe seiner Kinder weiterhin an verschiedenen Projekten. Die geplante Fortführung seiner „Willi"-Filme, die er seit 1970 für die Hamburger Rialto-Film und Produzent Horst Wendlandt drehte, konnte nicht realisiert werden.

Heinz Erhardt starb im Alter von 70 Jahren am 5. Juni 1979, vier Tage zuvor hatte man den Künstler noch mit dem Großen Verdienstkreuz der Bundesrepublik Deutschland geehrt.

Friedhof: Der Hamburger Friedhof Ohlsdorf gilt als größter Parkfriedhof der Welt und erstreckt sich auf einem Areal von knapp 400 Hektar Land.

Zum Grab: Der Friedhof Ohlsdorf ist groß, knapp 300.000 Menschen sind hier bestattet. Nehmen Sie sich also ruhig Zeit für einen Spaziergang und lassen Sie auch die Architektur auf sich wirken. Das schlichte Grab von Heinz und Gilda Erhardt findet sich im Sektor BI66.
C. H.

BETTE DAVIS
5. April 1908 – 6. Oktober 1989

In über 90, meist unvergesslichen Filmen verkörperte Bette Davis eine ungewöhnlich große Anzahl verschiedenster Charaktere mit Ecken und Kanten, von der Trinkerin über die glamouröse Königin bis hin zur alten Jungfer oder Wahnsinnigen.
Die Zuschauer liebten die Art, wie sie diese wilden, unabhängigen Charaktere darstellte, die üblicherweise alle Widrigkeiten des Lebens würdevoll über sich ergehen ließen, jedoch

wurde ihr im wirklichen Leben oft vorgeworfen, sie sei streitlustig und es wäre unmöglich, mit ihr zu arbeiten. Bette selbst sagte einst, sie spiele gern das Miststück, da in jeder Frau und in jedem Mann ein wenig davon stecke.
Bette gab ihr Schauspieldebüt im Jahre 1929 und nur drei Jahre später unterschrieb sie bei Warner Bros. einen Langzeitvertrag. Im Jahre 1935 begann das Studio damit, ihr anspruchsvolle Rollen anzubieten, und mit der Veröffentlichung des Films „Dangerous" etablierte sie sich, nach 22 eher durchschnittlichen Filmen, als Hauptdarstellerin. Bette erhielt ihren ersten Academy Award und scherzte, dass die Rückenansicht der Statue sie an ihren Mann, Oscar Nelson, erinnere, und manche behaupten, so sei der Spitzname „Oscar" für den Academy Award entstanden.
Gegen Ende der 30er Jahre galt Bette als hochrangigste weibliche Schauspielerin in der Filmbranche, in den frühen 40er Jahren erreichte ihre Karriere ihren Höhepunkt, bevor sie gegen Ende des Jahrzehnts aufgrund einiger eher schwacher Filme ihre Talfahrt begann. In den 50ern war Bettes Karriere ins Stocken geraten, allerdings fand sie im Jahre 1962, nach der Zusammenarbeit mit ihrer Erzfeindin Joan Crawford, in dem Film

„Whatever Happened to Baby Jane?", der unter dem deutschen Titel „Was geschah wirklich mit Baby Jane?" veröffentlicht wurde, ein neues Publikum und war im Anschluss weiterhin sowohl auf der großen Leinwand, als auch im Fernsehen und im Theater zu sehen. Sie hatte vier unglückliche Ehen durchlebt, war eine starke Trinkerin und extreme Kettenraucherin und litt in ihren späteren Jahren unter vielen Erkrankungen. Bette erlag im Alter von 81 Jahren während eines Aufenthalts in Frankreich einem Krebsleiden.
Sie liegt in einer großen, weißen Krypta, die die Aufschrift „Bette Davis - she did it the hard way" trägt, was im Deutschen so viel heißt wie: „Bette Davis - sie lebte auf die harte Tour", im Forest Lawn Memorial Park in den Hollywood Hills in Kalifornien begraben.

Weg zum Friedhof: Verlassen Sie den Highway 134, der das Verbindungsstück zwischen dem Highway 101 und der I-210 bildet, an der Ausfahrt Forest Lawn Drive. Folgen Sie der Straße in westlicher Richtung, der Eingang zum Park liegt auf der linken Seite.

Weg zum Grab: Gehen Sie zum Infostand und besorgen Sie sich eine Karte. Begeben Sie sich dann zu den Courts of Remembrance. Im Gras vorne links liegt ihr Grab.

O. W. FISCHER
1. April 1915 – 29. Januar 2004

Der Schauspieler Otto Wilhelm Fischer stammte aus Klosterneuburg bei Wien, wo sein Vater als Hofrat in der Landesregierung tätig war. In der österreichischen Metropole absolvierte Fischer geisteswissenschaftliche Studien und ab 1936 auch eine schauspielerische Ausbildung am Max-Reinhardt-Seminar.
Er spielte danach an verschiedenen Wiener und Münchner Bühnen, bis er 1945 Mitglied des Wiener Burgtheaters wurde. Bis 1952 blieb Fischer dem Haus erhalten. Parallel zu seiner Theaterkarriere spielte er seit 1936 auch kleinere Filmrollen. Er hatte in den 40er Jahren den Ruf eines inspirierten Leinwanddarstellers und spielte unter anderem auch neben Hans Moser.
Fischer, der seit 1942 mit der tschechischen Schauspielerin Anna Usell verheiratet war, entwickelte sich nach dem Zweiten Weltkrieg zu einem der größten und beliebtesten Kinoschauspieler im Nachkriegsdeutschland und wurde in einem Atemzug mit Stars wie Curd Jürgens und Maria Schell genannt. Ein Versuch, auch in Hollywood Fuß zu fassen, scheiterte 1957 an Fischers Unfähigkeit, sich dem amerikanischen Studiosystem unterzuordnen und künstlerische Kompromisse einzugehen. Fischer, der mittlerweile der bestbezahlte deutschsprachige Filmschauspieler war, hatte Probleme, sich den Regieanweisungen der Amerikaner unterzuordnen. Sein Wunsch nach einem künstlerischen Diskurs stieß den amerikanischen Filmemachern übel auf und wurde mit kostspieliger Zeitschinderei gleichgesetzt; Fischer wurde entlassen. Im deutschen Sprachraum tat dieser Misserfolg seiner Karriere aber keinen Abbruch.

Nachdem er sich vom Kino verabschiedet hatte, trat Fischer noch gelegentlich in TV-Produktionen auf, lebte ansonsten aber zurückgezogen im Tessin und widmete sich philosophisch-wissenschaftlichen Studien.

Friedhof: O. W. Fischer wurde auf dem Friedhof von Vernate bestattet, einer Gemeinde im Bezirk Lugano im Schweizer Kanton Tessin.
C. H.

JIMMY DURANTE
10. Februar 1893 – 29. Januar 1980

Nach einer frühen Karriere als Ragtime-Pianist wurde Jimmy Durante mit seiner rauen Stimme zu einem beliebten Komiker und genoss, dank seines Mitgefühls für „den kleinen Mann", eine innige Beziehung zu seinem Publikum. Seine auffallend große Nase brachte ihm den Spitznamen „Schnozzola" ein und er machte daraus in ein paar Dutzend Filmen und zahllosen Fernsehauftritten ein komisches Accessoire. Eine Zeit lang hatte Jimmy sogar seine eigene Show und natürlich kennen ihn Kinder jeden Alters als Erzähler von „Frosty the Snowman".
Jimmy ist wahrscheinlich am besten für seinen Nonsens-Song „Inka Dinka Doo" und für seinen seltsamen Abgang bekannt. Er kehrte der Kamera, noch immer im Licht der Scheinwerfer, den Rücken, warf seinen Mantel über die Schulter, drehte sich noch einmal um und sagte mit seiner wunderbaren, rauchigen Stimme: „Good Night Mrs. Calabash, wherever you are", was im Deutschen heißt: „Gute Nacht Mrs. Calabash, wo immer Sie auch sind".
Die mysteriöse Mrs. Calabash gab immer wieder Anlass für Spekulationen. Nach Jimmys Tod stellte sich heraus, dass es sich bei ihr wahrscheinlich um eine Kellnerin namens Lucy Coleman handelte, die in Calabash, North Carolina arbeitete. Im Jahre 1940 führte Lucy ein Restaurant in Calabash und Jimmys Unterhaltungstruppe machte während einer Tour dort eines Abends halt. Der gesellige Durante verwickelte Lucy in ein Gespräch und versprach ihr: „Ich mache dich berühmt." Kurze Zeit später begann Jimmy, seine Radioshows mit dem berühmten Satz zu beenden, und er blieb bis zum Ende seiner Karriere dabei. Nach jahrelangen gesundheitlichen Problemen verstarb Jimmy im Alter von 86 Jahren und ruht auf dem Holy Cross Cemetery in Culver City, Kalifornien.

Weg zum Friedhof: Biegen Sie von der I-405 auf die Slauson Avenue ab und folgen Sie ihr in östlicher Richtung für etwa eine halbe Meile. Der Friedhof liegt auf der linken Seite.

Weg zum Grab: Betreten Sie den Friedhof, wenden Sie sich nach links und gehen Sie den Hügel hinauf. Etwa 100 Meter weiter liegt eine Grotte mit angrenzender Wiese und einem Altar. Sein Grab liegt in der Sektion F, etwas oberhalb des Altars auf der rechten Seite. Gehen Sie einfach rechts um die niedrige Steinmauer herum und Sie stoßen direkt auf das Grab.

GERT FRÖBE
25. Februar 1913 – 5. September 1988

„Erwarten Sie etwa, dass ich rede", stieß der von Sean Connery gespielte Geheimagent James Bond erschrocken aus, als man ihn, der sich weigerte, geheime Informationen preiszugeben, mit der Aussicht auf Folter konfrontierte. Und Gert Fröbe, alias Filmbösewicht Goldfinger, sagte den einen lapidaren Satz, der diese Figur zu einer Ikone des Spannungskino werden ließ: „Nein, Mister Bond. Ich erwarte, dass sie sterben."
Karl Gerhart Fröbe, der als Goldfinger zu Weltruhm kam, wurde als Sohn einer Arbeiterfamilie in Planitz bei Zwickau geboren. Nach dem Schulabschluss ging er nach Dresden, wo er am Staatstheater eine Ausbildung zum Bühnenmaler begann. Bei der Arbeit lernte er auch den Beruf des Schauspielers näher kennen und begeisterte sich dafür. Fröbe sattelte um und nahm 1935 bei Erich Ponto Schauspielunterricht.
Fröbe spielte in den Folgejahren viel am Theater. Ob Wuppertal, Frankfurt/Main oder Wien, überall stand er in verschiedensten Rollen auf der Bühne, bis der Zweite Weltkrieg die künstlerische Karriere unterbrach.
Nach Kriegsende begann er, in München wieder Theater zu spielen, und zeigte auch in komödiantischen Rollen viel Talent. So stand er im „Simpl" beispielsweise mit Karl Valentin auf der Bühne, jonglierte und gab den Pantomimen. Außerdem entdeckte er den Film für sich und war seitdem in verschiedenen Produktionen zu sehen. Beim Film arbeitete Gert Fröbe unter anderem mit Orson Welles, Heinz Rühmann, Romy Schneider, Fritz Lang und Horst Buchholz zusammen und entwickelte sich zum Publikumsliebling. Der 1958 entstandene Thriller „Es geschah am hellichten Tag", nach einem Roman von Friedrich Dürrenmatt, gilt als Meilenstein in Fröbes Filmkarriere. Und 1964 kam „Goldfinger" und brachte ihm internationale Beachtung.
Doch auch jenseits des Spiels überzeugte Fröbe, der ein begnadeter Rezitator war und mit Morgenstern, Ringelnatz und Kästner im Gepäck ganze Abende vor Publikum bestritt. Der mehrfach preisgekrönte Fröbe, der unter anderem mehrere Bambis erhielt, blieb auch in späteren Jahren der Bühne treu, sowohl dem Theater als oder dem Kabarett, drehte Filme und TV-Produktionen und überzeugte dabei auch durch eine große Rollenvielfalt. Er spielte den finsteren Bösewicht, den Psychopathen, den Räuber Hotzenplotz.
Nachdem er sich von einer schweren Krebserkrankung erholt hatte, erlitt Gert Fröbe im Alter von 75 Jahren einen Herzinfarkt. Er starb in München.

Friedhof: Gert Fröbe wurde auf dem Waldfriedhof in Icking beigesetzt, einer Gemeinde nahe Wolfratshausen in Oberbayern, in der er lange Jahre gelebt hatte.
C. H.

LAUREL & HARDY

Oliver Hardy
18. Januar 1892 – 7. August 1957

Stan Laurel
16. Juni 1890 – 23. Februar 1965

Im Jahre 1919 begann Oliver Hardy als Universalkomiker für das Hal Roach Studio zu arbeiten. Im Jahre 1926 bekam er Stan Laurel als Partner zugeteilt und eine 30 Jahre währende Zusammenarbeit begann. Schon nach kurzer Zeit wurden die beiden als neueste Comedy-Sensation gefeiert und sie drehten gemeinsam mehr als 100 Filme. Das Rezept ihres Erfolgs war denkbar einfach: Hardy gab den inkompetenten Clown, während sich Laurel so wahnsinnig dumm anstellte, dass ihm Hardy wie ein Genie erscheinen musste – Dick und Doof waren geboren.

Das Paar vollzog den Wechsel zum Tonfilm problemlos, da in ihren Filmen sowieso nicht viel geredet wurde, und im Jahre 1932 gewannen Laurel und Hardy für ihren Kurzfilm „The Music Box", der unter dem deutschen Titel „Der zermürbende Klaviertransport" erschienen ist, einen Oscar. In diesem Film schuften die beiden, um ein Klavier in das oberste Stockwerk eines auf einem Hügel liegenden Hauses zu transportieren, nur damit es die Stufen wieder hinunterrollt, als die beiden es kurz loslassen, um sich den Schweiß von der Stirn zu wischen. Mit einer Szene schrieb dieser Film Geschichte, da er die Lacher des Publikums nicht durch die bildliche Darstellung eines herabfallenden Klaviers gewann, sondern durch eine längere Sequenz, in der die Gesichter der beiden zu sehen waren und sie zuhörten, wie das Klavier die Stufen hinunterpolterte. Obwohl diese Maßnahme nach heutigem Standard eher simpel erscheint, musste die Filmkomödie irgendwo ihren Anfang nehmen.

Oliver Hardy erlitt im Jahre 1956 einen schweren Schlaganfall, nach dem er halbseitig gelähmt war und sein Sprachvermögen nie zurückerlangte. Nachdem er ein Jahr lang bettlägerig gewesen war, verstarb er im Alter von 65 Jahren. Oliver wurde eingeäschert und seine Asche im Valhalla Memorial Park in Nord-Hollywood, Kalifornien, beigesetzt.

Weg zum Friedhof: Dieser Park ist leicht zu finden, die Adresse lautet: 10621 Victory Boulevard, nur zweieinhalb Meilen östlich des Highway 170.

Weg zum Grab: Betreten Sie den Friedhof, halten Sie sich rechts und gehen Sie auf den Brunnen zu. Kurz vor dem Brunnen liegt auf der rechten Seite eine niedrige Steinmauer, der Garden of Hope. Auf der gegenüberliegenden Seite liegt die Asche Olivers' begraben, oberhalb der Stelle ist zu seinem Gedenken eine Plakette angebracht.

Im Jahr 1965 starb Stan Laurel im Alter von 74 Jahren an den Folgen eines Herzinfarkts. Es wird erzählt, er habe im Bett gelegen und zu seiner Krankenschwester gesagt: „Ich wünschte, ich wäre beim Skifahren." Daraufhin fragte die Schwester: „Oh, Mr. Laurel, können Sie denn Ski fahren?", woraufhin Stan antwortete: „Nein, aber ich würde lieber Ski fahren, als das zu tun, was ich gerade tue." Und dann starb er. Stan wurde eingeäschert und seine Asche wurde im Forest Lawn Memorial Park in den Hollywood Hills, Kalifornien beigesetzt.

Weg zum Friedhof: Verlassen Sie den Highway 134, der das Verbindungsstück zwischen dem Highway 101 und der I-210 bildet, an der Ausfahrt Forest Lawn Drive. Folgen Sie der Straße in westlicher Richtung, der Eingang zum Park liegt auf der linken Seite.

Weg zum Grab: Besorgen Sie sich am Infostand eine Karte und fahren Sie zu den Gardens of Heritage, die in der Nähe der Old North Church liegen. An der zweiten Mauer, zwei Ebenen hinter der Statue Washingtons, finden Sie eine weiße Plakette, die Stans letzte Ruhestätte markiert.

GUSTAF GRÜNDGENS
22. Dezember 1899 – 7. Oktober 1963

Gustav Heinrich Arnold Gründgens – den Bühnennamen Gustaf führte er erst ab 1924 – wurde im Dezember 1899 in eine Düsseldorfer Kaufmannsfamilie geboren. Nach seiner Schulzeit, die er unter anderem in einem Internat in Mayen und an einem Gymnasium seiner Heimatstadt verbrachte, meldete er sich 1916 freiwillig zum Kriegsdienst und kam an die Westfront. Dort engagierte er sich bereits für die schönen Künste: Gründgens schloss sich der „Fronttheatergruppe Saarlouis" an und wurde schließlich deren Leiter. Derart für die Bühne begeistert, schrieb er sich nach Kriegsende an der Hochschule für Bühnenkunst des Düsseldorfer Schauspielhauses ein und genoss eine klassische Ausbildung zum Schauspieler.

Nach diesen Lehrjahren stellten sich erste Engagements ein. Gründgens spielte unter anderem an der städtischen Freilichtbühne Düsseldorfs. Er stand in Halberstadt, Kiel, Berlin und Hamburg auf der Bühne. In der Hansestadt war er ab 1923 bei den Kammerspielen verpflichtet und in diversen Rollen zu sehen. Außerdem erkannte man dort Gründgens organisatorisches Talent: 32 Inszenierungen liefen binnen fünf Jahren unter seiner Regie. Eine Ehe mit Erika Mann, 1926 geschlossen, scheiterte bereits nach drei Jahren.

Als Schauspieler brillierte der Künstler besonders in zwielichtigen Rollen. Er war der klassische Verführer, der Lebemann und Hochstapler, er gab den Erpresser genauso überzeugend wie den Draufgänger. Ende der 20er Jahre wechselte er nach Berlin und arbeitete sowohl an den Kammerspielen des Deutschen Theaters als auch an anderen Bühnen der Hauptstadt. 1929 inszenierte er mit „Die Hochzeit des Figaro" erstmals eine Oper.

Auch das Kabarett hatte es ihm angetan. An der Seite von Grethe Weiser und Ernst Busch trat er mehrfach auch im humoristischen Fach auf.

Während sich der Zweite Weltkrieg anbahnte, ging es mit Gründgens Karriere weiter bergauf. Er war Intendant des Staatlichen Schauspielhauses und seit 1936 auch Staatsrat. Von 1936 bis 1946 war er mit der Schauspielerin Marianne Hoppe verheiratet – eine Ehe, die von vielen Biografen als Scheinbeziehung betrachtet wird, weil Gründgens häufig homoerotische Neigungen unterstellt wurden. Nachdem er 1937 Generalintendant der Preußischen Staatstheater wurde, arbeitete er mehrgleisig. Er kümmerte sich um Bühnen, trat selbst darstellerisch in Erscheinung, inszenierte Stücke und diverse Filmproduktionen. Goethes „Faust", den er 1941 auf die Bühne brachte und in dem er den Mephisto verkörperte, wurde zum Markenzeichen des Künstlers. Mit diesem Stück gastierte er in späteren Jahren auch im Ausland, 1960 wurde die Inszenierung sogar verfilmt. 1963 zog sich Gründgens von der Arbeit zurück und ging auf Reisen. In Manila starb er an einer Magenblutung, die auf eine vermutlich unbeabsichtigte Überdosis Schlaftabletten zurückgeführt wurde.

Friedhof: Gustaf Gründgens wurde auf dem Ohlsdorfer Friedhof in Hamburg beigesetzt.

Zum Grab: Das Grab ist nicht weit vom Haupteingang entfernt. Folgen Sie zunächst dem Hauptweg hinter das Verwaltungsgebäude. Statt in die Cordesallee einzubiegen, halten Sie sich links und gehen schräg an der Allee vorbei vorwärts. Nach einer kleinen Treppe finden Sie, ein wenig abseits gelegen, das Grab Ida Ehres, der Gründerin der Hamburgischen Kammerspiele. Daneben befindet sich die letzte Ruhestätte von Gustaf Gründgens.
C. H.

DIE FAMILIE LINDBERGH

Charles Lindbergh
4. Februar 1902 – 26. August 1974

Anne Morrow Lindbergh
22. Juni 1906 – 7. Februar 2001

Charles Lindbergh Jr.
22. Juni 1930 – 1. März 1932

Im Jahre 1926 flog Charles auf einer regelmäßigen Postroute zwischen Chicago und St. Louis und grübelte in diesen einsamen Stunden oft darüber nach, wie er den auf 25.000 Dollar dotierten Preis erlangen könnte, der seit 1919 demjenigen Piloten in Aussicht stand, der als Erster nonstop von New York nach Paris flog. Seither war diese häufig publizierte Herausforderung zu einer Art nationalen Besessenheit geworden und beflügelte die Fantasie der amerikanischen Öffentlichkeit. Frustrierenderweise hatte es, trotz zahlreicher, glorifizierender Artikel über Piloten, die aufbrachen, um den Preis für sich zu gewinnen, bisher keinen Bericht über ein erfolgreiches Unterfangen gegeben. Französische Piloten verließen Paris mit ihren Flugzeugen, nur um schon in England eine Bruchlandung hinzulegen, amerikanische Piloten waren gezwungen, schon kurz nach dem Start in New York wegen schlechten Wetters umzukehren, und viele Piloten brachen von beiden Seiten des Atlantiks auf und wurden nie wiedergesehen.
Charles hatte eigene Pläne für die erfolgreiche Überquerung des Atlantiks entworfen. Entgegen den Meinungen seiner Zeitgenossen war er der Ansicht, dass man die Passage im Alleingang wagen solle und da er sich sicher war, dass zu jener Zeit kein Fluggerät existierte, mit dem man den Atlantischen Ozean würde überqueren können, musste erst

eines entworfen werden. Nachdem er sich die finanzielle Unterstützung einiger Geschäftsleute aus St. Louis gesichert hatte, heuerte er die Ryan Airplane Company an, die ihm ein Flugzeug bauen sollte. Als dieses zwei Monate später fertiggestellt war, flog Charles nach New York, um sich auf seinen Flug nach Paris vorzubereiten.
Charles' Flugzeug, die „Spirit of St. Louis", war für den schnellen Überflug des Atlantiks entwickelt worden. Für das als „fliegender Zwei-Tonnen-Tank" bekannte Flugzeug wurde zugunsten des Treibstoffverbrauchs auf möglichst viel Bequemlichkeit verzichtet: Es gab kein Funkgerät und keine Bremsen, ein kleines Periskop ersetzte die Frontscheibe und Charles trug keinen Fallschirm. Als Verpflegung, nahm er fünf Sandwiches mit an Bord. „Falls ich in Paris ankomme, brauch ich nicht mehr Verpflegung, und falls ich nicht dort ankomme, brauche ich erst recht keine", kommentierte er trocken. Es gab keinen Raum für Fehler.
Gegen 22 Uhr am 21. Mai 1927 landete die „Spirit of St. Louis" in Paris. Charles einzigartige Leistung versetzte die Welt in Erstaunen und er brach gleich darauf zu einer Reise durch zwei Dutzend Länder auf. Während des Aufenthalts in Mexiko traf er auf die aufstrebende Schriftstellerin Anne Morrow, die Tochter von Dwight M. Morrow, einem früheren US-Senator, der zu jener Zeit Botschafter in Mexiko war. Im Jahre 1929 heirateten Charles und Anne.
Im Jahre 1932 sorgten die Lindberghs unfreiwillig für Schlagzeilen, als ihr kleiner Sohn Charles Jr. aus seinem Kinderhort in ihrer Heimat Hopewell, New Jersey entführt wurde. Die Entführer ließen der Familie eine Nachricht zukommen, in der sie 50.000 Dollar Lösegeld forderten. Nachdem sie über Zeitungsannoncen und Vermittler mit den Entführern verhandelt hatten, wurde das Lösegeld auf einem Friedhof in der Bronx deponiert. Leider bekamen sie ihren Sohn niemals zurück. Stattdessen wurde er zwei Monate später in der Nähe des Hauses der Lindberghs tot aufgefunden. Bruno Hauptmann

wurde, gleich nachdem er etwas von dem Lösegeld an einer Tankstelle ausgegeben hatte, wegen der Entführung verhaftet. Nach einem Aufsehen erregenden Prozess wurde er für schuldig erklärt und im Jahre 1936 auf dem elektrischen Stuhl hingerichtet.

Nach dem Prozess beschloss die Familie, sich aus der Öffentlichkeit zurückzuziehen, und zog nach England. Nach ihrer Rückkehr im Jahre 1939 wurde Charles zu einem bekannten Sprecher der Vereinigung „America First Committee", die versuchte, Amerikas Teilnahme am Zweiten Weltkrieg zu verhindern. Mit seiner Einstellung brachte Charles Präsident Roosevelt gegen sich auf und die Amerikaner stellten seine Loyalität in Frage. Besonders waren sie von seinen antisemitischen Äußerungen entsetzt. Daraufhin zog er sich aus der amerikanischen Luftwaffe zurück, allerdings veränderte der Vorfall in Pearl Harbor seine Einstellung. Im Jahre 1942 bat Charles darum, wieder in die Luftwaffe aufgenommen zu werden, jedoch lehnte Roosevelt seine Bitte ab. Charles nahm stattdessen eine Stelle als Berater in einem Werk Henry Fords in Willow Run an, das B-24 Bomber herstellte. Nach dem Krieg schien die Öffentlichkeit die Äußerungen Lindberghs vergessen zu haben – oder schaute wenigstens darüber hinweg.

Während ihrer Ehe war auch Anne zu Ruhm gelangt. In den 30er Jahren hatte das Paar als Sachverständige im kommerziellen Flugverkehr gearbeitet und während eines Pionierflugs von Kanada nach China war sie Charles' Co-Pilotin gewesen. Anne verarbeitete diese Erfahrungen in ihrem ersten Roman „North to the Orient", der prompt zu einem Bestseller wurde, genauso wie ihre anderen Romane, die sie noch schreiben sollte. Im Jahre 1954 bekam Charles für seine Autobiografie „The Spirit of St. Louis", die unter dem deutschen Titel „Mein Flug über den Ozean" erschienen ist und größtenteils von Anne verfasst worden war, den Pulitzer-Preis. Im Jahre 1956 veröffentlichte Anne einen der bekanntesten Bestseller des Jahrhunderts, „Gift from the Sea" – der Titel der deutschen Übersetzung lautet „Muscheln aus meiner Hand" –, eine Betrachtung des Lebens verschiedener Frauen und ihrer Suche nach einer Identität. Das Buch führte 47 Wochen lang die Bestsellerlisten an und wird, mehr als 50 Jahre nach der Erstveröffentlichung, noch immer gedruckt.

Ihren Lebensabend verbrachten die Lindberghs ebenfalls mit der Fliegerei, jedoch flogen sie meist zum Spaß. Charles verstarb am 26. August 1974, in ihrem gemeinsamen Haus auf der Hawaii-Insel Maui, im Alter von 72 Jahren an Krebs. Nach Charles' Tod begann Anne damit, ihre Tagebücher, Briefe und Memoiren zu veröffentlichen, teils um ihren Beitrag zur historischen Erfassung der Fliegerei zu leisten und teils um Missverständnisse und Irrtümer ihren Mann und sie betreffend aus dem Weg zu räumen. Nachdem sie mehrere Schlaganfälle erlitten hatte, starb Anne im Alter von 94 Jahren im Kreise ihrer Familie im Haus ihrer Tochter in Vermont.

Charles' Flugzeug „The Spirit of St. Louis" hängt heute im Atrium des National Air and Space Museum in Washington D.C.

Charles hatte vor seinem Tod einen Entwurf für seinen Sarg und sein Grab angefertigt. Er wurde im Schatten eines Pflaumenbaums auf dem Gelände des Palapala Ho'omau Congregational Church Cemetery in Kipahulu auf der Hawaii-Insel Maui beigesetzt. Seine Grabinschrift lautet, gemäß Psalm 139:9-10: „Nähme ich Flügel der Morgenröte und bliebe am äußersten Meer."

Weg zum Friedhof: Kipahulu liegt in einem entlegenen Teil der Insel Maui am südöstlichen Strand. Folgen Sie der Route 360 von Kahului aus und suchen Sie, nachdem Sie die Stadt Hana durchquert haben, nach der Markierung „Mile 41", die Zahlen sind absteigend. Biegen Sie kurz hinter der Markierung links auf eine schmale Straße ab, die entlang einer Weide verläuft. Biegen Sie etwa 90 Meter weiter wieder links ab. Die Kirche und der Friedhof liegen nicht weit entfernt an dieser Straße.

Weg zum Grab: Parken Sie vor der Kirche, passieren Sie sie an der dem Ozean zugewandten Seite und betreten Sie den Friedhof. Charles' Grab liegt etwa in der Mitte des Friedhofs und wird von einer einfachen Eisenkette umgeben.

Anne wurde eingeäschert und ihre Überreste, gemäß ihrem Wunsch, an den Plätzen verstreut, die sie liebte.

Charles Lindbergh Jr., der im Alter von 18 Monaten verstarb, wurde eingeäschert und seine Asche im Atlantik verstreut.

THEA VON HARBOU
27. Dezember 1888 – 1. Juli 1954

Die Filmwelt kennt sie als Partnerin und Co-Autorin Fritz Langs bei dessen monumentalem Ufa-Film „Metropolis" von 1926, einem Meilenstein des jungen Kinos, des Expressionismus und der Science-Fiction. Ursprünglich gefloppt – H.G. Wells nannte ihn den „dümmsten aller Filme" –, stürzte die Produktion die finanziell angeschlagene Ufa in den Ruin und entwickelte sich erst Jahrzehnte später zu einem wertvollen, aufgrund mehrerer Schnittfassungen und verschollenen Materials fragmentarischen Klassiker des Kinos.
Doch Thea von Harbou war viel mehr. Schon in Jugendjahren hatte die talentierte Schriftstellerin aus Tauperlitz mehrere fiktive Texte für regionale Zeitungen verfasst und veröffentlicht, 1902 verlegte sie ihre Lyrik selbst und schrieb 1905 ihren ersten Roman. Doch im Hauptberuf war von Harbou Schauspielerin. Mit 18 Jahren hatte sie den Kollegen Rudolf Klein-Rogge kennen und lieben gelernt, der ebenfalls später an „Metropolis" beteiligt sein sollte; 1914 heiratete das junge Paar. Nach weiteren literarischen Erfolgen beendete die Künstlerin ihre darstellerische Karriere und verlegte sich ausschließlich auf das Schreiben, sie verfasste in der Folge auch Filmdrehbücher.
Die Autorin, die sich bereits 1918 in Freundschaft von ihrem Ehemann getrennt hatte – die Scheidung wurde 1921 rechtskräftig –, lernte den jungen Regisseur Fritz Lang kennen, den sie 1922 heiratete. Lang und von Harbou wurden zu einem kreativen Traumpaar des Kinos und stemmten mehrere einflussreiche und bedeutsame Projekte gemeinsam.
Bis 1933, als Lang nach Amerika emigrierte, hielt ihre berufliche Verbindung – das private Glück scheiterte bereits viel früher. Geschieden wurden die beiden 1933.

In Deutschland konnte Thea trotz der Einschränkungen durch die Nationalsozialisten recht ungehindert arbeiten und versuchte sich in den 30er Jahren auch selbst als Regisseurin. Nach Kriegsende war sie kurzzeitig interniert, kehrte aber 1948 zur Filmarbeit zurück. Für die „Deutsche London Film" verfasste sie Synchronbücher und schrieb auch wieder literarische Werke.

Als man 1954 einen ihrer frühen Filme - „Der müde Tod", entstanden 1921 - in Berlin wiederaufführte, war Thea von Harbou als Ehrengast anwesend. Bei der Vorstellung stürzte sie sehr unglücklich und starb wenige Tage später an den Folgen dieses Unfalls.

Friedhof: Thea von Harbou wurde auf dem Friedhof Heerstraße, Trakehner Allee, im Berliner Stadtteil Charlottenburg bestattet.
C. H.

GROUCHO MARX
2. Oktober 1890 – 19. August 1977

Nachdem sie in den 20er Jahren den Broadway unsicher gemacht hatten, verschlug es Groucho Marx und seine vier Brüder nach Hollywood. Sie wurden zu einer veritablen Comedy-Truppe, die dem Kinopublikum eine wilde und anarchische Art des Humors entgegenschmetterte, die zuvor noch unbekannt gewesen war. Sein Frack, der aufgemalte Schnurrbart, seine rollenden Augen und sein lasterhafter, anzüglicher Blick wurden bald zu seinen Markenzeichen, mit denen der wortgewandte Groucho seine Brüder und sich selbst mit Filmen wie „Animal Crackers" und „A Night at the Opera" (der deutsche Titel lautet „Die Marx-Brothers in der Oper") zum Erfolg führte.
Nachdem sich die Brüder im Jahre 1949 getrennt hatten, moderierte Groucho die Radio- und Fernsehshow „You Bet Your Life" und entwickelte seine schnelle Auffassungsgabe zu einer Kunstform. Einmal fragte er eine Kandidatin nach ihrem Alter und sie antwortete, dass sie sich der 40er-Marke nähere, woraufhin Groucho entgegnete: „Ach ja? Aus welcher Richtung denn?" In einer anderen Sendung litt ein Kandidat unter solchem Lampenfieber, dass er kein Wort sagen konnte. Groucho entgegnete: „Entweder ist dieser Mann tot, oder meine Uhr ist stehen geblieben."
Groucho erlag im Alter von 86 Jahren einer Lungenentzündung und seine Asche wurde im Eden Memorial Park in Mission Hills, Kalifornien beigesetzt.

Weg zum Friedhof: Der Friedhof liegt direkt an der Ecke Rinaldi Street und Sepulveda Boulevard, gleich östlich der Abfahrt Rinaldi Street auf der I-405.

Weg zum Grab: Fahren Sie auf das Gelände des Parks, biegen Sie an der ersten Möglichkeit rechts ab und parken Sie dort. Auf dem Hügel zu Ihrer Linken liegt ein großes Mausoleum,

das in drei Sektionen unterteilt ist. Auf der linken Seite der mittleren Sektion liegt eine Tür, die zu einer Urnenhalle führt. In dieser liegt, etwa in Augenhöhe, Grouchos Urne.
Seine Brüder Chico, Gummo und Harpo liegen im Forest Lawn Memorial Park in Glendale, Kalifornien begraben. Im Jahre 1979 starb Zeppo, der letzte Überlebende der Marx-Brothers, und wurde eingeäschert.

EMIL JANNINGS
23. Juli 1884 – 2. Januar 1950

Theodor Friedrich Emil Janenz stammte zwar aus dem Schweizer Ort Rorschach am Bodensee, wuchs aber in Leipzig und Görlitz auf, wo er das Gymnasium besuchte. Was er allerdings nur bis zur Obertertia tat, denn dann hatte der junge Mann keine Lust mehr, die Schulbank zu drücken, und heuerte als Schiffsjunge an. Die Seemannsromantik der Abenteuerliteratur schien er auf seinen Reisen aber nicht gefunden zu haben: Schon 1900 war Emil wieder in Görlitz und versuchte, am dortigen Stadttheater Fuß zu fassen. Die Bühne war schon lange sein Berufswunsch gewesen, eine Umsetzung dieser Träume war bisher aber am Widerstand der Eltern gescheitert. Nach der Erfahrung, ihren Filius zur See gehen zu sehen, intervenierte die Familie nun aber nicht mehr. Am Stadttheater bescheinigte man ihm übrigens Talentlosigkeit.
Es folgten Wanderjahre, die Emil auf verschiedenste Bühnen brachten. 1914 kam er nach Berlin, wo er sich im Umfeld von Max Reinhardts bewegte und erste Filmrollen bekam. Seine Begegnung mit Ernst Lubitsch, im Jahr 1916 brachte ihm Glück: Dessen Historienfilm „Madame Dubarry" bedeutete für den jungen Wanderschauspieler zwei Jahre später den endgültigen Durchbruch.
In der Weimarer Republik avancierte Jannings zusehends zum Leinwandstar und war an zahlreichen namhaften Produktionen beteiligt. Für Regisseur Friedrich Wilhelm Murnau und Produzentenlegende Erich Pommer stand Jannings 1924 zum Beispiel für „Der letzte Mann" vor der Kamera, eine tragische Parabel um einen alternden Hotelportier. Der Streifen gilt als absoluter Klassiker der Stummfilmzeit. Ein Ausflug hinter die Kamera mit der 1922 gegründeten eigenen Firma „Emil Jannings-Film GmbH" scheiterte aber nach nur einer Produktion. Mitte der 20er Jahre wurde man auch in Hollywood auf ihn aufmerksam. Jannings erhielt Angebote aus den USA, siedelte nach Amerika über und unterschrieb einen Studiovertrag bei der Paramount. Eine internationale Karriere begann.
Was folgte, war die absolute Sensation: Als 1929 erstmals der Academy Award, also der mittlerweile weltberühmte Oscar, verliehen wurde, erhielt Emil Jannings die Trophäe als bester Hauptdarsteller. Bis in die Gegenwart hat kein Deutscher ihm diese Leistung nachmachen können.
Anfang der 30er Jahre erlebte Jannings mit „Der blaue Engel" auch in Deutschland ein Comeback, wo er in Zukunft wieder verstärkt drehen sollte und sich zu einem Lieblingsschauspieler von Adolf Hitler entwickelte. 1938 schaffte er es auch endlich auf den

Produzentenstuhl. Nach Ende der NS-Zeit erließen die Alliierten ein Arbeitsverbot für Emil Jannings, der zuvor in diversen Propagandafilmen aufgetreten war. Jannings zog sich daraufhin ins Privatleben zurück. Er starb 1950 in Österreich an Krebs.

Friedhof: Die kleine Gemeinde St. Wolfgang liegt im Salzkammergut in Oberösterreich. Auf dem dortigen Ortsfriedhof ist Emil Jannings bestattet.
C. H.

DAS „RAT PACK"

In den späten 50ern, lange bevor Las Vegas zu dem heutigen Themenpark mutierte, rief Frank Sinatra vier seiner Freunde zu sich ins Sands Hotel und Casino. Sofort wurde der Copa Room des Hotels zum angesagtesten Platz im Universum. Mit dem schmachtenden Loverboy Frank als „Vorsitzendem" wurde das „Rat Pack" zu einer Art Kult von Persönlichkeiten, die das süße Leben voller Wein, Weib und Gesang in vollen Zügen genossen. Die Truppe bestand aus dem Vorsitzenden, Frank persönlich; dem lässigen Sänger Dean Martin, dem einäugigen Sing- und Tanztalent Sammy Davis Jr., dem Schönling und Vertreter der Oberschicht Peter Lawford und dem steifschultrigen Komiker Joey Bishop. Sie stiegen zu den neuen amerikanischen Gottheiten auf und Las Vegas war ihr Olymp.
Ihre „Summits" - auf Deutsch „Gipfeltreffen"- wurden zum ultimativen Nachtclub-Event, und während Las Vegas in ihrem Schatten wuchs, hielt das Quintett Hof auf ihrem „Alles ist möglich"-Spielplatz. Mit einer Zuversicht und Arroganz, die scheinbar von allem Geld der Welt abgesichert wurde, witzelten Frank und seine Swing-Kumpane herum und schmetterten alte und neue Hits. Sie schwelgten in ihrer unbesonnenen, vom Whisky bestimmten Lebensart, umwerfend schöne Frauen drängten sich in ihre Mitte und das einfache Volk, von der glitzernden Welt der Stars fasziniert, sonnte sich in dem Privileg ihrer Nähe.
Das „Rat Pack" eroberte sogar die Leinwand, in Filmen wie „Ocean's Eleven" (der deutsche Titel hieß „Frankie und seine Spießgesellen"), damit jeder an ihrer Lebensfreude teilhaben konnte. Einer von ihnen, Peter Lawford, heiratete eine Frau, deren Bruder zufällig John F. Kennedy hieß, und nachdem die Jungs einige Konzerte gegeben hatten, um Geld für seine Präsidentschaftskandidatur im Jahre 1960 zu sammeln, stimmte auch das Oval Office in den Hype mit ein und hob damit die trendige Verbindung von Politik und Starruhm aus der Taufe. Leider hielten die sorgenfreien Tage nicht ewig an und nach einigen glorreichen Jahren löste sich das „Rat Pack" auf. Das Verhältnis zwischen Frank und Peter wurde schlechter, da der Präsident ihren brüderlichen Zusammenhalt missbilligte, und Joey kehrte schon bald zu seinen eigenen oberflächlichen Witzen zurück. Im Jahre 1964, als die Nation mit der Ermordung des Präsidenten zu kämpfen hatte, in Vietnam ein Krieg drohte und Unruhen aufgrund der Zivilrechtsprozesse entstanden, erschien das „Rat Pack" hoffnungslos veraltet, und es gab keinen Platz mehr für ihre Welt ohne Regeln und Konsequenzen. Die Jahre der Schwelgerei hatten ihren Tribut gefordert und der Spaß war vorbei.

Dean Martin

7. Juni 1917 – 25. Dezember 1995

Dino Paul Crocetti hatte in Stahlwerken geschwitzt, unter dem Namen Kid Crochet eine Boxerkarriere angestrebt und Spirituosen geschmuggelt, bevor er als Schlagersänger berühmt wurde und sich den Namen Dean Martin zulegte. Im Jahre 1946 witzelte er mit einem näselnden Komiker namens Jerry Lewis auf der Bühne herum und innerhalb von zwei Jahren hatten die beiden die Industrie fest in der Hand. Es folgten 13 Filme mit dem eleganten Sänger Martin und dem Spaßvogel Lewis, aber während Jerrys Komikerambitionen ständig zunahmen, kam Deans musikalisches Talent, mal abgesehen von seinem Hit „That's Amore" aus dem Jahre 1953, mehr und mehr zum Erliegen. Im Jahre 1956 war Dean Jerrys Unzuverlässigkeit und die daraus folgenden Probleme leid und beendete ihre Zusammenarbeit. Er sah niemals zurück und nahm Jerry von da an kaum noch zur Kenntnis.

Niemand glaubte, dass Dean es alleine schaffen könnte, und das tat er auch nicht. Stattdessen nahm ihn das „Rat Pack" in seiner Mitte auf und durch einige erfolgreiche Filme und Auftritte in den Nachtclubs von Las Vegas wurde Dean zu einem beliebten Mitglied der Truppe.

Dean, stets ausgestattet mit einem Drink und einer Zigarette, schwebte förmlich über dem Gewühl von Menschen und verbreitete eine Atmosphäre von Distanz, während sich das Publikum zusammendrängte, um die gleiche Luft zu atmen wie er.

Im Jahre 1964 erreichte die Vergötterung Deans ihren Höhepunkt, als sein Song „Everybody Loves Somebody" die Beatles von der Spitze der Charts verdrängte. Im folgenden Jahr debütierte er mit der „Dean Martin Show", jedoch hatte sich die Popkultur bis zur Absetzung der Show neun Staffeln später so stark verändert, dass auch Deans neueste Projekte keinen Platz mehr darin fanden. Als das Playboy-Image in den späten 70ern vollends aus der Mode gekommen war, ließ ihn seine ehemalige Zugehörigkeit zum „Rat Pack" eher altmodisch erscheinen, und bis zum Ende seines Lebens hielt er sich mit halbherzigen Gesangsauftritten und anderen Shows über Wasser.

Im Jahre 1987 kam sein Sohn Dino Jr., ein Kampfpilot, bei einem Flugzeugabsturz ums Leben und Dean zog sich daraufhin vollständig aus der Öffentlichkeit zurück. Seine letzten ruhigen Jahre verbrachte er meist allein in den Restaurants von Hollywood. „Ich warte nur noch auf den Tod", sagte er eines Abends zu Paul Anka.

Am ersten Weihnachtstag des Jahres 1995 hatte sein Warten ein Ende und er verstarb im Alter von 78 Jahren an einem Atemstillstand.

Seine letzte Ruhestätte fand er im Westwood Village Memorial Park in Santa Monica, Kalifornien.

Weg zum Friedhof: Auf diesem kleinen Friedhof liegen viele berühmte Persönlichkeiten begraben. Er liegt hinter dem Bürokomplex am Wilshire Blvd. 10850, eine halbe Meile östlich der I-405.

Weg zum Grab: Schauen Sie vom Hof des Friedhofs aus in Richtung des Verwaltungsgebäudes. Zu Ihrer Linken liegen mehrere Alkoven. Deans Krypta liegt im Alkoven namens „Sanctuary of Love", in der dritten Reihe von unten. Die Inschrift auf seinem Grab zeigt die unvergesslichen Worte „Everybody Loves Somebody Sometime".

Sammy Davis Jr.
8. Dezember 1925 – 16. Mai 1990

Sammy begann seine Karriere im Showbiz im Alter von drei Jahren, als er als „Silent Sam, the Dancing Midget", was im Deutschen etwa „Der stille Sam, der tanzende Winzling" heißt, zusammen mit seinem Vater und seinem Onkel im Varieté auftrat. Es sollte zwar nie eine Rolle spielen, aber er besuchte niemals die Schule. Sammys Film-Debüt als Stepptänzer folgte im Jahre 1932, und nachdem er während des Zweiten Weltkriegs in den amerikanischen Streitkräften gedient hatte, kehrte er zur Truppe seines Vaters zurück. Im Jahre 1946 nahm er im Alter von 21 Jahren die Single „The Way You Look Tonight" auf, die zur Single des Jahres gekürt wurde.
Mitte der 50er Jahre war Sammy als Pantomime, Komiker, Schlagzeuger, Schauspieler, Sänger und Tänzer erfolgreich, jedoch erhielt, seine Karriere einen plötzlichen Dämpfer, als er 1954 bei einem schweren Autounfall sein linkes Auge verlor. Während seines Krankenhausaufenthalts konvertierte er zum Judentum und löste damit einen Pressetumult aus. Unverdrossen wie er war, kehrte er schon bald auf die Bühne zurück. Zunächst trug er bei seinen Auftritten eine Augenklappe, bis er eine Prothese erhielt, und innerhalb nur einen Jahres brachte er neue Hits wie „That Old Black Magic" und „Love Me or Leave Me" heraus. Im darauffolgenden Jahr gab er im Musical „Mr. Wonderful", das mehr als 400 Mal aufgeführt wurde, sein Broadway-Debüt.
Im Jahre 1949 entwickelte sich zwischen Sammy und Frank Sinatra eine Freundschaft, die ein Leben lang anhalten sollte, und zehn Jahre später gehörte Sammy zu den Mitgliedern von Franks „Rat Pack". Scharfe Kritik war nichts Neues für Sammy, und deshalb gingen die Vorwürfe einiger seiner afroamerikanischen Mitbürger, die ihn beschuldigten, sich als Quoten-Schwarzer einer Truppe von Weißen anzudienen, an ihm vorüber. Solch müde Zwischenrufe verstummten angesichts seiner Hochzeit mit der schwedischen Schauspielerin May Britt im Jahre 1960, die einen öffentlichen Aufschrei und Todesdrohungen zur Folge hatte. Obwohl er in späteren Jahren wegen seiner Zechgelage und seiner Spielsucht in der Kritik stand und obwohl er sogar öffentlich seine Vorliebe für Pornografie äußerte und im Jahre 1972 Nixon unterstützte, blieb Sammy seiner Kunst treu und stand über alldem. Behangen mit allerlei Schmuck und bekleidet mit einem schicken Hosenanzug oder Frack, zog der charismatische Entertainer noch immer das Publikum in seinen Bann und wurde zu einem der beliebtesten Künstler Amerikas.
In den späten 70er Jahren verlor Sammy, nach dem großen Erfolg seines Songs „Candy Man" und seiner eigenen Fernsehshow, jedoch langsam an Popularität und beendete seine

Karriere schließlich mit Auftritten in Casinos und zweitklassigen Filmen. Mit vielen seiner Kollegen an seiner Seite starb Sammy, der sein Leben lang geraucht hatte, im Jahre 1990 an Kehlkopfkrebs.
Bei seiner Beerdigung trug Sammy Manschettenknöpfe der Marke Bojangles und eine Uhr, die ihm auf seinem Sterbebett von Sinatra geschenkt worden war. Im Alter von 64 Jahren wurde Sammy im Forest Lawn Memorial Park in Glendale, Kalifornien beigesetzt.

Weg zum Friedhof: Verlassen Sie den Highway 2 an der Ausfahrt San Fernando Road und halten Sie sich in nordwestlicher Richtung. Biegen Sie eine Meile später rechts auf die Glendale Avenue ab. Der Eingang zum Park liegt gleich auf der rechten Seite.

Weg zum Grab: Holen Sie sich am Informationsstand eine Karte und fahren Sie zum Freedom Mausoleum. Wenn Sie den Hof vor dem Freedom Mausoleum betreten, sehen Sie zwei abgeschlossene Sektionen, die Gardens of Honor. Sammy liegt auf dem Gelände der Gardens of Honor begraben, nahe des Freedom Mausoleum. Sein Grab liegt zwei Reihen vor der weißen Statue der Familie Davis. Leider sind die Gärten verschlossen, und der Eintritt ist nur jenen gestattet, die den „Golden Key of Memory", den „Goldenen Schlüssel der Erinnerung" besitzen, der den Angehörigen anvertraut wird. Wenn Sie unbedingt hineinwollen, gibt es aber immer einen Weg.

Frank Sinatra
12. Dezember 1915 – 14. Mai 1998

Ob Sie es nun glauben oder nicht – Frank Sinatra wollte gerne Journalist werden. In seiner Jugend arbeitete er als Laufbursche beim Jersey Observer, einer lokalen Tageszeitung. Nachdem er sich an einer Sekretariatsschule eingeschrieben hatte, an der er Englisch, Maschinenschreiben und Kurzschrift studierte, wurde er zum Sportjournalisten befördert. Allerdings jobbte Frank, der sich selbst das Singen beigebracht hatte, für 25 Dollar die Woche in einem Musiklokal als Oberkellner, Sänger und Komiker. Dort wurde er im Jahre 1939 von Harry James entdeckt.
Nachdem er mit James' Band für eine Zeit auf Tour gewesen war, wurde Frank durch die Veröffentlichung von mehr als 90 Songs bekannt, die er zusammen mit dem Orchester Tommy Dorseys aufgenommen hatte. Im Jahre 1943 war er bereits ein bekannter Filmstar, sein Debüt gab er in „Higher and Higher" und seine Live-Auftritte wurden regelmäßig von dem hysterischen Gekreische junger Mädchen unterbrochen. Im Jahre 1949 erlitt „Ol' Blue Eyes" jedoch eine empfindliche Niederlage; die Verkaufszahlen seiner Platten gingen zurück, seine Konzerte wurden aufgrund von Stimmbandproblemen zu einem Flop, er verlor seinen Filmvertrag und auch privat ging es bergab – seine Affäre mit Ava Gardner wurde zu einem Skandal.

Im Alter von nur 34 Jahren schien Frank, auch „The Voice" genannt, am Ende seiner Karriere angelangt zu sein.

Frank war zwar am Boden, aber noch lange nicht aus dem Rennen. Er riss sich zusammen und fand den Weg aus dem Karrieretief. Mit Avas Hilfe, die mittlerweile seine Frau geworden war, ergatterte Frank die Rolle des knallharten Italieners Angelo Maggio in dem Film „From Here to Eternity", der den deutschen Titel „Verdammt in alle Ewigkeit" trug. Er bekam für diese Rolle im Jahre 1953 den Oscar. Dank seines angeborenen Talents für die Schauspielerei bereicherte Frank noch viele weitere erstklassige Filme, darunter zwei Jahre später „The Man With the Golden Arm" (der deutsche Titel hieß „Der Mann mit dem goldenen Arm") und aus dem Jahre 1962 „The Manchurian Candidate", der den deutschen Titel „Botschafter der Angst" trug.

Nach seinem Oscargewinn startete Frank noch einmal richtig durch. Er überwand seine Stimmbandprobleme und veröffentlichte in der Folgezeit, ausgestattet mit einem neuen Plattenvertrag, Hits am laufenden Band, darunter „Young at Heart", „Hey Jealous Lover" und „All the Way". Dies war sein goldenes Zeitalter. Kurze Zeit später „regierte" er in seiner Funktion als Vorsitzender über seine „Rat Pack"-Brüder – Frank hielt alle Karten fest in der Hand und teilte sie auf seine unnachahmliche Weise aus.

Mitte der 60er Jahre ereilten Las Vegas grundlegende Veränderungen und neues Geld dominierte das Geschäft, also musste Frank für die Neuankömmlinge Platz machen. Seine Popularität schwand langsam dahin, und als im Jahre 1971 seine berühmte Stimme erneut ins Wanken geriet, gab er seinen Rückzug aus dem Showbusiness bekannt. In den folgenden zwei Jahrzehnten schraubte Frank seine Arbeit an neuen Alben und Filmen zurück und trat nur noch gelegentlich auf, zuletzt im Jahre 1994.

Im Alter von 82 Jahren erlag Frank einem Herzleiden und fand seine letzte Ruhe auf dem Desert Memorial Park Cemetery in Cathedral City, Kalifornien.

Weg zum Friedhof: Verlassen Sie die I-10 an der Ausfahrt Ramon Road und folgen Sie dieser zwei Meilen bis zum Da Vall Drive. Biegen Sie rechts ab und der Eingang zum Friedhof liegt gleich auf der linken Seite.

Weg zum Grab: Betreten Sie den Friedhof, halten Sie sich links und folgen Sie dem Hauptweg, biegen Sie jedoch nicht zu weit nach links ab in Richtung Bürogebäude. Wenn Sie die rechte Haarnadelkurve hinter sich gelassen und die Ramon Road im Rücken haben, zählen Sie die Bäume zu Ihrer Rechten. Bleiben Sie zwischen dem dritten und vierten Baum stehen und zählen Sie von da aus vier Markierungen von der Kurve zu Ihrer Rechten ausgehend ab, um zu Franks Grab zu gelangen.

DAS „RAT PACK"

FRANK SINATRA

DEAN MARTIN   SAMMY DAVIS, JR.

CURD JÜRGENS
13. Dezember 1915 – 18. Juni 1982

Der Kaufmannssohn Curd Gustav Andreas Gottlieb Franz Jürgens wurde in München geboren und zog 1925 mit seiner Mutter nach Berlin, wo er auch das Gymnasium besuchte. In der Theatergruppe seiner Schule stellte er erstmals sein Talent zur Schauspielerei unter Beweis. Nach dem Abitur verdingte er sich zunächst aber als Reporter bei einem Berliner Abendblatt und ließ sich nebenbei von Walter Janssen in seinem eigentlichen Wunschberuf ausbilden. 1935 stand er erstmals als professioneller Schauspieler auf der Bühne, am Dresdener Metropoltheater.

Trotz einer schon früh begonnenen, erfolgreichen Karriere beim Film blieb Jürgens der Bühne treu und spielte in den 30er Jahren auch in Berlin und Wien diverse Rollen. Als Intendant war er später auch in Straubing und Paris aktiv.

Die 50er Jahre bedeuteten Jürgens' endgültigen Durchbruch auf der Leinwand. Mit Filmen wie „Des Teufels General" aus dem Jahre 1955, „Und immer lockt das Weib", den er 1956 an der Seite von Brigitte Bardot drehte, und „Duell im Atlantik", in dem er 1957 zusammen mit Robert Mitchum vor der Kamera stand, sorgte der Schauspieler auch international für Aufsehen und etablierte sich endgültig als beliebte und gefragte Kinogröße. Auch im Fernsehen und als Synchronsprecher war er aktiv und wurde schnell beliebt.

Seit den 70er Jahren musste Jürgens aufgrund eines Herzleidens mehrere schwere Operationen über sich ergehen lassen. Dennoch verlor der als Lebemann und Genussmensch bekannte Mime nie die Lust an seinem mitunter recht extravaganten Lebensstil und änderte auch seine gesundheitlichen Gepflogenheiten kaum. Jürgens war insgesamt fünf Mal verheiratet, blieb allerdings kinderlos und war der Boulevardpresse immer eine Geschichte wert.

Für die russisch-französische Co-Produktion „Teheran 43 – Killer sind immer unterwegs" stand Jürgens Anfang der 80er Jahre zum letzten Mal vor der Kamera und konnte die Arbeiten an dem Film mit Alain Delon nicht beenden – seine Szenen mussten von einem anderen Schauspieler synchronisiert werden, da Jürgens zu dem Zeitpunkt schon nicht mehr zur Verfügung stand. Der große Mime verstarb an multiplem Organversagen in der Rudolfstiftung, einem städtischem Krankenhaus im dritten Wiener Gemeindebezirk.

Friedhof: Der Wiener Zentralfriedhof gilt als die zweitgrößte Friedhofsanlage Europas. Etwa 1.000 Ehrengräber hat die Stadt Wien dort errichtet, eines davon Curd Jürgens letzte Ruhestätte.

Zum Grab: Curd Jürgens' Grab ist nahe der Dr. Karl Lueger Kirche gelegen: Grabstätte 54 in der Ehrengräbergruppe 32 C.

C. H.

GUSTAV KNUTH
7. Juli 1901 – 1. Februar 1987

Gustav Adolf Karl Friedrich Knuth hatte die Volksschule besucht und eine Lehre begonnen, als er merkte, dass der eingeschlagene Weg der falsche war. Knuth wollte auf die Bühne.
Mit der finanziellen Unterstützung seiner Schwester finanzierte er sich in seiner Heimatstadt Braunschweig Schauspielunterricht beim Darsteller Casimir Paris, dann bekam er 1918 sein erstes Engagement. Hildesheim wurde seine erste Wirkungsstätte. Knuth stand in Folge auch auf Kur-, Sommer- und Provinztheaterbühnen und trat mal in Basel, mal in Hamburg auf – er führte ein Nomadenleben. Nach einem dreijährigen Engagement am Deutschen Schauspielhaus in Hamburg wechselte Knuth ans Berliner Staatstheater, wo er bis Kriegsende blieb.
Seit 1935 drehte er auch Filme. So gab er in Hans Steinhoffs „Der Ammenkönig" einen virilen Dorfschmied und überzeugte Kritiker und Kollegen durch seine Darstellungskunst. Weitere Filmrollen folgten. Knuths Rollentyp waren die aufrichtigen, wenn auch ein wenig ungeschickten jungen Männer - Kerle, die das Herz am rechten Fleck hatten, auch wenn sie zwei linke Hände besaßen. Unvergessen ist sein schüchterner Matrose Fiete aus Helmut Käutners Film „Große Freiheit Nr. 7", in dem Knuth 1944 an der Seite von Hans Albers spielte.
Nach dem Krieg war der Darsteller wieder vermehrt auf den Bühnen zu sehen. Nach einem erneuten Engagement in Hamburg wechselte er 1946 ans Schauspielhaus Zürich, dem er – auch wenn man ihn zwischendurch immer mal woanders sehen sollte – bis in die 80er Jahre verbunden blieb.
Auch seine Filmkarriere entwickelte sich erfolgreich. In den 50er Jahren drehte Knuth mit namhaften Kollegen und Regisseuren und mit der wachsenden Beliebtheit des Fernsehens in den 60er Jahren war er auch in zahlreichen TV-Produktionen zu sehen. Mit Heinz Otto Wuttig realisierte er Serien wie „Alle meine Tiere" und „Salto Mortale", er war der Heinrich in „Großer Mann, was nun?" und scharte mit jeder Serienrolle eine größere Fangemeinde um sich. Das TV-Publikum mochte den sympathischen Mann, der einmal Tierarzt und einmal Impressario einer Zirkustruppe war.
Privat war Knuth zunächst mit Gustel Busch, nach der Scheidung mit Schauspielerkollegin Elisabeth Lennartz verheiratet. Sein Sohn Klaus wurde ebenfalls Schauspieler. Knuth verstarb am 1. Februar 1987 an einem Herzinfarkt.

Friedhof: Die Schweizer Gemeinde Küsnacht liegt im Bezirk Meilen, Kanton Zürich, nahe des Zürichseeufers. Gustav Knuth wurde auf dem Friedhof Küsnacht-Hinterried in der Friedhofstrasse 11 bestattet.
C. H.

PETER LORRE
26. Juni 1904 – 23. März 1964

Bevor László Loewenstein zu Ricks Passierschein-Problem in „Casablanca", zum kriminalistischen Ermittler "Mr. Moto" oder zum Kinderschänder aus „M – Eine Stadt sucht einen Mörder" werden konnte, musste der in Österreich-Ungarn geborene Schauspieler zunächst einmal Peter Lorre werden. Stehgreiftheater-Gründer Jacob Levy Moreno gab ihm den Künstlernamen 1925, als Loewenstein bereits eine Lehre zum Bankkaufmann hinter sich gebracht und sich dann doch für eine Karriere in der darstellenden Zunft entschieden hatte. Und Fritz Lang, mit dem Lorre 1931 „M" drehte, verpasste ihm das Image eines Charakterdarstellers, dessen Spezialgebiet die schrägen Figuren, die abgedrehten Rollen waren. Zu der Zeit kannte die Theaterwelt den Mimen bereits gut. Lorre hatte mit Marlene Dietrich gespielt, in Theatern in Breslau, Wien, Zürich und Hamburg gastiert und unterschiedlichste Stoffe präsentiert. Ende der 20er Jahre entdeckte ihn auch die Ufa für sich und brachte Lorre auf die Leinwände. Doch als die Nationalsozialisten in Deutschland das Ruder übernahmen, gab es für den Schauspieler jüdischer Abstammung dort keinen Platz mehr. Lorre zog mit seiner damaligen Lebensgefährtin Cäcilie Lvovsky nach Paris, wo sich der einst aufstrebende Filmstar in den Folgemonaten mit Gelegenheitsjobs über Wasser halten musste. Lorre arbeitete beim Rundfunk, bis Harry Cohn, Produzent beim US-Filmstudio Columbia Pictures, auf ihn aufmerksam wurde und ihn unter Vertrag nahm. Columbia erkannte das Potenzial des jungen Mannes und brachte ihn mit einem seiner besten Regisseure zusammen: Alfred Hitchcock. Gemeinsam drehten sie „Der Mann, der zuviel wusste" – und nach dieser Erfahrung war für Lorre klar, wie die Zukunft hieß: Hollywood. 1935 zogen Cäcilie und er in die USA.
Dort war er nicht einsam: Bertolt Brecht, Marlene Dietrich, Fritz Lang ... Die Liste derer, denen Lorre in Hollywood wieder begegnete, erinnert an Schlüsselszenen seiner bisherigen Vita. Er engagierte sich hinter den Kulissen der Traumfabrik und war gleich für mehrere Projekte im Gespräch, großen Erfolg hatte er aber erst 1937 mit dem ersten Film der „Mr. Moto"-Serie, von der er insgesamt sieben Teile drehte. Mit „Die Spur des Falken" blieb er 1941 dem Krimigenre treu und lernte Humphrey Bogart kennen, den er, der selbst frisch aus Nazi-Deutschland geflohen war, am Set von „Casablanca" wiedertreffen sollte.
Lorres Karriere verlief zwar erfolgreich, hatte aber auch Schattenseiten. Die Ehe mit Cäcilie ging in die Brüche, auch eine zweite Heirat hielt nicht lange. Lorre, mittlerweile amerikanischer Staatsbürger, äußerte sich öffentlich gegen die Kommunistenhatz des US-Senators McCarthy und verlor dadurch zunehmend Rollenangebote. Seine Finanzlage verschlechterte sich rapide. Anfang der 50er Jahre, mittlerweile zum dritten Mal verheiratet, spielte Lorre den Schurken in einer Verfilmung von Ian Flemings „Casino Royal" und wurde damit zum ersten James-Bond-Gegner der Filmgeschichte. Finanzielle Engpässe in Folge eines Herzinfarktes zwangen ihn am Ende dieses Jahrzehnts zur Annahme von B-Movie-Angeboten. Lorre spielte für Corman und an der Seite von Bela Lugosi und anderen Altmeistern. Im Jahre 1964, wieder stand er kurz vor einer Scheidung, verstarb Lorre an den Folgen eines Schlaganfalls.

Friedhof: Der Hollywood Forever Cemetery liegt direkt neben dem Gelände der Paramount Pictures in Hollywood, Kalifornien, gleich am berühmten Santa Monica Boulevard. 6000 Santa Monica Blvd., Los Angeles, CA 90038, USA.

Zum Grab: Peter Lorre teilt sich seine letzte Ruhestätte mit seiner 1971 verstorbenen dritten Ehefrau Anne Marie Brenning.
C. H.

F. W. MURNAU
28. Dezember 1888 – 11. März 1931

Friedrich Wilhelm Plumpe, wie der berühmte Regisseur mit bürgerlichem Namen hieß, war der Sohn eines Textilfabrikanten und verbrachte seine Kindheit und Jugend in Kassel und seinem Geburtsort Bielefeld. Nach einem abgebrochenen Studium der Kunstgeschichte und Literatur in Berlin und Heidelberg wechselte Plumpe an die Berliner Max-Reinhardt-Schauspielschule. Eine Reise führte ihn in den oberbayrischen Ort Murnau, dessen Name er sich nach 1909 als Künstlernamen zulegt.
Kurz vor Kriegsausbruch arbeitete F. W. Murnau im Ensemble der Reinhardt-Bühnen, doch dann wurde er als Soldat einberufen. Er diente zunächst an der Ostfront und wurde schließlich zu einem in Frankreich stationierten Fliegerbatallion versetzt. Als Kriegsgefangener geriet er in die Schweiz, wo er bis zum Kriegsende Theater spielte und erste Skripte für Film und Bühne verfasste.
Nach seiner Rückkehr nach Berlin hatte Murnau Lust am Film gefunden. 1919 drehte er „Der Knabe in Blau", weitere Produktionen folgten. Mit „Nosferatu – Eine Symphonie des Grauens" bewies er 1921 eindrucksvoll und nicht zum ersten Mal, welches Gespür für Atmosphäre in ihm lag.
Murnau arbeitete nun mit den Großen seiner Branche zusammen. Er verfilmte mehrere Drehbücher Thea von Harbous, die nicht zuletzt mit Fritz Lang große Erfolge feierte. Für „Der letzte Mann" hatte er Emil Jannings vor der Kamera – der später der erste Oscar-Preisträger der Geschichte werden sollte. Und als Produzenten fand er niemand Geringeres als Erich Pommer.
Seine Filme ebneten dem energiegeladenen Mann den Weg nach Hollywood. 1926 unterschrieb er bei der Fox einen Vierjahresvertrag, doch die Zusammenarbeit scheiterte an kommerziellen Problemen. Zwar erwies sich Murnaus USA-Erstling „Sunrise" als Kritikerliebling, ließ das breite Publikum aber recht kalt. In der Folge baten sich Studio und Produzenten bei Murnaus weiteren Filmen ein stärkeres Mitspracherecht aus und revidierten von ihm getroffene künstlerische Entscheidungen. Als man Murnau Ende der 20er Jahre von den Dreharbeiten zu seinem Projekt „Our Daily Bread" entband, kehrte der Regisseur nach Berlin zurück.

Doch die erwartete Zusammenarbeit mit der Ufa kam nicht zustande. Murnau reiste daraufhin nach Tahiti, wo er mit dem Dokumentarfilmer Robert Flaherty ein Projekt realisieren wollte. Vor Ort konnten sich die beiden Männer aber nicht auf eine gemeinsame Linie einigen. Murnau wollte narratives Kino schaffen, Flaherty sah sich eher dem Dokumentarfilm verpflichtet. Auf eigene Kosten stemmte Murnau daraufhin den Film „Tabu".

Hoch verschuldet kehrte Murnau nach Hollywood zurück, wo ein Filmstudio an „Tabu" Interesse gezeigt hatte, doch der Regisseur erlebte die Premiere seines Filmes nicht mehr mit. Friedrich Wilhelm Murnau starb in Kalifornien an den Folgen eines Autounfalls.

Friedhof: Der Südwestfriedhof von Stahnsdorf liegt im Südwesten von Berlin, im Bundesland Brandenburg. Dieser größte Waldfriedhof Europas ist - neben den Gräbern prominenter Persönlichkeiten - auch durch seine Friedhofskapelle nach dem Vorbild norwegischer Stabkirchen interessant.

C. H.

HEINZ RÜHMANN
7. März 1902 – 3. Oktober 1994

Heinrich Wilhelm Rühmann wurde in Essen geboren, wo die Eltern in der Gastronomie und im Hotelgewerbe tätig waren. Nach der Scheidung der Eltern 1916 und dem darauf folgenden Selbstmord des Vaters zog Mutter Rühmann mit den drei Kindern nach München, wo Heinz nach der mittleren Reife vom Gymnasium ging und Schauspielunterricht nahm. Schon 1920 war er erstmals professionell auf Bühnen zu sehen, ein Jahr später spielte er in Hannover an der Seite von Theo Lingen.

1924 heiratete Rühmann die Schauspielkollegin Maria Bernheim, kurz darauf wurde der Bühnendarsteller auch für die Kamera entdeckt. Der Film verschaffte ihm ungeahnte Popularität, die sich auch auf seine Theaterengagements auswirkte. Nach „Die Drei von der Tankstelle" von 1930 war der Durchbruch geschafft und Rühmann ein Star.

Dass sich Rühmann 1938 von seiner jüdischen Frau scheiden ließ, legten Kritiker gern als Feigheit aus. Der Schauspieler habe sich mit dieser Tat auch im Nazi-Deutschland seine berufliche und gesellschaftliche Position sichern wollen. 1939 stand Rühmann erneut vor dem Altar und ehelichte seine Kollegin Hertha Feiler, mit der er einen Sohn bekam.

Auch in Kriegszeiten blieb der Star beschäftigt. Den Nationalsozialisten war der eher unpolitische Rühmann ein beliebter Publikumsmagnet, seine Filme lenkten die Bevölkerung vom Kriegsgeschehen ab. Als der „Feuerzangenbowle" wegen des Vorwurfs der Respektlosigkeit ein Aufführungsverbot drohte, reiste Rühmann selbst mit einer Kopie des Filmes zu den Machthabern und erwirkte eine Aufhebung des Verbots.

Nach dem Krieg gründete er eine eigene Produktionsfirma, doch der „Comedia" war kein langer Erfolg beschieden; 1953 meldete sie Konkurs an. Rühmann gelang im gleichen

Jahr mit dem Film „Keine Angst vor großen Tieren" das lang erhoffte Comeback. Für seine Darstellung des Wilhelm Voigt in einer Verfilmung von Carl Zuckmayers „Der Hauptmann von Köpenick" wurde er 1956/1957 von der Kritik gefeiert.

Neben der Leinwand blieb Rühmann auch der Bühne treu und spielte in diversen Stücken und an verschiedenen Häusern, etwa den Münchner Kammerspielen und dem Wiener Burgtheater. 1966 erhielt er das Bundesverdienstkreuz.

1974, vier Jahre nach Hertha Feilers Tod, heiratete Rühmann ein drittes Mal. Der begeisterte Pilot war seit Ende der 60er Jahre auch wiederholt in TV-Produktionen zu sehen. Nach Michael Verhoevens „Gefundenes Fressen" von 1977 zog er sich aber weitgehend von der Schauspielerei zurück und trat nur noch gelegentlich vor die Kamera. Künstlerische Entfaltung fand er zunehmend in Tonstudios und wurde ein gefragter Rezitator.

Friedhof: Der kleine Ort Aufkirchen gehört zur Gemeinde Berg am Starnberger See in Oberbayern. Aus Richtung Berg kommend, sieht man schon von Weitem die Kirche mit dem charakteristischen Zwiebelturm. Man kann direkt vor dem Friedhof an der Kirche parken. Heinz Rühmanns Grab ist nur wenige Minuten von der Villa entfernt, in der er bis zuletzt lebte.

Zum Grab: Man läuft den Kiesweg vom Haupteingang aus geradeaus, bis der Weg nach rechts abbiegt. Nach ein paar Metern folgt man dem nach links abbiegenden Hauptweg. Heinz Rühmanns Grab liegt nach circa 100 Metern linkerhand im neueren Teil des Friedhofs. Den markanten Grabstein kann man nicht übersehen – auf ihm schlängelt sich eine stilisierte Filmrolle entlang.

ROMY SCHNEIDER
23. September 1938 – 29. Mai 1982

Das Image der österreichischen Kaiserin Sissi, die sie in drei außerordentlich erfolgreichen Kinofilmen verkörpert hatte, wurde sie zeitlebens nicht mehr los, doch konnte – und wollte – die gebürtige Wienerin Rosemarie Magdalena Albach-Retty alias Romy Schneider mehr. Viel mehr.

Das Scheidungskind Schneider war bei den Großeltern, von denen der Künstlername Schneider abstammt, bei Berchtesgaden aufgewachsen und hatte dort auch die Schule besucht, später dann das Internat Goldstein. Schon zu dieser Zeit wuchs in ihr der Wunsch heran, Schauspielerin zu werden. Ihre Mutter machte ihn möglich: Schauspielerin Magda Schneider nahm ihre interessierte Tochter 1953 für ihren neuen Film „Wenn der weiße Flieder wieder blüht" mit vor die Kamera, und Romy genoss diese Erfahrung. Der Streifen wurde ein kommerzieller Erfolg und diente ihr als Sprungbrett für eine beispiellose Leinwandkarriere. Noch im selben Jahr spielte die junge Romy

Schneider ihre erste Hauptrolle, an der Seite von Lilli Palmer. Mit den „Sissi"-Filmen gelang ihr Mitte der 50er Jahre endgültig der Durchbruch. Das Nachkriegspublikum liebte die leicht kitschige Filmsaga über das märchenhaft bebilderte und dennoch tragische Leben der Kaiserin Elisabeth von Österreich-Ungarn, in der Schneider die Titelrolle und die Filmgattin des von Karlheinz Böhm verkörperten Kaisers Franz gab. 1958 lernte Schneider bei Dreharbeiten den jungen Franzosen Alain Delon kennen, der in späteren Jahren zum absoluten Star des französischen Kinos werden sollte, und verliebte sich in ihn. Gemeinsam zog man nach Paris, wo Schneider neben der Arbeit vor der Kamera auch Theater spielte. Angebote aus Hollywood, die schon zu dieser Zeit eintrudelten, lehnte sie zunächst ab und konzentrierte sich lieber auf den unabhängigeren europäischen Film. Sie drehte mit Luchino Visconti und Orson Welles. Nachdem die Beziehung zu Delon 1964 in die Brüche ging, unternahm Schneider einen Suizidversuch, fand schließlich aber im Theaterregisseur Harry Meyen eine neue Liebe. Beide heirateten 1966, zogen nach Berlin und bekamen einen Sohn.

Trotz einer internationalen Film- und Bühnenkarriere und jahrelanger Versuche, das „Sissi"-Image hinter sich zu lassen, schlüpfte Schneider 1971 ein letztes Mal in diese Rolle. Vier Jahre später war auch die Beziehung zu Meyen gescheitert; Schneider zahlte ihm eine großzügige Abfindung und durfte dafür das Sorgerecht für ihren Sohn behalten. Schneider heiratete daraufhin ein weiteres Mal. Aus der Ehe mit ihrem Sekretär Daniel Biasini, die bis 1981 hielt, entstammt ihre Tochter Sarah. Ebenfalls im Jahre 1981 verunglückte Schneiders Sohn tödlich.

Romy Schneider verstarb im Mai 1982, kurz nach der Premiere ihres aktuellen Filmes, an Herzversagen. Auf den Vorschlag Alain Delons hin, der auch ihre Beerdigung organisierte, wurde Schneiders Sohn nach ihrem Tod umgebettet und neben ihr bestattet.

Friedhof: Romy Schneider wurde unter ihrem bürgerlichen Namen auf dem Friedhof der französischen Ortschaft Boissy-sans-Avoir im Département Yvelines beigesetzt.
C. H.

PETER USTINOV
16. April 1921 – 28. März 2004

Die Liste wäre um einiges kürzer, enthielte sie all der Professionen und Ämter, die Sir Peter Alexander Baron von Ustinov nicht innehatte. Man kannte das Multitalent aus London als mehrfach mit dem Oscar prämierten Schauspieler, als Autor und UNICEF-Botschafter, aber Peter Ustinov war auch Regisseur, Produzent, Moderator und Dramatiker, Universitätskanzler, Stiftungsvorsitzender und mehrsprachig versierter Globetrotter. Unter anderem.

Nach dem Besuch der Londoner Eliteschule Westminster absolvierte der viersprachig aufgewachsene Künstler eine Schauspielausbildung am London Theatre Studio. Mit 17

Jahren stand er erstmals auf der Bühne, und Ustinov beschränkte sich nicht allein auf die darstellende Kunst: Schon in frühen Jahren begann er, selbst Bühnenstoffe zu entwickeln und eigene Texte zu schreiben. Ab 1940 war er gelegentlich auch in kleineren Filmrollen zu sehen.

Zum Durchbruch gelangte Ustinov aber erst nach dem Zweiten Weltkrieg. Er war nach Hollywood gewechselt und hatte Anfang der 50er Jahre dort seine beruflichen Zelte aufgeschlagen. Die 1940 eingegangene Ehe mit der Schauspielkollegin Isolde Denham war gescheitert, die Zeit war reif für einen Neubeginn. Er kam und hieß Nero. Ustinovs einprägsame Darstellung des römischen Imperators aus dem Film „Quo vadis?" brachte dem jungen Schauspieler nicht nur grandiose Kritiken, sondern auch die Beachtung des internationalen Publikums. Nach Nero war Ustinov eine gesetzte Größe in der Branche und von der Leinwand nicht mehr wegzudenken.

Weitere Projekte folgten und 1960 auch der erste Oscar, für Ustinovs Nebenrolle in „Spartacus", abermals einem Rom-Film. Für „Topkapi" erhielt er die Auszeichnung vier Jahre später ein weiteres Mal. Doch auch als Regisseur hatte sich der talentierte Engländer mittlerweile einen Namen gemacht und inszenierte insbesondere Opern mit großem Erfolg.

Viele Preise und Ehrungen begleiteten seine Karriere. 1990 von der britischen Königin zum Sir geadelt, verlieh ihm die Bundesrepublik Deutschland, wo der fließend deutsch sprechende Ustinov ebenfalls sehr beliebt war, 1998 das Bundesverdienstkreuz – von eher typischen Künstler-Auszeichnungen auf internationaler Ebene gar nicht zu sprechen.

Auch politisch und gesellschaftlich war der Schauspieler aktiv. Ustinov engagierte sich jahrzehntelang für UNICEF und viele weitere Hilfsorganisationen, stand Stiftungen vor und scheute sich auch nicht, seine politische Meinung öffentlich zu vertreten.

Der vierfache Familienvater war insgesamt dreimal verheiratet und verbrachte seinen Lebensabend – sofern man bei seiner ständigen Aktivität überhaupt von so etwas sprechen kann – mit der Schriftstellerin Hélène du Lau d'Allemans, mit der er seit 1972 liiert war, in Bursins am Genfersee. Er starb in einer dortigen Privatklinik an Herzversagen.

Friedhof: Sir Peter Ustinov wurde auf dem Friedhof seiner Heimatgemeinde Bursins beigesetzt, im Schweizer Kanton Waadt.

C. H.

HELDEN DES SPORTS

FRITZ WALTER
31. Oktober 1920-17. Juni 2002

Ende der 20er Jahre zog es den Vater des Sportjournalisten Rudi Michel alle zwei Wochen sonntags nach dem Mittagessen immer ein bisschen früher auf den Fußballplatz, denn vor der ersten Mannschaft spielte „`s klää Fritzje". Aus dem schmächtigen Jungen, dem „kleinen Fritzchen", dessen fußballerisches Ausnahmetalent sich offensichtlich schon sehr früh abzeichnete, sollte gut 25 Jahre später einer der „Helden von Bern" werden.

16 Jahre alt war er – und immer noch ein „schmales Handtuch" – als er eine Ausnahmegenehmigung vom Fußballverband brauchte, um bei einem Meisterschaftsspiel in der ersten Mannschaft mitspielen zu können. Fritz Walter erhielt zwar das dafür notwendige ärztliche Attest nicht, weil er zu wenig auf die Waage brachte, stattdessen aber ein tägliches Mittagessen in der Kaiserslauterer Metzgerei Speyerer – damit er etwas auf die Rippen bekam. Die Metzgerei in der Heimatstadt des erfolgreichsten deutschen Mittelfeldspielers aller Zeiten – er traf aus der Mittelfeldposition in 61 Länderspielen 33 Mal ins Netz – gibt es immer noch, genauso wie die Gaststätte in seinem Geburtshaus, die seine Eltern bewirtschaftet hatten, das heutige „Stammhaus Walterelf".

Fritz Walter war einer der besten Fußballspieler, die Deutschland hervorgebracht hat, und es gibt kaum einen Superlativ, mit dem man seine Leistung auf dem Fußballplatz noch nicht zu bewerten versucht hätte. Aber das, was seine immense Popularität ausmachte – und was ihn von ähnlich erfolgreichen Ballakrobaten so ganz und gar unterschied – hat mit sportlichen Fertigkeiten recht wenig zu tun. Es war der Mensch Fritz Walter, der die Bodenhaftung nie verloren hat, ein Sympathieträger, voller Bescheidenheit und mit großem sozialem Engagement, ein Star ohne Allüren und nicht nur auf dem Rasen ein stilles, niemals Beifall heischendes Vorbild. Der Mann, der die deutsche Nationalmannschaft 1954 zum ersten FIFA WM-Titel führte und Deutschland aus der Lethargie der Nachkriegsjahre zu neuem Selbstvertrauen verhalf, hat nie viel Aufhebens um seine Person gemacht. Inter Mailand wollte ihn, Racing Paris bot ihm 250.000 DM Handgeld für einen Wechsel nach Frankreich, Atletico Madrid war der Pfälzer 500.000 DM wert. Fritz Walter lehnte ab, „dehäm ist dehäm" – dieses „daheim ist daheim", mit dem er den finanziellen Verlockungen des Auslandes widerstand, ist in der Pfalz längst ein geflügeltes Wort. Seine Entscheidungen hat er jedoch niemals ohne seine Frau Italia getroffen, die er 1948 geheiratet hatte.

Die Weltmeister unserer Tage bemühen ihren Anlageberater, wenn es darum geht, Siegprämien und Jahresgehälter möglichst gewinnbringend anzulegen. Fritz Walter kaufte sich zusammen mit seiner Frau Italia eine Wäscherei und ein Kino mit angeschlossener Lotto-Annahmestelle. Und Jahre lang haben die Kaiserslauterer Kinogänger ihre Eintrittskarte aus der Hand „vom Fritz" entgegengenommen, der ein paar Meter weiter, in einem kleinen Vorraum des „Fritz-Walter-Kinos" auch die eingehenden Lottozettel bearbeitet hat.

Für den Kapitän der „Walter-Elf", wie die Mannschaft von 1954 oftmals auch genannt wird, war jedoch nicht das WM-Endspiel im Berner Wankdorf-Stadion das Spiel seines Lebens. Das Spiel, das für sein Leben das wichtigste werden sollte, absolvierte er als Kriegsgefangener im rumänischen Lager Marmaros-Sziget. Dort erkannte man ihn bei einem Spiel zwischen „Lagerpolizei" und „Lazarett" als den deutschen Nationalspieler und der fußballbegeisterte sowjetische Hauptmann Schukow strich Walter daraufhin von der Liste für den nächsten Transport in die Sowjetunion. Da Kaiserslautern zu der Zeit von den Franzosen besetzt war, wurde Fritz zusammen mit seinem Bruder Otmar kurzerhand zu Franzosen erklärt und als „zwei `Walter´- Franzosen" zurück nach Hause geschickt. Wer den Schwindel bemerkte, schwieg dazu.

Nach dem Ende seiner Karriere als Fußballer engagierte er sich in der Sepp-Herberger-Stiftung, die sich um die Resozialisierung von Strafgefangenen kümmert. Er schrieb mehrere Sportbücher und war als offizieller WM-Botschafter maßgeblich daran beteiligt, dass Kaiserslautern zur WM-Stadt 2006 werden konnte. Ins Betzenberg-Stadion, das seit 1985 den Namen „Fritz-Walter-Stadion" trägt, ist er nur noch sehr selten gegangen, den Spielen seines FCK beizuwohnen, hat ihn viel zu sehr aufgeregt. Stattdessen ließ er sich regelmäßig zu Hause von seiner Frau über den Spielverlauf unterrichten. Fritz Walter starb am 17. Juni 2002 in seinem Haus in Alsenborn, ganz in der Nähe seiner Heimatstadt Kaiserslautern.

Friedhof: Der Hauptfriedhof in Kaiserslautern liegt in der Mannheimer Straße in Fahrtrichtung Neustadt an der Weinstraße. Parkmöglichkeiten gibt es in ausreichender Anzahl auf dem großen Parkplatz direkt gegenüber dem Haupteingang.

Das Grab: Vom Haupteingang aus geht man geradeaus an dem großen Brunnen vorbei und hält sich danach auf dem asphaltierten Querweg rechts. Schon nach wenigen Metern liegt das Grab von Italia und Fritz Walter direkt am Anfang des Grabfeldes „Kiefernhain" linkerhand des Hauptweges. Auf dem auffälligen weißen Grabstein - der Verbindung eines Herzens mit einem Fußball - ist ein Foto von Italia und Fritz Walter angebracht. Daneben steht die knapp einen Meter hohe Steinfigur eines jungen Fußballers, an dessen Füßen eine Tafel angebracht ist, auf der sämtliche Auszeichnungen des Fußballidols nachzulesen sind.
C. H.

HELMUT RAHN
16. August 1929 – 14. August 2003

„Aus dem Hintergrund müsste Rahn schießen", so die Einschätzung Herbert Zimmermanns in seinem legendären Rundfunkkommentar - und Rahn schoss. Es waren nur noch sechs Minuten im Wankdorf Stadion in Bern, und Helmut Rahn nutzte seine Torchance. Sein Tor, mit dem er die deutsche Nationalelf zu ihrem ersten Weltmeisterschaftstitel schoss, war weit mehr als nur ein Siegtor. Der WM-Sieg 1954 in Bern brachte der gesamten vom Krieg gebeutelten Nation neues Selbstbewusstsein.

Der gelernte Elektriker aus Essen hatte seine fußballerische Karriere mit acht Jahren begonnen, als er beim SV Altenessen 1912 auf dem Platz stand und schon in jungen Jahren durch eine beeindruckende Torbilanz überzeugte. Später spielte er für die Sportfreunde Katernberg und schließlich, von 1951 bis 1959, für den Traditionsverein Rot-Weiß Essen. Mit dieser Elf errang Rahn viele Titel und Erfolge, von denen mancher Profi nur träumen konnte: 1953 wurden sie DFB-Pokalsieger, 1955 Deutscher Meister – und dann gab es da natürlich noch die Sache mit der Nationalmannschaft. Für Deutschland bestritt der Essener Kicker 40 Länderspiele und erzielte 21 Tore, auch das berühmte Tor zum 3:2 Endstand gegen Ungarn in Bern.

1959 wechselte der „Boss", wie man ihn liebevoll nannte, zum 1. FC Köln, dann in die Niederlande. 1965 beendete er seine Profikarriere beim Meidericher SV aus gesundheitlichen Gründen.

Nach seiner Zeit auf dem grünen Rasen wurde es still um Rahn. Der Mann, der im Fußball zu seiner Zeit alles erreicht hatte, zog sich aus der Öffentlichkeit zurück und wurde Gebrauchtwagenhändler, später arbeitete er auch bei einer Entsorgungsfirma für Bauschutt. Und er griff zur Flasche. In Essener Kneipen war Rahn kein Unbekannter, bis ihm die ewigen Bitten, doch noch ein weiteres Mal die „Geschichte mit dem Tor" erzählen zu müssen, zu viel wurden. Der Boss hatte sich komplett aus dem Fußballgeschäft zurückgezogen, irgendwann waren auch die Erinnerungen zu viel. Was blieb, waren die Familie und der Schrebergarten.

Helmut Rahn, der Wundermacher von Bern, verstarb wenige Tage vor seinem 74. Geburtstag in seiner Essener Wohnung.

Friedhof: Helmut Rahn wurde auf dem Margarethenfriedhof in Essen-Frohnhausen beigesetzt.
C. H.

GUSTAV SCHOLZ
12. April 1930 – 21. August 2000

In den 50er und 60er Jahren war er der beliebteste und auch der erfolgreichste Boxer Deutschlands: Gustav „Bubi" Scholz legte im Ring eine beispiellose Karriere hin.
Der Berliner hatte bereits Ausbildungen zum Feinmechaniker und zum Koch hinter sich gebracht, als er 1948 18-jährig in den Boxsport einstieg – und das gleich auf Profiniveau. Drei Jahre schlug er sich buchstäblich durch, bis er 1951 den deutschen Meistertitel errang und von da an berühmt war. Den Titel verteidigte er mehrfach erfolgreich und ging Mitte der 50er Jahre sogar auf eine Kampftournee in die USA.
Eine Tuberkulose-Erkrankung machte der sportlichen Karriere bald ein Ende. Doch Scholz erholte sich gut und stieg 1957 gegen den Rat seiner Ärzte wieder in den Ring. Es folgte seine erfolgreichste Phase.
Scholz wurde deutscher Meister im Mittelgewicht und stieg 1958 in einem Zwölfrundenkampf gegen den Franzosen Charles Humez zum europäischen Meister auf. Seinen ersten und einzigen Weltmeisterschaftskampf verlor Scholz 1962 gegen den US-Amerikaner Harold Johnson nach Punkten. Insgesamt bestritt Scholz 96 Kämpfe. 88 davon konnte er zu seinen Gunsten entscheiden, über 40 sogar durch einen Knock-out. Seine beiden Niederlagen waren jeweils nach Punktezählung zustande gekommen.
1965 beendete „Bubi" Scholz seine aktive Laufbahn als Profisportler und arbeitete in diversen Berufen. Unter anderem trat er als Schauspieler und Sänger in Erscheinung, machte aber vor allem durch seine extremen Alkoholexzesse von sich hören. Am 23. Juli 1984 wurde er festgenommen, nachdem er im Rausch seine Gattin Helga erschossen hatte. Scholz saß daraufhin eine dreijährige Haftstrafe wegen fahrlässiger Tötung und Verstoßes gegen das Waffengesetz ab. Mit 65 Jahren heiratete Scholz 1993 ein zweites Mal. Ende der 90er Jahre verfilmte das Fernsehen Scholz' Lebensgeschichte. Der ehemalige Boxer konnte aus gesundheitlichen Gründen aber nicht an der Premiere teilnehmen. Scholz litt zunehmend an der Alzheimersche Krankheit und hatte bereits mehrere Schlaganfälle erlitten. Er starb am 21. August 2000 in seiner Heimat Berlin.

Friedhof: Gustav Scholz wurde auf dem Berliner Waldfriedhof in der Potsdamer Chaussee beigesetzt. Auf seinem Grabstein, der die Inschrift „Bubi Scholz" trägt, sind zwei Boxhandschuhe zu sehen.
C. H.

PERSÖNLICHKEITEN AUS FILM UND FERNSEHEN

INGRID BERGMAN
29. August 1915 – 29. August 1982

Dank ihrer strahlenden Schönheit, ihrem faszinierenden Akzent und schauspielerischen Talent fand die in Schweden geborene Schauspielerin Ingrid Bergman in den 40er Jahren in Amerika ein großes Publikum. Nachdem sie an der Seite von Humphrey Bogart in Casablanca zu sehen gewesen war, galt sie als Garantin für erfolgreiche Filmproduktionen und niemand, so schien es, war in der Lage, sie von ihrem Thron zu stoßen.
Im Jahre 1950 hatte Ingrid eine Affäre mit dem italienischen Regisseur Roberto Rossellini, aus der ein Kind hervorging, obwohl beide mit anderen Partnern verheiratet waren. Diese Affäre stürzte Bergmans Privatleben ins Chaos. Ein Sturm der Entrüstung über ihre Untreue brach los. Man prangerte sie sogar im US-Senat an, und ihre Affäre führte zu einem Gesetzentwurf, der die Möglichkeit beinhaltete, ausländische Schauspieler aufgrund von unmoralischem Verhalten aus dem Land auszuweisen.
Nach diesem Skandal gelang es Ingrid zunächst nicht, in Hollywood Arbeit zu finden, bis sie im Jahre 1956 für ihren Auftritt im Film „Anastasia" den Oscar gewann. Amerika verliebte sich erneut in Ingrid Bergman. Tatsächlich erfuhr sie in den folgenden Jahren, trotz weniger signifikanter Filme, mehr Verehrung und Anerkennung als jemals zuvor, da sie den Skandal mit ungebrochener Würde überwunden hatte. Wenige Jahre vor ihrem Tod erzählte sie einem Journalisten: „Ich hatte ein sehr erfülltes Leben und es gab keine trüben Augenblicke. Während meiner Jugend in Schweden betete ich oft ‚Gott, bitte lass mich kein langweiliges Leben führen'. Anscheinend hat er mich erhört."
Ingrid starb an ihrem 67. Geburtstag an Krebs und wurde eingeäschert. Ein Teil ihrer Asche wurde verstreut und der Rest neben dem Grab ihrer Eltern auf dem Friedhof „Norra begravningsplatsen" in Stockholm, Schweden bestattet. Die Gräber liegen in der Sektion Kv11F, Grab 228-11573.

RUDI CARRELL
19. Dezember 1934 – 2. Juli 2006

Die deutsche Staatsbürgerschaft hatte Rudolf Wijbrand Kessellaar, alias Rudi Carrell, nie. Er war „der Holländer" im deutschen Fernsehen und stand neben anderen Showgrößen wie Frank Elstner und Hans-Joachim Kulenkampff für eine Zeit, in der große Unterhaltungsshows am Samstagabend noch eine Institution waren.
Kessellaar stammte aus dem niederländischen Alkmaar und wurde in eine Familie geboren, die eine große Affinität zum Bühnengeschäft hatte. Sein Vater Andries und sein Großvater waren bereits im Showgeschäft tätig und legten ihm das Talent dazu sozusagen in die Wiege. Gleiches galt für den Künstlernamen, den Rudolf einfach vom Vater, der als André Carrell auftrat, übernahm. Mit 17 Jahren trat der junge Mann erstmals professionell auf, als er bei

einem Gastspiel für seinen bekannten Vater einsprang. Rudolf fand Gefallen an dieser Arbeit und blieb dabei. Ab den 60er Jahren arbeitete er auch für den niederländischen Rundfunk. Die „Rudi Carrell Show", die bereits seit 1961 erfolgreich im holländischen Fernsehen zu sehen war, sollte Carrells Ticket nach Deutschland werden. Radio Bremen gefiel die Sendereihe mit ihrem Moderator, also kontaktierten sie Carrell und boten ihm an, auch in Deutschland aktiv zu werden. Carrell willigte ein, und 1965 startete die erste einer ganzen Reihe von Carrell-Shows im deutschen Fernsehen. „Die Rudi Carrell Show" blieb neun Jahre lang auf dem Sender, dann wurde das Konzept verändert und in „Am laufenden Band" umbenannt – was blieb, waren Carrell und der nach wie vor große Erfolg. 1984 startete die Rateshow „Die verflixte Sieben", ihr folgten neben „Herzblatt" und „Die Rudi Carrell Show – Lass' dich überraschen" noch diverse weitere Formate.

Carrell, der in vielen seiner Sendungen auch Gesangsauftritte hatte, veröffentlichte einige Singles. Nachdem er 1960 für Holland am Grand Prix Eurovision de la Chanson teilgenommen hatte und den vorletzten Platz belegte, konnte er in den 70er Jahren zwei Hits in den deutschen Charts landen, darunter „Wann wird's mal wieder richtig Sommer?" aus dem Jahre 1975. Auch als Filmschauspieler überzeugte er in mehreren albernen Kinokomödien an der Seite des ebenfalls von der TV-Moderation bekannten Ilja Richter. Im Herbst 1981 startete „Rudis Tagesshow" bei Radio Bremen, in der Carrell und mehrere Sketchpartner aktuelles Zeitgeschehen in Form einer fingierten Nachrichtensendung persiflierten. Das Format hielt sich jahrelang erfolgreich und sorgte sogar für einen diplomatischen Zwischenfall, als Carrell einen Bildausschnitt 1987 so verfremdete, dass der abgebildete Ayatollah Khomeini plötzlich in Damenunterwäsche wühlte.

Anfang der 1990er wechselte Carrell zum Privatfernsehen und machte einige Shows für RTL. Abgesehen von „7 Tage, 7 Köpfe", die ab 1996 zu sehen war, konnte aber keine an den Erfolg seiner großen Jahre anknüpfen.

Der dreimal verheiratete, mehrfache Familienvater Carrell lebte seit 1975 auf dem Rittergut Wachendorf in Syke. Sein letzter TV-Auftritt fand im Februar 2006 statt, als ihm die Goldene Kamera für das Lebenswerk verliehen wurde. Carrell starb fünf Monate später in einer Bremer Klinik an Lungenkrebs.

Friedhof: Der Friedhof von Heiligenfelde, einem Ortsteil der schleswig-holsteinischen Stadt Syke, ist die letzte Ruhestätte von Rudi Carrell und seiner zweiten Ehefrau Anke.

HANS CLARIN
14. September 1929 – 28. August 2005

Der gebürtige Wilhelmshavener Clarin, der mit bürgerlichem Namen Hans-Joachim Schmid hieß, wuchs in Frankfurt am Main auf. Trotz einer musischen Schulausbildung schlug Clarins Herz für die Landwirtschaft. Erst mit 19 Jahren gab er den Berufswunsch des Landwirts auf und besuchte ab 1948 zwei Jahre lang eine Münchner

Schauspielschule. In der bayrischen Landeshauptstadt hatte er 1951 auch sein erstes Engagement, einer Anstellung in den Münchner Kammerspielen folgte eine Anstellung am Bayrischen Staatstheater, dem Clarin bis 1967 treu blieb. Auch die Filmbranche hatte den jungen Mann entdeckt und er bekam wiederholt Rollen in Kinoproduktionen angeboten. Er spielte Komödien, Krimis und volkstümliche Stücke an der Seite von Hildegard Knef, Lex Barker, Uschi Glas und anderen Leinwandgrößen der Zeit.

Größere Bekanntheit erlangte Clarin, der 1961 als Bayrischer Staatsschauspieler geehrt wurde, in den 60er Jahren auch durch seine Synchronarbeit, etwa an der TV-Serie „77 Sunset Strip". Doch auch im Hörspiel entwickelte er Stärken und lieh verschiedenen Klassikern dieses Genres seine Stimme: Clarin war Asterix, der Gallier, Hui Buh, das Schlossgespenst, und auch als kleiner Kobold Pumuckl, nach den Romanen von Ellis Kaut, wurde er in vielen, vielen Kinderzimmern gehört. Als Pumuckl fürs Fernsehen adaptiert wurde – später auch fürs Kino –, blieb Clarin als Sprecher bei der Figur und trat gelegentlich auch vor der Kamera in Pumuckl-Produktionen in Erscheinung.

Er begann schließlich auch zu schreiben und feierte als Sänger Erfolge, aber sein Hauptaugenmerk galt immer dem Schauspiel. 1974 erwarb Clarin einen Hof im bayrischen Aschau, den er mit seiner Familie (drei Kinder aus erster, zwei aus zweiter Ehe) bewohnte. Dort starb er am 28. August 2005 im Alter von 75 Jahren an Herzversagen.

Friedhof: Aschau im Chiemgau mit seinen knapp 6.000 Einwohnern liegt etwa 20 Kilometer südöstlich von Rosenheim. Hans Clarin ist auf dem dortigen Gemeindefriedhof bestattet.

Zum Grab: Clarins Grab ist schlicht und freundlich gehalten. Statt eines Grabsteins ziert ein Kreuz die Anlage, an dem eine Tafel befestigt ist. Auf ihr sind Clarins Name, Lebensdaten sowie die Bezeichnung „Staatsschauspieler" vermerkt.
C. H.

BILL BIXBY
22. Januar 1934 – 21. November 1993

Bill Bixby war ein beliebter Schauspieler, auf dessen Konto drei bekannte Fernsehserien gingen. Seinen ersten Erfolg feierte er als von Aliens geplagter Zeitungsreporter in der Comedy-Serie „My Favourite Martian" (die Serie hatte den deutschen Titel „Mein Onkel vom Mars"), die im Jahre 1963 ihren Anfang nahm. Später schlug er sich in der Serie „The Courtship of Eddie's Father" (der deutsche Titel lautete „Eddies Vater") als allein erziehender Vater mit seinem Sohn herum. Schließlich spielte Bill zwischen 1978 und 1982 in der Serie „The Incredible Hulk", der unter dem deutschen Titel „Hulk" lief. Bixby hatte die Rolle des Dr. David Banner inne, eines Wissenschaftlers auf der Flucht, der sich, wenn er wütend wurde, in ein grünes und bedrohliches – und dabei auch oft hilfreiches – Monster verwandelte.

Leider war Bill in seinem Privatleben nicht so viel Glück vergönnt wie in seiner Karriere. Sein Sohn Christopher starb im Jahre 1981 im Alter von sechs Jahren an einer bakteriellen Infektion und seine Ehefrau, die Schauspielerin Brenda Benet, nahm sich daraufhin im folgenden Jahr das Leben. In den frühen 90er Jahren erlangte Bill Bewunderung und Respekt für seinen mutigen Kampf gegen Prostata- und Knochenkrebs, weswegen er sich mehrerer Behandlungen unterziehen musste.
Bill heiratete seine zweite Ehefrau nur sieben Wochen, bevor er im Alter von 59 Jahren an Krebs verstarb.
Er wurde eingeäschert und seine Asche in Hana auf der Hawaii-Insel Maui verstreut.

HELGA FEDDERSEN
14. März 1930 – 24. November 1990

Als Sven Regeners Combo „Element of Crime" den Titel „Vier Stunden vor Elbe 1" einspielten widmete man ihn Helga Feddersen, der Hamburger Volksschauspielerin, die kurz davor verstorben war. Sie hatte das Drehbuch zum gleichnamigen Fernsehfilm geschrieben, auf den sich der Song bezog. Deutschland kannte Feddersen als „Ulknudel" und Sketchpartnerin diverser TV-Komiker, doch als Autorin nahmen sie wohl nur die wenigsten Menschen zu ihren Lebzeiten wahr.
Dabei überzeugte sie auch in diesem Metier. Für die gebürtige Hamburgerin und Tochter eines Kaufmanns für Seemannsausrüstungen war die Schauspielerei ein immerwährender Traum. Nach der Schulzeit schrieb sie sich 1948 bei Professor Eduard Marcks zum Schauspielunterricht ein, im darauffolgenden Jahr debütierte sie bereits im „Theater im Zimmer", einer beliebten Bühne in der Alsterchaussee. Von dort führte ihr Weg zu den Kammerspielen und schließlich nach Gelsenkirchen, zum „Musiktheater im Revier". Als bei der 25-jährigen im Jahre 1955 ein Tumor an der Ohrspeicheldrüse diagnostiziert wurde, nahm ihre Laufbahn eine entscheidende Wende. Bei der operativen Entfernung des Tumors kam es zu einer Gesichtsverletzung, von der sich Feddersen zeitlebens nicht mehr erholen sollte. War sie mit der Gesichtslähmung noch bühnentauglich? Die Schauspielerin zog sich zurück und arbeitete ab 1957 vermehrt als Souffleuse und Regieassistentin beim Norddeutschen Rundfunk. Ihr darstellerisches Talent blieb dabei aber nicht unbeachtet, und schon bald überzeugte man sie, doch wieder auf die Bühne zurückzukehren. Es folgten auch Film- und Fernsehrollen, unter anderem die der Clothilde Buddenbrook an der Seite von Lieselotte Pulver, wodurch Feddersen sich wieder etablieren konnte.
Als Wolfgang Menge 1975 seine Kult-TV-Serie „Ein Herz und eine Seele" fortsetzte, aber nicht länger auf Schauspielerin Elisabeth Wiedemann zurückgreifen konnte, besetzte er die Rolle der Gattin von Ekel Alfred neu: Helga Feddersen übernahm den Part der Else. Der Fernseherfolg machte die 45-Jährige bundesweit bekannt. Darüber hinaus arbeitete sie dank der Anregung ihres ersten Mannes, des 1985 verstorbenen Dramaturgen Götz Kozuszek, als Autorin und Synchronsprecherin. Mit Frank Zander moderierte sie eine

Musiksendung, mit Komikern wie Dieter Hallervorden etablierte sie sich als Ulknudel der Nation und startete eine kleine Gesangskarriere.

Gemeinsam mit ihrem Lebensgefährten Olli Maier gründete Helga Feddersen 1983 das Hamburger Theater am Holstenwall, betreute und bespielte das Haus in Hunderten von Aufführungen. Als sie 1989 abermals an Krebs erkrankte und nicht spielen konnte, ging es auch mit dem Theater bergab. Nach einer weiteren Operation lösten Feddersen und Maier ihren Hamburger Haushalt auf und zogen im August 1990 auf die Insel Föhr, wo Helga Feddersen wenige Wochen später verstarb.

Friedhof: Der Steigfriedhof im Stuttgarter Stadtteil Bad Cannstadt, Sparrhärmlingweg 1, mag auf den ersten Blick unscheinbar wirken, ist aber die älteste Begräbnisstätte der Landeshauptstadt.

Zum Grab: Ein schlichtes Metallschild ist alles, was auf dem Tiefengrab im Steigfriedhof noch auf die Hamburger Volksschauspielerin hinweist.
C. H.

LLOYD BRIDGES
15. Januar 1913 – 10. März 1998

Lloyd Bridges galt als einer der am härtesten arbeitenden Schauspielern und seine Karriere begann im Jahre 1941, als er sein Debüt in einem Kurzfilm mit dem Titel „They Stooge to Conga" gab. In den 50er Jahren spielte Lloyd hauptsächlich in Kriegsfilmen und Western mit, der bekannteste davon ist sicher „High Noon", dessen deutscher Titel „Zwölf Uhr mittags" lautete. Bridges spielte in diesem Film neben Gary Cooper. Seinen ersten richtigen Volltreffer landete er jedoch mit seiner Rolle des Tauchers und Detektivs Mike Nelson in der Serie „Sea Hunt", die den deutschen Titel „Abenteuer unter Wasser" trug.
Lloyd arbeitete in den 60er Jahren fast ausschließlich in TV-Produktionen und wurde zu einem der beliebtesten Schauspieler der alten Garde. Im Jahre 1980 erfand sich der runzlige Veteran jedoch noch einmal vollständig neu, als er sich selbst in der Rolle des ruppigen und schrulligen Piloten im Film „Airplane!" veräppelte, der unter dem deutschen Titel „Die unglaubliche Reise in einem verrückten Flugzeug" lief. Er spielte auch weiterhin Personen mit Ecken und Kanten, unter anderem in dem Film „Joe Versus the Volcano" (der deutsche Titel lautet „Joe gegen den Vulkan") und bewies sein komisches Talent einmal mehr in den beiden „Hot Shots"-Filmen mit Charlie Sheen, in denen er die Rolle des Admirals „Tug" Benson übernahm. Im Jahre 1998 wurde Lloyd für seine Gastrolle als kampflustiger Trainer in der Serie „Seinfield" für einen Oscar nominiert. Lloyd verstarb im Alter von 85 Jahren an Altersschwäche. Er wurde eingeäschert und seine Überreste seiner Familie übergeben.

EBERHARD FEIK
23. November 1943 – 18. Oktober 1994

Man kennt ihn als Christian Thanner, den Partner von „Tatort"-Kultkommissar Horst Schimanski. Schauspieler Eberhard Feik, der vielseitige Darsteller, stammte aus Chemnitz, wuchs in Köln auf und widmete sich nach der Schulzeit zunächst dem Studium der Germanistik und Anglistik, wechselte später aber zu Theaterwissenschaft. Außerdem nahm er Schauspielunterricht.
Die Ausbildung war von Erfolg gekrönt. Feik bekam erste Engagements und stand auf den Bühnen mehrerer bedeutender Theater der Bundesrepublik. In den 70er Jahren gehörte er lange zum Ensemble der Berliner Schaubühne. Neben seiner darstellerischen Arbeit war Feik aber auch als Regisseur gefragt und inszenierte Stücke namhafter Theaterautoren.
Was die TV-Arbeit angeht, waren die 80er Jahre wohl Feiks erfolgreichstes Jahrzehnt. Seit 1981 ermittelte er in der Figur des Christian Thanner im Ruhrgebiet als Fernsehkommissar an der Seite von Götz George, alias „Schimmi", bis in die Gegenwart eine der erfolgreichsten Sub-Serien der traditionellen Krimireihe. Als Thanner und Schimanski kam das unkonventionelle Ermittlergespann auch in die Kinos. Feik arbeitete an 29 „Tatort"-Episoden mit, unter anderem zusammen mit Regisseuren wie Hajo Gies und Dominik Graf.
Selbst nach Georges Ausstieg aus dem „Tatort" blieb Feik seinem Thanner treu und spielte die sympathisch-schnauzbärtige Figur in der Schwesterserie „Polizeiruf 110" einfach weiter, nachdem diese an einen anderen Ort versetzt worden war. 1993 bekam Feik mit „Ein Mann am Zug" die Hauptrolle in einer weiteren TV-Reihe.
Eberhardt Feik verstarb im Oktober 1994 in Oberried im Schwarzwald an einem Herzinfarkt. Seinen ersten Infarkt hatte er bereits sieben Jahre zuvor erlitten und sich seitdem mehreren Bypassoperationen unterziehen müssen. Feik hinterließ eine Frau und zwei Töchter.

Friedhof: Der Friedhof von Hofsgrund, einem Ortsteil der baden-württembergischen Gemeinde Oberried, ist die letzte Ruhestätte für Eberhard Feik.
C. H.

JOHN CANDY
31. Oktober 1950 – 4. März 1994

Im Jahre 1977 trat John Candy auf Wunsch von Dan Aykroyd dessen Comedy-Truppe Second City bei und von da an war es nicht mehr weit bis zum Erfolg. Im Jahre 1980 trat er neben Aykroyd und seinem urkomischen Komplizen John Belushi in dem Film „The Blues Brothers" auf, der schon bald zu einem umwerfenden Erfolg werden sollte, auf den noch viele weitere folgten. John gewann die Gunst des Publikums mit seiner

Darstellung genialer Loser und großherziger Trottel, denen er eine anrührende Menschlichkeit und Authentizität verlieh, unter anderem in Filmen wie „Stripes" (der deutsche Titel heißt „Ich glaub', mich knutscht ein Elch"), „Uncle Buck", der den deutschen Titel „Allein mit Onkel Buck" trägt und „Planes, Trains & Automobiles" mit dem deutschen Titel „Ein Ticket für Zwei". John arbeitete pausenlos und spielte in den 80er Jahren in 34 Filmen mit, wodurch er, wie er es ausdrückte, „von Makkaroni und Käse auf Makkaroni und Hummer" umsteigen konnte.

Sein enormer Körperumfang war der Schlüssel zum Erfolg des in Kanada geborenen Komikers, und obwohl John auf unerwartete Anspielungen auf seine Figur oft mit selbstironischen Späßen reagierte, kämpfte er hinter den Lachern mit einer Reihe von Diäten. Er verbrachte einige Zeit im Pritikin Longevity Center und trainierte auf Laufbändern und Heimtrainern, jedoch war er niemals in der Lage, sein Gewicht und seine Zigarettenabhängigkeit unter Kontrolle zu bringen.

Im Jahre 1994 befand sich John in Durango, Mexiko, um dort den Film „Wagons East" zu drehen. Zu jener Zeit wog er bereits knapp 180 Kilo. Um den Film rechtzeitig fertig zu stellen, drehte das Team manchmal mehr als 12 Stunden in der sengenden Hitze. Eines Morgens rief sein Bodyguard ihn in seinem Hotel an, aber John ging nicht ans Telefon. Kurze Zeit später verschaffte sich der Bodyguard Zugang zu Johns Zimmer und fand John tot in seinem Bett vor. Er hatte einen Herzinfarkt erlitten. Im Alter von nur 43 Jahren wurde John auf dem Holy Cross Cemetery in Culver City, Kalifornien beigesetzt.

Weg zum Friedhof: Verlassen Sie die I-405 und folgen Sie der Slauson Avenue etwa eine halbe Meile in östlicher Richtung. Der Friedhof befindet sich auf der linken Seite, Nr. 5835.

Weg zum Grab: Fahren Sie auf das Friedhofsgelände und begeben Sie sich zum Mausoleum auf dem Hügel. Betreten Sie es durch den Haupteingang und halten Sie sich rechts. Auf der rechten Seite der Halle liegt der Raum 7 und darin liegt Johns Krypta auf der rechten Seite.

HANNS JOACHIM FRIEDRICHS
15. März 1927 – 28. März 1995

War Karl-Heinz Köpcke der „Mister Tagesschau", auch wenn seit seinem Ausscheiden andere Sprecher dieser Nachrichtensendung den gleichen Titel getragen haben, so war Hanns Joachim „Hajo" Friedrichs der „Mister Tagesthemen".
Der gebürtige Westfale begann seine journalistische Karriere bei der Berliner Zeitung „Telegraf", wo er während eines Fortbildungsaufenthalts in London Kontakte zur BBC herstellen konnte. Friedrichs schaffte es, bei der altehrwürdigen britischen Institution in

London einen Vertrag als Nachrichtenredakteur zu bekommen. In diesem Zusammenhang kam er 1954 erstmals auch auf deutsche Fernsehschirme – als er für die BBC live über Winston Churchills Geburtstag berichtete.
Ein Jahr später kehrte der Journalist der Insel den Rücken und kam in seine Heimat zurück. In Köln schloss er sich dem damaligen NWDR als Korrespondent und Reporter an und moderierte ein Regionalmagazin. Das Angebot des ZDF, eine Stelle als USA-Korrespondent anzutreten, veranlasste ihn zum Senderwechsel. Friedrichs nahm die Stelle an und berichtete in den folgenden fünf Jahren aus Washington, später aus Vietnam. Auch die allabendliche Nachrichtensendung „heute" wurde zeitweise von Friedrichs präsentiert. 1973 zum Sportchef des Senders ernannt, moderierte der Nachrichtenmann nun 101 Mal das „Aktuelle Sportstudio".
Die ARD hatte in der Zwischenzeit ein neues Nachrichtenmagazin lanciert und erfolgreich im Programm und im Bewusstsein des Publikums etabliert: Seit 1978 gingen die „Tagesthemen", nach der „Tagesschau" die zweite Nachrichtensendung des ARD-Abends, über den Sender. Um dem Format einen festen Anker zu geben, einen Moderator (englisch: anchorman) mit Wiedererkennungswert, kam die Redaktion 1985 davon ab, die „Tagesthemen" von wechselnden Sprechern vortragen zu lassen. Man wollte fest etablierte Köpfe – und bot Hajo Friedrichs die Hauptmoderation an.
Friedrichs gefiel der Gedanke, zum tagesaktuellen Nachrichtengeschäft zurückzukehren. Am 14. Oktober des Jahres saß er erstmals im Studio der „Tagesthemen" vor laufenden Kameras – und blieb für mehr als 700 Ausgaben. Friedrichs wurde der beliebteste Nachrichtensprecher der Republik und wurde beim Publikum als seriöser und vertrauenswürdiger Informant geschätzt. Als er sich 1991 verabschiedete, wurde Ulrich Wickert sein Nachfolger.
In seinen letzten Lebensjahren arbeitete der Journalist für das ZDF, für Vox und RTL, und setzte sich für den beruflichen Nachwuchs ein. Ende 1994 erkrankte er an Lungen- und Leberkrebs. Von dieser Erkrankung sollte sich Hanns Joachim Friedrichs nicht mehr erholen. Er starb kurz nach seinem 68. Geburtstag in Hamburg.

Friedhof: Hanns Joachim Friedrichs wurde auf dem Friedhof in Hamburg-Nienstedten beigesetzt. Die Anlage befindet sich an der Elbchaussee, gleich neben der Kirche in der Rupertistrasse 37, 22609 Hamburg.
C. H.

GARY COOPER
7. Mai 1901 – 13. Mai 1961

Gary Cooper wuchs auf einer weitläufigen Ranch in Montana auf und arbeitete in jungen Jahren als Karikaturist für eine Zeitung, bis er sich auf seine meisterlichen Reitkünste besann und als Stuntman in vielen Western der damaligen Zeit zu sehen war. Er

baute dieses Talent weiter aus und erhielt schon bald Hauptrollen, und in seiner mehr als 30 Jahre währenden Karriere wurde der gut aussehende und hoch gewachsene Schauspieler zum idealen männlichen Sexsymbol für die Frauenwelt, während er in den Augen der Männer zum vollkommen starken, schweigsamen, amerikanischen Helden wurde.
In den frühen 40er Jahren erreichte Garys Karriere ihren Höhepunkt, als er in eine Reihe unvergesslicher Rollen schlüpfte: Er übernahm die Hauptrolle in dem gefühlvollen Film „Meet John Doe" (der deutsche Titel lautet „Hier ist John Doe"); er gewann für seine Rolle in „Seargent York" seinen ersten Oscar; seine außergewöhnliche Darstellung von Lou Gehrig in „The Pride of the Yankees", der unter dem deutschen Titel „Der große Wurf" veröffentlicht wurde, brachte ihm eine weitere Oscar-Nominierung ein. Und er erhielt eine weitere Oscar-Nominierung für seine Hauptrolle in „For Whom the Bell Tolls", der unter dem deutschen Titel „Wem die Stunde schlägt" lief. Die wahrscheinlich eindrucksvollste Darstellung seiner Karriere lieferte er im Jahre 1952 in dem Film „High Noon" - „12 Uhr mittags" -, der zu den besten Western aller Zeiten zählt.
Gary starb im Alter von 60 Jahren an Krebs und wurde auf dem Sacred Hearts of Jesus and Mary Cemetery in Southampton, Long Island, New York beigesetzt.

Weg zum Friedhof: Der Friedhof liegt im westlichen Teil der Stadt an der Route 27.

Weg zum Grab: Der Eingang zum Friedhof liegt in einer Lücke der Hecken, die an der Route 27 entlang gepflanzt wurden. Fahren Sie auf das Friedhofsgelände und halten Sie sich gleich links. Halten Sie an, bevor die Straße sich nach rechts fortsetzt. Circa 13 Meter zu Ihrer Rechten liegt Garys Grab zu Füßen eines großen Felsens.

EVELYN HAMANN
6. August 1942 – 22. Okober 2007

Zwischen ihr und Vicco von Bülow, alias Loriot, stimmte alles: Jede Pointe saß, jede Mimik traf ins Ziel - nur einmal, so Loriot nach ihrem frühen Ableben, habe Evelyn Hamann das Timing nicht beachtet. Im Sterben.
Die spätere Schauspielerin entstammte einer Hamburger Musikerfamilie: Ihr Vater war ein gefeierter Geiger, ihre Mutter sang und auch der Bruder schlug eine Karriere als Musikwissenschaftler ein - nur Evelyn zog es auf andere Bühnen. Sie besuchte die Hochschule für Musik und Darstellende Kunst in der Elbmetropole und gab am Thalia-Theater in Hamburg schließlich ihr Debüt. Hamann spielte in verschiedenen Städten und war ab 1965 auch in Fernsehproduktionen zu sehen. Die Kultserie „Vier Stunden von Elbe 1" - von der sich die Band „Element of Crime" Jahre später zu einem Song inspirieren ließ - machte Hamann Ende der 60er Jahre erstmals einem breiteren Publikum bekannt.
Während eines Engagements am Bremer Theater weckte sie das Interesse des Senders Radio Bremen, der für eine avisierte TV-Produktion mit Loriot nach einer geeigneten

Schauspielerin suchte, die die Sketchpartnerin des Komikers geben konnte. Hamann, die nach eigenen Angaben in nichts den Vorstellungen der Produzenten entsprach, bekam die Rolle. Von 1976 bis 1979 stand sie mit von Bülow vor der Kamera, und die beiden ergänzten sich hervorragend. Die Sendereihe „Loriot" zählt bis heute zu den Klassikern des deutschen Unterhaltungsfernsehen und machte ihre zwei Stars unsterblich. Ob als überforderte Hausfrau Hoppenstedt oder als angeschmachtete Chefsekretärin – Evelyn Hamann spielte Loriots angenehme Absurditäten mit Bravour und stoischem Ernst. Und einem Jodeldiplom.

1988 und 1991 stand Hamann für und mit Loriot auch für zwei Kinofilme – „Ödipussi" und „Pappa ante portas" – zur Verfügung, die nicht minder Kultcharakter haben.

Die mehrfach preisgekrönte Darstellerin setzte ihre Karriere in den 80er Jahren fort und war in weiteren Erfolgsproduktionen zu sehen. Sie absolvierte Gastauftritte in Sendereihen wie „Das Traumschiff" und Kinofilmen und rückte als resolute Frau Michaelis ab 1986 ins Ensemble des ZDF-Serienhits „Die Schwarzwaldklinik" nach.

In den 90er Jahren konnte sie mit der beliebten Krimireihe „Adelheid und ihre Mörder" erneut auf dem Bildschirm überzeugen, und auch die in unregelmäßigen Abständen produzierten „Geschichten aus dem Leben" hielten sich lange und erfolgreich.

Die Trägerin des Bundesverdienstkreuzes 1. Klasse hielt ihr Privatleben erfolgreich aus den Klatschspalten. Nach einer 1976 geschiedenen Ehe heiratete sie nicht wieder. Evelyn Hamann starb in ihrer Heimat Hamburg an Lymphdrüsenkrebs.

Friedhof: Evelyn Hamann wurde auf dem Alten Friedhof in Niendorf bestattet, einem Stadtteil von Hamburg, Bezirk Eimsbüttel. Die Anschrift lautet Promenadenstraße 8.
C. H.

HARALD JUHNKE
10. Juni 1929 – 1. April 2006

Wenn es den deutschen Allround-Entertainer tatsächlich gibt, den, der singen, spielen und moderieren kann, dann hieß er vermutlich Harry Heinz Herbert Juhnke, genannt Harald. Der Sohn eines Angestellten und einer Bäckerstochter kam in Berlin-Charlottenburg zur Welt und verbrachte seine ersten Jahre in Wedding. Eigenen Angaben zufolge war er ein anstrengendes Kind – er blieb das einzige in seiner Familie. Nach Schule und Wehrdienst hatte er 1948 nur einen Berufswunsch: Schauspieler.

Juhnke nahm einige Monate Unterricht – seine Lehrerin war es auch, die ihm zum Künstlernamen Harald riet – und begann schon Ende 1948, Theaterluft zu schnuppern. Unter anderem spielte er in der Volksbühne. Anfang der 50er Jahre interessierte sich auch der Film für den jungen Mann und er bekam erste Rollenangebote. Den Filmen selbst schrieb Juhnke kaum künstlerische Bedeutung zu. Die Bezahlung stimmte, die Partnerinnen waren hübsch und sein Name wurde dem breiten Publikum bekannt. Über den Film kam er auch zur Synchronisation, und er lieh in der Folge mehreren Hollywoodgrößen seine Stimme – und schließlich zum Fernsehen. Dort begeisterte er in der Sketch-Serie „Ein verrücktes Paar" und ab 1979 als Nachfolger des großen Peter Frankenfeld als Moderator von „Musik ist Trumpf". Der Durchbruch war da und Harald Juhnke aus Wedding ein bekannter Mann, ein Star.

Zu dieser Zeit war er bereits zum zweiten Mal verheiratet. Die erste Ehe mit der Künstlerin Sybil Werden hielt zehn Jahre. Beide haben zwei gemeinsame Kinder. 1971 heiratete er die Schauspielerin Susanne Tien-Lo Hsiao, mit der er einen Sohn hat. Schon in jungen Jahren litt der auf Bühne und Leinwand so sicher auftretende Juhnke an Alkoholismus, Ende der 50er Jahre hatte er deswegen sogar einige Monate im Gefängnis verbracht. Juhnke gelang es nicht, seine Alkoholprobleme in den Griff zu bekommen. Seine Exzesse gingen durch die Boulevardpresse und sorgten wiederholt dafür, dass dem Schauspieler und Moderator Engagements entgingen oder wieder entzogen wurden. Für viele Regisseure und Programmchefs wurde es offenbar zum unternehmerischen Risiko, Juhnke zu verpflichten. Und dennoch spielte er. 1992 brillierte er in „Schtonk", 1996 gab er einen „Hauptmann von Köpenick", der Maßstäbe setzte – und sein Publikum hielt zu ihm. Mehrere Film- und Fernsehauszeichnungen würdigten Juhnkes schauspielerische Leistungen.

Juhnke arbeitete an sich, nahm Entziehungskuren und Klinikaufenthalte auf sich, um seine Sucht unter Kontrolle zu bekommen, doch es waren nur Siege auf Zeit. Der Alkohol hatte seiner Gesundheit sehr zugesetzt. Er erkrankte am Korsakow-Syndrom, einer unter anderem bei Alkoholikern auftretenden Hirnschädigung. 2001 gab sein Management bekannt, dass sich Juhnke aus der Öffentlichkeit und dem Berufsleben zurückziehen werde. Der Star wurde zum Pflegefall, musste schließlich sogar künstlich ernährt werden. Harald Juhnke starb am 1. April 2005 an den Folgen seines Leidens.

Friedhof: Der städtische Waldfriedhof Dahlem liegt im Berliner Stadtteil Steglitz-Zehlendorf, am Rand des Forstes Grunewald, Hüttenweg 47.

Zum Grab: Juhnkes Ehrengrab ziert ein Sinnspruch, der zu seinem extremen Leben passt: „Der wahre Schauspieler ist von der unbändigen Lust getrieben, sich unaufhörlich in andere Menschen zu verwandeln, um in den anderen am Ende sich selbst zu entdecken."
C. H.

BOB CRANE
13. Juli 1928 – 29. Juni 1978

Von 1965 bis 1971 verkörperte Bob Crane in „Hogan's Heroes" (der deutsche Titel heißt „Ein Käfig voller Helden"), einer unwahrscheinlich beliebten Serie, die in einem Gefangenenlager der Nazis spielt, den Titel gebenden Colonel Hogan. Darin ging es um eine trickreiche Gruppe von Gefangenen des Zweiten Weltkriegs, die ihre deutschen Bewacher, Oberst Klink und Feldwebel Schultz, regelmäßig an der Nase herumführte.

Bevor Bob die Hauptrolle in „Hogan's Heroes" übernahm, spielte er als Schlagzeuger zusammen mit dem Connecticut Symphony Orchestra und arbeitete als Diskjockey, um sich nach dem Ende der Serie dem Theater zuzuwenden. Er war viel unterwegs, was es ihm erleichterte, seinen speziellen sexuellen Neigungen nachzugehen. Er schlief mit Hunderten von Frauen und fotografierte die Zusammenkünfte heimlich, bis die Technik es ihm ermöglichte, Videoaufnahmen anzufertigen. Sein extravaganter, promiskuitiver Lebensstil und dessen akribische Dokumentation scheinen unter anderem für seinen gewaltsamen Tod verantwortlich zu sein und bescheren ihm noch heute einen gewissen Bekanntheitsgrad.

Im Alter von nur 49 Jahren wurde Bob erschlagen in seinem Apartment aufgefunden. Sein Freund John Carpenter wurde daraufhin als Hauptverdächtiger festgenommen, jedoch gelang es der Polizei nicht, ihm den Mord nachzuweisen. Als die Behörden im Jahre 1994 feststellen mussten, dass ihnen die Zeit davonrannte und die sowieso schon schwachen Beweise weiter an Bedeutung verlieren könnten, wurde ein Indizienprozess gegen Carpenter angestrengt. Carpenter wurde allerdings freigesprochen und der Mord an Bob Crane bleibt weiterhin ungelöst.

Ursprünglich wurde Bob im Oakwood Memorial Park in Chatsworth, Kalifornien beigesetzt und sein Grab mit einem kleinen, flachen Grabstein gekennzeichnet. 20 Jahre später ließ ihn seine Familie jedoch exhumieren und in einem namenlosen Grab im Westwood Memorial Park in Santa Monica erneut beerdigen.

Weg zum Friedhof: Folgen Sie dem Wilshire Boulevard eine halbe Meile östlich der I-405 und biegen Sie dann rechts auf die Glendon Avenue ab. Der Friedhof liegt gleich auf der linken Seite. Alternativ können Sie auch am Wilshire Boulevard parken und den Friedhof hinter dem Bürogebäude am Wilshire Boulevard Nr. 10850 betreten.

Weg zum Grab: Bob liegt etwa in der Mitte der Rasenfläche, nicht weit von Natalie Woods Grab entfernt.

HILDEGARD KNEF
28. Dezember 1925 – 1. Februar 2002

Die Prokuristentochter Hildegard Frieda Albertine Knef stammte aus Ulm, zog aber schon früh nach Berlin, wo sie sich nach der Volksschule in den Studios der Ufa zur Trickfilmzeichnerin ausbilden ließ und nebenher auch an einer Karriere als Schauspielerin arbeitete.

Nach dem Zweiten Weltkrieg debütierte sie an Berliner Bühnen und ergatterte bereits erste Filmrollen. 1946 gelang ihr mit dem Streifen „Die Mörder sind unter uns" der internationale Durchbruch als Charakterschauspielerin. Eine kurze Nacktszene in dem 1951 startenden Film „Die Sünderin" sorgte für einen Skandal – der Film brachte

Kirchenverbände und andere Ankläger gegen sie auf – und brachte der Knef mächtig Publicity. Auch in Amerika war man mittlerweile auf die bereits international ausgezeichnete Darstellerin aufmerksam geworden und schickte ihr Rollenangebote. Es folgten zahlreiche Hollywoodproduktionen, in denen Hildegard Knef sich als länderübergreifender Kassenmagnet erwies und an der Seite so renommierter Kollegen wie Gregory Peck zu überzeugen verstand. Ab 1954 versuchte sie sich auch auf amerikanischen Bühnen: Am Broadway spielte sie in den kommenden Jahren die Hauptrolle in weit über 600 Aufführungen von Cole Porters „Silk Stockings", einer Musical-Version von Ernst Lubitschs „Ninotschka", und wurde zum gefeierten Theaterstar der New Yorker Szene.

Ihre Filmkarriere litt unter dieser Theater-Auszeit. Eine Rückkehr ins Kino gelang zwar mühelos, doch scheiterten die guten Beziehungen zu Knefs US-Filmstudio schließlich an Interessensdifferenzen. Knef kehrte nach Deutschland zurück und machte nun auch als Sängerin verstärkt von sich hören, verlor die Schauspielerei aber nicht aus den Augen. Anfang der 1970er überstand sie eine Krebserkrankung und erholte sich wieder. Diese Erfahrungen brachte sie schließlich in Buchform zu Papier – nicht das erste Mal, dass sie sich erfolgreich als Autorin versuchte.

In späteren Jahren zog sich Hildegard Knef, im Ausland meist als Hildegarde Neff bekannt, zusehends aus der Öffentlichkeit zurück. Mehrere TV-Portraits und Dokumentationen über sie und ihre Karriere entstanden, und gelegentlich wirkte sie auch noch als Schauspielerin an Produktionen mit, etwa im Fernsehfilm „Der Gärtner von Toulouse" von 1982. Sie war dreimal verheiratet: zunächst mit Kurt Hirsch, dann mit dem britischen Schauspielerkollegen David Cameron, von dem sie auch eine Tochter hatte, und mit Paul Freiherr von Schell zu Bauschlott.

Hildegard Knef verstarb 76-jährig in Berlin an den Folgen einer Lungenentzündung. Die Trauerfeier und die Beerdigung wurden live im deutschen Fernsehen ausgestrahlt.

Friedhof: Der Waldfriedhof Berlin-Zehlendorf liegt in der Potsdamer Chaussee 75-77, 14129 Berlin, Telefon: 030/8035024. Für die Pflege von Hildegard Knefs Ehrengrab (V-W-228/229, 039/685 neu) kommt der Berliner Senat auf.
C. H.

KARL-HEINZ KÖPCKE
29. September 1922 – 27. September 1991

Viele seiner Nachfolger nannte man genauso, aber Karl-Heinz Köpcke war der erste und damit auch der „echte" „Mister Tagesschau".
Der Sohn eines Technikers kam 1922 in Hamburg zur Welt und absolvierte zunächst eine kaufmännische Ausbildung, bis er im Zweiten Weltkrieg zum Arbeitsdienst eingezogen wurde. Ab 1941 leistete Köpcke seinen Dienst ab, wurde zum Luftwaffenfunker ausgebil-

det und als Funktruppenführer eingesetzt. Nach der Rückkehr aus der französischen Gefangenschaft heuerte Köpcke 1946 bei Radio Bremen an, wo er sich als Sprecher in diversen Sendungsformaten versuchen konnte.
1949 wechselte er zum NWDR, später NDR, nach Hamburg, wo man ihn zum Ersten Nachrichtensprecher machte. Als der NDR 1959 seine tägliche Sendung von Wochenschau-Aufnahmen erstmals mit einem eigenen Wortblock versah, wurde ein Moderator gebraucht, der die Meldungen in der Sendung vorlesen sollte. Die Wahl fiel auf Köpcke. Über 5.000 Sendungen dieser „Tagesschau" präsentierte der Nachrichtensprecher und Journalist in den folgenden Jahren. Durch sein konstant seriöses Auftreten und seine ruhige, sachliche Vortragsweise wurde er zum Vertrauten des Publikums und zu einer Person, der man Glauben schenkte. Köpcke war und ist Vorbild vieler Nachrichtensprecher, sein Bekanntheitsgrad durch die „Tagesschau" ähnelte dem eines Regierungssprechers. Wenn etwas geschah, erfuhr es die Nation von Karl-Heinz Köpcke, jeden Abend um 20 Uhr. Neben den Nachrichten war auch Köpckes Aussehen Thema seines Publikums: Seine Krawatten und Anzüge, selbst der Ehering – in der Zuschauerpost und mitunter sogar der Presse wurde all das zum Thema. Als Köpcke nach dem Urlaub einmal mit Oberlippenbart auf dem Bildschirm erschien, ging ein Raunen durchs Publikum.
Köpcke blieb der „Tagesschau" bis 1987 treu, doch schon 1978 spürte man, dass sein Stern im Sinken begriffen war. Damals wurden die „Tagesthemen" als zweites Nachrichtenformat des ARD-Abends eingeführt und der Nachrichtensprecher, für Köpcke der entscheidende Mann einer Nachrichtensendung, nicht mehr ins Zentrum gestellt. Er unterstützte nur den eigentlichen Moderator, Chefredakteur Klaus Stephan. Köpcke wehrte sich gegen diese, seiner Ansicht nach unpassende Rollenverteilung, indem er während Stephans Moderation der ersten „Tagesthemen"-Ausgabe demonstrativ durch Räuspern und Papiergeraschel störte.
Am 10. September 1987 las Karl-Heinz Köpcke seine letzte „Tagesschau". Er zog sich ins Privatleben zurück und hatte fortan mehr Zeit für seine Frau. Genau wie sie erkrankte auch Köpcke bald an Krebs. „Mister Tagesschau" starb am 27. September 1991 in Hamburg.

Friedhof: Der Friedhof Ohlsdorf, größter Parkfriedhof der Welt, ist für seine Schönheit bekannt. Er liegt in der Fuhlsbüttler Str. 756.

Zum Grab: Das schlichte Grab von Gertrud und Karl-Heinz Köpcke findet sich im Bereich BK54 (1141).
C. H.

JOAN CRAWFORD
23. März 1908 – 10. Mai 1977

Joan Crawford arbeitete zunächst als Hintergrundtänzerin am Broadway und ging dann nach Hollywood, wo sie große Erfolge als Stummfilmstar feierte. Im Jahre 1928 war sie die Hauptdarstellerin in „Our Dancing Daughters" und die Rolle machte sie zu einem großen Star. Den Übergang zum Tonfilm absolvierte sie mühelos und in den folgenden zwei Jahrzehnten spielte sie neben den bekanntesten männlichen Darstellern der Zeit erfolgreich vornehme Damen der Gesellschaft und aufsteigende Verkäuferinnen. Ihr Privatleben spiegelte auf eine gewisse Weise ihre Rollen wider; Joans Affären und öffentliche Trennungen mit Douglas Fairbanks Jr., Clark Gable und anderen füllten die Klatschblätter. Vielleicht war ihre schamloseste und skandalträchtigste Verbindung die mit Franchot Tone, die in einer Dreiecksgeschichte mit ihm und Bette Davis endete. Beide Damen buhlten um Tones alleinige Aufmerksamkeit, allerdings war Joan am Ende die erfolgreichere von beiden und heiratete ihn. Nach zwei Fehlgeburten und mehreren gewalttätigen Auseinandersetzungen wurde die Ehe schließlich nach vier Jahren geschieden, nachdem Joan Tone mit einem jungen Starlet in einer kompromittierenden Situation erwischt hatte.

In den 50ern kam Joans Karriere fast zum Erliegen, und sie erhielt verstärkt Nebenrollen, bis sie 1962 zusammen mit ihrer Erzrivalin Bette Davis als verrücktes Schwesternpaar in „Whatever Happened to Baby Jane?" – der deutsche Titel lautet „Was geschah wirklich mit Baby Jane?" – vor der Kamera stand, das in einem verfallenen Hollywood-Anwesen lebte. Die berühmte schwarze Komödie erfüllte die abflauenden Karrieren der beiden Schauspielerinnen für kurze Zeit mit neuem Leben, füllte die Klatschblätter und ließ auch ihre Fehde noch einmal aufleben, denn Joan hatte behauptet, Davis habe mit jedem männlichen Star der MGM geschlafen, mit Ausnahme von Lassie.

Ihre letzten Lebensjahre widmete Joan der christlichen Religion und dem Wodka und im Alter von 69 Jahren starb sie an Krebs.

Sie wurde im Ferncliffe Mausoleum in Hartsdale, New York, beigesetzt.

Weg zum Friedhof: Verlassen Sie die I-87 in Ardsley an der Ausfahrt 7 und folgen Sie der Route 9A etwa einenhalb Meilen nordwärts. An der Ampel rechts auf die Secor Road abbiegen. Der Ferncliffe-Friedhof liegt kurz darauf auf der linken Seite.

Weg zum Grab: Fahren Sie an der ersten Möglichkeit auf das Friedhofsgelände, halten Sie sich links und parken Sie auf der linken Seite des Hauptmausoleums. Betreten Sie das Mausoleum durch die Bronzetüren am Eingang und biegen Sie dann links, rechts, links, links und noch mal rechts ab. Joan liegt in Alkoven E auf der rechten Seite der Steele-Krypta (Steele war der Name ihres letzten Ehemanns).

DIETHER KREBS
11. August 1947 – 5. Januar 2000

Einen Genussmenschen haben ihn seine Kinder genannt, für das Publikum war er der Extremkomiker. Der Schauspieler Diether Krebs war eine Fernsehgröße, die sich kaum mit anderen vergleichen lässt. 1947 in Essen geboren, sammelte der Sohn eines Schreibwarenhändlers schon in der Schulzeit erste Bühnenerfahrungen, besuchte schließlich in Essen die Folkwang-Hochschule.

Erste Engagements folgten. Krebs spielte in Oberhausen Theater und stand ab Anfang der 70er Jahre auch vor den Kameras – er drehte Kinofilme und TV-Produktionen. Wolfgang Menges TV-Serie „Ein Herz und eine Seele" um den reaktionär-spießigen Kleinbürger „Ekel" Alfred Tetzlaff und dessen Sippe wurde ein Riesenerfolg. Krebs spielte den Schwiegersohn aus der Ostzone und bekennenden SPD-Anhänger Michael, gab die Rolle aber auf, als er befürchtete, dass sich der WDR, der die Sendung produzierte, just von dieser Partei in die Drehbücher pfuschen ließ. Weitere Rollenangebote ließen nicht auf sich warten. Krebs spielte klassische Rollen und arbeitete für Peter Zadek, Ende der 70er Jahre ergriff er die nächste Serienchance und war acht Jahre lang als Kriminalobermeister in der ZDF-Serie „SOKO 5113" zu sehen. Auch im „Tatort" trat er häufig auf, einmal auch als Kommissar.

In den 80er Jahren bot sich für Krebs die Rückkehr ins Humorfach an, dort kannte er sich aus wie kaum ein Zweiter. Zunächst war er bei „Rudis Tagesshow" vertreten, einer Nachrichtenpersiflage mit Rudi Carrell, ab 1984 bekam er mit „Sketchup" sein eigenes Format. An der Seite von Beatrice Richter und Iris Berben hatte Krebs damit großen Erfolg. Privat war er seit 1979 mit Bettina Freifrau von Leoprechting verheiratet, die in Hamburg am Thalia Theater arbeitete. Beide haben zwei gemeinsame Söhne.

Krebs wechselte in den Folgejahren gekonnt zwischen ernsten und humoristischen Projekten. Er betätigte sich zudem als Moderator und kam mit der albernen Figur des „Martin" zu seiner eigenen Überraschung sogar in die deutsche Hitparade – die Single „Ich bin der Martin, ne (Martin My Love)" kam 1991 auf den dritten Platz der Charts. Als Schauspieler wechselte Krebs nun zu den Privatsendern, seine neuen Sketchserien auf RTL und Sat.1 erreichten aber nie den Erfolg früherer Programme.

1998 wurde bei Diether Krebs inoperabler Lungenkrebs diagnostiziert. Krebs schob die Krankheit beiseite und gab beruflich ein letztes Mal Vollgas. Er brillierte in Kino- und TV-Produktionen, darunter die Krimikomödie „Bang Boom Bang", schrieb neue Comedy-Programme und plante eine Abschiedstournee. Abends stand er auf der Bühne, morgens fuhr er zur Chemotherapie im Krankenhaus. 2000 starb er zu Hause in Hamburg im Kreise seiner Familie.

Friedhof: Der Essener Ostfriedhof liegt im Südostviertel der Stadt, an der Saarbrücker Str. 76.

Zum Grab: Auf Wunsch des Verstorbenen ziert ein schlichter Kieselstein das Grab, in dem 2006 auch seine Frau beigesetzt wurde.
C. H.

JAMES DEAN
8. Februar 1931 – 30. September 1955

Der gut aussehende und nachdenkliche Schauspieler James Dean hatte eine der aufregendsten und kürzesten Karrieren überhaupt. In etwas über einem Jahr und nach nur drei Filmen glich James einer Sensation und wurde mit seinen Jeans, der im Mundwinkel ruhenden Zigarette und seiner charakteristischen, lässigen Haltung zu einer Personifizierung der amerikanischen Jugendbewegung der 50er Jahre. Durch mindestens ein Dutzend Biografien und Songs, Fanclubs und sogar eine eigene Briefmarke wurde James unsterblich und zu einem wichtigen Element der amerikanischen Popkultur.
Nachdem er im ländlichen Indiana aufgewachsen war, zog er mit seinem Vater und seiner Stiefmutter im Jahre 1949 nach Kalifornien um und besuchte dort das Santa Monica City College, wo er Rechtswissenschaften studierte. Jedoch war er nur im Fach Schauspielerei richtig gut und verließ das College nach zwei Semestern wieder. Er arbeitete zunächst als Parkwächter und nahm an möglichst vielen Vorsprechterminen teil.
Nach einigen Werbespots und kleineren Filmrollen nahm James an einem Schauspielworkshop teil und zog im Jahre 1951 nach New York, um seine Karriere in Gang zu bringen. Er verdiente sich seinen Lebensunterhalt als Hilfskraft in einem Restaurant, erhielt jedoch auch schon kleinere Rollen in verschiedenen TV-Shows und spielte in zwei Broadway-Produktionen mit.
Der Umzug nach New York zahlte sich schließlich aus. Im Jahre 1954 erhielt James die Rolle des Cal Trask in der Leinwandadaptation von John Steinbecks „East of Eden", die den deutschen Titel „Jenseits von Eden" trug. Im Jahr darauf spielte er die vom Stil her ähnliche Rolle des Jim Stark in „Rebel Without a Cause", der unter dem deutschen Titel „...denn sie wissen nicht, was sie tun" in die Kinos kam.
Im März 1955 belohnte sich James für seinen Erfolg mit „East of Eden" mit seinem ersten Porsche, einem 356 Super Speedster Convertible. Im Juni war er bereits ein begeisterter Rennfahrer und konnte Siege in drei Amateurrennen für sich verbuchen. Am Ende des Monats traf er in Texas mit seinen Kollegen Elizabeth Taylor und Rock Hudson zusammen, um mit ihnen seinen dritten Film „Giants" zu drehen - der deutsche Titel lautet „Giganten". Wieder verkörperte James einen charismatischen, aber dennoch ruhelosen jungen Mann, in diesem Fall den harten, hochbegabten Rancharbeiter Jett Rink.
Nachdem der Film im September abgedreht worden war, kaufte sich James einen weiteren Porsche, einen silberfarbenen 550 Spyder. Am Heck des Wagens ließ er den Spitznamen anbringen, den er am Set von „Giants" erhalten hatte - „Little Bastard". James hatte nun etwas Freizeit und freute sich schon darauf, mit seinem neuen Wagen an einem Rennen teilzunehmen. Zusammen mit seinem Mechaniker Rolf Wütherich machte er sich am Ende des Monats in seinem neuen Porsche in Los Angeles auf den Weg zu einem Rennen in Salinas. Die beiden sollten jedoch niemals dort eintreffen. Auf dem Weg nach Salinas beschleunigte er seinen Sportwagen bis in den oberen Geschwindigkeitsbereich, um ihn richtig auszutesten. Gegen 15.30 Uhr erregte James' Fahrweise die Aufmerksamkeit eines Polizisten, der den Star wegen zu hoher Geschwindigkeit ermahnte und ihn bat, langsamer zu fahren. Nur zwei-

einhalb Stunden später, als James auf der Route 466 in Richtung Cholame fuhr, gab er wieder Gas, als ein entgegenkommender Ford Tudor, gesteuert von Donald Turnupseed, vor ihm links auf die Route 41 abbiegen wollte. James raste frontal in den Ford und der Porsche wurde vollständig zertrümmert. Rolf überlebte den Unfall mit schweren Verletzungen und Donald kam wie durch ein Wunder nur mit leichten Verletzungen davon, aber James war bei seiner Einlieferung ins Paso Robles Memorial Hospital bereits tot.
Kaum einen Monat später feierte „Rebel Without a Cause" in New York Premiere und die James-Dean-Legende fand ihren Anfang.
Im Alter von nur 24 Jahren wurde James auf dem Park Cemetery in Fairmount, Indiana, beigesetzt.

Weg zum Friedhof: Nehmen Sie die Ausfahrt 55 von der I-69 und folgen Sie der Route 26 für etwa fünf Meilen westwärts. Biegen Sie dann rechts auf die Main Street ab, der Friedhof liegt etwa eine halbe Meile weiter auf der linken Seite.

Weg zum Grab: Betreten Sie den Friedhof über den Eingang hinter dem Kanal, halten Sie sich an der Gabelung rechts und biegen Sie an der nächsten Möglichkeit wieder rechts ab. Das Grab von James Dean liegt auf der Spitze des Hügels auf der rechten Seite.
Rolf Wütherich starb bei einem anderen Verkehrsunfall im Jahre 1981. Donald Turnupseed erlag im Jahre 1995 einem Krebsleiden.

PIT KRÜGER
13. August 1934 – 6. November 2003

Der gebürtige Mannheimer Pit Krüger ist dem Publikum durch seine Rolle als Lockvogel der ARD-Show „Verstehen Sie Spaß?" bekannt geworden, wo er in den 80er Jahren an der Seite und im Auftrag von Kurt und Paola Felix seine Mitbürger mit versteckter Kamera in missliche Situationen brachte.
Krüger wurde das darstellerische Talent in die Wiege gelegt. Sein Vater Willy, genannt Bum, war ein großer Mime, Kabarettist und Synchronsprecher – unter anderem synchronisierte er Bob Hope und Charles Laughton – der unter anderem in der SWF-Serie „Salto Mortale" auftrat. Pit selbst wuchs in Frankfurt am Main auf, lernte an der Folkwang-Schule Ballett und ließ sich bei dem französischen Künstler Jean Soubeyran auch zum Pantomimen ausbilden. Seit 1959 stand Krüger auf der Bühne. Zunächst spielte er beim Düsseldorfer Schauspielhaus, später auch an anderen Bühnen, und eignete sich ein breites Rollenrepertoire an.
In den 60er Jahren entdeckte Pit Krüger auch das Fernsehen für sich. Er erhielt die Hauptrolle in der ARD-Abenteuerserie „Die Fernfahrer" und drehte drei Staffeln mit insgesamt zwölf Folgen. Außerdem blieb er seiner hessischen Heimat als Sketchpartner von Heinz Schenk im „Blauen Bock" treu, einer Unterhaltungsshow des hessischen Rundfunks.

Krüger, der besonders gerne den sympathischen kleinen Mann von nebenan spielte, führte auch Regie und stand ein halbes Jahrhundert lang auf der Bühne. Er starb im Alter von 69 Jahren in der Universitätsklinik Frankfurt am Main an Herzschwäche.

Friedhof: Der 1868 geweihte Frankfurter Südfriedhof erstreckt sich über 13 ha Land und liegt an der Darmstädter Landstraße 229.

Zum Grab: Pit Krügers Grab ist sehr unauffällig und bescheiden angelegt. Das Rasengrab ohne Stein befindet sich an der Markierung G-32-5.
C. H.

WALT DISNEY
5. Dezember 1901 – 15. Dezember 1966

Mithilfe seines großen Vorstellungsvermögens und einer Fabrik für Zeichentische, verwandelte Walt Disney, der selbst ein nur durchschnittlicher Zeichner war, den Trickfilm in eine Kunstform, und seine Schöpfungen Micky Maus und Donald Duck wurden zu den berühmtesten Stars Hollywoods. Seine Filmfirma wurde zum Lieferanten bester Familienunterhaltung und aus der Basis, die Walt geschaffen hatte, entwickelten sich die Disney Studios zu einem der erfolgreichsten Filmunternehmen der Welt.
Seinen ersten großen Erfolg landete Walt im Jahre 1928 in Zusammenarbeit mit seinem Angestellten Ub Iwerks – Micky Maus erblickte das Licht der Welt. Die ersten beiden Trickfilme mit der berühmten Maus waren noch Stummfilme und im dritten, dem ersten Tonfilm der Reihe, lieh Walt Micky persönlich seine Stimme. In seinem Film „The Three Little Pigs", auf Deutsch „Die drei kleinen Schweinchen", erprobte er zum ersten Mal das teure dreifarbige System Technicolor und gehörte damit zu den Vorreitern der Branche. Nachdem er auch für seinen ersten abendfüllenden Film „Snow White and the Seven Dwarfs" (die deutsche Fassung hieß „Schneewittchen und die sieben Zwerge") erfolgreich von dieser Art des Animationsfilms Gebrauch gemacht hatte, folgten schon bald darauf „Pinnochio", „Dumbo" und „Bambi". Jeder der Filme forderte die Entwicklung neuer, liebenswerter und unkomplizierter Charaktere und Walt schuf sie fast alle selbst. In den 50er Jahren zog sich Walt aus dem Bereich des Zeichentrickfilms zurück und produzierte stattdessen einige Realverfilmungen wie „Treasure Island", der unter dem deutschen Titel „Die Schatzinsel" bekannt wurde, und „Old Yeller" mit dem deutschen Titel „Sein Freund Yello". Später setzten seine visionären und unglaublich erfolgreichen Themenparks die Magie Disneys fort.
Im Jahre 1966 wurde bei Walt der von Krebs befallene linke Lungenflügel entfernt, jedoch starb er einen Monat später im Alter von 65 Jahren trotz allem an der tückischen Krankheit. Walt nahm zu Lebzeiten selten an Beerdigungen teil und für seine eigene Beerdigung wurde keine Ankündigung gemacht. Nur seine Familie war anwesend. Kurze Zeit später

machten Gerüchte die Runde, die besagten, Walt sei gar nicht beerdigt worden, sondern hätte sich stattdessen in Kryostase versetzen lassen, bis ein Heilmittel für seine Krebserkrankung gefunden würde. Diese Geschichten sind jedoch nur pure Fantasie. Walt wurde eingeäschert und seine Überreste im Forest Lawn Memorial Park in Glendale, Kalifornien, beigesetzt.

Weg zum Friedhof: Verlassen Sie den Highway 2 an der Ausfahrt San Fernando Road und halten Sie sich in nordwestlicher Richtung. Biegen Sie eine Meile später rechts auf die Glendale Avenue ab. Der Eingang zum Park liegt gleich auf der rechten Seite.

Weg zum Grab: Halten Sie am Informationsstand und besorgen Sie sich eine Karte des Geländes, fahren Sie dann zum Freedom Mausoleum. Walts Grab befindet sich im Garten direkt links neben dem Eingang zum Freedom Mausoleum. Sein Grabstein ist, wie Sie feststellen werden, bereits von den Stufen am Eingang des Mausoleums aus gut zu sehen.

ROBERT LEMBKE
17. September 1913 – 15. Januar 1989

Sein „Heiteres Beruferaten" prägte das Fernsehbild einer ganzen Generation: TV-Journalist Robert Lembke gehört zu den Klassikern der deutschen Unterhaltung. Er wurde in München geboren und hatte zunächst Jura studiert, diese Karriere aber dem Journalismus zuliebe abgebrochen. Zu Beginn der 30er Jahre schrieb er für verschiedene Print-Medien und war im Verlagssektor tätig.
Nach dem Zweiten Weltkrieg ging es mit seiner beruflichen Karriere dann stetig bergauf. 1949 kam Lembke zum Bayerischen Rundfunk und machte in der öffentlich-rechtlichen Sendeanstalt schnell Karriere. Seit 1969 fungierte er auch als Geschäftsführer des Deutschen Olympiazentrums.
Doch Lembkes publikumswirksamste berufliche Leistung war „Was bin ich?". 1955 debütierte das Format, in dem ein Rateteam durch geschickt formulierte Entscheidungsfragen die Berufe ihnen unbekannter Menschen erraten musste. In einer Sonderrunde wurde mit verbundenen Augen ein prominenter Gast erraten, für den dann Lembke antwortete, da die Ratefüchse sonst die Stimme des Gastes erkannt hätten. Für jedes Nein, das der Gast geben konnte, bekam er fünf Mark in ein Sparschwein geworfen, das nach dem Ende der Runde als Preisgeld mitgenommen werden durfte. Anfangs noch unter einem anderen Namen geführt und wenig erfolgreich, mauserte sich „Was bin ich?" beim zweiten Versuch zu einem Dauerbrenner der ARD. Bis zu Lembkes Tod 1989 erfreute sich die Sendung großer Beliebtheit. Lembke moderierte weit über 300 Ausgaben der Show.
Robert Lembke, der seit 1934 verheiratet war und eine Tochter hatte, verstarb wenige Tage nach seiner letzten „Was bin ich?"-Sendung im Deutschen Herzzentrum München an den Folgen einer Bypassoperation. Er wurde 75 Jahre alt.

Friedhof: Der Münchner Westfriedhof befindet sich im Süden des Stadtbezirks Moosach, sein Haupteingang liegt in der Baldurstraße 28.

Zum Grab: Robert Lembkes Grab hat die Kennung 26-11-11.
C. H.

ERROL FLYNN
20. Juni 1909 – 14. Oktober 1959

Der charismatische Schauspieler Errol Flynn war ein gut situierter Bürger Tasmaniens, der, nachdem er von einigen hochrangigen Schulen Australiens und Englands geflogen war, so einige Abenteuer durchlebte, bevor er schließlich Hollywood zu seinem neuen Spielplatz ernannte. Dank seines von Natur aus athletischen Körperbaus und seiner Vorliebe für die freie Natur arbeitete Errol als Manager einer Tabakplantage in Neuguinea, besegelte monatelang die südlichen Meere, versuchte sich selbst als Goldsucher und „rekrutierte" im Auftrag eines Goldgräberunternehmens unwillige Ureinwohner, die in den Tiefen der Gruben als Sklaven arbeiten sollten.
Nach fantastischen Auftritten auf den Bühnen Englands machte sich Errol mit seinem unwiderstehlichen Akzent im Jahre 1935 auf den Weg nach Hollywood. In seinem ersten Film "The Case of the Curious Bride", der unter dem deutschen Titel „Die seltsame Braut" lief, spielte er noch eine Leiche, aber in den folgenden mehr als 20 Filmen trat Errol meist als verwegener, schlagfertiger und romantischer Held auf. Das weibliche Publikum erlag sofort seiner Männlichkeit und seinem guten Aussehen, während ihn die männlichen Kinozuschauer für seine Kraft, sein leichtsinniges Verhalten und seinen Witz verehrten. Hinter seinem freundlichen und bescheidenen Wesen verbarg Errol seine angeborene Intelligenz und er verwandelte sein ungewöhnliches Talent in eine spektakuläre Hollywood-Erfolgsstory. Sein Durchbruch gelang ihm im Jahre 1938 mit dem gewaltigen Kassenerfolg „The Adventures of Robin Hood". Der deutsche Titel lautet „Robin Hood, König der Vagabunden". Als in den 40er Jahren das Western-Genre modern wurde, versuchte sich Errol auch in diesem Genre, und obwohl er als Cowboy eher lächerlich wirkte, schien dies dem Publikum gar nichts auszumachen und es stürmte weiterhin in seine Filme.
In den 50er Jahren forderte Errols Leben abseits der Leinwand einen Tribut. Das, was ihn auf der Leinwand zu einem trinkenden Schurken machte, ließ ihn im wirklichen Leben zu einem abgewrackten Säufer mutieren. Mit derselben Leidenschaft, die er den hübschen Frauen auf der Leinwand entgegenbrachte, stürzte er sich nun in eine Vielzahl von Affären abseits der Leinwand. Knapp 15 Jahre, nachdem er das Publikum mit seinem atemberaubenden Auftritt in „Captain Blood" (der deutsche Titel heißt „Unter Piratenflagge") in seinen Bann geschlagen hatte, lagen seine besten und abenteuerlichsten Jahre bereits hinter ihm. Bis zum Jahre 1957 versuchte sich Errol erfolglos an dramatischeren Rollen, bis er eine Rolle als alternder Alkoholiker in der Verfilmung von

Hemingways Roman „The Sun Also Rises" erhielt. Der Film lief unter dem deutschen Titel „Zwischen Madrid und Paris". Es war ein wenig so, als würde er sich selbst spielen.
Errol starb im Alter von 50 Jahren in Kanada unter mysteriösen Umständen, angeblich während er mit einem Mädchen im Teenageralter Sex hatte.
Vor seiner Beisetzung im Forest Lawn Memorial Park in Glendale, Kalifornien legten ihm Freunde eine Flasche Whisky in den Sarg.

Weg zum Friedhof: Verlassen Sie den Highway 2 an der Ausfahrt San Fernando Road und halten Sie sich in nordwestlicher Richtung. Biegen Sie eine Meile später rechts auf die Glendale Avenue ab. Der Eingang zum Park liegt gleich auf der rechten Seite.

Weg zum Grab: Halten Sie am Informationsstand und besorgen Sie sich eine Karte des Geländes, fahren Sie dann zum Freedom Mausoleum und betreten Sie das Gelände. Errols Grab liegt im Garden of Everlasting Peace, gegenüber dem Eingang, im Gras nahe der Mauer.

INGE MEYSEL
30. Mai 1910 – 10. Juli 2004

Sie galt als „Mutter der Nation" und wurde als Tochter eines jüdischen Kaufmanns und einer Dänin in Rixdorf, dem heutigen Berlin-Neukölln, geboren. Schon früh zog es Ingeborg Charlotte Meysel zur Bühne. In Zwickau debütierte sie 1930 mit einem Stück von Ernst Penzoldt. Doch die Darstellerin, die sich schon in jungen Jahren gesellschaftspolitisch engagierte, wurde unter den Nationalsozialisten mit Berufsverbot belegt und konnte erst nach Kriegsende wieder auftreten. Ab 1945 spielte sie in Norddeutschland, zunächst im Hamburger Thalia Theater, dann im Schauspielhaus. 1959 erhielt sie das Angebot, Anni Wiesner zu spielen, eine Portiersfrau mit hohen Ambitionen in dem Stück „Das Fenster zum Flur" – und hatte ihre Paraderolle gefunden. Den Ruf der „Mutter der Nation" wurde sie nie wieder los.
Auch im Fernsehen hatte sie schon bald Erfolge. Seit den 60er Jahren trat sie wiederholt in TV-Produktionen auf. In der überaus beliebten Serie „Die Unverbesserlichen" um die kleinbürgerliche Familie Scholz brillierte sie von 1965 bis 1971 abermals in einer starken Mutterrolle. Die einzelnen Episoden wurden alljährlich am Muttertag gesendet und waren ein TV-Event, lange bevor dieser Begriff im deutschen Sprachraum überhaupt etabliert war. Meysel, die seit dem Tod ihres zweiten Mannes, des 1965 verstorbenen Regisseurs John F. Olden, aus Überzeugung allein lebte, wurde ein Star des deutschen Fernsehens und spielte unzählige Rollen. Jenseits der Schauspielerei sorgte sie durch ihre offen vertretenen Meinungen zu Politik und Sexualität für Aufmerksamkeit. Sie unterstützte Willy Brandts Wahlkampf, solidarisierte sich im sogenannten „Sexismus-Prozess" mit Frauenrechtlerin Alice Schwarzer und engagierte sich in späteren Jahren auch für die AIDS-Aufklärung.

Als man Inge Meysel 1981 das Bundesverdienstkreuz verleihen wollte, verweigerte sie die Annahme. Es sei doch wohl nicht als Verdienst zu werten, so die Schauspielerin, wenn jemand sein Leben anständig gestalte.
Mit ihrer offenen, engagierten und auch resoluten Art machte sich Meysel viele Fans. Auch im hohen Alter besuchte sie noch Talkshows und Veranstaltungen und stand vor der Kamera. In der TV-Krimireihe „Polizeiruf 110", in der seit 1995 gelegentlich die von Meysel verkörperte Figur der „Oma" Elisabeth Kampnagel auftauchte, hatte sie 2004 ihren letzten Auftritt. Zu der Zeit litt sie bereits seit einem Jahr unter Altersdemenz und hatte sich weitestgehend zurückgezogen. Sie verstarb an Herzstillstand 94-jährig in ihrem Haus in Bullenhausen an der Elbe.

Friedhof: Der Hamburger Friedhof Ohlsdorf, Haupteingang in der Fuhlsbüttler Straße 756, ist von April bis Oktober von 8 bis 21 Uhr und von November bis März von 8 bis 18 Uhr geöffnet.

Zum Grab: Die Urne mit der Asche Inge Meysels wurde am 23. Juli 2004 beigesetzt. Meysel teilt sich ihre letzte Ruhestätte mit ihrem verstorbenen Mann John F. Olden, im Sektor P8 der Anlage.
C. H.

WILLY MILLOWITSCH
8. Januar 1909 – 20. September 1999

Köln war vom Krieg gezeichnet, als der damalige Oberbürgermeister Konrad Adenauer 1945 nach Wegen suchte, die Bevölkerung zumindest zeitweise von ihrem Elend abzulenken, sie aufzuheitern. Es musste, ja es würde wieder weitergehen, bessere Tage würden kommen, und Adenauer fand in der Aachener Straße ein Ventil für diesen Optimismus: das Millowitsch-Theater. Diese urkölsche Einrichtung existierte seit Jahrhunderten und war seit 1939 in der Aachener Straße beheimatet. Ein Volkstheater mit bürgernahen Inhalten und einem ausgeprägten Gespür für Humor und Geschichten von und über die sprichwörtlichen kleinen Leute von nebenan. Willy Millowitsch leitete es seit 1940, als er es von seinem Vater, dem Schauspieler Peter Wilhelm Millowitsch, übernommen hatte. Und Willy erkannte die Chance, die Adenauers Vorschlag mit sich brachte. Im Herbst 1945 öffnete das Millowitsch-Theater erstmals wieder die Türen und entwickelte sich in Folge zu einem Ort ungezwungener Heiterkeit, längst nicht nur in der rheinischen Metropole.
Bis 1949 brachte Millowitsch täglich eine Vorstellung auf die Bühne, dann entdeckte auch der Film den Volksschauspieler und Perfektionisten für sich. Ab Ende des Jahrzehnts stand Willy vor der Kamera und drehte im Laufe seiner Karriere unter anderem mit Romy Schneider, Chevy Chase und Harald Juhnke. Meist auf komödiantische Rollen abonniert, entwickelte Millowitsch diese zu seinem Markenzeichen und brachte auch dem heimischen

Theater durch seine Filmrollen viel Publicity. Als im Oktober 1953 erstmals ein Theaterstück live im Fernsehen übertragen werden sollte, wählten die Programmverantwortlichen das Stück „Der Etappenhase" - in der Hauptrolle Willy Millowitsch, aus dessen Theater die Aufführung direkt und via TV in 4.600 Haushalte kam. Millowitsch, der nie einen Schulabschluss gemacht hatte und seit Kindesbeinen auf der Bühne stand, gelang es, sein Haus und sein Ensemble auch mit TV-Übertragungen im Geschäft zu halten.

Millowitsch wurde genau wie sein Theater zur Kölner Institution. Der zweifach verheiratete Vater von vier Kindern wurde Ehrenbürger der Stadt und 1994 mit dem Bundesverdienstkreuz ausgezeichnet. Er versuchte sich auch als Sänger und schenkte Köln und besonders dem Karneval einige moderne Klassiker der Unterhaltungsmusik. Seine Aufnahme des Titels „Ich bin ne kölsche Jung" wurde zu Millowitschs musikalischem Markenzeichen. Bis ins hohe Alter hinein blieb er Kamera und Bühne treu und spielte in den 90er Jahren noch fürs Fernsehen die Hauptrolle in einer Reihe von Kriminalfilmen um den rüstigen Alt-Ermittler Kleefisch.

Am 20. September 1999 verstarb Millowitsch an Herzversagen. Seine Beerdigung wurde vom WDR live im Fernsehen übertragen, und es hatte den Anschein, als sei dabei ganz Köln auf den Beinen. Der Trauerzug führte auch am Millowitsch-Theater vorbei, das seit 1998 von Willys Sohn Peter betrieben wird.

Friedhof: Der Melaten-Friedhof ist der Zentralfriedhof der Stadt Köln und befindet sich im Stadtteil Lindenthal in der Aachener Str. 204, 50931 Köln.

Zum Grab: Das Familiengrab der Millowitschs liegt in Flur 72a.
C. H.

CLARK GABLE & CAROLE LOMBARD

Clark Gable
1. Februar 1901 – 16. November 1960

Carole Lombard
6. Oktober 1908 – 16. Januar 1942

Clark Gable und Carole Lombard verkörperten das personifizierte Eheglück, zwei bekannte und bemerkenswerte Menschen, die ihr Leben in einer Zeit des Glücks und der Erfüllung miteinander teilten.

PAARE FÜR DIE EWIGKEIT

CLARK GABLE & CAROLE LOMBARD

Carole fasste bereits im Alter von zwölf Jahren Fuß in der Branche; sie war ein Wildfang mit einer natürlichen Ausstrahlung und spielte im Jahre 1921 in einem Stummfilm eine fiese Göre. Im Alter von 16 Jahren hatte sie bereits in sieben Stummfilmen mitgespielt, jedoch verlor sie im Jahre 1926 ihren Filmvertrag, nachdem sie bei einem Autounfall schwere Gesichtsverletzungen erlitten hatte. Zwei Jahre später waren die Narben in ihrem Gesicht kaum noch zu sehen und sie kehrte, mit Camouflage-Makeup geschminkt, auf die große Leinwand zurück.

Zu dieser Zeit lebte Clark Gable, ein sich durchkämpfender Schauspieler mit großen Ohren und wenig sichtbarem Talent, der sein Handwerk durch viele kleine Nebenrollen gelernt hatte, am anderen Ende der Stadt und träumte vom dem Tag, an dem er seinen Durchbruch schaffen würde. Nachdem sie im Jahre 1932 am Set von „No Man of Her Own" zusammengearbeitet hatten, entwickelten Clark und Carole zunächst eine freundschaftliche Beziehung, die sich später in Liebe verwandelte, während ihr Bekanntheitsgrad zur Zeit der Depression ständig weiter stieg. Clark schaffte den Sprung in die Oberliga des Films im Jahre 1934 mit seiner Oscar-prämierten Rolle in der Komödie „It Happened One Night" – der deutsche Titel lautete „Es geschah in einer Nacht" – neben Claudette Colbert. Carole legte ein natürliches und stetiges Talent an den Tag und überzeugte ihre Fans durch eine lange Reihe solider Darstellungen. Im März 1939 heirateten Clark und Carole in einer Drehpause, während Clark an seinem damaligen Projekt „Gone with the Wind" – „Vom Winde verweht" – arbeitete.

Das frisch verheiratete Paar ließ sich im relativ ländlich gelegenen San Fernando Valley nieder und schaffte den Ausgleich zwischen einem Leben in der Öffentlichkeit und einem zurückgezogenen Privatleben. Nachdem die Vereinigten Staaten in den Zweiten Weltkrieg eingetreten waren, wurde Clark zum Vorsitzenden des Hollywood Victory Committee, und er sorgte dafür, dass Carole einen Auftrag zur Verwaltung von Kriegsanleihen bekam. Am 16. Januar 1942 kamen jedoch die 33-jährige Carole, ihre Mutter Elizabeth und 21 weitere Personen ums Leben, als ihr Flugzeug 30 Meilen außerhalb von Las Vegas im Gebiet des Mount Potosi abstürzte. Clark fuhr sofort zur Unglücksstelle und half bei der Bergung der Opfer. Carole und Elizabeth wurden im Forest Lawn Memorial Park in Glendale, Kalifornien beigesetzt.

Clark war am Boden zerstört und fühlte sich für Caroles Tod verantwortlich, da er die Reise arrangiert hatte. Er meldete sich daraufhin, vielleicht um seine Schuldgefühle zu lindern, beim Army Air Corps und diente dort als Heckschütze. Nach Kriegsende kehrte er nach Hollywood zurück und drehte eine Reihe eher durchschnittlicher Filme. Im Jahre 1960 verpflichtete sich Clark dann dazu, einen „modernen Western" namens „The Misfits", der den deutschen Titel „Misfits – nicht gesellschaftsfähig" trug, zu drehen. Während der Dreharbeiten vollführte Clark einige waghalsige Stunts mit wilden Pferden, was ihn eventuell überforderte; am 16. November 1960 starb Clark, nur zwei Tage nach Abschluss der Dreharbeiten, an einem Herzinfarkt. Im Alter von 59 Jahren wurde Clark neben Carole und ihrer Mutter beerdigt.

Weg zum Friedhof: Verlassen Sie den Highway 2 an der Ausfahrt San Fernando Road und halten Sie sich in nordwestlicher Richtung. Biegen Sie eine Meile später rechts auf die Glendale Avenue ab. Der Eingang zum Park liegt gleich auf der rechten Seite.

Weg zum Grab: Halten Sie am Informationsstand und besorgen Sie sich eine Karte des Geländes. Begeben Sie sich anschließend zum Great Mausoleum. Abgesehen von einem kleinen, abgesperrten Bereich, in dem den Besuchern gelegentlich eine Slideshow gezeigt wird, ist dieses Mausoleum für Besucher gesperrt. Aber wie es der Zufall will, reicht das aus, um einen kurzen Blick auf die letzte Ruhestätte von Clark, Carole und Elizabeth zu werfen.
Betreten Sie das Mausoleum und bitten Sie die Frau am Schalter, sich die „Last Supper"-Slideshow ansehen zu dürfen, die mehrmals am Tag gezeigt wird, und sie wird sie in den Raum bringen, wo diese gezeigt wird. Wenn Sie dort angekommen sind, sehen sie zu Ihrer Rechten einen Durchgang, der zum Columbarium of Prayer führt. Wenn Sie einen Blick dort hineinwerfen, sehen sie das Sanctuary of Trust. Darüber befindet sich ein Schild mit der Information, dass dieses Areal nur für Angehörige freigegeben ist, und von dort aus sind Sie sich selbst überlassen. Die Überreste von Clark, Carole und Elizabeth befinden sich im Sanctuary of Trust auf der linken Seite etwa auf Hüfthöhe in der Mitte des ersten Raums. Denken Sie daran, dass es sich bei diesen Räumlichkeiten um Privatbesitz handelt und dass überall Kameras angebracht sind – die Dame an der Information überwacht diesen Bereich mithilfe von Überwachungsmonitoren. Es ist wirklich nicht wert, gegen das Zutrittsverbot zu verstoßen, da es außer drei Namenstafeln sowieso nicht viel zu sehen gibt.

GRETA GARBO
18. September 1905 – 15. April 1990

Die öffentlichkeits- und fotoscheue Greta Garbo begann ihre Karriere als Model für ein Kaufhaus und wandte sich dann in ihrer Heimat Schweden dem Stummfilm zu. Im Jahre 1925 wurde Mauritz Stiller, einem aufstrebenden Regisseur und Garbos Mentor, von MGM ein Hollywood-Vertrag angeboten. Er wollte den Vertrag nur unter der Bedingung annehmen, dass die unerfahrene und bisher unbekannte Garbo ebenfalls einen Vertrag bekäme, so überzeugt war er von ihrem Talent. MGM stimmte dieser Bedingung zu und so kam die erst 19jährige Garbo in die Vereinigten Staaten.
Noch im selben Jahr begann Greta mit den Dreharbeiten zu ihrem ersten MGM-Kinofilm „The Torrent", der den deutschen Titel „Fluten der Leidenschaft" trägt, und die Verantwortlichen des Studios stellten schnell und mit großer Begeisterung fest, dass Stiller mit seiner Empfehlung Garbos keinesfalls untertrieben hatte. Die Kamera liebte sie aus jedem Blickwinkel und sie strahlte eine berauschende Erotik aus. Dagegen war Stiller am Ende. MGM ersetzte ihn durch einen anderen Regisseur, und er kehrte nach Schweden zurück, wo er zwei Jahre später starb.
Nach ein paar weiteren Stummfilmen gab Greta im Jahre 1930 ihr Tonfilmdebüt in „Anna Christie" und wurde für ihre Darstellung mit einer Oscar-Nominierung belohnt. Sie war sehr begeistert darüber, dass sie den Übergang zum Tonfilm so problemlos gemeistert hatte, obwohl die im Film verwendete Sprache nicht ihre Muttersprache war. Die folgenden Jahre waren von den eindringlichen Darstellungen der Garbo geprägt und

im Jahre 1935 spielte sie die Rolle ihres Lebens in „Anna Karenina". Sie übernahm die Titelrolle und erfüllte die Hauptperson, die zwischen ihrem Geliebten und ihrem Sohn hin- und hergerissen ist, mit Leben.

Greta stand nie gern im Licht der Öffentlichkeit und verstieß gegen gängige Hollywood-Konventionen, indem sie Interviews und Autogramme verweigerte. Tatsächlich nahm sie auch niemals an den Premieren ihrer eigenen Filme teil, und das Studio war niemals in der Lage, ihre Telefonnummer herauszubekommen. Sie war nie verheiratet – obwohl sie einmal mit John Gilbert vor dem Altar gestanden hatte – und mit der Zeit kamen Gerüchte über ihre sexuelle Orientierung auf. Wahrscheinlich hat sie die Gerüchteküche mit voller Absicht angeheizt, indem sie sich auf heiße Affären mit ihren Filmpartnern einließ, bei denen auch manche Schönheit des eigenen Geschlechts dabei gewesen sein soll. Je mehr sich Greta zurückzog, desto mehr wollten die Menschen über ihr Leben erfahren – aber sie gab nicht nach.

Im Jahre 1941 war dann alles vorbei. Gretas letzter Film "Two-Faced Woman" - „Die Frau mit den zwei Gesichtern" - floppte an den Kinokassen. Die ‚schwedische Sphinx', wie sie von einigen Verehrern genannt wurde, zog sich komplett aus der Öffentlichkeit zurück. In völliger Abgeschiedenheit verbrachte sie die folgenden 50 Jahre damit, zu malen, ihren Garten zu pflegen und Gedichte zu verfassen. Sie folgte einer täglichen Routine und nährte damit von ihrem Heim in Manhattan aus das Mysterium um ihre Person. Die Anfragen nach Interviews und öffentlichen Auftritten nahmen niemals ab, aber Greta gab ihnen nicht nach.

Im Alter von 84 Jahren starb Greta unter natürlichen Umständen und wurde eingeäschert. Etwa zehn Jahre lang blieben ihre Überreste, aufbewahrt in einer Urne, im Besitz ihres einzigen Erben. Im Jahre 1999 wurde diese jedoch auf dem Friedhof Skogskyrkogården, an der Südgrenze von Stockholm, Schweden beigesetzt. Ihre letzte Ruhestätte ist mit einem wunderschönen Grabstein geschmückt, auf dem „Greta Garbo" geschrieben steht. Sie ruht jetzt in alle Ewigkeit neben ihren geliebten Eltern.

BRIGITTE MIRA
20. April 1910 – 8. März 2005

Oma Färbers Pommesbude stand in West-Berlin und spiegelte das unvergleichliche Lokalkolorit der geteilten Metropole so lebensnah und unterhaltsam wieder wie keine andere TV-Produktion der Zeit. Die ARD-Vorabendserie „Drei Damen vom Grill" war eine Institution im Fernsehen und Brigitte Mira, alias Oma Margarethe Färber, einer ihrer Stars. 1977 ging das Format auf Sendung und machte aus der Bühnen- und Kinoschauspielerin ein Berliner Original, so echt und unverkennbar wie Färbers Currywurst.

Dabei war Mira eigentlich Hamburgerin. Die Tochter des russischen Pianisten Siegfried Mira wuchs in Düsseldorf auf, nahm schon mit acht Jahren Gesangs- und Ballettstunden und debütierte im Alter von 16 Jahren im Theater bei einer Operetteninszenierung. Sie blieb der Bühne treu und spielte in den 30er Jahren in Köln, Bremerhaven und Kiel, bis es sie 1941 in ihre spätere Wahlheimat Berlin verschlug. Hier machte sie auch erste Kameraerfahrungen und spielte in der NS-Propagandaserie „Liese und Miese" mit, die kurzzeitig im Vorfeld der Wochenschau gezeigt wurde.

Es folgten Volksstücke und eine Liebe zum Kabarett, die Mira auch auf Kleinkunstbühnen brachte. In den 70er Jahren machte sie die Bekanntschaft des Regisseurs Rainer Werner Fassbinder, der sie in den Folgejahren mehrmals für seriöse Kinorollen besetzte, darunter „Angst essen Seele auf" aus dem Jahre 1974, „Berlin Alexanderplatz" von 1980 und „Mutter Küsters Fahrt zum Himmel", der 1975 gedreht wurde.

1977 dann der Durchbruch im Pantoffelkino: Mit „Drei Damen vom Grill", einer Serie von Heinz Oskar Wuttig, spielte sich Mira endgültig ins Bewusstsein des breiten Publikums. Der TV-Dauerbrenner hielt sich bis 1991 und kam auf 140 Episoden. Parallel dazu war Mira aber bis ins hohe Alter noch auf der Bühne und in Film- und weiteren TV-Produktionen zu sehen. Auch in Talkshows war sie eine beliebte Gesprächspartnerin. Mira war Mutter von zwei Söhnen, insgesamt fünfmal verheiratet und verwitwet. Seit August 2003 musste sie einen Herzschrittmacher tragen und erlitt am 13. Oktober 2004 einen Schwächeanfall, von dem sie sich nicht mehr erholte. Brigitte Mira starb im Alter von 95 Jahren in Berlin.

Friedhof: Das Grab der Schauspielerin befindet sich auf dem Friedhof III der evangelischen Luisenkirchen-Gemeinde in Berlin-Charlottenburg im Fürstenbrunner Weg 37-68.
C. H.

AVA GARDNER
24. Dezember 1922 – 25. Januar 1990

Die dunkelhaarige und sinnliche Ava Gardner war eine berühmte Schauspielerin in den 50er und 60er Jahren und spielte unvergessliche Rollen in 61 klassischen Filmen, unter anderem in „Mogambo", für den sie eine Oscar-Nominierung erhielt, „The Sun Also Rises", der den deutschen Titel „Zwischen Madrid und Paris" trägt und „Showboat" mit dem deutschen Titel „Mississippi-Melodie".

Neben ihren Leistungen als Schauspielerin war Ava besser für ihre stürmischen Ehen und Romanzen mit den begehrenswertesten Männern der Zeit bekannt, die nicht alle Single waren. Mit 19 Jahren heiratete sie Mickey Rooney, ließ sich jedoch innerhalb des ersten Ehejahres schon wieder scheiden. Zwei Jahre später trat Ava mit Artie Shaw vor den Altar, aber mit Artie war es genauso wie mit Mickey – ein Jahr schien genug gewesen zu sein und das Paar trennte sich. Avas nächste Romanze war ein gefundenes Fressen für die Klatschpresse, als sich die Gerüchte um eine Liason mit dem damals verheirateten Frank Sinatra schlussendlich als wahr herausstellten. Sinatra ließ sich von seiner Frau scheiden und heiratete Ava, jedoch endete auch diese Verbindung nach drei Ehejahren und drei Jahren der Trennung.

Im Jahre 1958 zog Ava nach Madrid. Sie hatte während des Drehs zu „The Barefoot Contessa" - „Die barfüßige Gräfin" - im Jahre 1954 die Schönheit Spaniens kennengelernt und traf sich in ihrem neuen Domizil mit einigen bekannten Playboys und Matadoren. Avas letzter großer Film war "The Night of the Iguana" im Jahre 1964, der unter dem deutschen Titel „Die Nacht des Leguan" lief. 1968 zog sie nach London. Dort verbrachte sie auch ihre letzten Lebensjahre, nur sporadisch kehrte sie in die Vereinigten Staaten zurück, um die eine oder andere Nebenrolle zu spielen. Für kurze Zeit spielte sie Ruth Galveston in „Knot's Landing" - „Unter der Sonne Kaliforniens" -, einer recht bekannten Seifenoper aus den 80er Jahren.
Im Jahr 1989 erlitt Ava einen Schlaganfall und starb im folgenden Jahr an einer Lungenentzündung.
Sie wurde im Grab ihrer Familie im Sunset Memorial Park in ihrer Heimatstadt Smithfield in North Carolina beigesetzt.

Weg zum Friedhof: Verlassen Sie die I-95 an der Ausfahrt 95 und folgen Sie der Business Route 70 etwa 2 ¼ Meilen weit in westlicher Richtung, der Sunset Memorial Park liegt dann zu Ihrer Linken.

Weg zum Grab: Fahren Sie auf das Friedhofsgelände, biegen Sie an der T-Kreuzung links ab und halten Sie dort. Zu Ihrer Rechten befindet sich ein zementierter Weg und am Ende des Weges liegt Avas Grab.

ULRICH MÜHE
20. Juni 1953 – 22. Juli 2007

Als er 2007 im Shrine Auditorium von Hollywood saß und gemeinsam mit seinen Kollegen den Oscar für „Das Leben der Anderen" entgegennahm, hatte die Krankheit ihn schon fest im Griff. Er starb nur wenige Monate später.
Friedrich Hans Ulrich Mühe, Sohn eines Kürschnermeisters aus dem sächsischen Grimma, wurde zum Baufacharbeiter ausgebildet und leistete seinen Wehrdienst bei den Grenztruppen der DDR.
Zwischen 1975 und 1979 studierte er an einer Leipziger Theaterhochschule und spielte nebenbei am Städtischen Theater von Karl-Marx-Stadt, wo er nach abgeschlossener Schauspiellehre auch sein erstes Engagement erhielt. Dort entdeckte ihn Heiner Müller und engagierte den jungen Darsteller für eine „Macbeth"-Inszenierung an der Ost-Berliner Volksbühne. Mühe wurde Ensemblemitglied und schließlich der Star des Deutschen Theaters Ost-Berlin und war in verschiedensten Rollen zu sehen, auch unter der Führung Heiner Müllers. Parallel zu seinen Theatererfolgen startete der Darsteller Anfang der 80er Jahre auch eine Filmkarriere. Mühe drehte mit Bernhard Wicki und Klaus Maria Brandauer, seine Rolle im „Schtonk!" machte ihn 1992 auch im restlichen

Deutschland bekannt. Mehrmals stand er für Michael Haneke vor der Kamera, und ab 1997 drehte er fürs ZDF die Krimiserie „Der letzte Zeuge". Für seine Darstellung des Stasi-Hauptmanns Gerd Wiesler in „Das Leben der Anderen" unter der Regie von Florian Henckel von Donnersmarck wurde Mühe mehrfach ausgezeichnet. Seit Ende der 90er Jahre widmete er sich auch wieder verstärkt dem Theater.

Mühe war dreimal verheiratet. Nachdem die Beziehung mit der Dramaturgin Annegret Hahn gescheitert war, heiratete er 1984 die Schauspielerin Jenny Gröllmann, mit der er eine Tochter hat, die Schauspielerin Anna Maria Mühe. Die 1990 geschiedene Beziehung zu Gröllmann bekam im Zuge der Medienberichterstattung zu „Das Leben der Anderen" eine brisante Aktualität, als Mühe in Interviews eine Stasi-Vergangenheit seiner Ex-Frau andeutete. Der Fall ging vor Gericht und beschäftigte die Boulevardpresse. Nach Gröllmann hatte Mühe die Schauspielerin Susanne Lothar geheiratet, mit der er in „Funny Games" von Michael Haneke auch vor der Kamera stand. Dieser Ehe entstammen zwei weitere Kinder. Im März 2007, kurz nach der Oscar-Verleihung, musste sich Mühe einer Operation unterziehen. Der Schauspieler litt an Magenkrebs, von dem er sich nicht mehr erholen sollte. Ulrich Mühe starb am 22. Juli 2007 in Walbeck im Landkreis Börde.

Friedhof: Die kleine Gemeinde Walbeck in Sachsen-Anhalt war eine Zufluchtstätte für Ulrich Mühe, der hier seit der Wende ein Grundstück besaß. Auf dem dortigen Dorffriedhof wurde der Schauspieler am 25. Juli 2007 im kleinen Kreis beigesetzt.
C. H.

CARY GRANT
18. Januar 1904 – 29. November 1986

Ursprünglich war Cary in seiner Heimat England als Akrobat bekannt und er wurde beim Stelzenlaufen entdeckt. Im Jahre 1920 kam er in die Vereinigten Staaten und bestritt seinen Lebensunterhalt in den ersten drei Jahren mit Singen, Tanzen und Jonglieren. Schließlich legte er seinen richtigen Namen, Archie Leach, ab, schloss einen Vertrag mit Paramount Pictures ab und wurde zu einem der größten Stars in Hollywood. Carys Stil zeichnete sich durch einige Marotten aus, beispielsweise waren seine Figuren als weltmännische Redner bekannt, und in jeder Rolle schaffte er es, die Heldin um den Finger zu wickeln und eine unwiderstehliche Anziehungskraft auf sie auszuüben, obwohl er ihr gegenüber stets eine gewisse Gleichgültigkeit ausstrahlte. Er hatte keine Angst davor, sich selbst zu einem Heldentypen zu machen, und entwickelte eine unverwechselbare Leinwandpersönlichkeit, die in vielen Filmen zu einer zentralen Figur wurde.
Bereits in Carys erstem Film hauchte ihm die als Vamp bekannte Schauspielerin Mae West ihren berühmten Satz „Why don't you come up sometime and see me?" ins Ohr und in den 30er Jahren baute er sich seinen Starruhm in verschiedenen anspruchsvollen Komödien auf. Während des Zweiten Weltkriegs unterhielt er die Streitkräfte und trat in

den 50ern unter anderem in einigen Filmen Alfred Hitchcocks auf. Nach insgesamt 72 Filmen zog er sich im Jahre 1965 aus dem Showbusiness zurück, und obwohl er des Öfteren um seine Rückkehr zum Film gebeten wurde, tat er es nie.
Cary starb im Alter von 82 Jahren an einem Schlaganfall und gemäß seinen Wünschen wurde keine Trauerfeier abgehalten.
Er wurde eingeäschert und seine Asche danach an seine fünfte Ehefrau Barbara übergeben.

EDGAR OTT
2. Juli 1929 – 13. Februar 1994

Der gebürtige Berliner Ott arbeitete als Schauspieler und Synchronsprecher und etablierte sich als eine der profiliertesten Stimmen in der deutschen Branche. Er stand im Berliner Hebbel-Theater auf den Brettern, die die Welt bedeuten, und überzeugte auch vor der Kamera: Als Hauptkommissar Dingelein war er nach 1974 jahrelang in der ARD-Serie „Kommissariat 9" auf der Jagd nach großen und kleinen Verbrechern. Im Synchronstudio verlieh Ott seine markante Stimme an Kollegen wie Pierre Brice, John Cleese und Gene Hackman. Doch den größten Erfolg feierte er mit dem Hörspiel „Benjamin Blümchen".
Seit 1977 erscheinen die Kassetten und CDs mit den Abenteuern des freundlichen, sprechenden Dickhäuters Benjamin, der eigentlich im Zoo des fiktiven Neustadt lebt, aber mit seinen Freunden die tollsten Abenteuer erlebt. Synchronsprecher und Regisseur Ulli Herzog inszenierte die Serie in ihrer Anfangszeit – wie auch den Ableger „Bibi Blocksberg" – nach Büchern der Erfolgsautorin Elfie Donnelly, und für beide gab es keinen besseren Benjamin als Edgar Ott. Eine ganze Kindergeneration dürfte dem zustimmen, gehörten die Blümchen-Kassetten doch zu den „Einstiegsdrogen" der sogenannten „Kassettenkinder", also der heute über 30-jährigen, die mit Hörspielen aufgewachsen sind.
Edgar Ott, der unter anderem auch das Krümelmonster in der deutschen Ausgabe von Jim Hensons Sesamstraße einsprach, für mehrere Zeichentrickfilme in die akustische Rolle des Obelix schlüpfte und auch selbst als Synchronregisseur aktiv war, verstarb im Alter von 64 Jahren in Berlin. Kollege Jürgen Kluckert, dessen Stimme derjenigen von Ott recht nahekommt, übernahm daraufhin viele seiner Serienverpflichtungen, ab „Benjamin Blümchen – Folge 81" ist er in der Titelrolle zu hören.

Friedhof: Der Alte St. Matthäus Friedhof in Berlin-Schöneberg liegt auf der sogenannten Roten Insel zwischen der Großgörschenstraße und der Monumentenstraße.

JIM HENSON
24. September 1936 – 16. Mai 1990

Schon als Kind war Jim Henson vom Fernsehen fasziniert, und im Jahre 1954 erfuhr er, dass ein lokaler Fernsehsender jemanden suchte, der für eine geplante Kindersendung einige Puppen spielte. Jim war zu jener Zeit nicht besonders an Puppen interessiert, wollte jedoch um jeden Preis zum Fernsehen, also setzte er sich mit einem Freund zusammen, und die beiden stellten einige Puppen her. Sie bekamen den Job. Leider fand die Show ein schnelles Ende, allerdings zog Jim bereits einige Monate später das neue Programm eines Tochterunternehmens der NBC an Land und nannte es „Sam and Friends".

Da er bereits erkannt hatte, dass Puppen im Fernsehen über eine lebendige und sensible Ausstrahlung verfügen mussten, um beim Publikum anzukommen, unterschieden sich seine Kreationen für „Sam and Friends" sehr von anderen Puppen der damaligen Zeit. Kermit der Frosch war von Anfang an dabei und er hörte sich bereits damals so an, wie man ihn kennt und liebt, und bis zu seinem Tod kümmerte sich Jim persönlich um Kermits Stimme und Animation. Schon zu dieser Zeit verfügte Kermit über ein bewegliches Gesicht, Jim konnte Kermits Mund entsprechend seiner Worte bewegen und Bewegungen vollführen, die einer Marionette nicht möglich gewesen wären.

In den frühen 60er Jahren tauchten Jims Kreationen hin und wieder in verschiedenen Shows auf, aber erst mit der „Sesame Street", der „Sesamstraße", einem Fernsehprogramm für Vorschulkinder, das im Jahre 1969 startete, gewann seine Muppet-Crew die Herzen einer ganzen Generation. Mit ihrem besonderen Witz, der auch Erwachsene ansprach, halfen Oscar, Bibo, der ruhige Bert, der alberne Ernie und der Rest der Truppe den Kindern dabei, vom Alphabet über die Zahlen bis hin zu den Fragen über Leben und Tod alles zu lernen.

Obwohl die Muppets in der „Sesamstraße" sowohl Kinder als auch Erwachsene begeisterten, gewährte der Fernsehsender Jim eine weitere Show. Im Jahre 1976 flimmerte dann, nachdem Jim von einem britischen Produzenten die nötigen finanziellen Mittel erhalten hatte, die „Muppet Show" zum ersten Mal über den Bildschirm. Sie war bis zum Jahre 1981 im Fernsehen zu sehen, als jedoch die Zuschauerzahlen langsam nachließen, beschloss Jim, die Show abzusetzen. Einige Zeit später brachte Jim die Muppets in drei erfolgreichen Kinofilmen auf die große Leinwand.

Im Alter von 53 Jahren erlag Jim ganz unerwartet einer schweren, durch Streptokokken ausgelösten Lungenentzündung. Er wurde mit schwerer Atemnot in ein New Yorker Krankenhaus eingeliefert und dort sofort mit einem Antibiotikum behandelt, jedoch überwältigte die schwere Infektion seinen Körper. 20 Stunden nach seiner Ankunft im Krankenhaus starb Jim an einer Lungenblutung. Vor seiner Erkrankung erfreute sich Jim bester Gesundheit. Er wurde eingeäschert und die Asche auf seiner Ranch außerhalb von Santa Fe, New Mexico verstreut.

GÜNTER PFITZMANN
8. April 1924 – 30. Mai 2003

Der Berliner Kaufmannssohn Günter Pfitzmann war der „Berliner mit Charme und Schnauze". Kaum ein anderer Schauspieler verkörperte diesen Schlag Mensch so stilvoll und authentisch wie er. Pfitzmann wurde 1942 mit 18 Jahren zum Kriegsdienst herangezogen und erlitt eine schwere Beinverletzung. Erst nach der Rückkehr in die Heimat widmete er sich professionell seinem späteren Beruf. Er schrieb sich an der Berliner Schauspielakademie „Der Kreis" ein, die auch als Fritz-Kirchhoff-Schule bekannt ist, und nahm Unterrichtsstunden. 1946 dann der Schritt auf die Bühne: Das Landestheater Potsdam engagierte den jungen Mimen für eine Rolle in seiner Inszenierung der „Iphigenie auf Tauris" – und Pfitzmann überzeugte. Es folgten weitere Engagements, unter anderem in Berlin, aber auch in München und anderswo. Pfitzmann spielte Klassiker wie Schiller und Shakespeare mit Talent und Energie, konnte aber auch in moderneren Produktionen überzeugen.

Ende der 40er Jahre widmete er sich einer weiteren Leidenschaft, dem Kabarett. Im späteren Berliner Jazzlokal „Die Badewanne", im Bezirk Tempelhof-Schöneberg gelegen und damals noch eine reine Künstler- und Studentenkneipe, entstand 1949 die Kabarettgruppe „Die Stachelschweine", die dort auch ihre ersten Auftritte hatte. Nachdem es in der Gründungsformation leichte Umbesetzungen gegeben hatte, stieß Günter Pfitzmann zur Truppe und blieb ihr lange Jahre als festes Ensemblemitglied treu. Bis 1957 spielte er regelmäßig mit den „Stachelschweinen" und trat bei besonderen Anlässen auch später noch dort auf.

Pfitzmann selbst hatte da längst schon den Film für sich entdeckt. Seit Mitte der 50er Jahre stand er als Schauspieler vor den Kameras und flimmerte über die Leinwände der Republik, insbesondere mit Bernhard Wickis Antikriegsdrama „Die Brücke" (1959) feierte er Erfolge. Als er im Folgejahrzehnt auch in TV-Produktionen auftrat, erhöhte sich sein Popularitätsgrad immens. Nach „Am grünen Strand der Spree" zählt vor allem „Gestatten, mein Name ist Cox" zu Pfitzmanns frühen Fernseherfolgen. Nach 1977 brillierte er in der ARD-Produktion „Drei Damen vom Grill" und ab 1986 in „Praxis Bülowbogen". Diese Produktionen festigten seinen Ruf als Berliner Charakter.

Auch als Synchronsprecher war er aktiv und seine Stimme war sowohl für humoristische als auch für dramatische Rollen gefragt. Pfitzmann sprach den Obelix genauso überzeugend, wie er die Hollywood-Größen Kirk Douglas oder Lloyd Bridges synchronisierte. Bis zu seinem Herzinfarkt-Tod im Frühjahr 2003 lebte Pfitzmann in zweiter Ehe mit Lilo Giebken zusammen, das Paar hat zwei Söhne.

Friedhof: Der Berliner Waldfriedhof Zehlendorf liegt an der Potsdamer Chaussee 75–77, Ecke Wasgensteig.

Zum Grab: Auf Pfitzmanns schattig gelegener Ruhestätte (Grabstelle Feld 60, 0193-0196) liegt eine Grabplatte, auf die sein Autogramm eingraviert ist.
C. H.

AUDREY HEPBURN
4. Mai 1929 – 20. Januar 1993

Obwohl sie die Tochter einer niederländischen Baroness und eines wohlhabenden englischen Bankiers war, hatte die elegante Audrey Hepburn, eigentlich Edda van Heemstra Hepburn-Ruston, eine schwierige Kindheit. Während die Niederlande von den Nazis besetzt waren, erlitten Audrey und ihre Familie beinahe den Hungertod, einige Familienmitglieder wurden hingerichtet und Audrey selbst litt an Anämie und einem Hungerödem.

Nach dem Ende der Besatzung ging Audrey an eine Londoner Ballettschule und feierte ihren Durchbruch mit der Hauptrolle in der Bühnenadaption des Romans „Gigi". Der Erfolg am Broadway ebnete ihr den Weg zu ihrer ersten Filmrolle in „Roman Holiday", der den deutschen Titel „Ein Herz und eine Krone" trägt. Für ihre Darstellung der abenteuerlustigen Prinzessin erhielt sie den Oscar als beste Hauptdarstellerin. Bis zum Jahre 1967 konnte sich die zierliche Audrey gegenüber den üppigen Leinwandsirenen der Zeit locker durchsetzen und zu ihren beeindruckendsten Darstellungen zählen noch immer „Funny Face" - „Ein süßer Fratz", „Love in the Afternoon", der unter dem deutschen Titel „Ariane - Liebe am Nachmittag" lief, „Breakfast at Tiffany's" mit dem deutschen Titel „Frühstück bei Tiffany" und „My Fair Lady". 1967 war sie auch in dem verstörenden Film „Wait Until Dark" - „Warte, bis es dunkel ist" - zu sehen, darin spielte sie eine Blinde, die in ihrem Apartment von einem Killer verfolgt wird. Diese Rolle bedeutete einen weiteren Meilenstein in ihrer Karriere, da sich die Rolle der Susy stark von ihren bisherigen Rollen abhob und ihr die fünfte und letzte Oscar-Nominierung einbrachte.

In den folgenden Jahren zog sich Audrey fast vollständig aus dem Filmbusiness zurück und konzentrierte sich stattdessen in größerem Maße auf ihr Privatleben. 1986 wurde sie zur UNICEF-Sonderbotschafterin ernannt und, abgesehen von ihrer wunderbaren Darstellung eines Engels in „Always" - der deutsche Titel lautete „Always - Der Feuerengel von Montana" -, widmete sie sich in den letzten Jahren ihres Lebens kranken und Not leidenden Kindern. Als sie im Jahre 1993 auf der Oscarverleihung den Ehren-Oscar für besondere humanitäre Verdienste, den Jean Hersholt Humanitarian Award, in Empfang nehmen sollte, ließ sie ihre Dankesrede zuvor auf Video aufnehmen, da sie wusste, dass sie bereits das Endstadium ihrer Darmkrebserkrankung erreicht hatte.

Im Alter von 63 Jahren erlag Audrey ihrer Krebserkrankung in ihrem Anwesen in Tolochenaz in der Schweiz. In dem kleinen Dörfchen wurde ihr zu Ehren ein altes Schulgebäude in ein malerisches, kleines Museum umgewandelt. Ihr Grab auf dem Friedhof des Dorfes ist vom Museum aus fußläufig erreichbar.

HANS ROSENTHAL
2. April 1925 – 10. Februar 1987

Um seine Biografie machte Hans Günter Rosenthal nie viel Aufhebens. Er, der die Schrecken der NS-Diktatur in Deutschland am eigenen Leib zu spüren bekam, galt in vielen Familien und Wohnzimmern stets als der nette Moderator, der bei „Dalli Dalli" so sympathisch hüpfte und seine Kandidaten lobte.
Doch der Weg dorthin war lang. Als die Nationalsozialisten an die Macht kamen, brachen für die Rosenthals schlechte Zeiten an. 1937 starb sein Vater, der als Angestellter gerade gekündigt worden war, an Nierenversagen, 1941 erlag seine Mutter einem Darmkrebsleiden. Hans, den die Machthaber zur Zwangsarbeit abkommandierten – er musste auf dem Friedhof als Totengräber antreten – wuchs schließlich in Waisenhäusern auf. Sein jüngerer Bruder Gert wurde im Alter von zehn Jahren nach Riga deportiert und ermordet.
Hans tauchte unter. In einer Berliner Kleingartenanlage hielt er sich lange Zeit versteckt und wurde von einigen Anwohnern heimlich unterstützt. Nach Kriegsende meldete er sich beim Rundfunk. Der Berliner Sender RIAS stellte den frisch ausgebildeten Journalisten ein, nachdem er eine Weile beim Berliner Rundfunk im Funkhaus an der Masurenallee verbracht hatte, machte ihn schließlich zum Aufnahmeleiter und übertrug ihm, der später Unterhaltungschef der Anstalt werden sollte, gleich mehrere Programme als Moderator. Rosenthal erwies sich als der geborene Quizmaster. Ab 1965 präsentierte er auch das beliebte „Das klingende Sonntagsrätsel", eine von ihm selbst konzipierte Radiosendung, die bis in die Gegenwart existiert und produziert wird.
1971 landete Rosenthal seinen größten Erfolg: Das ZDF strahlte die erste Episode seiner Ratesendung „Dalli Dalli" aus und das Publikum liebte das Format und seinen Moderator. Auch wenn die Kritiker nie so ganz mit ihm warm wurden und dem Berliner mitunter fehlende Herzlichkeit unterstellten, sprach die Zuschauerpost doch eine ganz andere Sprache.
153 Mal präsentierte Rosenthal das etwa 90-minütige Quiz, unterstützt von einer prominenten Jury und mehreren Kandidaten. Neben seiner Medienkarriere engagierte sich der Fußballfan und Familienvater im Zentralrat der Juden, dem er auch angehörte.
Rosenthal erkrankte an Magenkrebs, den er nicht überleben sollte. Zwar wollte er im Januar 1987 wieder sein „Dalli Dalli" moderieren, scheiterte aber am Veto seiner Ärzte. Den für die Februarsendung vorgesehenen Termin erlebte er schon nicht mehr.

Friedhof: Der Jüdische Friedhof, Heerstraße 141, im Berliner Stadtteil Charlottenburg entstand 1953, als durch die politische Situation in der Stadt an der Spree auch eine Teilung der dortigen jüdischen Gemeinde bevorstand.

Zum Grab: Hans Rosenthal hat ein Ehrengrab auf dem Jüdischen Friedhof.
C. H.

BENNY HILL
21. Januar 1925 – 20. April 1992

Der britische Komiker Benny Hill arbeitete in den 40er Jahren als Radiomoderator und trat in den folgenden zwei Jahrzehnten in einer Vielzahl von Radio- und Fernsehproduktionen auf. Im Jahre 1969 begann Benny, der seine Sketche zum größten Teil selbst schrieb, eine Reihe von Sketchen für Thames Television zu verfassen. Als diese, zu insgesamt 111 halbstündigen Folgen, zusammengeschnittenen Sketche unter dem Titel „Benny Hill Show" im Jahre 1979 erstmalig im amerikanischen Fernsehen ausgestrahlt wurden, erreichte Benny damit internationalen Kultstatus.

Benny war ein Meister der Zweideutigkeit und seine Sketche enthielten knapp bekleidete Damen, leichte Gags, eine Menge verschiedener Verkleidungen und eine Prise der „Drei Stooges". Mithilfe seines einzigartigen komischen Talents verwandelte er den Slapstick in etwas völlig Neues. Ein typischer Sketch von Benny läuft etwa so ab: Benny geht Arm in Arm mit einer jungen Frau spazieren, als sie auf eine Pfütze stoßen. Benny zieht daraufhin, ganz Gentleman, seine Jacke aus und legt sie auf die Wasseroberfläche, damit die junge Frau nicht nass wird. Sie nimmt sein Angebot dankend an, tritt auf die Jacke und versinkt bis zum Hals in der Pfütze, die natürlich viel tiefer ist, als man vermuten würde.

Von Kritikern wurde Benny oft vorgeworfen, er überschreite die Grenze des guten Geschmacks und gleite in den Sexismus ab, aber Benny gab niemals etwas darauf. „Ich setze die schönen Frauen genauso ein, wie Henny Youngman (amerikanischer Komiker, der zwischen seinen einzelnen Gags Violine spielte, Anm. d. Ü.) seine Violine – als Überbrückung von einem Gag zum nächsten", erklärte Benny. Er beklagte sich stets darüber, dass er von Feministinnen abwertend behandelt wurde, und gab ihnen zu bedenken, dass er in seiner ganzen Karriere in keinem seiner Sketche jemals einer Frau nachgelaufen sei – sie seien immer hinter ihm hergelaufen.

Auf Bennys 50. Geburtstag sagte er zu seinem kleinen, kahlköpfigen Kollegen Henry McGee, dass er ein gutes Leben gehabt habe und dass es ihm nichts ausmachte, würde er am nächsten Tag sterben. Trotz des gewaltigen Erfolgs, der Benny im folgenden Jahrzehnt zuteil werden sollte, kann man sein Leben nur als traurig und einsam bezeichnen.

Trotz seines Reichtums scheute er sich vor der Verantwortung, die er mit Wohneigentum verband, und wohnte stattdessen in einer Reihe verschiedener Mietwohnungen, die nur spärlich eingerichtet und mit Kartons vollgestellt waren. Benny hat in seinem Leben zwei Frauen einen Heiratsantrag gemacht und ist beide Male abgewiesen worden, deshalb heiratete er nie. Im Frühjahr 1992 bemerkten Bennys Nachbarn einen seltsamen Geruch, der aus seinem Apartment entwich, und da sie ihn schon seit Tagen nicht mehr gesehen hatten, riefen sie die Polizei. Ihre Befürchtungen bestätigten sich; Benny war so gestorben, wie er zumeist gelebt hatte – allein. Er lag zusammengesunken auf der Couch vor dem Fernseher, umgeben von Kartons, schmutzigem Geschirr, leeren Gläsern und aufgetürmten Videokassetten.

Wie später festgestellt wurde, war Benny im Alter von 67 Jahren an einem Herzinfarkt verstorben. Er hinterließ keine Angehörigen und wurde auf dem Hollybrook Cemetery in Shirley, Southampton, in England beigesetzt.

Weg zum Friedhof: Shirley liegt etwa 120 Meilen nordwestlich von London und der Friedhof selbst liegt auf einer Anhöhe an der Chilworth Road, zwei Meilen nördlich des Bahnhofs Southampton West.

Weg zum Grab: Betreten Sie den Friedhof durch den Haupteingang und biegen Sie an der Kapelle links ab. Benny Grab ist das erste in der siebten Reihe.

Nach Bennys Tod wurde seine Habe unter ein paar wenigen Leuten aufgeteilt, und da Benny nicht sonderlich an traditionellen Investitionsgütern interessiert gewesen war, war der Verbleib eines Teils seines Vermögens ungewiss. Das Gerücht ging um, er habe sich mit einem Teil seines Vermögens beerdigen lassen. Im Oktober 1992 brachen daraufhin einige Grabräuber Bennys Sarg auf, und nur sie wissen, ob wirklich etwas darin gewesen ist oder nicht; als das Verbrechen am folgenden Tag bemerkt wurde, waren keine Wertgegenstände im Sarg zu finden. Seit diesem Vorfall ziert eine massive Granitplatte Bennys letzte Ruhestätte.

MARIA SCHELL
15. Januar 1926 – 26. April 2005

„Ihr fiel das Leuchten einfach zu", schrieb die Frankfurter Allgemeine Zeitung 2005 nach ihrem Tod. Maria Schell, die international gefeierte Schauspielerin, gehörte zu den beeindruckendsten Darstellerinnen des Kinos.
Schell stammte aus Wien, war Tochter des Schriftstellers Ferdinand Hermann Schell und der Schauspielerin Margarethe Noe. Kurz vor dem deutschen Einmarsch nach Österreich im Jahre 1938, dem sogenannten „Anschluss", siedelten die Schells zusammen mit Marias drei Geschwistern Maximilian, Immy und Carl nach Zürich über.
Anfang der 40er Jahre wurde die gerade einmal 16-jährige Maria entdeckt. Eigentlich kaufmännisch ausgebildet, kam sie in Kontakt mit der darstellenden Zunft und fand Gefallen am Beruf. Eine Gesangs- und Schauspiellehre folgte, während der Maria allerdings auch schon spielte, unter anderem an Theatern in Bern und Wien. Seit 1942 stand sie auch vor der Kamera.
Maria Schell arbeitete mit O. W. Fischer, Dieter Borsche und anderen namhaften Kollegen, bis ihr 1954 der internationale Durchbruch gelang. Helmut Käutners Film „Die letzte Brücke" fand über die Grenzen des deutschsprachigen Raumes Beachtung und wurde für die Darstellerin zum Trittbrett nach oben. Noch im gleichen Jahr erhielt sie bei den Filmfestspielen von Cannes den Preis der besten Schauspielerin.
1957 ging sie nach Hollywood. Durch Vermittlung von Yul Brynner erhielt sie die Rolle der Gruschenka in der Verfilmung „Die Brüder Karamasow", dann folgten Western mit Gary Cooper und Glenn Ford. Doch auch in der Traumfabrik Hollywood ließ sie den internationalen Markt nie aus den Augen. Sie drehte mit Curd Jürgens

nach einer Zuckmayer-Vorlage, stand auf Theaterbühnen und wirkte mehrfach bei den Salzburger Festspielen mit. Seit Anfang der 70er Jahre spielte sie auch in Fernsehproduktionen.

Die Reihe der großen Namen hörte nicht auf: Schell arbeitete mit Faye Dunaway, Romy Schneider und Marlon Brando, wurde mehrfach ausgezeichnet und fand immer wieder ihr Publikum – im Theater genauso wie im Kino. Ihre letzte große Filmrolle hatte sie 1996 in Nicholas Roegs „Samson und Delila". 2002 folgte noch ein filmisches Portrait von ihr, zusammengestellt von ihrem ebenfalls als Schauspieler international gefeierten Bruder Maximilian.

Die zweimal verheiratete Mutter einer Tochter lebte auf dem Anwesen ihrer Familie in Kärnten. Besonders in ihren letzten Lebensjahren stand es mit ihrer Gesundheit nicht zum Besten, Schell hatte Schlaganfälle erlitten und musste kürzertreten. Nachdem sie zu Ostern 2005 Atembeschwerden entwickelt hatte, verstarb Maria Schell im April an Herzversagen als Folge einer Lungenentzündung.

Friedhof: Maria Schell wurde auf dem Gemeindefriedhof des kleinen österreichischen Ortes Preitenegg beigesetzt, in dessen Nähe sie wohnte. Ihr Grab, das sie sich mit ihrer Mutter teilt, befindet sich am Rand der Anlage, gleich an der Friedhofsmauer.
C. H.

ALFRED HITCHCOCK
13. August 1899 – 29. April 1980

Im Jahre 1919 erhielt Alfred Hitchcock eine Anstellung bei den Londoner Paramount Studios als Zeichner von Zwischentiteln, aber sein Aufstieg ließ nicht lange auf sich warten. In nur sechs Jahren stieg er zum Regisseur auf und in den folgenden 50 Jahren brachte Alfred eine Reihe äußerst bemerkenswerter Suspense-Thriller heraus, ein Genre, das er sozusagen neu erfand. Geschickt wob er Sex und Humor in seine Geschichten mit ein, die von der Demonstration des ewigen Kampfes zwischen Gut und Böse lebten. Als brillanter Techniker entwickelte er dazu eine Reihe subtiler Techniken und einfallsreicher Kameratricks, die sowohl seine Zeitgenossen als auch seine Nachfolger inspirierten.

Im Jahre 1926 gelang ihm, nur ein Jahr nach seinem Debüt als Regisseur, sein Durchbruch mit dem Film „The Lodger", der den deutschen Titel „Der Mieter" trägt, dem Prototypen des klassischen Hitchcock-Plots: Ein unschuldiger Protagonist wird eines Verbrechens beschuldigt, das er nicht begangen hat, und gerät in ein Netz aus Intrigen. Dies war auch der erste Film, in dem er einen kleinen Auftritt vor der Kamera absolvierte. Solche ‚Cameos' wurden später zu einem seiner Markenzeichen, und es wurde zu einer Art Hobby seiner Fans, den Regisseur in den Filmen ausfindig zu machen. In seinem ersten Tonfilm „Blackmail" – „Erpressung" – im Jahre 1929 stellte er eine besondere Tontechnik vor; die Angst einer jungen Frau wurde dadurch hervorgehoben, dass in einer

Szene mit ihrem Nachbarn alles verzerrt wurde bis auf das Wort ‚Messer'. Im Film „Murder!" - der deutsche Titel lautet „Mord - Sir John greift ein!" -, der im darauffolgenden Jahr erschien, hob er die Verbindung zwischen Sex und Gewalt hervor. In den 30er Jahren war Alfred der führende Regisseur in Großbritannien und erfuhr auch für seine Spionagethriller internationale Anerkennung, unter anderem für „The Man Who Knew Too Much", der den deutschen Titel „Der Mann, der zuviel wusste" trägt.

Im Jahre 1939 ging er nach Hollywood, wo er mit seiner außerordentlichen Arbeit fortfuhr: „Notorious" - „Berüchtigt" -, „Shadow of a Doubt" mit dem deutschen Titel „Im Schatten des Zweifels", „Spellbound" und „Lifeboat", die unter den deutschen Titeln „Ich kämpfe um dich" und „Das Rettungsboot" liefen, veranschaulichen seine Arbeit im folgenden Jahrzehnt. Jedoch wurden die 50er Jahre zu dem Jahrzehnt, in dem Hitchcock seine persönliche Inspiration in besonderem Maße zum Ausdruck brachte, und in seinen drei Meisterstücken jener Periode, „Rear Window" - „Das Fenster zum Hof", „Vertigo" und „North by Northwest", mit dem deutschen Titel „Der unsichtbare Dritte", erreichten die Manifestationen des Bösen eine neue Ebene. Mit seiner Darstellung subtiler zwischenmenschlicher Beziehungen, geistreichem Symbolismus, dramatischen Filmtechniken und einer besonderen Art Musik erweiterte er den klassischen Hitchcock-Film zu einem geschmeidigeren, temporeicheren und folglich auch unterhaltsameren Genre. Im Gegensatz dazu diente sein Werk „Psycho" aus dem Jahre 1960, das als Klassiker der Film- und Schneidekunst hochgehalten wird, anscheinend nur dazu, das Slasher-Genre anzukurbeln.

Obwohl Alfred durchaus ein paar Lieblingsschauspieler hatte - Cary Grant, Grace Kelly, James Stewart - war er auch bekannt für seine Abneigung gegenüber dem Beruf des Schauspielers, und als sein bekannter Ausspruch „Actors are cattle" - „Schauspieler sind wie Vieh" - für Protest sorgte, korrigierte er seinen Ausspruch und sagte stattdessen: „Ich bin falsch zitiert worden, was ich eigentlich sagen wollte, ist: Schauspieler sollten wie Vieh behandelt werden." Wie zu erwarten war, fühlten sich die Schauspieler auch nicht sonderlich zu ihm hingezogen. Seine minutiöse Planung jeder einzelnen Einstellung, seine komplette Ablehnung von Improvisationen seitens der Schauspieler und seine Weigerung, von seinem Drehplan abzuweichen, verärgerte einige Leute. Jedoch stießen Beschwerden beim Studio dort stets auf taube Ohren; sein enormes Talent als Regisseur und seine Popularität garantierten ihm das letzte Wort.

Obwohl er sechs Mal für einen Oscar nominiert worden war, gewann er niemals einen. Stattdessen erhielt er sechs Monate vor seinem Tod den Oscar für sein Lebenswerk. Hitchcock litt in seinem letzten Lebensjahr an starker Arthritis und Nierenbeschwerden und verstarb schließlich im Alter von 80 Jahren an Herzversagen.

Er wurde eingeäschert und seine Asche verstreut, jedoch weiß niemand so genau, wo.

HEINZ SCHUBERT
12. November 1925 – 12. Februar 1999

Die Serie ist bereits mehrere Jahrzehnte alt, und doch kennt noch jeder das „Ekel" Alfred Tetzlaff. Die Rolle des kleingeistigen Sofa-Potentaten aus Berlin mit der großen Klappe und der beschränkten Weltsicht ist Kult und ihr Darsteller Heinz Schubert durch sie und die Macht der Wiederholungen nahezu unsterblich geworden.

Schneidersohn Schubert stammte aus Berlin und kam nach dem Zweiten Weltkrieg zur Schauspielerei. Niemand Geringeres als Bert Brecht holte den jungen Mann Anfang der 50er Jahre ans Berliner Ensemble. Nach dem Bau der Mauer verließ Schubert jedoch die Stadt und nahm in Folge Engagements in München und Hamburg an und stand zwischen den Spielzeiten auch als Tourneeschauspieler auf der Bühne.

Seit Ende des Jahrzehnts sah man den Darsteller auch wiederholt in Film- und Fernsehproduktionen. 1973 schaffte er damit den nationalen Durchbruch: Wolfgang Menges „Ein Herz und eine Seele", eine Adaption eines britischen TV-Formats, wurde zum Straßenfeger und machte Schubert und die Ensemblekollegen Diether Krebs, Elisabeth Wiedemann und Hildegard Krekel zu Bildschirmstars. Schubert legte seine Rolle des widerspenstig-besserwisserischen Alfreds als Westentaschentyrannen an, der von wenig Ahnung, aber zu vielem eine Meinung hatte – und sich nicht scheute, diese zu Gehör zu bringen. Selbst wenn er dafür laut werden und sich im Ton vergreifen musste.

Das Publikum liebte die Figur und blieb Schubert auch während der zweiten Staffel der Serie, die 1976 mit teilweise verändertem Ensemble produziert wurde, treu. Menge und Schubert arbeiteten 20 Jahre später an einer weiteren gemeinsamen Serie.

Nach Alfred war Schubert im öffentlichen Bewusstsein auf die Rolle festgelegt, bemühte sich aber erfolgreich, auch andere Facetten seines Könnens zu zeigen. Ob als Ensemblemitglied der Abenteuerserie „Kara Ben Nemsi Effendi" nach Motiven von Karl May, unter der Regie Alexander Kluges, oder auch in diversen anderen Rollen vor der Kamera oder auf der Bühne.

Der mehrfach preisgekrönte Darsteller, der auch als Fotograf Erfolge feierte, verstarb 1999 an einer Lungenentzündung.

Friedhof: Heinz Schubert wurde auf dem Friedhof der Friesenkapelle in Wenningstedt auf Sylt bestattet: Friesenkapelle, am Dorfteich, Bi Kiar 3, 25996 Wenningstedt-Braderup.

C. H.

ROCK HUDSON
17. November 1925 – 2. Oktober 1985

Nach seinem Dienst in der Navy während des Zweiten Weltkriegs arbeitete Roy Harold Scherer Jr. unter anderem als Staubsaugervertreter und LKW-Fahrer in Hollywood, während er auf seine Chance, den großen Durchbruch als Schauspieler zu schaffen, wartete. Diese Chance folgte im Jahre 1948, als ihm eine Rolle in dem Film „Fighter Squadron" - „Jagdstaffel" - angeboten wurde, und da er niemals eine Gelegenheit ausließ, nahm er diese an und nach 38 Takes war sein Einzeiler im Kasten. Seine Anstrengung blieb jedoch ohne große Wirkung.

Erst nachdem ihn sein Agent dazu überreden konnte, seine Zähne überkronen zu lassen und seinen Namen in Rock Hudson zu ändern, spielte er in den 50er Jahren in mehreren Dutzend Filmen mit. Der bemerkenswerteste davon ist sicher „Giant", mit dem deutschen Titel „Giganten", in dem er neben James Dean und Elizabeth Taylor glänzte, jedoch spielte er seine Paraderolle erst im folgenden Jahrzehnt neben Doris Day. Die beiden drehten eine ganze Reihe Komödien, mit Titeln wie „Pillow Talk" - „Bettgeflüster" - und „Lover Come Back", der den deutschen Titel „Ein Pyjama für Zwei" trägt. Rock verkörperte stets den gutaussehenden und charismatischen Herzensbrecher, während Doris in der Rolle der professionellen Jungfrau glänzte. Im Jahre 1966 spielte er im Film „Seconds" - „Der Mann, der zweimal lebte" - einem Psycho-Thriller, der zu seiner Zeit von Kritikern verrissen wurde, jedoch mittlerweile zum Kultklassiker geworden ist.

Jahrzehntelang schwärmte die Frauenwelt von Rocks atemberaubendem Aussehen, seinem ansprechenden Körperbau und seiner Ausstrahlung, allerdings entschied sich Rock nur ein einziges Mal für eine feste Beziehung. Im Jahre 1955 heiratete er die Sekretärin seines Agenten, ließ sich jedoch bereits drei Jahre später wieder von ihr scheiden. In den folgenden Jahren verabredete sich Rock stets heimlich und unter Ausschluss der Öffentlichkeit. Im Jahre 1984 schien Rock den bereits seit 30 Jahren bestehenden Verdacht, er sei homosexuell, zu bestätigen, als er bekannt gab, er sei an Aids erkrankt. Zu jener Zeit wurde diese Erkrankung meist mit der Schwulenszene in Verbindung gebracht.

Im darauffolgenden Jahr erlag Rock im Alter von 59 Jahren den Folgen dieser tückischen Erkrankung und wurde zu derem ersten prominenten Opfer. Er hinterließ keine direkten Verwandten, jedoch klagte sein damaliger Lover Marc Christian erfolgreich auf einen Teil von Rocks Vermögen in Höhe von 14,5 Millionen Dollar. Er gab an, Rock habe seine Erkrankung geheim gehalten und er verlange nun dessen Vermögen als Entschädigungssumme für die Angst, die er aufgrund einer eigenen möglichen Erkrankung durchlitten hatte. Im Jahre 1989 erhielt Christian, der niemals positiv auf die Krankheit getestet wurde, noch einmal 14,5 Millionen Dollar als Schadensersatz.

Rock wurde eingeäschert und seine Asche entlang der Pazifischen Küste verstreut, allerdings ließen zehn Jahre später einige Freunde von ihm seinen Namen auf dem Tower of Memories auf dem Palm Springs Mortuary and Mausoleum in Cathedral City, Kalifornien eintragen.

Weg zum Friedhof: Verlassen Sie die I-10 über die Ramon Road und folgen Sie der Straße etwa zwei Meilen nach Süden, Richtung Da Vall Drive. Biegen Sie links ab, fahren Sie dann sofort rechts auf das Friedhofsgelände und parken Sie gegenüber dem Büro auf der linken Seite.

Weg zum Grab: Gehen Sie auf dem Weg zurück, den Sie soeben befahren habe und passieren Sie den Brunnen. Gleich vor den Toiletten liegt auf der rechten Seite der Tower of Memories. An der Mauer des Turms ist ein Schachbrettmuster aus verschiedenfarbigen Steinen angebracht. Zählen Sie das dritte Feld von oben und das dritte Feld von links ab, dort ist Rocks Name eingraviert.

WALTER SEDLMAYR
6. Januar 1926 – 14. Juli 1990

Schauspieler Walter Sedlmayr stammte aus München, wo er auch aufwuchs und die Schule besuchte. Mit Notabitur zum Kriegsdienst eingezogen, verbrachte er die Kriegsjahre als Flakhelfer, danach widmete er sich seiner Schauspielkarriere. Sedlmayr bekam ein Engagement an den Münchner Kammerspielen, denen er jahrzehntelang verbunden blieb und wo er diverse Nebenrollen verkörperte. Mit dem Ende der 1940er Jahre entdeckte der Darsteller den Fernsehfilm für sich und wirkte in zahlreichen Heimatfilmen mit. Doch der Durchbruch kam aus unerwarteter Richtung. Ein gestohlenes Kunstobjekt wurde 1971 in Sedlmayrs Haus gefunden, woraufhin der Schauspieler unter Verdacht geriet und in Untersuchungshaft kam. Zwar konnte schon nach wenigen Tagen seine Unschuld festgestellt werden, doch war der Name in der Presse – und Sedlmayr bekannter denn je.
Sedlmayr erhielt daraufhin eine prominente Rolle in „Theodor Hirneis oder Wie man ehemaliger Hofkoch wird", einem Film von Hans Jürgen Syberberg. Die Kritiken waren gut und brachten ihm künstlerische Anerkennung. Sedlmayr spielte von nun an in diversen Serien und Filmen mit, meist in der Rolle des Ur-Bayern, und wurde einer der Hauptdarsteller der „Polizeiinspektion 1". Bis zum Tod seiner Mutter im Jahre 1988 hatte der Darsteller mit ihr zusammen in Feldmoching gelebt, nun zog er nach Schwabing. 1989 eröffnete er in München eine Gaststätte, die von seinem Ziehsohn geleitet wurde. Zwischen den beiden Männern kam es zum Verwürfnis.
Walter Sedlmayr wurde im Juli 1990 in seiner Wohnung brutal ermordet. Sein Privatsekretär fand die Leiche und alarmierte die Polizei. Trotz einer Verurteilung der Täter konnten die Geschehnisse um seinen Tod bis heute nicht gänzlich aufgeklärt werden.

Friedhof: Der Bogenhausener Friedhof befindet sich im gleichnamigen Münchner Stadtteil, direkt an der St.-Georgs-Kirche. Walter Sedlmayrs Urne wurde dort nach der Einäscherung neben dem Garb seiner Eltern bestattet.
C. H.

BORIS KARLOFF
23. November 1887 – 2. Februar 1969

Als Sohn eines wohlhabenden britischen Diplomaten genoss Boris Karloff alle Privilegien, die der Familie eines Agenten der Krone im spätviktorianischen England gewährt wurden. Er ging auf eine Privatschule, beschäftigte sich mit Kunst und Theater, reiste viel und schrieb sich schließlich an der London University ein, um sich dort auf eine Karriere im Außendienst seines Landes vorzubereiten.
Allerdings schob er im Alter von 21 Jahren die Aristokratie beiseite und zog mit der ersten seiner insgesamt fünf Ehefrauen nach Kanada. Um seinen Lebensunterhalt bestreiten zu können, arbeitete Boris als Farmhelfer in Ontario und schloss sich später einer fahrenden Theatertruppe an. Obwohl er bald als fähiger Charakterdarsteller gehandelt wurde, der oft starkes Make-Up trug und Männer spielte, die viele Jahre älter waren als er selbst, war er bereits mit 30 Jahren geschieden und bankrott. Daraufhin machte er sich auf den Weg nach Hollywood, um dort Arbeit zu finden. Boris hatte mit seiner Arbeit in Hollywood großen Erfolg – in zwölf Jahren trat er in über 80 Filmen auf – allerdings ließ diese große Anzahl von Filmen sowohl seine Entlohnung als auch seine Anstrengungen eher klein erscheinen.
Im Jahre 1931 weigerte sich der Schauspieler Bela Lugosi, eine Rolle anzunehmen, bei der sein Gesicht unter Make-Up verschwinden und er keinen Text haben sollte, nämlich die Rolle des Monsters in „Frankenstein", und so ging der Part an Boris, der nichts gegen die Arbeit im Horrorgenre hatte. Der Film wurde zu einem Klassiker, und 70 Jahre später ist Boris der Einzige, der sofort mit diesem in Verbindung gebracht wird und dies, obwohl er im Abspann der ursprünglichen Fassung nicht namentlich erwähnt worden war. Die nächsten 25 Jahre lang regierte Boris als ‚King of Horror' und drehte zahllose Filme dieser Art – in seiner Karriere spielte er in über 200 Filmen mit – aber in den späten 50er Jahren verließ er aufgrund von gesundheitlichen Problemen diesen Pfad. Jedoch gab er das Filmemachen noch nicht auf, und obwohl er an einem Emphysem litt und zwischen den Szenen einen Rollstuhl und eine Sauerstoffmaske benötigte, blieb seine Erscheinung den Fernsehzuschauern und Kinogängern zunächst erhalten. Im Alter von 81 Jahren erlag Boris den Folgen des Emphysems. Er wurde eingeäschert und seine Asche im Garden of Remembrance im Mount Cemetery beigesetzt, der hoch auf einem Hügel oberhalb von Guildford, England liegt. Guildford ist eine malerische Gemeinde, etwa 45 Minuten südwestlich von London.

GEORG THOMALLA
14. Februar 1915 – 25. August 1999

Über 120 Filme drehte der in Polen geborene Schauspieler, und als Synchronsprecher lieh er jahrzehntelang den amerikanischen Kollegen Jack Lemmon, Danny Kaye und Peter Sellers seine Stimme, aber eigentlich war Georg Valentin Thomalla gelernter Koch.

Erst nach den Lehr- und Wanderjahren fand der früh verwaiste Thomalla den Weg zur Bühne, nicht zuletzt durch das Vorbild seines Bruders, eines Opern-Tenors. Georg spielte schon früh im Boulevardtheater, das für ihn zu einer zweiten Heimat werden sollte, und begeisterte bereits vor Kriegsbeginn das Publikum. Während des Zweiten Weltkriegs stand er gelegentlich in kleineren Rollen vor der Kamera, nach Kriegsende entwickelte sich die Karriere dann so richtig. An der Seite von Theo Lingen, Hans Moser, Peter Weck und Grethe Weiser wurde Thomalla zum Komikerstar des deutschen Films der Nachkriegs- und Wirtschaftswunderzeit. Sein komödiantisches Gespür für Timing – und nach eigenen, selbstironischen Angaben auch die Körpergröße von 1,65 Meter – machten ihn zum perfekten Klamaukmimen. Neben der Filmkarriere gelang es ihm jedoch, auch regelmäßig Theater zu spielen, wo zwar nicht immer dramatische, aber doch beliebte Rollen auf ihn warteten. Er trat an der Berliner Komödie auf, in Willi Schaeffers „Kabarett der Komiker" und mit dem Ensemble des Berliner Schlossparktheaters.

Der Wechsel zum Fernsehen brachte Thomalla ab den 70er Jahren anspruchsvollere Rollen. Produktionen wie „Komische Geschichten mit Georg Thomalla" und „Ein Komiker – mal ernst, mal heiter" gaben ihm die Chance, auch andere Facetten seines Könnens zu zeigen, ohne den Humor, sein Markenzeichen, außer Acht zu lassen. Zudem feierte er mit Theaterstücken von Curth Flatow auch jenseits der Kameras große Erfolge und absolvierte Hunderte von Auftritten. Als Jack Lemmon 1996 auf der Berlinale ausgezeichnet wurde, hielt seine deutsche Stimme Georg Thomalla die Laudatio.

Der Vater von zwei Söhnen war zeitweise mit der luxemburgischen Filmschauspielerin Germaine Damar liiert, 1957 heiratete er aber Margit Mayrl, eine Pensionsbesitzerin aus dem österreichischen Bad Gastein. Dort verbrachte er auch seine letzten Lebensjahre, pendelte aber auch nach München-Schwabing, wo er am Hohenzollernplatz wohnte, und in die Gegend von Alicante in Spanien. Georg Thomalla verstarb 84-jährig im Erholungsort Starnberg bei München an den Folgen eines Herzinfarkts.

Friedhof: Der Kur- und Wintersportort Bad Gastein liegt im österreichischen Bundesland Salzburg. Der kleine Friedhof ist übersichtlich und leicht zu finden.

Zum Grab: Georg Thomallas Grab ist schlicht gehalten. Neben seinem Namen erinnert einzig ein auf dem Grabstein angebrachtes Foto des Künstlers an ihn.
C. H.

ANDY KAUFMAN
17. Januar 1949 – 16. Mai 1984

Da Andy Kaufman beim psychologischen Aufnahmetest der Army keinen einzigen Punkt erreicht hatte, wurde er ausgemustert und verfolgte stattdessen eine ziemlich unorthodoxe Karriere als Komiker. Mit seinen Auftritten testete er bei seinem Publikum

die Grenze des Erträglichen aus, indem er während seines Auftritts Passagen aus „Der große Gatsby" las, Kartoffeln aß, religiöse Lieder sang und manchmal sogar ein Nickerchen machte. Andys Mainstream-Potenzial wurde ersichtlich, als im Jahre 1975 sein „Foreign Guy"-Charakter im Rahmen der Sendung „Saturday Night Live" vorgestellt wurde. Dieser Charakter bot mit seinem starken Akzent die Grundlage für die Entstehung der Figur Latka Gravas, eines trotteligen lettischen Mechanikers, und von 1978 an spielte Andy diesen Charakter fünf Jahre lang in der Fernsehshow „Taxi".
Andy trat auch gelegentlich in „Saturday Night Live" auf, aber seine seltsamen Verhaltensweisen abseits der Bühne vergraulten schließlich seine Fans, und bei einer Telefonumfrage im Jahre 1982 wurde er von den Zuschauern mit 195.544 zu 169.186 Stimmen aus der Show gewählt. Der Konflikt war entstanden, nachdem es Andy mit seiner Figur des Wrestlers übertrieben hatte und sich in der Rolle des Wrestlers echten Wettkämpfen stellte. Wenn er in der Verkleidung des Wrestlers auftrat, beleidigte Andy das Publikum, forderte Frauen zum Kampf mit ihm auf und bot ihnen 1.000 Dollar Preisgeld, falls sie in der Lage wären, ihn zu besiegen. Mehr als 60 Frauen stellten sich ihm entgegen und Andy gewann alle Kämpfe, die jedoch beim Publikum nicht gut ankamen. In seiner Zeit abseits der Bühne entstand eine Art Vendetta zwischen Andy und dem Profi-Wrestler Jerry Lawler, und die groteske Angelegenheit endete damit, als Jerry Andy während eines Kampfes so schlimm zurichtete, dass dieser wegen einer Verletzung der Halswirbelsäule ins Krankenhaus gebracht werden musste.
Ab November 1983 litt Andy an einem ständigen trockenen Husten. Als sich die Symptome verschlimmerten, unterzog er sich einer Reihe medizinischer Tests, und schließlich wurde festgestellt, dass er an einem seltenen und recht großen Lungenkarzinom litt. Der Krebs befand sich bereits in fortgeschrittenem Stadium und war weder operabel noch medikamentös zu behandeln. Andy hatte nie geraucht und war auch sonst als Gesundheitsfanatiker bekannt gewesen, also dachten viele, dass es sich bei dieser Nachricht erneut um einen seiner Scherze handelte. Jedoch war diese Nachricht für Andy nur allzu wahr, und er begab sich auf die Philippinen, um dort die magische Hilfe eines Schamanen zu suchen.
Letztlich erlag Andy seinem Krebsleiden, und da einige Fans es für den Gipfel seines schlechten Geschmacks hielten, seinen eigenen Tod vorzutäuschen, kamen einige von ihnen zu der Beerdigung und warteten darauf, dass er wieder auferstehen würde. Tatsächlich fanden sie jedoch nur seinen leblosen Körper vor, und in der Hoffnung, dies sei sein seltsamster Trick, stieß ihn so mancher Beerdigungsgast an, um sicherzugehen, dass er wirklich tot war. Im Alter von 35 Jahren wurde Andy auf dem Beth David Cemetery in Elmont, New York, beerdigt.

Weg zum Friedhof: Elmont liegt im westlichen Teil von Long Island, östlich von Queens. Verlassen Sie den Belt Parkway an der Ausfahrt 26B und folgen Sie der Route 24 etwa eine Meile weit in östlicher Richtung. Biegen Sie dann südlich auf die Elmont Road ab, der Friedhof liegt etwa eine Meile weiter auf der linken Seite.

Weg zum Grab: Fahren Sie auf das Friedhofsgelände, vorbei an der Friedhofsverwaltung. Biegen Sie rechts auf die Lincoln Avenue ab und dann links auf die Brandeis Avenue. Biegen Sie an der Autumn Avenue rechts ab und halten Sie am Ende der Straße. Kaufmans Grab liegt direkt auf der linken Seite.

VICO TORRIANI
21. September 1920 – 25. Februar 1998

Ludovico Oxens Torriani war längst ein Star, als ihm das ZDF die Moderationsnachfolge der Sendung „Der goldene Schuss" anbot. Lou van Burg, ein holländischer Showmaster, hatte die Spielshow seit 1964 geleitet und populär gemacht, war aber wegen eines außerehelichen Verhältnisses in die Schlagzeilen der Boulevardpresse geraten und vom Sender infolgedessen entlassen worden. Torriani übernahm 1967.

Der Schweizer war dem Publikum bekannt. Der Sohn eines Reit- und Skilehrers wuchs in St. Moritz auf und absolvierte zunächst eine Ausbildung im gastronomischen Bereich. Torriani kannte sich mit der Konditorei, dem Kochhandwerk und dem Kellnern aus und machte in seiner Freizeit Musik. Er spielte Gitarre und Mundharmonika, Instrumente, die er sich selbst beigebracht hatte, und nahm 1945 an einem Talentwettbewerb teil. Er gewann und spielte danach in verschiedenen Ländern seine Musik. 1949 landete er seinen ersten Hit in der Schweiz, eine Langspielplatte folgte, und ab 1951 wurde er auch in Deutschland als Sänger populär. Dass er international erfolgreich war, beruhte auch darauf, dass Torriani seine Stücke in verschiedenen Sprachen einspielte. Nicht selten gab es von seinen Liedern mehrere Sprachfassungen (darunter deutsch, italienisch, französisch, spanisch und rätoromanisch), die allesamt von Torriani selbst aufgenommen und interpretiert wurden.

Parallel zur Hitparadenlaufbahn wurde auch der Film auf den jungen Schweizer aufmerksam. Rollen in Filmproduktionen, zum Beispiel an der Seite von Eva Kerbler, folgten und brachten Torriani abermals internationales Publikum. Schließlich kamen auch Angebote vom Fernsehen und der Sänger und Schauspieler wurde auch Moderator.

Nach dem „goldenen Schuss" konnte Torriani wieder an seine musikalischen Erfolge anknüpfen und lieferte volkstümliche Klänge und Texte. Schließlich besann er sich auf seinen Lehrberuf, wurde als Fernsehkoch aktiv und brachte Kochbücher heraus. „Deutschlands beliebtester Italiener" Torriani, der gemeinsam mit seiner Gattin Evelyn und den Kindern Nicole und Reto in dem kleinen Ort Agno im Schweizer Tessin lebte, blieb der Musik immer treu und war bis ins hohe Alter gern gesehener Gast in TV-Shows, auch wenn er sich aus gesundheitlichen Gründen verstärkt in seine Villa Solario zurückzog.

Zum Grab: Das Familiengrab der Torrianis befindet sich auf dem malerischen Friedhof der Schweizer Gemeinde Lugano.
C. H.

BRUCE & BRANDON LEE

Bruce Lee
27. November 1940 – 20. Juli 1973

Brandon Lee
1. Februar 1965 – 31. März 1993

Während eines Besuchs seiner Eltern in den Vereinigten Staaten wurde Li Jun Fan in San Francisco geboren, und nachdem sie sein amerikanisches Geburtszertifikat erhalten hatte, kehrte die glückliche Familie nach Hong Kong zurück. Li war besessen von der Kampfkunst und vom Bodybuilding, deshalb verbrachte er seine Jugend damit, seinen schlanken Körper in eine Waffe zu verwandeln. Schon im Kindesalter trat er in 20 Filmen auf. Kurz bevor er 18 wurde, schickte seine Mutter ihn zurück in die Vereinigten Staaten, um ihn von seinen gewaltbereiten Gang-Kumpanen zu trennen, und nachdem er den Namen Bruce Lee angenommen hatte, arbeitete er als Kung-Fu-Lehrer in Seattle und lehrte den „Wing Chun"-Stil. Im Jahre 1964 fand das erste große Kung-Fu-Turnier auf amerikanischem Boden statt und der bis dato unbekannte Bruce dezimierte nacheinander all seine Gegner und stellte die Martial-Arts-Kultur auf den Kopf.
Nachdem er in der Serie „The Green Hornet", die den deutschen Titel „Die grüne Hornisse" trug, die Rolle des Kato ergattert hatte, lockte er Schüler wie Steve McQueen und Kareem Abdul-Jabbar in seine Kampfsportschule. Im Jahre 1968 war er zum Patron für eine Ära von Körperkult-Anhängern geworden; Bruce nahm Vitamine und Steroide ein, quälte sich mit isometrischen Übungen, experimentierte mit elektrischer Muskelstimulation, stellte Ginseng-Tees her, aß rohe Eier und trank Rinderblut. Doch obwohl er bereit war, sich der amerikanischen Kultur anzupassen, hatte Hollywood kein Interesse an ihm, und deshalb kehrte Bruce schon bald darauf nach Hong Kong zurück, um dort Filme zu drehen.
Bis zum Jahre 1971 hatte Bruce drei Kung-Fu-Streifen gedreht – „The Big Boss" mit dem deutschen Titel „Bruce Lee – Die Todesfaust des Cheng Li", „Fists of Fury" und „Way of the Dragon", die unter den deutschen Titeln „Bruce Lee – Todesgrüße aus Shanghai" und „Die Todeskralle schlägt wieder zu oder: Die Faust des Drachen" liefen – die, würde man sie aneinanderreihen, fast wie eine einzige, ewig lange Zurschaustellung von Schlägen und Tritten anmutet. In Amerika fanden diese Filme kaum Anklang. Ein Kritiker schrieb, im Vergleich dazu erscheine der schlechteste italienische Western noch als Höhepunkt des Kinos, allerdings sprengten die Filme in Asien alle Rekorde, und daraufhin kam Hollywood auf Bruce zu, um mit ihm einen amerikanischen Film zu drehen.
Nachdem die Produzenten aus Hollywood nun ihre Meinung geändert hatten, schusterte Bruce „Enter the Dragon" – „Der Mann mit der Todeskralle" – in nur ein paar Monaten zusammen und verwendete hierzu dieselben altbekannten Sequenzen; ein paar

Dutzend Feinde greifen ihn an, nur um kurz darauf von ihm umgenietet zu werden. Drei Wochen vor der Filmpremiere verstarb Bruce überraschend in Hong Kong im Apartment der Schauspielerin Betty Ting Pei, die eine Rolle in Bruces nächstem Film „Game of Death" - „Bruce Lee - Mein letzter Kampf" - übernehmen sollte. Bruce war angeblich in ihrem Apartment, um mit ihr das Drehbuch durchzusprechen. Als er sich über Kopfschmerzen beklagte, gab Betty ihm ein verschreibungspflichtiges Schmerzmittel namens Equagesic. Bruce legte sich etwas hin und später war Betty nicht mehr in der Lage, ihn aufzuwecken. Später in der Nacht starb er im Krankenhaus.

Der Gerichtsmediziner stellte fest, dass Bruce an einer Hirnschwellung gestorben sei, die eventuell eine allergische Reaktion auf das Schmerzmittel gewesen war. Natürlich wollten Bruces Fans diese Diagnose nicht akzeptieren. Es konnte einfach nicht sein, dass Supermenschen wie Bruce nach einer allergischen Reaktion einfach tot umfallen oder an einer Hirnschwellung sterben, und deshalb war für sie von Anfang an klar, dass eine Verschwörung hinter seinem Tod stecken musste. Besonders beliebt war die Annahme, Bruce sei umgebracht worden, weil er die Menschen aus dem Westen die altehrwürdige Kampfkunst des Ostens lehrte. Deshalb habe man Bruce ein nicht nachweisbares orientalisches Gift verabreicht oder er sei mittels eines mysteriösen Todesgriffs ermordet worden.

Bruce wurde nur 32 Jahre alt und auf dem Lakeview Cemetery in Seattle, Washington beigesetzt. 25 Jahre später sollte seinen Sohn Brandon ein ähnlich mysteriöser Tod ereilen. Brandon trat in die Fußspuren seines Vaters und wurde ebenfalls Martial-Arts-Schauspieler, jedoch hatte sich das Genre zu seiner Zeit bereits etabliert und eine Form erreicht, die vom breiten Publikum akzeptiert wurde. Seine erste Filmrolle erhielt er 1986 in „Kung Fu: The Movie", der unter dem deutschen Titel „Kung Fu - Die Rückkehr" lief, und nach einer Handvoll ähnlicher Rollen begannen im Jahre 1993 die Dreharbeiten zu „The Crow".

In einer bestimmten Szene sollte der von Brandon gespielte Charakter erschossen werden. Die Szene begann, und der Schauspieler Michael Masee feuerte mit einer, vermeintlich mit Platzpatronen geladenen Waffe auf ihn, worauf er gemäß Drehbuch auf dem Boden zusammenbrach. Als die beteiligten Schauspieler den Rest der Szenen zu Ende spielten, wurde langsam deutlich, dass Brandon, der sich vor Schmerzen am Boden wand, dies nicht nur spielte. Brandon war durch die Kugel schwer verletzt worden und erlag am folgenden Tag seinen Verletzungen.

Die Untersuchung des Vorfalls brachte Folgendes zu Tage: Für eine vorangegangene Szene war die Waffe mit einem Dummy geladen worden. Dieser Dummy bestand zwar aus einem Projektil und einer Hülse - für den visuellen Effekt - enthielt aber kein Schießpulver. Durch einen Fehler bei der Handhabung verblieb das Projektil im Lauf und für die folgende Szene wurde eine Platzpatrone nachgelegt. Diese Platzpatrone war genau gegenteilig konzipiert - die Hülse enthielt kein Projektil, aber dafür Schießpulver für ein authentisches Schussgeräusch. Das Schießpulver der Platzpatrone beschleunigte nun das Projektil aus dem Lauf heraus und so entstand ein tödliches Geschoss.

Im Alter von nur 28 Jahren wurde Brandon neben seinem Vater in Seattle beerdigt.

Weg zum Friedhof: Verlassen Sie die I-5 an der Ausfahrt 165. Folgen Sie der Madison Street etwa eine Meile in östlicher Richtung bis zur 15th Avenue. Biegen Sie links auf die 15th Avenue ab, der Friedhof liegt etwa eineinhalb Meilen weiter auf der linken Seite.

Weg zum Grab: Befahren Sie den Friedhof und begeben Sie sich zur Ringstraße auf der Spitze des Hügels. Das Grab von Bruce & Brandon Lee befindet sich nahe des Bordsteins auf der dem Eingang zugewandten Seite.

ELISABETH VOLKMANN
16. März 1936 – zwischen dem 25. und dem 27. Juli 2006

Wenn man heute von ihr spricht, spricht man von ihrer Stimme: Elisabeth Volkmann, die bekannte Schauspielerin aus Essen, war in den letzten Jahren ihres Lebens vor allem akustisch in Erscheinung getreten und hatte die weibliche Hauptrolle in der amerikanischen Zeichentrickserie „The Simpsons" mit einer Energie und Facettenvielfalt synchronisiert, die oft sogar das Original noch übertraf. Kein Wunder, denn mit Humor kannte sich Volkmann bestens aus.
Obwohl sie nach dem frühen Tod ihres Vaters schon bald selbst zum Unterhalt ihrer Familie beitragen musste, stieß Volkmanns Berufswunsch der Schauspielerei bei ihrer Mutter nicht auf Gegenliebe. Doch die junge Frau setzte sich durch und besuchte die Essener Folkwang-Schule – wo auch andere Schauspielerkollegen, unter anderem Diether Krebs, ihre Ausbildung machten. Sie lernte die darstellende Kunst und übte sich auch erfolgreich als Sopranistin, bevor sie in Essen ihren ersten Theaterauftritt hatte. Danach bekam sie Angebote aus Berlin, Hamburg oder Zürich und spielte in den Folgejahren mal hier, mal dort. In München trat sie zudem als Kabarettistin in Erscheinung und feierte ebenfalls Erfolge.
Ab den 60er Jahren konnte man Volkmann auch vor der Kamera erleben. Erste Achtungserfolge im Film bescherten ihr langfristig aber keine guten Folgeaufträge, sodass sie schließlich, wie viele Kollegen auch, etliche der damals populären Softsexfilme drehte.
Besser sah es im Fernsehen aus, wo Volkmann nach 1973 mit der Serie „Klimbim" Erfolg hatte, einer albernen Sketchsendung, die schnell Kultcharakter bekam und 40 Episoden lang lief. Eine Neuauflage dieses Erfolges, ein Boulevardtheaterstück über die „Klimbim-Familie" mit der Originalbesetzung, ging nach der Jahrtausendwende über viele Bühnen und wurde erst mit Volkmanns Tod eingestellt.
Nach „Klimbim" bekam Volkmann, die Anfang der 80er Jahre auch mit Rainer Werner Fassbinder fürs Kino arbeitete, weitere TV-Angebote und spielte Gastrollen in Serien wie „Derrick" oder „Der Alte". Hape Kerkeling engagierte sie 1993 für seinen ersten Kinofilm „Kein Pardon".
Privat war Elisabeth Volkmann nach einer frühen Ehe mit Walter Hass mit ihrem Manager Eberhard Radisch liiert, den sie 1998 auch heiratete. Radisch verstarb im Jahre 2004 an Lungenkrebs. Elisabeth Volkmann lebte mitten in München, am Stachus, und

dort fand sie die Polizei am Abend des 27. Juli 2006 tot auf. Schon nach den ersten Untersuchungen konnte ein Gewaltverbrechen oder gar Selbstmord ausgeschlossen werden. Zwar ist der genaue Todeszeitpunkt der gerade 70-jährigen Schauspielerin nicht mehr exakt festzustellen, doch starb Elisabeth Volkmann laut Zeitungsberichten an akutem Herz- und Kreislaufversagen. Ihre Synchronrolle bei „The Simpsons" wurde von Anke Engelke übernommen, was den Fans gar nicht zusagte.

Friedhof: Der Münchner Waldfriedhof erstreckt sich über etwa 170 ha und liegt zwischen der Fürstenrieder-, Würmtal-, Kriegerheim-, Tischerstraße und Kastenallee.

Zum Grab: Elisabeth Volkmanns Asche wurde im sogenannten „Neuen Teil 421" des Waldfriedhofs anonym beigesetzt.
C. H.

VIVIEN LEIGH
5. November 1913 – 7. Juli 1967

Im Jahre 1937 begab sich der Produzent David Selznick auf die Suche nach einer Schauspielerin, die in der Filmadaptation von Margaret Mitchells epischer Liebesgeschichte „Vom Winde verweht" die Rolle der verführerischen Südstaatenschönheit Scarlett O'Hara übernehmen könnte. Nachdem er sich Hunderte geeignete Anwärterinnen, darunter Katharine Hepburn, Bette Davis und Joan Crawford, angesehen und keine passende gefunden hatte, war er so frustriert, dass er die Filmarbeiten ohne eine Scarlett begann. Zur selben Zeit bemühte sich die rehäugige, britische Schauspielerin Vivien Leigh um die Rolle der Cathy in der Verfilmung von Emily Brontës Roman „Wuthering Heights", der den deutschen Titel „Sturmhöhe" trägt, in der sie neben ihrem damaligen Liebhaber und Hauptdarsteller des Films, Laurence Olivier, hätte spielen können. Jedoch besaß Vivien zu jener Zeit noch keinen hohen Bekanntheitsgrad in Hollywood und wurde abgelehnt. Es sollte sich als wahre Ironie herausstellen, dass Vivien stattdessen die Rolle der Scarlett O'Hara in „Vom Winde verweht" erhielt, der zeitgleich mit „Wutherings Heights" startete und diesen bei der Premiere im Jahre 1939 komplett in den Schatten stellte. Nach der Premiere des Films im Jahre 1940 wurde Vivien zum neusten Darling in Hollywood und erhielt im Rahmen der Oscarverleihung die Auszeichnung als beste Hauptdarstellerin.
Noch im selben Jahr heirateten Vivien und Laurence, nachdem sie ihre damaligen Partner verlassen hatten. Das Paar arbeitete in Leinwand- und Theaterproduktionen zusammen, jedoch wurde Vivien nach einer Fehlgeburt im Jahre 1944 und einer Tuberkuloseerkrankung im Jahre 1945 manisch depressiv, worunter ihre Ehe mit Laurence sehr litt. Wie es derzeit üblich war, unterzog sich Vivien einer Elektroschockbehandlung, um ihre Depression zu lindern, jedoch schienen sich ihre Beschwerden noch zu verschlimmern.
Aufgrund ihrer Erkrankung trat Vivien nach „Vom Winde verweht" nur noch in einer Handvoll weiterer Produktionen auf. Im Jahr 1951 trat sie am Broadway als Cleopatra in

zwei verschiedenen, sich abwechselnden Shows auf - Shakespeares „Antony & Cleopatra" und George Bernard Shaws „Caesar & Cleopatra". Jedoch lieferte Vivien ihre beste Leistung beim Film ab, besonders in der Verfilmung von „A Streetcar Named Desire", mit dem deutschen Titel „Endstation Sehnsucht", in dem sie eine weitere Südstaatenschönheit spielte, nämlich die alternde Blanche DuBois - im Angesicht von Viviens beeinträchtigter geistiger Gesundheit eine sehr bewegende Rolle. Für ihre Darstellung erhielt sie einen weiteren Oscar.

Vivien hatte sich niemals vollständig von der Tuberkulose erholt und sie litt bis zum Ende ihres Lebens unter regelmäßig wiederkehrenden Krankheitsschüben. Im Jahre 1960 war sie bereits von Laurence Olivier geschieden und ihr Gesundheitszustand hatte sich stark verschlechtert. Mittlerweile litt sie an einem ständigen, trockenen Husten. Jedoch versuchte sie trotz - oder wegen - ihrer Scheidung, ihre Bühnenkarriere nochmals anzukurbeln. Allerdings unterschied sich die heutige, von der Krankheit geschwächte Vivien Leigh sehr von der damaligen Scarlett O'Hara, die das Publikum zu sehen hoffte, und ihr schwerer Husten zwang sie immer wieder dazu, eine Vorstellung abzubrechen. Im Mai 1967 verlor Vivien plötzlich enorm an Gewicht und hustete Blut. Ihre Tuberkulose hatte sich stark verschlimmert und ihr wurde Bettruhe verordnet. Schließlich wurde Vivien tot auf dem Boden ihres Schlafzimmers gefunden, niedergestreckt von der Krankheit, die ihre Lungen mit Flüssigkeit gefüllt hatte.

Im Alter von 53 Jahren wurde Vivien eingeäschert und ihre Asche im Mühlenteich ihres Anwesens Tickerage in Blackboys außerhalb von London verstreut.

JACK LEMMON
8. Februar 1925 – 27. Juni 2001

John Uhler Lemmon III. kam in einem Fahrstuhl zur Welt; seine Mutter bekam während eines Bridge-Spiels plötzlich Wehen und der schnellste Weg zum Kreißsaal war der Krankenhausfahrstuhl. Jacks Vater hoffte sehr darauf, dass sein Sprössling so wie er ins Donut-Geschäft einsteigen würde, aber Jack war eher an einer Theaterkarriere interessiert.

Nach seinem Dienst in der Navy machte er im Jahre 1947 seinen Abschluss an der Universität Harvard und ging dann nach New York, wo er sich zunächst als Pianist in einer lokalen Kneipe durchschlug. Sieben Jahre später erhielt Jack seine erste Filmrolle in „It Should Happen to You" - „Die unglaubliche Geschichte der Gladys Glover". Ein Jahr später verkörperte er den angepassten Frank Pulver im Film „Mister Roberts", der unter dem deutschen Titel „Keine Zeit für Heldentum" lief. Hierfür erhielt er seinen ersten Oscar und von da an ging es mit seiner Karriere steil aufwärts. Es folgte eine Reihe von insgesamt 15 Komödien, inklusive „Some Like It Hot" - „Manche mögen's heiß" - und „The Apartment", Jack wollte jedoch sein schauspielerisches Können auch in anderen Genres unter Beweis stellen und im Jahre 1962 erhielt er seine Chance. Nach seiner erschütternden Darstellung eines gepeinigten, alkoholabhängigen Ehemannes in „Days of Wine and Roses", mit dem deutschen Titel „Tage des Weines und der Rosen", konnte sich Jack die Rollen aussuchen.

Obwohl seine Fans ihn am liebsten in der Rolle des Neurotikers mochten, der sich mit seinem Gewissen im Konflikt befindet, entwickelte sich Jacks Stil weiter, und im Jahr 1973 lieferte er seine Paraderolle ab, als er den verzweifelten Harry Stoner in „Save the Tiger" - „Rettet den Tiger" verkörperte. Nachdem er im Jahre 1979 die Hauptrolle in „The China Syndrome" - der Film trägt den deutschen Titel „Das China-Syndrom" - übernommen hatte, lagen ihm sowohl Produzenten als auch Zuschauer zu Füßen, und mit seiner Darstellung des abgehalfterten Immobilienmaklers Shelly „The Machine" Levine in dem brillant-düsteren Film „Glengarry Glen Ross" wurde er zu einem strahlenden Teil der amerikanischen Popkultur.

Jacks Verletzlichkeit und Anmut spiegelten den Weg einer unsicheren Gesellschaft vom allgemeinen Aufwärtstrend zu verbitterter Bestürzung, getragen vom Alter und sozialen Umwälzungen. Sein Publikum identifizierte sich mit seinen dubiosen Charakteren, die stets alle Grenzen überschritten, und man wird wohl kaum jemanden finden, der ihn einfach nicht mochte. Der Verfasser von Jacks Biografie fasste es nett zusammen: „Everybody likes Jack. Attacking him would be like pulling a chair out from under your mother.", was so viel heißt wie: „Jeder liebt Jack. Ihn anzugreifen wäre so, als würde man der eigenen Mutter den Stuhl unter dem Hintern wegziehen."

Jack erlag im Alter von 76 Jahren im Kreise seiner Familie den Folgen einer Krebserkrankung.

Er wurde im Westwood Memorial Park in Santa Monica, Kalifornien beigesetzt.

Weg zum Friedhof: Auf diesem kleinen Friedhof fanden viele berühmte Menschen ihre letzte Ruhestätte und seltsamerweise liegt er direkt hinter einem Bürokomplex am Wilshire Boulevard Nr. 10850, etwa eine halbe Meile östlich der I-405.

Weg zum Grab: Betreten Sie den Friedhof und biegen Sie am Büro links ab. Direkt hinter der Kapelle auf der rechten Seite liegt Jacks Grab.

ANNEMARIE WENDL
26. Dezember 1914 – 3. September 2006

An ihrem bürgerlichen Namen mag man sie vielleicht nicht gleich erkennen, in ihrer Paraderolle ist sie aber den meisten vertraut: Else Kling. Seit 1985 spielte sie die grantige Alte in der „Lindenstraße", Deutschlands erster Endlosserie. Woche für Woche gab sie bis ins hohe Alter mit sichtlicher Spielfreud die mürrisch-intrigante Hausmeisterin.

Wendl, die aus einer einstmals wohlhabenden, bayrischen Familie stammte, hatte ihr Handwerk in Berlin gelernt, wo es ihr ein Stipendium ermöglichte, bei Lucie Höflich zu studieren. Nach der Ausbildung gelang es ihr, in der Theaterbranche Fuß zu fassen. Ob Wiesbaden oder Bonn, Berlin oder Bamberg, Annemarie Wendl stand auf zahlreichen Bühnen und verkörperte meist in klassischen Stücken die unterschiedlichsten Charaktere.

Doch auch der Film entwickelte sich in späteren Jahren zu einer Auftrags- und Einnahmequelle der Schauspielerin. Als während der 60er und 70er Jahre die Welle deutscher Sexfilme grassierte, setzte sie mit ihrer schlagfertigen Art in etlichen dieser Produktionen bewusste Kontrapunkte – stets züchtig bekleidet. Sie spielte Anfang der 60er Jahre in der ARD-Serie „Funkstreife Isar 12" mit und drehte später mit Rainer Werner Fassbinder und Wolfgang Petersen fürs Fernsehen. 1981 gab sie die Aufseherin in Rainer Wolffhardts „Die Rumplhanni".

Dann kam die „Lindenstraße". Die Seifenoper um die Bewohner einer fiktiven Münchner Straße feierte am 8. Dezember 1985 in der ARD Premiere und läuft seitdem wöchentlich: Pro Jahr entstehen 52 weitere, halbstündige Folgen. Produzent und Serienschöpfer Hans W. Geißendörfer besetzte Wendl von der ersten Episode an, und seine Schauspielerin hielt ihm und dem Erfolgsformat jahrzehntelang die Treue. In sage und schreibe 1.069 Folgen der „Lindenstraße" ist Else Kling präsent, wenn auch nicht jede Woche im Bild. Ende 2004 dann der Rückzug auf Raten: Wendl teilte Geißendörfer mit, im Laufe der nächsten Monate aus der Serie aussteigen zu wollen – aus gesundheitlichen Gründen. Die nahezu 90-jährige Schauspielerin hatte einige Lungenentzündungen und einen leichten Schlaganfall hinter sich und wollte allmählich etwas kürzertreten. Außerdem wohnte sie in München, die Serie wurde aber in Köln gedreht. Geißendörfer ließ ihrer Else also eine besondere Abschiedsszene schreiben, in der er selbst auch mitwirkte. Am 28. Mai 2006 lief die letzte Episode mit Annemarie Wendl unter großer medialer Beachtung in der ARD.

Die verwitwete Mutter eines Sohnes war seit Mitte 2006 stark pflegebedürftig und bettlägerig. Am 3. September des Jahres verstarb sie an Herzversagen und wurde zehn Tage später beigesetzt.

Friedhof: Der 1884 errichtete Münchner Nordfriedhof liegt im Stadtteil Schwabing-Freimann, Ungererstraße 130.

Zum Grab: Annemarie Wendl-Kleinschmidts Grabstein trägt neben ihrem Namen und ihrem Portraitfoto auch die Berufsbezeichnung „Schauspielerin".
C. H.

BELA LUGOSI
20. Oktober 1882 – 16. August 1956

Bela Lugosi war in seiner Heimat Ungarn bereits seit 20 Jahren ein gewissenhafter und erfolgreicher Autor gewesen, bevor er nach Amerika ging, um dort seine Stummfilmkarriere zu starten. Im Jahre 1927 erhielt Bela die Hauptrolle in der Broadway-Produktion von „Dracula" und drei Jahre später kaufte das Filmstudio Universal Pictures die Filmrechte daran. Als erster großer Horrorfilm der Tonfilmära wurde der Film gleich zu einer Sensation und die Rolle machte Bela mit seinem schwarzen Umhang, den dunklen, bedrohlich wirkenden Augen und der samtigweichen Stimme zum Star.

Im Jahr darauf schlug Bela das Angebot aus, die Hauptrolle im Film „Frankenstein" zu übernehmen, und verschaffte damit Boris Karloff dessen große Chance. Von da an wetteiferten die beiden Schauspieler um die Gunst des Publikums und um den Thron des Horrorgenres, der seit dem Tod von Lon Chaney leer war. In den folgenden 20 Jahren trat Bela in einem Dutzend Horrorfilmen auf, von „White Zombie" bis hin zu „Abbott and Costello Meet Frankenstein" mit dem deutschen Titel „Abbott und Costello treffen Frankenstein". Während die meisten der Filme ziemlich fragwürdigen Drehbüchern folgten, waren einige andere einfach nur schrecklich.

In der Mitte der 50er Jahre, als Belas Morphinabhängigkeit immer stärker wurde und Hollywood nichts mehr mit dem 70jährigen, abgehalfterten Ex-Star zu tun haben wollte, traf er sich mit dem Transvestiten und Regisseur von Billigfilmen Edward D. Wood Jr., der heutzutage als schlechtester Regisseur aller Zeiten gilt. Bela trat in einigen von Woods Filmen auf, inklusive „Bride of the Monster" – „Die Rache des Würgers" – im Jahre 1955, doch nach Belas Tod schnitt Wood verschiedenes Filmmaterial zusammen und machte daraus den schlechtesten Film aller Zeiten, „Plan 9 from Outer Space". In Szenen, für die Wood kein passendes Material von Bela finden konnte, übernahm seine Frau Belas Rolle und verbarg ihr Gesicht komplett unter dem lächerlichen Umhang.

In seinen letzten Lebensjahren legte Bela zunehmend seltsame Verhaltensweisen an den Tag und begann, sein Horror-Image sehr ernst zu nehmen. Oft lag er während eines Interviews in einem Sarg. Im April 1955 wies sich Bela selbst in ein Krankenhaus ein, um seine Morphinsucht zu bekämpfen, im August verließ er das Krankenhaus wieder und war clean. Jedoch waren Belas Tage trotz allem gezählt, und ein paar Wochen nach der Hochzeit mit seiner fünften Ehefrau starb Bela an einem Herzinfarkt – schließlich war weder ein Holzpflock noch eine Silberkugel dafür nötig gewesen.

Bela wurde auf dem Holy Cross Cemetery in Culver City, Kalifornien bestattet, und wie er es gewünscht hatte, trug er seinen Dracula-Umhang. Es war nicht überraschend, dass Bela als armer Mann starb, jedoch schrieb Frank Sinatra einen Scheck aus, um ihm ein angemessenes Begräbnis zu ermöglichen.

Weg zum Friedhof: Verlassen Sie die I-405 und folgen Sie der Slauson Avenue etwa eine halbe Meile weit in Richtung Osten. Der Friedhof liegt auf der linken Seite und trägt die Nr. 5835.

Weg zum Grab: Fahren Sie auf das Friedhofsgelände, biegen Sie links ab und fahren Sie den Hügel hinauf. Etwa 90 Meter links von Ihnen liegen eine Rasenfläche und ein Altar. Vier Reihen vom Altar entfernt liegt Belas Grab.

KLAUS WENNEMANN
18. Dezember 1940 – 7. Januar 2000

Krimiserien gibt es zuhauf im deutschen Fernsehen und die Liste der Kommissare ist lang – aber es gibt nur einen „Fahnder". Zugegeben: Die ARD-Serie, die für Schauspieler Klaus Wennemann den Durchbruch bedeutete, wurde auch nach seinem Ausstieg mit anderen Darstellern fortgeführt, den echten Fahnder aber, den gab es für die Fans nur einmal. 90 Folgen lang spielte Wennemann den Hannes Faber und wurde zur Institution im Vorabendprogramm der ARD.
Wennemann, der Bergmannssohn aus dem Ruhrgebiet, kam heimlich zur Schauspielerei. Offiziell absolvierte er nämlich eine Kaufmannslehre, nahm aber privat Stunden und lernte sein Handwerk schließlich an der Essener Folkwang-Schule. 1966 ging er nach Landshut, wo ein dreijähriges Engagement am Theater auf ihn wartete.
Weitere Städte und Bühnen folgten. Wennemann spielte in Frankfurt am Main, in Stuttgart, Aachen, Bonn und Recklinghausen und war in unterschiedlichsten Rollen zu sehen. 1981 verpflichtete ihn Wolfgang Petersen für den „Posten" des Leitenden Ingenieurs im „Boot". Der Film mit Stars wie Jürgen Prochnow und Herbert Grönemeyer wurde ein internationaler Erfolg und machte das breite Publikum erstmals auch auf Wennemann aufmerksam.
Und er blieb der Kamera treu. Wennemann drehte in Folge mit Alexander Kluge und Carl Schenkel, war in Fernsehfilmen und Serien wie „Tatort" und „Auf Achse" an der Seite von Götz George und Manfred Krug zu sehen.
Ab 1984 bekam er seine eigene Serie, „Der Fahnder", die 1985 erstmals ausgestrahlt wurde. Die Idee stammte von Dominik Graf, der in manchen Episoden auch die Regie übernahm. Wennemann wurde zum TV-Ermittler und arbeitete mit Regisseuren wie Erwin Keusch oder Werner Masten zusammen. 1991 stieg er aus der Erfolgsserie aus, angeblich aufgrund von Streitigkeiten mit dem Regisseur Hajo Gies.
Ein neues Serienprojekt – „Schwarz greift ein"- um einen Ex-Polizisten, der nun als Pfarrer für das seelische Wohlbefinden seiner Schäfchen eintrat, konnte langfristig nicht an Wennemanns Erfolg beim „Fahnder" anschließen und verschwand recht schnell wieder vom Bildschirm, obwohl die ersten Episoden noch beachtliche Einschaltquoten verbuchten.
Seit 1963 war der zweifache Familienvater verheiratet. Er lebte in Herrsching am Ammersee, einer Gemeinde in der Nähe von München. Wennemann verstarb 59-jährig an Lungenkrebs. Er wurde neben seinen Eltern beigesetzt.

Friedhof: Der übersichtlich angelegte Waldfriedhof in Oer-Erkenschwick bei Recklinghausen ist auch die letzte Ruhestätte der Großeltern von Hollywood-Star Leonardo DiCaprio.
C. H.

JAYNE MANSFIELD
19. April 1933 – 29. Juni 1967

Jayne Mansfield begann ihre Hollywoodkarriere als Karikatur des typischen blonden Starlets. Obwohl sie bereits mit 17 Jahren verheiratet und Mutter war, zeigte sie ihre 101-55-86-Maße bei jeder Gelegenheit im Fernsehen, jedoch war ihr wahres Ziel eine Karriere im Stile Marilyn Monroes und ein großer Teil ihrer Karriere war eine unendliche Selbstdarstellungskampagne. Einmal „strandete" sie augenscheinlich auf einer verlassenen Insel. Ihr bester Kunstgriff gelang ihr allerdings bei einer Pressekonferenz zum neusten Film von Jane Russell, „Underwater" mit dem deutschen Titel „Die goldene Galeere". An diesem Tag „fiel" sie nach einem Sonnenbad in den Pool, wobei sich der Verschluss ihres Badeanzugs öffnete. Als sie auftauchte, um Luft zu holen, war die Presse bereits zur Stelle. Später gestand Jayne in einem Interview, dass sie sich zuerst vorgenommen habe, berühmt zu werden, und erst dann wollte sie Schauspielerin werden.
Obwohl ihre Showeinlagen zum Teil erfolgreich waren – sie erhielt schließlich einen Vertrag bei Warner Brothers – blieben die Zuschauer wegen Jaynes fehlendem Schauspieltalent dem Kino fern und ihre Filme wurden größtenteils Flops. Trotzdem eignete sich ihr gutes Aussehen für die Werbung, und sie warb schließlich für eine Menge verschiedener Produkte, von Ahornsirup über Nylonpullis bis hin zu Elektroartikeln. Außerdem ließ sie sich für den Playboy ablichten und war damit einer der ersten Stars im Magazin.
Später tourte Jayne mit einer burlesken Truppe herum, die in Nachtclubs auftrat. Es wurde gesungen und einige komische Seitenhiebe verteilt, der Höhepunkt war eine Stripshow. Nach einem Auftritt im Gus Stevens Supper Club in Biloxi, Mississippi fuhr Jayne mit dreien ihrer Kinder, ihrem Lebenspartner und einem Fahrer in den frühen Morgenstunden auf einer schmalen Landstraße – dem heutigen Highway 90 – nach New Orleans. Der 24-jährige Fahrer übersah aufgrund schlechter Sichtverhältnisse einen entgegenkommenden Laster und lenkte den Buick Elektra frontal auf diesen zu. Das Auto geriet unter den Laster, die drei Erwachsenen auf den vorderen Sitzen starben sofort, jedoch überlebten Jaynes schlafende Kinder den Unfall mit leichten Verletzungen.
Nachdem auf einigen Fotos vom Unfallort ein blonder Haarschopf auf dem Boden liegend zu sehen gewesen war, kursierte das Gerücht, Jayne sei bei dem Unfall geköpft worden, jedoch entspricht dies nicht der Wahrheit. Sie erlitt jedoch schwerste Schädelverletzungen, an denen sie verstarb. Der Unfallwagen wird hin und wieder in einigen unterschiedlichen Museen ausgestellt. Im Alter von nur 34 Jahren wurde Jayne auf dem Fairview Cemetery in Pen Argyl, Pennsylvania beigesetzt.

Weg zum Friedhof: Wechseln Sie von der Route 33 auf die Route 512 und folgen Sie dieser in nördlicher Richtung nach Pen Argyl. Biegen Sie an der dritten Ampel rechts auf die South Main Street ab, der Friedhof liegt ein Stück hinter der Werkstatt.

Weg zum Grab: Betreten Sie das Friedhofsgelände durch den zweiten Eingang und gehen Sie um die U-förmige Auffahrt herum. Etwa 60 Meter vor dem mit Steinsäulen markierten Ausgang liegt Jaynes herzförmiger Grabstein auf der rechten Seite.

WALTER MATTHAU
1. Oktober 1920 – 1. Juli 2000

Nach seinem Highschool-Abschluss während der Zeit der Depression nahm Walter eine Reihe von Regierungsjobs an – er arbeitete als Förster in Montana, als Sportlehrer für die WPA und als Boxlehrer für die Polizei – bevor er sich freiwillig zur Armee meldete und während des Zweiten Weltkriegs als Funkkryptograf arbeitete. Einer seiner Vorgesetzten auf der Basis war niemand anderer als Jimmy Stewart, und nachdem er die Gelegenheit gehabt hatte, Jimmy bei einem morgendlichen Briefing zu beobachten, entschloss sich Walter dazu, Schauspieler zu werden.

Nach Kriegsende nahm Walter eine Zeit lang Schauspielunterricht und nach einem kurzen Abstecher zum Broadway spielte er neben einigen großen Stars der Zeit, wie Burt Lancaster in „The Kentuckian" - „Der Mann aus Kentucky" - und Kirk Douglas in „Lonely Are the Brave" mit dem deutschen Titel „Einsam sind die Tapferen". Seinen Durchbruch schaffte er im Jahre 1966 mit der Rolle eines skrupellosen Anwalts und als Gegner von Jack Lemmon in „The Fortune Cookie", der Film hieß im Deutschen „Der Glückspilz". Für seine Darstellung erhielt er den Oscar als bester Nebendarsteller.

Mit dieser Zusammenarbeit legte er den Grundstein für viele weitere unvergessliche Leinwandauftritte zusammen mit Jack Lemmon. Das Duo, dessen Scherze außerhalb der Leinwand genauso zündeten wie auf der Leinwand, arbeiteten in einigen der lustigsten Hollywood-Produktionen zusammen, meist quälte Walters Charakter Jack dabei bis aufs Mark. Nach „The Fortune Cookie" spielte das Duo 1974 in „The Front Page" mit dem deutschen Titel „Extrablatt", 1981 in „Buddy, Buddy" und 1993 in „Grumpy Old Men", der den deutschen Titel „Ein verrücktes Paar" trug, zusammen. Ihre absolut beste Zusammenarbeit lieferten die beiden jedoch in der Verfilmung von Neil Simons Klassiker „The Odd Couple" - „Ein seltsames Paar" - im Jahre 1968 ab. Walter trat hierbei in der Rolle des geschiedenen Sportreporters Oscar Madison gegen Lemons Hypochonder Felix Unger an.

Walter sagte einmal, dass jeder Schauspieler auf eine Rolle warte, bei der er seine Talente mit seiner Persönlichkeit verknüpfen könne. Seine Rolle in „The Odd Couple" war diese Rolle für ihn. Er nannte sie das „Plutonium", das er gebraucht habe. Von da an ging es richtig los.

Trotz seiner beruflichen Erfolge musste Walter in seinem Privatleben einige Prüfungen durchstehen. Er gab öffentlich zu, aufgrund seiner Spielsucht in den vorangegangenen Jahren etwa fünf Millionen Dollar verspielt zu haben, und mit seinen Ärzten stimmte er überein, dass die Spielsucht und seine Kettenraucherei der Grund dafür gewesen seien, dass er während der Dreharbeiten zu „The Fortune Cookie" im Jahre 1966 einen Herzinfarkt erlitten hatte.

Obwohl er es schließlich aufgab, drei Packungen Zigaretten am Tag zu rauchen, wurde ihm im Jahre 1976 ein Bypass gelegt. Im Jahre 1993 wurde er wegen einer schweren Lungenentzündung im Krankenhaus behandelt und im Jahre 1995 wurde ihm ein gutartiger Tumor im Darm entfernt. Walter kommentierte dies mit seinem ihm eigenen Humor: „Wenn man sich ausschließlich von Sellerie und Salat ernährt, dann bleibt man gesund.(...) Ich liebe Sellerie und Salat - am liebsten gut gewürzt, mit Essiggurken, Pökelfleisch, Kartoffeln und Erbsen."

Jedoch ließ sich Walter durch seinen Gesundheitszustand keineswegs von der Arbeit abhalten. Im Jahre 2000 spielte er in „Hanging Up", seinem letzten Film, der den deutschen Titel „Aufgelegt!" trägt, erneut einen alten Kauz, für dessen Darstellung er berühmt war.

Im Alter von 79 Jahren starb Amerikas beliebtester alter Kauz an einem Herzinfarkt. Er wurde im Westwood Memorial Park in Santa Monica, Kalifornien beigesetzt.

Weg zum Friedhof: Auf diesem kleinen Friedhof fanden viele berühmte Menschen ihre letzte Ruhestätte und seltsamerweise liegt er direkt hinter einem Bürokomplex am Wilshire Boulevard Nr. 10850, etwa eine halbe Meile östlich der I-405.

Weg zum Grab: Betreten Sie den Friedhof und halten Sie sich links. Passieren Sie die Kapelle, das dahinter liegende Grab von Jack Lemmon und ein Stück weiter liegt Walters Grab am Rande des Weges auf der rechten Seite.

KLAUSJÜRGEN WUSSOW
30. April 1929 – 19. Juni 2007

Manchmal korrigiert das Schicksal, was das Leben unmöglich macht: Klausjürgen Wussow, Deutschlands bekanntester Fernseharzt, wollte eigentlich Medizin studieren. Aus politischen Gründen war ihm dies in der DDR – Wussow stammte aus dem heutigen Polen – nicht gestattet. Wussow wurde Schauspieler und spielte lange Jahre den Fernseharzt der Nation.
Professor Klaus Brinkmann, der weise und gerechte Chef der „Schwarzwaldklinik", war Wussows Paraderolle, doch längst nicht die einzige. Der Schauspieler lernte sein Handwerk an der Schauspielschule des Hebbeltheaters Berlin. 1947 gab er sein überzeugendes Debüt auf der Schweriner Volksbühne.
Die nächsten Jahre trat er auf verschiedenen deutschen Bühnen und in unterschiedlichen Rollen auf, bis er 1964 ans Wiener Burgtheater wechselte und dort Ensemblemitglied wurde. Bis 1986 blieb er dem Haus treu und erhielt für seine darstellerischen Leistungen die österreichische Ehrenbürgerschaft. Parallel dazu stand er auch erfolgreich vor der Kamera. Als „Kurier der Kaiserin" wurde er dank der gleichnamigen ZDF-Serie 1970 einem breiten Publikum bekannt. Wussow arbeitete hart für die Figur des Kuriers von Rotteck und übernahm sämtliche Stunt-Aufnahmen selbst. Aus der Serie „Sergeant Berry" stieg er nach wenigen Episoden aus, weil er Schaden für seinen Ruf als Charakterdarsteller befürchtete. Harald Juhnke übernahm den Part.
1985 wurde Wussow, der auch als Maler, Autor und Sprecher aktiv war, ein weiteres Projekt angeboten: die Schwarzwaldklinik. Die Krankenhausserie von Produzent Wolfgang Rademann und Autor Herbert Lichtenfeld entwickelte sich im In- und Ausland zum Quotenrenner und hatte allein bei der deutschen Erstausstrahlung am Samstagabend bis zu 25 Millionen Zuschauer. Wussow, der sich für die Dreharbeiten vom Burgtheater beurlauben ließ, kehrte nie wieder dorthin zurück. Zu groß war der TV-Erfolg, zu vielfältig die folgenden Rollenangebote – allesamt vor der Kamera. 1996 zog er für die ARD-Serie „Klinik unter Palmen" ein weiteres Mal den Chefarzt-Kittel an.
Wussow, der insgesamt viermal verheiratet war, machte auch mit seinem Privatleben Schlagzeilen. Der vierfache Vater war 1951 mit der Schauspielerin Jolande Franz vor den Altar getreten. Von 1960 bis 1991 war er mit Ida Krottendorf liiert und heiratete 1992 die Journalistin Yvonne Viehöfer. 2004, ein Jahr nach der Scheidung, schlossen Wussow und Sabine Scholz, die Witwe von Bubi Scholz, den Bund fürs Leben.
Trotz zunehmender Altersdemenz kehrte Wussow für eine kurzlebige Neuauflage seines größten Erfolges 2005 zurück ins Glottertal. Zwei TV-Filme zur „Schwarzwaldklinik", in

denen eine neue Ärztegeneration das Krankenhaus übernimmt und wie ihre Vorgänger knietief in der Kolportage watet, entstanden mit Wussow als Prof. Brinkmann. Eine Fortführung der Filmreihe, zu der auch Romane erschienen, schied trotz sehr überzeugender Einschaltquoten aus.

Seit Juli 2006 lebte Klausjürgen Wussow in einem Pflegeheim in Strausberg/Brandenburg. Dort erlitt er einen Kreislaufkollaps und musste auf die Intensivstation des Evangelischen Krankenhauses Rüdersdorf bei Berlin verlegt werden, wo er am 19. Juni 2007 verstarb. Entgegen seines testamentarisch festgelegten Wunsches, bei Ida Krottendorf in Wien beigesetzt zu werden, beerdigte man Wussow mit großem Medieninteresse in Berlin.

Friedhof: Der Prominentenfriedhof Heerstraße im Berliner Stadtteil Charlottenburg liegt an der Trakehner Allee, nahe des Olympiastadions.

Zum Grab: Wussows stilvoller Grabstein verzichtet auf Lebensdaten. Zwei Masken sind auf ihm zu sehen, als Verweis auf die Profession des Schauspielers, sowie die Inschrift „Professor Klausjürgen Wussow".
C. H.

MARILYN MONROE
1. Juni 1926 – 5. August 1962

Dank ihrer Filme bleiben Marilyn Monroes vergänglichste Werte, Jugend und Schönheit, ihrem Publikum für lange Zeit erhalten. Wäre sie geboren worden, bevor die Filmkamera erfunden wurde, wäre sie vielleicht ähnlich der „Helena von Troja"-Legende mit der Zeit verblasst, doch dank des Zelluloids werden ihre Kurven und ihre Stimme bis zum Tag des Jüngsten Gerichts überdauern. Medienstars leben ewig und Marilyn ist ihr Fackelträger.

Marilyn kam unter dem Namen Norma Jean zur Welt, ihr Vater arbeitete beim Film. Da ihre Mutter unter starken psychischen Problemen litt, wuchs Norma Jean in verschiedenen Pflegeheimen auf. Als sie 16 war, plante ihre Pflegefamilie einen Umzug, und da sie Norma Jean nicht mitnehmen konnten, wurde diese kurzerhand mit dem 21-jährigen James Dougherty, einem Freund der Familie, verheiratet. Bevor James die Vereinigten Staaten verließ, um im Zweiten Weltkrieg zu kämpfen, besorgte er Norma Jean einen Job bei der Firma Lockheed. So wurde sie ein Mitglied der Heimatfront und arbeitete in einer Abteilung, die Fallschirmstoffe herstellte.

Das Team einer Frontzeitung für Soldaten besuchte die Firma kurz darauf, um ein paar Propagandafotos zu machen, und eine strahlende, lockige Brünette namens Norma Jean Dougherty fand sich schon bald auf dem Titelbild der Zeitung wieder. Sie gab ihren Job auf, ließ sich die Zähne richten, machte eine Diät und ließ ihre dunklen, schweren

Locken glatt ziehen und platinblond färben. Daraufhin reichte sie die Scheidung von ihrem Mann ein, der den Großteil ihrer Ehe sowieso nicht anwesend war, und aus Norma Jean wurde ein gefragtes Fotomodell, deren Kurven auf Pin-Up-Postern, in Werbeanzeigen und auf den Titelseiten der Zeitschriften zu bewundern waren.

Ermutigt von ihren bisherigen Erfolgen, versuchte sich Norma Jean auch in einigen Kinofilmen. Trotz ihrer mangelnden Schauspielerfahrung wurde sie engagiert, wechselte von Studio zu Studio, um dort die Reihen der leichten Komödien als jugendlich frische Marilyn Monroe aufzupeppen. Nach der Veröffentlichung von Nacktaufnahmen für einen Kalender stieg Marilyns Berühmtheitsgrad rapide an und sie widmete sich von nun an komplett der Etablierung ihres Images als Sexsymbol. Im Jahre 1953 sicherte sie sich einen Platz in der Mediengeschichte, als sie das Titelblatt der ersten Playboy-Ausgabe zierte. Mit dieser Sensation schaffte sie ihren endgültigen Durchbruch.

Marilyn legte ihren Fans ihr Leben zu Füßen und bettelte förmlich darum, von ihnen geliebt zu werden - und sie taten es. Die Filmstudios rissen sich förmlich um Hollywoods neustes Sexsymbol und Marilyn unterschrieb einen Filmvertrag nach dem anderen. Meistens spielte sie die absolut unwiderstehliche Schönheit oder das warmherzige Flittchen in einer Reihe romantischer Produktionen, deren Titel, wie „The Seven-Year Itch" - „Das verflixte 7. Jahr" - und „Gentlemen Prefer Blondes" mit dem deutschen Titel „Blondinen bevorzugt", gleichzeitig auch auf den Inhalt schließen lassen. Da sie keine ausgebildete Schauspielerin war, unterstrichen die eher unwirklich erscheinenden Plots ihrer Filme ihre eigene provokative Attitüde. Anderen Filmen drückte Marilyn mit ihrer großartigen Präsenz und unnachahmlichen, rauchigen Stimme unwiderruflich ihren Stempel auf, besonders in „Some Like It Hot" - „Manche mögen's heiß" - aus dem Jahre 1959, in dem sie die liebeskranke Sängerin Sugar Kane spielte.

Im Gegensatz zu ihrer Karriere, die äußerst erfolgreich verlief, waren ihre privaten Affären gelinde gesagt eher unstet. Drei vom Blitzlichtgewitter begleitete Hochzeiten und Scheidungen, inklusive denen mit dem Yankee-Spieler Joe DiMaggio und dem Schriftsteller Arthur Miller, machten ihr Privatleben zu einem Trümmerhaufen, während die Boulevardblättchen über Abtreibungen und Affären berichteten, Letztere unter anderem mit Frank Sinatra und mehreren Mitgliedern der Kennedy-Familie. Nachdem ihre letzten beiden Filme gefloppt waren, musste sich Marilyn - in der Mitte ihrer 30er gefragt haben, wie lange ihr Status als Sexsymbol wohl noch anhalten können und vielleicht hat sie auch entschieden, dass der Starruhm mittlerweile zu einer schweren Bürde geworden war.

Im August 1962 war Marilyn bereits stark von Medikamenten abhängig und erhielt von mindestens zwei Ärzten Rezepte. Marilyns Hauswirtschafter, Eunice Murray, hatte auf Anraten ihres Psychiaters die Nächte in Marilyns Anwesen verbracht und eines Abends fand er sie tot in ihrem Bett vor. Obwohl der Gerichtsmediziner feststellte, dass Marilyn ihren Tod durch die Einnahme von fast 50 Schlaftabletten der Marke Nembutal sowie weiterer Schlafmittel selbst herbeigeführt hatte, sprechen manche noch heute von einer unabsichtlichen Überdosierung oder einer Verschwörungstheorie.

Nach mehr als 300 Biografien, zahllosen Dokumentationen und einer eigenen Briefmarke ist die Debatte über die „wahre" Marilyn und ihren frühzeitigen Tod noch immer

nicht beendet. In der Zwischenzeit halten die Fans an ihren Erinnerungen an die beliebte Schauspielerin fest, die zwar einiges von dem bekommen hat, was sie wollte, aber nicht alles, was sie brauchte.
Marilyn wurde im Westwood Memorial Park in Santa Monica, Kalifornien beigesetzt.

Weg zum Friedhof: Auf diesem kleinen Friedhof liegen viele berühmte Persönlichkeiten begraben. Er liegt hinter dem Bürokomplex am Wilshire Blvd. 10850, eine halbe Meile östlich der I-405.

Weg zum Grab: Wenn Sie im Hof des Friedhofs stehen und in Richtung der Friedhofsverwaltung schauen, befindet sich weit zu Ihrer Linken eine Reihe schmaler Räume mit mehreren Krypten. Marilyns Krypta liegt auf der linken Seite im Room of Prayer.

DUDLEY MOORE
19. April 1935 – 27. März 2002

Nachdem er im Jahre 1958 die Universität Oxford absolviert hatte, trat Dudley Moore als Kabarett-Pianist auf und war viel unterwegs, bevor er zusammen mit seinem Partner Peter Cook die Comedy-Revue „Beyond the Fringe" entwickelte. Die Auftritte der Truppe öffnete eine Tür zum Fernsehen, was wiederum zu einem Auftritt auf der Kinoleinwand führte. Im Jahre 1966 erschien ihr Kinodebüt „The Wrong Box", der Film trägt den deutschen Titel „Letzte Grüße von Onkel Joe". Zwei Jahre später erschien ihr zweiter Film mit dem Titel „30 Is a Dangerous Age" - „Traue keinem über 30" -, wofür Dudley das Drehbuch schrieb, die Musik komponierte und die Hauptrolle übernahm.
Im Jahre 1979 erreichte Dudley ein größeres Publikum, als er im Film „10", der unter dem deutschen Titel „10 - Die Traumfrau" lief, einen Komponisten in der Midlife-Crisis spielte, und mit seiner kleinen Statur wurde er zu einem der ungewöhnlichsten Stars in Hollywood. Später trat er in einer Reihe von Komödien auf und ist am besten für seine Darstellung des liebenswerten, betrunkenen Playboys in „Arthur" aus dem Jahre 1981 bekannt. Als seine Fans ihn baten, auch einmal ernstere Rollen zu übernehmen, bemerkte er, er würde sehr gern ernste Rollen spielen, aber dafür sei er nun mal nicht gebaut.
In den frühen 90er Jahren wurde Dudley zunehmend unzuverlässig und hatte Schwierigkeiten, sich seinen Text zu merken. Es wurde angenommen, Dudley hätte ein Problem mit Alkohol und Drogen. Im Jahre 1995 feuerte ihn Barbra Streisand aus ihrem Filmprojekt „The Mirror Has Two Faces" - der Film trägt den deutschen Titel „Liebe hat zwei Gesichter" -, weil sie genug von seiner Unzuverlässigkeit hatte. Im Jahre 1997 verbrachte Dudley nach einem Schlaganfall und einer Operation am offenen Herzen eine längere Zeit im Krankenhaus, und es kam heraus, dass sein unstetes

Verhalten nichts mit dem Missbrauch von Alkohol oder Drogen zu tun hatte. Stattdessen waren diese Verhaltensweisen durch die seltene, unheilbare Krankheit Progressive Supranukleäre Blickparese (PSP) ausgelöst worden, die der Parkinson'schen Krankheit ähnelt. In den letzten Jahren seines Lebens wurde Dudley nach und nach seiner Fähigkeiten beraubt; seine Sehkraft nahm ab, seine motorischen Fähigkeiten wurden beeinträchtigt und seine Sprache wurde undeutlich. Später litt er auch unter starken Schluckbeschwerden.

Im Alter von 66 Jahren starb Dudley an einer Lungenentzündung, einer Komplikation von PSP, und wurde auf dem Hillside Cemetery in Scotch Plains, New Jersey beigesetzt.

Weg zum Friedhof: Verlassen Sie die I-78 an der Ausfahrt 40 und folgen Sie der Route 531 drei Meilen weit in südlicher Richtung bis zur Kreuzung mit der Route 22. Biegen Sie links auf die Route 22 und nach etwa drei Meilen rechts auf die Terrill Road ab. Nach einer halben Meile biegen Sie rechts auf die South Avenue ab. Wieder ein halbe Meile weiter biegen sie links auf die Woodland Avenue ab. Folgen Sie dieser zwei Meilen, der Friedhof liegt auf der linken Seite.

Weg zum Grab: Fahren Sie auf das Friedhofsgelände und folgen Sie den Schildern bis zur Friedhofsverwaltung. Fahren Sie daran vorbei und biegen Sie links ab, kurz darauf sehen Sie die Sektion D-3 zu Ihrer Linken. Fahren Sie bis zum Ende dieser Sektion und halten Sie dort in der Nähe des Wodrich-Grabsteins. Dudleys Grab liegt hinter diesem Grabstein und war bei der Entstehung dieses Buches ein anonymes Grab.

GEORGE REEVES
5. Januar 1914 – 16. Juni 1959

Obwohl George Reeves ein bekannter Film- und Fernsehschauspieler war, ist er am besten für seine Darstellung des originalen „Superman" in der gleichnamigen Fernsehserie aus den 50er Jahren bekannt. Jedoch war George, anders als der unverwundbare Held, den er darstellte, sterblich. Er erlag im Alter von 45 Jahren, nur drei Tage vor der Hochzeit mit seiner Verlobten Lenore Lemmon, einer Schussverletzung im Bereich des Kopfes. Sein Tod gab von jeher Anlass für Spekulationen, denn obwohl die Polizei einen Selbstmord annimmt, stimmen einige verwirrende Fakten dagegen.

Am Abend seines Todestages unterhielt George seine Verlobte und ein paar Freunde in seinem Anwesen in Hollywood, und als er sich, laut Zeugenaussagen, etwas müde fühlte, ging er in sein Schlafzimmer, um sich auszuruhen. Nach etwa 30 Minuten hörten die Gäste einen Schuss und George wurde tot aufgefunden – er lag nackt auf seinem Bett mit einem Einschussloch in seiner rechten Schläfe. Sein Tod wurde als Selbstmord deklariert, da die Hausgäste keine andere Erklärung finden konnten und es kein Anzeichen für einen Einbruch oder Eindringling gab.

Allerdings wurde kein Abschiedsbrief gefunden, und als George aus dem Bett gehoben wurde, lag die Patronenhülse unter ihm. Außerdem lag die Tatwaffe am Fußende des Bettes und es waren keine Fingerabdrücke darauf zu erkennen. An seiner Kopfwunde wurden keine Pulververbrennungen gefunden, was darauf hindeutet, dass die Waffe aus einiger Entfernung abgefeuert wurde. Diese Umstände sprechen nicht gerade für einen Selbstmord und hinzu kommt, dass die Polizei erst über eine halbe Stunde nach dem Schuss gerufen wurde.
George wurde eingeäschert und seine Asche auf dem Mountain View Cemetery in Altadena, Kalifornien beigesetzt.

Weg zum Friedhof: Verlassen Sie die I-210 an der Ausfahrt Fair Oaks Avenue. Folgen Sie der Straße etwa 2 ½ Meilen weit, der Friedhof liegt auf der rechten Seite der Straße.

Weg zum Grab: Fahren Sie auf das Friedhofsgelände, halten Sie sich rechts und biegen Sie an der ersten Möglichkeit wiederum rechts ab. Stellen Sie Ihren Wagen ab und gehen Sie zum Pasadena Mausoleum, halten Sie sich dann gleich links und gehen Sie in die Urnenhalle. Georges Asche ruht in der siebten Nische von rechts, etwa auf Hüfthöhe.

GENE RODDENBERRY
19. August 1921 – 24. Oktober 1991

Gene Roddenberry war zur Zeit des Zweiten Weltkriegs ein hoch dekorierter B-17-Pilot, der insgesamt 89 Einsätze während des Kriegs geflogen war. Seine ersten Geschichten und Essays schrieb er zwischen den Kampfeinsätzen im Südpazifik und sie wurden in Zeitungen und Magazinen veröffentlicht. Nach dem Krieg studierte Gene an der Columbia Universität Literatur und bekam einen Job als Berufspilot bei der PanAm. Nachdem er jedoch im Jahre 1948 aufgrund eines Feuers im Getriebe eines Flugzeugs in der Wüste Syriens notlanden musste und 38 der 46 Passagiere an Bord ums Leben kamen, entschied er sich, von nun an Schriftsteller in Vollzeit zu werden. Gene zog nach Los Angeles, und während er sich als Polizeisprecher des LAPD (Los Angeles Police Department) sein bis dato mageres Einkommen als Schreiber aufstockte, erregten seine Drehbücher endlich das Interesse der Öffentlichkeit.
Im Jahre 1953 hatte Gene das LAPD verlassen und schrieb nun hauptberuflich. Er verkaufte seine Skripte an unzählige TV-Produktionen, inklusive „Dragnet" und „Goodyear Theater". Für seine Leistung als Chefautor für die Serie „Have Gun – Will Travel" gewann Gene sogar einen Emmy. Von 1960 an produzierte Gene vier Jahre lang die Serie „The Lieutenant", der die beliebte Figur G.I. Joe bekannt machte. Jedoch wird Gene trotz zahlreicher Projekte für alle Zeit dafür berühmt sein, dass er Generationen von Fans als Erfinder und Produzent der Serie „Star Trek" in die unendlichen Weiten des Weltraums entführte.

Als Science-Fiction-Fan fielen Gene Gemeinsamkeiten zwischen Weltraumforschern und amerikanischen Pionieren auf, und auf der Basis dieser Erkenntnis entwickelte er eine Science-Fiction-Serie, die ähnliche Charaktere enthalten sollte wie dereinst die berühmte Western-Serie „Wagon Train". Im Jahre 1966 präsentierte Gene seine Idee „Wagon Train to the Stars" (Arbeitstitel der Star-Trek-Serie, was im Deutschen etwa „Wagentreck zu den Sternen" heißt, Anm. d. Ü.) einer Kultur, deren Schulkinder sich auf atomare Angriffe vorbereiteten und deren Atomkriegsuhr auf 5 vor zwölf stand. „Star Trek" erweckte die Idee in den Köpfen der Menschen, dass alles möglich ist, Furcht erregende Technologien zu einem gerechten Einsatz kommen, die Menschen von Natur aus nobel sind, die Zukunft voller Hoffnung ist und sowohl der Horizont als auch unsere Bestimmung von unendlicher Tragweite sind.

Der optimistische Blick in die Zukunft, der durch „Star Trek" verbreitet wurde, fand Gehör bei einem großen Teil des Mainstream-Publikums, während sich zeitgleich eine fanatische Kult-Fraktion bildete. An Bord des Raumschiffs Enterprise wurden der beherzte Captain Kirk und der spitzohrige Vulkanier Mister Spock zu kulturellen Ikonen, die eine ganze Unterhaltungsindustrie hervorbrachten. Legionen von Fans, die sich selbst Trekkies nennen, wurden zu versierten Bastlern, trafen sich – und treffen sich noch immer – , verkleidet als Reisende aus anderen Welten, auf Conventions, um mit anderen intergalaktischen Pilgern Kontakt aufzunehmen und über die Vorzüge von futuristischer Hardware wie „Transporterstrahlen" oder „Phasern" zu diskutieren. Das enorme Ausmaß des „Star Trek"-Phänomens überraschte jeden. Sogar heutzutage, nach drei Nachfolgeserien, mehreren Kinofilmen, Dutzenden von Büchern und zahllosen anderen Formen des Merchandisings, scheint die Begeisterung nicht nachzulassen. Nicht einmal Gene hatte sich die Zukunft so vorgestellt. Stattdessen wollte er, nach eigenen Aussagen, demonstrieren, dass Fernsehen weder gewalttätig noch übermäßig spannungsgeladen sein müsse. In „Star Trek" hätten weder Promiskuität noch Habgier oder Eifersucht einen Platz.

Gene starb im Alter von 70 Jahren an einem Blutgerinnsel und einem daraus folgenden Herzinfarkt.

Er wurde eingeäschert, und im April 1997 wurde ein Teil seiner Asche zusammen mit den Überresten von Timothy Leary und 22 anderer Weltraumenthusiasten, im Rahmen der ersten Weltraumbestattung der Geschichte, von der Vandenberg Air Force Basis aus in die Erdumlaufbahn entsandt. Celestis, eine Firma mit Sitz in Texas, organisiert solche Bestattungen und schickt die Asche, in kleinen Kapseln von der Größe eines Lippenstifts, mithilfe von kommerziellen Satelliten ins All. Am 20. Mai 2002 traten die Kapseln mit der Asche der Verstorbenen nach 28.132 Erdumrundungen über Neuguinea wieder in die Erdatmosphäre ein, wo sie in einem feurigen Finale verglühten.

JOHN BELUSHI
24. Januar 1949 – 4. März 1982

John Belushi war ein bekanntes Mitglied der „Saturday Night Live"-Truppe und wurde aufgrund seines verrückten Stils, mit dem er sich stets an der Schwelle des Wahnsinns zu befinden schien, schnell zu einem Liebling der Zuschauer. Sechs Jahre lang glänzte er in der Rolle verschiedener verrückter und streitlustiger Charaktere in der Show und stellte vom Samurai-Kämpfer bis zum griechischen Imbissbudenbesitzer alles dar.

John nutzte seine Popularität schon bald auch in einer Reihe von Komödien. Sein größter Hit war seine Rolle in „Animal House" – der deutsche Titel lautete „Ich glaub', mich tritt ein Pferd" – aus dem Jahre 1978, in dem er Bluto, den klassischen plumpen Trinker in der College-Szene spielt, der Bierdosen an seiner Stirn zerdrückt und Streitereien anzettelt. Später entwickelten John und sein Komplize Dan Aykroyd die Blues Brothers, schwarz gekleidete Blues-Sänger, die überall, wo sie hinkommen, Chaos verbreiten. Später wurde auf der Grundlage der beiden Figuren ein Kinofilm gedreht.

Im März 1982 hielt sich John im Bungalow Nr. 3 im Chateau Marmont auf dem Sunset Strip in Los Angeles auf. Nachdem er den Abend mit seinen Freunden im Nachtclub „On The Rox" verbracht hatte, zog er sich in sein Haus zurück. Ein paar seiner Freunde, darunter Robert DeNiro und Robin Williams, begleiteten ihn. Nachdem alle gegangen waren, ließ sich John, der immer ein wenig mehr Action als andere brauchte, von seiner Freundin Cathy Evelyn Smith ein Drogengemisch mit der Bezeichnung Speedball, einer Mischung aus Heroin und Kokain, verabreichen.

Nachdem John augenscheinlich das Bewusstsein verloren hatte, verließ Cathy das Zimmer. Ein paar Stunden später stellte einer von Johns Freunden fest, dass er nicht nur bewusstlos, sondern tot war. Die Todesursache war eine Überdosis Drogen, und nachdem Cathy die ganze Geschichte einem Boulevardblatt gebeichtet hatte, wurde sie wegen Beschaffung der Drogen verhaftet und verbrachte 30 Monate hinter Gittern.

Auf seinem Motorrad sitzend führte Dan Aykroyd die Prozession bei Johns Beerdigung auf dem Abel's Hill Cemetery in Chilmark, Massachusetts an, auf dem John im Alter von 33 Jahren beigesetzt wurde. Aber hier endet die Geschichte noch lange nicht.

Da ganze Horden von Fans auf der Suche nach Johns Grab über den Friedhof pilgerten, wurde im Jahre 1985 ein großer Felsblock mit der Aufschrift „Belushi" in der Nähe des Friedhofseingangs platziert, an dem die Fans ihrem Idol die letzte Ehre erweisen können. So soll verhindert werden, dass zu viele Leute auf dem Friedhof umherlaufen und die Ruhe der Toten stören. Es ist jedoch so gut wie sicher, dass John nicht dort begraben liegt.

Es wird angenommen, dass Johns Leiche niemals umgebettet wurde. Stattdessen wurde nur sein Grabstein vom ursprünglichen Grab im hinteren Bereich des Friedhofs entfernt, und während sich alles um den Felsblock im Eingangsbereich schart, genießt John ein paar Hundert Meter weiter etwas Ruhe und Frieden.

Aber wir sind immer noch nicht fertig. Es wird ebenfalls berichtet, dass Johns Familie aus Angst, ein paar Betrunkene könnten eines Nachts auf die Idee kommen, John auszu-

graben, ihn in ein neues Grab hätte umbetten lassen, das nur ein paar Meter neben dem vorherigen Grab liegt. Bis hierher macht das bereits drei mögliche Begräbnisstätten.
Schließlich wurde Johns Name, nachdem seine Witwe im Jahre 1996 erneut geheiratet hatte, auf dem Grabstein seiner Familie in Illinois hinzugefügt. Vielleicht entschied Johns Familie, nachdem seine Witwe nun neu verheiratet war, ihn neben seinen Eltern zu bestatten. Offizielle Vertreter des Elmwood Cemetery in Illinois, wo die Familie Belushi begraben liegt, machten unmissverständlich klar, dass seine Überreste nicht dort begraben liegen, obwohl Johns Name dem Familiengrabstein hinzugefügt wurde. Jedoch wurden die letzten Ruhestätten einiger Berühmtheiten schon immer durch Ablenkungsmanöver und Lügen geheim gehalten.
Also, wo liegt John denn nun? Seiner Familie ist ein echter Clou gelungen – sie haben alle übers Ohr gehauen, und nur sie und die Menschen, die John umgebettet haben – oder auch nicht umgebettet haben – wissen, wo Johns letzte Ruhestätte liegt.

Weg zum Abel's Hill Cemetery in Chilmark, Massachusetts: Dies ist der Friedhof, auf dem John definitiv im März 1982 beigesetzt wurde. Vielleicht liegt er unter dem großen Felsbrocken mit der Aufschrift „Belushi" am Friedhofseingang begraben, vielleicht liegt er auch in einem der unbeschrifteten Gräber im hinteren Teil des Friedhofs. Um zum Friedhof zu gelangen, begeben Sie sich zunächst vom Festland aus auf die Insel Martha's Vineyard. Von einigen Küstenstädten aus fahren regelmäßig Fähren zur Insel hinüber, deren Anlegestelle in Wood's Hole auf jeden Fall ganzjährig geöffnet ist. Wenn Sie mit Ihrem Auto zur Insel übersetzen wollen, müssen Sie in der Hauptsaison eine Reservierung vornehmen. Folgen Sie von der Anlegestelle Oak Bluffs auf Martha's Vineyard aus der Hauptstraße Richtung Chilmark. Etwa zehn Kilometer weiter liegt der Abel's Hill Cemetery auf der rechten Seite.

Weg zum Elmwood Memorial Cemetery in River Grove, Illinois: Dies ist der Friedhof, auf dem das Familiengrab der Belushis liegt, und obwohl Johns Name dort im Jahre 1996 hinzugefügt wurde, behaupten die offiziellen Vertreter der Friedhofsverwaltung, dass seine Überreste dort niemals begraben wurden. Verlassen Sie die I-90/94 an der Ausfahrt 48B und folgen Sie der Route 64 etwa acht Meilen in westlicher Richtung. Biegen Sie auf die Route 171 in nördlicher Richtung ab, der Friedhof liegt etwa eineinhalb Meilen weiter auf der rechten Seite.

JOHN BELUSHI

Weg zum Familiengrab der Belushis: Betreten Sie den Friedhof und fahren Sie geradeaus, bis Sie das Manof-Mausoleum sehen. Halten Sie sich rechts, wenden Sie sich an der T-Kreuzung nach links und dann bei der nächsten Möglichkeit wieder nach rechts. Nachdem der Weg eine leichte Biegung beschreibt, sehen Sie rechts die Sektion 7, in deren Nähe das Familiengrab liegt.

TELLY SAVALAS
21. Januar 1924 – 22. Januar 1994

Während seiner mehr als 30-jährigen Karriere spielte Aristotle „Telly" Savalas in Dutzenden von Filmen mit, von „The Greatest Story Ever Told" - der deutsche Titel hieß „Die größte Geschichte aller Zeiten" - über „The Dirty Dozen" - „Das dreckige Dutzend" - bis hin zum James-Bond-Streifen „On Her Majesty's Secret Service", der unter dem deutschen Titel „James Bond 007 - Im Geheimdienst Ihrer Majestät" zu sehen war. Aber erst die Rolle des kaltschnäuzigen, aber großherzigen Lieutenant Theo Kojak in der gleichnamigen TV-Serie - im deutschen Fernsehen lief die Serie unter dem Titel „Einsatz in Manhattan" - brachte ihm letztendlich den Durchbruch. Die Fans liebten den Dauerlutschersüchtigen Detektiv mit der Glatze und seine Sprüche, die zu seinem Markenzeichen wurden. Die Serie lief über insgesamt sechs Staffeln und räumte auch einige Preise ab. Auf die Tatsache angesprochen, dass er erst mit der Rolle des Kojak einen gewissen Bekanntheitsgrad erreicht habe, sagte Telly: „Bevor ich Kojak spielte, war ich in mehr als 60 Filmen neben einigen der bekanntesten Schauspieler des Business zu sehen und die Leute sagten immer noch ‚Da ist dieser - wie hieß er noch gleich?'" Im Alter von 70 Jahren starb Telly an Prostatakrebs und wurde im Forest Lawn Memorial Park in den Hollywood Hills, Kalifornien beigesetzt.

Es ist nicht bekannt, ob Telly oder seine Hinterbliebenen in Anlehnung an seinen Vornamen ein Zitat von Aristoteles auf seinem Grabstein anbringen wollten, jedenfalls zieren nun die letzten Worte des Gelehrten Sokrates den Grabstein, so wie sie von Platon übermittelt wurden.

The hour of departure has arrived,
And we go our ways.
I to die and you to live.
Which is the better God only knows.

(Nun aber ist es Zeit fortzugehen,
für mich um zu sterben,
für euch um zu leben:
Wer aber von uns dem besseren Los entgegengeht,
das ist allen verborgen, außer Gott.)

Weg zum Friedhof: Verlassen Sie den Highway 134, der das Verbindungsstück zwischen dem Highway 101 und der I-210 bildet, an der Ausfahrt Forest Lawn Drive. Folgen Sie der Straße in westlicher Richtung, der Eingang zum Park liegt auf der linken Seite.

Weg zum Grab: Besorgen Sie sich am Infostand eine Karte und fahren Sie dann zu den Gardens of Heritage, die am anderen Ende der Straße nahe der Old North Church liegen. Betreten Sie die Gärten über die Treppe links neben der Washington-Statue, steigen Sie vier kurze Treppenabsätze hinauf und halten Sie sich dann links. Tellys Grab liegt etwa zwölf Meter zu Ihrer Linken.

JIMMY STEWART
20. Mai 1908 – 2. Juli 1997

Im Jahre 1932 hatte Jimmy Stewart gerade sein Diplom als Architekt an der Universität Princeton erhalten, er entschied sich jedoch gegen seinen erlernten Beruf und ging zum Theater. Nachdem er in einigen Stücken am Theater gespielt hatte, machte er sich auf den Weg nach Hollywood und war dort in mehreren kleinen Rollen zu sehen, in allen Genres vom Krimi bis zum Musical. Im Jahre 1938 glänzte Jimmy in der romantischen Komödie „You Can't Take It With You", der unter dem deutschen Titel „Lebenskünstler" lief, und im folgenden Jahr wurde er für seine Rolle in „Mr. Smith Goes to Washington" – „Mr. Smith geht nach Washington" – für einen Oscar nominiert. Für seine Darstellung des verliebten Reporters in „The Philadelphia Story" – der Film trägt den deutschen Titel „Die Nacht vor der Hochzeit" – erhielt er im Jahre 1940 den Oscar.
In seiner 50-jährigen Karriere spielte Jimmy meist den ernsten und schüchternen Helden, nicht leicht zu reizen, aber mit starkem Durchhaltevermögen. In der Zeit der eleganten, gut aussehenden Filmhelden erschien der schlaksige Jimmy eher wie der durchschnittliche Typ von nebenan, der sowohl auf der Leinwand als auch abseits davon Werte wie Anstand und Moral vermittelte. Während seiner Dienstzeit als Bomberpilot bei der Air Force lehnte er all die Publicity ab, die das Militär ihm aufzuzwingen versuchte, und bestand stattdessen darauf, wie ein ganz normaler Soldat behandelt zu werden. Nach dem Krieg blieb er Reservist und schied im Jahre 1968 im Rang eines Brigadegenerals aus dem Dienst aus. Hin und wieder kehrte Jimmy in seine Heimatstadt in Pennsylvania zurück, um dort seinen Eltern in ihrem kleinen Haushaltswarenladen zu helfen. Sein Oscar stand dort 20 Jahre lang im Schaufenster. Jimmy war nur einmal verheiratet, die Ehe hielt 45 Jahre lang. Seine Frau und er führten ein sehr ruhiges Leben und hielten sich von dem ganzen Hollywood-Trubel fern.
Jimmys bekannteste Rolle ist noch immer die des selbstmordgefährdeten Geschäftsmannes, der schließlich Erlösung findet: „It's a Wonderful Life" stammt aus dem Jahre 1946 und trägt den deutschen Titel „Ist das Leben nicht schön?" Des Weiteren war Jimmy auch der Star in den beiden bekannten Alfred-Hitchcock-Krimis „Vertigo" und „Rear Window" – „Das Fenster zum Hof". Mit diesen Rollen machte Jimmy Schule und noch heute profitieren viele Schauspieler von seinen Leistungen. Da er seine eher kleine Gage gegen eine Gewinnbeteiligung an den Filmerträgen eintauschte, verdiente er eine Menge Geld, als die Filme zu Kassenschlagern wurden. Doch Jimmy hielt dies auch für gefährlich, da er der Ansicht war, es sei zu viel Ehre für solch eine kleine Leistung. Er lasse sich nicht davon verrückt machen, denn durch zu viel Ehre könne man den Boden unter den Füßen verlieren, wenn man nicht auf sich achte.
In seinen letzten Lebensjahren litt Jimmy unter Atembeschwerden und unter dem Verlust seiner geliebten Ehefrau Gloria, die im Jahre 1997 an einem Herzstillstand verstorben war. Jimmys letzte Worte lauteten: „I'm going to be with Gloria now." – „Jetzt bin ich wieder mit Gloria vereint."
Im Alter von 89 Jahren wurde Jimmy im Forest Lawn Memorial Park in Glendale, Kalifornien beigesetzt.

Weg zum Friedhof: Verlassen Sie den Highway 2 an der Ausfahrt San Fernando Road und halten Sie sich in nordwestlicher Richtung. Biegen Sie eine Meile später rechts auf die Glendale Avenue ab. Der Eingang zum Park liegt gleich auf der rechten Seite.

Weg zum Grab: Fahren Sie auf das Friedhofsgelände, folgen Sie der Straße den Hügel hinauf und biegen Sie an der ersten Möglichkeit links ab. Die Straße windet sich in einem weiten Bogen nach rechts den Hügel hinauf, auf der rechten Seite befindet sich das Taylor-Memorial, die Statue zeigt einen hockenden Bogenschützen. Halten Sie hier und gehen Sie den Hügel hoch. Achten Sie darauf, dass Sie in der Schusslinie des Bogenschützen bleiben. Jimmys Grab liegt etwa sechs Reihen vom Taylor-Memorial entfernt.

JOHN WAYNE
26. Mai 1907 – 11. Juni 1979

Nachdem er mithilfe eines Football-Stipendiums einen Platz an der University of Southern California erhalten und dort seinen Abschluss gemacht hatte, war Marion Morrison in den 30er Jahren in mehr als 50 Filmen zu sehen, die meisten davon waren Western. In der Anfangszeit seiner Karriere tat ihm sein Agent den vielleicht größten Gefallen seines Lebens, indem er ihm den Künstlernamen John Wayne verpasste – einfach weil er seinen richtigen Namen nicht mochte.
Trotzdem schien John Wayne zunächst zum Hauptdarsteller in Low-Budget-Produktionen verdammt zu sein. Dies änderte sich im Jahre 1939, als er die Hauptrolle in John Fords „Stagecoach" – der Streifen lief unter dem deutschen Titel „Ringo" – erhielt, und so wurde dieser Film zum Wendepunkt in seiner Karriere. Obwohl es seine Zeit brauchte, bis John sein raues, amerikanisches Image aufgebaut hatte, wurde John innerhalb eines Jahrzehnts zum Kassenmagneten, und noch gehört er zu den bekanntesten Schauspielern aller Zeiten. Im Großteil der nun folgenden 75 Filme spielte John den archetypischen, starken Westernhelden, wie in „The Searchers" – „Der Schwarze Falke" und „The Man Who Shot Liberty Valance" – „Der Mann, der Liberty Valance erschoss" –, allerdings stellte er auch stahlharte Patrioten dar, in Kriegsfilmen wie „Sands of Iwo Jima" und „The Green Berets", die unter den deutschen Titeln „Du warst unser Kamerad" und „Die grünen Teufel" zu sehen waren.
Nach vier Jahrzehnten Starruhm in Hollywood gingen sowohl John als auch seine Fans davon aus, dass der Film „The Shootist" aus dem Jahre 1978 sein letzter Erfolg sein würde. John hatte bereits im Jahre 1964 aufgrund einer schweren Krebserkrankung einen Lungenflügel verloren, und noch bevor die Presseagenten des Studios die Natur der Erkrankung vor der Öffentlichkeit verbergen konnten, war John schon vor seine Fans getreten und hatte somit gezeigt, dass die Krankheit einem John Wayne nichts anhaben kann. Gegen Ende der 70er Jahre hatte der Krebs jedoch mehrere innere Organe befallen

und jeder, besonders John, war sich der schrecklichen, drohenden Wahrheit bewusst; der selbstlose Held auf der Leinwand wurde abseits der Leinwand von einem selbstsüchtigen Feind niedergestreckt. Als Johns Charakter in der letzten Szene zu „The Shootist" tot zu Boden sank, wussten alle, dass sie beide Seiten von John Wayne zum letzten Mal gesehen hatten – sowohl die imaginäre als auch die wahre.
Im Alter von 72 Jahren verlor John seinen letzten Kampf gegen den Krebs und wurde im Pacific View Memorial Park in Corona del Mar, Kalifornien beerdigt.

Weg zum Friedhof: Biegen Sie von der Route 1 auf die Marguerite Avenue ab und zwar dort, wo sie einige Meilen südlich der Stadt Newport Bay den Highway kreuzt. Folgen Sie der Marguerite Avenue etwa eine Meile weiter, bis Sie an eine T-Kreuzung gelangen. Biegen Sie dort rechts auf den Pacific View Drive ab und Sie können den Friedhof gar nicht mehr verpassen.

Weg zum Grab: Betreten Sie den Park, halten Sie sich links und steigen Sie den Hügel hinauf, immer in Richtung der Lagunita Hill Mausoleen. Gegenüber den Mausoleen stoßen Sie auf der anderen Seite des Wegs auf die Markierung 578. Johns Grab liegt von dort aus gesehen sechs Reihen entfernt.

ORSON WELLES
6. Mai 1915 – 10. Oktober 1985

Obwohl er mehr als 50 Jahre lang auf der Theaterbühne gestanden hat, zahllose Auftritte im Radio absolvierte, in mehr als 60 Filmen zu sehen gewesen war – die meisten davon hatte er sowohl geschrieben als auch in der Regie begleitet – und in über 100 weiteren Filmen seine Finger im Spiel gehabt hat, basiert Orson Welles Ruhm hauptsächlich auf zwei Projekten, die er bereits vor seinem 25. Lebensjahr vollendet hatte. Nach Orsons eigener Einschätzung habe er am Gipfel seiner Karriere seine Arbeit begonnen und sich von da aus langsam heruntergearbeitet.

Die Öffentlichkeit wurde im Jahre 1938 durch sein äußerst realistisches Radio-Hörspiel „War of the Worlds" – „Krieg der Welten" -, auf der Basis des gleichnamigen Romans von H. G. Wells, auf Orson aufmerksam. Das Hörspiel enthielt Nachrichten und Feldreportagen über eine angebliche Landung und Invasion von Marsbewohnern. Unter Tausenden von Zuhörern brach aufgrund der realistisch anmutenden Berichterstattung eine Panik aus; einige bewaffneten sich sogar und suchten das Weite.

Orson war auch als Co-Writer, Regisseur und Darsteller am Film „Citizen Kane" beteiligt, einem außergewöhnlichen Epos, das von einigen als bester Film aller Zeiten bezeichnet wird. Orson gewann mit dem Film mehrere Auszeichnungen, darunter mehrere Oscars, und erhielt infolgedessen unzählige Regieangebote für weitere Filme. Nach „Citizen Kane" wurde Orsons Regiearbeit jedoch zunehmend unbeständig, und eine Zeit lang war er nicht in der Lage, eine Anstellung als Regisseur zu finden. Orson wandte sich daraufhin vermehrt der Schauspielerei zu, nur um Geld zu verdienen, mit dem er einige seiner Traumprojekte verwirklichen konnte. Die folgenden Jahrzehnte waren geprägt von schlechten Filmen, grandiosen Projekten, die nur schiefgehen konnten, und zunehmender Arbeit als Schauspieler, um die Finanzierung weiterer Projekte zu sichern. Nachdem er einige Jahre lang in wirklich miesen Filmen mitgespielt hatte, die von Kritikern zerrissen wurden, war Orson in Hollywood in Ungnade gefallen. Die einzigen Ausnahmen bildeten hier „Jane Eyre" und „A Man for All Seasons", die unter den deutschen Titeln „Die Waise von Lowood" und „Ein Mann für alle Jahreszeiten" zu sehen waren.

Jedoch fand Orson Anklang im Showbusiness, und obwohl er immer noch nicht genug Geld zusammenbekam, um einen Kinofilm zu drehen, war er doch ein beliebter Talkshow-Gast und eine bekannte Werbe-Ikone. Schließlich wurde ihm im Jahre 1975 doch noch der Oscar für sein Lebenswerk verliehen. In den letzten Jahren seines Lebens war Orson schwer übergewichtig und litt an mehreren Erkrankungen, die durch das Übergewicht bedingt waren. Während er an seiner Schreibmaschine saß und einige Änderungen am Drehbuch für den folgenden Drehtag seines Films „The Other Side of the Wind" verfasste, erlitt er einen Herzinfarkt und verstarb im Alter von 70 Jahren.

Er wurde eingeäschert und seine Asche seinem alten Freund Antonio Ordonez, einem ehemaligen Stierkämpfer, im spanischen Ronda übergeben. Orsons Überreste wurden an einer alten Backsteinmauer auf dem Gelände von Ordonez' Landhaus bestattet und gemäß Orsons Wunsch wurde keinerlei Grabinschrift oder Ähnliches angebracht.

MAE WEST
17. August 1892 – 22. November 1980

Mae West verließ im Alter von zwölf Jahren die Schule, um sich einer professionellen Schauspieltruppe anzuschließen, und im Alter von 14 Jahren begeisterte sie bereits regelmäßig das Publikum im Varieté. Mae verschaffte sich durch ihre aufreizende Kleidung und ihre provokativen Kommentare, die sie dem Publikum mit tiefer Stimme entgegenhauchte, schon bald einen gewissen Ruf und nutzte während ihrer ganzen Karriere jede sich bietende Möglichkeit, diesen Ruf weiter auszubauen oder ihn als Vorteil zu nutzen.

Im Jahre 1926 verfasste sie ein Theaterstück mit dem Titel „Sex". Es wurde am Broadway aufgeführt und feierte dort große Erfolge, doch bereits nach 41 Wochen wurden alle Schauspieler verhaftet und Mae selbst wegen Zersetzung der jugendlichen Moral angeklagt. Auch ihre späteren Stücke „The Drag, Pleasure Man" und „Constant Sinner" gerieten in die Kritik, einige wurden zensiert und andere bereits nach der ersten Vorstellung gekippt.

Als sie der Zensuren überdrüssig wurde, zog Mae im Jahre 1931 nach Hollywood, in der Hoffnung, dass ihr eine Filmkarriere mehr künstlerische Freiheiten bieten würde. Da sie auf der Theaterbühne bereits einen hohen Bekanntheitsgrad erworben hatte, bekam sie kurz nach ihrer Ankunft bereits einen Vertrag bei Paramount, und ihre Filme liefen sehr erfolgreich in den Kinos. Im Gegensatz zu vielen anderen Schauspielern dieser Zeit schlüpfte Mae in viele verschiedene Rollen, von der Löwenbändigerin bis hin zur Gangsterbraut, und erfüllte diese Figuren mit der überheblichen Sexualität, die zu ihrem Markenzeichen geworden war.

In den 40er Jahren begann man jedoch, ihr das Alter anzusehen, und als sie ihren Reiz verlor, verlor sie auch an Popularität. Mae kehrte auf die Bühne zurück, allerdings wurde ihre Rückkehr, abgesehen von der Inszenierung und der Hauptrolle in dem Stück „Catherine Was Great", nicht gut aufgenommen. In den frühen 50er Jahren versuchte sie es erneut, diesmal mit einer Show, mit der sie in Nachtclubs auftrat – inklusive Bodybuildern im Lendenschurz. Sie selbst trat mit bereits über 60 Jahren als sinnliche Sirene auf.

Allem Anschein nach wusste Mae nie, wann es genug war, denn in den 60er Jahren war sie wieder da – diesmal nahm sie ein Album auf, auf dem sie Songs von den Beatles und Bob Dylan neu interpretierte. 1977 drehte sie ihren letzten Film „Sextette", den selbst ihre hartgesottenen Fans für den schlechtesten ihrer Karriere hielten.

In ihren letzten Lebensjahren erwachte Maes Interesse für paranormale Phänomene und sie behauptete, mit einem verstorbenen Äffchen in Kontakt zu stehen. Im Alter von 88 Jahren starb Mae an den Folgen eines Schlaganfalls und wurde auf dem Cypress Hills Cemetery in Brooklyn, New York bestattet.

Weg zum Friedhof: Verlassen Sie den Interboro Parkway an der Ausfahrt 3 und folgen Sie dann der Cypress Hill Street in südlicher Richtung – nicht zu verwechseln mit der Cypress Avenue. Biegen Sie an der Jamaica Avenue links ab, der Eingang zum Friedhof liegt ein Stück weiter auf der linken Seite.

Weg zum Grab: Fahren Sie auf das Friedhofsgelände, halten Sie sich rechts und fahren Sie an der Friedhofsverwaltung vorbei. Nachdem die Straße einen Bogen nach links gemacht hat, biegen Sie an der ersten Möglichkeit rechts ab und an der nächsten wiederum links. In dieser Abtei, die meist verschlossen ist, liegt das Familiengrab der Wests.

DER ZAUBERER VON OZ

Wenn der „Zauberer von Oz" in einem anderen Jahr als 1939 veröffentlicht worden wäre, hätte er wohl alle Academy Awards abgeräumt. Das Jahr 1939 war eines der besten Filmjahre und der Film musste gegen solch ausgezeichnete Filme antreten wie „Mr. Smith Goes to Washington" - „Mr. Smith geht nach Washington" -, „Wuthering Heights" - „Sturmhöhe" -, „Gone With the Wind" - „Vom Winde verweht" und „Of Mice and Men" - „Von Mäusen und Menschen". Bei dieser großen Konkurrenz gewann der „Zauberer von Oz" nur zwei „Oscars".
Der Film setzte einen neuen Maßstab für familientaugliche Musicals, allerdings erhielt er nicht die gewünschte Aufmerksamkeit, bis er fast 20 Jahre später zum ersten Mal im Fernsehen ausgestrahlt wurde. Das Publikum unterschied sich nun deutlich von dem der Weltwirtschaftskrise, dem der Film zuvor gezeigt worden war.
Im Jahre 1956 verkaufte MGM die Rechte am „Zauberer von Oz" an CBS. Im November des Jahres war der Film zum ersten Mal im Fernsehen zu sehen, und da die Abmachung mit MGM besagte, dass der Film nur einmal im Jahr gezeigt werden dürfe, präsentierte CBS den Film mit allem Prunk, der eines alten Meisterwerks würdig war, und steigerte damit dessen kulturellen Status in den Augen der Zuschauer. In den folgenden 30 Jahren war die jährliche Ausstrahlung des „Zauberers von Oz" ein Event, das kein Kind verpassen durfte, denn dann musste man ein ganzes Jahr warten, bis Dorothy wieder ihre Absätze aneinanderschlug. Damit sicherte sich der „Zauberer von Oz" einen Platz unter den besten Filmen, die je gedreht wurden. Der Film hat sich in die Köpfe der „Baby Boomer"-Generation eingebrannt, die sich dadurch an die Wärme und Sicherheit ihres früheren Lebens erinnert fühlen. Tatsächlich ist es nirgends so schön wie zu Hause.

Judy Garland
10. Juni 1922 – 22. Juni 1969

Dank ihrer überambitionierten Mutter erhielt die erst 13 Jahre alte Judy Garland im Jahre 1935 einen Vertrag bei MGM für einen Verdienst von 100 Dollar pro Woche. Judy ging auf dem Filmgelände zusammen mit anderen zukünftigen Stars zur Schule, wie beispielsweise Ava Gardner und Mickey Rooney. Mit Ausnahme von Auftritten in eher unscheinbaren Filmen war Judy ein mehr oder weniger normaler Teenager – bis zum Jahr 1939, als sie sich selbst verlor und Dorothy Gale fand, das ewig junge, auf Leinwand gebannte Bild der Warmherzigkeit, gesegnet mit einer wunderbaren Singstimme. Später, als Dorothy für Judys Fans mehr wurde als eine einfache Filmrolle, verschwand der unschuldige Teenager namens Judy für immer.

In den Jahren nach dem „Zauberer von Oz" war der Superstar Judy noch immer der Kassenschlager bei MGM und sie drehte einen Film nach dem anderen in halsbrecherischem Tempo. Judy war zweimal verheiratet, begann stark zu rauchen und durchlebte die Höhen und Tiefen des Drogen- und Alkoholkonsums. Als die Belastungen für sie im Jahre 1950 zu stark wurden, versuchte sie ihrem Leben ein Ende zu setzen und schnitt sich mit einer Glasscherbe in den Hals. In den folgenden Jahren wurde Judys Leben jedoch wieder etwas angenehmer; MGM kündigte ihren Vertrag, ihre dominante Mutter starb und sie heiratete Sid Luft. Sid schlug ihr vor, einige Konzerte zu geben, und so wurden die 50er Jahre zu Judys besten. Während sie in ausverkauften Sälen das begeisterte Publikum mit ihrer Stimme verzauberte – selbstverständlich durfte „Over the Rainbow" dabei nicht fehlen – erhielt auch ihre Schauspielkarriere neuen Schwung, und sie lieferte in „A Star is Born", der den deutschen Titel „Ein neuer Stern am Himmel" trägt, eine überwältigende Darbietung ab.

In den frühen 60er Jahren wandte sich das Schicksal jedoch erneut gegen sie und sie näherte sich mit schnellem Tempo ihrem tragischen Ende. Sie wurde zu einem angesehenen Mitglied des „Rat Pack", wodurch sich ihr Alkoholproblem dramatisch verschärfte, und nachdem sie zu oft betrunken und desorientiert auf der Bühne erschienen war, wurde die „Judy Garland Show" letztendlich abgesetzt. Obwohl sie später im Film „Judgment at Nuremberg" – „Das Urteil von Nürnberg" – noch einmal eine hervorragende Leistung zeigte, wurde sie aus anderen Projekten hinausgeworfen. Auch ihr Privatleben lag in Trümmern; sie lebte in verschiedenen Hotels, ließ sich mehrmals in Krankenhäusern wegen den Folgeerkrankungen ihrer Sucht behandeln und ihre vierte Ehe scheiterte. In den späten 60er Jahren stand Judy wieder auf der Bühne, aber ihre Stimme hatte schweren Schaden genommen und oft lallte sie sich durch ihre Konzerte hindurch.

1969 lebte Judy mit ihrem fünften Ehemann Mickey Deans zusammen in London. Ein Telefonanruf, der für Judy gedacht war, weckte ihn eines Morgens auf, und als er sah, dass Judy nicht neben ihm im Bett lag, rief er nach ihr. Er stellte fest, dass die Badezimmertür verschlossen war, kletterte aufs Dach und sah durch das Badezimmerfenster. Dort saß Judy zusammengesunken auf der Toilette, sie war tot.

Der Gerichtsmediziner stellte fest, dass sie an einer Überdosis von Schlaftabletten verstorben war, andere betrachteten ihren Tod nicht so sehr unter rein medizinischen Gesichtspunkten. Ray Bolger, die „Vogelscheuche", sagte, sie sei gestorben, weil sie ausgelaugt gewesen sei. Einfach komplett ausgelaugt.

Im Alter von 47 Jahren wurde Judy in ihrem silberfarbenen Hochzeitskleid, das sie bei ihrer letzten Hochzeit getragen hatte, in einer Krypta im Ferncliffe Mausoleum in Hartsdale, New York, beigesetzt.

Weg zum Friedhof: In Ardsley die Ausfahrt 7 der I-87 nehmen und der Route 9A etwa eineinhalb Meilen nordwärts folgen. An der Ampel rechts auf die Secor Road abbiegen. Der Ferncliffe-Friedhof liegt kurz darauf auf der linken Seite.

Weg zum Grab: Fahren Sie an der ersten Möglichkeit auf das Friedhofsgelände, halten Sie sich links und parken Sie auf der linken Seite des Hauptmausoleums. Betreten Sie das Mausoleum durch die Bronzetüren am Eingang und gehen Sie links die Stufen hinauf. Oben angekommen, wenden Sie sich nach links, folgen dem Gang bis zum Ende und biegen wieder links ab. Wenden Sie sich dann an der nächsten Möglichkeit nach rechts, steigen Sie die vier Treppenabsätze nach oben und biegen Sie danach rechts ab. Judy liegt im Alkoven HH unten in der linken Wand.

L. Frank Baum
15. Mai 1856 – 6. Mai 1919

Lyman Frank Baum stammte aus einer wohlhabenden Familie, die mit Ölfeldern in Pennsylvania ein großes Vermögen gemacht hatte, und versuchte sich in verschiedenen Jobs. Er arbeitete als Journalist in einer Kleinstadt, als Hühnerfarmer und als Schauspieler, bevor er als Inhaber eines Gemischtwarenladens in South Dakota scheiterte. Schließlich begann er im Alter von 40 Jahren mit der Schreiberei und veröffentlichte bis zu seinem Tod 30 Bücher, von Märchensammlungen bis hin zu Anleitungen für die richtige Schaufensterdekoration. Sein berühmtestes Buch ist jedoch „The Wonderful Wizard of Oz" - „Der Zauberer von Oz". Das Buch war gleich nach der Veröffentlichung im Jahre 1900 der absolute Renner und zwei Jahre später entstand daraus ein Bühnenstück. Schon bald drehte sich Franks ganzes Leben um Oz; er schrieb 13 Fortsetzungen, brachte eine Zeitschrift mit dem Titel „The Ozmopolitan" heraus und baute sich ein Haus in Kalifornien, das er „Ozcot" nannte. Aber trotz allem Enthusiasmus für seine Schöpfung sollte Frank den größten Ruhm nicht mehr erleben.
Im Alter von 62 Jahren, 20 Jahre bevor der „Zauberer von Oz" in Technicolor erschien, starb Frank an einem angeborenen Herzfehler. Er richtete seine letzten Worte an seine Frau und sagte: „Now we can cross the shifting sands", was im Deutschen etwa heißt: „Nun können wir den Treibsand überqueren." Dies ist ein Hinweis auf die Grenze, die diese Welt vom Land Oz trennt.
Frank wurde im Forest Lawn Memorial Park in Glendale, Kalifornien beigesetzt.

Weg zum Friedhof: Verlassen Sie den Highway 2 an der Ausfahrt San Fernando Road und halten Sie sich in nordwestlicher Richtung. Biegen Sie eine Meile später rechts auf die Glendale Avenue ab. Der Eingang zum Park liegt gleich auf der rechten Seite.

Weg zum Grab: Besorgen Sie sich am Infoschalter eine Karte und fahren Sie zur Sektion G, die in einem Irrgarten aus verschiedenen Rasenflächen hinter dem Beerdigungsinstitut liegt. In der Mitte der Sektion sehen Sie den weißen Stein der Peters und etwa sechs Meter links daneben steht der große Grabstein von Lyman Frank Baum.

Clara Blandick
4. Juni 1881 – 15. April 1962

Clara Blandick konnte auf eine 40-jährige Karriere als Theater- und Filmschauspielerin zurückblicken, aber sie musste nur eine Woche lang für die Rolle der Tante Em in dem Film arbeiten, der sie unsterblich machen sollte. Und beinahe gerät sie hier in Vergessenheit, denn aus irgendeinem Grund taucht ihr Name nicht im Vorspann auf, und im Nachspann wird sie an letzter Stelle genannt. Vielleicht dachte MGM, die 750 Dollar, die Clara für ihren Auftritt erhalten hatte, waren genug der Ehre gewesen.
Nach dem „Zauberer von Oz" arbeitete Clara weiter als Schauspielerin und trat oft als archetypischer, mütterlicher Charakter oder als nette Junggesellin auf, bevor sie sich 1950 zur Ruhe setzte.
Im Jahre 1962 war sie schon einige Jahre lang fast blind und litt unter Arthritis und beschloss, ihrem Leben ein Ende zu setzen. Nach einem Gottesdienst am Palmsonntag kehrte Clara in ihr Zimmer im Roosevelt Hotel zurück, zog ihre besten Kleider an und schrieb einen Abschiedsbrief, der wie folgt begann: „Ich bin nun bereit, das große Abenteuer einzugehen..." Dann nahm Clara einige Schlaftabletten ein, zog sich eine Plastiktüte über den Kopf und starb.
Im Alter von 80 Jahren wurde Clara eingeäschert und ihre Asche im Forest Lawn Memorial Park in Glendale, Kalifornien beigesetzt.

Weg zum Friedhof: Verlassen Sie den Highway 2 an der Ausfahrt San Fernando Road und halten Sie sich in nordwestlicher Richtung. Biegen Sie eine Meile später rechts auf die Glendale Avenue ab. Der Eingang zum Park liegt gleich auf der rechten Seite.

Weg zum Grab: Wenn Sie mögen, können Sie sich am Infostand eine Karte besorgen und sich auf den Weg zum Great Mausoleum machen, wo Claras Überreste begraben liegen, aber wahrscheinlich haben Sie nichts davon. Das Great Mausoleum ist nur für Angehörige geöffnet und am Eingang steht ein Wächter, der keine Unbefugten hineinlässt. Falls Sie es jedoch schaffen, sich an ihm vorbeizuschmuggeln, lautet die Nummer ihrer Ruhestätte 17230, und sie liegt im Columbarium of Security.

Ray Bolger
10. Januar 1904 – 15. Januar 1987

Ray Bolgers Darstellung der Vogelscheuche machte diese zu einer der beliebtesten Figuren im „Zauberer von Oz" und Ray liebte die Fans des Films genauso wie sie ihn. Er war einer der wenigen Schauspieler des Films, die lange genug lebten, um den ungeheuren Erfolg nach der Veröffentlichung im Fernsehen genießen zu können. Er absolvierte Auftritte zum Thema Oz und stand für Autogramme und Interviews zur Verfügung.

Ray Bolger startete seine Karriere im Varieté als Teil des Tanzduos „Sanford and Bolger". Im Jahre 1936 hatte Ray mittlerweile einen Vertrag mit MGM, als das Casting für den „Zauberer von Oz" anfing. Er war froh, dabei zu sein, und dann entsetzt darüber, dass er den Zinnmann spielen sollte. Er wusste, dass sein Tanzstil viel besser zur schlaksigen Vogelscheuche passen würde und kämpfte um diese Rolle. Schließlich überzeugte er die Studiobosse, die Rollen zu tauschen.

Die langsame Vorgehensweise beim Filmdreh forderte von dem energiegeladenen Ray ihren Tribut und einen Monat nach der Fertigstellung vom „Zauberer von Oz" bat er um die Entlassung aus seinem Vertrag. Er kehrte daraufhin auf die Bühnen am Broadway zurück, wo er im Jahre 1946 mit Judy Garland zusammen in „The Harvey Girls" und im Jahre 1966 mit Margaret Hamilton in „The Daydreamer" spielte. Im Jahre 1953 erhielt er seine eigene Fernsehserie mit dem Titel „The Ray Bolger Show" und trat später in einigen Talkshows auf. Im Jahre 1985 warf Ray in der Show „That's Dancing" einen Blick zurück auf seine 50-jährige Karriere. Co-Moderatorin war Liza Minelli, Judy Garlands Tochter, und die Regie übernahm deren Ex-Ehemann Jack Haley Jr., der Sohn des Zinnmanns Jack Haley.

Drei Jahre später starb Ray an Blasenkrebs und vermachte der „UCLA School of Theater, Film and Television" ein Vermögen in Höhe von 2,5 Millionen Dollar.

Im Alter von 83 Jahren wurde Ray auf dem Holy Cross Cemetery in Culver City, Kalifornien beigesetzt.

Weg zum Friedhof: Verlassen Sie die I- 405 und folgen Sie der Slauson Avenue etwa eine halbe Meile weit in Richtung Osten. Der Friedhof liegt auf der linken Seite und trägt die Nummer 5835.

Weg zum Grab: Fahren Sie zum Mausoleum, das auf dem Hügel liegt, und betreten Sie es durch den Haupteingang. Gehen Sie direkt in die Kapelle und Sie sehen die Krypten neben dem Kirchengestühl; Rays Krypta ist die sechste im linken Teil der untersten Reihe.

Jack Haley
10. August 1899 – 6. Juni 1979

Jack Haley, der Darsteller des Zinnmanns, der ein Herz haben wollte, sagte immer, dass die ersten fünf Jahre seines Lebens vergeudet gewesen seien, da er nicht wusste, was er mit seinem Leben anfangen wollte. Im Alter von sechs Jahren sah er sich ein Theaterstück an und wusste von dort an, dass er Tänzer werden wollte. Nach einem Ausflug ins Varieté nahmen ihn die Fox-Studios unter Vertrag und er spielte zusammen mit Judy Garland in deren erstem Film aus dem Jahre 1936, „Pigskin Parade" - „Der springende Punkt". Aber wie der Rest der Schauspieler wurde er erst mit seiner Rolle im „Zauberer von Oz" unsterblich.

Ursprünglich war Buddy Ebsen von MGM ausgewählt worden, den Zinnmann zu spielen, aber nachdem dieser eine heftige allergische Reaktion auf das Make-up gezeigt hatte, lieh Fox Jack an MGM aus. Jack erzählte später, dass seine Drehtage an diesem Set wegen des Make-Ups zu den schlimmsten seiner Karriere gehörten. Er verbrachte täglich zwei Stunden in der Maske, und wenn er sein Kostüm einmal anhatte, konnte er weder sitzen noch liegen.

Im Jahre 1974 entstand eine eigentümliche persönliche Verbindung zwischen Judy Garland und Jack; Jack Haley Jr., der Sohn des Zinnmanns, heiratete im wahren Leben Dorothys Tochter Liza Minelli.

Ironischerweise stellte sich heraus, dass Jack, der in der Rolle des Zinnmanns nichts sehnlicher wollte als ein Herz, im wahren Leben von seinem Herzen im Stich gelassen wurde. Im Alter von 79 Jahren starb er an einem Herzinfarkt und wurde auf dem Holy Cross Cemetery in Culver City, Kalifornien beigesetzt.

Weg zum Friedhof: Verlassen Sie die I-405 und folgen Sie der Slauson Avenue etwa eine halbe Meile weit in Richtung Osten. Der Friedhof liegt auf der linken Seite und trägt die Nummer 5835.

Weg zum Grab: Fahren Sie auf das Friedhofsgelände, biegen Sie links ab und fahren Sie den Hügel hinauf. Etwa 90 Meter links von Ihnen liegen eine Rasenfläche und ein Altar. Sechs Reihen unterhalb des Altars befindet sich Jacks Grab.

Bert Lahr
13. August 1895 – 3. Dezember 1967

Wie bei den meisten seiner Kollegen aus dem „Zauberer von Oz" nahm die Karriere von Bert Lahr, dem ängstlichen Löwen, ihren Anfang im Varieté und Theater. Dort traf er auch seine spätere Frau Mercedes Delpino und im Jahre 1925 traten sie als

„Keith-Albee All-Star Act" auf. In den 30er Jahren war Berts Karriere in vollem Gange, aber mit Mercedes' geistiger Gesundheit ging es stark bergab und schon bald musste sie in ein Sanatorium eingewiesen werden. Bert trat in den folgenden Jahren immer noch in lustigen Rollen auf, aber in Wirklichkeit quälte ihn Mercedes' Zustand.
Ein paar Jahre später war Mercedes' Zustand hoffnungslos und Bert ging eine Beziehung mit einer anderen Frau ein, Mildred. Allerdings war Bert nicht in der Lage, seine Ehe mit Mercedes annullieren zu lassen, und Mildred heiratete jemand anderen. Als die Aufnahmen für den „Zauberer von Oz" begannen, stand Bert ganz neben sich, er war stets angespannt, litt unter Schlafstörungen und an einer Reihe eingebildeter Krankheiten – genauso wie der Löwe.
Die grenzenlose Energie, die Bert zum perfekten Löwen gemacht hatte, erschwerte ihm nun das Erlangen von Rollen in anderen Filmen, und nach dem „Zauberer von Oz" kehrte er auf die Bühne zurück. Schließlich wurde Bert im Jahre 1967 eine Rolle in dem Film „The Night They Raided Minsky's" – der Film trägt den deutschen Titel „Die Nacht, als Minsky aufflog" – angeboten. Unglücklicherweise starb er noch während der Dreharbeiten an den Folgen einer Krebserkrankung. Die Produzenten des Films waren daraufhin gezwungen, Bert in einigen Szenen durch einen anderen Schauspieler zu ersetzen.

Im Alter von 72 Jahren wurde Bert auf dem Union Field Cemetery of Congregation Rodeph Sholom in Ridgewood, Queens, in New York beigesetzt.

Weg zum Friedhof: Verlassen Sie den Jackie Robinson Parkway an der Ausfahrt 3 und folgen Sie der Cypress Avenue in westlicher Richtung. Der Friedhof liegt ein Stück weiter auf der rechten Seite.

Weg zum Grab: Folgen Sie der Straße, die direkt hinter der Friedhofsverwaltung liegt. Achten Sie hinter der Linkskurve auf die Wegmarkierungen am Boden und halten Sie an der Nummer 5 auf der rechten Seite. Folgen Sie dem Pfad ein Stück weit, Bert liegt auf der rechten Seite begraben.

Frank Morgan
1. Juli 1890 – 18. September 1949

Als das Casting für den „Zauberer von Oz" begann, suchten die Verantwortlichen von MGM nach einem bekannten Komiker, der die Rolle des Zauberers übernehmen sollte. Jedoch verlangte ihre erste Wahl W. C. Fields zu viel Geld und Ed Wynn lehnte die Rolle ab, weil sie ihm zu klein erschien.
Schließlich bewarb sich einer der zum Studio gehörenden Schauspieler, der schon eine Oscar-Nominierung in der Tasche hatte, um die Rolle des zerstreuten Zauberers: Frank Morgan. Er war perfekt. Tatsächlich übernahm Frank nicht nur eine Rolle, sondern

gleich fünf: Frank spielte auch den Professor Marvel, den Torwächter der Smaragdstadt, einen Taxifahrer und einen Soldaten.
Nach dem „Zauberer von Oz" arbeitete Frank weiterhin als Schauspieler und wurde im Jahre 1942 für seine Rolle in „Tortilla Flat" erneut für den Oscar nominiert. Später zog er sich aus Hollywood auf seine 220 ha große Farm in Kalifornien zurück.
Im Alter von 59 Jahren starb Frank im Schlaf und wurde auf dem Greenwood Cemetery in Brooklyn, New York beigesetzt.

Weg zum Friedhof: Der Haupteingang zum Friedhof liegt an der Kreuzung 5th Avenue und 25th Street und ist am besten über den Prospect Expressway erreichbar. Nehmen Sie entweder die Ausfahrt 2 oder 3.

Weg zum Grab: Fahren Sie durch die kunstvoll gestalteten Tore auf das Friedhofsgelände, biegen Sie links auf die Battle Avenue ab und fahren Sie den Hügel hinauf. Biegen Sie links auf die Border Avenue ab und fahren Sie parallel zum Zaun zu Ihrer Linken, bis Sie die Sassafras Avenue erreichen. Biegen Sie rechts ab und dann gleich wieder links auf die Grape Avenue. Kurz bevor Sie zum Lychnis Path kommen, liegt das Grab der Wuppermanns auf der linken Seite. Wuppermann war Franks ursprünglicher Familienname.

Toto
1932 – 1945

Entgegen einer weit verbreiteten Annahme lautete der richtige Name des kleinen Cairn Terriers aus dem „Zauberer von Oz" nicht Toto - nach dem Film war die Hündin nur so berühmt, dass man ihren richtigen Namen vergaß. Wie alle anderen Schauspieler hatte sie einen Rollennamen - Toto - und einen wahren Namen - Terry. Vielleicht war sie sogar die beste Schauspielerin am Set, denn ohne Make-Up oder Kostüm stellte Terry, die Hündin Toto, den Rüden dar.
Terrys Besitzer und Trainer war ein Mann namens Carl Spitz, er leitete die Hollywood Dog Training School und nahm Terry im Jahre 1933 bei sich auf, ohne zu wissen, dass aus ihr ein großer Filmstar werden würde. Ihr ursprünglicher Besitzer hatte sie zu Trainingszwecken zu ihm gebracht und sie nie wieder abgeholt. Als der Verantwortliche für das Casting nach einem Hund suchte, der wie der Hund auf den Zeichnungen im Buch „The Wonderful Wizard of Oz" aussah, wusste Carl sofort, dass sie einen Cairn Terrier benötigten, und er brachte Terry zum Studio.
Terry wurde vom Fleck weg engagiert und lebte von nun an auf großem Fuß - sie verbrachte zwei Wochen in Judy Garlands Haus und verdiente 125 Dollar pro Woche. Jedoch war das Leben im Rampenlicht nicht immer angenehm. Terry lag nicht gern in ihrem Körbchen, sie duckte sich ängstlich, wenn am Set die Windmaschinen angestellt

wurden, und sie verstauchte sich den Knöchel, als sie versehentlich von einem der Wächter der Hexe getreten wurde. Aber Terry erholte sich schnell und ein paar Wochen später kehrte sie gut erholt zurück, um die Szenen im Land der Munchkins nachzudrehen. Nach dem Film wurde Terry offiziell in Toto umgetauft und sie trat in einem halben Dutzend anderer Filme auf. Im Jahre 1945 starb Toto im Alter von 13 Jahren – das entspricht 91 Hundejahren – und wurde in Carls Garten vergraben, irgendwo in Hollywood, Kalifornien.

NATALIE WOOD
20. Juli 1938 – 29. November 1981

Natalie Wood war erst vier Jahre alt, als sie ihre Hollywoodkarriere begann, und sie gehörte zu den wenigen Kinderdarstellern, die auch als Erwachsene noch große Erfolge feierten. Natasha Gurdin (auch Natalia Nikolaevna Zakharenko) wird als Tochter russischer Immigranten in San Francisco geboren. Bereits im Alter von neun Jahren gelingt ihr der Durchbruch mit ihrer Rolle in „Miracle on 34th Street", der unter dem deutschen Titel „Das Wunder von Manhattan" zu sehen war. Nachdem sie sich in ihrer Jugend in der TV-Serie „Pride of the Family" durchgeboxt hatte, glänzte sie neben James Dean in „Rebel Without a Cause" – „... denn sie wissen nicht, was sie tun".

Im Jahre 1961 katapultierte der Erfolg der „West Side Story" die zierliche, rehäugige Natalie in den Status eines Superstars und das Publikum hungerte förmlich nach ihr. Die Reportagen über ihren ausschweifenden Lebensstil, hohe Gagen und romantische Eskapaden sowie über ihre Anwesen und Jachten, mitternächtliche Ausflüge zum Schwimmen, Motorradtouren, Starpartys und das Nachtleben nährten die besondere Aura, von der Natalie umgeben war. Obwohl die meisten von ihren Filmen bei den Kritikern nicht unbedingt beliebt waren, wurden sie, dank Natalies großartiger Ausstrahlung, trotzdem große Kassenschlager.

Natalie heiratete insgesamt dreimal, zweimal sogar denselben Mann, den Schauspieler Robert Wagner. Mit 19 Jahren heiratete sie Robert zum ersten Mal, jedoch hielt die Ehe nur fünf Jahre lang. Im Alter von 30 Jahren trat sie mit dem britischen Produzenten Richard Gregson vor den Traualtar, mit ihm blieb sie vier Jahre lang zusammen und die beiden bekamen eine Tochter. Im Jahre 1973 heirateten Natalie, nun 35 Jahre alt, und Robert zum zweiten Mal, jedoch begann es nach einigen Jahren erneut zu kriseln.

Nach einem Abendessen, in einem exklusiven Restaurant auf Catalina Island in Kalifornien kehrten Natalie und Robert, zusammen mit dem Schauspieler Christopher Walken, auf ihre Jacht zurück, die abseits des Strandes ankerte. Walken hatte eine Affäre mit Natalie gehabt und spielte neben ihr in „Projekt Brainstorm" –, einem Science-Fiction-Film, der posthum veröffentlicht werden sollte. Gegen Mitternacht ging Natalie zu Bett, während sich die beiden Männer weiter unterhielten, teilweise sogar stritten.

Da das Beiboot ständig gegen die Jacht schlug, konnte Natalie nicht schlafen, also stand sie auf, um es besser zu vertäuen. Wahrscheinlich verlor sie dabei das Gleichgewicht und fiel ins Wasser. Am Morgen wurde Natalie, mit dem Gesicht nach unten im Wasser treibend, von der Küstenwache in der Nähe der Lavahöhlen von Catalina gefunden.

Robert, Walken und der Kapitän der Jacht, der in seiner Kajüte geschlafen hatte, wurden unabhängig voneinander befragt und ihre Aussagen schienen wahrheitsgemäß zu sein. Es wurde angenommen, dass die Verletzungen an Natalies Armen und Händen von dem Versuch herrührten, wieder an Bord zu klettern, und ihr Tod wurde zu einem tragischen Unfall erklärt.

Robert hatte ihrer Jacht den Namen „Splendor" gegeben, benannt nach dem Film „Splendor in the Grass" – „Fieber im Blut" – aus dem Jahre 1961, für den Natalie eine Oscar-Nominierung erhalten hatte. Die Wahl erscheint im Nachhinein schon etwas seltsam, denn bei den Dreharbeiten zu diesem Film hatte sich Natalie in ihren Co-Star Warren Beatty verliebt, was zu ihrer ersten Scheidung von Robert geführt hatte. Noch ironischer ist es, dass Natalie in „Splendor in the Grass" eine junge Frau gespielt hat, die versucht, sich selbst zu ertränken.

Im Alter von 43 Jahren wurde Natalie im Westwood Memorial Park in Los Angeles beigesetzt.

Weg zum Friedhof: Auf diesem kleinen Friedhof liegen viele berühmte Persönlichkeiten begraben. Er liegt hinter dem Bürokomplex am Wilshire Blvd. 10850, eine halbe Meile östlich der I-405.

Weg zum Grab: Natalies Grabstein liegt im Bereich des zentral gelegenen Rasens auf dem Friedhof. Ausgehend vom Weg, der am oberen Rand des Rasens entlangführt, liegt ihr Grab in der fünften Reihe, etwa in der Mitte.

BERÜHMTE FRAUEN

DIANA, PRINZESSIN VON WALES
1. Juli 1961 – 31. August 1997

Als Tochter eines Grafen und Oberhauptes einer der aristokratischsten Familien in Großbritannien galt Diana Frances Spencer als perfekte Kandidatin für eine Ehe mit dem Thronfolger Prinz Charles. Ihre Beziehung begann, als die neunmonatige Beziehung, die Charles mit Dianas älterer Schwester Sarah unterhalten hatte, endete. So wurde Lady Diana Spencer zum Magneten für die nationalen Medien. Schon bald entwickelte sie eine ganz eigene, zwar höfliche, aber auch schüchterne Art, mit dem Medienrummel umzugehen, was ihr den Spitznamen „Shy Di" („Schüchterne Di", Anm. d. Ü.) einbrachte.

Im Februar 1981 hielt Charles um Dianas Hand an und bei der Bekanntgabe ihrer Verlobung trat das Paar zum ersten Mal gemeinsam in der Öffentlichkeit auf. Ihre Hochzeit am 29. Juli 1981 in der St. Paul's Kathedrale wurde zum Jahrhundertereignis. Das Paar lächelte glücklich vom Balkon des Buckingham Palace und küsste sich pflichtbewusst. Für die Öffentlichkeit galten Diana und Charles als das perfekte Paar, besonders als aus der Ehe der beiden die zwei Söhne William und Harry hervorgingen.

In den späten 80er Jahren kam das Gerücht auf, in der Ehe der beiden krisele es gewaltig, und die Presse spekulierte, dass sowohl Charles als auch Diana Affären unterhielten. Tatsächlich hatte Charles mit Camilla Parker-Bowles, einer Freundin aus seiner Jugendzeit, wieder angebändelt, und Diana vergnügte sich mit James Hewitt. Im Dezember 1992 wurde bekannt gegeben, dass Charles und Diana sich getrennt hätten, und ein Jahr später gestand Charles in einem Fernsehinterview seine Beziehung mit Camilla. Im Jahre 1995 gestand auch Diana ihren Ehebruch und sagte, sie wolle gern die „Königin der Herzen" für die Menschen sein.

Im Februar 1996 forderte Königin Elizabeth II. das Paar auf, sich endlich scheiden zu lassen, und am Ende des Jahres war die Scheidung durch. Unter anderem wurde entschieden, dass sich Charles und Diana das Sorgerecht für William und Harry teilen, sie erhielt eine Abfindung in Höhe von 26,5 Millionen Dollar und ihr wurde gestattet, in einem 5-Zimmer-Apartment im Palast von Kensington zu residieren. Außerdem durfte sich Diana nicht mehr „Königliche Hoheit" nennen und wurde einfach als Diana, Prinzessin von Wales, bekannt.

Obwohl Diana ihren hektischen Terminplan voller öffentlicher Auftritte zunächst beibehielt, besonders lagen ihr die Termine für ihre vielen wohltätigen Projekte am Herzen – wie Aids, Brustkrebs, Kindesmissbrauch und Landminen – begann sie schließlich doch, ein ganz eigenes Leben zu führen. Ohne das strenge Protokoll des Königshauses im Rücken lebte sie förmlich auf. Im Sommer 1997 begann Diana eine Beziehung mit dem charmanten Emad „Dodi" al-Fayed, einem Geschäftsmann und Filmproduzenten aus Ägypten. Obwohl Gerüchte laut wurden, Diana habe seit ihrer Scheidung mit vielen Männern Umgang gehabt, war ihre Beziehung zu Dodi die erste ernsthafte Liaison.

Nur fünf Wochen, nachdem ihre Beziehung öffentlich gemacht worden war, starben Diana und Dodi bei einem Autounfall in einem Tunnel nahe der Seine in Paris. Die Nachrichten von Dianas Tod schockierten die Welt und lösten eine unerwartet große Welle der Anteilnahme aus. Die Wut der Öffentlichkeit richtete sich auf die Paparazzi, die bei ihrer wilden Verfolgung der beiden den Unfall indirekt mitverschuldet hatten. Im Nachhinein wurde von einem französischen Gericht festgestellt, dass der Fahrer des Wagens, Henri Paul, zur Zeit des Unfalls betrunken gewesen war und verschreibungspflichtige Medikamente eingenommen hatte. Des Weiteren wurde vom Gericht festgestellt, dass sowohl Diana als auch Dodi den Unfall wohl überlebt hätten, wenn sie angeschnallt gewesen wären.

Die Menschen spendeten hohe Summen für den neuen „Diana, Princess of Wales Fund", der aus der Taufe gehoben worden war, um Dianas wohltätige Projekte zu unterstützen, und Elton John nahm eine neue Fassung seines Hits „Candle in the Wind" auf, den er zu Dianas Ehren so umgeschrieben hatte, dass er nun ihr Leben besang. Nach einer extravaganten Trauerfeier in der Westminster Abbey wurde Diana auf einer kleinen Insel im Zentrum eines romantisch gelegenen Sees auf Althorp, dem Anwesen der Familie Spencer, beigesetzt. Das Anwesen liegt etwa 70 Meilen nördlich von London und nur sechs Meilen westlich von Northampton. In den Sommermonaten wird der Öffentlichkeit der Zutritt gegen eine kleine Gebühr gestattet. Wenn Sie allerdings nahe an Dianas Grab heranwollen, sparen Sie sich lieber das Eintrittsgeld, denn das Betreten des Geländes in unmittelbarer Nähe des Grabes ist streng verboten.

DIAN FOSSEY
16. Januar 1932-27. Dezember 1985

Im Jahre 1967 gründete Dian Fossey das „Karisoke Research Center" im „Volcano National Park" in Ruanda und erforschte, von diesem primitiven und einsamen Camp mitten im Regenwald aus, 20 Jahre lang das Sozialverhalten der Berggorillas. Dians Methode sah nicht vor, die Gorillas nur aus der Ferne zu beobachten, vielmehr war es ihr Ziel, sich als Familienmitglied in die Gruppe zu integrieren. Dank ihrer Methoden war sie in der Lage, neue Erkenntnisse über die Gorillas zu veröffentlichen – und das sogar aus erster Hand.

In den 70er Jahren war es Wilderern trotz aller Gegenmaßnahmen gelungen, auf Schwarzmärkten Gorillababys zu Ausstellungszwecken zu verkaufen, und sogar Trophäen, wie Schädel, Hände und Füße erwachsener Gorillas, wurden zu hohen Preisen auf den Schwarzmärkten gehandelt. Aus den Trophäen wurde alles Mögliche hergestellt, sogar Abfalleimer. Als Dian erkannte, dass die Population der Gorillas in Gefahr geriet, nahm sie den Kampf gegen die Wilderer auf. Von der ruandischen Regierung konnte sie keine Hilfe erwarten, denn die Regierung sah die Wilderei weder als Bedrohung an, noch hatte sie die Mittel, effektiv dagegen vorzugehen.

Dians große Angst davor, ihrer eigenen „Gorilla-Familie" könnte etwas zustoßen, bestätigte sich im Jahre 1978, als ihr Lieblingsgorilla Digit getötet wurde. Man hatte ihm die Hände und Füße abgehackt und einige andere Mitglieder seiner Familie waren ebenfalls getötet worden. Dian beerdigte die ermordeten Tiere auf einem Friedhof, den sie nahe ihres Camps

angelegt hatte, und bereitete sich auf einen gnadenlosen Rachefeldzug gegen die Wilderer vor. Unter den Wilderern verbreiteten sich Gerüchte, Dian sei eine Zauberin und hätte die Macht, ihre Feinde zu verhexen. Sie fügte sich in die Rolle, spielte vor den verdächtigen Wilderern die Hexe und nährte damit das Gerücht, sie hätte die Macht, ihre Feinde zu verfluchen. Sie organisierte Wachposten und setzte Kopfgelder auf bekannte Wilderer aus. In einem Fall stahl Dian das Baby einer Frau, die im Verdacht stand, ein Gorillababy erworben zu haben, und bot dann an, die Geiseln auszutauschen. In der Zwischenzeit machten sich ihre Kollegen Gedanken darüber, ob sie noch ganz bei Sinnen sei.
Die Feindschaft zwischen Dian und den Wilderern erreichte schließlich ihren Höhepunkt und im Alter von 53 Jahren wurde Dian tot in ihrem Zeltlager aufgefunden – sie war mit einer Machete regelrecht hingerichtet worden. Leider konnte niemandem das Verbrechen angelastet werden, jedoch lässt der gesunde Menschenverstand vermuten, dass der oder die Killer aus dem Umfeld der Wilderer stammten.
Dian wurde in ihrem eigenen Gorilla-Friedhof nahe ihres geliebten Freundes Digit beigesetzt. Auf Dians Grabstein steht geschrieben:
Dian Fossey 1932 – 1985
No one loved Gorillas more...
„Niemandem lagen die Gorillas mehr am Herzen"

Das Karisoke Research Center und der dazugehörige Gorilla-Friedhof liegen in Ruanda, tief in den Virunga-Bergen, südlich des Mount Visoke im Volcano National Park, zwei Meilen von der Grenze zur Demokratischen Republik Kongo – vormals Zaire – entfernt. Das Center wird noch immer durch den „Dian Fossey Gorilla Fund International" finanziell unterstützt und gilt als wichtige internationale Forschungsbasis, jedoch durften im Jahre 2001, aufgrund der steigenden Gefahr von Hutu-Angriffen, weniger als 300 Menschen die Forschungsbasis aufsuchen. Im Juni 1997 wurde die Basis aufgrund des ruandischen Genozids geschlossen, und als es im Juli 1999 wieder öffnete, wurde eine Vielzahl von Gorillas vermisst oder tot aufgefunden. Heutzutage geht man davon aus, dass es nur noch etwa 620 Gorillas gibt.

BILLIE HOLIDAY
7. April 1915 – 17. Juli 1959

Billie Holiday wurde in einem Ghetto von Baltimore geboren und im Alter von sechs Jahren, als sie normalerweise die Schule hätte besuchen sollen, arbeitete sie stattdessen im Bordell von Alice Dean, wo sie für ihren Lebensunterhalt den Boden schrubbte und Botengänge erledigte. Als sie zehn war, wurde sie von einem Nachbarn vergewaltigt, ‚und für dieses „Verbrechen" wurde sie in ein Heim für schwererziehbare Mädchen gesteckt. Im Alter von 13 Jahren war Billie irgendwo in Harlem untergetaucht, wo sie als Teilzeit-Prostituierte arbeitete.

Als sie 16 war, wurde glücklicherweise ihr Talent als Jazzsängerin entdeckt, und Billie verkaufte nun ihre Musik statt ihren Körper. Sie wurde zu einer festen Größe in der Nachtclub-Szene, und im Jahre 1932 wurde John Hammond, Talent-Scout für Columbia, der Jahre später auch Bob Dylan und Bruce Springsteen entdeckte, auf Billies Talent aufmerksam. Er sorgte dafür, dass Billie zusammen mit dem Orchester von Bennie Goodman einige Songs aufnehmen konnte.

Nach den Aufnahmen mit Bennie Goodman tourte Billie einige Jahre lang mit einer Reihe weiterer Orchester durch die Gegend. In dieser Zeit entwickelte Billie ihre Gesangstechnik weiter, und obwohl sie niemals eine Gesangsausbildung genossen hatte, machte sie ihre angenehm bebende Stimme zu der herausragendsten Jazz-Sängerin ihrer Zeit. Billie wurde unter dem Namen „Lady Day" bekannt und zwischen 1933 und 1944 nahm sie über 200 Singles auf, allerdings erhielt sie unerhörterweise keine Lizenzgebühren dafür.

Von 1944 bis 1950 nahm Billie einige Songs mit Decca auf, und mit weißen Gardenien im Haar, die zu ihrem Markenzeichen wurden, verwandelte sie zweitklassige Liebeslieder in Jazz-Klassiker. In der Mitte der 40er Jahre war Billie, obwohl ihr Dämon bereits an die Tür klopfte, auf dem Höhepunkt ihrer Karriere. In ihrer Autobiografie aus dem Jahre 1956 hielt sie fest, dass für sie das Singen von Liedern wie „The Man I Love" oder „Porgy" nicht mehr Aufwand bedeute, als einen Entenbraten zu essen – und sie liebe Entenbraten. Der Dämon, der Billie bedrängte, war einer der bekannten Sorte: Sie war heroinabhängig und verbrachte den Großteil des Jahres 1947 wegen Drogenbesitzes in einem Bundesgefängnis in West Virginia. Dazu kam, dass ihr, nachdem sie aus dem Gefängnis entlassen worden war, die „New Yorker Cabaret Lizenz" verweigert wurde. Sie brauchte diese Lizenz jedoch dringend, um in den berühmten Clubs singen zu dürfen, die ihre Haupteinnahmequelle darstellten.

Im Jahre 1959 war Billie ein physisches Wrack. Sie brach während eines Auftritts in Greenwich Village nach nur zwei Songs auf der Bühne zusammen und wurde in ein Krankenhaus in Harlem gebracht. Dort wurde festgestellt, dass sie an einer Zirrhose und Herzbeschwerden litt. In den letzten, traurigen Tagen ihres Lebens wurde sie noch auf dem Krankenbett erneut wegen des Besitzes von Heroin verhaftet, da eine Schwester ausgesagt hatte, sie habe eine Tüte mit weißem Pulver an Billies Bett gefunden. Im Alter von nur 44 Jahren füllten sich ihre Lungen mit Flüssigkeit und ihr Herz blieb stehen.

Als sie aus dem Bett gehoben wurde, fand man 15 50-Dollar-Scheine, die mit Klebeband an einem ihrer Beine befestigt waren, eine Anzahlung für einige autobiografische Berichte.

Bei ihrer Beisetzung trug Billie ihr Lieblingsbühnenoutfit – ein pinkfarbenes Spitzenkleid und rosafarbene Handschuhe. Sie wurde auf dem St. Raymond's Cemetery in der Bronx, New York beigesetzt.

Weg zum Friedhof: Der Friedhof liegt in der Nähe der ‚Throggs Neck'-Brücke. Nehmen Sie die Ausfahrt 9 von der I-295, folgen Sie dann der 177th Street in nordwestlicher Richtung bis zur Lafayette Street. An der Kreuzung 177th Street und Lafayette Street liegt der Friedhof auf der linken Seite.

Weg zum Grab: Kurz hinter dem Eingang liegt auf der rechten Seite, nicht weit von der Friedhofsverwaltung entfernt, die „St. Paul"-Sektion. Billie liegt in Range 56, Platz 29 begraben, das bedeutet – jedenfalls auf diesem Friedhof –, dass sie in der 56. Reihe liegt, und jede 15. Reihe ist gekennzeichnet. Ihr Stein ist, von der Straße aus gesehen, der 29.

JANIS JOPLIN
19. Januar 1943 – 4. Oktober 1970

Janis Joplin wuchs in einem relativ stabilen Familienumfeld auf, und obwohl ihre Geschwister kein Interesse daran hatten, ihren traditionellen Lebensweg in Frage zu stellen, verabscheute es Janis. Im Alter von 17 Jahren verließ sie ihr Elternhaus in Texas, und nachdem sie einige Jahre lang als Country- und Westernsängerin in der Nähe von Houston aufgetreten war, fuhr sie per Anhalter ihrem Schicksal in San Francisco entgegen.

Schon bald schloss sie sich der Gruppe „Big Brother and the Holding Company" an und alles fügte sich zusammen. Bis sie zu dieser Gruppe gestoßen war, hatte sie keine Erfahrungen beim Singen von Rock-Songs gesammelt, aber sie hielt es für ein perfektes Ventil für ihren aufgestauten Frust, während der harte Sound der Band ihre raue Stimme untermalte. Janis wurde zu einem explosiven Teil der Songs und begleitete die Musik mit gellenden Schreien, lautem Geheul und fast schon animalistischem Gebaren und sorgte damit an der ganzen Westküste für ausverkaufte Konzerte.

Janis stellte schon bald den Rest der Band in den Schatten, es war nur eine Frage der Zeit, bis sie einen Soloflug wagen sollte, und so trennte sie sich kurz nach der Veröffentlichung des Albums „Cheap Thrills" im Jahre 1968 von der Band. Leider stellte sich dies zunächst als Fehlentscheidung heraus. Sie schloss sich in den nächsten zwei Jahren zwei verschiedenen Bands an, und obwohl sie mit beiden musikalisch harmonierte, stieß Janis' undisziplinierter Stil auf Ablehnung, und der raue Sound, den sie zusammen mit „Big Brother" entwickelt hatte, fehlte nun.

Im Herbst 1970 arbeitete Janis an einem neuen Album und bewohnte zu dieser Zeit das Zimmer 105 im Landmark Hotel, dem heutigen Highland Gardens Hotel, in Hollywood. An einem Samstagnachmittag rief sie im Rathaus an, um einige Erkundigungen wegen ihrer geplanten Hochzeit mit ihrem damaligen Freund einzuholen, und ging dann ins Studio, wo sie noch bis etwa 23 Uhr Aufnahmen machte. Janis begleitete danach einige Freunde in eine Bar und setzte sich, als sie in ihrem Zimmer war, einen Schuss Heroin.

Ihr Gitarrist wunderte sich am nächsten Tag, dass sie ihr Zimmer gar nicht verlassen wollte, und daraufhin wurde sie tot in ihrem Bett aufgefunden. Obwohl einige noch immer von einem Selbstmord ausgehen, bezeichnete der Gerichtsmediziner den Tod der 27-jährigen Janis als versehentliche Überdosis.

Ihren Wünschen gemäß wurde Janis eingeäschert und ihre Asche von einem Flugzeug aus an der Küstenlinie von Marin County in Kalifornien verstreut.

Janis verfügte über ein Testament, was die Vermutung nährt, sie hätte Selbstmord begangen, in dem unter anderem Folgendes steht: 2.500 Dollar wurden an ihre Freunde in New York und Kalifornien übergeben, damit sie zu ihrem Gedenken eine Party abhalten konnten; alle Rechte und Lizenzgebühren an ihren Songs wurden gleichmäßig unter ihren Eltern, ihrem Bruder und ihrer Schwester aufgeteilt.

Nach ihrem Tod wurde ihr letztes Album „Pearl" veröffentlicht, das unter anderem ihre Interpretation von Kris Kristoffersons „Me and Bobby McGee" enthielt – es erlangte Goldstatus.

SYLVIA PLATH
27. Oktober 1932 – 11. Februar 1963

Silvia Plath verfasste bereits im Alter von fünf Jahren ganze Gedichte und mit acht wurde sogar eines davon im Boston Herald veröffentlicht. Mit 17 war sie bereits eine erfahrene Schriftstellerin und ihre Kurzgeschichten erschienen in Teen-Magazinen. Während ihres Studiums am Smith College gewann sie einen vom College ausgerichteten Schreibwettbewerb und erhielt zwei Preise.

Sylvia war sensibel, intelligent und eine Perfektionistin. Aber unter ihrer perfekten Fassade brodelte es, und nach einem kurzen Abstecher zum Magazin „Mademoiselle", wo sie als Gasteditorin beschäftigt war, unternahm sie ihren ersten Selbstmordversuch. Nach einer Elektroschocktherapie und mehreren psychotherapeutischen Behandlungen nahm Sylvia ihre akademische und schriftstellerische Laufbahn wieder auf, graduierte im Jahre 1955 summa cum laude am Smith College und ging dank eines Fulbright-Stipendiums an das Newnham College in Cambridge, England.

Im Jahre 1956 heiratete Sylvia den Dichter Ted Hughes, und obwohl sich Sylvia vorgenommen hatte, endlich glücklich zu werden, war Ted doch nicht der ideale Ehemann, den sie sich gewünscht hatte. Er war launisch und schlampig, flirtete gern und war ihr untreu, während Sylvia ihm blind vertraute. Nach zwei Jahren in Massachusetts, wo Sylvia an ihrer Alma Mater Literatur unterrichtete, kehrte das Paar nach England zurück und hatte im Jahre 1962 zwei Kinder. Jedoch geriet ihre Ehe zunehmend aus den Fugen. Sylvias Befürchtungen über Teds Ehebruch bestätigten sich bald und er verließ sie wegen einer anderen Frau.

Sylvia schrieb auch in dieser turbulenten Zeit weiter. Im Jahre 1960 stellte sie ihr enormes Talent mit ihrer Gedichtsammlung „The Colossus And Other Poems" unter Beweis und im Jahre 1963 erschien ihr zum Teil autobiografischer Roman „The Bell Jar", der unter dem deutschen Titel „Die Glasglocke" erschien. Jedoch wies die formale Präzision dieser Werke bereits auf das hin, was der Trennung von Ted folgen sollte.

Im Jahre 1963 war der Winter in London bitterkalt, und während sich Ted mit seiner neuen Freundin irgendwo in Spanien aufhielt, kämpften Sylvia und ihre Kinder in einer kalten und dunklen Londoner Wohnung mit der Grippe. Schließlich fand Sylvia den

Mut, ihren letzten Plan durchzuführen. Spät in der Nacht stellte sie etwas Essen und Milch in das Zimmer ihrer schlafenden Kinder, öffnete das Fenster im Zimmer und versiegelte die Tür mit Handtüchern. Unten in der Küche nahm Sylvia eine Handvoll Schlaftabletten ein, setzte sich auf den Boden und legte ihren Kopf in den Backofen, nachdem sie den Gashahn voll aufgedreht hatte.

Das Kindermädchen fand Sylvia am nächsten Morgen. Neben ihr lag ein Notizzettel, auf dem bloß stand: „Rufen Sie bitte Dr. Horder an."

Sylvia wurde nur 30 Jahre alt, und nach ihrem Tod wurden die Gedichte, die sie gegen Ende ihres Lebens verfasst hatte, gesammelt und in drei Bänden herausgebracht: „Ariel", „Crossing the Water" und „Winter Trees". Jedes davon versetzte die Welt der Literatur in Erstaunen. In diesen Bekenntnisgedichten brach Sylvia mit den Beschränkungen und Konventionen ihrer früheren Arbeiten und entfesselte makabre Verse voll ironischer Scharfsinnigkeit und halluzinogener Vorstellungskraft.

In „Lady Lazarus" schrieb sie: „Dying is an art like everything else. I do it exceptionally well", was im Deutschen etwa heißt: „Sterben ist eine Kunst wie jede andere auch. Ich beherrsche sie außergewöhnlich gut."

Eine Passage in ihrem Gedicht „Elm" lautet: „I am terrified of this dark thing that sleeps in me". Die Zeile lautet im Deutschen in etwa: „Ich fürchte mich vor dem dunklen Etwas, das in mir lauert."

Auf diesen Gedichten beruht der Großteil von Sylvias literarischer Reputation, und da ihre Scheidung von Ted niemals vollzogen wurde, erhielt er alle Rechte an ihren Arbeiten. Er brachte einige Gedichte in einem Sammelband mit dem Titel „The Collected Poems" heraus, woraufhin Sylvia posthum mit dem Pulitzer-Preis ausgezeichnet wurde.

Sie wurde auf dem neuen Friedhof neben der Church of St. Thomas Becket in Heptonstall begraben, einem kleinen Städtchen auf einem Hügel oberhalb der Stadt Hebden Bridge in West Yorkshire, England. Um zu ihrem Grab zu gelangen, betreten Sie den Friedhof durch den Eingang, der der Kirche am nächsten liegt, und gehen Sie an der zweiten Reihe von Gräbern entlang. Sylvias schlichter Grabstein liegt etwa im zweiten Drittel des Weges.

Auf ihrem Grabstein steht ein Ausspruch aus Wu Ch'eng-ens Schrift „Monkey" aus dem Jahre 1560: „Even amidst fierce flames the golden lotus can be planted", was im Deutschen ungefähr heißt: „Selbst zwischen lodernden Flammen kann der goldene Lotus gedeihen."

MUTTER TERESA
26. August 1910 – 5. September 1997

Im Jahre 1928 kam Agnes Gonxha Bojaxhiu, später Mutter Teresa, nach Indien, nachdem sie einige Zeit in Irland und der Türkei verbracht hatte, und arbeitete über 20 Jahre lang an einer katholischen Mädchenschule in Indien. Nachdem sie den Ruf des Glaubens zum zweiten Mal vernommen hatte, erlaubte ihr der Vatikan, ein neues Projekt zu beginnen. Im Jahre 1950 wurde ihr Orden „Missionarinnen der Nächstenliebe", der sich um die Ärmsten und Todkranken der Welt kümmerte, in den offiziellen Status erhoben.

Mutter Teresa brauchte nun so schnell wie möglich einen sicheren Ort, an dem sie sich um die verzweifelten Menschen kümmern konnte, und es war sehr außergewöhnlich, dass der erste Ort, der ihr für ihre christliche Arbeit angeboten wurde, auf dem Gelände eines geheiligten, hinduistischen Kali-Tempels lag, an dem sich die Pilger nach ihren heiligen Reisen auszuruhen pflegten. Dort kämpften die Schwestern gegen den Schmutz und versuchten den Sterbenden zu ermöglichen, ihre letzten Tage in Geborgenheit und Ruhe zu verbringen. Die außergewöhnliche Kleidung des Ordens – ein einfacher, weißer Sari mit saphirblauen Borten – wurde schnell zu einem Erkennungsmerkmal für die Ärmsten der Armen in Kalkutta.

Im Jahre 1953 eröffnete das erste Waisenhaus der Mutter Teresa und vier Jahre später begann der Orden, mit Leprakranken zu arbeiten. 1959 breitete sich der Orden auch außerhalb von Kalkutta aus, und heute gibt es bereits mehr als 500 Wohltätigkeitsorganisationen, die sich in den Dienst jener stellen, die ihre Hilfe am dringendsten benötigen. Aufgrund ihres großen Bekanntheitsgrades und als Reaktion auf den Friedensnobelpreis, den sie 1979 erhalten hatte, wurde Mutter Teresa förmlich von der Presse belagert, äußerte sich jedoch niemals zu politischen Dingen und gab an, nur zu religiösen Themen Stellung zu nehmen. Sie war nie eine sozialkritische Person, zu keiner Zeit griff sie die ökonomischen oder politischen Strukturen der Kulturen an, die die Menschen hervorbrachte, um die sie sich so aufopfernd kümmerte. Ihr Ziel war es stets, die Herzen der Menschen mit Liebe zu erfüllen.

Im Alter von 87 Jahren verließ Mutter Teresa ihren physischen Körper, der im Hof des Mutterhauses der „Missionarinnen der Nächstenliebe" im indischen Kalkutta begraben liegt. Das Mutterhaus liegt an der Straße ‚Acharya Jagadish Chandra Bose'.

Unter normalen Umständen ist es Pflicht, mit der Vorbereitung für die Heiligsprechung einer Person nach ihrem Tod mindestens fünf Jahre zu warten. Allerdings signalisierte Papst Johannes Paul II., der mehr Heiligsprechungen durchgeführt hat als all seine Vorgänger, seine große Bewunderung für Mutter Teresa, indem er sie bereits zwei Jahre nach ihrem Tod selig sprach.

Im Dezember 2002 erkannte er offiziell ein Wunder an, das ihr zugeschrieben wird, und wenn sich ein zweites Wunder nachweisen lässt, wird Mutter Teresa heilig gesprochen.

ROSEMARIE NITRIBITT
1. Februar 1933 – 29. Oktober 1957

Ihr Schicksal beschäftigte eine ganze Nation: Der Tod der Frankfurter Prostituierten, die mit bürgerlichem Namen Rosalie Marie Auguste Nitribitt hieß, gab den Ermittlern Rätsel auf und gilt bis heute als ungeklärt.

Nitribitt stammte aus schwierigen Familienverhältnissen und wuchs ohne Vater auf. Ratingen und Düsseldorf sind die Orte ihrer Kindheit, allerdings verbrachte sie größere Zeiträume auch in Kinderheimen, da ihre Mutter mehrere Haftstrafen absitzen musste. Im Heim wurde Nitribitt wiederholt auffällig und galt als schwer erziehbar. Schließlich kam sie zu Pflegeeltern nach Mendig. Mit elf Jahren wurde sie von einem Nachbarsjungen vergewaltigt. Wenige Jahre später rutschte sie noch minderjährig ins Rotlichtmilieu ab.
Mehrfach versuchten Behörden erfolglos, dieser Entwicklung entgegenzuwirken. So oft man sie auch aufgriff und wieder ins Heim steckte, riss sie von dort aus und machte sich wieder daran, Kundschaft zu beschaffen.
Mehrere Haftstrafen folgten, unter anderem wegen Landstreicherei, aber Nitribitt kehrte immer wieder in ihr altes Leben zurück. 1953 zog sie dauerhaft nach Frankfurt, lernte

mehrere Fremdsprachen und nahm an Benimm- und Verhaltenskursen teil, um ihrer Kundschaft gerecht zu werden. Sie verdiente recht gut und investierte in große Auftritte, insbesondere in prestigeträchtige Autos. Ihr Mercedes Coupé wurde ihr Markenzeichen und signalisierte sozialen Status.

Mit ihrer clever-forschen Art und der zumindest äußerlichen Unbekümmertheit, mit der sie ihrer Arbeit nachging und ihrem Lebensstil folgte, machte sich Rosemarie Nitribitt nicht nur Freunde. Am 1. November 1957 alarmierte man die Polizei, weil sie seit Tagen nicht gesehen worden war. Man fand sie schließlich tot in ihrer Wohnung, wo sie allem Anschein nach im Zuge eines Kampfes mit einem Unbekannten erdrosselt worden war. Aufgrund etlicher Fehler in der unmittelbaren Tatortsicherung und Ermittlung ist der Täter bis heute nicht überführt, und der Fall nährt – immer noch – diverse Verschwörungstheorien.

Ihr Tod wurde im spießigen Deutschland der 50er Jahre zu einem zentralen Thema der Boulevardpresse und beherrschte wochenlang die Titelseiten. Mittlerweile ist ihr Leben auch mehrfach verfilmt worden.

Friedhof: Der Düsseldorfer Nordfriedhof ist der größte der Landeshauptstadt. Er befindet sich zwischen den Stadtteilen Derendorf und Unterrath.

Zum Grab: Rosemarie Nitribitts Grab befindet sich im Feld 95 der Anlage.
C. H.

BEATE UHSE
25. Oktober 1919 – 16. Juli 2001

Beate Köstlin wurde 1919 im heutigen Polen geboren. Die Tochter eines Gutsbesitzers und einer Ärztin wuchs auf dem Land auf und war ein eher wildes Kind. Wissensdurst und eigenes Denken wurde bei den insgesamt drei Kindern von Otto und Margarete Köstlin gefördert, und so ist es kaum verwunderlich, dass die kleine Beate plötzlich mit selbst gebastelten Flügeln aus Hühnerfedern vom Dach der Terrasse sprang, nachdem sie die Ikarus-Sage gehört hatte. Das Fliegen hatte es ihr angetan – und führte zu einem eher ungewöhnlichen Berufswunsch: Beate wurde Pilotin. In Berlin ließ sie sich 1936 ausbilden, absolvierte Übungen der deutschen Luftwaffe und flog fabrikneue Flugzeuge ein. 1939 heiratete sie ihren Fluglehrer Hans-Jürgen Uhse, nur wenige Stunden vor dessen Einberufung in den Kriegsdienst. Uhse sollte den Zweiten Weltkrieg nicht überleben und die junge Witwe Beate geriet in britische Gefangenschaft.

Mit ihrem Sohn Klaus ließ sie sich nach Kriegsende in Flensburg nieder. An eine Fortsetzung der Pilotenlaufbahn war nicht mehr zu denken, also verlegte sich Uhse auf kleinere Handelsgeschäfte, die sie in direkten Kontakt mit ihren Kunden brachten. Meist waren dies Hausfrauen. Uhse erfuhr von deren Nöten und Umständen und interessierte

sich vor allem für die sexuelle Aufklärung und Situation der Frauen im Nachkriegsdeutschland. Ungewollte Schwangerschaften waren keine Seltenheit und Uhse sah Bedarf für eine Aufklärungskampagne.
Sie erstellte eine Informationsbroschüre, die reißenden Absatz fand und mit der Frauen in der Lage waren, ihre unfruchtbaren und fruchtbaren Tage zu bestimmen. Uhse erweiterte ihr Sortiment nach und nach um thematisch ähnlich gelagerte Produkte und stand als Ansprechpartnerin für Rückfragen der Kunden zur Verfügung, ein Service, der rege genutzt wurde. 1951 gründete sie das „Versandhaus Beate Uhse" und stellte erste Mitarbeiter ein. Mit dem „Fachgeschäft für Ehehygiene" eröffnete sie 1961 in Flensburg den vermutlich ersten Sexshop der Welt.
Doch Uhse machte sich mit ihrer Offenheit auch Feinde. Im geschäftlichen Bereich lief sie oft gegen Wände und musste sich mit Hunderten von Klageschriften und Beschwerden beschäftigen, mit denen aufgebrachte Bürger, Politiker und Einrichtungen gegen sie mobil machten. Selbst der Flensburger Tennisclub verweigerte ihr aus moralischen Gründen die Mitgliedschaft, und als sie einen Verlag gründete, verweigerte ihm der Börsenverein für den deutschen Buchhandel die Aufnahme.
Uhse, die seit den 50er Jahren bis zur Scheidung im Jahr 1972 mit dem Kaufmann Ernst-Walter Rotermund verheiratet war, bemühte sich zeitlebens darum, ihr Unternehmen am Puls der Zeit zu halten. 1978 erweiterte sie ihr Haus um einen Filmverleih und intensivierte in den 80er Jahren die Produktion von Filmen mit pornografisch-erotischen Inhalten – ein geschäftlicher Schachzug, den ihr viele Frauenrechtlerinnen übel nahmen. „Beate Uhse" wurde auch international zu einem Markennamen. Als ihr Unternehmen 1999 zur Aktiengesellschaft wurde, zierten nackte Tatsachen die Wertpapiere.
Beate Rotermund Uhse, so die Inschrift auf ihrem Grabstein, zählt zu den Vorreiterinnen der sexuellen Aufklärung und wird oft in einem Atemzug mit Oswald Kolle genannt. Für ihr Engagement, insbesondere in den Nachkriegsjahren, wurde sie mehrfach ausgezeichnet. Uhse starb 2001 in einer Schweizer Klinik an den Folgen einer schweren Lungenentzündung.

Friedhof: Der Städtische Friedhof der schleswig-holsteinischen Gemeinde Glücksburg, der nördlichsten Stadt auf dem deutschen Festland, liegt in der Bahnhofstraße.

Zum Grab: Beate Uhses Grabstätte ist sehr geschmackvoll angelegt und liegt im Grünen.
C. H.

GRÖSSEN AUS LITERATUR, PHILOSOPHIE, KUNST UND MUSIK

THEODOR ADORNO
11. September 1903 – 06. August 1969

Theodor Wiesengrund Adorno, Sohn eines Weinhändlers und einer Sängerin, wuchs in Frankfurt/Main auf. Er brillierte in der Schule und genoss schon früh eine musikalische Ausbildung, bildete die Musik doch den Mittelpunkt der großbürgerlichen Familie. Zwischen 1921 und 1923 studierte er an der Frankfurter Hochschule die Geisteswissenschaften, tauschte sich mit Denkern und Autoren wie Siegfried Kracauer und Walter Benjamin aus und machte sich als Musikkritiker einen Namen.

Nach der Promotion zog er nach Wien, wo er auch sein Klavierspiel perfektionierte, und schloss ein Studium der Musiktheorie und Kompositionslehre an. Adorno begann selbst zu komponieren, erhielt jedoch meist nicht die erhoffte Resonanz. Zur gleichen Zeit schrieb er für die Kulturzeitschrift „Anbruch". Als die Nationalsozialisten an die Macht kamen, arbeitete Adorno bereits als Privatdozent und erhielt in der Folge Lehrverbot. Er wanderte aus, zunächst nach Oxford, später in die USA.

Der Wissenschaftler Max Horkheimer brachte den inzwischen habilitierten Kollegen aus Deutschland an das New Yorker „Institute for Social Research", wo er ein Forschungsprojekt zur Massenkommunikation leitete und an der „Dialektik der Aufklärung" schrieb, die im Jahre 1947 veröffentlicht wurde.

Nach Kriegsende kehrte Adorno nach Deutschland zurück, arbeitete an der Frankfurter Universität und veröffentlichte weitere Schriften und Studien, die mitunter Diskussionen in der Fachwelt provozierten.

Der mehrfach ausgezeichnete Wissenschaftler und Philosoph gilt als einer der Hauptvertreter der Frankfurter Schule und der Kritischen Theorie. Seine Kritik an der bürgerlichen Ideologie der Nachkriegsgesellschaft fand in der Generation der sogenannten 68er großen Anklang. Adorno starb 1969 an einem Herzinfarkt.

Friedhof: Theodor Adorno wurde auf dem Hauptfriedhof Frankfurt am Main, Eckenheimer Landstraße 194 bestattet.
C. H.

DOUGLAS ADAMS
11. März 1952 – 11. Mai 2001

Während eines Rucksacktrips durch Europa lag der britische Teenager Douglas Adams eines Tages leicht angesäuselt in einem Feld und blätterte durch das Buch A Hitchhiker's Guide to Europe, das den deutschen Titel „Per Anhalter durch Europa" trägt, als ihm die Idee in den Sinn kam, dass jemand einen solchen Reiseführer für Reisen durch die Galaxie schreiben sollte. Wie das Leben so spielt, war dieser „Jemand" Doug selbst und im Jahre 1979 wurde sein Buch „The Hitchhiker's Guide to the Galaxy" - „Per Anhalter durch die Galaxis" - veröffentlicht, im Jahr davor war es bereits als Radioserie bei der BBC zu hören gewesen.

Die kultige Science-Fiction-Komödie berichtet auf pikareske Art von den Abenteuern des Kleinstädters Arthur Dent, der zusammen mit seinem Freund Ford Prefect durch die Galaxie reist, nachdem die Erde wegen des Baus einer galaktischen Hyperraum-Umgehungsstraße zerstört worden ist. Das Buch spiegelt Dougs trickreiche Philosophie wider, unter anderem mit solch eingängigen Figuren wie Zaphod Beeblebrox und Marvin, dem depressiven Androiden, und es enthält alles nötige Wissen, inklusive der Antwort auf die ultimative Frage nach dem Sinn des Lebens, die, wie sich herausstellt, 42 lautet.

Auf den „Hitchhiker's Guide" folgten einige erfolgreiche Fortsetzungen, unter anderem „The Restaurant at the End of the Universe" mit dem deutschen Titel „Das Restaurant am Ende des Universums" und „So Long and Thanks For All the Fish" - „Macht's gut, und danke für den Fisch" -, darüber hinaus folgten Shows im Fernsehen und auf der Bühne. Doug sagte stets, er sei auf den überragenden Erfolg nie so richtig vorbereitet gewesen. „Es war so, als wäre man von einem Helikopter auf dem Gipfel des Mount Everest abgesetzt worden", sagte er einmal, „oder so, als hätte man einen Orgasmus gehabt, aber ohne das Vorspiel."

Doug erlag im Alter von 49 Jahren einem Herzinfarkt. Er wurde eingeäschert und die Asche seiner Familie übergeben.

Author's Ridge

Vielen Amerikanern ist die Stadt Concord in Massachusetts aufgrund ihrer historischen Signifikanz während des Unabhängigkeitskriegs bekannt (hier fanden im Jahr 1775 die ersten Schlachten des Krieges statt, Anm. d. Ü.). In dieser wunderschönen Gegend kann man sowohl einige Stunden als auch mehrere Tage verbringen, und falls das Interesse besteht, sollten Sie auch den Sleepy Hollow Cemetery besuchen. Auf diesem Friedhof liegen einige Helden der Revolution begraben, und in einem Abschnitt des Friedhofs, der als „Author's Ridge" (auf Deutsch in etwa mit „Autorenhügel" zu übersetzen) bekannt ist, liegen die folgenden Schriftsteller Seite an Seite begraben.

LOUISA MAY ALCOTT
29. November 1832 – 6. März 1888

Louisa May Alcott verfasste in den späten 1840ern unter dem Pseudonym A. M. Barnard eine Serie von populären melodramatischen Kurzgeschichten, allerdings gelang ihr der Durchbruch erst mit der Veröffentlichung von „Little Women" im Jahre 1869 (der deutsche Titel der Buchverfilmung aus dem Jahr 1994 lautete „Betty und ihre Schwestern"). Obwohl ihre Arbeiten heutzutage etwas veraltet und moralisierend erscheinen mögen, dokumentierten „Little Women" und die vier Fortsetzungen das beginnende 19. Jahrhundert in Neuengland mit erstaunlicher Genauigkeit. Der Fokus verlagerte sich von der Jugendliteratur zu sensiblen und realistischen Darstellungen von jungen Erwachsenen. Bisher sind die Geschichten mehrfach verfilmt worden und sie sind noch immer bei erwachsenen Lesern beliebt.

Nachdem sie die letzten Jahrzehnte ihres Lebens ihrer Arbeit für die Frauenbewegung gewidmet hatte, starb Louisa May im Alter von 55 Jahren an den Langzeitfolgen einer Quecksilberbehandlung. Zu jener Zeit war es üblich gewesen, Typhus mit Quecksilber zu behandeln, und Louisa May hatte als Kind unter Typhus gelitten.

LUDWIG VAN BEETHOVEN
Dezember 1770 – 26. März 1827

Er war neben Mozart der bedeutendste Komponist der Wiener Klassik. Ludwig van Beethoven stammte aus einer Musikerfamilie und wurde in Bonn geboren, wo er auch aufwuchs und die Schule besuchte. Hoforganist Christian Gottlob Neefe nahm den musisch begabten Jungen 1781 unter seine Fittiche und machte Beethoven zu seinem Meisterschüler. Zwei Jahre später spielte er schon im kurfürstlichen Orchester.

Beethovens Talent sprach sich herum. 1787 erreichte ihn die Einladung nach Österreich, wo er bei Wolfgang Amadeus Mozart studieren sollte. Beethoven reiste nach Wien, ein Empfehlungsschreiben des Kölner Kurfürsten in der Tasche, sah sich vor Ort aber zwei Problemen gegenüber. Zum einen war Mozart, obwohl er von Beethovens Fertigkeiten sehr angetan war, zeitlich ausgelastet und nicht in der Lage, sich um den jungen Mann zu kümmern, zum anderen erkrankte auch Beethovens Mutter, was seine Rückkehr in die Heimat erforderlich machte. Sie starb noch im gleichen Jahr.

Beethoven begann nun ein Studium an der Bonner Universität und reiste erst im Alter von 22 Jahren nach Mozarts Tod erneut nach Wien. Schon bald machte er sich dort einen Namen als Musiker und Komponist, sodass eine weitere Rückkehr nach Bonn nicht mehr nötig war: Beethoven hatte sich bald in Wien etabliert.

Er studierte bei Salieri und konnte dank der finanziellen Unterstützung seiner Förderer als freier Künstler leben und arbeiten.

Obwohl er höchste Ehrungen genoss, in Adelshäusern spielte und von Frauen umschwärmt wurde, zog er sich immer mehr aus der Öffentlichkeit zurück. Sein immer schlechter werdendes Hörvermögen und die Folgen einer schweren Bleivergiftung, an der er seit seiner Jugend litt, trugen zu starken Persönlichkeitsveränderungen bei. Beethoven isolierte sich immer mehr, war bis zum Jahre 1819 völlig ertaubt und konnte nun weder dirigieren noch eigene Konzerte geben. Im „Heiligenstädter Testament" hielt er 1802 die Hilflosigkeit an seinem Leiden künstlerisch fest.

Auch wenn sich sein Zustand im Laufe der Zeit so weit verschlechterte, dass eine Unterhaltung mit Beethoven nur noch auf dem Schriftweg möglich war, arbeitete der Künstler

weiter an seiner Musik. Er vollendete und veröffentlichte Sinfonien und galt trotz seiner Taubheit als einer der bedeutendsten Musiker Europas.
Beethoven, der selbst kinderlos geblieben war, übernahm 1815 die Vormundschaft über seinen Neffen Karl, den Sohn seines verstorbenen Bruders. Seine hohen Erwartungen und Ansprüche an den Neffen führten 1826 zu einem Suizidversuch des Jungen, was Beethoven enorm belastete. 1827 erlag der Musiker in Wien einem langjährigen Leberleiden. Als Todesursache wurde Leberzirrhose festgestellt. Zu Beethovens Begräbnis erschienen etliche Tausend Anhänger und Freunde.

Friedhof: Der Wiener Zentralfriedhof liegt in der Simmeringer Hauptstraße 230-244.

Zum Grab: Beethovens Grab befindet sich im Sektor 32 A und hat die Nummer 29.
C. H.

RALPH WALDO EMERSON
25. Mai 1803 – 27. April 1882

Nachdem er im Jahre 1825 seinen Abschluss an der Universität Harvard erhalten hatte, trat Ralph Waldo Emerson in den Dienst der Kirche. Er wurde bald zum Pfarrer, doch da er nicht in der Lage war, seiner verstorbenen, 19-jährigen Ehefrau die Sakramente zu spenden, legte er im Jahre 1831 sein Amt nieder. Er war gerade erst nach Concord gezogen, als im Jahre 1936 seine Ideen in einem Band von Essays unter dem Titel „Nature" veröffentlicht wurden. Diese Arbeit führte dazu, dass er zusammen mit seinem Zeitgenossen Henry David Thoreau als Vorreiter des neuen Transzendentalismus und einer literarischen Bewegung galt, die sich gegen die wissenschaftliche Ratio zur Wehr setzen wollte. Die zentrale Aussage der Bewegung war, dass alles in unserer Welt ein Mikrokosmos des Universums sei, eine Unendlichkeit des privaten Mannes. Die Transzendentalisten lehnten externe Autoritäten ab und verließen sich stattdessen auf direkte Erfahrungen. Emersons Motto „Trust thyself" (deutsch: „Trau dir selbst") wurde zur Parole der Bewegung.
Für den Rest seines Lebens predigte Emerson in einer Reihe von Essays, Gedichten und Lehrschriften diese wiederkehrenden Themen. Er ermutigte seine Leser dazu, ihren Instinkten zu trauen und ihr Potenzial für authentische Erfahrungen zu nutzen, um daraus eine neue amerikanische Kultur entstehen zu lassen.
Im Alter von 78 Jahren starb Emerson an einer Lungenentzündung.

MATTHIAS BELTZ
31. Januar 1945 – 20. März 2002

In Wohnfeld/Vogelsberg geboren, wuchs der Kaufmannssohn und spätere Kabarettist in Gießen auf. Sein Vater Fritz, Soldat an der Ostfront, kehrte nicht mehr aus dem Krieg zurück. In Gießen besuchte Beltz bis 1964 die Schule und entwickelte ein starkes Interesse an der Literatur und an der Politik. Als er sich in Marburg für ein Jurastudium einschrieb, das er später in Frankfurt am Main fortsetzte, bestanden seine Studien nach eigener Angabe aus „politischer Gewerkschaftsarbeit, linker Utopiepflege, Erforschung des Skatspiels und der lockeren Biertrinkerei in absonderlichen Männerkreisen". Zu dieser Zeit trat er auch dem Sozialistischen Deutschen Studentenbund bei. Ein nach dem Examen begonnenes Referendariat brach er 1971 ab und nahm einen Job als Arbeiter bei Opel in Rüsselsheim an – Ausdruck des Revolutionswillens eines jungen Mannes, der zu der Linksgruppierung „Revolutionärer Kampf" zählte, die aus dem studentischen Milieu hervorgegangen war und eine „proletarische Revolution" initiieren wollte. Bei einer Protestveranstaltung gestaltete Beltz das Rahmenprogramm und trat in einer Willy-Brandt-Parodie auf. Die Nummer kam an und zeigte ihm eine berufliche Persepektive.
Mit Gleichgesinnten gründete er 1976 das Karl Napps Chaos Theater in Frankfurt, spielte dort mehrere Programme und wurde – als Teil des Ensembles – mit Kleinkunstpreisen ausgezeichnet. Beltz' 1980 eingereichte Promotionsschrift „Das ganze Grundgesetz besteht ja überwiegend aus Angst vor der Demokratie – Über den Beitrag der politischen Linken zur Regierbarkeit spätkapitalistischer Gesellschaftsformationen, dargestellt an der Entstehungsgeschichte des Bundesverfassungsgerichts" stieß bei der Universität Frankfurt auf wenig Gegenliebe und wurde abgelehnt.
Nach der Auflösung des Frankfurter Ensembles im Jahre 1982 trat Beltz vermehrt als Solokünstler auf – auch wiederholt im Fernsehen – und gehörte zeitweise verschiedenen Kabarettgruppen an. Ebenfalls in den 80er Jahren begann er, seine Texte zu publizieren, zunächst in Buchform, später auch auf Tonträgern. Im Herbst des Jahres 1988 gehörte er zu den Gründern des Frankfurter Varietétheaters „Tigerpalast", bei dessen Vorstellungen er in Zukunft gelegentlich als Conférencier auftrat und durch den Abend führte. Im Fernsehen wurde er zur festen Größe, spätestens als er 1991 für die ARD mehrere satirische Sendungen nach den „Tagesthemen" bestritt.
Matthias Beltz starb in seiner Frankfurter Wohnung im Stadtteil Sachsenhausen überraschend an Herzversagen, am gleichen Abend hatte er noch im „Tigerpalast" auftreten sollen. In seinem Nachlass fand sich ein Theaterstück, das 2003 erfolgreich aufgeführt wurde.

Friedhof: Der 1828 gegründete Frankfurter Hauptfriedhof liegt an der Eckenheimer Landstraße und zählt zu den größten Friedhofkomplexen Deutschlands.

Zum Grab: Das schattig gelegene Grab von Matthias Beltz befindet sich im Gewann XIII GG48.
C. H.

NATHANIEL HAWTHORNE
4. Juli 1804 – 19. Mai 1864

Im Jahre 1842 ließ sich Nathaniel Hawthorne in Concord niedere, und obwohl er sich mit den Transzendentalisten verbunden fühlte, teilte er ihren intellektuellen Idealismus nicht. Stattdessen konzentrierte er sich auf die puritanischen Wurzeln der amerikanischen Geschichte und entwickelte einen distinktiven literarischen Stil in den ersten großen Werken der amerikanischen Literatur: „The Scarlet Letter" - der deutsche Titel heißt „Der scharlachrote Buchstabe" - im Jahre 1850 und „The House of the Seven Gables" - „Das Haus mit den sieben Giebeln" - im Jahr darauf.
Als Franklin Pierce im Jahre 1853 Präsident wurde, ernannte ihn sein alter College-Freund zum Botschafter in England, und dort schrieb Nathaniel auch sein letztes großes Werk „The Mable Faun", das den deutschen Titel „Der Marmorfaun" trägt. Im Jahre 1864 trafen sich die beiden Freunde zu einem Ausflug in die White Mountains bei New Hampshire, in dessen Verlauf Nathaniel im Alter von 59 Jahren im Schlaf verschied.

Weg zum Friedhof: Folgen Sie der Route 2 von Boston aus westlich Richtung Concord. Folgen Sie den Schildern in die Innenstadt hinein. Nehmen Sie von dort aus die Route 62 und folgen Sie dieser in östlicher Richtung, der Sleepy Hollow Cemetery liegt ein Stück weiter auf der linken Seite.

Weg zum „Author's Ridge": Fahren Sie auf das Friedhofsgelände und achten Sie auf die Markierungen, die sie zum Parkplatz des „Author's Ridge" führen. Steigen Sie die Anhöhe hinauf und Sie stoßen auf die Gräber von Alcott, Emerson und Hawthorne, die alle dicht beieinanderliegen.

GOTTFRIED BENN
2. Mai 1886 – 7. Juli 1956

Der Sohn eines protestantischen Pfarrers wurde in Mansfeld/Brandenburg geboren und besuchte in Frankfurt/Oder das Friedrichs-Gymnasium. In späteren Jahren thematisierte Benn diese Zeit in mehreren literarischen Arbeiten. Im Winter 1903/1904 schrieb er sich in Marburg als Student der Philologie und Theologie ein, Letzteres auf Anregung seines Vaters Gustav. Benn hielt es jedoch nicht lange dort, schon ein Jahr später wechselte er nach Berlin und konzentrierte sich auf sein Medizinstudium, das er 1910 abschloss.
Benn arbeitete zunächst in der Berliner Charité, dann als Arzt beim Militär, musste dies aber 1912 aus gesundheitlichen Gründen aufgeben.
Benn entwickelte ein Gespür für die Literatur. Schon früh verfasste er eigene Texte, die nicht selten sein aktuelles Arbeitsumfeld reflektierten. Seine Erfahrungen als Arzt in der

Pathologie einer Berliner Klinik finden ihren Ausdruck in dem 1912 veröffentlichten Lyrikband „Morgue und andere Gedichte".
1914 reiste er als Schiffsarzt in die USA und heiratete, ein Jahr später kam seine Tochter Nele zur Welt. Doch die Bennsche Ehe stand unter keinem guten Stern: Seine Gattin Edith verstarb bereits 1922.
Benn, der sich als praktizierender Arzt in Berlin niedergelassen hatte, machte sich allmählich einen Namen im literarischen Deutschland. Seine Texte fanden Beachtung, seine Meinung und sein Rat wurden geschätzt. 1929 wurde er Mitglied der Preußischen Akademie der Künste und 1934 Vizepräsident der Union nationaler Schriftsteller. Nach einem anfänglichen Interesse für den Nationalsozialismus, das seine verschiedenen Biografen als „Missverständnis" interpretieren, stand Benn dem NS-Gedankengut äußerst kritisch gegenüber, was sich auch auf sein literarisches Schaffen auswirkte. In der Folge wurde seine nichtjüdische Abstammung angezweifelt und seine ärztliche Zulassung in Frage gestellt.
Als Mitglied der Wehrmacht kam Benn 1935 nach Hannover und praktizierte dort als Oberstabsarzt. Ab 1937 war er wieder in Berlin, wo er seine Sekretärin Herta von Wedemeyer heiratete. Ein Jahr später wurde er aus der Reichsschrifttumskammer ausgeschlossen, erhielt Schreibverbot, arbeitete aber weiter an seinen Texten. Nach Kriegsende – seine Frau hatte aus Angst vor den Soldaten der Roten Armee am 2. Juli 1945 Selbstmord begangen – kehrte Benn nach Berlin zurück und heiratete erneut. 1948 wurde sein Publikationsverbot offiziell aufgehoben.
Seine schriftstellerische Karriere verlief zu dieser Zeit sehr erfolgreich. Benn schloss mehrere Buchprojekte ab und wurde 1951 mit dem Büchner-Preis ausgezeichnet, zweifellos der Höhepunkt seines künstlerischen Schaffens.
Anfang 1956 bemerkte Gottfried Benn einen Schmerz in der Beingegend, den er sich nicht erklären konnte. Weder ein Kuraufenthalt noch die Konsultation der Arztkollegen brachten Linderung. Als schließlich die Diagnose feststand – Knochenkrebs –, blieb Benn nur noch wenig Zeit. Er starb noch im gleichen Jahr an den Folgen seines Leidens.

Friedhof: Gottfried und Ilse Benn sind auf dem Städtischen Waldfriedhof in Berlin-Dahlem bestattet. Der Friedhofseingang befindet sich im Hüttenweg 47.
C. H.

WILLIAM BLAKE
18. November 1757 – 12. August 1827

Obwohl er heute als mystischer Revolutionär verehrt wird, hielt man William Blake zu Lebzeiten für einen exzentrischen, ja sogar verrückten Möchtegern-Poeten und Künstler. Um über die Runden zu kommen, arbeitete er als Illustrator, und bis zu seiner Entdeckung, die erst mehrere Jahrzehnte später erfolgen sollte, nahm man an, dass sein einziger nennenswerter Beitrag zur Kunst darin bestand, eine neue Zeichenmethode eingeführt zu haben. Bei dieser Methode, die Blake „Reliefradierung" nannte, wurden sowohl Worte als auch Zeichnungen auf eine Kupferplatte aufgetragen. Nachdem das Kupfer mit einer Säure behandelt worden war, blieben Text und Zeichnungen in Reliefform übrig und konnten als Druckvorlage genutzt werden.

Im Jahre 1788 begann Blake mit der Veröffentlichung seiner Werke, zunächst erschien sein Buch „There is no Natural Religion". Ein Jahr darauf erschien „Songs of Innocence", worin Blake eine einzigartig ideologische Sichtweise des Lebens verfasste, und mit „Songs of Experience" machte er diese wieder zunichte. Dieser Band erschien im Jahre 1794 und enthielt Gedichte, die teilweise die gleichen Titel hatten wie im Band „Songs of Innocence", jedoch von einer dunkleren, instinktiveren Sichtweise aus betrachtet. In „The French Revolution, America: A Prophecy" und „Visions of the Daughters of Albion" kombinierte Blake seine politischen Ansichten und seine visionäre Überschwänglichkeit zu einem Aufruf zum Protest gegen die Autorität; er war ein wirklich sehr freier Denker mit Ideen, die eventuell noch heute als radikal angesehen werden könnten.

Der Verkauf der Bücher ging schleppend voran, sie verkauften sich nur für ein paar Schillinge pro Stück. Mittellos und gekränkt durch die fehlende Aufmerksamkeit, die seinem Lebenswerk entgegengebracht wurde, starb Blake im Alter von 69 Jahren vermutlich an Gallensteinen. Heutzutage ist ein Original von Blake mehrere Tausend Dollar wert. Er wurde in London in einem nicht gekennzeichneten Grab beigesetzt, auf einem Friedhof, der damals den Namen Dissenters Burial Ground trug und heute Bunhill Fields heißt. Die Leute aus den umliegenden Büros treffen sich dort gern in der Mittagspause. Der Friedhof liegt an der Kreuzung City Road und Bunhill Row im nördlichen Teil des Stadtzentrums. Blakes Grabstein wurde im Jahre 1927 aufgestellt und liegt in der Mitte eines Weges. Auf ihm steht geschrieben: „Nearby lies the remains of the poet-painter William Blake" - „Hier liegen die Überreste des Dichters und Künstlers William Blake".

CARL BERTELSMANN
11. Oktober 1791 – 17. Dezember 1850

Sein Name steht für eines der größten Medienimperien der Welt, doch über Carl Bertelsmann selbst ist nur wenig bekannt. Der spätere Verleger begann seine Karriere in der Buchbranche als Drucker in seiner Geburtsstadt Gütersloh. 1824 eröffnete er eine Steindruckerei, aus der elf Jahre später ein Verlag wurde: Der 1. Juli 1835 ist das Gründungsdatum des C. Bertelsmann Verlages, der sich schnell als Haus für kirchlich-theologische Literatur, Gesang- und Lehrbücher etablierte.

Bertelsmann gelang es, sein Unternehmen allen Widrigkeiten zum Trotz weiter auszubauen. Wenige Jahre nach der Verlagsgründung verfügte das Haus bereits über eine angeschlossene Buchdruckerei – ein Verfahren, mit dem sich der Verleger ja bestens auskannte – und beschäftigte bereits in den 1860er Jahren an die 60 Mitarbeiter.

Bertelsmann nutzte und unterstützte die religiöse Erweckungsbewegung der evangelischen Gemeinden der Region; das in seinem Haus publizierte „Evangelische Monatsblatt für Westfalen" wurde zu einem wichtigen Presseorgan dieser Gruppe.
Auf regionaler Ebene engagierte sich der Verleger auch polititsch. Als Stadtverordneter und Kirchenvorstand setzte er sich für kommunale Belange ein und widmete sich darüber hinaus auch Fragen der Schulbildung.
Carl Bertelsmann war es verwehrt, den großen Erfolg seines Hauses noch selbst mitzuerleben. Unter der Leitung seines Sohnes Heinrich konnte sich der Verlag bereits nennenswert vergrößern. Als die Familie Mohn 1881 in die Familie einheiratete, hatte auch sie regen Anteil am Erfolg des Unternehmens – bis in die Gegenwart.
Carl Bertelsmann verstarb 1850 in seinem Geburtsort, in dem der Bertelsmann Konzern, der unter anderem Anteile an Gruner + Jahr, der RTL Group, Random House und Sony BMG Music Entertainment hält, noch heute seinen Hauptsitz hat. Eine nach dem Ur-Verleger benannte Stiftung prämiert seit 1988 innovative Lösungen für politische und gesellschaftliche Fragen mit dem Carl-Bertelsmann-Preis.

Friedhof: Der Johannisfriedhof, Am Botanischen Garten 1d, liegt im Westen von Bielefeld.

Zum Grab: Das Bertelsmann-Familiengrab befindet sich in Abt. 4 der Anlage.
C. H.

PEARL S. BUCK
26. Juni 1892 – 5. März 1973

Als Tochter eines presbyterischen Missionars kam Pearl S. Buck bereits im Alter von drei Monaten nach China und lebte dort 40 Jahre lang. Sie machte sich mit dem täglichen Leben der ärmsten Einwohner Chinas vertraut, und das Dorf, in dem sie lebte, bot den besten Schauplatz für ihre ersten Romane, inklusive „The Good Earth" mit dem deutschen Titel „Die gute Erde". Seit der Veröffentlichung des Romans im Jahre 1931 verfielen ihm mittlerweile mehrere Millionen Leser und so wurde der Roman zu einem der populärsten im 20. Jahrhundert. Außerdem wurde er mit dem Pulitzer-Preis ausgezeichnet und lieferte die Vorlage für einen mit dem Oscar prämierten Spielfilm.
Jedoch erstreckten sich Pearls Ambitionen nicht nur auf ihren Erfolg als Autorin. Nach ihrer Rückkehr in die Vereinigten Staaten fühlte sie sich berufen, über verschiedene humanitäre Missstände zu sprechen und zu schreiben, und sie engagierte sich bei Kampagnen für die Einführung der Bürgerrechte, die Gleichberechtigung, ein nukleares Testverbot und die Verbesserung der internationalen Beziehungen. Außerdem sorgte sie sich um die Probleme von behinderten Kindern und Waisen und sammelte mehrere Millionen Dollar an Spenden für die Verbesserung der medizinischen Versorgung in China. Pearl war eine

der einflussreichsten Frauen des 20. Jahrhunderts und hinterließ ein Erbe, das ihre Romane bei Weitem übersteigt.
Im Alter von 80 Jahren starb sie an Krebs und wurde auf ihrer Farm Green Hills in Dublin, Pennsylvania beigesetzt.

Weg zum Friedhof: Die Green Hills Farm liegt an der Dublin Avenue, der Landstraße, die sich etwa drei Meilen weit zwischen den Ortschaften Dublin und Hillside in Pennsylvania erstreckt. Die Straße verläuft über eine kleine Steinbrücke und die Farm liegt südlich davon.

Weg zum Grab: Fahren Sie über den Hauptzugang auf das Farmgelände und etwa 90 Meter weiter liegt ein kleiner Platz auf der rechten Seite. Parken Sie hier. Folgen Sie dem befestigten Weg auf der anderen Seite der Straße ein Stück weit, Pearls Grab liegt unter einer Esche. Sie selbst hatte sich diesen Platz ausgesucht, und auf ihrem Grabstein, den sie selbst gestaltet hat, steht der Name Pearl Sydenstricker in chinesischen Buchstaben.

Die Green Hills Farm ist heutzutage ein nationales Denkmal und beherbergt die internationale Abteilung der Pearl S. Buck Foundation. Die durch private Spenden finanzierte Organisation hat sich zum Ziel gesetzt, Kinder amerikanisch-asiatischer Abstammung in ihren jeweiligen Heimatländern zu unterstützen, besonders solche Kinder, die von ihren amerikanischen Vätern nicht unterstützt werden.

MICHELANGELO BUONAROTTI
6. März 1475 – 18. Februar 1564

Der Bildhauer, Architekt und Maler Michelangelo war einer der talentiertesten Schöpfer in der Geschichte der Kunst. Er war der fähigste Vertreter der Italienischen Renaissance und sein expressiver Gebrauch der idealisierten menschlichen Form hatte einen enormen Einfluss auf die folgenden Kunstrichtungen der westlichen Welt.
Obwohl Michelangelo den Großteil seines Lebens als Erwachsener im Dienste der Päpste in Rom verbrachte, stammte er ursprünglich aus Florenz und trat im Alter von 15 Jahren in den Dienst des berühmten Künstlers Lorenzo de Medici, der ihn protegierte. Lorenzo starb im Jahre 1492, und als die Franzosen unter der Herrschaft Charles VII. zwei Jahre später in Florenz einfielen, floh Michelangelo aus der Stadt und landete schließlich in Rom. Dort wandte er sich schon bald wieder der Kunst zu und sein Ruf festigte sich im Jahre 1498 nach der Fertigstellung der wunderschönen Skulptur Pietà, einer Darstellung der trauernden Maria, die den Leichnam Jesu in den Armen hält, die nun im Petersdom in Rom zu bewundern ist. Berichte über sein unglaubliches Talent verbreiteten sich und im Jahre 1501 kehrte Michelangelo nach Florenz zurück. Er stellte eine Marmorskulptur des David her, die nun am Eingang zum Palazzo Vecchio steht. Nach der Fertigstellung der Skulptur berief ihn Papst Julius II. zurück nach Rom, um ein Grabmonument für ihn zu entwerfen, was der Meister für den Tiefpunkt seiner Karriere hielt; stoßweise entstand eine kleinere Version des ursprünglich geplanten Monuments und wurde 40 Jahre später fertiggestellt.
Als sich der Bau des Monuments noch im Anfangsstadium befand, wies ihn Julius außerdem an, die Decke der Sixtinischen Kapelle zu gestalten. Diese sollte zu seinem unübertroffenen Meisterwerk werden. Michelangelo und ein halbes Dutzend Untergebene begannen im Jahre 1508 mit ihrer Arbeit, aber schon bald war Michelangelo mit seinen Arbeitern unzufrieden, da sie seine hohen Erwartungen nicht erfüllen konnten. Er schickte sie fort und vollendete diese monumentale Aufgabe über die folgenden vier Jahre im Alleingang. In einem Sonett aus dem Jahre 1510 mit dem Titel „Über die Ausmalung der Decke der Sixtinischen Kapelle" gewährt Michelangelo einen schmerzlichen Einblick in seine zermürbende Arbeit und beschreibt, wie er nach hinten geneigt die Decke bemalt: „Ans Kinn ist mir der Leib wie angebacken. / Den Bart reck' ich gen Himmel, mit dem Nacken / Rückwärts gelehnt (...)".
Im Jahre 1516 stand Florenz wieder unter der Herrschaft der Medicis und Michelangelo kehrte erneut dorthin zurück und arbeitete bis zum Jahre 1534 ununterbrochen an verschiedenen Projekten bis zum - dann verließ er Florenz zum letzten Mal und ließ sich endgültig in Rom wieder. Die ersten fünf Jahre nach seiner Rückkehr nach Rom verbrachte er fast ausschließlich an dem Altarbild der Sixtinischen Kapelle mit dem Thema „Das Jüngste Gericht", und innerhalb der folgenden fünf Jahre stellte er auch das Grabmal von Julius II. fertig, der zu diesem Zeitpunkt schon über 30 Jahre tot war.
Als Nächstes beauftragte ihn Papst Paul III. mit einem architektonischen Entwurf für einen Ausbau des Petersdoms. Als Michelangelo starb, war ein ansehnlicher Teil des Petersdoms bereits fertiggestellt und ist noch heute ein Zeugnis seiner großartigen Vision.

Er verstarb im Alter von 89 Jahren, und obwohl ihn der Papst im Petersdom begraben wollte, hatte Michelangelo die strikte Anweisung hinterlassen, man solle ihn in Florenz beisetzen. So fand er seine letzte Ruhestätte in der Kirche Santa Croce und sein Grab kann innerhalb der Öffnungszeiten der Kirche jederzeit besichtigt werden.

WOLFGANG BORCHERT
20. Mai 1921 – 20. November 1947

Wolfgang Borchert wurde in Hamburg geboren und zeigte schon früh literarisches Interesse. Mit 15 verfasste er erste Gedichte, gab aber dem Drängen seiner Eltern nach und begann eine Buchhändlerlehre. Parallel ließ er sich bei Helmuth Gmelin im Schauspiel ausbilden. Nach der bestandenen Abschlussprüfung hing er die Lehre an den Nagel.
Ein erstes Theaterengagement folgte, musste aber von Borchert vorzeitig beendet werden: Borchert wurde eingezogen und während des Zweiten Weltkriegs zum Panzer-Grenadier ausgebildet. 1942 wurde er im Fronteinsatz verletzt, erkrankte zudem an Diphtherie und wurde in ein Lazarett eingeliefert. Kaum genesen, konfrontierte man ihn mit einer Klage: Es wurde vermutet, dass sich Borchert seine Kriegsverletzung selbst zugefügt hatte, um sich vor dem Dienst zu drücken. Er geriet in Untersuchungshaft, wurde nach drei Monaten allerdings vom Gericht freigesprochen. Statt der geforderten Todesstrafe musste Borchert Ende 1942 also zurück in den Krieg. Und abermals trug er Schäden davon: Erfrierungen an den Füßen, Fleckenfieber und Gelbsucht machten den jungen Soldaten ein weiteres Mal bettlägerig.
Während eines Urlaubs kehrte er nach Hamburg zurück und engagierte sich in der Kabarettszene – eine Aktivität, die ihn abermals vor Gericht bringt. Der Vorwurf dieses Mal: Zersetzung der Wehrmacht. Borchert wurde zu neun Monaten Haft verurteilt, danach wieder als Soldat eingesetzt. Nachdem seine Einheit 1945 von französischen Truppen gefangen genommen wurde, wagte Borchert die Flucht. Er kehrte nach Hamburg zurück. Nach dem Krieg arbeitete er in der Hamburger Theater- und Kabarettszene, schrieb Texte, spielte selbst auf den Bühnen der Stadt und war als Regieassistent aktiv. Er begründete das Hinterhoftheater in Altona mit und konnte auch als Schriftsteller überzeugen. Erzählungen und Gedichte entstanden in diesen Jahren sowie sein bekanntestes Werk „Draußen vor der Tür". Mit diesen Arbeiten entwickelte sich Wolfgang Borchert zu einer führenden Stimme der Trümmerliteratur. Seit Jahren litt Borchert an einem Leberleiden, das inzwischen als unheilbar diagnostiziert worden war. Während eines Kuraufenthalts in der Schweiz verstarb der Autor an dieser Erkrankung.

Friedhof: Wolfgang Borchert ist auf dem Ohlsdorfer Friedhof in seiner Heimatstadt Hamburg bestattet, Fuhlsbüttler Str. 756.

Zum Grab: Das Grab liegt auf der Position AC 5, 6, am Fuß des Hügels.
C. H.

HEINRICH BÖLL
21. Dezember 1917 – 16. Juli 1985

Der Kölner Schreinersohn Heinrich Böll stammte aus kleinbürgerlichen Verhältnissen. Er hatte in Köln die Schule besucht und begann in Bonn eine Buchhändlerlehre, die er aber schon bald abbrach. Schließlich nahm er ein Studium auf und schrieb sich für Germanistik und klassische Philologie ein. Der Zweite Weltkrieg unterbrach aber auch diese Zukunftspläne und brachte Böll, der 1942 geheiratet hatte und bereits seit einigen Jahren schriftstellerisch tätig war, zur Wehrmacht und in Kriegsgefangenschaft.

In den 50er Jahren ging es mit Bölls literarischer Karriere stetig bergauf und er trug nun selbst aktiv zum Unterhalt seiner wachsenden Familie bei – bisher hatte meist seine Frau Annemarie dafür gesorgt, die als Lehrerin arbeitete. Böll, der Mitglied der Gruppe 47 war, hatte sowohl mit seinen Romanen als auch mit Kurzgeschichten Erfolg – einige seiner Werke wurden verfilmt.

In den 70er Jahren wurde Böll Präsident des PEN-Clubs und bekam den Nobelpreis für Literatur. Negativschlagzeilen machte er mit einem Essay, der sich mit den Terroristen der Roten Armee Fraktion beschäftigte und in dem er sich öffentlich für eine sachlichere Berichterstattung zum Thema aussprach. Die Kritik, die ihm in diesem Zusammenhang widerfuhr, verarbeitete er in seinem Roman „Die verlorene Ehre der Katharina Blum", den Volker Schlöndorf fürs Kino adaptierte.

Bölls politisches Engagement war vielfältig, er sprach auf Veranstaltungen der Friedensbewegung, nahm an Blockaden teil, äußerte stets couragiert seine Meinung und nahm die sowjetischen Dissidenten Alexander Solschenizyn und Lew Kopelew bei sich auf.

Am 16. Juli 1985 verstarb er in seinem Haus in Langenbroich an den Folgen einer Operation.

Friedhof: Merten ist ein Ortsteil von Bornheim in Nordrhein-Westfalen. Auf dem dortigen „Alten Friedhof" wurde Heinrich Böll bestattet.
C. H.

BERTOLT BRECHT
10. Februar 1898 – 14. August 1956

Berthold Eugen Friedrich Brecht entstammte einer Augsburger Familie. Er machte 1917 das Notabitur, zog nach München und begann ein Medizinstudium, wurde 1918 aber zum Kriegsdienst einberufen und in einem Augsburger Lazarett eingesetzt. Das Studium setzte er nach dem Krieg zwar fort, er interessierte sich aber zusehends auch für literarische Inhalte und theaterwissenschaftliche Vorlesungen.

Brecht hatte künstlerische Ambitionen und begann zu schreiben. 1922 wurde sein Drama „Trommeln in der Nacht" uraufgeführt, das ein großer Erfolg wurde. Brecht bekam für dieses Stück den Kleist-Preis verliehen. Die im Jahre 1928 uraufgeführte und von Kurt Weill vertonte „Dreigroschenoper" wurde zu einem der größten Theatererfolge der Weimarer Republik. Brecht revolutionierte das Theater und brach mit den Sehgewohnheiten des Publikums. Nach seiner Auffassung musste ein Stück einen Gebrauchswert haben, dem Publikum etwas mitteilen und mit auf den Weg geben können. Er wollte gesellschaftliche Strukturen durchschaubar machen, die Bühne wurde zur Lehranstalt. Sein „Episches Theater" hatte zwar narrativen Charakter, sollte sich aber nicht allein auf die Wiedergabe einer fiktiven Handlung konzentrieren. Zuschauer wie Schauspieler mussten stets eine Distanz zum Bühnen- und Rollengeschehen aufbauen und vermitteln, die Aktionen und Reaktionen der Charaktere hinterfragen, reflektieren und bewerten. Um dies zu erreichen, bediente sich Brecht der Methode der dramaturgischen Verfremdung; er unterbrach seine Stücke etwa durch Kommentare, Lieder und visuelle Ablenkungen, die sich vom herkömmlichen Theatererlebnis unterschieden. Der überzeugte Marxist Brecht sah im Theater ein Instrument der Aufklärung und wollte das Publikum zum Denken anregen. Brechts Privatleben war wechselhaft. Bereits vor Kriegsbeginn war er mehrfach verheiratet und Vater mehrerer Kinder. Viele seiner Frauen beeinflussten auch sein künstlerisches Wirken.
Einen Tag nach dem Reichstagsbrand im Februar 1933 verließ Brecht mit seiner Familie das Land und floh über Prag und Wien nach Zürich. Weitere Stationen seines Exils waren Dänemark, Schweden, Finnland und schließlich Kalifornien. 1948 kehrte der Künstler nach Ost-Berlin zurück und gründete zusammen mit Helene Weigel das Berliner Ensemble.
Im Mai 1956 erkrankte Bertolt Brecht an einer Grippe und wurde in die Berliner Charité eingeliefert. Nach einem Erholungsurlaub in der Schweiz erlitt er, wieder zurück in Berlin, einen Herzinfarkt und starb während eines weiteren Aufenthaltes in der Charité.

Friedhof: Der Dorotheenstädtische Friedhof in Berlin ist ein Prominentenfriedhof. Sein Haupteingang befindet sich in der Chausseestraße.

Zum Grab: Das Grab von Bertolt Brecht und Helene Weigel ist etwa zweimal sechs Meter groß und wird von zwei schlichten Steinen dominiert, die vom Aussehen her auch Bachkiesel sein könnten.
C. H.

ELIAS CANETTI
25. Juli 1905 – 14. August 1994

Der in Bulgarien geborene Kaufmannssohn durchlebte eine wechselhafte Kindheit. In Rustschuk zur Welt gekommen, zog Canetti schon 1911 mit der Familie ins britische Manchester, wo sein Vater Jacques 1912 überraschend verstarb. Daraufhin führte

der Weg der Canettis nach Lausanne, von wo aus sie weiter nach Wien reisten. 1916 brachen sie nach Zürich auf und 1921 schließlich nach Frankfurt am Main.
Dort besuchte Canetti die Schule und legte 1924 die Abiturprüfungen ab. Die deutsche Sprache, die er inzwischen erlernt hatte, sollte sein schriftstellerisches Schaffen prägen.
Nach der Schule ging Elias nach Wien, wo er ohne rechte Ambitionen Chemie studierte und von einer schriftstellerischen Karriere träumte. Es sollte kein Traum bleiben.
Ende der 20er Jahre lernte er Kollegen wie Bertolt Brecht kennen und jobbte in den Semesterferien als Übersetzer. Nach seiner Promotion lebte er als freier Schriftsteller in Wien, unterstützt von seiner Freundin Veza Taubner-Calderon, die er 1934 heiratete. Zur literarischen Szene seiner Wahlheimat pflegte Canetti gute Kontakte.
In dieser Zeit arbeitete er an dem Roman „Die Blendung", der ein großer Erfolg werden sollte, er schrieb aber auch Theaterstücke.
Doch je weiter die 30er Jahre voranschritten, desto unbequemer wurde die gesellschaftspolitische Lage auf dem europäischen Kontinent. Mit Blick auf die immer stärker werdende nationalsozialistische Bewegung emigrierten Elias und Veza 1938 nach London. In England arbeitete er weiter an literarischen Projekten und pflegte Kontakte zu anderen Autoren, sowohl Exilanten als auch Briten, veröffentlichte aber zunächst nichts Neues. 1952 erwarb er die britische Staatsbürgerschaft und schrieb das Drama „Die Befristeten". 1960 erschien „Masse und Macht", Canettis essayistisches Hauptwerk, in dem er sich mit der Massenbewegung und ihren psychologischen und ethnografischen Aspekten auseinandersetzte, eine Arbeit, die den Autor über Jahrzehnte hinweg beschäftigt hatte.
Erst in den 60er und 70er Jahren wurde Canettis Werk einem breiteren Publikum bekannt. Die beruflichen Erfolge wurden jedoch von privaten Schicksalsschlägen überschattet. Im Jahre 1963 starb seine Frau Veza, 1971 sein geliebter Bruder Georges. 1971 heiratete Canetti die Kunstrestauratorin Hera Buschor und zog zu ihr nach Zürich, beide haben eine gemeinsame Tochter. 1972 wurde der Autor mit dem Georg-Büchner-Preis geehrt, 1981 erhielt er den Nobelpreis für Literatur. Auch das Bundesverdienstkreuz wurde ihm verliehen. Danach zog sich Canetti zusehends aus der Öffentlichkeit zurück und verbrachte seinen Lebensabend bei der Familie in Zürich. Seine Frau Herta starb 1988, Canetti folgte ihr 1994.

Friedhof: Der Friedhof des Züricher Ortsteils Fluntern liegt am Zürichberg in der Zürichbergerstrasse 189, 888044 Zürich und ist mit den Tramlinien 6 und 10 erreichbar.
C. H.

JOHANN FRIEDRICH COTTA
27. April 1764 – 29. Dezember 1832

Der deutsche Buchhandel, das deutsche Verlagswesen und die deutsche Klassik verdanken ihm viel: Der gebürtige Stuttgarter Johann Friedrich Cotta, der später geadelt wurde und den Namen Johann Friedrich Freiherr Cotta von Cottendorf trug, war der Mann hinter dem zweifellos bedeutendsten Verlag der Klassik und brachte unter anderem die Schriften von Johann Wolfgang von Goethe, Friedrich Schiller, Heinrich von Kleist, Annette von Droste-Hülshoff heraus – nicht selten in Erstveröffentlichungen.

Dabei hatte Cotta selbst Mathematik, Geschichte und Jura studiert. Erst 1787 übernahm er das Familienunternehmen, die in Tübingen beheimatete Cotta'sche Verlagsbuchhandlung. Dieses schon damals traditionsreiche Haus publizierte unter anderem die erste Gesamtausgabe der Werke Goethes und ist mittlerweile mit dem Ernst Klett Verlag zur Verlagsgemeinschaft Ernst Klett-J.G. Cotta'sche Buchhandlung Nachf. GmbH fusioniert – oder kurz gesagt: zu Klett-Cotta.

Bei Cotta gab Friedrich Schiller auch seine Zeitschrift „Die Horen" heraus, in der die wichtigsten Vertreter der Weimarer Klassik publizierten – eine Kooperation, von der der emsige Verleger auch in den Folgejahren noch profitierte. 1794 war Cotta selbst mit dem Gedanken zu Schiller getreten, eine politische Tageszeitung zu etablieren, doch Schiller wollte davon wenig wissen und entwickelte ein eigenes Projekt. Cotta gefiel auch diese Idee, also setzte er beides um: Schiller bekam seine „Horen", die von 1795 bis 1797 erschienen, und Cotta selbst startete die „Neueste Weltkunde", die später unter dem Titel „Allgemeine Zeitung" zur bedeutendsten deutschsprachigen Tageszeitung ihrer Zeit wurde. Zu ihren Autoren gehörten Heinrich Heine, Friedrich Engels und Friedrich Hebbel.

Der Familienvater Johann Friedrich Cotta setzte sich beim Wiener Kongress für die Unabhängigkeit des Deutschen Buchhandels ein und brachte sein Tübinger Unternehmen durch den Einsatz von Dampfmaschinen und eine vehemente Befürwortung der Lithografie zu ungeahnten Erfolgen.

Darüber hinaus machte sich der Verleger mit wechselnden Geschäftspartnern auch für die Dampfschifffahrt auf Rhein, Main, Donau und Bodensee stark, mit wechselndem Erfolg. Als Mitglied der Ständeversammlungen des Stuttgarter Landtags hatte Cotta auch politischen Einfluss. Cotta verstarb im Dezember 1832 in Stuttgart.

Friedhof: Der Hoppenlaufriedhof im Westen Stuttgarts wurde 1626 gegründet. Cottas genaue Grabstätte ist heute nicht mehr zweifelsfrei feststellbar.
C. H.

ALBERT CAMUS
7. November 1913 – 4. Januar 1960

Im Jahre 1938 siedelte der Philosoph und Schriftsteller Albert Camus aus seinem Heimatland Algerien nach Frankreich über. Dort holte ihn die Geschichte ein und er schloss sich als Journalist des Untergrunds der Widerstandsbewegung gegen die Besetzung der Nationalsozialisten an. Inmitten der Massaker, die Frankreich im Jahre 1942 erschütterten, veröffentlichte Camus seine mysteriöse Novelle „L'Étranger" – „Der Fremde", wofür er 15 Jahre später den Nobelpreis für Literatur erhielt. In diesem Produkt einer fünfjährigen Anstrengung verkündete Camus seine Doktrin, dass die Unausweichlichkeit des Todes das menschliche Leben sinnlos macht. Des Weiteren kann das Individuum aus seiner Lebenserfahrung keinen rationalen Nutzen ziehen und ist das bedeutungslose Opfer der absurden Orthodoxie seiner Gewohnheiten.

Im Jahre 1947 zog er sich aus seinem journalistischen Aufgabenbereich zurück und konzentrierte sich verstärkt auf seine Essays und fiktionalen Texte. Zum größten Teil spiegeln seine letzten Werke seine stringente Suche nach moralischer Ordnung wider und am ausführlichsten legte er seine Philosophie in seinen Werken „La peste" und „L'homme révolté" dar, die in der deutschen Übersetzung die Titel „Die Pest" und „Der Mensch in der Revolte" tragen. Im Jahre 1970 wurde sein Roman „La mort heureuse" - „Der glückliche Tod" - posthum veröffentlicht, in dem Camus festhielt: „Was wirklich zählt, ist der Wille zum Glück, eine Art riesiges, allgegenwärtiges Bewusstsein. Der Rest ist nichts als Ausreden."

Im Winter 1960 fuhr Camus zusammen mit seinem Verleger Michel Gallimard in einem Facel-Vega Sportwagen nach Paris. Michel fuhr den Wagen, Camus saß auf dem Beifahrersitz und auf der Rückbank saßen Michels Frau und Tochter. Etwa 50 Kilometer südlich von Paris, in der Nähe des Ortes Petit Villemomble, kam der Wagen von der nassen Fahrbahn ab und kollidierte mit einem Baum. Camus brach sich bei dem Aufprall das Genick und war sofort tot. Im Alter von 46 Jahren wurde er auf dem Friedhof von Lourmarin in Frankreich beerdigt, etwa 50 Kilometer nördlich von Marseille.

TRUMAN CAPOTE
30. September 1924 – 25. August 1984

Truman Streckfus Persons kam als Sohn einer 16-jährigen Schönheitskönigin zur Welt und sollte einer der am kontroversesten diskutierten Autoren Amerikas werden, einerseits wegen seines literarischen Werks und andererseits wegen seines Verlangens nach öffentlicher Aufmerksamkeit, seinem Hunger nach übler Nachrede und dem öffentlichen Interesse an seinem ausschweifenden Lebensstil.

Im Kindesalter wurde Truman zwischen verschiedenen Verwandten umhergereicht, eine Zeit lang lebte er in Monroeville, Alabama. Dort verband ihn eine innige Freundschaft mit Harper Lee, die im Jahre 1961 den Pulitzer-Preis für ihr Werk „To Kill a Mockingbird" - „Wer die Nachtigall stört" - bekommen sollte. Truman und Harper waren unzertrennlich - der geschäftstüchtige Truman nahm den Nachbarskindern reihenweise 5-Cent-Stücke ab, sozusagen als Nutzungsgebühr für Harpers Swimmingpool - und später gestaltete sie einen der Hauptcharaktere ihres Bestsellerromans, Dill Harris, nach Trumans Vorbild.

Nach einer kurzen Anstellung beim New Yorker etablierte Truman seinen Ruf als ernst zu nehmender Autor mit seiner offenen Diskussion über Homosexualität in „Other Voices, Other Rooms" - das Buch trägt den deutschen Titel „Andere Stimmen, andere Räume" - und das provokative Abbild von ihm selbst, das das Buch zierte, brachte die Gay-Community aus der Fassung. In den 50er Jahren wurde Truman aufgrund seiner literarischen Erfolge zu einem gefeierten Star und er war der neuste Wunderknabe des Jet-Set, eine Bereicherung für schicke Partys und ein notorischer Aufreißer. Dieses Verhalten brachte ihm Vorwürfe von Frivolität ein, jedoch wurde seine Standard-Antwort „Ich recherchiere für mein nächstes Buch" im Jahre 1958 durch die Veröffentlichung von „Breakfast at Tiffany's" - „Frühstück bei Tiffany" - unterstützt, einem sensationellen Bild der High Society. Der überwältigende Erfolg des Romans sowie der Verfilmung aus dem Jahre 1961 sicherte Trumans Position in der Gesellschaft der oberen Zehntausend.

Aber Truman war noch lange nicht am Ende angelangt. Er war besessen davon, eine ganz neue Art Buch zu schreiben, eines, das Journalismus und Fiktionalität auf einem neuen Level zusammenbringen würde, und tatsächlich entwickelte Truman eine neue Kunstform – den dokumentarischen Roman. Im November 1959 stieß er auf eine kleine Zeitungsmeldung über den Tod der Familie Clutter, einer Familie aus Kansas, die systematisch und auf brutalste Weise durch Kopfschüsse ermordet worden war, und entschied, dass er den idealen Stoff gefunden hatte. Nur drei Tage nach der Ermordung der Familie reiste er nach Kansas und verbrachte die folgenden sechs Jahre damit, über den Vorfall zu schreiben. Seine intensive Recherche beinhaltete stundenlange Interviews mit den beiden Killern, die vor Gericht gestellt, verurteilt und kurze Zeit später hingerichtet wurden. Schon kurz nach der Veröffentlichung wurde das erschreckende Meisterwerk „In Cold Blood" - das Buch trägt den deutschen Titel „Kaltblütig" - zum Erfolg und Truman erhielt begeisterte Kritiken, eine große Stange Geld, einen Schwarm von Nachahmern und noch mehr öffentliche Aufmerksamkeit. Schnell schob er seinen nächsten Roman „Answered Prayers" - „Erhörte Gebete" - hinterher, ein bissiges und ehrliches Porträt seiner überspannten Welt, aber als im Jahre 1975 die ersten Kapitel im Esquire-Magazin veröffentlicht wurden, lösten sie einen Skandal aus. Truman war zu ehrlich gewesen.

Das Resultat war, dass er von der Welt, in der er sowohl arbeitete als auch lebte, ausgeschlossen wurde. Sein Abstieg begann kurz darauf mit Alkohol- und Drogenmissbrauch und das Buch wurde nie fertig. Kurz vor seinem Tod gab Truman eine Art Entschuldigung von sich, in dem er sagte: „I am not a saint. I am an alcoholic, I am a drug addict and I am a homosexual. But I am a genius." (was auf Deutsch etwa heißt: „Ich bin kein Heiliger. Ich bin ein Alkoholiker, ich bin ein Junkie und ich bin homosexuell. Aber ich bin ein Genie.")

Im Alter von 59 Jahren starb Truman an Herzversagen und fand seine letzte Ruhestätte im Westwood Village Memorial Park in Los Angeles.

Weg zum Friedhof: Folgen Sie dem Wilshire Boulevard eine halbe Meile östlich der I-405 und biegen Sie dann rechts auf die Glendon Avenue ab. Der Friedhof liegt gleich auf der linken Seite. Alternativ können Sie auch am Wilshire Boulevard parken und den Friedhof hinter dem Bürogebäude am Wilshire Boulevard Nr. 10850 betreten.

Weg zum Grab: Betreten Sie den Friedhof und halten Sie sich links. Trumans Krypta liegt direkt links neben dem Sanctuary of Tenderness.

AGATHA CHRISTIE
15. September 1890 – 12. Januar 1976

Die mehr als 90 Romane und weit über 20 Sammlungen von Kurzgeschichten der Mystery-Autorin Agatha Christie versetzen selbst den unersättlichsten Abhängigen von Detektivgeschichten in Erstaunen. Noch beeindruckender ist es, dass ihre Werke in Dutzende von Sprachen übersetzt wurden und sich insgesamt mehr als eine Milliarde Exemplare verkauft haben. Nur die Bibel und Shakespeares Werke gingen öfter über den Ladentisch, doch sogar der große Dichter muss sich ihr letztendlich geschlagen geben; 30 Jahre nachdem eines von Agathas Theaterstücken, „The Mousetrap" - „Die Mausefalle" -, im Jahre 1952 Premiere in London feierte, ist es das am längsten ununterbrochen aufgeführte Stück in der Geschichte des Theaters.

Agatha stellte den exzentrischen, belgischen Detektiv Hercule Poirot im Jahre 1920 in ihrem ersten Detektivroman „The Mysterious Affair at Styles" - „Das fehlende Glied in der Kette" der Öffentlichkeit vor. In 40 Büchern sammelte der komische und scharfsinnige Meisterdetektiv einen ganzen Berg an Beweisen, die ihn und den Leser zwangsläufig auf die Spur des Mörders brachten. Agatha entwickelte später eine weitere fiktive Spürnase, die schlaue und hartnäckige Miss Jane Marple, die zwar nicht weniger verständig war als Poirot, sich jedoch bei der Aufklärung der Verbrechen mehr auf ihren weiblichen Spürsinn verließ. Tatsächlich waren die beiden scharfsinnigen Spürnasen der Schlüssel zu Agathas Erfolg. Die Leser waren gefesselt von den unerwarteten Wendungen, die ihre komplizierten Geschichten würzten, bis sie am Ende der Geschichten erstaunt feststellen mussten, dass sie einen Hinweis übersehen hatten, der sie schon hundert Seiten vorher zum Mörder geführt hätte. Ihr Talent dafür, ihre Leser und Möchtegern-Detektive immer wieder aufs Neue zu überraschen, in Romanen wie „Murder on the Orient Express" mit dem deutschen Titel „Mord im Orientexpress" und „Death on the Nile" - „Der Tod auf dem Nil" -, sicherte ihr die Loyalität ihrer Fans.

Im Jahre 1971 wurde Agatha in den persönlichen Adelsstand erhoben und zur Dame Commander ernannt.

Nur ein Jahr, nachdem Agatha ihren Helden Poirot in „Curtain: Hercule Poirot's Last Case"- „Vorhang - Hercule Poirots letzter Fall" sterben ließ, was ihm einen Nachruf auf der Titelseite der New York Times einbrachte, starb auch Agatha, allerdings an Altersschwäche. Im Alter von 85 Jahren wurde sie auf dem Saint Mary Churchyard in Cholsey, Oxfordshire in England beigesetzt. Der Friedhof liegt etwa 45 Meilen westlich von London. Ihr Grab ziert ein hoher Grabstein und in der Nähe stehen 25 Bäume, die zu Ehren ihres 100. Geburtstags im Jahre 1990 gepflanzt wurden.

KONRAD DUDEN
3. Januar 1829 – 1. August 1911

Der Gymnasiallehrer und Philologe Konrad Duden stammte vom Niederrhein, wo er auf Gut Bossigt in Lackhausen bei Wesel geboren wurde. 1846 legte er die Abiturprüfung ab, studierte in Bonn Germanistik und klassische Philologie und engagierte sich in Studentenverbindungen und im Umfeld von Burschenschaften. Nach der Universität stürzte er sich ins Berufsleben und verbrachte den größten Teil seines Lebens als Pädagoge und Schulleiter, unter anderem in Italien. Seine spätere Frau Adeline Jakob, Tochter eines deutschen Konsuls, lernte er in Messina kennen. Das Paar bekam sechs Kinder.

Zu Dudens pädagogischen Wirkungsstätten zählen unter anderem Soest, Bad Hersfeld, Genua, Frankfurt und das thüringische Schleiz. Doch neben seiner Lehrtätigkeit war er auch als Publizist aktiv. Eine erste Abhandlung über die deutsche Rechtschreibung legte er 1872 vor; aus ihr entstand 1880 der sogenannte Ur-Duden, die klassische Fassung des bis heute gebräuchlichen Standardwörterbuchs der deutschen Sprache. Er erschien in Leipzig im Bibliographischen Institut, das heute als „Bibliographische(s) Institut & F. A. Brockhaus AG" firmiert. Mittlerweile liegt das stetig aktualisierte und ergänzte Werk in zwölf Bänden vor, an denen eine Redaktion arbeitet. In den Anfangsjahren zählte auch Konrad Duden selbst noch zu den Mitarbeitern, die für die neuen Auflagen des Standardwerkes Sorge trugen. Doch 1905 zog sich der Autor aus der Öffentlichkeit zurück. Im hessischen Sonnenberg bei Wiesbaden hatte er sich einen Alterssitz eingerichtet, wo er seine letzten Lebensjahre verbrachte. Konrad Duden verstarb dort am 1. August 1911.

Friedhof: Duden liegt auf dem Städtischen Friedhof von Bad Hersfeld, Am Frauenberg 1.
C. H.

SALVADOR DALÍ
11. Mai 1904 – 23. Januar 1989

Die europäischen Surrealisten der 30er Jahre wurden sowohl von Picassos Kubismus als auch von Freuds kontroversen Studien des Unterbewusstseins, der Träume und der Sexualität beeinflusst. Sie ließen diese Konzepte in ihre Arbeit einfließen und versuchten so, die Grenzen des Realismus zu sprengen und die Fantasien und Träume darzustellen, die das Leben im Inneren bestimmten. Salvador Dalí tat sich als Anführer dieser surrealistischen Bewegung hervor und sein berühmtes Gemälde „Die Beständigkeit der Erinnerung" ist wahrscheinlich die bekannteste surrealistische Arbeit überhaupt.

Die Darstellung von realistischen und verstörenden Dingen in weiten und wenig verlockenden Landschaften wurde zu seinem Markenzeichen. Dalí behauptete, seine Arbeit sei das Produkt einer paranoiden, kritischen Methode, eine Art Selbsthypnose, die es ihm ermögliche, frei zu halluzinieren. Am Ende sei er stets überrascht darüber, was auf seiner Leinwand zu sehen sei.

Dalís Reputation verbreitete sich über die ganze Welt und basierte sowohl auf seiner Extravaganz und seinem Hang zur Öffentlichkeit, als auch auf seinen künstlerischen Leistungen. Er arbeitete mit verschiedenen Medien und sein künstlerisches Erbe umfasst Poesie, Fiktion und eine kontrovers betrachtete Autobiografie. Außerdem steuerte er die Traumsequenz zu Alfred Hitchcocks Film „Spellbound" - „Ich kämpfe um dich" - bei. In den späten 60er Jahren erschwerte eine Parkinsonerkrankung Dalís künstlerisches Schaffen, allerdings hatte seine Persönlichkeit zu diesem Zeitpunkt die Fantasie der Öffentlichkeit bereits in so großem Maße angeregt, dass er weiterhin Einfluss auf sie ausübte, und sei es nur als Quelle für neue Ideen. Im Jahre 1974 setzte er sich für die Eröffnung eines eigenen Museums ein, jedoch war Dalí in dieser Zeit auch in einige Finanzskandale verwickelt.

Nach dem Tod seiner Frau im Jahre 1982 verschlechterte sich sowohl seine körperliche als auch seine mentale Verfassung zusehends und er verbrachte den Rest seines Lebens in fast völliger Abgeschiedenheit.

Im Alter von 84 Jahren starb Dalí an Herzversagen und Atembeschwerden; er liegt im Keller seines eigenen Museums Teatro Museo Dalí im spanischen Figueras begraben. Figueras liegt etwa 110 Kilometer nordöstlich von Barcelona.

CHARLES DICKENS
7. Februar 1812 – 9. Juni 1870

Im Jahre 1824 wurden Charles Dickens Vater und seine ganze Familie wegen hoher Schulden eingesperrt, er selbst wurde in eine Fabrik geschickt, um dort zu arbeiten. Diese Erfahrung und seine Kindheit, geprägt von Armut und Not, verfolgten ihn für den Rest seines Lebens, waren aber gleichzeitig eine Quelle für seine Romane. Seine Werke beschäftigen sich oft mit Themen wie Entfremdung und Verrat, Mitgefühl für die niederen Klassen und die sozialen Umstände der Industriellen Revolution. Im Alter von 22 Jahren erhielt Charles einen Job bei einer Londoner Zeitung und begann kurze Zeit später, einmal monatlich kurze Geschichten und Zeichnungen zu veröffentlichen, woraus sich in späteren Jahren seine Romane entwickeln sollten. Nach dem Erfolg dieser Geschichten strebte Charles eine Karriere als Schriftsteller an und veröffentlichte in schneller Folge Werke von steigender Komplexität, nebenbei arbeitete er weiter bei der Zeitung. In seinen Romanen „Oliver Twist", „Christmas Carol" (der deutsche Titel lautet „Eine Weihnachtsgeschichte"), „David Copperfield", „A Tale of Two Cities" („Eine Geschichte zweier Städte") und „Great Expectations" mit dem deutschen Titel „Große Erwartungen", um nur einige zu nennen, kreierte er eine Galerie von Charakteren, die denen Shakespeares gleichen und von denen sich einige später in Filmen und Theaterstücken wiederfinden sollten und die alle auch den heutigen Lesern bekannt sind.

Im Alter von 58 Jahren starb Charles an einem Schlaganfall und es war sein Wunsch, auf dem Friedhof Rochester Castle Moat beigesetzt zu werden. Er verfügte, man solle ihm weder Schal, Mantel, schwarze Fliege, Hutband noch etwas ähnlich Absurdes anlegen. Stattdessen liegt er jedoch im Herzen von London begraben und zwar in der Poet's Corner in der Westminster Abbey, gegenüber den Houses of Parliament.

Dickens verbrachte den Großteil seines Lebens in dem Dorf Rochester, etwa eine Meile südöstlich von London. Es gibt dort viele Plätze, die mit ihm in Verbindung gebracht werden, und er wird mit einem jährlich abgehaltenen Fest geehrt. Auf dem Friedhof des Dorfes ist eine Plakette angebracht worden, auf der steht: „Charles Dickens wished to be buried here." - „Charles Dickens wollte hier begraben werden."

MICHAEL ENDE
12. November 1929 – 28. August 1995

Michael Andreas Helmuth Ende stammte aus Garmisch-Partenkirchen und war der Sohn des surrealistischen Malers Edgar Ende. Mit 16 Jahren wurde Ende 1945 zum Kriegsdienst eingezogen, entzog sich aber dem Zugriff des Militärs und floh zurück nach München, wo seine Mutter lebte. Vater Edgar war in amerikanische Gefangenschaft geraten. Seit 1943 schrieb Ende Gedichte, nach dem Krieg ging er seiner musischen Ader verstärkt nach. Er wechselte zur Waldorfschule und bewarb sich danach erfolgreich an der Schauspielschule Otto Falckenberg. Ende bekam erste Engagements und verliebte sich in die Kollegin Ingeborg Hoffmann.

Die Karriere als hauptberuflicher Autor ließ sich recht schwer an, sodass Ende ab 1954 auch für den Bayerischen Rundfunk arbeitete. Der Bitte eines Schulfreundes, einen Text für ein Kinderbuch beizusteuern, ging Ende Mitte der 50er Jahre nach und schrieb eine lange und inspirierte Erzählung um den Jungen Jim Knopf und Lukas, den Lokomotivführer. Sie wurde sein literarischer Durchbruch. Der Stuttgarter Thienemann Verlag publizierte das Werk, für das Ende mit dem Jugendliteraturpreis geehrt wurde. 1964 heiratete er Ingeborg Hoffmann. Das Paar zog nach Italien, wo Ende weitere erfolgreiche Bücher verfasste, darunter „Momo" und „Die unendliche Geschichte".

Erste Verfilmungen seiner Werke trugen zwar dazu bei, dass Ende bekannt wurde, aber mit der künstlerischen Umsetzung war er oft unzufrieden, insbesondere mit der Verfilmung des Buches „Die unendliche Geschichte".

Der Tod seiner Ehefrau, die an einer Lungenembolie verstarb, traf den Schriftsteller schwer. Er kehrte nach Deutschland zurück und musste zudem erfahren, dass ihn sein Steuerberater um hohe Geldbeträge betrogen hatte - Ende hatte Schulden, bei deren Tilgung unter anderem sein Verlag mithalf. Hoffnung in dieser Krise bekam er durch Mariko Sato, seine japanische Übersetzerin, in die sich Ende verliebte. Das Paar heiratete 1989.

Im Juni 1994 unterzog sich Michael Ende wegen eines Magenleidens in einem Münchner Krankenhaus eines operativen Eingriffs. Der Magenkrebs, der bereits in ihm wucherte, wurde trotz früher Untersuchungen nicht erkannt und konnte auch mit einer Chemotherapie nicht mehr geheilt werden. Er starb nach langer schwerer Krankheit 1995 in Stuttgart.

Friedhof: Michael Ende wurde auf dem Waldfriedhof in München bestattet.

Zum Grab: Sein künstlerisch beeindruckend gestaltetes Grab befindet sich im Sektor 212, Grabstätte W 3, in der Nähe des Nebeneingangs an der Fürstenrieder Straße im alten Teil der Friedhofsanlage.
C. H.

HANS FALLADA
21. Juli 1893 – 5. Februar 1947

Rudolf Wilhelm Friedrich Ditzen, alias Hans Fallada, war einer der bekanntesten deutschen Autoren des frühen 20. Jahrhunderts und ein bedeutender Vertreter der Neuen Sachlichkeit in der Literatur. Ditzen stammte aus guten Verhältnissen, galt in seiner Kindheit, die er unter anderem in Berlin und Leipzig verbrachte, aber eher als Außenseiter. Während seiner Gymnasialzeit in Rudolstadt unternahm er zusammen mit Hanns Dietrich von Necker einen Selbstmordversuch, den Ditzen - im Gegensatz zu seinem Freund - schwer verletzt überlebte. Mit einer Anklage wegen Totschlags kam Ditzen daraufhin in die Psychiatrie, die Anklage hielt sich aber nicht lange.
Der alkoholsüchtige junge Mann verbrachte viel Zeit in Sanatorien und Entzugskliniken. In Posterstein, einer der Kliniken, machte er eine landwirtschaftliche Ausbildung und konnte sich im Anschluss finanziell einigermaßen über Wasser halten. Wegen Betrugs- und Unterschlagungsdelikten saß er zweimal in Haft.
1928 lernte Ditzen Anna Issel kennen, die er noch im gleichen Jahr heiratete. Das Paar zog nach Neumünster, wo Ditzen als Angestellter des Fremdenverkehrsverbandes und für eine Lokalzeitung arbeitete, und bekam vier Kinder.
Mit dem neuen Jahrzehnt kam auch der schriftstellerische Erfolg. Erste Romane unter dem Pseudonym Hans Fallada erhielten respektable Kritiken, sodass sein Verleger Ernst Rowohlt Ditzen empfahl, in die Gegend von Berlin umzusiedeln. Dort verschaffte er dem Jungautor eine Stellung in seinem Verlagshaus, neben der sich Ditzen finanziell sorgenfrei um seine Autorenkarriere kümmern konnte. Sein Buch „Kleiner Mann - Was nun?" von 1932 wurde ein Welterfolg. Während des Nationalsozialismus widmete sich Ditzen in seinen Werken nicht mehr den sozialkritischen Themen, er wurde zum reinen Unterhaltungsautor, da er die Gefahr fürchtete, aus der Reichsschrifttumskammer ausgeschlossen zu werden und somit seinen Status als Schriftsteller zu verlieren.
Ditzens Ehe scheiterte, das Paar wurde 1944 geschieden. Nachdem Ditzen 1944 bei einem Streit mit Anna in einen Tisch geschossen hatte, klagte sie wegen versuchten Totschlags. Abermals wurde der Autor in eine Klinik eingewiesen.

1945 heiratete er die junge Ursula Losch, die genau wie Fallada unter Drogenproblemen litt. Am 5. Februar 1947 starb Rudolf Ditzen in einem zum Lazarett umfunktionierten Berliner Schulhaus an Herzversagen, was auf seine Alkohol- und Drogensucht zurückgeführt wurde.

Friedhof: Hans Falladas Asche ruht auf dem Alten Friedhof in Carwitz, einem Ortsteil der Gemeinde Feldberger Seenlandschaft in Mecklenburg-Vorpommern.
C. H.

F. SCOTT & ZELDA FITZGERALD

F. Scott Fitzgerald
24. September 1896 – 21. Dezember 1940

Zelda Fitzgerald
24. Juli 1900 – 10. März 1948

Der frühe Lebensabschnitt des Autors F. Scott Fitzgerald und seiner Frau Zelda spiegelte die Errungenschaften der stürmischen 20er Jahre wider, wie Wohlstand, Leistung und melodramatische Liebe. Unglücklicherweise durchlebten sie beide Seiten des Traums und litten später unter den bekannten Folgen der Zügellosigkeit.
Kurz nach der Veröffentlichung seines ersten Romans „This Side of Paradise", der unter dem deutschen Titel „Diesseits vom Paradies" erschienen ist, heirateten Scott und Zelda im Rahmen einer extravaganten Zeremonie. Ihre „Heldentaten", von denen die Zeitungen und Magazine berichteten, umfassten unter anderem, dass sie vollständig bekleidet in den Brunnen des Plaza Hotels gesprungen waren, in einem offenen Wagen durch die Straßen der Stadt fuhren und glamouröse Partys feierten. Sie lebten den Aufsteigern von damals vor, wie man ein privilegiertes Leben führt.
Jedoch fehlte ihrem gemeinsamen Leben jede Spur von Ordnung und ihr Reichtum war nicht mehr als pure Illusion. Scott, der quasi über Nacht zum Star geworden war, verdiente nicht wirklich viel Geld mit seiner Arbeit und schrieb nebenbei für Massenblätter, um seinen Lebensunterhalt bestreiten zu können. Obwohl er seinen Ruf als gefeierter Literat weiter auszubauen gedachte, machte er nur als extravaganter Trinker Schlagzeilen. In der Zwischenzeit versuchte Zelda, den Schein aufrecht zu erhalten, und ihr zuvor charmantes, unkonventionelles Verhalten wurde exzentrisch und bizarr.
Nach zahllosen Änderungen wurde im Jahre 1925 endlich „The Great Gatsby" - „Der große Gatsby" - veröffentlicht und erhielt auch das Lob der Kritiker, jedoch waren die Verkaufszahlen eher enttäuschend und das Paar lebte weiter über seine Verhältnisse. Als

PAARE FÜR DIE EWIGKEIT

F. SCOTT & ZELDA FITZGERALD

der Schuldenberg immer weiter anwuchs, flüchtete Scott in den Alkoholismus und geriet dadurch oft in Schlägereien. Zelda verlor mehr und mehr den Halt und wurde im Jahre 1930 wegen Schizophrenie in eine Klinik eingewiesen. Im weiteren Verlauf ihres Lebens wurde sie immer und immer wieder in verschiedene psychiatrische Kliniken eingewiesen. Nach dem Jahre 1934 sollten Sie nie wieder zusammenleben und schon bald war der hoch verschuldete Scott, der in schlechter körperlicher Verfassung und wegen seiner Alkoholsucht oft arbeitsunfähig war, vollkommen am Ende. 1937 erhielt er ganz überraschend einen Vertrag als Drehbuchschreiber bei MGM, verliebte sich in eine andere Frau, fand eine neue Inspiration für seine Arbeit als Schriftsteller und hörte daraufhin mit dem Trinken auf.

Im Jahre 1940 lebte Scott in Hollywood und arbeitete an seinem neusten Roman „The Last Tycoon" – der Buchtitel lautet im Deutschen „Der letzte Tycoon". Im November erlitt er einen leichten Herzanfall und es wurde ihm Bettruhe verordnet. Er arbeitete weiter an seinem Roman und brach einen Monat später zusammen, als er von einem Stuhl aufstand und einen schweren Herzinfarkt erlitt. Er starb im Alter von 44 Jahren. Kurz vor seinem Tod hatte er sich selbst als Versager bezeichnet, da all seine Bücher nicht mehr gedruckt wurden. In den 60er Jahren erlebten Fitzgeralds Werke jedoch eine Art Auferstehung und seitdem ist ihm ein Platz unter Amerikas beliebtesten Schriftstellern sicher. Zeldas Leben blieb auch nach Scotts Tod weiter unstet. Im März 1948 befand sie sich im Highland Hospital in Asheville, North Carolina. Ihr Zimmer lag im oberen Stockwerk und plötzlich brach mitten in der Nacht ein Feuer aus. Sie und acht weitere Patienten der Klinik fielen dem Feuer zum Opfer, gefangen hinter den verschlossenen Türen der psychiatrischen Einrichtung.

Im Alter von 47 Jahren fand Zelda ihre letzte Ruhestätte neben ihrem Mann Scott auf dem Saint Mary's Catholic Church Cemetery in Rockville, Maryland.

Weg zum Friedhof: Nehmen Sie die Ausfahrt 6 von der I-270 und folgen Sie der Route 28 zwei Meilen in östlicher Richtung. Kurz nachdem Sie die Kreuzung mit der Route 355 überquert haben, biegen Sie links ab auf das Gelände der Kirche und der Schule.

Weg zum Grab: Die Gräber der beiden liegen von der Kirche ausgehend in der achten Reihe, nur ein paar Reihen hinter den beiden alten Grabsteinen, die von einem gusseisernen Zaun umgeben sind.

JOACHIM FEST
8. Dezember 1926 – 11. September 2006

Als er starb, schrieb Frank Schirrmacher in der Frankfurter Allgemeinen Zeitung, seine 1973 erschienene Hitler-Biografie sei das bedeutendste deutschsprachige Buch nach 1945.

Der Sohn eines Oberschulrats kam in Berlin zur Welt, verbrachte die letzten Jahre seiner Schulzeit aber in Freiburg, wo er – nach Kriegseinsatz und Gefangenschaft – auch die Abiturprüfungen ablegte und ein Studium begann, das ihn zunächst nach Frankfurt, dann wieder zurück nach Berlin führen sollte. Fest engagierte sich zu dieser Zeit auch im Umfeld der Jungen Union und der CDU.

Als ihm der Berliner Rundfunksender RIAS, für den Fest gelegentlich arbeitete, eine Festanstellung anbot, brach Fest seine Dissertation ab und wurde Journalist. 1961 wechselte er als Chefdramaturg zum NDR, dem er mehrere Jahre treu blieb – worunter seine eigene literarische Produktivität litt, wie auch sein Engagement in der CDU. Zeitweise moderierte Fest das Magazin „Panorama", deren Redaktion er vorübergehend leitete. Einige seiner Features über NSDAP-Größen gab Fest 1963 auch als Buch heraus.

1968 ließ sich Fest vom Sender beurlauben, um an eigenen Projekten zu arbeiten. Er stürzte sich in die geschichtliche Forschung und legte 1973 sein vermutlich bekanntestes Werk vor: „Hitler – Eine Karriere". Seine Hitler-Biografie, die 1973 erschien, wurde in etliche Sprachen übersetzt und fand bis heute mehr als 800.000 Käufer. 1977 entstand in Zusammenarbeit mit Christian Herrendoerfer auch eine Dokumentarfilm-Fassung des Buches, die genauso wie die Vorlage nicht unumstritten war. In späteren Jahren befasste sich Joachim Fest ein weiteres Mal mit diesem Thema. Sein Buch „Der Untergang. Hitler und das Ende des Dritten Reiches" diente 2004 abermals als Inspiration und Grundlage für einen Film.

Ab 1973 war Fest 20 Jahre lang Mitherausgeber der FAZ. Als deren Feuilletonchef holte er auch den renommierten Literaturkritiker Marcel Reich-Ranicki in sein Ressort. Der 1986 aufkommende „Historikerstreit", eine Debatte über die Ursachen und die Einschätzung des Holocaust, wurde maßgeblich im Feuilleton der FAZ ausgetragen, das Fest zu dieser Zeit immer noch leitete.

Joachim Fest war zweifacher Familienvater und arbeitete neben seiner journalistischen Tätigkeit stets auch an eigenen Buchprojekten. Zu seinen bekanntesten späteren Werken zählt eine 1999 erschienene Biografie über Albert Speer. In den 60er Jahren hatte er den inhaftierten Architekten der NS-Zeit noch selbst kennengelernt.

Wenige Tage vor dem Erscheinen seiner eigenen Memoiren „Ich nicht – Erinnerungen an eine Kindheit und Jugend" verstarb Joachim C. Fest im September 2006 in Kronberg/Taunus.

Friedhof: Der katholische St.-Matthias-Friedhof liegt im Berliner Bezirk Tempelhof-Schöneberg, Röblingstraße 91.

C. H.

JOHANN GOTTLIEB FICHTE
19. Mai 1762 – 29. Januar 1814

Johann Gottlieb Fichte stammte aus ärmlichen Verhältnissen. Sein Vater war Leinenweber und lebte in Rammenau in der Oberlausitz. Dank der großzügigen finanziellen Unterstützung eines Gutsherrn war es Fichte möglich, eine gute Schulbildung zu erhalten. Er besuchte die Lehranstalt in Meißen und Naumburg und studierte nach 1780 in Jena und Leipzig Theologie, bis der Gönner verstarb und der finanzielle Zuschuss ausblieb.

Um Geld zu verdienen, nahm Fichte nun Stellungen als Hauslehrer an. In Zürich lernte er dabei seine spätere Ehefrau Marie Johanna Rahn kennen, die Tochter eines Wagenbauers.

Anfang der 1790er Jahre arbeitete Fichte als Hauslehrer in Leipzig, als ihm Immanuel Kants Schrift über die „Kritik der reinen Vernunft" in die Hände fiel. Das Werk beeindruckte den jungen Mann nachhaltig und inspirierte ihn zu eigenen philosophischen Gedanken und Texten. Zwei Jahre später verfasste Fichte den Text „Versuch einer Kritik aller Offenbarung", der Kant zugespielt wurde. Der große Philosoph fand Gefallen an dem Werk und veröffentlichte es anonym. Die Fachwelt nahm es zwar begeistert auf, vermutete aber Kant als Autor. Erst als dieser das Missverständnis klarstellte, trat Fichte als eigentlicher Verfasser in Erscheinung – und war fortan berühmt.

Fichte gab seine Stellung als Hauslehrer auf und reiste abermals nach Zürich, wo er Marie Johanna Rahn nun heiraten konnte. Die nächste Zeit widmete er allein dem Schreiben und der Philosophie.

Eine 1799 veröffentlichte Streitschrift „Über den Grund unseres Glaubens an eine göttliche Weigerung" brachte Fichte den Vorwurf ein, Atheist zu sein, und zwang ihn dazu, eine fünf Jahre vorher in Jena angetretene Universitätsprofessur aufzugeben. Weitere Anstellungen in Erlangen und später Berlin folgten aber.

Nach 1813 erkrankten er und seine Gattin an Typhus. Im Gegensatz zu Marie Johanna sollte sich Johann Gottlieb Fichte von dieser Krankheit jedoch nicht mehr erholen. Der Philosoph verstarb am 29. Januar 1814 in Berlin. Seine „Wissenschaftslehre" ist bis heute Grundlage philosophischer Forschung.

Friedhof: Fichtes Grab befindet sich auf dem Dorotheenstädtischen Friedhof in Berlin-Mitte. Der Eingang befindet sich in der Chausseestr. 126.
C. H.

SAMUEL FISCHER
24. Dezember 1859 – 15. Oktober 1934

„Die Kunst ist ein Stück Natur, gesehen durch ein Temperament", hieß es in der Literatur des Naturalismus. Die Wirklichkeit so realitätsgetreu wie möglich darzustellen, die Schattenseiten des Daseins zum Zwecke des Ästhetischen, des „Wahren, Schönen, Guten", nicht auszuklammern, das war Ziel dieser literarisch-künstlerischen Strömung. „Kunst = Natur – X", so hieß die Formel der Naturalisten, die im Berliner S. Fischer Verlag eine publizistische Heimat fanden. Verlagsgründer Samuel Fischer, ein gebürtiger Ungar, war in jungen Jahren nahezu mittellos aus seiner Heimat nach Wien gereist, um Buchhändler zu werden. Sechs Jahre verbrachte er in der österreichischen Metropole und besuchte neben seiner beruflichen Tätigkeit Abendkurse, in denen er sich kaufmännisches Wissen aneignete. Denn Fischer hatte noch viel vor.
1880 zog er nach Berlin, wo er zunächst Angestellter, dann auch Teilhaber der Hugo Steinitz & Co. Verlagsbuchhandlung in der Friedrichstraße wurde. Am 1. September 1886 gründete er den S. Fischer Verlag in der Steglitzer Strasse 49. Fischer bemühte sich um zeitgenössische Autoren und fand diese nicht nur im deutschsprachigen Raum. Mit Gerhart Hauptmann und Henrik Ibsen konnte er zwei der bedeutendsten Vertreter des Naturalismus für sein Haus gewinnen.
Auch die Klassische Moderne passte zum Selbstverständnis des Hauses. Bei Fischer publizierte der spätere Literaturnobelpreisträger Thomas Mann 1901 sein preisgekröntes Buch „Buddenbrooks", für Autor wie Verleger ein beispielloser Erfolg. Hesse, Schnitzler, Hugo von Hofmannsthal – Fischer machte seinem Verlagssignet vom Fischer mit seinem Netz alle Ehre und angelte sozusagen in den literarischen Weltmeeren auf der Suche nach guten Werken und Autoren.
1890 gründete Samuel Fischer die Zeitschrift „Freie Bühne für Modernes Leben", die verschiedenste literarische Strömungen reflektierte und zeitweise unter der Leitung des späteren Verlegers Peter Suhrkamp stand. Der Erfolg des Verlages wurde von der Politik unterbrochen. Im Zuge des Ersten Weltkriegs brachen S. Fischer sämtliche Auslandslizenzen und -autoren weg. Der Verleger war gezwungen, die Produktion neuer Titel quantitativ stark zu reduzieren und auch inhaltlich Abstriche vom gewohnten Niveau zu machen. Nach Kriegsende stellte sich die Frage nach einem Nachfolger für den in die Jahre gekommenen Fischer. Die Wahl fiel auf seinen Schwiegersohn Gottfried Bermann, der 1925 in den Verlag kam und drei Jahre später zum Geschäftsführer ernannt wurde. Unter den Nationalsozialisten wurde am Programm des Verlages häufig Anstoß genommen. Der alte Verleger weigerte sich aber beharrlich, größere Abstriche und Eingeständnisse zu machen. Die Folge war die Spaltung des Verlages nach Samuels Tod im Jahre 1934. Gottfried Bermann-Fischer zog mit den Auslandslizenzen und der entsprechenden Backlist ins Ausland, während der Restverlag in Deutschland verblieb und unter neuer Führung weiterarbeitete.

Friedhof: Der Jüdische Friedhof in Berlin-Weißensee, Herbert-Baum-Straße, gilt als größter erhaltener jüdischer Friedhof Europas.

Zum Grab: Samuel Fischer ist dort im Familiengrab der Fischers beigesetzt.
C. H.

IAN FLEMING
28. Mai 1908 – 11. August 1964

In fast jeder Weise spiegelte Ian Flemings Leben das seiner bekanntesten literarischen Schöpfung wider, des verwegenen britischen Geheimagenten James Bond 007.
Ian entstammte einer sehr wohlhabenden schottischen Familie, sein Vater war ein Militärheld und Mitglied des Britischen Parlaments. Nachdem er in seiner Jugend eine privilegierte und exklusive Schulbildung erhalten hatte, strebte er eine Karriere im diplomatischen Dienst an. Allerdings wurde er abgelehnt und wandte sich stattdessen dem Journalismus zu. Er arbeitete ein Jahr lang für Reuters, bevor er einen Job als Wertpapierhändler bei einer Londoner Bank bekam. Er genoss das Leben als Draufgänger und vertrieb sich beim Bridgespielen mit hohen Einsätzen, teurem Essen und zwanglosen Romanzen die Zeit.
Als im Jahre 1939 Hitlers Kriegsmaschinerie in Gang kam, wurde Ian unerwartet nach Moskau gesandt, um von dort aus einen Handelsbericht für die London Times zu schreiben, jedoch war er in Wirklichkeit mit einem Spionageauftrag betraut worden. Als Nächstes wurde Ian vom britischen Marine-Spionagedienst rekrutiert und arbeitete mit dem streng geheimen Ultra-Netzwerk, mit dessen Hilfe es unter anderem gelang, den Enigma-Code der Nazis zu entschlüsseln und damit den Ausgang des Krieges zu beeinflussen. Allerdings wurden erst zehn Jahre nach Flemings Tod alle Einzelheiten über seine Spionagetätigkeit während des Krieges bekannt und noch heute ist nicht sicher, wann genau er seine Arbeit als Spion aufgenommen hatte. War es während seiner Zeit in Moskau, als er den Bericht für die Times schrieb, oder begann seine Spionagekarriere bereits, als er noch im Dienst der Bank stand? Heutzutage wird angenommen, dass Ians Bewerbung niemals abgelehnt worden war und dass er seit seiner Zeit bei Reuters an einem unauffälligen Jedermann-Image gearbeitet hatte.
Als der Krieg zu Ende ging, baute Ian sein Anwesen „Goldeneye" an der Nordküste Jamaikas. Jeden Winter zog er sich dorthin zurück, um sich in diesem Paradies verwöhnen zu lassen und geschiedenen Frauen hinterherzujagen. Eine seiner Eroberungen war allerdings noch verheiratet, und als herauskam, dass sie von ihm schwanger war, entschied Ian, dass es nun höchste Zeit sei, etwas auf die Beine zu stellen. Innerhalb von nur sieben Wochen schrieb er „Casino Royale", einen Spionagethriller, der in tropischen Gefilden spielte und dessen Hauptfigur ein lässig-eleganter, britischer Geheimagent namens James Bond war, dem die Frauen reihenweise zu Füßen lagen. Ian hatte seine eigene elitäre Existenz, seine Arroganz und den schneidenden Witz mit in den Charakter der Hauptfigur einfließen lassen und das Buch, das im Jahre 1952 veröffentlicht wurde, war ein herausragender Erfolg. Ian brachte elf weitere Bond-Romane heraus, inklusive

„Goldfinger", „Dr. No" und "From Russia with Love" mit dem deutschen Titel „Liebesgrüße aus Moskau". Auch auf der Leinwand feiert(e) der charmante Spion, der seinen Martini stets „geschüttelt, nicht gerührt" trinkt, große Erfolge und ist auch aus der heutigen Popkultur nicht mehr wegzudenken.

Im Jahre 1961 erlitt Ian einen schweren Herzanfall, und da er erkannte, dass seine Zeit bald um sein könnte, brachte er eine vollkommen andere Art Geschichte aufs Papier, eine Geschichte von einem fliegenden Auto mit einer übersprudelnden Persönlichkeit, die er schon seit Jahren im Kopf gehabt hatte. Basierend auf den Gute-Nacht-Geschichten, die er seinem Sohn abends stets vorlas, wurde der beliebte Kinderklassiker „Chitty Chitty Bang Bang" nur ein paar Monate vor Ians Tod veröffentlicht. Im August 1964 starb Ian im Alter von 56 Jahren an Herzversagen. Ein Jahr später wurde der letzte Bond-Thriller „The Man with the Golden Gun" - „Der Mann mit dem goldenen Colt" - veröffentlicht, die letzten Kapitel wurden von einem Schriftsteller ergänzt, dessen Identität noch heute unbekannt ist.

Ian wurde nahe der Steinkirche auf dem St. Andrews Churchyard im englischen Sevenhampton, einem malerischen Örtchen 60 Meilen westlich von London, beigesetzt.

Sein Grabmal, ein einfacher Obelisk, trägt die lateinische Aufschrift „Omnia perfunctus vitai praemia marces". Die Aussage stammt von dem römischen Dichter und Philosophen Titus Lucretius Carus, oder auch Lukrez, der diese Worte etwa um das Jahr 50 v. Chr. in seinem Werk „De rerum natura" festhielt. Übersetzt heißt es etwa: „Du hast jedes Geschenk des Lebens genossen und welkst nun."

THEODOR FONTANE
30. Dezember 1819 – 20. September 1898

Als die bürgerliche Revolution von 1848 gescheitert war, wurden politisch und gesellschaftlich neue Weichen gestellt. Die Gründerzeit bahnte sich an, und dem neu entstehenden, geeinten deutsche Reich stand ein wirtschaftlicher Aufschwung bevor. Im Zuge zunehmender Industrialisierung kam das Besitzbürgertum zu erheblichem Wohlstand, die sozialen Folgen der Industrialisierung waren jedoch dramatisch: Die Arbeiterklasse, der sogenannte vierte Stand, verarmte zusehends. Das Besitzbürgertum etablierte sich als Vertreter des Industriekapitalismus – und in der Literatur hielt der „Bürgerliche Realismus" Einzug, der diese Strömungen künstlerisch widerspiegelte. Einer seiner Hauptvertreter war der Schriftsteller und approbierte Apotheker Heinrich Theodor Fontane.

Fontane stammte aus Neuruppin, aus einer hugenottischen Familie, und absolvierte in seinem Geburtsort und später auch in Berlin seine Schulausbildung. 1836 bis 1839 machte er eine Lehre als Apotheker, dem Beruf seines Vaters, und begann 1840 als Apothekergehilfe zu arbeiten. Parallel zu seiner beruflichen Tätigkeit schrieb Fontane literarische Texte, insbesondere Gedichte, die zum Teil auch abgedruckt wurden. Im Umfeld eines Berliner Dichterkreises kam er in Kontakt mit anderen Literaten.

Nach einem Mitte der 1840er absolvierten Militärdienst machte er sein Apotheker-Examen und arbeitete in Folge weiter in seinem Beruf. Unter anderem unterrichtete er Pharmazie an einem Berliner Krankenhaus.
1849 entschied er sich ganz für die Schriftstellerei und legte seinen Hauptberuf ab. Fontane schrieb und veröffentlichte weiterhin, heiratete 1850 seine Jugendfreundin Emilie Rouanet-Kummer und arbeitete als Pressereferent des preußischen Innenministeriums. Nach einem Londonaufenthalt, den er ebenfalls literarisch festhielt, wurde Fontane Redakteur der „Neuen Preußischen Zeitung". Als er in seiner Eigenschaft als Journalist vom deutsch-französischen Krieg berichten wollte, hielt man ihn in Frankreich für einen Spion und inhaftierte den Autor kurzzeitig. In seinen letzten Jahre widmete sich Fontane wieder verstärkt der Schriftstellerei. Im Jahre 1892 erkrankte er an einer schweren Gehirnischämie, von der er sich aber wieder erholte. Nach seiner Genesung entstand das Werk „Effi Briest", das zu seinen bekanntesten Romanen zählt. Theodor Fontane starb am 20. September 1898 in Berlin.

Friedhof: Theodor Fontane wurde auf dem Friedhof II der Französisch-Reformierten Gemeinde in Berlin beigesetzt.

Zum Grab: Das Grab von Theodor und Emilie Fontane wurde im Krieg zerstört, danach aber wieder neu errichtet.
C. H.

CASPAR DAVID FRIEDRICH
5. September 1774 – 07. Mai 1840

Man sagt, er sei der typische Romantiker gewesen: eigenbrötlerisch, introvertiert, religiös und naturverbunden. Caspar David Friedrich, der bekannteste Maler der deutschen Romantik, stammte aus dem damals zu Schweden gehörenden Greifswald und behielt die schwedische Staatsbürgerschaft zeitlebens bei. Seine Familie hatte insgesamt zehn Kinder, doch der junge Caspar musste den Tod vieler Geschwister miterleben.
Schon früh entwickelte Friedrich eine Liebe zur Kunst. Mit 16 Jahren nahm er beim Greifswalder Johann Gottfried Quistorp Zeichenunterricht, 1794 wechselte er zur Königlich-Dänischen Kunstakademie nach Kopenhagen, er studierte bei Jens Juel und C.A. Lorentzen.
1798 zog er nach Dresden, seinem späteren Hauptwohnsitz, wo er sein Studium beendete und sich erstmals ernsthaft mit der Ölmalerei auseinandersetzte. Besonders seine Rückenbilder wie „Der Wanderer über dem Nebelmeer", das um das Jahr 1817 entstanden ist, und „Frau im Fenster" von 1822 zählen heute zu seinen bekanntesten Werken. Ausgedehnte Wanderungen in der Dresdner Umgebung, aber auch in Greifswald und auf Rügen dienten ihm in diesen Jahren als Inspiration für Zeichnungen und Gemälde.

Friedrich arbeitete als freier Künstler, lebte vom Verkauf seiner eigenen Werke und erledigte Auftragsarbeiten. Von Kollegen und namhaften Zeitgenossen wie Johann Wolfgang Goethe geschätzt, war die Nachfrage nach seinen Bildern groß genug, um ein wirtschaftliches Überleben des Künstlers zumindest zeitweise zu gewährleisten. Selbst der spätere russische Kaiser Nikolaus I. zählte zu seinen Kunden.
1818 heiratete Friedrich die damals 25-jährige Christiane Caroline Bommer, das Paar bekam drei Kinder. Nach einem 1835 erlittenen Schlaganfall musste er die Malerei aufgeben und er zog sich zunehmend aus dem öffentlichen Leben zurück.
Der Publikumsgeschmack hatte sich weiterentwickelt, und Friedrichs Inhalte und auch sein Stil waren nicht länger gefragt. Es dauerte nicht lange, und Friedrichs künstlerisches Schaffen geriet in Vergessenheit – zumindest für seine Zeitgenossen. Erst Anfang des 20. Jahrhunderts entdeckte die Kunstwelt seine Werke wieder neu.
Caspar David Friedrich verstarb im Alter von 65 Jahren in Dresden.

Friedhof: Der Dresdener Trinitatis-Friedhof liegt im Stadtteil Johannstadt. Hier wurde Caspar David Friedrich beigesetzt. Als Künstler hatte er viele der hier stehenden Grabmäler entworfen und das Friedhofstor als Vorlage für sein Gemälde „Friedhofseingang" gewählt.
C. H.

ROBERT FROST
26. März 1874 – 29. Januar 1963

Robert Frost war einer der bekanntesten und verehrtesten Poeten Amerikas und verstand es meisterhaft, den natürlichen Rhythmus der amerikanischen Umgangssprache einzusetzen, um gewöhnliche Menschen in realistischen Situationen darzustellen. Wie es bei großen Erfolgen oft üblich ist, kam auch dieser nicht von allein, und seine Karriere als Poet stagnierte in der ersten Hälfte seines Lebens, da die Verlage nur wenig Interesse an seinen Arbeiten zeigten. Im Alter von 40 Jahren hatte er noch keinen einzigen Gedichtband veröffentlicht und seine Arbeiten waren bisher nur in einigen Magazinen zu lesen gewesen. Um seine Familie durchzubringen, betrieb Robert in New Hampshire eine Hühnerfarm.
In der Mitte seines Lebens entschied er jedoch, die Farm zu verkaufen und den Erlös zu nutzen, um in London einen neuen Anfang zu wagen, wo die Verlage vielleicht in der Lage wären, sein Talent zu erkennen. Der erwartete Erfolg stellte sich fast augenblicklich ein; innerhalb eines Jahres wurde „A Boy's Will" veröffentlicht, dicht gefolgt von „North of Boston". Robert war unter den Literaten in London sehr beliebt und sein Erfolg verlagerte sich auch bald nach Amerika.
1915 kehrten die Frosts in die Vereinigten Staaten zurück, eine Edition der Werke des „neuen" Poeten wurde zum Bestseller und Robert schaute nie zurück. Es war der Beginn

einer langen Karriere als Autor und bis zum Ende seines Lebens erhielt Robert eine bisher unübertroffene Menge an Auszeichnungen für seine Arbeit, inklusive vier Pulitzer-Preisen. Niemals zuvor hatte ein amerikanischer Autor in so kurzer Zeit und nach solch einer langen Pause einen ähnlichen Erfolg erlebt.
In den letzten Jahren seines Lebens sorgte sein politischer Konservatismus dafür, dass er unter den Literaturkritikern an Ansehen verlor, aber sein guter Ruf als Dichter blieb erhalten. Er schaffte es, sein Lebensziel zu erreichen und ein paar Gedichte zu schreiben, die man kaum wieder vergessen kann.
Robert litt unter chronischer Blasenentzündung und verstarb im Alter von 88 Jahren an einem Lungenödem. Er wurde auf dem Old Bennington Cemetery in Bennington, Vermont, beigesetzt.

Weg zum Friedhof: Fahren Sie bis zur Kreuzung der Route 7 mit der Route 9 und folgen Sie dann der Route 9 etwa eine dreiviertel Meile weit in westlicher Richtung. Der Friedhof liegt auf der linken Seite. Fahren Sie jedoch am Friedhof vorbei auf den Hügel hinauf und parken Sie vor der Old First Church.

Weg zum Grab: Folgen Sie dem Pfad links neben der Kirche auf das Friedhofsgelände. Das Grab der Frosts liegt im entfernten rechten Bereich des Friedhofs, etwa 90 Meter hinter der Kirche.

STEFAN GEORGE
12- Juli 1886 – 04. Dezember 1933

Der Sohn eines Gastwirts und Weinhändlers stammt aus Bingen am Rhein und besuchte das Gymnasium in Darmstadt. George galt als eher verschlossenes und eigenbrötlerisches Kind. Nach den 1888 abgelegten Abiturprüfungen reiste er zwei Jahre lang durch Europa und kam in Paris erstmals mit dem literarischen Symbolismus in Berührung. In der Folge adaptierte er dessen Sichtweise und Sinn für Ästhetik auch für sein eigenes Schaffen. Das von manchen Biografen dandyhaft bezeichnete Auftreten und sein elitär anmutender Lebensstil gehen auf diese künstlerische Selbsteinschätzung zurück. 1889 schrieb er sich in Berlin für ein Studium ein, hatte jedoch wenig Sinn für wissenschaftliche Forschungen und brach diese nach drei Semestern wieder ab. Er wollte sein Leben der Kunst widmen und sollte zum wichtigsten literarischen Vertreter des deutschen Symbolismus werden.
Finanziell hätte er sich keine großen Sorgen machen müssen. Seine Eltern hatten ihn mit einem Erbe ausgestattet, das ihm ein gutes Leben und einen festen Wohnsitz ermöglicht hätte, doch entsprach ein solch bürgerliches Dasein nicht seinem Selbstverständnis. Wenn er nicht gerade auf Reisen war, lebte George bei Freunden, einen eigenen festen Wohnsitz besaß er nie.

Wenn er publizierte, so meist in bewusst kleiner, exklusiver Auflage und mit einem eigens entworfenen Schriftbild. Georges künstlerisches Gebaren bei seinen seltenen öffentlichen Auftritten ließen um den Dichter schnell einen Personenkult entstehen, der von ihm sicherlich auch gewollt war. Es entstand der sogenannte „George-Kreis", der sich aus Künstlerin zusammensetzte, die seinem Beispiel folgten.

Um seinen Kunstanspruch zu verbreiten, gründete George 1892 die Schriftenreihe „Blätter für die Kunst" und definierte darin sein Kunstverständnis: „Jeden wahren Künstler hat einmal die Sehnsucht befallen, in einer Sprache sich auszudrücken, deren die unheilige Menge sich nie bedienen würde, oder die Worte so zu stellen, dass nur der Eingeweihte ihre hehre Bestimmung erkenne." Es ging also um eine Kunst, die nur um der Kunst willen existierte und darin ihre Existenzberechtigung fand. Man bezeichnet diese in Frankreich entstandene Kunsttheorie, von deren Vertretern George stark beeinflusst war, als l'art pour l'art.

Nach 1907 war in Georges Schaffen ein Richtungswechsel spürbar, seine Schriften wurden pessimistischer und vom Stil her prophetischer. Ein Grund dafür mag in seinen privaten Umständen gelegen haben. Der frühe Tod des von George nahezu vergötterten Jungen Maximilian Kronberger, vom Dichter selbst auch Maximin genannt, und der Bruch mit einigen Dichterkollegen wie Hugo von Hoffmannsthal und Anhängern des George-Kreises führten zu einer Veränderung seiner Texte. Der Kreis wurde verstärkt zu einer Art Kollegen-Fanclub, in dem sich zunehmend jüngere Autoren um den hierarchisch klar über ihnen stehenden George scharten und ihn beinahe kritiklos als stilistisches Vorbild akzeptierten. Allein der Name Stefan George stand bei der neuen Künstlergeneration der Nachkriegsjahre und der Weimarer Republik für Würde, Anstand und Perfektion in der Kunst.

Als ihm Joseph Goebbels 1933 den Vorsitz der deutschen Akademie für Dichtung anbot, lehnte George ab, denn er teilte die nationalsozialistische Gesinnung und Handlungsweise nicht.

Von Krankheit gezeichnet, zog er sich noch im gleichen Jahr in die Schweiz zurück, wo er am 4. Dezember in einem Krankenhaus in Locarno starb.

Friedhof: Minusio liegt am Lago Maggiore und im Schweizer Bezirk Locarno. Stefan George ist auf dem dortigen Friedhof bestattet.
C. H.

ROBERT GERNHARDT
13. Dezember 1937 – 30. Juni 2006

Tallinn, seit 1918 Hauptstadt von Estland, liegt am finnischen Meerbusen der Ostsee, etwa 80 Kilometer südlich von Helsinki. Hier wurde 1937 einer der feinsinnigsten und wichtigsten Lyriker und Satiriker der deutschen Gegenwartsliteratur geboren. Robert Gernhardt war der Sohn eines Richters und wuchs in einer Familie von Deutsch-Balten auf. 1939 musste die Familie das Land verlassen und übersiedelte nach Posen. Nach dem Tod des Vaters, der 1945 im Krieg fiel, marschierten die Russen in Posen ein. Gernhardts Mutter floh mit ihren drei Söhnen Robert, Andreas und Per nach Deutschland. Nach einer längeren Odyssee ließ man sich 1946 zunächst in Göttingen nieder, wo Robert bis 1959 zur Schule ging.

Zum Studium ging Gernhardt nach Stuttgart und Berlin und widmete sich der Malerei, später auch der Germanistik, bis er sich 1964 als freier Autor und bildender Künstler in Frankfurt am Main niederließ. Im darauffolgenden Jahr heiratete er die Malerin Almut Ullrich. Bis Dezember 1965 arbeitete er als Redakteur der literarisch-satirischen Zeitschrift „Pardon", die zeitweise 1,5 Millionen Leser hatte und einer der Grundpfeiler der sogenannten „Neuen Frankfurter Schule" wurde, einer Gruppe von Schriftstellern und Zeichnern.

Ein noch größeres Publikum erreichte er in den 80er Jahren durch seine Autorentätigkeit für den Komiker Otto Waalkes. Gernhardt schrieb Texte und Witze für Waalkes' Auftritte und TV-Aufzeichnungen. Seit 1985 arbeitete er auch an den Drehbüchern der Waalkes-Kinokomödien mit.

Es dauerte dann allerdings bin in die 90er Jahre, ehe auch die deutsche Literaturkritik Kenntnis von Gernhardts Schaffen nahm, insbesondere von seiner feinsinnig-humoristischen Lyrik. Gernhardt wurde mit mehreren Literaturpreisen ausgezeichnet und bekam im Jahre 2003 den deutschen Kleinkunstpreis. Nach dem Tod seiner ersten Frau heiratete Gernhardt im Jahre 1990 Almut Gehebe. Seit 2002 litt er unter Darmkrebs, eine Erfahrung, die er auch in seinen Texten verarbeitete – unter anderem im ersten Darmkrebsgedicht der deutschen Literatur. Schon Mitte der 90er Jahre erlitt Gernhardt einen Herzinfarkt, mit dem er sich in dem Buch „Lichte Gedichte" auseinandersetzte.

Robert Gernhardt starb am 30. Juni 2006 in seiner Wahlheimat Frankfurt am Main an den Folgen seiner Darmkrebserkrankung.

Friedhof: Grabbauten aus 180 Jahren, prächtige Portalbauten und eine beeindruckende Gartenarchitektur kennzeichnen den Frankfurter Hauptfriedhof, Gernhardts letzte Ruhestätte.

Zum Grab: Robert Gernhardt wurde bei seiner 1989 verstorbenen ersten Frau Almut bestattet. Ihr Grab befindet sich in Gewann A 1103, unweit vom Grab Arthur Schopenhauers.
C. H.

FRIEDRICH GERSTÄCKER
10. Mai 1816 – 31. Mai 1872

Gerstäcker wurde 1816 in eine Künstlerfamilie geboren. Beide Eltern waren gefeierte Opernsänger, der Onkel ein Braunschweiger Schauspieler. Er wuchs in Braunschweig auf und besuchte dort die Schule. Danach schloss sich eine kaufmännische Ausbildung in Kassel an, doch im bürgerlichen Leben hielt es ihn nicht. Schon nach wenigen Monaten als Lehrling brach Gerstäcker seine Zelte in Kassel ab, reiste zu Fuß zur

Mutter nach Leipzig und erklärte ihr seinen wirklichen Berufswunsch: Auswanderer. Wie die Helden seiner Jugendromane wollte Friedrich sein Glück in der Ferne suchen, genauer gesagt in den USA. Die Mutter reagierte besonnen und konnte den jungen Schwärmer zu einer Ausbildung als Landwirt überreden – für einen späteren Trapper und Farmer sicherlich keine schlechte Entscheidung.
Doch 1837 gab es kein Halten mehr. Gerstäcker machte seinen Traum wahr und begab sich auf die lange Reise nach Westen. In den USA angekommen, schlug er sich in verschiedensten Berufen durch – vom Heizer bis zum Hotelier – und stellte bald fest, dass ihm das städtische Leben nichts bieten konnte. Friedrich wollte in die Natur, die endlosen Weiten erfahren, von denen er in James Fenimore Coopers „Lederstrumpf" wieder und wieder gelesen hatte. Gerstäcker bereiste das Land bis nach Kanada und hielt seine Erlebnisse in Tagebucheinträgen fest, die er seiner Mutter nach Deutschland schickte, wo bereits mehrere Leser aus ihrem Bekanntenkreis eifrig und gespannt auf sie warteten. Die Leser seiner Bücher sollten später genauso fasziniert sein von seinen Berichten.
1943 kehrte Friedrich Gerstäcker nach Deutschland zurück, ließ sich in Dresden nieder und liebäugelte mit dem Gedanken, seine Erlebnisse in Prosa zu verewigen. Doch noch hemmte ihn die Angst vor dem Leben als freier Schriftsteller. Gerstäcker versuchte sich zunächst als Übersetzer. Er übertrug Romane englischsprachiger Autoren wie beispielsweise Herman Melville ins Deutsche und lernte auf diese Weise, seine eigene schriftstellerische Stimme zu finden. Mitte der 1840er Jahre verfasste er auch eigene Romane und Geschichten.
Derart finanziell abgesichert, ließ Gerstäcker seine junge Familie 1860 in Deutschland zurück und begab sich auf eine zweite Reise, die ein Jahr dauerte und ihn nach Südamerika führte. Kurz nach seiner Heimkehr im Jahre 1861 starb seine Ehefrau Anna Aurora Sauer. 1963, ein Jahr nach seiner Ägyptenreise, heiratete Gerstäcker ein zweites Mal. Nach einer weiteren Reise im Jahre 1867 ließ er sich in Braunschweig nieder. Er plante eine Tour in den Osten, zu der es aber nie kam. Friedrich Gerstäcker verstarb mit 56 Jahren an einem Hirnschlag.

Friedhof: Der Braunschweiger Magnifriedhof befindet sich in der Magnikirchstraße, mitten in der Innenstadt.
C. H.

JOHANN WOLFGANG VON GOETHE
28. August 1749 – 22. März 1832

Er war Staatsmann, Naturwissenschaftler, Jurist, Theaterintendant – und einer der bedeutendsten deutschen Dichter und Denker. Johann Wolfgang von Goethe kam 1749 in Frankfurt am Main zur Welt. Sein Vater Johann Caspar war kaiserlicher Rat. Von den sechs Kindern der Familie überlebten nur zwei: Johann Wolfgang und seine Schwester Cornelia. Goethe besuchte zunächst eine Frankfurter Schule, erhielt ab 1755 aber Privatunterricht. 1765 schrieb er sich auf Wunsch seines Vaters in Leipzig zu einem Jurastudium ein und besuchte auch geisteswissenschaftlich-musische Lehrveranstaltungen. Aus gesundheitlichen Gründen musste er seine Studien 1768 aber abbrechen. Er kehrte zur Rekonvaleszenz nach Frankfurt zurück und reiste dann nach Straßburg, um zu Ende zu studieren. Im August 1771 promovierte er dort.

Zurück in Frankfurt ließ sich Goethe als Rechtsanwalt nieder, setzte nebenbei aber auch seine literarische Tätigkeit fort. Unter anderem war er für die „Frankfurter Gelehrten Anzeigen" aktiv und arbeitete an seinem Briefroman „Die Leiden des jungen Werther", der ein riesiger Erfolg wurde und den jungen Anwalt berühmt machte. Bis 1775 hatte Goethe mehrere lyrische Werke und die Urfassungen erster Dramen verfasst, darunter auch den „Urfaust".

Mitte der 1770er Jahre folgte Goethe einer Einladung des sächsischen Herzogs Carl August nach Weimar, wo sich nach und nach die wichtigsten deutschen Schriftsteller niederließen. Der Herzog erhoffte sich von dem Juristen Ratschläge in politischen Fragen, und Goethe, der schließlich ganz nach Weimar übersiedelte, genoss die von der Literatur geprägte Atmosphäre Weimars. Durch seine Ernennung zum Geheimen Rat im Jahre 1779 wurde er Regierungsmitglied.

1786 ließ er seine höfischen und dienstlichen Verpflichtungen ruhen und begab sich auf eine Italienreise, wo er Muße und Inspiration für seine künstlerischen Arbeiten fand. 1788 kehrte er nach Weimar zurück und ließ sich von einigen seiner Ämter entbinden, um mehr Zeit für die Kunst zu haben. Goethe lernte nun Christiane Vulpius, seine zukünftige Lebensgefährtin, kennen, und wurde im Jahre 1789 Vater. In die gleiche Zeit fiel die erste Begegnung mit dem Dichterkollegen Friedrich Schiller, mit dem ihn in den folgenden Jahren eine künstlerisch sehr inspirierende Freundschaft verbinden sollte. Goethe arbeitete für „Die Horen", eine von Schiller bei Cotta herausgegebene Zeitschrift, und beherbergte den jungen Dichter des Öfteren bei sich in Weimar. 1799 siedelte sich Schiller ganz dort an. Goethe und Schiller wurden zu den wichtigsten Vertretern der Weimarer Klassik, der literarischen Epoche, an deren Beginn Goethes Italienreise steht und die mit dem Tod Schillers im Jahre 1805 zu Ende ging.

Der Geheimrat zog sich mit fortgeschrittenem Alter immer mehr vom gesellschaftlichen Leben zurück. Er starb 1832 an den Folgen einer Lungenentzündung. Ob seine letzten Worte tatsächlich „Mehr Licht" lauteten, darüber ist sich die Literaturwissenschaft bis heute uneins.

Friedhof: Die Fürstengruft Weimar, auf dem Historischen Friedhof, Am Poseckschen Garten, ist Ruhestätte des großherzoglichen Hauses von Sachsen-Weimar-Eisenach. Auch Goethe und Schiller sind dort beigesetzt. Ursprünglich wurde diese Begräbnisstätte im Auftrag von Großherzog Carl August von 1824 bis 1827 für seine herzogliche Familie erichtet.

C. H.

ALEX HALEY
11. August 1921 – 10. Februar 1992

Neben seiner Tätigkeit bei der Küstenwache während des Zweiten Weltkriegs entschied Alex Haley, der Bücher geradezu verschlang, sich selbst als Autor zu versuchen. Er schrieb einige Jahre lang Kurzgeschichten, erhielt Hunderte von Absagen bis eine der Geschichten schließlich im Jahre 1947 von einem Magazin gedruckt wurde. Im Jahre 1952 nahm die Küstenwache schließlich Notiz von dem aufstrebenden Autor in ihren eigenen Reihen, richtete für Alex den neuen Posten des Chefjournalisten ein und er übernahm einen Teil der Öffentlichkeitsarbeit für die Küstenwache. Im Jahre 1959 nahm Alex nach 20 Jahren Dienst seinen Abschied und begann eine neue Karriere als Autor.

Alex schrieb zunächst für „Reader's Digest" und erhielt später eine eigene Kolumne im „Playboy". Unter anderem führte er ein Interview mit Malcolm X und dieses Treffen inspirierte Alex zu seinem ersten Buch „The Autobiography of Malcolm X", das im Jahr 1965 und unter dem deutschen Titel „Malcolm X, die Biografie" veröffentlicht wurde.

Die vielen Gespräche mit Malcolm X veranlassten Alex, seine eigene Vergangenheit zu erforschen. Dieses Vorhaben sollte zu einer anstrengenden, elf Jahre währenden Odyssee werden. Als Alex tiefer und tiefer in seine Vergangenheit eintauchte, stieß er schließlich auf das Dorf Juffure in Gambia, Westafrika, wo ihm ein einheimischer Griot – ein fahrender Sänger, der die mündlichen Traditionen bewahrt – die Geschichte von sieben Generationen des Stammes der Mandinka erzählte. Nach den Angaben des Grioten war ein Vorfahre von Alex, der 16-jährige Kunta Kinte, beim Holzsammeln im Wald gefangen genommen und dann in die Sklaverei verkauft worden.

Alex schrieb die schmerzliche Geschichte seiner Vorfahren vom Eintritt in die Sklaverei bis zu ihrer Befreiung auf und im Jahre 1976 erschien sein Buch „Roots: The Saga of an American Family" – „Wurzeln – Roots". Er erschütterte das amerikanische Gewissen mit seiner kraftvollen Darstellung der Geschichte der schwarzen Bevölkerung und seinem vernichtenden Blick auf die Sklaverei. „Roots" wurde zu einem Phänomen. Das Werk wurde zu einem nationalen Bestseller, die zwölfstündige Miniserie brach bei ihrer Ausstrahlung im Fernsehen alle Einschaltrekorde, das Buch tauchte von nun an in den Lehrplänen der Schulen auf und es entbrannte eine neues Interesse an der afroamerikanischen Geschichte. Alex erhielt einen speziellen Pulitzer-Preis, mehrere Ehrendiplome, wurde vom US-Senat mit einer Resolution geehrt und vom „Time Magazine" als Volksheld gefeiert.

„Roots" war tatsächlich ein kultureller Meilenstein, der Themen wie Sklaverei und Rassismus zurück in das Bewusstsein der amerikanischen Bevölkerung brachte. Es war bahnbrechend und monumental, doch leider war es auch fiktional.

Im Jahre 1977 erhob Harold Courtlander einen Plagiatsvorwurf und behauptete, „Roots" sei teilweise ein Plagiat seines Romans „The African". Tatsächlich ähnelte die Geschichte Kunta Kintes der eines Charakters namens Hwesuhunu, der in Courtlands Roman vorkam, und einige Passagen von „Roots" entstammten fast wortwörtlich dem Roman „The African". Die Parteien einigten sich schließlich außergerichtlich und Alex zahlte eine Entschädigungssumme von 650.000 Dollar an Courtland.

Und es folgten noch weitere Enthüllungen. Spätere Untersuchungen von Alex' Aufnahmebändern ergaben, dass Kunta Kinte keine historische Persönlichkeit war und dass sie von Alex mit der vollen Unterstützung der gambischen Regierung erfunden worden war. Aus Alex' Aufzeichnungen geht ebenfalls hervor, dass der gesamte angeblich historische Hintergrund in Alex' Geschichte falsch war. Sogar seine Aussage, er habe im Frachtraum eines Transatlantikschiffs geschlafen, um die Verschiffung der afrikanischen Sklaven nach Amerika nachzuvollziehen, ist vollkommen falsch; Alex war zwar im Jahre 1973 auf der „Red Star" von Dakar nach Florida gereist, aber laut den Angaben des ersten Maats Frank Ewers sei er die Nacht über nie dort unten gewesen, obwohl man ihm die Schlüssel überreicht habe.
Im Jahre 1980 entwickelte Alex eine TV-Serie namens „Palmerstown, USA", im Jahre 1988 veröffentlichte er „A Different Kind of Christmas" und sein letzter Roman „Queen: The Story of an American Family" mit dem deutschen Titel „Alex Haley's Queen" wurde posthum veröffentlicht. Leider hatte keines dieser Werke einen ähnlich großen Erfolg wie „Roots". Unabhängig betrachtet ist „Roots" ein erstaunliches Beispiel kultureller Fiktion, und wenn Alex es als solches veröffentlicht und mit bibliografischen Fußnoten versehen hätte, wäre sein Ruf niemals beschädigt worden. Da es leider anders war, wird sein Platz in der Literaturgeschichte stets von den Vorwürfen überschattet werden.
Im Alter von 70 Jahren starb Alex an einem Herzinfarkt und wurde auf dem Grundstück des Hauses in Henning, Tennessee beigesetzt, in dem er seine Kindheit verbracht hatte.
Weg zum Grab: Henning liegt etwa 40 Meilen nordöstlich von Memphis. Folgen Sie von der Mitte Hennings aus (Routes 87 und 209) der Haley Avenue etwa eine drittel Meile lang bis zur Kreuzung mit der Church Street. Das ehemalige Haus der Haleys liegt an der Ecke, Alex´ Grabstein steht im Vorgarten.

Nach Alex´ Tod wurden die Rechte an seinen literarischen Werken und an den Lizenzgebühren an seine Witwe Myran Haley übergeben, die im Jahre 2001 einen Bankrott erlitt. Im August 2002 erwarb John Palumbo aus Jacksonville, Florida, ein Investor, der an eher außergewöhnlichem Investitionsgut interessiert war, alle Rechte an Haleys Werken für einen lächerlichen Betrag von 10.400 Dollar von einem Konkursverwalter aus Arizona.

GEORG WILHELM FRIEDRICH HEGEL

27. August 1770 – 14. November 1831

Neben Immanuel Kant zählt Georg Wilhelm Friedrich Hegel zu den einflussreichsten deutschsprachigen Philosophen und gilt als einer der Hauptvertreter des Deutschen Idealismus.

Der Sohn einer Theologen- und Beamtenfamilie drückte in Stuttgart die Schulbank und konnte aufgrund eines Stipendiums ab 1788 in Tübingen Theologie studieren. Hegel gehörte zu dieser Zeit dem sogenannten «Tübinger Stift» an, dessen Erziehungsinhalte weit über die rein universitäre Bildung hinausgingen, und pflegte freundschaftliche Kontakte zu Hölderlin und Schelling, mit denen er in intellektuellem Austausch stand.

Nach dem Studium verdingte sich der spätere Autor als Hauslehrer in Bern und Frankfurt, um Geld zu verdienen. Erst durch den Tod des Vaters 1799 erhielt Hegel die nötigen Gelder, um sich ernsthaft mit dem Gedanken an eine wissenschaftlich-akademische Karriere zu befassen. Zwar hatte man ihm nicht viel hinterlassen, aber den Versuch war es wert.

1801 ging er nach Jena, wo er sich um seine universitäre Laufbahn bemühte und an seiner Doktorarbeit feilte. Außerdem veröffentlichte er erste philosophische Schriften, die zum Teil in Zusammenarbeit mit Schelling entstanden.

Seine akademische Arbeit war von Erfolg gekrönt. Er hielt Vorlesungen an der Jenaer Hochschule und wurde im Februar 1805 zum Professor ernannt. Von Dauer war diese Karriere jedoch nicht: Mit der französischen Besetzung von 1806 zerfiel nicht nur das preußische Reich, sondern auch Hegels Zukunftspläne in dieser Stadt. Er reiste nach Bamberg, wo er kurzzeitig als Redakteur einer Zeitung Beschäftigung fand und später Rektor des Nürnberger Egidyengymnasiums wurde. Bis 1815 sollte Hegel diesen Posten innehaben. Diese finanziell abgesicherten Jahre ermöglichten ihm die Arbeit an seiner „Wissenschaft der Logik". Auch privat konnte er nun vorausschauender planen: 1811 heiratete er die damals 20-jährige Marie von Tucher, das Paar bekam drei Kinder. Die ab 1817 entstandene „Enzyklopädie der philosophischen Wissenschaften", Grundriss des Hegelschen philosophischen Systems, erarbeitete der Autor parallel zu seiner Dozententätigkeit an der Heidelberger Hochschule.

1818 wechselte er nach Berlin, wo er Johann Gottlieb Fichtes Lehrstuhl übernahm. Seine in Berlin abgehaltenen Vorlesungen waren gefragt und gut besucht. Nach seinem Tod stellten Hegels Schüler aus seinen Unterlagen und ihren eigenen Vorlesungsmitschriften noch Publikationen zusammen, die sie auch veröffentlichten.
Georg Wilhelm Friedrich Hegel starb im Winter 1831 in Berlin an der Cholera.

Friedhof: Der Friedhof der Dorotheenstädtischen und Friedrich Werderschen Gemeinden in Berlin liegt an der Chausseestr. 126 in Berlin und ist täglich ab acht Uhr für Besucher geöffnet. Der Eingang zu diesem 1763 angelegten, wegen seiner kunst- und kulturgeschichtlichen Bedeutung höchst interessanten Friedhof, ist sehr schlicht und unscheinbar.
C. H.

ERNEST HEMINGWAY
21. Juli 1899 – 2. Juli 1961

Als der Erste Weltkrieg tobte, wollte sich der junge Ernest Hemingway zur Armee melden, wurde jedoch wegen eines Augenproblems abgelehnt. Da er jedoch auf der Suche nach einem Abenteuer war, nahm er stattdessen einen Job als Rettungswagenfahrer beim Roten Kreuz an und geriet im Dienst an der italienischen Front unter Feuer. Nachdem er zuerst durch die Druckwelle einer Mörserexplosion verletzt worden war und später angeschossen wurde, erholte sich Ernest, der Kriegsheld, in einem italienischen Krankenhaus und begann dort eine Liaison mit einer Krankenschwester. Diese Erfahrungen sollten eines Tages die Grundlage für einen seiner besten Romane werden, „A Farewell to Arms" – „In einem anderen Land" -, den er zehn Jahre später schrieb.
Ernest heiratete während eines kurzen Aufenthalts in den Vereinigten Staaten und im Jahre 1921 zog das Paar nach Paris. Dort schlossen Sie sich einem intellektuellen Zirkel von Autoren und Künstlern an, inklusive F. Scott Fitzgerald, Ezra Pound und Gertrude Stein, die Ernest als Mentorin anerkannte. Diese „Lost Generation", ein Terminus, den Gertrude Stein eingeführt hatte, der jedoch erst durch Ernests Roman „The Sun Also Rises" – der Roman trägt den deutschen Titel „Fiesta" – im Jahre 1929 bekannt wurde. Die „Lost Generation" charakterisierte eine Nachkriegsgeneration, die die falschen Ideale anprangerten, für die naive Soldaten in ihren Untergang marschierten, und das nur zur Genugtuung der Älteren im Hintergrund. Für dieses Buch erhielt Ernest zum ersten Mal die ungeteilte Aufmerksamkeit der Öffentlichkeit.
Nach seiner Zeit in Paris unternahm Ernest viele längere Reisen, sowohl zum privaten Vergnügen als auch aus beruflichem Interesse; er ging nach Afrika zur Jagd und beobachtete Stierkämpfe in Spanien, wohin er in den späten 30er Jahren zurückkehrte, um über den dortigen Bürgerkrieg zu berichten. Erneut bildeten seine persönlichen Erfahrungen die Basis für weitere Romane und er schrieb „The Snows of Kilimanjaro" – „Schnee auf dem Kilimandscharo", „Death in the Afternoon"- „Tod am Nachmittag" und sein ehrgei-

zigstes Projekt „For Whom the Bell Tolls" - „Wem die Stunde schlägt". In dieser Schaffensperiode erhielt er internationale Anerkennung für seinen einfachen, geradlinigen Stil, durchsetzt mit nüchternen, aber realistischen Dialogen.

Im Zweiten Weltkrieg meldete sich Ernest freiwillig und trat in den Dienst der Armee ein. In der Karibik suchte er von seinem eigenen Fischerboot aus nach feindlichen U-Booten. Zu dieser Zeit entdeckte er den Zauber Kubas, mit dem er von da an verbunden war. Im Jahre 1950 munkelte man in seiner literarischen Clique, dass „Papa" am Ende sei, denn Ernest hatte das vorangegangene Jahrzehnt in einem kleinen kubanischen Dorf verbracht und nichts von sich hören lassen. Jedoch tauchte Ernest im Jahre 1952 ganz überraschend wieder auf und stellte die Literatur erneut auf den Kopf - und zwar mit dem Werk, das viele für seine herausragendste Arbeit halten: „The Old Man and the Sea" - „Der alte Mann und das Meer". Für diesen Roman erhielt er den Pulitzer-Preis.

Nachdem Fidel Castros revolutionäre Bewegung im Jahre 1960 den Sieg davongetragen hatte, zog Ernest noch einmal um, dieses Mal nach Idaho. Zu jener Zeit verschlechterte sich sein gesundheitlicher Zustand mehr und mehr, teilweise war dies das Resultat einiger innerer Verletzungen, die er bei einem Flugzeugabsturz während einer Safari in Afrika davongetragen hatte. Er musste immer wieder im Krankenhaus wegen hohem Blutdruck und einer Hepatitis-Erkrankung behandelt werden. Ernest fühlte sich immer mehr in seinem Haus gefangen und beklagte sich darüber, dass er nicht mehr schreiben könne. Er litt unter Angstattacken und Depressionen und seine mentale Stabilität nahm merklich ab.

Eines Morgens sah seine Frau Mary, wie er eine Schrotflinte in Händen hielt und aus dem Fenster starrte, daraufhin verbrachte Ernest die folgenden zwei Monate in der Mayo-Klinik und wurde mit starken Beruhigungsmitteln behandelt. Als er wieder nach Hause kam, schloss Mary all seine Waffen im Keller ein, allerdings konnte sich Ernest daran erinnern, wo die Schlüssel zu finden waren. Zwei Tage später nahm Ernest, während Mary schlief, seine Lieblingsschrotflinte, mit der er schon oft Vögel gejagt hatte. Er blickte aus dem Fenster auf die wunderschönen Sawtooth Mountains, hielt die Waffe an seine Stirn und drückte ab.

Im Alter von 61 Jahren wurde Ernest auf dem Ketchum Cemetery in Ketchum, Idaho beigesetzt.

Weg zum Friedhof: Folgen Sie vom Stadtzentrum aus der Route 75 eine halbe Meile in Richtung Norden, der Friedhof liegt auf der rechten Seite.

Weg zum Grab: Betreten Sie den Friedhof, halten Sie sich rechts und folgen Sie dem Weg etwa 90 Meter weit. Auf der rechten Seite stehen drei immergrüne Bäume, unter denen Sie eine Marmorplatte finden, die Ernests Grab kennzeichnet.

HEINRICH HEINE
13. Dezember 1797 – 17. Februar 1856

Seine Schaffenszeit liegt weit zurück, und dennoch gilt der im Winter 1797 in Düsseldorf geborene Kaufmannssohn Harry Heine noch heute zu den am häufigsten übersetzten Dichtern deutscher Sprache. Heine wuchs in Hamburg und Frankfurt am Main auf, wo er auch zur Schule ging. In Bonn, Göttingen und Berlin schloss sich ein Jurastudium an, dem 1825 die Promotion folgte.

Für die Rechtswissenschaften interessierte sich Heine allerdings herzlich wenig; er nutzte die Entfernung von der Familie eher dafür, Kontakte zu literarischen und philosophischen Kreisen aufzubauen. Aus beruflichen Gründen war er gerade zum evangelischen Glauben übergewechselt – als Jurist jüdischer Abstammung standen die Chancen für einen geschäftlichen Erfolg schlecht – und hatte sich auf den Namen Christian Johann Heinrich taufen lassen. Jetzt wurde Heinrich Heine, wie er sich nannte, zunehmend literarisch aktiv. Er hatte begonnen, unter Pseudonym selbst Texte zu verfassen, und tauschte sich darüber mit Gleichgesinnten aus. Unter anderem zählte Georg Wilhelm Friedrich Hegel zu seinem Bekanntenkreis und in Weimar war der Jungautor auch bereits Goethe vorgestellt worden.

Die Begegnung mit dem Hamburger Verleger Julius Campe sorgte dafür, dass Heine ab 1826 berufsmäßig und unter seinem eigenen Namen publizieren konnte. Campe veröffentlichte Heines Schriften und blieb zeitlebens sein Hauptverleger. Mit den 1830er Jahren wuchsen sein Ruf und sein Ansehen in literarischen Kreisen.

Doch Heine war ein Mensch, der sich mit Missständen nicht einfach abfand. Über die politische Situation in seiner Heimat – und insbesondere die vielfach von ihm kritisierten Zensurbestimmungen – ließ er sich oft aus und machte sich mit dieser Offenheit nicht überall Freunde. 1831 war er der Situation überdrüssig geworden und verließ das Land. Als Mitarbeiter der Augsburger Allgemeinen Zeitung zog er nach Paris, ließ sich dort als Auslandskorrespondent nieder – unter anderem berichtete er von der 1848er Revolution – und blieb Deutschland, von gelegentlichen Besuchen abgesehen, für den Rest seines Lebens fern. In Paris lernte er auch seine spätere Ehefrau, die Schuhverkäuferin Crescence Mirat, kennen. Als Deutschland 1835 die Verbreitung von Schriften jüdischer Autoren untersagte – darunter auch die gesamten Werke Heinrich Heines –, erhielt er von der französischen Regierung eine Pension und wurde als politischer Emigrant eingestuft, konnte also in Paris weiterschreiben.

Heines Gesundheit war schon seit langer Zeit angeschlagen. Er hatte die Gelbsucht hinter sich, ein kompliziertes Augenleiden und war bei einem Duell an der Hüfte verletzt worden. Im Mai 1848 brach er im Louvre zusammen, die Diagnose lautete Rückenmarkschwindsucht.

Die nächsten Jahre verbrachte der Dichter zu Hause im Bett, seiner „Matratzengruft", wie er selbst sagte. Dort arbeitete er an seinen letzten Texten, unter anderem seiner Biografie. Er starb im Februar 1856.

Friedhof: Heinrich Heine wurde auf dem Nordfriedhof, dem Cimetière du Montmartre, in Paris bestattet.

Zum Grab: Heines Grab befindet sich im Sektor 27 der Anlage.
C. H.

HERMANN HESSE
2. Juli 1877 – 9. August 1962

Hermann Hesse stammte aus Calw in Württemberg, wo sein Vater, ein deutsch-baltischer Missionar und späterer Verleger, und seine Mutter Marie lebten. Er besuchte die Schule in Göppingen und konnte dank eines Stipendiums das evangelisch-theologischen Seminars in Maulbronn besuchen, wo er es aber nicht lange aushielt. Als Schüler von rebellisch-depressiver Natur wagte Hesse im April 1892 die Flucht aus der Lehranstalt. Eine Odyssee durch diverse Schulen folgte, die von heftigen Konflikten mit seinen Eltern begleitet waren. Zwei Monate nach der Flucht aus Maulbronn beging der störrische Junge einen Selbstmordversuch.

1893 absolvierte er das einjährige Examen in Cannstatt und begann danach ein Praktikum als Turmuhrmechaniker, dem eine Buchhändlerausbildung folgte. Parallel dazu arbeitete er an literarischen Texten, die zum Teil auch veröffentlicht wurden. 1899 zog er nach Basel und begann, für eine Schweizer Zeitung zu schreiben. 1903, kurz vor seiner Verlobung mit der Basler Fotografin Maria Bernoulli, vollendete er das Manuskript zu „Peter Camenzind", das er auf entsprechende Einladung an den S. Fischer Verlag schickte. Dort erschien das Werk im Folgejahr, woraufhin Hesse heiratete, sich in Gaienhofen am Bodensee niederließ und schrieb. Nach einer längeren Indienreise zog er mit der Familie, zu der inzwischen auch drei Söhne gehörten, nach Ostermundingen/Bern.

Private Krisen zehrten an Hesses Nerven. Maria litt unter zunehmender Schizophrenie und musste schließlich in eine Anstalt eingewiesen werden. Außerdem erkrankte ein Sohn schwer und der Vater Hermann Hesses verstarb. Als Folge dieser Schicksalsschläge stand es auch mit Hesses eigener Psyche nicht mehr zum Besten. 1919 wagte er den Neuanfang. Er trennte sich von Maria - die Ehe wurde 1923 offiziell geschieden -, brachte die Kinder bei Freunden unter und zog ins Tessin, wo er mit Ruth Wenger 1924 eine neue Beziehung einging. Sie hielt aber nur drei Jahre; 1931 heiratete Hesse ein drittes Mal.

Dem Nationalsozialismus stand Hesse ablehnend gegenüber und bot Künstlern eine Zuflucht, die Deutschland aus politischen Gründen den Rücken kehren mussten - was der Verbreitung seiner Werke im Dritten Reich, in Zusammenhang mit der kriegsbedingten Teilung des S. Fischer Verlages, nicht zuträglich war.

In den 40er Jahren zog sich der Autor und Dichter aus dem literarischen Leben zurück, die Gründe dafür lagen in einem sich stetig verschlechternden Gesundheitszustand. 1946,

seine Bücher erschienen nun im Suhrkamp Verlag, verlieh man ihm den Literaturnobelpreis, ein Jahr später die Ehrendoktorwürde der Universität Bern.
Hermann Hesse verstarb 85-jährig in Montagnola, wo er seit 1919 lebte.

Friedhof: Herrmann Hesse wurde auf dem Friedhof der Gemeinde Sant'Abbondio beigesetzt. Der Ort liegt im Kreis Gambarogno, Bezirk Locarno im Schweizer Kanton Tessin.
C. H.

FRIEDRICH HÖLDERLIN
20. März 1770 – 7. Juni 1843

Johann Christian Friedrich Hölderlin wurde in Lauffen am Neckar als Sohn einer Pfarrerstochter und eines Klosterpflegers geboren. Auf Wunsch seiner Mutter stand schon in Hölderlins Schulzeit, die er zunächst auf einer Lateinschule und dann an evangelischen Klosterschulen verbrachte, das Ziel im Vordergrund, eines Tages Pfarrer zu werden. Während seiner Studienjahre an der Tübinger Universität machte Hölderlin die Bekanntschaft von Schelling und Hegel, was seinen späteren Werdegang nachhaltig beeinflusste.
Hölderlin hatte nur geringes Interesse an einer Karriere als Pfarrer. Aber auch finanzielle Gründe standen 1793 hinter seinem Entschluss, zunächst als Hauslehrer oder Hofmeister Beschäftigung zu finden. Er verfasste zu dieser Zeit schon erste eigene Schriften, ging schließlich nach Jena und hörte Vorlesungen bei Fichte. Dort begegnete er auch Schiller und Goethe, was sein Bestreben bestärkte, selbst Schriftsteller zu werden.
Hölderlin trat als Hofmeister in den Dienst der Frankfurter Bankiersfamilie Jakob Friedrich Gontard und verliebte sich in die Hausherrin Susette, die er auch in einem seiner Werke verewigte. Als Gontard von der Beziehung der beiden erfuhr, musste Hölderlin das Haus verlassen. In seinem 1799 erschienenen Briefroman „Hyperion" verewigt er Susette in der Figur der Diotima. Weitere Hauslehrer-Stellungen folgten. Hölderlin arbeitete in der Schweiz und in Frankreich, während sich sein Gesundheitszustand verschlechterte – schon um die Jahrhundertwende hatte man ihm eine schwere Hypochondrie, eine psychische Angststörung, diagnostiziert.
Hölderlin kehrte zur Mutter zurück nach Nürtingen und begann, Sophokles und Pindar zu übersetzten, Werke, die ihm auch als Vorbild seiner eigenen Hymnen dienten. 1804 erhielt auf Vermittlung seines Freundes Isaac von Sinclair eine Bibliothekarsstelle in Homburg. Wie es heißt, zahlte Sinclair Hölderlins Lohn aus eigener Tasche.
Dies war nach wenigen Jahren nicht mehr möglich, da Sinclair in Rechtsstreitigkeiten verwickelt worden war und nicht mehr für Hölderlin aufkommen konnte. Der Gesundheitszustand des Dichters verschlechterte sich immer weiter, er verfiel zunehmend dem Wahnsinn.
1807 kam er in den Haushalt des Tübingers Ernst Zimmer, der sich in den nächsten Jahren – und bis zu Hölderlins Tod – um den Dichter kümmerte. In einem Turmzimmer oberhalb des Neckars, dem „Hölderlinturm", verbrachte er diese Jahre und verfasste weiterhin Gedichte.

Friedhof: Der Stadtfriedhof von Tübingen liegt zwischen der Wildermuth- und der Gmelinstraße.

Zum Grab: Friedrich Hölderlins Grabstätte (Grab: E X 05) befindet sich im Abschnitt E, nahe der Gmelinstraße.
C. H.

ENGELBERT HUMPERDINCK
01. September 1854 – 27. September 1921

Der spätere Komponist Engelbert Humperdinck kam als Sohn eines Gymnasiallehrers und einer Kantorentochter in Siegburg zur Welt und machte sein Abitur in Paderborn. Danach folgte ein Musikstudium, das Humperdinck 1872 in Köln begann, aber in München fortführte, nachdem es zwischen ihm und der Leitung des Kölner Stadttheaters, wo er parallel als Kapellmeister arbeitete, zu Differenzen gekommen war.
1876 verlieh man dem jungen Musiker den Mozartpreis der Stadt Frankfurt am Main, 1879 folgte der Mendelssohnpreis und zwei Jahre später der Meyerbeerpreis. Zwischen 1880 und 1882 arbeitete er in Bayreuth mit Richard Wagner an der Uraufführung des Parsifal. Auch über Wagners Tod blieb Humperdinck den Bayreuther Festspielen erhalten.
Franz Wüllners bot Humperdinck im Jahre 1884 erneut eine Stelle am Konservatorium in Köln an, die der Komponist nun annahm. Ein Jahr später arbeitete er als Kompositionslehrer in Barcelona und ging 1888 nach Mainz, wo er beim Musikverlag Schott, den es auch heute noch gibt, als Lektor arbeitete. Als 1893 seine Oper „Hänsel und Gretel" erschien, deren Uraufführung von Richard Strauß dirigiert wurde, war Humperdinck mit einem Schlag weltberühmt und finanziell unabhängig.
Von Mainz führte sein Weg über den Rhein nach Frankfurt, wo eine Lehrstelle am Hoch'schen Konservatorium und der Posten des Opernreferenten der Frankfurter Zeitung lockten. Humperdinck blieb eine Weile in der Region. Erst 1901 sah man ihn wieder in Berlin, wo er bis 1920 die Meisterklasse für Komposition der Akademie der Künste leitete und beim Stern'schen Konservatorium eine Professur innehatte.
Auch publizistisch blieb Humperdinck aktiv und war an der Erstellung und der Herausgabe diverser Lieder- und Volksliederbücher beteiligt.
Als Familienvater reiste Humperdinck 1921 nach Neustrelitz, wo sein Sohn Wolfram den „Freischütz" inszenierte, um die Proben des Stückes mitzuerleben. Der Künstler erlitt dort einen Schlaganfall und verstarb.

Friedhof: Der Südwestkirchhof der Berliner Stadtsynode in Stahnsdorf liegt südwestlich der Hauptstadt in Brandenburg in der Bahnhofstr. 2, 14532 Stahnsdorf.

Zum Grab: Die letzte Ruhestätte von Engelbert und Hedwig Humperdinck, geborene Taxer, ziert ein hübscher, naturbelassener Stein.
C. H.

HANNS DIETER HÜSCH
6. Mai 1925 – 6. Dezember 2005

Fragte man Hanns Dieter Hüsch nach seinen Wurzeln, so fiel stets der Name Moers. In dieser niederrheinischen Stadt wuchs der spätere Kabarettist zu NS-Zeiten als Sohn einer Gastwirtstochter und eines Beamten auf. Rückblickend bezeichnete er diese Jahre als kleinbürgerlich.
In seiner Kindheit litt Hüsch unter einer Gehbehinderung. Er musste unförmige Filzpantoffeln tragen und mehrere langwierige Operationen an den Füßen über sich ergehen lassen – eine Erfahrung, die den Jungen zum sozialen Außenseiter machte. Da es ihm oft verwehrt war, mit Gleichgesinnten zu spielen, begann er, Geschichten zu schreiben.
Die ersten Texte, die entstanden, waren in der niederrheinischen Wirklichkeit angesiedelt, voller illustrer und fiktiver Personen, Ausdrücke einer überbordenden Fantasie und eines geschulten, ausgeprägten Humors.
Hüschs Krankheit ersparte ihm nach dem Abitur den Wehrdienst. Anders als viele seiner Klassenkameraden überlebte er so den Zweiten Weltkrieg. Nach Kriegsende schrieb Hüsch sich in Gießen für ein Medizinstudium ein – auf Anraten des Vaters und der Tanten. Seine Mutter war zu diesem Zeitpunkt bereits verstorben. Er selbst konnte sich mit dem Medizinstudium nie anfreunden und nahm schließlich den Tod eines Onkels zum Anlass, verließ die Uni nach einem Semester und zog nach Mainz. Opernregisseur wollte er werden, und damit den unerfüllten Lebenstraum des Onkels nachholen. Hüsch schrieb sich an der Mainzer Universität ein und belegte geisteswissenschaftliche Kurse, die er aber kaum besuchte. Es war die Praxis, die ihn interessierte, nicht die Theorie. Der zukünftige Autor engagierte sich in der Mainzer Kabarettszene und trat bereits Ende der 40er Jahre als Solokünstler auf – eine Karriere, von der sein Vater nichts wissen durfte.
In den 50er Jahren, Hüsch war in Mainz verheiratet und Vater einer Tochter, „entwuchs" er dem Studentenleben zusehends. Er lebte als freier Künstler und erledigte Auftragsarbeiten, übte sich als Rundfunksprecher und drehte jeden Pfennig dreimal um, damit seine Familie halbwegs über die Runden kam. Fünf Jahre lang betrieb er eine eigene Kabarettbühne in der rheinland-pfälzischen Hauptstadt und machte deren Kleinkunstszene nach und nach einem großen Publikum bekannt. Auch Hüsch selbst gehörte schon bald zu den ganz Großen. Fernsehauftritte folgen – als Solist vor der Kamera oder, für das Mainzer ZDF, als Off-Kommentator alter Stummfilmkomödien – und gemeinsame Bühnenauftritte mit Kollegen der Kleinkunst. Darüber hinaus begann er, Schallplatten und Texte zu veröffentlichen. Nach dem Tod seiner Frau im Jahre 1988 zog er nach Köln und heiratete 1991 ein zweites Mal.

Nach einer schweren Krebserkrankung genesen, nutzte Hüsch das Jahr 2000 für seine Abschiedstournee „Wir sehen uns wieder". Ein Jahr später erlitt er einen Schlaganfall und zog sich ins Privatleben zurück. Hüsch verstarb am 6. Dezember 2005 in seinem Haus in Windeck-Werfen.

Friedhof: Der auch architektonisch interessante Moerser Hauptfriedhof liegt im Stadtteil Moers-Hülsdonk, an der Geldernschen Straße, und ist stets geöffnet.

Zum Grab: Hüschs Ehrengrab ziert eine Säule, auf der ein Vers aus seinen Programmen zu lesen ist: „Ich bin gekommen euch zum Spaß, und gehe hin wo Leides ist und Freude, und wo beides ist, zu lernen Mensch und Maß."
C. H.

WASHINGTON IRVING
3. April 1783 – 28. November 1859

Washington Irving studierte planlos Jura und fand Gefallen daran, unter dem Deckmantel verschiedener Pseudonyme, darunter Diedrich Knickerbocker, Essays über die New Yorker Gesellschaft und das Theater zu schreiben. Der Nachname bezeichnete ursprünglich niederländische Siedler, aber nachdem Irving ihn verwendet hatte, wurde er für die Bezeichnung New Yorker Bürger genutzt. Im Jahre 1809 veröffentlichte er „A History of New York" - „Diedrich Knickerbockers humoristische Geschichte der Stadt New York" -, bei der es sich auf den ersten Blick um eine wissenschaftliche Abhandlung über die Besiedlung der Neuen Welt handelte, die sich auf den zweiten Blick jedoch als bissige Satire entpuppte. Heutzutage gilt das Werk als erstes großes, humoristisches Meisterwerk der amerikanischen Literatur.
Washington reiste aus verschiedenen Gründen insgesamt dreimal nach Europa, was ihn, gemessen an den Maßstäben seiner Zeit, zu einem Mitglied der elitären Weitgereisten machte. Die ersten beiden Reisen trat er an, um dem Familienunternehmen unter die Arme zu greifen, nachdem dieses jedoch Bankrott gegangen war, änderte Washington seine Ziele. Er stellte eine Auswahl seiner Geschichten und Essays zusammen und veröffentlichte „The Sketch Book" - „Das Skizzenbuch" - im Jahre 1819 unter dem Pseudonym Geoffrey Crayon. In dieser Sammlung finden sich auch zwei beliebte Erzählungen, die den Namen Washington Irving unsterblich machen sollten - „Rip van Winkle" und „The Legend of Sleepy Hollow" - „Die Legende von Sleepy Hollow". Das „Sketch Book" wurde begeistert aufgenommen und machte ihn quasi über Nacht zum bekanntesten noch lebenden Autor der amerikanischen Literatur.
Im Jahre 1826 arbeitete Washington als diplomatischer Gesandtschaftsbeamter in der amerikanischen Botschaft in Madrid. Dort verfasste er eine Anzahl weiterer Erzählungen, jedoch waren diese nicht so erfolgreich wie seine vorangegangenen Arbeiten. Nach seiner

Rückkehr aus Spanien schrieb Irving eine fünf Bände umfassende Biografie über George Washington, die er kurz vor seinem Tod mit 76 Jahren fertigstellte.
137 Jahre lang lag Washington in North Tarrytown, New York begraben, jedoch liegt seine letzte Ruhestätte seit November 1996, ohne dass er jemals exhumiert wurde, in dem Städtchen Sleepy Hollow. Per Volksabstimmung war entschieden worden, die Stadt North Tarrytown zu Ehren Irvings in Sleepy Hollow umzubenennen. Er ruht dort auf dem Old Dutch Burying Ground.

Weg zum Friedhof: Verlassen Sie die I-287 an der Ausfahrt 9 und folgen Sie der Route 9 in nördlicher Richtung. Fahren Sie durch die Stadt hindurch, der Friedhof liegt eineinhalb Meilen weiter auf der rechten Seite.

Weg zum Grab: Fahren Sie durch den Haupteingang vor der Kirche auf das Gelände, halten Sie sich an der Y-Kreuzung links und biegen Sie dann links auf den Crane Way ab. Etwa 90 Meter weiter liegt Irvings Grab, umgeben von einer Hecke.

JAMES JOYCE
2. Februar 1882 – 13. Januar 1941

James Augustine Aloysius Joyce stammte aus einer kinderreichen Dubliner Familie und erhielt seine schulische Ausbildung an diversen Jesuitenschulen, danach studierte er in Dublin Philosophie und Sprachen. Um 1900 beschloss er, Schriftsteller zu werden, siedelte zunächst aber nach Paris über, um Medizin zu studieren.
In Frankreich kam Joyce in Kontakt mit der zeitgenössischen Literatur, musste aber aus finanziellen Gründen seine Zelte bald wieder abbrechen und nach Hause zurückkehren. Er übte die unterschiedlichsten Berufe aus, die alle nur einem Zweck dienten: Sie sollten seine Existenz als Autor finanzieren. 1904 lernt er seine spätere Ehefrau Nora Barnacle kennen, mit der er in den folgenden Jahren zwei Kinder bekam. Kurz nach ihrer Begegnung verließen die beiden Irland und kehrten, von gelegentlichen Besuchen abgesehen, nie mehr dorthin zurück.
Joyce und Barnacle ließen sich auf dem europäischen Festland nieder, lebten mal in Paris, mal in Triest, Zürich oder London. Joyce arbeitete in diversen Berufen, er war Journalist und Angestellter einer Bank, Sprachlehrer und ein geschickter Verwalter von geliehenem Geld. Parallel zu alldem schrieb er. „A Portrait of the Artist as a Young Man" hatte er bereits vor Jahren begonnen, nun saß er an dem Gedichtband „Chamber Music". Versuche, 1909 einen irischen Verleger für sein Werk „Dubliners" zu finden, scheiterten. 1915 zog Joyce mit der Familie in die Schweiz, wo er an „Ulysses" arbeitete und als Privatlehrer tätig war. Ein Jahr später veröffentlichten britische Zeitungen seinen ersten Roman „A Portrait of the Artist as a Young Man"; „Ulysses" erschien 1918 in Auszügen ebenfalls in einer Zeitschrift, die Veröffentlichung wurde aber eingestellt, weil dem Buch Obszönität unterstellt wurde. Eine

zensierte Buchausgabe des „Ulysses", zweifellos Joyces berühmtester Arbeit und von großer Bedeutung für die Literatur des 20. Jahrhunderts, erschien 1922 in Paris.
James Joyce litt an einem Augenleiden und musste sich zwischen 1917 und 1930 mehreren Behandlungen unterziehen. Erst 1931 willigte er in eine Heirat mit Nora Barnacle ein, da er der Ehe als Institution eher kritisch gegenüberstand. 1941, zwei Jahre nach der Veröffentlichung seines Romans „Finnegan's Wake", starb James Joyce in Zürich an den Folgen eines Darmdurchbruchs. Er wurde 58 Jahre alt.

Friedhof: Der Friedhof Fluntern befindet sich im gleichnamigen Züricher Quartier, in der Nähe des Zoos und des Zürichbergs.

Zum Grab: James Joyce teilt sich das Grab mit seiner Ehefrau, seinem Sohn George und dessen Gattin Asta.
C. H.

HERBERT VON KARAJAN
5. April 1908 – 16. Juli 1989

Der Sohn eines Chirurgen hatte 1912 eine Pianistenausbildung bei Franz Ledwinka begonnen und von 1916 bis 1926 auch am Salzburger Mozarteum studiert. Insbesondere sein Lehrer Bernhard Paumgartner, ein bekannter Dirigent und Komponist, ermutigte den jungen Mann zu dieser Zeit, Dirigent zu werden.
Nach seinem Abitur studierte von Karajan noch drei Semester Maschinenbau an der TH Wien sowie Musikwissenschaft an der Wiener Universität. 1929 bekam er aber die Gelegenheit, mit dem Mozarteum-Orchester in Salzburg aufzutreten. Er ergriff die Chance und gefiel dem Intendanten des Ulmer Stadttheaters derart, dass dieser den jungen Österreicher zum Probedirigat einlud. Von Karajan bekam die Stelle des Chorleiters und Dirigenten des Hauses und blieb bis 1934. Gleichzeitig dirigierte er noch am Mozarteum und leitete mehrfach die Dirigierkurse während der Salzburger Festspiele.
Als jüngster Dirigent überhaupt wurde er 1935 in Aachen zum Generalmusikdirektor bestimmt. Auch in Kriegszeiten konnte er Erfolge feiern und arbeitete nach wie vor an verschiedenen Orten und mit unterschiedlichen Orchestern sehr erfolgreich zusammen. Die Presse schrieb über ihn fast ehrfurchtsvoll vom „Wunder Karajan". Die ersten Nachkriegsjahre verbrachte er in Wien, London, Bayreuth und Mailand, wo er an namhaften Opernhäusern angestellt und eine gefragte Größe in seiner Branche wurde.
1955 übertrug man ihm als Nachfolger von Wilhelm Furtwängler die Leitung der Berliner Philharmoniker. Karajan formte das Ensemble zu einem Orchester von Weltformat und blieb ihm bis 1989 erhalten. Parallel leitete er auch noch die Wiener Staatsoper, die Pariser Oper und war an diversen weiteren Projekten beteiligt, etwa an den Salzburger Osterfestspielen, die er 1967 selbst gründete.

Herbert von Karajan gehörte zu den begabtesten und gefragtesten Dirigenten seiner Zeit. Das sah auch das Publikum so: Die Aufnahmen der Konzerte, die er dirigierte, verkauften sich sehr gut. Dreimal wurde ihm der Grammy, der amerikanische Musik-Oscar, verliehen.
Von Karajan war dreimal verheiratet und Vater von zwei Töchtern. Er hatte in späteren Jahren gesundheitliche Probleme, wodurch seine Beweglichkeit stark eingeschränkt war. Der Freund schneller Autos und Flugzeuge verstarb laut Presseberichten in den Armen seiner dritten Gattin Eliette von Karajan, mit der er seit 1958 verheiratet war, an Herzversagen.

Friedhof: Die kleine österreichische Gemeinde Anif liegt im Bundesland Salzburg. Ihr Friedhof befindet sich im Fürstenweg.

Zum Grab: Herbert von Karajans Grab ist stilvoll gehalten und lockt zahlreiche Besucher auf den Friedhof von Anif. Nahe der Grabstätte steht eine Büste des Dirigenten.
C. H.

ERICH KÄSTNER
23. Februar 1899 – 29. Juli 1974

Erich Kästner war Sohn eines Sattlermeisters und stammte aus Dresden, wo er die Volksschule besuchte und danach das Lehrerseminar. Doch die anfangs beabsichtigte Ausbildung zum Lehrer - thematisiert in manchen seiner späteren Romane - brach Kästner ab. 1917 wurde er zum Kriegsdienst eingezogen und zog sich dabei ein Herzleiden zu, was er später wiederholt auf seinen Armeeausbilder zurückführte. Nach dem Krieg machte Kästner das Abitur.
Dann zog es ihn nach Leipzig, wo er an der Universität Geisteswissenschaften studierte und diverse Nebenjobs annahm, um sein Studium finanzieren zu können. Nun kam ihm auch sein literarisch-journalistisches Interesse zu Gute. Kästner konnte bei der „Neuen Leipziger Zeitung" unterkommen und sein Geld zukünftig mit Schreiben verdienen. Als 1927 eines seiner Gedichte für einen kleinen Skandal sorgte - Kästner wurde Frivolität vorgeworfen -, musste der 1925 promovierte Journalist seine Zelte abbrechen. Kästner siedelte nach Berlin um, wo er von nun an arbeitete.
Es folgte seine vielleicht produktivste Zeit. Als Journalist war Kästner für Blätter wie „Die Weltbühne" tätig und verfasste nebenbei auch literarische Werke. Gedichtbände erschienen, und ein Kontakt zum Kabarett führte dazu, dass sich Kästner mit spitzer Feder auch an politisch-kritischen Texten für die Kleinkunstbühne versuchte - mit großem Erfolg. Kinderbücher wie „Emil und die Detektive" zeigten den Autor in seiner gesamten Wandlungsfähigkeit, das Buch wurde schon 1931 erstmals erfolgreich verfilmt. Allerdings war Kästner mit dem Drehbuch unzufrieden und wurde daraufhin später selbst Drehbuchautor.

Während der NS-Zeit wurde Kästner aus dem Schriftstellerverband ausgeschlossen, seine Werke wurden verboten, seine Bücher verbrannt. Einzig unter Pseudonym konnte er in Deutschland noch arbeiten, so etwa am Drehbuch für den Kinofilm „Die Abenteuer des Barons von Münchhausen". Seine neuen Romane erschienen im Ausland. Im Unterschied zu den meisten seiner regimekritischen Schriftstellerkollegen floh Kästner erst 1945 aus Deutschland und ging in die Schweiz.
Nach 1945 zog Kästner nach München, wo er sich als Feuilletonredakteur und Autor niederließ. Weitere Romane und Gedichte entstanden. Von 1951 bis 1962 war Kästner Präsident des westdeutschen PEN-Zentrums.
Kästner wurde zu Lebzeiten mehrfach für seine Arbeiten ausgezeichnet, unter anderem 1959 mit dem Bundesverdienstkreuz. Er blieb lebenslang Junggeselle, war aber Vater. Erich Kästner starb am 29. Juli 1974 im Klinikum Neuperlach in München.

Friedhof: Der St.-Georg-Friedhof liegt in Bogenhausen, einem Stadtteil von München, und gilt als Prominentenfriedhof.

Zum Grab: Erich Kästners Grab befindet sich auf der Kennung Mauer rechts 4a.
C. H.

GOTTFRIED KELLER
19. Juli 1819 – 15. Juli 1890

Gottfried Keller, Sohn eines Drechslermeisters, stammte aus Zürich, wo er in bescheidenen Verhältnissen aufwuchs. Nach einer Protestaktion gegen einen unbeliebten Lehrer wurde er zu Unrecht als Rädelsführer denunziert und 1834 von der Schulleitung dauerhaft der Schule verwiesen. Gottfried begann also mit knapp 15 Jahren eine Lehre bei einem Vedutenmaler. Abgesehen von diesem Brotberuf interessierte sich der junge Mann für die Dichtkunst und die Literatur.
1840 erlaubte ihm ein kleiner Geldsegen die Reise nach München, wo er sich an der Kunstakademie weiterbilden wollte. Doch die Bemühungen waren nicht von Erfolg gekrönt: Kellers Werke brachten ihm nicht die erhoffte Aufmerksamkeit, sodass er schließlich nach Zürich zurückkehren musste.
Bis 1848 blieb er in seiner Heimatstadt, wo er zeitweise ein kleines Atelier angemietet hatte und sich dort seiner Malerei widmen wollte – doch der Drang zum Schreiben und Lesen war stärker. Ein Stipendium ermöglichte ihm 1848 einen Aufenthalt in Heidelberg, wo er Vorlesungen hörte und Kontakte zu anderen Dichtern und Philosophen pflegte. 1850 zog er nach Berlin und verbrachte dort fünf Jahre als freier Schriftsteller. Doch obwohl seine Werke mittlerweile veröffentlicht wurden, blieb der erhoffte finanzielle Erfolg aus. Keller lebte und arbeitete oft unter ärmlichen Bedingungen, bemühte sich aber auch nicht um Kontakte zur literarischen Szene, die ihm in seiner angespannten

finanziellen Situation sicherlich hilfreich gewesen wären. Keller, der großen Wert auf seine Unabhängigkeit legte, schrieb den Roman „Der grüne Heinrich", der zu den wichtigsten Bildungsromanen des 19. Jahrhunderts gehört, blieb aber als Dramatiker erfolglos. 1855 kehrte er abermals nach Zürich zurück, für seine in Berlin angehäuften Schulden kam wieder einmal die Mutter auf.
1861 wendete sich das Blatt, als man Keller in Zürich den Posten des Ersten Züricher Staatsschreibers anbot. Keller nahm die außerordentlich lukrative Stellung an und verfügte fortan über ein gesichertes Einkommen. 1869 wurde er Ehrendoktor der Züricher Universität.
1876 legte er das Amt des Staatsschreibers ab, um sich stärker auf das eigene Schreiben zu konzentrieren. Eine sehr produktive Schaffensphase folgte, in der Keller Romane, Geschichten und Gedichte verfasste. Als er 1890 in Zürich starb, galt er längst als angesehener Autor.

Friedhof: Der ehemalige Züricher Zentralfriedhof ist seit Ende des 19. Jahrhunderts unter dem Namen Friedhof Sihlfeld bekannt. Gottfried Kellers Asche wurde im Bereich A des Geländes beigesetzt.
C. H.

WALTER KEMPOWSKI
29. April 1929 – 5. Oktober 2007

Walter Kempowski, Sohn eines Reeders und einer Kaufmannstochter, stammte aus Rostock, wo er auch die Schule besuchte. Schon als 15-jähriger wurde er als Luftwaffenkurier der Wehrmacht eingezogen, sein Vater überlebte den Zweiten Weltkrieg nicht. Eine 1946 begonnene Lehre in einer Rostocker Druckerei konnte Kempowski nicht beenden, da die Druckerei dem Rowohlt Verlag angeschlossen wurde und er in Hamburg keine Arbeitserlaubnis erhielt.
Da er sich für die Liberal-Demokratische Partei Deutschlands engagierte, war Kempowski der sowjetischen NKWD ein Dorn im Auge. Gemeinsam mit seinem Bruder Robert hatte er Frachtpapiere gesammelt und den US-Mächten übergeben wollen, die den russischen Besatzern unrechtmäßige Bereicherung vorwarfen – als der NKWD die beiden Brüder fasste, wurden sie 1948 wegen Spionage zu jeweils 25 Jahren Zwangsarbeit verurteilt. Auch ihre Mutter wurde zu zehn Jahren verurteilt, aber 1954 wieder auf freien Fuß gesetzt.
Im Speziallager Nr. 4, alias Zuchthaus Bautzen, verbrachte Kempowski die nächsten acht Jahre. Als man ihn 1956 vorzeitig entließ, beendete er seine Schullaufbahn und begann ein Pädagogikstudium. Ab 1960 war er als Lehrer tätig.
Kempowskis hegte schon lange schriftstellerische Ambitionen, nun wurden sie zu seiner Profession. Romane, Geschichten, Hörspiele und mehrere literarisch-gesellschaftliche Großprojekte setzte der Künstler in den nächsten Jahren um, darunter seine „Deutsche

Chronik", von der einzelne Abschnitte auch verfilmt wurden, etwa der Band „Tadellöser & Wolff". Das zehnbändige Projekt „Echolot", eine Generationencollage aus Tagebüchern, Briefen, Memoiren und Dokumenten, ist eine faszinierende, beeindruckende Chronik der Jahre 1941-1945, ein kollektives Tagebuch, an dem Kempowski über Jahre hinweg arbeitete.

Walter Kempowski war seit seinen Studientagen mit der friesischen Pfarrerstochter Hildegard Janssen verheiratet, die ebenfalls als Lehrerin arbeitete. Das Paar hat zwei gemeinsame Kinder.

Seit Oktober 2006 litt der mehrfach preisgekrönte Kempowski, der zu den wichtigsten deutschsprachigen Autoren zählt, unter Darmkrebs. Sein schriftstellerisches Schaffen blieb davon aber ungebremst – trotz der Diagnose arbeitete Kempowski produktiv weiter, las, schrieb und plante auch längerfristigere Projekte. Im Sommer 2007 fand ihm zu Ehren eine Ausstellung in der Berliner Akademie der Künste statt. Walter Kempowski starb im Alter von 78 Jahren in einem Krankenhaus in Rotenburg.

Friedhof: Die kleine Gemeinde Gyhum liegt zwischen Rotenburg an der Wümme und dem niedersächsischen Zeven. Hier lebte Kempowski, im Ortsteil Nartum, und ist auf dem Gyhumer Ortsfriedhof begraben.

C. H.

PAUL KLEE
18. Dezember 1879 – 29. Juni 1940

Eine musische Karriere lag nahe, denn der Vater war Musiklehrer und die Mutter Sängerin. Paul Klee, in Münchenbuchsee bei Bern geboren, überlegte lange, welchen künstlerischen Weg er einschlagen sollte, entschied sich am Ende für die Malerei.

In München studierte er Grafik bei Heinrich Knirr und trat 1900 in die Malklasse Franz von Stucks ein, wo auch Kandinsky zu der Zeit lernte. In München lebte Klee mit der Pianistin Lili Stumpf zusammen, die er 1906 heiratete.

Klee, der sich im Umfeld der expressionistischen Künstlergruppe „Der Blaue Reiter" bewegte, hatte in München und Berlin erste Ausstellungen, die wohlwollende Resonanz fanden. 1920 zog der Maler nach Weimar, wo er am Bauhaus-Institut zunächst als Formmeister, dann als Malerei-Lehrkraft tätig wurde. 1931 übernahm er, von internen Problemen der Weimarer Einrichtung ermüdet, eine Kunstprofessur an der Akademie Düsseldorf an. Als Mitglied der Künstlergruppe „Die Blauen Vier", zu der auch Lyonel Feininger, Wassily Kandinsky und Alexej von Jawlensky gehörten, stellte Klee seine Werke auch im Ausland aus.

1933 erklärten die Nationalsozialisten Klees Werk zur „entarteten Kunst". In den Folgejahren wurden über Hundert seiner Bilder aus den Museen und Ausstellungshallen verbannt, der Künstler selbst zog sich daraufhin in die Schweiz zurück. 1935 diagnostizierte man bei ihm Sklerodermie, eine Erkrankung des Bindegewebes, die bei Klee tödlich verlaufen sollte. Der Maler arbeitete in der Schweiz zwar noch einige Jahre produktiv weiter, litt aber zusehends an den Einschränkungen der „harten Haut", wie die Sklerodermie auch genannt wird. Paul Klee starb am 29. Juni 1940 in Locarno-Muralto.

Friedhof: Der Schosshaldenfriedhof liegt an der Ostermundigenstrasse 116 in Bern, nahe der Ortsgrenze zu Ostermundingen.

Zum Grab: Das Familiengrab der Klees, Kennung 161, ziert eine Inschrift aus Paul Klees Tagebüchern: „Diesseitig bin ich gar nicht fassbar. Denn ich wohne grad so gut bei den Toten, wie bei den Ungeborenen. Etwas näher dem Herzen der Schöpfung als üblich. Und noch lange nicht nahe genug."

HEINRICH VON KLEIST
18. Oktober 1777 – 21. November 1811

Heinrich von Kleist, Sohn eines preußischen Majors, kam in Frankfurt an der Oder zur Welt und trat 1792 in das Potsdamer Garderegiment ein, wo er 1979 zum Leutnant befördert wurde.
Und dennoch stand Kleist dem Militär eher ablehnend gegenüber und trat noch vor der Jahrhundertwende aus dem Regiment aus – sehr zum Missfallen seiner Eltern. Kleist wandte sich nun der Wissenschaft zu und begann ein Studium an der Viadrina, der Universität seiner Heimatstadt, das er aber nach ein paar Semestern abbrach. Kleist hatte sich nämlich mit der Offizierstochter Wilhelmine von Zenge verlobt und wollte nun Geld verdienen, um eine Familie zu ernähren. Also wechselte er von der Universität zur Technischen Deputation des Königlichen Manufaktur-Kollegiums in Berlin, wo er als Volontär anfing.
Doch Kleists literarische Interessen stellten seine Vermählungspläne in Frage. Kleist las Immanuel Kant, Jean-Jacques Rousseau und andere Aufklärer und äußerte, tief beeindruckt von dem Gelesenen, die Vorstellung, auch als einfacher Landwirt leben zu können – woraufhin Wilhelmine die Verlobung auflöste.
In den nächsten Jahren wechselte Kleist mehrfach seinen Wohnort, was in gewisser Weise auch seinen inneren Zustand spiegelte. Obwohl er sehr produktiv war, stellte er sein literarisches Talent aber wiederholt in Frage. Während eines Aufenthalts in Paris verbrannte er einen Teil seiner Schriften, da sie nicht seinen hohen Erwartungen entsprachen. Er hegte Selbstmordgedanken und trug sich mit der Idee, in der französischen Armee gegen Frankreich zu kämpfen, „um den schönen Tod der Schlachten zu sterben", wie es in einem Brief heißt.
1803/1804 arbeitete er als Beamter im preußischen Finanzministerium in Berlin und wurde 1805 nach Königsberg weiterempfohlen, doch auch diese Karriere gab Heinrich

von Kleist schnell wieder auf. Mit der Niederlage Preußens gegen Napoleon wurde er zum Patrioten, davon zeugen auch seine Texte aus dieser Zeit. Eine 1808 mit dem Philosophen Adam Müller gegründete Zeitschrift namens „Phöbius" wurde ein kommerzieller Misserfolg und stürzte Kleist abermals in eine Schaffenskrise, die sich auch auf seine Gesundheit auswirkte. 1810 arbeitete er als Redakteur der „Berliner Abendblätter", die ein Jahr später jedoch von den französischen Besatzern eingestellt wurden.
Seine Lebensumstände und etliche Rückschläge in seiner literarischen Arbeit – unter anderem ein Aufführungsverbot für sein Drama „Prinz Friedrich von Homburg" – ließen Kleist wieder verstärkt an Selbstmord denken. In der krebskranken Henriette Vogel fand er schließlich eine Gefährtin, die mit ihm fortgehen wollte. Am 21. November 1811 erschoss er zunächst sie und dann sich selbst.

Friedhof: Das Grab von Heinrich von Kleist und Henriette Vogel befindet sich am Ufer des Kleinen Wannsees in Berlin, an der Stelle, wo beide sich das Leben nahmen. Zum Grab, das auf halbem Weg zwischen Straße und See auf einer Anhöhe liegt, führt ein von Eiben gesäumter Weg. Kleists Grabstein ziert eine Zeile aus seinem Werk Prinz Friedrich von Homburg: „Nun, o Unsterblichkeit, bist du ganz mein."
C. H.

ADOLPH FRANZ FRIEDRICH LUDWIG FREIHERR VON KNIGGE
16. Oktober 1752 – 6. Mai 1796

Knigge wurde in Bredenbeck geboren, einer Ortschaft in der Nähe von Hannover, wo sein Vater Hofgerichtsrat war. Seine Jugend verbrachte er in Bredenbeck, besuchte jedoch nicht die Schule, sondern genoss Privatunterricht. In den 1760er Jahren verstarben seine Eltern Philipp Carl und Louise Wilhelmine. Um deren Schulden von über 100.000 Reichstalern zu begleichen, mussten nun Güter aus dem persönlichen Besitz der Knigges veräußert werden, der junge Adolph bekam eine Waisenrente ausgezahlt.
1766 schrieb sich Knigge an der Göttinger Universität als Jurastudent ein und wurde nach seinem Abschluss Assessor bei der Kriegs- und Domänenkammer und später Hofjunker. 1772 zog Knigge nach Kassel und schloss sich den Freimaurern an, wie er im Laufe seines Lebens auch Mitglied in mehreren weiteren Logen war, unter anderem bei den Illuminaten. Er heiratete Henriette von Baumbach und begann, sich literarisch zu betätigen. Knigge schrieb Theatertexte, gründete ein Theater in Hanau und verfasste für Friedrich Nicolai Beiträge für die „Allgemeine deutsche Bibliothek". Herzog Carl August von Sachsen-Weimar ernannte den Freiherrn zwar zum Kammerherrn, doch hatte Knigge nur wenig für das höfische Getue übrig. Er träumte von einer Existenz als freier Schriftsteller und zog nicht zuletzt deswegen 1780 nach Frankfurt am Main und 1783 nach

Heidelberg. Sieben Jahre später ließ er sich dauerhaft in Bremen nieder. 1788 erschien sein wichtigstes Werk „Über den Umgang mit Menschen", auf das der noch heute bekannte Knigge-Benimmführer zurückgeht. Eine irreführende Bezeichnung, denn ein solcher war Knigges Buch eigentlich nicht. Dem Autor ging es darum, den Lesern ganz im Sinne der Aufklärung Umgangsformen für ein friedliches und konstruktives Miteinander nahezubringen. Knigge skizzierte diverse Situationen und schlug vor, wie man sich am besten verhalten sollte – auch im Umgang mit Vertretern des höfischen Lebens, das er ja aus eigener Erfahrung kannte.

Finanzielle Gründe zwangen ihn zu beruflichen Veränderungen. In Bremen wurde er Oberhauptmann der großbritannisch-hannoverschen Regierung, machte sich mit seiner Sympathie für die Französische Revolution aber keine Freunde.

Ab 1795 litt er zunehmend unter Nervenfieber und Gallensteinen. Adolph Franz Friedrich Ludwig Freiherr von Knigge verstarb 1796 in seiner Wahlheimat Bremen.

Zum Grab: Freiherr von Knigges Grab befindet sich im St. Petri Dom zu Bremen. Der Dom ist montags bis freitags von 10.00 – 17.00 Uhr, samstags von 10.00 – 14.00 Uhr und sonntags von 14.00 – 17.00 Uhr geöffnet.
C. H.

HEINZ GÜNTHER KONSALIK
28. Mai 1921 – 2. Oktober 1999

„Würde man mir die Hände festbinden, würde ich lesen", sagte Konsalik, der als Deutschlands erfolgreichster Autor der Nachkriegsjahre gilt, in einem Interview und wies damit die Scharen der Kritiker in ihre Schranken, die hinter seinem immensen Titel-Ausstoß eine Gruppe von Ghostwritern vermuteten. Der gebürtige Kölner war zeit seines Lebens der König des deutschen Unterhaltungs- und Trivialromans. Konsalik lebte nicht, zumindest wenn man den eigenen Angaben vertrauen mag, sondern er schrieb.

Der Sohn eines Versicherungsangestellten hatte bereits im zarten Alter von zehn Jahren den ersten Roman fertig, einen abenteuerlichen Western. Mit 16 Jahren schrieb er fürs Feuilleton und veröffentlichte Kurztexte in der Presse. Nach der Schulzeit begann er ein Medizinstudium, verlegte sich aber schnell vom eingeschlagenen Weg auf die Geisteswissenschaften. Der Zweite Weltkrieg unterbrach seine Studien, Konsalik wurde als Kriegsberichterstatter eingesetzt und reiste nach Frankreich und in die Sowjetunion. Dort wurde er schwer verwundet.

Nach Kriegsende und zurück in der Heimat verdingte sich der literarisch interessierte junge Mann zunächst als Lektor, wurde dann Chefredakteur einer Illustrierten und Dramaturg. 1951 startete er eine Existenz als freier Schriftsteller.

In Attendorf/Sauerland ansässig, wo seine erste Ehefrau als Lehrerin arbeitete, schrieb Konsalik jeden Tag mehrere Manuskriptseiten. Sein 1956 veröffentlichter Roman „Der

Arzt von Stalingrad" sollte ihn zum Bestseller-Garanten machen. Dabei lief die Erstauflage von 8.000 Exemplaren noch sehr schleppend im Buchhandel. Erst die Verfilmung des Titels im Jahre 1958 mit Mario Adorf machte auch den Roman zum Megaseller und ließ den Verlag anfangs in arge Lieferschwierigkeiten geraten. Der Roman wurde – wie auch viele weitere Titel aus Konsaliks Produktion – in etliche Sprachen übersetzt.
Konsaliks Themen fanden sich im Trivialen – Geschichten von Ärzten, Wohlhabenden und der Liebe –, aber auch in den Grausamkeiten des Krieges, von denen der fantasiebegabte Schriftsteller auch aus eigener Erfahrung berichten konnte.
Der Autor siedelte später nach Bad Honnef und dann nach Salzburg um, verbrachte aber auch Zeit in seinem Haus auf Teneriffa. Heinz G. Konsalik verstarb am 2. Oktober 1999 in Salzburg an einem Schlaganfall. Er wurde 78 Jahre alt.

Friedhof: Der Melatenfriedhof im Kölner Stadtteil Lindenthal (Aachener Str. 204, 50931 Köln) ist die letzte Ruhestätte des bekannten Schriftstellers.

Zum Grab: Konsaliks Grab befindet sich auf Flur 69a.
C. H.

JACK LONDON
12. Januar 1876 – 22. November 1916

Jack London verließ Berkley im Jahre 1897, um sich dem großen Goldrausch am Klondike in Alaska anzuschließen. Aufgrund seiner brutalen Erfahrung, die er zunächst am Klondike und später auch auf See gemacht hatte, schrieb er lebhafte Geschichten über den Konflikt zwischen Mensch und Tier. Als er im folgenden Jahr nach San Francisco zurückkehrte, veröffentlichte er seine erste Sammlung von Geschichten mit dem Titel „The Son of the Wolf" – „Der Sohn des Wolfs". Doch erst sein nächster Abenteuerroman „The Call of the Wild" – „Ruf der Wildnis" – aus dem Jahre 1903 machte ihn zum erfolgreichsten und bekanntesten Schriftsteller im Amerika des frühen 20. Jahrhunderts.
Bis zu seinem Tod schrieb Jack weitere 45 fiktionale und nichtfiktionale Bücher. Der Großteil seiner Werke sind Abenteuerromane, jedoch wich er von Zeit zu Zeit von dieser Linie ab, besonders stechen hierbei die beiden philosophischen und politischen Werke „The Sea Wolf" – das Buch ist unter dem deutschen Titel „Der Seewolf" erschienen – und „The People of the Abyss" – „Menschen am Abgrund" – hervor.
Jack London war von jeher ein starker Trinker gewesen und starb wahrscheinlich an einigen vom starken Alkoholmissbrauch verursachten Krankheiten, allerdings gibt es auch Mutmaßungen, er habe Selbstmord begangen.
Wie auch immer, nach seinem Tod wurde er im Alter von 40 Jahren auf seinem Anwesen beerdigt, das heutzutage den Namen Jack London State Historical Park trägt. Es liegt in Glen Ellen, Kalifornien.

Weg zum Grab: Der Park liegt ein paar Meilen nördlich der Stadt Sonoma und ist von der Route 12 aus ausgeschildert. Sie können sich am Stand des Park-Rangers eine Karte besorgen und so Jacks Grab ganz einfach finden, wenn Sie möchten, können Sie den Park allerdings auch dann besuchen, wenn er nicht geöffnet ist. Der Weg zu Jacks Grab ist ausgeschildert. Fahren Sie am Stand des Park-Rangers vorbei, biegen Sie links ab und parken Sie auf dem Hof. Auf der rechten Seite liegt direkt hinter dem Tor zum Hof eine Straße, die nur von Angestellten befahren werden darf. Folgen Sie der Straße etwa 450 Meter weit und Sie kommen an ein kleines Feld. Auf der linken Seite des Feldes liegt ein Pfad, der etwa 90 Meter weiter an Jacks Grab endet.

GUSTAV LANGENSCHEIDT
21. Oktober 1832 – 11. November 1895

Sein Name steht wie kaum ein zweiter für Wörterbücher und Fremdsprachenerwerb: Gustav Langenscheidt. Der Dekorateurssohn aus Berlin hatte nach der Schule eine kaufmännische Ausbildung absolviert und danach, teilweise zu Fuß, nahezu sämtliche deutschen Nachbarländer bereist. Wie in seinem Tagebuch aus jenen Tagen, „Promenaden durch Nord, Süd und West", nachzulesen ist, machte er dabei die vielfältigsten Erfahrungen und erfuhr die kulturellen und sprachlichen Unterschiede der einzelnen Nationen am eigenen Leib. Nach seiner Rückkehr war Langenscheidt zunächst bei der Armee und immer noch gefesselt von den Gedanken an seine Wanderungen und diversen Sprachbarrieren. Mit dem in Berlin ansässigen, französischen Sprachlehrer Dr. Charles Toussaint entwickelte er eine Methode für Autodidakten, sich selbst die französische Sprache beizubringen. Langenscheidts „Unterrichtsbriefe zur Erlernung der französischen Sprache" legten den Grundstein für seine spätere Karriere.
Denn das Interesse der Verlagswelt hielt sich in Grenzen. Langenscheidt wurde bei mehreren Verlegern vorstellig, jedoch ohne Erfolg. Der junge Mann glaubte aber an sein Konzept und riskierte alles: Am 1. Oktober 1856 gründete er einen eigenen Verlag und publizierte seine Unterrichtsbriefe fortan selbst. Er sollte es nicht bereuen. Unterrichtsbriefe in weiteren Sprachen folgten. Der Verlag, der ab 1867 auch über eigene Druckereien verfügte, publizierte daneben auch Wörterbücher und war damit ebenfalls erfolgreich, auch über Gustavs Tod hinaus. Langenscheidt selbst hatte in der Zwischenzeit geheiratet und wurde mehrfacher Familienvater. 1874 verlieh man ihm für seine Leistungen eine Ehrenprofessur.
Gustav Langenscheidt starb mit 62 Jahren in Berlin.

Friedhof: Zunächst war Langenscheidt auf dem Alten St.-Matthäus-Friedhof in Berlin-Schöneberg bestattet, wurde 1935 aber ins Familiengrab auf dem Südwestfriedhof Stahnsdorf umgebettet. Der Haupteingang der Friedhofsanlage findet sich am Rudolf Breitscheid Platz und ist auch mit öffentlichen Verkehrsmitteln sehr gut erreichbar.
C. H.

GOTTFRIED WILHELM LEIBNIZ
1. Juli 1646 – 14. November 1716

Leibniz kam als Sohn eines Juraprofessors und einer Professorentochter in Leipzig zur Welt. Die elterliche Bibliothek bot ihm schon in jungen Jahren immensen Lesestoff und eröffnete ihm Welten des Wissens, die Leibniz zu nutzen verstand. So brachte er sich beispielsweise selbst die lateinische Sprache bei – dank der vorhandenen Bücher. Leibniz' Eltern starben früh.

Mit 15 schrieb er sich an der Leipziger Universität ein und studierte Philosophie, entwickelte aber auch ein zunehmendes Interesse für die Mathematik. Da ihn die Leipziger Hochschule wegen seiner jungen Jahre nicht zur Promotion zulassen wollte, wechselte Leibniz nach Altdorf, wo er 1666 seinen Doktor machte. Danach wurde er Hofrat des Mainzer Kurfürsten Johann Philipp von Schönborn, den er in Folge politisch beriet. Während eines Aufenthaltes in Paris vertiefte er seine mathematischen Interessen mit diversen Gelehrten seines Fachgebietes. In London, wohin er 1673 reiste, wurde Leibniz Mitglied der Royal Society.

Nachdem einige seiner Förderer verstorben waren, geriet Leibniz in finanzielle Nöte, musste Paris verlassen und eine Stellung als Hofrat bei Herzog Johann Friedrich in Hannover annehmen. Seine mathematischen Forschungen lagen daraufhin zunächst brach, bis die wissenschaftliche Zeitschrift „Acta Eruditorum" ab 1682 seine Erkenntnisse veröffentlichte. Darüber hinaus arbeitete er für seinen Herzog an einer Geschichte des Herrschergeschlechts der Welfen, weshalb er abermals auf Reisen ging. 1691 wurde er Leiter der Bibliothek von Wolfenbüttel. Den Wissenschaften zugeneigt, wurde Leibniz 1700 Präsident der neu entstandenen „Societät der Wissenschaften".

Seine Arbeit als Staatsmann hielt Leibniz mehrfach davon ab, größere Texte und wissenschaftliche Arbeiten zu verfassen und zu publizieren. Sein Gesamtwerk ist aber dennoch beachtlich, zählt man auch seine Korrespondenz mit Zeitgenossen und anderen Denkern dazu.

Gottfried Wilhelm Leibniz verbrachte das Ende seines Lebens vereinsamt und in Krankheit. Er starb in seinem Haus in der Schmiedestraße 10 in Hannover.

Zum Grab: Die evangelisch-lutherische Neustädter Hof- und Stadtkirche St. Johannis liegt in der Calenberger Neustadt, im Zentrum von Hannover. In ihr befindet sich Leibniz' Grab. Die Grabplatte mit der Inschrift OSSA LEIBNITII – die Gebeine des Leibniz – stammt aus dem 18. Jahrhundert.

C. H.

GOTTHOLD EPHRAIM LESSING
22. Januar 1729 – 15. Februar 1781

Der Verfasser des Dramas „Nathan der Weise" stammte aus einem Pfarrhaushalt im ostsächsischen Kamenz und gilt als der bedeutendste deutsche Dichter der Aufklärung. Zunächst besuchte Gotthold Ephraim Lessing die Lateinschule in seinem Heimatort, konnte aber dank eines Stipendiums an eine Schule in Meißen wechseln. In Leipzig begann er 1746 ein Theologie- und Philosophiestudium, brach es jedoch ab und zog nach Berlin – nicht zuletzt als Flucht vor seinen Gläubigern. Schon seit seiner Kindheit interessierte sich Lessing so sehr für das Theater, dass sein Vater nicht zu Unrecht um das Ende seines Studiums fürchtete.
In Berlin widmete sich Lessing nun verstärkt seinen künstlerischen Ambitionen und arbeitete als freier Schriftsteller an diversen Projekten. Unter anderem war er zwischen 1751 und 1753 für die Berlinische Privilegierten Zeitung als Redakteur und Rezensent tätig. Lessing pflegte Kontakt zu anderen Denkern und Künstlern und machte die Bekanntschaft vieler Größen seiner Zeit. 1752 beendete er sein Studium, in Wittenberg verlieh man ihm die Magisterwürde.
Von Leipzig aus begab er sich Mitte der 1750er Jahre auf eine mehrjährige Bildungsreise durch Europa, musste diese jedoch wegen des ausbrechenden Siebenjährigen Krieges bald beenden und zog 1758 erneut nach Berlin.
Zwei Jahre später war er Sekretär eines Generals in Breslau, kehrte 1765 aber ein weiteres Mal nach Berlin zurück. Doch der Traum vom Schriftstellerdasein schien erneut an finanziellen Zwängen zu scheitern: 1767 ging Lessing nach Hamburg, wo eine Stelle als Dramaturg und Berater des Nationaltheaters auf ihn wartete. Dort lernte er auch seine spätere Frau Eva König kennen. Das Nationaltheater musste 1769 aus finanziellen Gründen schließen.
1770 kam Lessing in Kontakt mit der Herzog-August-Bibliothek in Wolfenbüttel, wurde dort Bibliothekar und blieb der Einrichtung bis zu seinem Tod verbunden. Die Ehe mit Eva König, die er 1776 geheiratet hatte, endete unglücklich. Ihr gemeinsamer Sohn starb 1778 einen Tag nach der Geburt, kurz darauf erlag auch Eva dem Kindbettfieber.
In der Folge verschlechterte sich Lessings Gesundheitszustand zusehends.
Nach langer Krankheit erlitt er im Februar 1781 einen Schlaganfall, an dessen Folgen er verstarb.

Friedhof: Mitten in der Braunschweiger Innenstadt liegt der Magnifriedhof, zu finden in der Magnikirchstraße.

Zum Grab: Lessings Grabstätte geriet in Vergessenheit, bis der Privatgelehrte Carl Schiller es 1833 wiederfand und sich für die Errichtung eines Denkmals stark machte.
C. H.

LORE LORENTZ
12. September 1920 – 22. Februar 1994

Die Presse bezeichnete sie als „Grande Dame des deutschen Kabaretts" und als „Primaballerina der politischen Satire".
Die als Lore Schirner in Mährisch-Ostrau, im heutigen Tschechien, geborene Künstlerin hatte zwischen 1940 und 1944 in Wien und Berlin Geschichte, Germanistik und Philosophie studiert, als sie den Kommilitonen Kay Lorentz kennenlernte. 1944 heirateten die beiden. Ohne praktische Erfahrungen im Theatermilieu starteten die Lorentz' 1947 in Düsseldorf das erste Nachkriegskabarett auf deutschem Boden: Ihr politisch-literarisches „Kom(m)ödchen" startete am 29. März 1947 mit dem Programm „Positiv dagegen" und den Darsteller-Kollegen Werner Vielhaber, Bernd Nesselhut, Hans Walter Clasen, Eduard Marwitz, Iris Fanslau und Ruth Henrichs.
Als Franz-Josef Strauß Ende der 50er Jahre eine TV-Ausstrahlung des Kom(m)ödchen-Programms verbieten ließ, bestätigte das die Aktiven in ihrem Tun. Von Natur aus politisch unangepasst, lehnten Kay und Lore 1976 das Bundesverdienstkreuz ab, mit dem sie ausgezeichnet werden sollten. Lore selbst blieb dem Haus über zahlreiche Besetzungswechsel hinweg erhalten und stand bis 1983 in mehr als 40 Programmen auf der Düsseldorfer Erfolgsbühne – unter anderem an der Seite der damals noch im Kabarett aktiven Männer Harald Schmidt und Hugo Egon Balder. Dann bestritt Lorentz eigene Programme und war mit Solostücken und Brecht-, Heine- oder Kafka-Texten zu sehen, nicht wenige davon wurden später im Fernsehen ausgestrahlt.
Ab 1976 unterrichtete sie gleichzeitig an der Essener Folkwang-Schule, wo unter anderem Schauspieler wie Diether Krebs ausgebildet wurden, Chanson, Song und Musical.
1993 trat Lore Lorentz noch einmal im Kom(m)ödchen auf, es sollte ihre Abschiedsvorstellung werden. Die Kabarettistin starb 1994 an den Folgen einer Lungenentzündung.
Friedhof: Der Düsseldorfer Friedhof Heerdt liegt an der Schließstraße, nicht weit vom Albertussee. Hier wurde Lore Lorentz neben ihrem bereits 1993 verstorbenen Mann Kay bestattet.
C. H.

KARL MARX
5. Mai 1818 – 14. März 1883

Nachdem er wegen seiner radikalen Vorstellungen aus Deutschland, Frankreich und Belgien vertrieben worden war, verbrachte der bekannte Sozialist Karl Marx den Großteil seines Lebens als staatenloser und abgebrannter Journalist in London. Er kritisierte gnadenlos alles, was existierte, veröffentlichte Hunderte von Artikeln und Essays, in denen er seine revolutionären Reformideen verbreitete, jedoch beruht sein Ruf auf nur zwei Werken – „Das Kapital" und „Manifest der kommunistischen Partei".

Marx' zentrale Aussage ist die, dass die materialistische Konzeption der Geschichte auf zwei grundlegenden Vorstellungen beruht. Erstens: Das ökonomische System bestimmt zu jeder Zeit die folgenden Ideale. Zweitens: Geschichte ist ein anhaltender Prozess, der durch ökonomische Faktoren vorbestimmt ist, und entwickelt sich in den regulären Stadien These – Antithese – Synthese. Dieses Modell stimmt mit der präkapitalistischen Zeit überein, in der es weder Klassen noch Ausbeutung gab. Die Antithese entspricht der Ära des Kapitalismus und der Ausbeutung der Arbeiterklasse. Die Synthese, oder Kommunismus, wäre das Endprodukt, in dem das Kapital der Allgemeinheit gehören würde und die Arbeiterklasse nicht mehr ausgebeutet.

Für Marx ist der Kapitalismus das letzte Stadium der historischen Entwicklung vor dem Eintritt in den Kommunismus und das Proletariat ist die letzte historische Klasse. Die beiden Systeme sind so lange zu einem ewigen Widerstreit verdammt, bis das Proletariat eine Übergangsordnung im Kommunismus errichtet oder eine klassenlose Gesellschaft entsteht. Im Marxismus sind der Kollaps des industriellen Kapitalismus und seine Ersetzung durch den Kommunismus unausweichlich. Marx war der Revolutionär, der auf der Basis dieser Erkenntnisse den sozialen Wandel herbeiführen wollte, und tatsächlich sah er es als seine Lebensaufgabe, auf seine friedliche und intellektuelle Art den Niedergang der kapitalistischen Gesellschaft herbeizuführen. Seine berühmtesten Traktate, seine umfangreichen militanten Pamphlete, seine Arbeit in den Untergrundorganisationen von Paris, Brüssel und London und schließlich als Krönung die Gründung des Allgemeinen Deutschen Arbeitervereins im Jahre 1863 bezeugen seinen großen Willen zum Umschwung.

Obwohl Marx' Analyse der kapitalistischen Gesellschaft und seine Theorien über den historischen Materialismus, die Klassenkämpfe und den Mehrwert einen großen Teil zu einem fast schon wissenschaftlichen Verständnis sozialer Unterschiede beigetragen haben, war sein Einfluss zu Lebzeiten eher gering. Allerdings erlangten seine Ideen und Theorien nach seinem Tod einen großen Bekanntheitsgrad und die Idee des Marxismus wurde von der Arbeiterbewegung aufgenommen.

Marx' Theorien über die Natur des kapitalistischen Staates und den Weg zur Macht waren unter Betrachtung folgender historischer Epochen von herausragender Wichtigkeit. Während des 20. Jahrhunderts wurde eine radikale Betrachtungsweise von Marx' Theorien zum Kern des Bolschewismus, und unter dem brutalen, gnadenlosen Einfluss von Wladimir Iljitsch Uljanow, genannt Lenin, entstand das kommunistische Russland. Jedoch soll an dieser Stelle klargemacht werden, dass die totalitäre, einem Polizeistaat ähnelnde Politik einiger kommunistischer Regierungen, die in Ländern wie der Sowjetunion oder Nordkorea Millionen von Menschen ins Unglück stürzten, nichts mehr mit der sozialen Umstrukturierung zu tun hat, die Karl Marx im Sinn gehabt hatte.

In den letzten zwei Jahrzehnten seines Lebens wurde Marx von einer steigenden Anzahl von Krankheiten heimgesucht. Im Januar 1883 litt er aufgrund eines Kehlkopftumors an starken Schluckbeschwerden. Zwei Monate darauf starb er im Alter von 64 Jahren in seinem Lehnstuhl.

Marx wurde auf dem Londoner Highgate Cemetery beigesetzt. Dieser elegante Friedhof im viktorianischen Stil liegt auf dem Highgate Hill im Norden der Stadt, nahe Hampstead Heath, abseits der Swain's Lane.

Das im Andenken an Marx errichtete Monument ist von einem schwarzen Eisenzaun umgeben und mit einer Büste versehen, die sein unverwechselbares, bärtiges Konterfei zeigt.

HEINRICH MANN
27. März 1871 – 12. März 1950

Als Sohn eines Senators für Wirtschaft und Finanzen wuchs Heinrich Mann, 1871 in Lübeck geboren, in wohlhabenden Verhältnissen auf. Er ging vorzeitig vom Gymnasium ab und begann eine Buchhandelslehre in Dresden, die er jedoch nicht zu Ende brachte. Nach etwa einem Jahr wechselte er als Volontär zum S. Fischer Verlag nach Berlin und studierte nebenbei an der dortigen Universität. Mann begann, sich als Schriftsteller zu etablieren, und siedelte 1893 mit dem Rest seiner Familie nach München um. Sein erster Roman „In einer Familie" erschien 1894 und wurde von Manns Mutter Julia finanziert. Heinrich Mann fand Gefallen an dieser Arbeit. Ab 1895 war er Herausgeber der Monatszeitschrift „Das Zwanzigste Jahrhundert. Blätter für deutsche Art und Wohlfahrt" und arbeitete weiterhin an eigenen literarischen Werken. Mehrere Reisen, unter anderem mit seinem Bruder Thomas, dienten ihm als Inspiration. 1904 stellte er sein vielleicht bekanntestes Buch fertig: „Professor Unrat oder das Ende eines Tyrannen", das später unter dem Titel „Der blaue Engel" unter der Regie von Josef Sternberg verfilmt und zum Welterfolg werden sollte.

1914 heiratete Mann die Schauspielerin Maria Kanova, zwei Jahre später bekam das junge Paar eine Tochter, Leonie.

Ihre unterschiedliche Einstellung zum Ersten Weltkrieg trieb einen Keil zwischen die Brüder Heinrich und Thomas, die beide als Autoren tätig waren. Thomas stand dem deutschen Kriegstreiben vergleichsweise positiv und verständnisvoll gegenüber, der eher zum Kommunismus neigende Heinrich lehnte diese Haltung jedoch ab. Der Streit sollte die Brüder für mehrere Jahre entzweien; zu einer Versöhnung kam es erst 1922.

1918 erschien Heinrich Manns erfolgreichster Roman „Der Untertan", gleichzeitig Persiflage und Analyse der Machtverhältnisse der wilhelminischen Epoche. Schon kurz nach Erscheinen erwies er sich als auflagenstarker Bestseller.

Privat kam es zu mehreren Schicksalsschlägen. 1923 starb Heinrichs Mutter, vier Jahre später beging seine Schwester Julia Selbstmord und um die Ehe des Autors stand es auch nicht zum Besten. Die Manns trennten sich 1928, zwei Jahre darauf waren sie geschieden. Heinrich Mann nutzte die neue Freiheit und ging nach Berlin, wo er 1929 seine spätere zweite Ehefrau Nelly Kröger kennenlernte.

1931 wurde er Präsident der Sektion Dichtkunst der Preußischen Akademie der Künste, der er angehörte. Außerdem machte er sich vermehrt öffentlich gegen den Nationalsozialismus stark, der in Deutschland immer mehr Macht gewann. Dieses Engagement sorgte dafür, dass Heinrich Mann 1933 von den Nazis aus der Akademie ausgeschlossen wurde, im August desselben Jahres erkannte man ihm auch die Staatsbürgerschaft ab. Mann emigrierte ins Ausland und war ab 1940 in den USA ansässig, wo er als Drehbuchautor für Hollywood arbeitete. Aus einer geplanten Rückkehr nach Deutschland, wo er 1949 zum Präsidenten der Deutschen Akademie der Künste in Ost-Berlin gewählt worden war, wurde aber nichts mehr. Heinrich Mann starb 1950 in Santa Monica, Kalifornien.

Friedhof: Heinrich Mann wurde zunächst in Santa Monica beigesetzt, seine Urne wurde 1961 aber nach Deutschland geholt und auf dem Dorotheenstädtischen Friedhof in Berlin bestattet.

Zum Grab: Manns Berliner Ruhestätte, die er sich mit der 1944 verstorbenen Nelly Kröger teilt, ziert eine Büste des Autors.
C. H.

THOMAS MANN
6. Juni 1875 – 12. August 1955

„Gehegt und glücklich" nannte Thomas Mann seine Kindheit in Lübeck, wo er als Sohn eines Kaufmanns und Senators in wohlhabenden Verhältnissen aufwuchs. Schon in der Schulzeit schrieb er regelmäßig und veröffentlichte Texte in der von ihm mitbetreuten Schülerzeitschrift „Der Frühlingssturm". 1894 verließ er die Schule und folgte seiner Familie, die nach dem Tod des Vaters nach München gezogen war.
Auf Wunsch seines Vormunds arbeitete er als Volontär bei einer Versicherung, konnte dem Büroleben jedoch nichts abgewinnen. Mann schrieb weiterhin, und nachdem die Zeitschrift „Die Gesellschaft" 1894 eine Novelle aus seiner Feder kaufte, hing er den Brotberuf an den Nagel. An der Münchner Technischen Hochschule hörte er nun journalistische Vorlesungen als Vorbereitung auf den Beruf des Autors. Die Karriere ließ sich gut an. Mann konnte in einer von seinem Bruder Heinrich herausgegebenen Zeitschrift publizieren, nebenher an eigenen Projekten arbeiten und mehrere Reisen unternehmen, die ihn inspirierten. Gegen Ende des 19. Jahrhunderts war er Lektor und Korrektor beim „Simplicissimus".
Nach einer aus gesundheitlichen Gründen verkürzten Militärzeit arbeitete Mann weiter an seinen Texten. 1901 erschien sein Roman „Buddenbrooks", der zunächst wenig Beachtung fand, dem Autor nach 1903 aber den literarischen Durchbruch verschaffte. 1929 erhielt Mann für dieses Werk den Literaturnobelpreis.
1905 heiratete Thomas Mann Katharina Hedwig Pringsheim, die Tochter eines Mathematikprofessors. Das Paar bekam sechs Kinder, von denen drei selbst Schriftsteller wurden. 1918 kam es aufgrund völlig unterschiedlicher politischer Auffassungen zum Kaisertum und dem Ersten Weltkrieg zum Bruch mit dem Bruder Heinrich. Trotz Bemühungen vonseiten Katja Manns, der Ehefrau von Thomas, dauerte es bis 1922, ehe sich die Manns wieder versöhnten.

Der Roman „Der Zauberberg" erschien 1924 und wurde ein großer Erfolg. Wenige Jahre später war Mann Gründungsmitglied der Sektion Dichtkunst bei der Preußischen Akademie der Künste, der sein Bruder zeitweise vorstand.

Um dem aufkommenden Nationalsozialismus entgegenzutreten, hielt Thomas Mann 1930 eine Rede in Berlin, in der er mit den NS-Parolen und Methoden hart ins Gericht ging. Sie ist unter dem Titel „Deutsche Ansprache" bekannt geworden. Es folgte eine Vortragsreise ins Ausland, in deren Verlauf sich die bevorstehende Machtergreifung der Nazis immer mehr abzeichnete. Katja und Thomas Mann sollten nicht wieder nach Deutschland zurückkehren, sie blieben im Ausland, und Mann trat schriftlich aus der inzwischen unter NS-Einfluss stehenden Sektion Dichtkunst aus. 1936 wurde ihm die deutsche Staatsbürgerschaft aberkannt, woraufhin Mann die tschechoslowakische annahm.

Als er 1938 amerikanischen Boden betrat, wurde er von der dortigen Presse um eine Stellungnahme gebeten. Er wurde gefragt, ob er sich als Zwangsexilant heimatlos fühle. Mann antwortete besonnen und dennoch patriotisch: „Wo ich bin, ist Deutschland." Bis 1945 sendete die BBC monatliche Radioansprachen Thomas Manns für deutsche Hörer.

Nach dem Krieg weigerte sich Mann lange Zeit, in seine Heimat zurückzukehren, und kam erst 1952 dauerhaft nach Europa zurück. Er ließ sich in der Nähe von Zürich nieder, wo er 1955 im Kantonsspital verstarb.

Friedhof: Der Friedhof von Kilchberg am Zürichsee liegt gleich neben der evangelischen Kirche in der Dorfstraße 117.

Zum Grab: Das Familiengrab der Manns ist schlicht gehalten. Die Lebensdaten der Eltern Katja und Thomas sind in lateinischen Ziffern auf dem schweren Grabstein notiert. Kleinere Platten auf dem Boden verweisen auf die ebenfalls dort beerdigten Kinder.
C. H.

MARGARET MITCHELL
8. November 1900 – 16. August 1949

Im Kindesalter wurde Margaret Mitchell von ihrem Vater mit unzähligen Erzählungen über die Geschichte Atlantas in den Zeiten des Bürgerkriegs versorgt, denn er war der Präsident der Historischen Gesellschaft von Atlanta. Als sie 27 Jahre alt war, hatte sie bereits mehr als einhundert Beiträge für das Atlanta Journal verfasst. Als sie jedoch aufgrund eines Knöchelbruchs das Haus nicht verlassen konnte, ermutigte sie ihr zweiter Ehemann dazu, sich umzuorientieren und ihrem Wunsch zu folgen, als Autorin zu arbeiten. Tag und Nacht saß Margaret über ihrer Schreibmaschine, und nach drei Jahren hatte sie einen Entwurf von „Gone with the Wind" - „Vom Winde verweht" - fertiggestellt, einen Roman über die Erfahrungen einer ebenso schönen wie manipulativen Südstaatenschönheit namens Scarlett O'Hara. Des Weiteren enthielt der Roman die Vorgänge während der Sezession, des Bürgerkriegs und der Rekonstruktionsperiode aus der Sicht der Südstaaten.

Die folgenden sechs Jahre verbrachte Margaret damit, die historische Genauigkeit des Romans zu verfeinern, und als er schließlich im Jahre 1936 veröffentlicht wurde, brach ihr 1.037 Seiten starker Roman alle Verkaufsrekorde, insgesamt gingen allein im ersten Jahr nach der Veröffentlichung zwei Millionen Exemplare über die Ladentische. Von einigen Kritikern wurde die Erzählweise aus der Sicht der Südstaaten kritisiert, aber dennoch erhielt „Gone with the Wind" im darauffolgenden Jahr den Pulitzer-Preis und Margaret verkaufte kurz darauf die Filmrechte an ihrem Buch für 50.000 Dollar. Im Jahre 1939 feierte die bekannte Verfilmung mit Clark Gable und Vivien Leigh Premiere. Auch der Film wurde zum Hit. Der Film brach alle Kassenrekorde und berühmte Zitate werden selbst nach 60 Jahren noch gebraucht, wie zum Beispiel: „Frankly, my dear, I don't give a damn" - „Offen gesagt, meine Liebe, es ist mir völlig egal" und „Tomorrow is another day"- „Verschieben wir es auf morgen", was übrigens Margarets ursprünglicher Titel für den Roman war.

Es ist überraschend, dass Margaret nach „Gone with the Wind" niemals wieder ein Buch schrieb. Sie war überzeugt, dass die Story allein bestehen könne und keine Fortsetzung nötig wäre. Obwohl ihr der Roman Berühmtheit und Wohlstand eingebracht hatte, schien er auch ihr Glück geschmälert zu haben. Verfolgt von der Presse und der Öffentlichkeit, führten Margaret und ihr Ehemann ein bescheidenes Leben und verreisten nur selten.

Eines Abends im Jahre 1949 war es sehr heiß in Atlanta und Margaret und ihr Mann beschlossen, ins Kino zu gehen. Nachdem sie ihren Wagen unweit des Kinos abgestellt hatten, überquerten die beiden Arm in Arm die Peachtree Street, als plötzlich ein Auto auf sie zuraste. Margaret brach in Panik aus und rannte ohne ihren Mann zurück in Richtung Bordstein, aber das Auto geriet ins Schleudern und traf sie. Ihr Becken wurde zertrümmert und sie erlitt schwerste Schädelverletzungen. Sie erlangte das Bewusstsein nicht wieder und erlag fünf Tage später im Alter von 48 Jahren ihren schweren Verletzungen. Der Fahrer, der bereits wegen 23 Verkehrsverstößen gesucht worden war, wurde später wegen Totschlags verurteilt und verbrachte zehn Monate im Gefängnis.

In ihrem Testament forderte Margaret ihre Sekretärin dazu auf, all ihre Briefe und das Originalmanuskript von „Gone with the Wind" zu verbrennen, mit Ausnahme einiger Seiten, die ihre Autorenschaft beweisen sollten. Und so verbrannte Margarets Sekretärin und der Verwalter des Apartmentgebäudes, in dem Margaret gelebt hatte, fast all ihre Dokumente im Heizkessel des Gebäudes.

Margaret wurde auf dem Oakland Cemetery in Atlanta, Georgia beigesetzt.

Weg zum Friedhof: Nehmen Sie die Ausfahrt 94 von der I-74/75 und folgen Sie der Edgewood Avenue ostwärts. Biegen Sie an der ersten Ampel rechts auf die Hilliard Street ab und fahren Sie etwa eine halbe Meile weiter bis zum Martin Luther King Drive. Biegen Sie dort links ab und Sie sehen den Friedhof einige Hundert Meter vor sich.

Weg zum Grab: Fahren Sie auf das Friedhofsgelände und biegen Sie an der ersten gepflasterten Straße links ab. Halten Sie, kurz nachdem Sie eine weitere gepflasterte Straße überquert haben und sich die Straße nach rechts fortsetzt. Zu Ihrer Linken erstreckt sich ein Steinpfad, der sich in die Richtung fortsetzt, aus der Sie gerade gekommen sind. Folgen Sie diesem Pfad und biegen Sie am zweiten Pfad links ab. Kurz hinter dem Peel-Mausoleum auf der linken Seite liegt Margarets Grab.

KARL MAY
25. Februar 1842 – 30. März 1912

Er führte ein Leben, das den abenteuerlichen Romanen, die er sich ausgedacht hatte, in nichts nachstand. Carl Friedrich May ist in ärmlichen Verhältnissen in Ernstthal im Erzgebirge aufgewachsen, machte schon in seiner Jugend erste Bekanntschaft mit Trivialliteratur und unternahm Schreibversuche. Nach einer abgeschlossenen Lehrerausbildung wurde er mehrere Male straffällig und inhaftiert, unter anderem wegen Diebstahls. May lernte im Jahre 1875 den Dresdner Kolportageverleger Münchmeyer kennen und begann, als Kolportageautor zu arbeiten. Seine Zeit bei Münchmeyer war wechselhaft; den Verlag und sein Personal beschrieb May Jahre später als moralisch verwerflich und schlecht, was allerdings auch daraus resultierte, dass May sich zu der Zeit in Rechtsstreitigkeiten mit Münchmeyers Erben befand.

Im Laufe der Jahre gelang es dem „Groschenromanautor" nämlich, sich zum angesehenen Volksschriftsteller zu wandeln. Die Bücher um die Romanhelden wie Winnetou und Kara Ben Nemsi, die alle aus Mays Feder stammen, standen und stehen bis heute in den Regalen unzähliger Jugendzimmer. Mays Popularität stieg ins Unermessliche und verleitete den Autor manchmal zu fragwürdigen Aussagen. Mehrfach soll er betont haben, seine Geschichten seien selbst erlebt, und in Gegenwart von Fans soll er sich tränenreich über den Tod seines „Freundes" Winnetou beklagt haben. Peinliche Dementis waren die Folge.

Als Abenteuerschriftsteller etabliert, lebte und arbeitete er in einer Villa in Radebeul und bekam mitunter auch Fanpost, die an „Old Shatterhand" adressiert war. In späteren Jahren widmete er sich verstärkt der weltanschaulich-religiösen Literatur. May schrieb plötzlich beinahe surreal anmutende Werke, erzählte von Lebenswegen und moralischen Ansprüchen und klammerte auch sich selbst und sein bisheriges Schaffen aus diesen Betrachtungen nicht aus. Seine Stammleser, die die Abenteuerliteratur liebten und darauf warteten, standen diesem Wechsel in esoterisch-mystische Sphären teilweise recht unverwandt gegenüber, doch May betrachtete seine späten Romane als wertvollen Teil seines Gesamtwerks.

In seinen letzten Lebensjahren stritt sich Karl May wiederholt mit dem Verlagshaus Münchmeyer, das seine alten Kolportagehefte neu aufgelegt hatte, um von dem großen Autorennamen zu profitieren. May, der diese Werke wahrscheinlich als literarische

Jugendsünden ansah, wehrte sich vehement gegen diese Neuauflagen und behauptete zudem, der Verlag habe nachträglich noch Szenen eingefügt, die nicht seiner Feder entstammten und die Geschichten anstößiger machten.

May prozessierte gegen Münchmeyer und egal, wie es mit der Verfasserfrage endete, hat die gesamte Episode der Glaubwürdigkeit des Schriftstellers immens geschadet. Er starb 1912 an einem Lungenleiden.

Friedhof: Das sächsische Radebeul, über 30.000 Einwohner, ist stolz auf seinen berühmten Bewohner. Ein Besuch des Friedhofs macht dies mehr als deutlich: Mays Grab ist ein beeindruckender, meterhoher Säulenbau mit einem vom Bildhauer Selmar Werner geschaffenen Marmorrelief.

C. H.

CONRAD FERDINAND MEYER
11. Oktober 1825 – 28. November 1898

Der Schweizer Dichter wurde in Zürich in die Familie eines Regierungsrates geboren und verlor seinen Vater schon sehr früh. Nach dem Tod des Vaters verschlechterte sich Meyers Verhältnis zu seiner psychisch belasteten Mutter Elisabeth noch mehr, einzig zu Schwester Betsy baute er nennenswerte Vertrauensbande auf.

Während seiner Jugend verbrachte er einige Zeit in Lausanne, wo er die französischen Dichter entdeckte und deren Sprache lieben lernte. Schließlich beherrschte er sie so perfekt, dass er ernsthaft erwog, sich als Übersetzer und französischer Schriftsteller zu versuchen. Zunächst kehrte er jedoch nach Zürich zurück und studierte Jura, verfiel während dieser Studien aber in so starke Depressionen, dass er das Studium abbrach und nach Hause ging, wo ihn seine Mutter in eine Nervenheilanstalt einweisen ließ. Dort erholte er sich allmählich wieder.

1856 nahm sich Elisabeth das Leben. Für Meyer, dessen schriftstellerischen Ambitionen die Mutter stets kritisch bis ablehnend gegenübergestanden hatte, kam diese Tat einem Befreiungsschlag gleich. Ohne ihr Bremsen und mit den finanziellen Mitteln einer Erbschaft ausgestattet, unternahm er mehrere Reisen und überlegte ein weiteres Mal, es mit der Schriftstellerei zu versuchen.

Erste Gedichte erschienen, schlugen aber keine großen Wellen. Gegen Ende der 1860er Jahre ließ Meyer Zürich hinter sich, danach nahmen sein schriftstellerisches Selbstvertrauen und seine Schaffenskraft zu. Die 70er Jahre brachten ihm den Durchbruch. 1872 erschien der Gedichtzyklus „Huttens letzte Tage" und sorgte für Aufsehen, in Folge verfasste Meyer regelmäßig lyrische und andere Texte. Als die Zeitschrift „Deutsche Rundschau" begann, Meyers Schriften abzudrucken, war er endgültig als bedeutender Literat etabliert. Die 1875 stattfindende Hochzeit mit der aus guten Kreisen stammenden Luise Ziegler brachte ihm auch gesellschaftliches Ansehen.

Um 1887 litt Meyer erneut an schweren Depressionen und konnte seine Texte nur noch mit Mühe fertigstellen. 1892 wies man ihn wieder in eine Heilanstalt ein, aus der er aber nach etwa einem Jahr entlassen wurde – ohne nennenswerte Verbesserung seines Zustandes. Meyer zog sich in sein Haus in Kilchberg zurück, wo er 1898 starb.

Friedhof: Conrad Ferdinand Meyers Grab befindet sich auf dem Friedhof seines Wohnortes Kilchberg am Zürichsee, gleich neben der Kirche (Friedhof Kilchberg, Dorfstrasse 117, 8802 Kilchberg).
C. H.

HEINER MÜLLER
9. Januar 1929 – 30. Dezember 1995

Heiner Müller wurde im sächsischen Eppendorf geboren und 1944 zum „Volkssturm" herangezogen, was ihn kurzzeitig in amerikanische Kriegsgefangenschaft brachte. Nach seiner Rückkehr nach Deutschland trat er in die SPD ein, die später gemeinsam mit der KPD zur SED verschmolz, und wurde Mitglied im Freien Deutschen Gewerkschaftsbund. Bis 1951 war er als Hilfsbibliothekar in Frankenberg angestellt und übte sich nebenbei im Verfassen belletristischer und journalistischer Texte. In Karl Mays Heimat Radebeul belegte er 1949 einen Schriftstellerlehrgang.
Ab 1950 wurde Müller zunehmend journalistisch aktiv. Er verfasste Literaturkritiken und trat vier Jahre später dem Deutschen Schriftstellerverband bei, wo er schon bald als wissenschaftlicher Mitarbeiter fungierte. Zu dieser Zeit heiratete Müller die Autorin Ingeborg Schwenker, die sich 1966 das Leben nahm.
Sein Stück „Zehn Tage, die die Welt erschütterten" brachte ihm das Bühnendebüt als Dramaturg, es wurde an der Berliner Volksbühne aufgeführt. Für Heiner Müller war dieser Erfolg ein Motivationsschub. Er arbeitete als Redakteur der FDJ-Publikation „Junge Kunst" sowie am Berliner Maxim-Gorki-Theater und ließ sich schließlich als freier Autor nieder. Noch in den 50er Jahren fanden weitere Theaterstücke aus seiner Feder ihren Weg auf die Bühnen, 1959 verlieh man ihm den Heinrich-Mann-Preis für sein künstlerisches Schaffen.
Das Blatt wendete sich 1961. Nach der Absetzung seines Stückes „Die Umsiedlerin" schloss man Müller wegen „unzureichender Darstellung der Wirklichkeit", wie es in manchen Quellen steht, aus dem Schriftstellerverband aus. Der Autor arbeitete das Werk später zu dem Stück „Die Bauern" um, doch der Verbandsausschluss blieb bis 1988 bestehen.
Unter Pseudonym blieb Müller auch nach dem Ausschluss aktiv. Er arbeitete zunehmend für Rundfunk und Fernsehen, blieb aber auch seinem vorherigen Tätigkeitsbereich treu. Nach dem Suizid seiner Ehefrau heiratete Müller erneut und wurde Dramaturg am Berliner Ensemble.

Heiner Müller wurde mehrfach ausgezeichnet. 1975 erhielt er den Lessing-Preis der DDR, neun Jahre später wurde er Mitglied der Akademie der Künste – zunächst im Osten, der Westen zog 1986 nach –, 1985 bekam er den Georg-Büchner-Preis überreicht. Und das sind nur einige der Auszeichnungen, die Müller im Laufe seiner Schriftstellerkarriere erhielt. Nach der Wiedervereinigung war Müller überwiegend als Regisseur und Dramaturg tätig. 1992 trat er in die Leitung des Berliner Ensembles ein und heiratete ein drittes Mal. Dem Ensemble blieb er bis zu seinem Krebstod treu.

Friedhof: Heiner Müller wurde auf dem Dorotheenstädtischen Friedhof in Berlin in der Chausseestraße 126 bzw. 127, 10115 Berlin beigesetzt.
C. H.

HELMUT NEWTON
31. Oktober 1920 – 23. Januar 2004

Er war einer der bedeutendsten Fotografen unserer Zeit: Helmut Neustädter, alias Newton, entstammte einer jüdischen Fabrikantenfamilie aus Berlin, wo er auch die Schule besuchte. Schon früh entwickelte Newton ein Interesse für die Fotografie und legte sich mit zwölf Jahren den ersten eigenen Fotoapparat zu. Nach dem frühzeitigen Ende der schulischen Laufbahn begann Newton eine Fotografenlehre bei einer Berliner Modefotografin und entwickelte ein Gespür für das Thema, die Technik und die visuellen Möglichkeiten dieser Kunstform.
1938 zog er hinaus in die Welt. Nach einem unfreiwillig kurzen beruflichen Aufenthalt in Singapur ging Newton nach Australien, wo er die Kriegsjahre verbrachte und seine spätere Ehefrau, die Schauspielerin June Brunell, kennenlernte. 1948 gründete Newton ein Fotostudio in Melbourne.
In den 60er Jahren zog er nach Paris. Eine internationale Fotografenkarriere wartete auf Newton, und er wollte die Chance, die sich ihm bot, wahrnehmen. Der Fotograf arbeitete schon bald für nahezu alle namhaften Modeillustrierten seiner Zeit: Von der „Vogue", bei der er bis in die 80er Jahre hinein beschäftigt war, bis zur „Elle" kam niemand mehr ohne Helmut-Newton-Motive aus. Auch seine Gattin hatte sich unter dem Pseudonym Alice Springs bald erfolgreich als Fotografin etabliert.
Helmut Newtons Werk ist nicht zuletzt wegen seiner Motivauswahl legendär. Der Künstler verstand es, leicht bekleidete Damen und den menschlichen Körper generell geschmackvoll in Szene zu setzen und daraus erotisch interessante Bilder zu zaubern – ein Talent, das nicht überall auf Gegenliebe stieß und viele Kritiker auf den Plan rief. Sein Stil revolutionierte die Modefotografie.
Newton lebte seit den 80er Jahren in Monaco und Los Angeles. Dort verstarb er im Cedars-Sinai Medical Center an den Folgen eines Autounfalls. Auf seinen Wunsch hin wurde er in Berlin, seiner Geburtsstadt, beigesetzt.

Friedhof: Der III. Städtische Friedhof Stubenrauchstraße befindet sich im Berliner Stadtteil Friedenau im Bezirk Tempelhof-Schöneberg. Am 2. Juni 2004 wurde seine Urne in einem Ehrengrab in der Nähe des Ehrengrabes von Marlene Dietrich beigesetzt.

Zum Grab: Statt eines Grabsteins befindet sich eine kleine Platte auf Helmut Newtons Grab. Sie zeigt ein Schwarz-Weiß-Foto des Künstlers sowie seine Lebensdaten.
C. H.

FRIEDRICH WILHELM NIETZSCHE
15. Oktober 1844 – 25. August 1900

Röcken war zwar Nietzsches Geburtsort, doch nach dem Tod seines Vaters zog die Familie nach Naumburg, wo der junge Friedrich auch die Schulbank drückte. Ein Studium schloss sich an, begonnen in Bonn, fortgeführt in Leipzig, und noch vor Beendigung der Ausbildung hatte Nietzsche eine eindrucksvolle Stellung angeboten bekommen: Die Universität Basel wollte den gerade einmal 25-jährigen Mann als Professor für klassische Philologie verpflichten.
Nietzsche folgte dem Ruf. Zehn Jahre lang arbeitete er in dieser Position, doch die philosophischen Texte, die er nebenher verfasste, setzten ihn der Kritik seiner Kollegen aus und ließen erste Zweifel an seiner wissenschaftlichen Kompetenz aufkommen. Gekoppelt mit zunehmenden gesundheitlichen Schwächen - etwa starker Migräne und Magenproblemen - musste sich Friedrich Nietzsche 1879 vom Dienst an der Universität pensionieren lassen.
Nietzsche schrieb weiter. Während seines Basel-Aufenthaltes hatte er die deutsche Staatsbürgerschaft abgelegt und blieb staatenlos, nun war er auch beruflich ungebunden. Als freier Autor bereiste er in den Folgejahren mehrere Gegenden, immer auf der Suche nach einem seinen Gebrechen zuträglichen Klima, und pflegte seine Ambitionen als Autor. In diesen Jahren entstand auch sein „Also sprach Zarathustra", ein Werk, das ihm nun auch im engeren Freundeskreis Unverständnis und Ablehnung einbrachte.
Sowohl seine persönliche wie auch seine berufliche Situation brachten in dieser Zeit Probleme mit sich. Nietzsche hatte wiederholt versucht, eine wohlhabende Frau an sich zu binden, allerdings erfolglos. Zudem waren die Verkaufszahlen seiner Bücher rückläufig und ließen den Autor für potenzielle Verleger immer unattraktiver werden. Dennoch blieb Nietzsche seinem Stil und seinen Themen treu und stand auch in persönlichem oder brieflichem Kontakt zu weiteren Denkern und Wissenschaftlern seiner Tage.
Mit den 1880er Jahren begannen Nietzsches psychische Probleme. Zwar hatten sich zuvor schon gelegentliche Züge von Größenwahn in seinen Arbeiten und seinem Verhalten erkennen lassen, nun brach die psychische Erkrankung aber vollends durch. 1889 kam es in Turin zum endgültigen Zusammenbruch. Ein Freund griff Nietzsche auf und brachte ihn in die Nervenheilanstalt von Basel, doch auch dort konnte man dem Philosophen

nicht mehr helfen. Immer mehr versank sein Geist in der Umnachtung. Schließlich erschien Nietzsches Mutter und bat darum, den Sohn zu Hause pflegen zu dürfen. Bis zu ihrem Tod 1897 kümmerte sie sich um ihn, danach wurde Friedrich der Obhut seiner in Weimar ansässigen Schwester übergeben. Dort starb er drei Jahre später.

Friedhof: Die kleine Gemeinde Röcken in Sachsen-Anhalt liegt im Burgenlandkreis, in der Nähe von Lützen. Die Familiengruft der Nietzsches, in der Friedrich Ende August 1900 beigesetzt wurde, liegt gleich neben der kleinen Dorfkirche. In einem Nebengebäude befindet sich die museale Nietzsche-Gedenkstätte mit Dauerausstellung zum Thema „Friedrich Nietzsche und Röcken". Das Familiengarb Nietzsche wurde 1986 unter Denkmalschutz gestellt.
C. H.

EMIL NOLDE
7. August 1867 – 13. April 1956

Nolde liegt bei Buhrkall, im deutsch-dänischen Grenzland, und dort stammt der Maler Emil Hansen her. Den Namen seines Geburtsortes machte er später zu seinem eigenen. Zunächst absolvierte Nolde in Flensburg eine Lehre als Möbelzeichner und Holzschnitzer. Dann arbeitete er für Möbelhersteller, mal in München, mal in Berlin. 1892 hörte das Wanderleben jedoch auf – zumindest für eine Zeit lang. Eine Stellung am Gewerbemuseum lockte Nolde nach St. Gallen, wo er bis 1898 als Lehrer für gewerbliches Zeichnen tätig war. Während dieser Jahre versuchte er sich erfolgreich als Aquarellkünstler, malte Landschaftsbilder und zeichnete. Derart motiviert beschloss er, es als Maler zu versuchen. In München wurde er zunächst von der Akademie abgelehnt, fand aber in einer privaten Malschule schnell eine adäquate Ausbildung, ab 1899 studierte er in Paris. Ein Jahr später zog es ihn wieder in die Heimat. Nolde mietete ein Atelier in Kopenhagen und siedelte schließlich auf die Insel Alsen über, wo er Vertreter der Künstlergruppe „Die Brücke" kennenlernte, der er sich zeitweise anschloss.
Nolde zog Inspiration und Ausdruckskraft aus dem Primitivismus. Die Eindrücke, die er auf ausgedehnten Reisen gewann, die ihn unter anderem in die Südsee führten, verarbeitete er zu Hause in zahlreichen Bildern. Sein Zuhause, das war ab Ende der 20er Jahre Seebüll, wo sich Nolde ein eindrucksvolles Wohn- und Arbeitshaus bauen ließ. Dort malte er auch während des Zweiten Weltkrigs, wo seine Werke von den Nationalsozialisten als „entartete Kunst" galten und der Künstler selbst mit einem Berufsverbot belegt worden war. Nolde hielt sich nicht daran und arbeitete heimlich weiter – die entstandenen Werke, meist Aquarelle, nannte er „Ungemalte Bilder".
Nach dem Krieg, Nolde befasste sich verstärkt mit Natur- und Landschaftsaufnahmen, wurden dem Künstler diverse Ehrungen zuteil, unter anderem der Biennale-Preis für das grafische Werk. Nolde war zweimal verheiratet und starb 1956 in seiner Wahlheimat Seebüll.

Friedhof: Noldes Grab ist ein Kunstwerk – auf der Anlage um das heutige Emil-Nolde-Haus in Seebüll befindet es sich in einem eigenen kleinen Gebäude in Noldes Garten. Er teilt sich seine letzte Ruhestätte mit seiner 1946 verstorbenen ersten Ehefrau Ada Vilstrup.
C. H.

GÜNTER NORIS
5. Juni 1935 – 27. November 2007

Günter Maier war eine Big-Band-Legende und so etwas wie die „musikalische Geheimwaffe" der Bundeswehr. Als Günter Noris, benannt nach einem Gebäude in seiner Heimat, war Maier jahrzehntelang als Bandleader, Komponist, Arrangeur und Pianist aktiv. Der Auftrag dazu kam von Helmut Schmidt, 1971 Verteidigungsminister der Bundesrepublik Deutschland. Noris solle Schwung – oder besser gesagt: Swing – in die Bundeswehr bringen. Kein Problem für den gebürtigen Bad Kissinger. Der Sohn eines Postbeamten hatte am Bayrischen Staatskonservatorium in Würzburg studiert, kannte sich bestens in Klavierspiel und der Kompositionslehre aus und hatte darüber hinaus auch Bühnenerfahrung gesammelt: Schon während der Studienzeit hatte sich Noris neben den Vorlesungen und Seminaren sein Geld als Jazzmusiker in amerikanischen Clubs verdient. 1961 kam der Ruf nach Berlin, wo Noris Pianist und stellvertretender Dirigent des RIAS Tanzorchesters wurde.

1966 wollte Hildegard Knef eine erste Tournee als Chansonsängerin starten und bat Noris, ihr dabei als musikalischer Leiter zur Seite zu stehen. Ein Jahr darauf fand er in Köln eine Anstellung als Bandleader des Westdeutschen Rundfunks. Darüber hinaus komponierte er auch. Dann das schicksalhafte Angebot: Noris sollte die Big Band der Bundeswehr gründen, prägen, leiten – was er mit Bravour bewältigte. Die Schallplatten, die er mit seinem uniformierten Ensemble einspielte, wurden Verkaufsschlager und mehrfach preisgekrönt. 1979 erhielt Noris den Deutschen Schallplattenpreis, den Vorgänger des heutigen Echo, für die beste „Tanzplatte des Jahres".

1983 suchte der Musiker nach neuen Tätigkeitsfeldern. Genervt von der ewigen Bürokratie des Armeeapparates, ließ er die Bundeswehr hinter sich und gründete die „Gala Big Band". Mit ihr setzte er seinen Erfolg nahtlos fort und eroberte Europa, ganz ohne Armee, dafür aber mit – wie der „FOCUS" nach seinem Tod schrieb – handgemachter Tanzmusik. 1995 wählte der Allgemeine Deutsche Tanzlehrerverband Noris' Truppe zum besten Tanzorchester der Welt.

Der Bundesverdienstkreuzträger musste im Alter kürzer treten, die Gesundheit war aus dem Takt geraten und konnte den schnellen Rhythmus des Berufslebens nicht mehr so gut halten. Doch Noris arbeitete maßvoll weiter, er produzierte bis zuletzt Schallplatten und trat öffentlich auf. Noris verstarb 72-jährig in seinem Wohnort Kerpen. Dort wurde er im Kreis der Familie beigesetzt.
C. H.

GEORGE ORWELL
25. Juni 1903 – 21. Januar 1950

Der britische Autor George Orwell wurde in den späten 40er Jahren mit zwei brillanten Satiren bekannt, die den Totalitarismus in Frage stellten. Er wurde zu einer der einflussreichsten Stimmen des Jahrhunderts.
Seine erste wichtige Arbeit trug den Titel „Animal Farm" - „Farm der Tiere" - und ist eine Fantasy-Novelle. Sie ist eine Allegorie der Russischen Revolution, die durch empfindungsfähige Tiere dargestellt wird, von denen einige „gleicher sind als andere". Später verfasste er einen Roman, der gleichzeitig eine Prophezeiung dessen ist, was aus der Welt wird, wenn sie von kriegerischen Diktatoren in Schutt und Asche gelegt wird. „1984" ist ein bitterer Protest gegen die erschreckende Entwicklung, die nach Orwells Meinung die Welt zu seiner Zeit durchmachte, mit Gedankenpolizei und Kontrolle der Vergangenheit. Der Kern beider Erzählungen ist die Illustration von Orwells Ansicht, dass die Degeneration der Sprache und die Verweigerung der Redefreiheit allen anderen Unterdrückungsmechanismen vorangehen. Diese beiden schlagkräftigen Werke gehören auf vielen höheren Schulen zum Lernstoff.
Nur vier Jahre nach der Veröffentlichung von „1984" starb Orwell im Alter von 46 Jahren an den Folgen einer Tuberkuloseerkrankung.
Er wurde im Hof der All Saints Church in Sutton Courtenay, England beigesetzt. Die Stadt liegt nur ein paar Meilen südlich von Oxford, die Kirche aus dem 14. Jahrhundert liegt am Nordende des Marktplatzes.
Orwell wurde unter seinem bürgerlichen Namen Eric Arthur Blair beigesetzt, und auf seinem Grabstein deutet nichts darauf hin, was er in seinem Leben geleistet hat.

PABLO PICASSO
25. Oktober 1881 – 8. April 1973

Viele Menschen halten Pablo Picasso für den einflussreichsten Künstler des 20. Jahrhunderts und fast nebenbei prägte er den Ausdruck „Moderne Kunst". Als erster Künstler genoss er die Aufmerksamkeit der Massenmedien. Kein Künstler, auch nicht Michelangelo selbst, war jemals zu Lebzeiten so berühmt wie Picasso, und es ist möglich, dass niemals wieder jemand diese Erfahrung machen wird. In unserer Zeit wird es zu oft den elektronischen Medien überlassen, Meinungen abzubilden und unvergessliche Eindrücke zu schaffen. Picassos Publikum, die Leute, die von ihm gehört hatten oder seine Arbeiten kannten, umfassen zahlenmäßig wahrscheinlich mehrere Hundert Millionen Menschen, und seine Werke wurden unendlichen Analysen unterzogen, was ihm sowohl Kritik als auch Bewunderung einbrachte.
Picasso ist am besten für seinen revolutionären Malstil und für seine Experimentierfreudigkeit mit verschiedenen Themen bekannt. Seine wichtigsten Beiträge zur Kunst

umfassen die Entwicklung des Kubismus und die Erweiterung künstlerischer Techniken um Kollagen und Montagen.

Im Jahre 1907 widmete sich Picasso nach der Blauen und der Rosa Periode – die nach der Dominanz der Farben in seinen Werken so benannt sind – der Vereinfachung der Kunst und schockte die Kunstwelt mit seiner bewussten Destruktion des menschlichen Körpers in seinen kubistischen Werken: Dieser Stil demonstrierte die Zerlegung einzelner Motive in geometrische Formen und kreierte somit einen abstrakten Eindruck und das Gefühl, das Kunstwerk aus mehreren Blickwinkeln gleichzeitig zu betrachten.

Um das Jahr 1912 begannen Picasso und sein Freund Georges Braque, mit neuen Techniken zu experimentieren: Sie benutzten Papier collé – eine bestimmte Art Papier, das zusammen mit anderen Materialien auf einer Leinwand festgeklebt wurde – und kreierten damit eine neue Kunstform, bekannt als Collage. Als in den 20er Jahren die surrealistische Bewegung aufkam, kippte Picassos Arbeit ins Groteske und er gestaltete Figuren mit mehreren Köpfen, verschob Nasen und Münder und stellte die Extremitäten vergrößert dar. Eines von Picassos historisch bedeutsamsten Werken mit dem Titel „Guernica" aus dem Jahre 1937 zeigt den Horror und die Brutalität der Faschisten im spanischen Bürgerkrieg. „Guernica" ist noch immer eines der aussagekräftigsten politischen Bilder der modernen Kunst. Die Fertigstellung dieses Bildes markierte den letzten großen Wendepunkt in Picassos Karriere.

Der letzte Abschnitt von Picassos Leben ähnelte fast schon einer seiner Leinwände. In dieser Ära war er äußerst produktiv, allerdings ging einiges an Qualität verloren, was Kontroversen auslöste und ihm Kritik einbrachte. In den 50er Jahren stellte sich Picasso seiner Zwangslage; er war ein alter Mann, er schwelgte in der beispiellosen Bewunderung, die ihm als Künstler und Nationalmonument entgegengebracht wurde, fand jedoch keine Erfüllung in seiner Arbeit. Nichtsdestotrotz wollte er seinen Ruhm weiter mehren.

Da er niemandem Rechenschaft ablegen musste, entschied Picasso, seine letzten Lebensjahre genau so zu verbringen, wie er sich das vorstellte; er bediente sich seiner Erfolge, entwarf eine vulgäres, zynisches Bild von sich selbst und wurde der König Midas der Kunst – alles, was er berührte, wurde zu Gold. In den folgenden zwei Jahrzehnten wurden Picassos Werke, von denen einige durchaus Anerkennung verdienten, durch die bewusste Schönfärberei seines eigenen Rufs geschädigt; schlampig gezeichnete Lithografien erschienen zu Tausenden und sogar Kritzeleien auf Servietten wurden unter sogenannten Sammlern hoch gehandelt, die nach jedem Stück des experimentierfreudigen Künstlers lechzten, der Picasso einst gewesen war.

Picasso sagte einmal zu einem Besucher, der seinen Elan bewunderte: „Ein Maler wird niemals fertig. Wenn du einmal aufhörst zu malen, dann nur, weil du etwas Neues beginnst." Es scheint fast so, als hätte er mit dieser obsessiven Aussage übermitteln wollen, dass er durch diesen kreativen Akt dem Tode entrinnen könne, doch das tat er nicht.

Im Alter von 91 Jahren erlag Picasso einem Lungenödem.

Sein Grab wird von seiner Skulptur „Frau mit Vase" geschmückt und liegt auf der Terrasse nahe dem Haupteingang seines Schlosses im französischen Vauvenargues. Sie können dem kleinen Dörfchen in der ländlichen Provence gern einen Besuch abstatten, jedoch sind das Schloss, das Grundstück und sein Grab nicht für die Öffentlichkeit zugänglich.

EDGAR ALLAN POE
19. Januar 1809 – 7. Oktober 1849

Edgar Allen Poe gilt als Erfinder des Mystery-Thrillers und verdient mehr als jeder andere Schriftsteller Anerkennung dafür, dass er die Kurzgeschichte von einer missachteten Anekdote zu einer Kunstform erhoben hat.

Edgars Eltern starben, noch bevor er drei Jahre alt war, und nachdem er in das Haus der reichen Familie Allan in Richmond gekommen war, erhielt er den Namen Edgar Allan Poe. Im Alter von 17 Jahren besuchte er die Universität von Virginia, um sich dem Studium der klassischen Sprachen zu widmen. Als sein Stiefvater sich jedoch weigerte, eine Spielschuld Edgars in Höhe von 2.000 Dollar zu begleichen, verließ Edgar die Universität, meldete sich freiwillig zur Armee und landete schließlich in West Point. Während er dort stationiert war, erschien sein erstes Buch „Tamerlane and Other Poems" – „Tamerlane und andere Gedichte". Edgar war nun, da sein Talent als Schriftsteller anerkannt wurde, nicht mehr an einer Karriere als Kadett interessiert, vernachlässigte seine Pflichten und wurde wegen Nichterfüllung seiner Pflichten unehrenhaft entlassen.

Edgar zog nach Baltimore zu seiner Tante Maria Clemm und ihrer Tochter Virginia, seiner Cousine ersten Grades, die er im Jahre 1936 heiratete, als sie 13 Jahre alt war. Er wurde zum Redakteur des „Southern Literary Messenger" und veröffentlichte darin viele seiner eigenen Werke, jedoch war Edgars redaktionelles Interesse, mal abgesehen von seinen eigenen Beiträgen, eher gering. Seine einzige weitere Vorliebe galt dem Alkohol und schon bald wurde er um seinen Rücktritt gebeten.

Der weitere Verlauf von Edgars Karriere schien nun festzustehen und seine Erfahrungen beim „Southern Literary Messenger" wiederholten sich in den folgenden Jahren bei einer Reihe von anderen Magazinen in Philadelphia und New York. Edgar veröffentlichte in verschiedenen literarischen Zeitschriften seine besten Romane, zu denen „The Fall of the House of Usher" – „Der Untergang des Hauses Usher" und „The Tell-Tale Heart" – „Das verräterische Herz" gehörten. Jedoch waren seine Auftraggeber so sehr irritiert von seinen literarischen Fehden, seinem Alkoholismus und seinem Unvermögen, sich mit anderen Menschen zu verstehen, dass er immer nur für eine kurze Zeit beschäftigt wurde.

Nachdem er im Jahre 1845 mit seinem Gedicht „The Raven" – „Der Rabe" – die Öffentlichkeit auf sich aufmerksam machte, stellte Edgar erfreut fest, dass er mit der Rezitation des Gedichts vor zahlendem Publikum einiges an Geld verdienen konnte. Seine finanzielle Situation verbesserte sich zusehends, doch als es so schien, als sei Edgars Stern nun endgültig aufgegangen, starb im Jahre 1847 seine junge Frau Virginia und Edgar verfiel erneut dem Alkohol.

Während einer Reise von Richmond nach New York legte das Dampfschiff, auf dem Edgar sich befand, einen Zwischenstopp in Baltimore ein. Sechs Tage später wurde Edgar mitten am Tag schwer krank und halb ohnmächtig von einem Drucker auf der Straße aufgelesen, der ihn zufällig kannte. Die Sachen, die er trug, gehörten augenscheinlich nicht ihm, er befand sich im Delirium und rief unentwegt nach einem Polarforscher namens Reynolds. Er wurde in ein Krankenhaus gebracht, verlor in den folgenden vier Tagen immer wieder das Bewusstsein und sprach dann seine letzten Worte: „Lord help my poor soul.", was übersetzt in etwa heißt: „Möge Gott meiner armen Seele gnädig sein." Er wurde 40 Jahre alt. Es scheint, als habe sein starker Alkoholkonsum seinen Tod verursacht, und in seinem Nachruf stand, er sei an einer Erkrankung des Gehirns verstorben. Heutzutage wird spekuliert, Edgar habe an einer Krankheit gelitten, die zu jener Zeit von den Ärzten nicht feststellbar gewesen sei. Da die Gemeinschaft der Schriftsteller Edgar nicht besonders zugetan gewesen war, fielen seine Nachrufe nicht sehr freundlich aus. In einem stand: „We hope he has found his rest, for he needed it." - „Wir hoffen, er hat nun seine letzte Ruhe gefunden, denn die brauchte er auch."

Edgar wurde am folgenden Tag in einem schmucklosen Grab auf dem Westminster Presbyterian Church Cemetery in Baltimore beigesetzt. Letzten Endes nahm auch die literarische Welt Notiz von seinem Tod und eine Gruppe von Anhängern organisierte eine Spendensammlung, um dem verstoßenen Poeten ein angemessenes Grabmal zu stiften. Im Jahre 1875 wurden Edgar und seine Frau Virginia, die in New York begraben worden war, exhumiert und an einem besseren Ort auf dem Westminster Friedhof beigesetzt. Tante Maria wurde nach ihrem Tod im Jahre 1885 neben den beiden beerdigt und die Familie wurde für alle Ewigkeit vereint.

Seitdem sich im Jahre 1949 Edgars Geburtstag zum 100. Mal jährte, hinterlässt ein mysteriöser Fremder, bekannt als „Poe Toaster" („toast" heißt einen Trinkspruch ausbringen, Anm. d. Ü.), jedes Jahr eine halb leere Flasche Cognac und drei Rosen am Grab der Poes. Die Bedeutung des Cognacs ist unsicher, da er nicht in den Werken Poes auftaucht, aber

es wird angenommen, dass die drei Rosen für die drei Menschen bestimmt sind, die dort begraben liegen. Im „Poe House and Museum" in Baltimore werden einige der Cognacflaschen aus den Vorjahren ausgestellt.

Weg zum Friedhof: Biegen Sie am Südende der I-83 in der Mitte Baltimores rechts auf die Fayette Street ab. Folgen Sie dieser etwa eine Meile weiter bis zur Greene Street. Dort liegen die Kirche und der Friedhof an der linken Ecke.

Weg zum Grab: Betreten Sie den Kirchhof und Sie sehen das Grab der Poes gleich auf der rechten Seite.

Falls Sie auch dem „Poe House and Museum" einen Besuch abstatten möchten, folgen Sie einfach der Fayette Street weiter und biegen Sie etwa eine halbe Meile später auf die Amity Street ab. Das „Poe House" hat die Nummer 203.

FRIEDRICH SCHILLER
10. November 1759 – 09. Mai 1805

Das verschlafene Marbach am Neckar ist der Geburtsort eines der größten Dichter deutscher Sprache: Johann Christoph Friedrich Schiller wurde zunächst in Lorch vom Ortspfarrer unterrichtet und besuchte ab 1766 die Lateinschule in Ludwigsburg. Eigentlich wollte Schiller sich der Theologie zuwenden, musste aber gegen seinen und den Willen seiner Eltern auf die Militärakademie nach Stuttgart – der Herzog wollte es so. Schiller studierte dort Jura, wechselte aber bald zur Medizin, worin er auch promovierte. Schließlich wurde er Militärarzt beim Stuttgarter Grenadierregiment. Doch Schiller hegte andere Ambitionen. 1781 veröffentlichte er das Schauspiel „Die Räuber", anonym und im Selbstverlag. Es wurde 1782 am Mannheimer Theater aufgeführt, und Schiller besuchte heimlich mehrere Vorstellungen. Dem Herzog missfielen seine Stücke, und er verbot Schiller, nachdem er ihn zwei Wochen ins Gefängnis gesteckt hatte, dergleichen weiter zu veröffentlichen.

Im September 1782 floh der Dichter daraufhin aus dem Herzogtum und geriet 1783 nach Mannheim, wo er eine Anstellung als Dramatiker beim Hof- und Nationaltheater erhielt. Außerdem reiste er nach Leipzig und Weimar und begegnete Zeitgenossen wie Wieland und Herder. Schillers finanzielle Situation war dadurch langfristig aber nicht gesichert. Durch Vermittlung Johann Wolfgang von Goethes erhielt der Dichter eine unbezahlte Professur an der Jenaer Universität.

1790 wurde Schiller von Herzog von Meiningen der Hofrattitel verliehen; der Dichter nutzte diese Stellung und heiratete seine Verlobte Charlotte von Lengenfeld. Vier Jahre später traf er erneut auf Goethe, und die beiden entwickelten eine fruchtbare Freundschaft und prägten eine literarische Epoche, die als „Weimarer Klassik" in die

Literaturgeschichte eingehen sollte. Goethe willigte ein, in Schillers Zeitschrift „Die Horen" mitzuarbeiten, die bei Cotta erschien. 1799 zog Schiller mit Kind und Kegel nach Weimar, wo er sich öfters mit Goethe austauschen konnte. Am 16. November 1802 verlieh man dem Mann aus Marbach das Adelsdiplom, ab sofort konnte er sich Friedrich von Schiller nennen. Auch höfische Kreise nahmen ihn und seine Familie nun besser auf.

Schiller war in den 1790er Jahren schwer erkrankt und hatte sich nie richtig von dieser Schwächung erholen können. Er starb 1805 an einer Lungenentzündung. Wie eine Obduktion ergab, waren neben der Lunge auch andere Organe in Mitleidenschaft gezogen, vermutlich Spätfolgen der nicht auskurierten Krankheit.

Friedhof: Friedrich Schiller wurde zunächst auf dem Weimarer Jacobsfriedhof beigesetzt, später aber in die Fürstengruft auf dem Historischen Friedhof Weimars umgebettet, wo er heute und auf Goethes Wunsch hin neben Goethe ruht.

Zum Grab: Die Gruft liegt auf einer Anhöhe, auf dem Gelände des Historischen Friedhofs. Sie wurde im Auftrag von Großherzog Carl August erbaut und zählt zu den Sehenswürdigkeiten der Stadt.
C. H.

WILLIAM SHAKESPEARE
23. April 1564 – 23. April 1616

Es ist relativ wenig über William Shakespeares Leben bekannt, obwohl seine Werke zu den wichtigsten Werken in englischer Sprache gehören. Schon oft wurden seine Arbeiten genauestens auf autobiografische Hinweise untersucht, jedoch fielen die Interpretationen eher unbefriedigend aus. Auf jeden Fall wissen wir, dass er ein begabter Theaterautor war und dass er einen unermesslichen Einfluss auf die Literatur hatte. Er wandelte das bis dorthin steife Versmaß in ein Instrument um, mit dem man jede Facette der menschlichen Gefühle und des menschlichen Intellekts ausdrücken konnte. Mithilfe seiner brillanten Auswahl an Charakteren erforschte er die Natur des Menschen anhand solch erstaunlicher Dramen, die bis heute unerreicht geblieben sind.

Es wird angenommen, dass Shakespeare von 1580-82 als Lehrer gearbeitet hat, daraufhin zog er nach London, um Schauspieler zu werden. Als die Theater im Jahre 1592 wegen der Pest geschlossen wurden, wandte er sich dem Schreiben zu, und als die Theater im Jahre 1594 wieder öffneten, war Shakespeare ein aufstrebender Theaterautor. Er wurde zum Mitglied der „Lord Chamberlain's Men", einer Gruppe von Theaterschauspielern, die ihren Namen später in „King's Men" änderten, als sie die Unterstützung von König James I. gewannen. Um das Jahr 1598 wurde Shakespeare zum „principal comedian" der Truppe befördert, was übersetzt etwa „Leitender Komödienschreiber" heißt, und in dieser Zeit verfasste er Komödien wie zum Beispiel „A Midsummer Night's Dream" - „Ein Sommernachtstraum". Als er daraufhin im Jahre 1603, zum „principal tragedian" - übersetzt etwa „Leitender Tragödienschreiber" - ernannt wurde, brachte er Werke wie „Hamlet", „Macbeth" und „King Lear" zu Papier. Danach folgten Romanzen wie „Romeo and Juliet". Obwohl die Arbeit als Theaterautor weder prestigeträchtig noch sehr einträglich war, wurden erfolgreiche und wohlhabende Schauspieler hoch geachtet und Shakespeare konnte als solcher gut leben. Im Jahre 1596 bat er um die Erstellung eines eigenen Familienwappens und wurde somit zu einem Aristokraten. Um 1610 kehrte er in seine Heimatstadt zurück, wo er sich ein Haus errichten ließ, und er verbrachte den Rest seines Lebens auf dem Land. Shakespeare starb im Alter von 56 Jahren und wurde er in der Collegiate Church of Holy Trinity in Stratford-upon-Avon in Warwickshire, England beigesetzt. Die Stadt liegt etwa 80 Meilen nordwestlich von London.

Es mag seltsam erscheinen, die Autorenschaft von Shakespeares Werken anzuzweifeln, allerdings wurde dies in den Jahrhunderten nach seinem Tod oft debattiert. In einigen anerkannten Abhandlungen, besonders in dem Buch „The Shakespeare Problem Restated" von George Greenwood, wird die These aufgestellt, dass die berühmten Erzählungen dem falschen Mann zugeschrieben wurden und dass jemand anderer als der Mann, den wir als William Shakespeare kennen, die berühmten Werke verfasst hat. Nach Meinung der Forscher, die sich mit diesem Problem beschäftigen, gibt es keine stichhaltigen Beweise dafür, dass Shakespeare auch nur ein einziges der Theaterstücke geschrieben hat. Ganz im Gegenteil sogar; die Forscher argumentieren, dass es Beweise dafür gäbe, dass Shakespeare niemals der Verfasser sein könne. Einige halten Francis Bacon für den ‚wahren' Autor, während andere wiederum Christopher Marlowe favorisieren. Eine der weniger wichtigen Vorwürfe, die ihm die Forscher machen, ist die Tatsache, dass Shakespeares Tod, im Gegensatz zu dem anderer wichtiger Vertreter der Literatur jener Zeit, kein großes Ereignis war. Tatsächlich gehen sie davon aus, dass Shakespeare nur ein einziges Gedicht in seinem Leben geschrieben hat, das ihm wirklich zugeordnet werden kann. Hierbei handelt es sich um das Gedicht, das auf seinen Wunsch hin auf seinen Grabstein eingraviert werden sollte. Man kam seinem Wunsch nach und noch bis heute steht dort geschrieben:

Good friend, for Jesus' sake forbeare,
To digg the dust encloased heare!
Blese be ye man yt spares thes stones.
And curst be he yt moves my bones.
Mein Freund, verzichte im Namen Jesu darauf,
den hier eingeschlossenen Staub auszugraben.
Gesegnet sei er, der diese Steine achtet und
Verdammt sei er, der meine Gebeine fortbringt.

MARY SHELLEY
30. August 1797 – 1. Februar 1851

Betrachtet man das Vermächtnis ihrer Eltern – beide waren einflussreiche Autoren und Propagandisten –, so scheint es unausweichlich, dass Mary eine Karriere in der literarischen Welt anstrebte. Ihre Mutter Mary Wollstonecraft war eine sehr frühe Feministin, die das radikale Werk „A Vindication of the Rights of Women" verfasst hatte, das unter dem deutschen Titel „Ein Plädoyer für die Rechte der Frau" erschienen ist und sich auch heute noch großer Popularität erfreut. Marys Vater William Godwin war ein gefeierter Liberalist, dessen Ziel es war, die Aufklärung in Frankreich in einen englischen Kontext zu übertragen, jedoch erfreute sich sein Vorhaben nach den blutigen Wirren der Französischen Revolution nicht mehr allzu großer Beliebtheit.
Die Beziehung zwischen Godwin und Wollstonecraft fußte auf einer intellektuellen Basis; die zwei lebten sogar bis kurz vor Marys Geburt in zwei getrennten Haushalten, um zu zeigen, dass Frauen ein Recht auf Unabhängigkeit haben. Da ihre Mutter ein paar Tage nach ihrer Geburt starb, wurde Mary von ihrem Vater aufgezogen, einem unaufdringlichen, egozentrischen und kopflastigen Mann. Als sie zehn Jahr alt war, studierte Mary das Lebenswerk ihrer Mutter und zog sich für ihre Studien oft auf den ruhigen Friedhof und an das Grab ihrer Mutter zurück. Mit 16 ging sie eine Beziehung mit Percy Bysshe Shelley ein, der so alt war wie ihr Vater. Da Mary nun auch selbst Schriftstellerin war, vertiefte sich das Paar in seine intellektuelle Beziehung und ließ sich von Ausflügen nach Europa inspirieren.
Im Jahre 1816 besuchten sie Lord Byrons Villa Diodati in der Nähe von Genf und lasen sich dort gegenseitig Gruselgeschichten vor. Nachdem sich der Autor John Polidori zu ihnen gesellt hatte, machte das große Talent der anwesenden Autoren das Geschichtenerzählen überflüssig, und Byron schlug einen Wettstreit vor, um herauszufinden, welcher von ihnen die beste übernatürliche Geschichte schreiben könne; die 18-jährige Mary schuf im Rahmen des Wettstreits ihr berühmtestes Werk „Frankenstein or The Modern Prometheus", das den deutschen Titel „Frankenstein oder Der moderne Prometheus" trägt. In mehr als 40 Verfilmungen wurde die Aussage der Erzählung verlagert und zwar zum schleichenden Horror mit einem grunzenden Monster mit Bolzen am Hals und dessen Schöpfer, dem verrückten Wissenschaftler. Tatsächlich geht es in der Erzählung jedoch um eine verbitterte Kreatur, die von seinem Schöpfer keine Zuneigung erfährt und schließlich von ihm verlassen wird. Auf gewisse Weise spiegelt der Roman Marys Leben wider: ein mutterloses Kind mit einem distanzierten Vater. Obwohl sie fünf weitere Romane geschrieben hat, beruht ihr großer Bekanntheitsgrad auf ihrem „abscheulichen Nachkommen", Frankensteins Monster.
Mary Shelley verschied im Alter von 53 Jahren im Schlaf und wurde neben ihren Eltern auf dem Saint Peter's Churchyard an der Hinton Road in Bournemouth, England beigesetzt.
Marys Ehemann Percy ertrank im Jahre 1822 vor der Küste Italiens und sein Körper wurde dort am Strand auf einem Scheiterhaufen verbrannt. Bevor die Leiche verbrannt wurde, hatte sein Freund Edward Trelawny Percys Herz entfernt und es später der frisch verwitweten Mary

gezeigt, die über diese Aufmerksamkeit sicher äußerst erfreut gewesen sein dürfte. Bis zu ihrem eigenen Tod bewahrte sie es in einer Ausgabe seines Gedichtbandes „Adonais" auf. Nach ihrem Tod wurde das Herz ihres toten Mannes mit in ihr Grab gelegt.
Percys Asche wurde später auf dem Cimitero Acattolico in Rom beigesetzt. Dieser historische Friedhof liegt neben der Pyramide des Cestius an der Via Ostiensis.

ADALBERT STIFTER
23. Oktober 1805 – 28. Januar 1868

Adalbert Stifter stammte aus Oberplan im Böhmerwald, wo sein Vater als Leinweber und Flachshändler tätig war. Doch Johann Stifter starb früh. Adalbert half mit, den Unterhalt der Familie zu sichern, bis man ihn schließlich nach Kremsmünster auf die Lateinschule des dortigen Benediktinerklosters schickte.
1826 schrieb sich Stifter an der Wiener Universität ein, um Jura zu studieren, brachte dieses Unternehmen aber nie zu Ende. Zu sehr hatte ihn schon die Schreiblust gepackt, hatten ihn Dichter und Denker wie Goethe und Herder beeindruckt – außerdem war er unglücklich in Fanny Greipl verliebt, was sich ebenfalls negativ auf Konzentration und Motivation auswirkte. An den Abbruch des Jurastudiums schloss sich eine zweite universitäre Ausbildung, diesmal in Mathematik und Naturwissenschaften, doch auch dabei hielt es ihn nicht.
Erste literarisch-lyrische Arbeiten entstanden in diesen Jahren neben einer Tätigkeit als Lehrer und waren zum Teil noch stark von Stifters Vorbildern geprägt. Um 1833 lernte er die Modistin Amalie Mohaupt kennen, der er schließlich die Ehe versprach – aus gekränkter Eitelkeit und Trotz, wie er an seine unerreichte Fanny schrieb.
Stifter pflegte sein schriftstellerisches Talent weiterhin und konnte allmählich auch publizistische Erfolge aufweisen. Journalistische Arbeiten, Herausgeberschaften und Erzählungen wie „Abidas" aus dem Jahre 1842 ebneten seinen Weg zum Ruhm und sorgten zunehmend für materielle Unabhängigkeit. Zur Mitte der 1840er Jahre bestritt er sein Haupteinkommen mit seiner Schriftstellerei.
In den Wirren des Revolutionsjahres 1848 zog Stifter nach Linz um, wo er ab 1850 in hoher Position im Schuldienst tätig war und wieder ein gesichertes Einkommen hatte. Die Ehe mit Amalie war glücklich, aber kinderlos, woraufhin die Stifters Amalies Nichte Juliane als Ziehtochter aufnahmen. Doch Juliane riss mehrfach aus und wurde schließlich tot aus der Donau gefischt.
Nerven- und Augenleiden kennzeichneten Stifters letzte Jahre im Beruf. Zeitweise fiel ihm sogar das Schreiben schwer. 1865 ließ er sich vom Schuldienst pensionieren, es folgten mehrere Kuren. Ende Januar 1868 verletzte sich Stifter nachhaltig bei der Rasur, manche Quellen sprechen von einem Suizidversuch, kurze Zeit später versagt seine Leber ihren Dienst. Adalbert Stifter starb am Morgen des 28. Januars 1868.
Friedhof: Stifter wurde auf dem St.-Barbara-Friedhof in Linz bestattet.

Zum Grab: Gleich am Haupteingang des Geländes findet sich Adalbert Stifters letzte Ruhestätte. Der etwa vier Meter hohe Grabobelisk wurde vom Linzer Bildhauer Joseph Rint entworfen.
C. H.

JOHN STEINBECK
27. Februar 1902 – 20. Dezember 1968

Die Tatsache, dass John Steinbeck seine Jugend in Kalifornien verbrachte, wo sich Migranten als Obstpflücker auf dem harten Boden im San Fernando Valley plagten und unbekümmerte Bummler in den Schuppen an der Monterey Bay ihr Lager aufschlugen, hatte großen Einfluss auf den aufstrebenden Schriftsteller.
Nach einem kurzen Ausflug an die Universität von Stanford, ein paar verlorenen Jahren in New York und zwei missachteten Novellen lenkte Steinbeck seine Kreativität in eine neue Richtung und veröffentlichte im Jahre 1935 sein Buch „Tortilla Flat", eine zeitweise komische, aber liebevolle Geschichte über entwurzelte Menschen mexikanisch-amerikanischer Herkunft. Dies war Steinbecks erster literarischer Erfolg und schnell folgten darauf die beiden Romane „The Red Pony" - „Der rote Pony" und „Of Mice and Men" - „Von Mäusen und Menschen".
Im Jahre 1936 gesellte sich Steinbeck zu den Farmflüchtigen in ihren Camps, die ihrer Existenzgrundlagen im mittleren Westen beraubt und nach Kalifornien gebracht worden waren. Drei Jahre später veröffentlichte Steinbeck „The Grapes of Wrath" - „Früchte des Zorns", die Saga über eine Familie aus Oklahoma und ihren beschwerlichen Weg über die Route 66 in Richtung des gelobten Landes und über die Leiden der Familie unter der Knute gewalttätiger Plantagenbesitzer. Es wurde zu einem Meisterwerk der amerikanischen Literatur.
Wie es meistens der Fall ist, waren nicht alle Leser von dem Roman begeistert, und der Gouverneur von Oklahoma tat die Fakten im Roman als Lüge und Ausgeburt eines verdrehten Verstandes ab. Im folgenden Jahr wurde Steinbeck jedoch für die Vorwürfe entschädigt, denn er erhielt den begehrten Pulitzer-Preis.
Das Jahr 1941 verbrachte Steinbeck, zusammen mit seinem Freund, dem Marine-Biologen Edward F. Ricketts, mit der Recherche über das Leben im Meer nahe Mexiko. Zusammen schrieben die beiden das Buch „Sea of Cortez", eine Studie über die Fauna im Golf von Kalifornien. Während des Zweiten Weltkriegs übernahm er als Kriegsberichterstatter einige Projekte im Ausland und veröffentlichte nach Kriegsende eher sentimentale Romane wie „Cannery Row" und „The Pearl", die unter den deutschen Titeln „Die Straße der Ölsardinen" und „Die Perle" veröffentlicht wurden, darüber hinaus verfasste er das Drehbuch für Alfred Hitchcocks Film „Lifeboat" - „Das Rettungsboot". Steinbecks letzte Arbeit war „Travels with Charley", eine Art Reiseberichterstattung über seine Tour durch Amerika, die er zusammen mit dem Pudel seiner Frau in einem Wohnmobil unternommen hatte.

Im Alter von 66 Jahren entschlief John friedlich in seinem Bett zu Hause in Sag Harbor, New York.

Nach der Trauerfeier, in deren Rahmen Henry Fonda eine Grabrede gehalten hatte, wurde John eingeäschert. Einige Tage später verstreute Johns Familie einen Teil seiner Asche an der Küstenlinie südlich von Monterey mit Blick auf die Whalers Bay, während sich unten die Seeotter in der Brandung tummelten. Die verbleibende Asche wurde auf dem Garden of Memories Cemetery in Salinas, Kalifornien beigesetzt.

Weg zum Friedhof aus nördlicher Richtung: Verlassen Sie den Highway 101 an der John Street, halten Sie sich westlich und biegen Sie kurz darauf links auf die Abbott Street ab. Nach einer Dreiviertelmeile biegen Sie rechts auf den Memory Drive ab und fahren Sie auf das Friedhofsgelände.

Weg zum Friedhof aus südlicher Richtung: Verlassen Sie den Highway 101 an der Abbott Street und folgen sie der Straße fünf Meilen bis zum Memory Drive zu Ihrer Linken. Um auf den Memory Drive zu gelangen, müssen Sie zuerst daran vorbeifahren und an der East Romie Lane Ihr Fahrzeug wenden.

Weg zum Grab: Halten Sie sich nach Betreten des Friedhofs am Fahnenmast rechts und passieren Sie das Mausoleum. Folgen Sie dem Weg an der nächsten Möglichkeit nach rechts und etwa nach der Hälfte des Weges stoßen Sie auf ein Schild mit der Aufschrift „Steinbeck" mit einem Pfeil, der nach links weist. Johns Asche liegt von hier aus etwa 30 Meter entfernt auf der Wiese, noch vor dem Grabstein der Hamiltons.

ROBERT LOUIS STEVENSON
13. November 1850 – 3. Dezember 1894

Im Jahre 1867 schrieb sich Robert Louis Stevenson an der Universität von Edinburgh ein, fest entschlossen, in die Fußstapfen seines Vaters zu treten und Ingenieur zu werden. Jedoch war Robert von eher romantischer Natur und verbrachte seine Zeit stattdessen damit, Literatur und Geschichte zu studieren. Als Kompromiss wählte er ein Jurastudium und erhielt im Jahre 1875 sogar eine Anstellung am Scottish Bar, der Anwaltsfakultät, doch Robert praktizierte niemals. Er widmete sich stattdessen dem Verfassen von kurzen Reiseberichten und Kurzgeschichten für einige Magazine. Robert, der schon seit seiner Kindheit an Tuberkulose litt, nahm nun die Vorzüge des Erwachsenenlebens wahr und reiste mit den Jahreszeiten von Ort zu Ort, um seine Atembeschwerden zu lindern. Seine Streifzüge wurden schon bald zur Reiselust. Er schrieb, er reise um des Reisens willen, und die Reiselust lieferte schon bald die Inspiration für Roberts romantische Abenteuergeschichten.
1878 erschien sein erster Roman mit dem Titel „An Inland Voyage" und im Jahre 1883 erhielt er Anerkennung für seinen Roman „Treasure Island" - „Die Schatzinsel". Weiter folgten die Erzählungen „The Strange Case of Dr. Jekyll and Mr. Hyde" - „Der seltsame Fall des Dr. Jekyll und Mr. Hyde", die auf einem Traum Roberts beruhte und die er innerhalb von zehn Wochen in einer Blitzaktion sowohl schrieb als auch drucken ließ, und „Kidnapped" - „Entführt", in der die Erlebnisse seines Vorfahren David Balfour erzählt werden. Als er das nächste Mal von seinen Notizen aufblickte, stellte er fest, dass er zum berühmtesten Autor seiner Zeit geworden war.
Aufgrund seiner gesundheitlichen Verfassung machte sich Robert mit seiner Familie im Jahre 1888 auf den Weg zum Südpazifik und im folgenden Jahr kaufte er ein Anwesen auf Samoa, wo er glücklich zu leben hoffte. Das Klima tat seinen Atemwegen gut, die Einwohner nahmen die Familie gut auf und die Insel verfügte über ein funktionierendes Postwesen. Auf dem Anwesen der Stevensons arbeiteten ein Dutzend samoische Angestellte, die Robert „Tusitala" - „Geschichtenerzähler" - nannten. Während seiner Zeit auf Samoa verfasste Robert einige neue Werke, jedoch reichte keines davon an seine früheren Erfolge heran.
Leider war Roberts Zeit auf Samoa eher kurz bemessen. Während er sich eines Abends mit seiner Frau unterhielt, starb er ganz unvermittelt an einer Hirnblutung. Im Alter von 44 Jahren wurde er auf dem Mount Vaea begraben, dieser liegt auf seinem 300 Morgen großen Anwesen in Apia, Samoa.
Auf Roberts Grabstein ist ein Ausspruch von ihm vermerkt:

Here he lies where he longed to be;
Home is the sailor, home from the sea,
And the hunter home from the hill.

Hier liegt er nun, wo er liegen wollte;
Daheim ist der Seemann, daheim von der See,
Und der Jäger ist heim von der Jagd.

KURT TUCHOLSKY
9. Januar 1890 – 21. Dezember 1935

Als Sohn eines jüdischen Kaufmanns kam Kurt Tucholsky 1890 in Berlin zur Welt, wo er auch die Schule besuchte. Nach dem 1909 bestandenen Abitur studierte er an der Berliner Universität Jura und pflegte seine literarischen Ambitionen, die schon während seiner Schulzeit begonnen hatten. Bereits 1907 war ein Text von ihm in einer satirischen Zeitschrift erschienen.

Anfang der 1910er Jahre wurde er journalistisch tätig und schrieb neben seinen literarischen Projekten für Zeitschriften wie „Vorwärts" und „Schaubühne". 1915 beendete der überzeugte Pazifist sein Studium in Jena, danach musste er als Heeressoldat am Krieg teilnehmen.

Nach dem Krieg, Tucholsky war Chefredakteur der Zeitschrift „Ulk" geworden, ließ er sich in Berlin als freier Autor und Journalist nieder und engagierte sich politisch. 1920 gründete er mit Else Weil eine Familie. Doch Tucholsky, der oft so viel schrieb, dass er gleich unter mehreren Pseudonymen veröffentlichte, hatte auch Phasen, in denen er am Sinn seiner Arbeit zweifelte. 1924, die Ehe war gerade gescheitert, zog Tucholsky als Korrespondent nach Paris, arbeitete dort intensiv publizistisch weiter und hielt sich Deutschland weitestgehend fern. Eine zweite Heirat mit Mary Gerold brachte ihm ebenfalls kein Glück und dauerte nur wenige Jahre. Anfang der 30er Jahre bremsten sowohl private Probleme – Beziehungskrisen und gesundheitliche Rückschläge – und der aufkommende Nationalsozialismus, den Tucholsky aus der Ferne genau beobachtete und kritisierte, seine schriftstellerische Kreativität. Tucholsky, der 1930 schon ins schwedische Hindas bei Göteborg umgesiedelt war, wurde 1933 von den Nationalsozialisten in Abwesenheit aus Deutschland ausgebürgert. Für seine kritischen Schriften war unter dieser Regierung kein Platz mehr. In seinen Briefen an Freunde und Kollegen bezeichnete sich Tucholsky zu dieser Zeit als „aufgehörten Deutschen" und „aufgehörten Dichter" und beteiligte sich auch nicht an der entstehenden Exilliteratur. Tucholsky hatte nicht nur mit Deutschland abgeschlossen, sondern auch mit seiner Autorenkarriere. Was da nun geschehe, so schrieb er, gehe ihn nichts mehr an. Sein Deutschland, das er ohnehin schon 1924 hinter sich gelassen habe, sei nicht mehr existent. Der Kritiker verstummte resigniert.

Am 20. Dezember 1935 nahm der schwerkranke Kurt Tucholsky in seinem schwedischen Heim eine Überdosis Schlaftabletten ein und starb. Ob es sich dabei um einen Selbstmord oder Unfall handelte, ist eine Frage, die seine Biografen bis heute beschäftigt.

Friedhof: Kurt Tucholsky wurde in der Nähe von Schloss Gripsholm unter einer Eiche im schwedischen Mariefred beigesetzt, das zur Provinz Södermanlands län gehört.
C. H.

J.R.R. TOLKIEN
3. Januar 1892 – 2. September 1973

Im Jahre 1915 nahm John Ronald Reuel Tolkien gleich nach seinem Abschluss im Rang eines Leutnants am Ersten Weltkrieg teil. Nach einiger Zeit wurde er nach England zurückgeschickt, um sich vom Schützengrabenfieber zu erholen. Er nutzte die Zeit daheim und schloss sich der English Dictionary Staff der Universität Oxford an. Zu jener Zeit erwachte, aufgrund seiner Mitgliedschaft im Literaturclub, Tolkiens Interesse an den Mythen und Sprachen Nordeuropas und der Grundstein für seine Geschichten über Mittelerde war gelegt.

Tolkien entwickelte die Fantasiewelt Mittelerde als Schauplatz für seine visionären Geschichten und die Erschaffung dieser Welt beschäftigte ihn 20 Jahre lang. Die Details dieser Welt leiten sich von keltischen und germanischen Quellen ab, und er bearbeitete sie so, dass sie seine Vorstellungen von der Bedeutung und Perfektion der Menschheit widerspiegelten. Obwohl die markantesten Figuren Elben und Zwerge, Orks, Drachen, Zauberer und Dämonen sind, ist die Menschheit in Mittelerde die Rasse mit der größten Bedeutung. Sie sind in der Lage, ihr Schicksal selbst zu wählen, und sie umfassen alle Merkmale vom orkhaften Bösen bis zur elbischen Reinheit und Integrität.

Tolkien erfand auch Geschichten für seine Kinder und im Jahre 1930 begann er eine von ihnen mit dem Satz: „In a hole in the ground there lived a hobbit." – „In einem Loch im Boden, da lebte ein Hobbit." Als sich die Geschichte entwickelte, wurde Tolkien bewusst, dass sich das Abenteuer von Bilbo Beutlin ebenfalls in Mittelerde abspielen würde, jedoch zu einem späteren Zeitpunkt. Im Jahre 1937 wurde diese Geschichte unter dem Titel „The Hobbit or There and Back Again" – „Der kleine Hobbit" – als Kinderbuch veröffentlicht und sowohl von den Kritikern als auch von den Lesern positiv aufgenommen.

Überwältigt von seinem Erfolg, machte sich Tolkien sofort an die Arbeit zu seinem nächsten Buch, das den Titel „The Lord of the Rings" – der deutsche Titel lautet „Der Herr der Ringe" – tragen sollte. Es sollte länger und reifer werden als der „Hobbit" und nach Jahren des Schreibens und vielen Überarbeitungen erschien das Werk schließlich im Jahre 1954. Diese Arbeit sicherte ihm den Status als unerreichter Autor von fantastischen Geschichten, und Tolkien verbrachte den Rest seines Lebens damit, seine Vision weiter zu verfeinern. Er ließ seine bisherigen Werke unberührt, jedoch erweiterte er ihren Kontext um Ahnentafeln, historische Spekulationen und theologische Erklärungen, um den Lesern die Aussage seiner Kreation noch besser nahebringen zu können.

Im Alter von 81 Jahren starb Tolkien an einer Brustkorbinfektion und wurde auf dem Wolvercote Cemetery in Wolvercote, England beigesetzt.

Wolvercote ist ein malerischer Teil von Oxford und liegt etwa 40 Meilen von London entfernt, mit Blick über die Themse. Der Friedhof liegt abseits des Five Mile Drives, das Grab der Tolkiens ist sehr kunstvoll gestaltet. Neben dem Hauptgrabstein befinden sich zwei weitere kleine Grabsteine, einer für Tolkien selbst und einer für seine Frau Edith. Die Grabsteine sind mit floralen Motiven verziert, die sich auch in seinem letzten Werk, das posthum erschien, wiederfinden – dem „Silmarillion".

LEW NIKOLAJEWITSCH TOLSTOI
28. August 1828 – 20. November 1910

Der russische Autor Lew Tolstoi entstammte einem Adelsgeschlecht, das bis ins 14. Jahrhundert zurückdatiert werden kann. Sein Vater, Graf Nikolai, war der Spielsucht verfallen, und obwohl er das Familienvermögen fast aufgebraucht hatte, konnte er sein Vermögen mithilfe einer Verbindung mit dem Hause Volkonski wieder aufstocken. Unter anderem erhielt er 800 Angestellte und ein 4.000 Morgen großes Anwesen namens Jasnaja Poljana, auf dem Lew geboren wurde.

Im Alter von Mitte 20 und als damaliger Herr des Hauses machte auch Lew Spielschulden und er verlor das 42 Zimmer umfassende Anwesen an einen Mann namens Gorokhov, der das Haus zerlegte. Nachdem sie das Haupthaus verloren hatten, zog die Familie in einen der verbliebenen Flügel, während sich Lew und sein Bruder auf den Weg in die Berge des Kaukasus machten, um sich dort freiwillig zum Dienst im Krim-Krieg zu melden. Auf der Basis seiner Tagebuchaufzeichnungen verfasste er in den Pausen zwischen den Schlachten einige Erzählungen, die im Jahre 1857 in Form einer Trilogie mit den Titeln „Kindheit", „Knabenalter" und „Jünglingsjahre" veröffentlicht wurden.

Lew sagte einst, dass es sowohl im wirklichen Leben wie auch in der Kunst am wichtigsten sei, immer die Wahrheit zu sagen. Tatsächlich hielt sich Tolstoi bei seinem historischen Meisterwerk „Krieg und Frieden" ganz akkurat an historische Vorgaben. Er war davon überzeugt, dass man philosophische Prinzipien ausschließlich in ihrem historischen Zusammenhang verstehen könne, und anhand seines ausschweifenden Hintergrunds von fünf russischen Familien, die er der Invasion Russlands durch Napoleon entgegenstellte, machte er deutlich, dass alles vorbestimmt ist und dass wir nicht lebendig sind, bis wir uns vorstellen können, über einen freien Willen zu verfügen. Mit seiner Aufmerksamkeit für die sozialen Muster und psychologischen Wahrheiten seiner Charaktere erreichte Tolstoi den Gipfel der Weltliteratur.

Kaum hatte Tolstoi sein Meisterwerk vollendet, da begann er bereits die Arbeit an seinem nächsten – im Jahre 1877 stellte er „Anna Karenina" fertig. In diesem Werk stellte er die Krise einer Familie der Suche nach Liebe gegenüber. Tolstoi selbst hielt „Anna Karenina" für sein Meisterwerk. In späteren Jahren sagte er sich von all seinen früheren Werken los und gab zu, all das in „Anna Karenina" verarbeitet zu haben.

In den 1880er Jahren wurde Tolstoi zum Idol der Massen, woraufhin er sich selbst als moralischer Prophet verstand, und die ethische Herausforderung, die ihn quälte, brachte ihn dazu, alles hinter sich zu lassen, um nach dem großen Sinn zu suchen. Als Tolstoi begann, ganz besessen über der chinesischen Philosophie zu brüten, wurde die Beziehung zu seiner Familie auf eine harte Probe gestellt, besonders zu dem Zeitpunkt, als er erwog, sein gesamtes Vermögen wohltätigen Zwecken zuzuführen. Im Jahre 1884 ging er jedoch mit seiner Frau Sonja einen Kompromiss ein und übertrug ihr sowohl das Anwesen als auch die Rechte an seinen Werken. Er verfasste weiterhin Romane, und besonders erwähnenswert ist in dieser Schaffensphase „Der Tod des Iwan Iljitsch" aus dem Jahre 1886, der seinen Glauben an die Vorrangstellung des individuellen Bewusstseins über die kollektive Moral der Masse herausstellt. Jedoch versuchte Tolstoi immer wieder bis zum Ende seines Lebens, ein Leben als wandernder Asket zu führen. Er kehrte nur hin und wieder nach Hause zurück, um sich erneut auf lange Pilgerfahrt zu machen. Nach einem Streit mit Sonja machte sich Tolstoi im Jahre 1910 auf zu seiner letzten Reise und starb kurz darauf in einem Bahnwärterhäuschen in Astapowo an einer Lungenentzündung.

Im Alter von 82 Jahren wurde er an seinen Geburtsort Jasnaja Poljana nahe Tula in Russland zurückgebracht und dort beerdigt.

Jahre nach seinem Tod bemerkte seine Witwe Sonja: „Ich habe 48 Jahre lang mit Lew zusammengelebt, und trotzdem habe ich nie wirklich erfahren, was für ein Mensch er war."

Jasnaja Poljana liegt im Westen Russlands, etwa 120 Meilen südlich von Moskau. Obwohl es auf dem Anwesen nichts Grandioses zu sehen gibt – weder beeindruckende Architektur noch gepflegte Gärten – sind die von Bäumen gesäumten Alleen und ruhigen Seen ein angenehmer Farbklecks in der sonst eher heruntergekommenen und verlassenen Industrieregion in Tula. Tolstois Grab liegt auf einem bewaldeten Aussichtspunkt oberhalb einer Schlucht.

MARK TWAIN
30. November 1835 – 21. April 1910

Samuel Langhorne Clemens, besser bekannt unter seinem Pseudonym Mark Twain, hasste die Schule so sehr, dass er sie im Alter von 12 Jahren verließ und stattdessen eine Ausbildung als Drucker beim Hannibal Journal in Missouri begann. Er fand Gefallen an der Arbeit bei der Zeitung und steuerte schon bald kurze Essays und Witze bei. Als er 18 Jahre alt war, verließ er seine Heimat, um in Philadelphia und New York als Journalist zu arbeiten.

Als sich einige Jahre später die Gelegenheit ergab zu lernen, wie man die großen Dampfer auf dem Mississippi steuert, ließ er die Zeitungsbranche hinter sich und war bereits im Alter von 23 Jahren ein lizenzierter Bootsführer. Aus dieser Zeit stammt auch das Pseudonym, das er sich später zulegte. Es hatte mit der Distanz des Dampfers zum Grund des Flusses zu tun: Wurde eine Wassertiefe von zwei Faden, circa 3,70 Meter, gemessen, rief der Mann am Lot: „By the maaa-ark, twain!"

Mit den Blockaden während des Sezessionskriegs kam im Jahre 1861 der Dampferverkehr zum Erliegen, und Mark, dessen Sympathien zu jener Zeit bei den Südstaaten lagen, kehrte nach Hannibal zurück und schloss sich dort einer kleinen Einsatztruppe an. Jedoch desertierte Mark nach einigen trostlosen Wochen ohne Feindkontakt und zog zusammen mit vielen Tausend weiteren Menschen, die dem Krieg entfliehen wollten, nach Westen. Schließlich landete Mark in San Francisco und kehrte für die Dauer des Krieges zum Journalismus zurück.

Im Jahre 1866 arbeitete er in New York City und ging als Korrespondent an Bord des Kreuzfahrtschiffs Quaker City, das zu einer Reise nach Europa, Russland und den Mittleren Osten aufbrach. Bevor er an Bord ging, stellte er noch seine Schriften aus seiner Zeit im Westen zusammen und veranlasste den Druck seines ersten Buchs „The Celebrated Jumping Frog of Calaveras County and Other Sketches". Als Mark von seiner 18-monatigen Reise zurückkehrte, erfuhr er, dass Calaveras zu einem großen Erfolg geworden war. Im folgenden Jahr veröffentlichte er „The Innocents Abroad and Roughing It", das auf seinen Erfahrungen während seiner Reise auf der Quaker City beruhte.

Von 1873 bis 1889 ließ sich Mark in Hartford nieder. Dies waren seine produktivsten Jahre und er stellte sieben Romane fertig, inklusive der Kinderbuchklassiker „The Adventures of Tom Sawyer" - „Die Abenteuer des Tom Sawyer", „Life On the Mississippi" - „Leben auf dem Mississippi" und sein absolutes Meisterwerk „Adventures of Huckleberry Finn", das den deutschen Titel „Abenteuer und Fahrten des Huckleberry Finn" trägt. Mit diesen Romanen, in denen er die Umgangssprache mit sozialen Fragestellungen der Zeit verwob, fing er den Rhythmus der Zeit ein und fand sich im Jahre 1890 unter den größten Schreibern der literarischen Welt wieder.

Die restlichen zehn Jahre seines Lebens - mittlerweile hatte er seine Frau und seine drei Kinder überlebt - verbrachte Mark zusammen mit anderen Würdenträgern in New York City, von Zeit zu Zeit trat er in seinem charakteristischen weißen Leinenanzug auf. Obwohl er bis zum Ende seines Lebens weiterschrieb, wurden seine späten Werke nicht mehr annähernd so erfolgreich wie die Geschichten um Tom Sawyer und Huckleberry Finn.

Am Tage seiner Geburt war der Halleysche Komet klar am Himmel zu sehen gewesen, und wie Mark es vorausgesagt hatte, sollte er die Welt zusammen mit dem Kometen verlassen. Als der Komet 75 Jahre später wieder seine Bahn am Himmel zog, fiel Mark in ein Koma und starb schließlich an einer Herzerkrankung. Er wurde auf dem Woodlawn Cemetery in Elmira, New York beigesetzt.

Weg zum Friedhof: Nehmen Sie die Ausfahrt 56 von der I-17 und folgen Sie der Church Street etwa 1¾ Meilen weit bis zur Walnut Street. Biegen Sie hier rechts ab, etwa eine Meile später endet die Walnut Street am Friedhof.

Weg zum Grab: Betreten Sie den Friedhof und gehen an der zweiten Abzweigung nach rechts. Halten Sie sich dann wiederum an der zweiten Abzweigung links. Das Grab von Mark Twain liegt auf der rechten Seite.

SIEGFRIED UNSELD
28. September 1924 – 26. Oktober 2002

Echte Verlegerpersönlichkeiten sind auf dem deutschen Buchmarkt sehr rar geworden. Siegfried Unseld war eine von ihnen, eine der letzten ganz großen. Der langjährige Leiter des Frankfurter Suhrkamp Verlages prägte mit seinem Programm und seinem verlegerischen Selbstverständnis das literarische Verständnis und die Lesekultur einer ganzen Epoche.
Der gebürtige Ulmer Unseld verbrachte seine Kindheit und Schulzeit in der Donaustadt. Nach einem Notabitur wurde er 1942 zum Wehrdienst einberufen und erlebte den Zweiten Weltkrieg als Marinefunker. 1946 kehrte er nach Ulm zurück, holte das Abitur nach und begann eine Ausbildung zum Buchhandelsgehilfen. Bei der Abschlussprüfung muss Unseld sehr überzeugend gewirkt haben – Prüfer Paul Siebeck, Verleger des Tübinger J.C.B. Mohr Verlags, engagierte den jungen Mann vom Fleck weg.
Neben seiner Arbeit für Siebeck schrieb sich Unseld, der 1951 die Hauswirtschaftslehrerin Hildegard Schmid heiratete, an der Universität ein und absolvierte ein geisteswissenschaftliches Studium. Seine Dissertation über Hermann Hesse – einen noch lebenden Schriftsteller – galt als ungewöhnlich und machte dem werdenden Dr. phil. Probleme, denn einige Dozenten wollten die Arbeit zunächst nicht anerkennen.
Ebenfalls 1951, nach beendetem Studium, arbeitete Unseld als Buchhändler in Heidenheim an der Brenz. Er hatte Peter Suhrkamp kennengelernt und bekam eine Anstellung im Suhrkamp Verlag angeboten. Unseld akzeptierte, nicht zuletzt auf Anraten Hermann Hesse und stand ab Januar 1952 bei Suhrkamp unter Vertrag. Gegen Ende des Jahrzehnts stieg er zu dessen Gesellschafter auf, nachdem auch Ullstein Interesse an dem jungen

Verlagsangestellten bekundet hatte. Als Suhrkamp ein Jahr später verstarb, wurde Unseld Geschäftsführer des Frankfurter Verlagshauses.

Als Verleger setzte Unseld auf hohe Qualität und inhaltlichen Anspruch. Er publizierte moderne Klassiker und wichtige Autoren der zeitgenössischen Belletristik und Philosophie und gründete die erfolgreiche und renommierte Taschenbuchreihe „edition suhrkamp". Diese kostengünstigen Bücher und entwickelten sich zu einem Aushängeschild des Hauses. Auch die Autoren der Frankfurter Schule fanden bei Suhrkamp eine literarische Heimat. Die „Suhrkamp Kultur" nannten Branchenkenner, Leser und die Presse das, was da in Frankfurt produziert wurde.

Doch Unseld setzte auch auf den Nachwuchs. Autoren wie Martin Walser und Peter Handke wurden von ihm entdeckt und ideell, wie auch finanziell gefördert. Zu vielen Mitgliedern der Gruppe 74, der bedeutendsten Autorenvereinigung im Nachkriegsdeutschland, pflegte Unseld persönlichen Kontakt. Neben dem Suhrkamp Verlag kümmerte er sich auch um andere Publikations- und Verlagsprogramme, die unter dem Frankfurter Dach residierten. Er gründete eine Stiftung und förderte Universitäten.

Unselds Ehe endete 1985. Der Verleger war zu dieser Zeit bereits mit der Autorin Ulla Berkéwicz zusammen, die er 1990 heiratete. Zu dieser Zeit unterstützte ihn sein Sohn Joachim bei der Leitung des Unternehmens, dieser schied jedoch im Streit aus und übernahm die Frankfurter Verlagsanstalt.

Prof. Dr. Siegfried Unseld erkrankte 2002 schwer und erholte sich nicht mehr. Einer der letzten großen Autorenverleger Deutschlands starb im Oktober des Jahres in Frankfurt am Main. Er hinterließ eine große Lücke, die den Suhrkamp Verlag, der mittlerweile von Ulla Berkéwicz-Suhrkamp geleitet wird, arg ins Trudeln brachte.

Friedhof: Der Frankfurter Hauptfriedhof liegt an der Eckenheimer Landstraße und zählt zu den größten Friedhofskomplexen Deutschlands.

Zum Grab: Siegfried Unselds imposantes Grab liegt im Gewann II 203. Neben dem großen Grabstein findet sich ein weiterer, auf dem ein Text Hermann Hesses zu lesen ist.
C. H.

VINCENT VAN GOGH
30. März 1853 – 29. Juli 1890

Obwohl die Arbeit des Malers Vincent van Gogh eine wichtige Brücke zwischen dem 19. und dem 20. Jahrhundert schlug, war er während seines kurzen Lebens fast völlig unbekannt und von seinen mehr als 1.500 Werken verkaufte er nur ein einziges. Der Sohn eines protestantischen Ministers arbeitete im Kunsthandel seines Onkels, als Angestellter in einer Buchhandlung, studierte Theologie an der Universität von Amsterdam und diente als Laienprediger, bis er 27 Jahre alt war. Im Jahre 1880 ging Vincent an die Kunstakademie in Brüssel und wählte die Malerei als Hauptfach, die er als seinen Lebenszweck verstand.

Da er an der armen und mittellosen Bevölkerung interessiert war, malte er in seiner sogenannten Holländischen Periode zwischen 1880 und 1886 vor allem Minenarbeiter und Bauern. Jedoch waren in den Werken dieser Periode, mit der Ausnahme des Bildes „Die Kartoffelesser", nur wenige Hinweise auf sein enormes Talent zu finden.

Im Jahre 1886 fühlte sich Vincent zunehmend von dem aufregenden Leben und der großen künstlerischen Aktivität in Paris angezogen und entschied sich, zu seinem Bruder Theo zu ziehen, der eine kleine Galerie in Paris hatte. Durch Kontakte seines Bruders lernte Vincent die Größen des Impressionismus kennen – Monet, Pissarro und Gauguin. Unter ihrem Einfluss lernte Vincent, wie er seine Farbschattierungen besser zur Geltung bringen könnte, und er wählte zunehmend eher klassisch impressionistische Motive wie Cafés und Stadtlandschaften, wie zum Beispiel in seinem Werk „Restaurant de la Sirene in Asnières".

Vincent malte etwa zwei Jahre lang in Paris, und obwohl sich dort seine Stilpalette erweitert hatte, wurde er der frenetischen Energie der Stadt und den langen Wintermonaten bald überdrüssig und ging nach Südfrankreich. In Arles arbeitete Vincent fieberhaft daran, das rustikale Leben in der Provence einzufangen; er benutzte Farben in vereinfachter, aber sehr gesättigter Form und seine Bilder wurden lebendiger und präziser als jemals zuvor. Unter den Meisterwerken aus seiner Arles-Periode sind unter anderem die Stillleben „Sonnenblumen" und „Das Nachtcafé".

Im Herbst 1888 machte sich auch Gauguin auf nach Arles, um enger mit Vincent zusammenzuarbeiten. Jedoch litt dieser zu jener Zeit bereits an Blackouts und Krampfanfällen, die von heutigen Historikern mit Epilepsie oder Syphilis in Verbindung gebracht werden. Woran auch immer Vincent gelitten haben mag, er geriet oft mit Gauguin in heftige Auseinandersetzungen. Am Ende trennte sich Vincent während eines Wutanfalls den unteren Teil seines Ohrs mit einem Rasiermesser ab und brachte das abgetrennte Stück in ein Bordell, wo er es einer der Damen präsentierte. Gauguin kehrte daraufhin nach Paris zurück und die beiden sahen sich nie wieder.

Im Mai 1889 fühlten sich einige Bewohner von Arles durch Vincents zunehmend unberechenbares Verhalten beunruhigt, und nachdem eine Gruppe von Stadtbewohnern ihr Anliegen vor dem Gremium der Stadt vorgetragen hatte, schlug Vincent von sich aus vor, dass man ihn einsperren sollte. In einer Klinik in Saint-Rémy nahm Vincent die Malerei wieder auf, und diese Schaffensperiode war von Objekten der Natur bestimmt, die er besonders dynamisch darstellte, wie zum Beispiel wirbelnde Sonnen und verdrehte Zypressen. Seine Farbwahl verlor an Intensität, seine Linienführung wurde unruhig und er trug die Farbe viel dicker und nicht mehr so sorgfältig auf, wie auch in einem seiner besten Werke, „Sternennacht", einem beeindruckend schönen Experiment mit runden Formen.

Nach einem Jahr wurde Vincent aus dem Krankenhaus entlassen und ging nach Auvers, um dort in der Nähe seines Bruders Theo zu leben. Dort malte er sein letztes Bild „Krähen über Weizenfeld", ein verstörendes Gewirr kurzer Pinselstriche, überflogen von mehreren Krähen, dem universellen Sinnbild des Todes. Wenige Tage später stellte Vincent seine Staffelei und seine Malutensilien in einem Weizenfeld auf und schoss sich selbst in die Brust. Die Kugel tötete ihn nicht sofort, also schleppte er sich zurück in sein Zimmer und brach auf seinem Bett zusammen. Zwei Tage später starb Vincent in Theos Armen.

Vincent und Theo standen sich, sogar für die Verhältnisse von Brüdern, äußerst nahe und schrieben sich viele Briefe. Diese Briefe ergeben eine einzigartig authentische Biografie, etwa 700 von Vincent sind erhalten geblieben und bieten einen Einblick in seine Hoffnungen und Enttäuschungen, während es mit seiner physischen und psychischen Verfassung auf und ab ging. Sechs Monate nachdem Vincent im Alter von 37 Jahren verstorben war, starb auch sein von Trauer überwältigter Bruder Theo im Alter von 33 Jahren.

Theo wurde in Utrecht in den Niederlanden begraben, jedoch ließ ihn seine Witwe 25 Jahre später exhumieren und neben Vincent beisetzen. Nun ruhen beide Brüder auf dem Friedhof in Auvers-sur-Oise in Frankreich, einem kleinen, verschlafenen Städtchen am Ufer der Oise, einem Nebenfluss der Seine, nördlich von Paris.

ANDY WARHOL
6. August 1928 – 22. Februar 1987

Andy Warhol gilt als Erfinder des Pop Art. Seine Bilder und Drucke von Präsidenten, Filmschauspielern und anderen amerikanischen Ikonen – gepaart mit einem verwegenen Talent für die Erregung von Aufmerksamkeit – brachten ihm eine Anhängerschaft ein, die ihn noch immer für einen der wichtigsten Künstler der Postmoderne hält. In der Tat vermag es seine Kunst, sogar das Interesse der notorisch wankelmütigen Öffentlichkeit zu erregen – und das bereits über Jahre hinweg. In den 50er Jahren arbeitete Warhol als kommerzieller Künstler in New York City, jedoch hing er in den frühen 60ern den Pinsel an den Nagel und wandte sich dem Siebdruck zu, in dessen Verwendung als Kunstform er noch heute als Pionier gilt. Als Resultat gingen aus diesem Verfahren die berühmten entpersonalisierten Bilder hervor, die zu seinem Markenzeichen wurden. Ein Portrait von Suppendosen war nicht sein einziger radikaler Schritt; er ging auch dazu über, Massenartikel herzustellen; eine neue Konsumkunst hatte sowohl den Prozess als auch den Blick der Konsumkultur erfolgreich und nachhaltig kopiert. Obwohl er selbst eher schüchtern und ruhig war, zog Andy Dutzende von lernwilligen Schülern an, die alles andere als introvertiert waren, und als ihre Energie mit seinem Genie verschmolz, gingen während seiner Karriere aus dieser Verbindung eine Anzahl beeindruckender Veranstaltungen hervor. Sein Studio in Manhattan, auch „The Factory" genannt, wurde zu einem angesagten Treffpunkt für gleichgesinnte Künstler, Musiker, Modeexperten und Schauspieler und auch für die üblichen Trittbrettfahrer und Groupies, die sich der neuen Jetset-Szene anschließen wollten. Andy produzierte auch etliche Underground-Filme, von denen einige darauf angelegt waren, unsere Vorstellung von Langeweile und Wiederholungen neu zu definieren; in einem war 33 Minuten lang zu sehen, wie jemandem die Haare geschnitten werden, und in einem anderen war eine Anhängerin Warhols namens Edie Sed-

gwick zu sehen, die die ganze Zeit über sich selbst spricht. Einige Zeit darauf schoss ein von Warhol abgewiesener Schüler auf ihn, und obwohl man Warhol im ersten Moment für tot hielt, erwachte sein Kampfgeist. Er erholte sich und lebte noch 20 Jahre weiter.
Im Alter von 58 Jahren starb Andy an Komplikationen nach einer routinemäßigen Gallenblasenoperation und wurde auf dem Saint John the Baptist Catholic Cemetery in Castle Shannon, Pennsylvania bestattet.
Weg zum Friedhof: Die kleine Stadt liegt etwa sieben Meilen südlich von Pittsburgh. Der Friedhof liegt an der Ecke Route 88 und Connor Road und ist recht leicht zu finden. Wenn Sie die Route 88 entlangfahren, liegt der Friedhof auf der rechten Seite.

Weg zum Grab: Direkt hinter der Friedhofsverwaltung liegt Andys Grab. Sie müssen nur den Grashügel hinaufsteigen und sechs Reihen vom Maschendrahtzaun ausgehend abzählen. Eigentlich lautete Andys Familienname Warhola, allerdings wurde im Jahre 1949 sein Name in einem Magazin falsch geschrieben. Daraufhin entschloss er sich, die Änderung einfach beizubehalten.

KARL VALENTIN
4. Juni 1882 – 9. Februar 1948

„Ein Optimist", so soll Karl Valentin einmal gesagt haben, „ist ein Mensch, der die Dinge nicht so tragisch nimmt, wie sie sind." Ob diese Bezeichnung auch auf ihn selbst zugetroffen hat, darf zumindest angezweifelt werden.
Karl Valentin, der mit bürgerlichem Namen Valentin Ludwig Vey hieß, wurde in der Münchner Vorstadt geboren. In Au hatte sein Vater eine Spedition und konnte es sich leisten, den Sohn auf eine Privatschule zu schicken. Danach versuchte sich Valentin in einer Schreinerlehre und wurde Facharbeiter. 1901 machte er aber einen Traum wahr und ging zur Münchner Komikerschule Strebel, wo er sich den Künstlernamen zulegte, unter dem er unsterblich werden sollte. Doch eine Karriere als Bühnenkünstler stand zunächst unter keinem guten Stern. Nach dem Tod seines Vaters stieg Valentin in den Familienbetrieb ein und unterstützte Mutter Johanna bei der Leitung des Speditionsgeschäftes Falk und Fey. 1906 ging das Unternehmen aber endgültig bankrott und musste verkauft werden.
Mutter und Sohn zogen daraufhin nach Zittau/Sachsen, in die Heimat von Valentins Mutter. Von hier aus versuchte er erneut, sich als Künstler zu etablieren, es gelang ihm aber nicht, mit einem selbstgebauten Musikinstrument - dem „Lebenden Orchestrion" - Erfolge zu feiern. Valentin zog zurück nach München.
In Bayern kam langsam Bewegung in seine Karriere. Selbstgeschriebene Monologe fanden ein Publikum und schließlich wurde Valentin von der Volkssängerbühne des „Frank-

furter Hofs" engagiert. 1911 heiratete er Gisela Royes, das einstige Dienstmädchen des Hauses Fey. Zwei Töchter entstammen ihrer Verbindung.

Zu dieser Zeit entdeckte Valentin das Medium Film für sich. Begeistert von den Möglichkeiten, die der Film seiner meist humoristischen Kunst verlieh, drehte der Komiker mehrere Stummfilme, oft nach Vorlagen seiner eigenen Sketche, die er mit Mitteln des Slapstick und der Groteske verfeinerte.

Eine Asthmaerkrankung ersparte Valentin den Wehrdienst während des Ersten Weltkriegs. Statt an der Front zu kämpfen, unterstützte Valentin, der seit 1915 ein Münchner Kabarett leitete, die Truppen auf seine Weise und absolvierte weit über 100 Auftritte in Lazaretten.

Valentin trat mit verschiedenen Partnerinnen und Partnern auf, mit manchen seiner Kolleginnen wurden ihm auch Beziehungen außerhalb des Bühnengeschehens nachgesagt. Anfang der 30er Jahre eröffnete er ein Theater in der Münchner Leopoldstraße. Sein als „Panoptikum" betiteltes Projekt, eine Ausstellung obskur-absurder Grusel- und Nonsensobjekte, wurde gleich zweimal zum kommerziellen Misserfolg. Die als „Ritterspelunke" betitelte Fortführung des Unternehmens mit integrierter Bühne und Gastronomie lockte dagegen mehr Publikum an.

In den 40er Jahren machte sich Valentin in der Öffentlichkeit rar, schrieb aber viele Stücke und Texte. Aus Geldnot arbeitete er auch journalistisch; seine selbstgebauten Haushaltsartikel, die er nach dem Krieg verkaufte, ernährten die Familie nicht, und die Hörfunkserie „Es dreht sich um Karl Valentin" war dem Publikum zu pessimistisch.

Karl Valentin starb an den Folgen einer Erkältung, die er sich angeblich zugezogen hatte, als man ihn versehentlich über Nacht in einem Theater einschloss.

Friedhof: Karl Valentins Grab befindet sich auf dem Friedhof der Gemeinde Planegg bei München, Fürstenriederstr. 17. Das Gelände ist täglich ab acht Uhr geöffnet.
C. H.

LAURA INGALLS WILDER
7. Februar 1867 – 10. Februar 1957

Dank der Aussicht auf freies Land, das den Siedlern in den 1870er Jahren angeboten wurde, verließ die Familie von Laura Ingalls Wilder, als diese noch ein kleines Mädchen war, ihre Heimat Wisconsin und zog westwärts in die Gegend des heutigen South Dakota. Von Kindheit an und auch als Erwachsene lebte Laura ein einfaches und beschwerliches Leben im Westen. Sie arbeitete mal als Lehrerin und mal als Farmhelferin, zwischendurch schrieb sie einige kleine Beiträge für die Zeitungen in dieser schwierigen Zeit. Mit über 40 Jahren erhielt Laura eine Stelle beim Missouri Ruralist und wurde schließlich zur Herausgeberin der Zeitung.

Im Alter von 60 Jahren begann Laura, ihre Memoiren zu schreiben, und wollte diese unter dem Titel „Pioneer Girl" veröffentlichen. Das Manuskript wurde schließlich in mehrere Bände aufgeteilt und enthielt Geschichten über die Pioniererfahrungen ihrer Familie in der Mitte des 18. Jahrhunderts. Da die Geschichten in einem umgänglichen und leicht verständlichen Stil geschrieben worden waren, wurde die 8-teilige Serie schon bald zu einem Klassiker der Kinderliteratur. Später erlangten die Bücher noch einen höheren Bekanntheitsgrad, als sie als Grundlage für die Fernsehserie „Little House on the Prairie" – „Unsere kleine Farm" – dienten.
Da Lauras Familie öfter umzog, haben einige Städte die ehemaligen Häuser der Familie in Museen umgewandelt. Es gibt nicht weniger als sechs verschiedene Wilder-Museen und historische Stätten verstreut in den Staaten, im Mittleren Westen und in den Great Plains. Laura verschied im Alter von 90 Jahren im Schlaf und wurde auf dem Mansfield Cemetery in Mansfield, Missouri beigesetzt.

Weg zum Friedhof: Folgen Sie vom Highway 60 aus der Business Route 60 in südlicher Richtung bis ins Zentrum von Mansfield. Biegen Sie im Stadtzentrum rechts ab und folgen Sie der Business Route 60 noch etwa eine halbe Meile weiter, biegen Sie dann rechts auf die Lincoln Street ab. Der Mansfield Cemetery liegt ein Stück weiter auf der linken Seite.

Weg zum Grab: Nehmen Sie die zweite Zufahrt auf den Friedhof und halten Sie nach etwa 30 Metern. Etwa zehn Meter entfernt liegt auf der rechten Seite das Grab der Familie Wilder.

FRIEDRICH KARL WAECHTER
3. November 1937 – 16. September 2005

Der Lehrersohn Friedrich Karl Waechter stammte aus Danzig, wo der spätere Künstler seine ersten Lebensjahre im Vorort Tiegenhof verbrachte. Sein Vater starb im Krieg und seine Familie floh kurz vor Kriegsende nach Warnemünde und zog schließlich nach Sahms in Schleswig-Holstein. In Ratzeburg drückte Friedrich daraufhin die Schulbank und konnte schon in diesen Tagen mit seinem zeichnerischen Talent glänzen.
Waechter ersparte sich das Abitur. Ein Jahr vor dem Abschluss ging er von der Schule ab und zog nach Hamburg, wo er an der Kunstschule Alsterdamm Gebrauchsgrafik studierte.
1962 kam er nach Frankfurt, nachdem er jahrelang als freier Künstler für diverse Publikationen gearbeitet hatte. Die Satirezeitschrift „pardon" hatte ihn erfolgreich angeworben und dort wurde er nun Layout-Chef. Es folgte eine kreative Zeit. Gemeinsam mit „pardon"-Kollegen wie Robert Gernhardt, Clodwig Poth und F. W. Bernstein schaffte

es Waechter, dem Magazin seinen unvergleichlichen Stempel aufzudrücken und „pardon" zu einer Größe im deutschen Humor zu machen. Die „Neue Frankfurter Schule" entstand, und Waechter prägte sie mit. Als 1979 die Zeitschrift „Titanic" entstand, gehörte Waechter zu den Gründungsmitgliedern und blieb dem Satiremagazin über ein Jahrzehnt erhalten.

Mittlerweile war er als freischaffender Künstler in Frankfurt etabliert und arbeitete auch für Theaterbühnen und hatte Gastprofessuren an Kunstschulen inne. Der verheiratete Familienvater Friedrich Karl Waechter verstarb in seiner Wahlheimat Frankfurt am Main mit 67 Jahren an Lungenkrebs.

Friedhof: Der Frankfurter Hauptfriedhof liegt an der Eckenheimer Landstraße, einer Ausfallstraße in den Frankfurter Norden.

Zum Grab: F. K. Waechters letzte Ruhestätte liegt im Gewann J 1066.
C. H.

GERT WESTPHAL
5. Oktober 1920 – 10. November 2002

Die Wochenzeitung „Die Zeit" nannte ihn 1984 den „Vorleser der Nation": Schauspieler und Regisseur Gert Curt Gerhard Westphal machte vor allem durch seine einfühlsamen Literaturaufnahmen, Hörbücher und Rezitationen von sich reden.
Der Dresdner Fabrikantensohn nahm mit 14 Jahren bereits am Dresdner Jugendfunk teil und erlernte die Schauspielerei schließlich am Konservatorium seiner Heimatstadt. Nach seinem Wehrdienst wurde er von den Bremer Kammerspielen engagiert, begann aber zeitgleich auch mit der Arbeit am Rundfunk, wo er Hörspielsprecher von Radio Bremen wurde. 1948 machte ihn der Sender zum Oberspielleiter und Chef der gesamten Hörspielabteilung.
Fünf Jahre später wechselte er in gleicher Position nach Baden-Baden und kümmerte sich bis 1959 um die Hörspiele des Südwestfunks. Während dieser Zeit führte Westphal auch Regie bei ausgewählten Produktionen und nahm in Zusammenarbeit mit der Jazz-Abteilung des Hauses einige Lyrik- und Musik-Platten auf.
Danach lockte ihn die Bühne ein weiteres Mal. 1959 zog Westphal nach Zürich, wo er Ensemblemitglied des Schauspielhauses wurde. Er blieb bis 1980 und erwarb 1960 bereits das Schweizer Bürgerrecht.
Nach Zürich machte sich Westphal selbstständig. Als freiberuflicher Regisseur und Sprecher arbeitete er fortan an diversen Orten und Projekten. Insbesondere seine drei Lieblingsautoren Goethe, Fontane und Thomas Mann kamen bei Westphals Leseabenden immer wieder zum Zuge, nahezu ihr gesamtes Werk hatte er im Laufe der Jahre vorgetragen. Als er 1963 für den Norddeutschen Rundfunk über 28 Abende ver-

teilt Thomas Manns Josef-Romane vortrug, war die Resonanz so groß, dass der Verlag des Autors sich vor den Nachfragen nach einer preiswerten Buchausgabe kaum retten konnte. Westphals Leistungen waren auf der Bühne zu sehen und auf Tonträgern zu hören. Seine sonore, wandlungsfähige Stimme und sein markantes Rhythmusgefühl machten die Aufnahmen und Auftritte des Sprechers einzigartig. Die Presse bezeichnete ihn als ein akustisches Ein-Mann-Theater. Auch dem Hörspiel blieb er treu.
Der zweifache Vater und Träger des Bundesverdienstkreuzes war seit 1957 mit der Schauspielerin und Journalistin Gisela Zoch verheiratet. Westphal erlag im Alter von 82 Jahren einem Krebsleiden.

Friedhof: Der Friedhof der kleinen Schweizer Stadt Kilchberg am Zürichsee liegt in der Dorfstrasse 117.

Zum Grab: Gert Westphals Grab ist nur wenige Meter von dem Thomas Manns entfernt, der ebenfalls in Kilchberg lebte.
C. H.

TENNESSEE WILLIAMS
26. März 1911 – 25. Februar 1983

Thomas „Tennessee" Williams vermittelte seinem Publikum die vornehme Herkunft der Südstaateneinwohner mithilfe von einigen gequälten und unvergesslichen Charakteren. Auf der Theaterbühne schuf er eine Reihe eindrucksvoller Portraits von menschlichen Eigenschaften und erfuhr dafür die Hochachtung als einer der größten Theaterautoren der amerikanischen Geschichte. Seine Betonung lag bei den Figuren stets auf der irrationalen und verzweifelten Natur des Individuums und spiegelte auf vielerlei Hinsicht seine eigenen Erfahrungen. Einmal gab Tennessee gar zu: „Wenn ich nicht schreiben würde, würde ich verrückt werden."
Obwohl er aus einer angesehenen Familie aus Tennessee stammte, die den ersten Gouverneur und Senator des Landes hervorgebracht hatte, war seine direkte Verwandtschaft etwas weniger bedeutend; Tennessees distanzierter und gewalttätiger Vater war viel auf Reisen, seine Mutter wurde niemals wirklich von der gentilen Gesellschaft anerkannt, aus der sie stammte, und seine Schwester verbrachte den Großteil ihres Lebens in Einrichtungen für psychisch kranke Menschen. Nachdem er an drei verschiedenen Universitäten gelernt und für kurze Zeit zusammen mit seinem Vater in einer Schuhfabrik gearbeitet hatte – eine Erfahrung, die Tennessee als absolut trostloses Dasein verbuchte –, zog er im Jahre 1938 nach New Orleans.
Dort schien er sich neu zu definieren und er begann mit seinem Namen, den er ganz offiziell in Tennessee umändern ließ. Schon während seiner gesamten Jugend hatte

Tennessee unter seiner sexuellen Orientierung gelitten und genoss nun die liberale Einstellung, die in New Orleans vorherrschte. Mit einem neuen Namen, einem neuen Heim und seinem sich weiter entfaltenden Talent stürzte sich Tennessee nun Hals über Kopf in die Homosexuellenszene. Nachdem er sich ein paar Jahre lang durchgeschlagen hatte, begann Tennessee damit, über das zu schreiben, was er wusste.
Nachdem er seine Vergangenheit nach inspirierenden Erfahrungen durchforscht hatte, entstand mit „The Glass Menagerie", mit dem deutschen Titel „Die Glasmenagerie", sein erster Broadway-Hit, der einen Wendepunkt für Tennessee markierte. Die nun folgenden 15 Jahre waren die produktivsten in seiner Karriere: „The Rose Tattoo" - „Die tätowierte Rose", „Baby Doll" und „Night of the Iguana" - „Die Nacht des Leguan" wurden sowohl vom Publikum als auch von den Kritikern begeistert aufgenommen. Jedoch festigten zwei andere Werke dieser Schaffensperiode, beides Gewinner des Pulitzer-Preises, Tennessees Ruf als hervorragender Dramatiker: „A Streetcar Named Desire", das unter dem deutschen Titel „Endstation Sehnsucht" veröffentlicht wurde, zeigt den Abstieg einer sensiblen Frau in den Händen ihres Schwagers; dagegen verfolgt „Cat on a Hot Tin Roof" - „Die Katze auf dem heißen Blechdach" den moralischen Verfall einer Südstaatenfamilie. Die Figur „Big Daddy" beruht auf Tennessees Vater.
Die 60er und 70er Jahre waren leider nicht mehr so erfolgreich und nachdem sein langjähriger Lebenspartner Frank Merlo im Jahre 1961 verstorben war, ging es mit Tennessee stetig abwärts. Er litt unter Depressionen und fürchtete sich davor, wie seine Schwester dem Wahnsinn zu verfallen. Er wurde alkoholabhängig, und obwohl er Häuser in New Orleans und Key West besaß, lebte er meist als eine Art reicher Zigeuner und zog von Hotel zu Hotel.
Tennessee fühlte sich schrecklich unsicher, und als die Qualität seiner Arbeit unter seinen persönlichen Schwierigkeiten zu leiden begann, versank er in einem Teufelskreis aus Selbstmitleid und krankhafter Eifersucht auf jüngere Theaterautoren.
Als schwerer Hypochonder war Tennessee besessen von Krankheit und Tod. Er sorgte sich darum, dass sein Herz plötzlich aufhören könnte zu schlagen und nahm deshalb einige Tabletten ein, die eigentlich gar nicht notwendig waren. Der Tod ereilte ihn im Alter von 71 Jahren und zwar auf eine Art, die er sich niemals hätte träumen lassen; nachdem er eine Nacht durchgezecht hatte, erstickte er an einem Flaschenverschluss in dem luxuriösen Hotel Elysée in New York City.
Tennessee wurde auf dem Calvary Cemetery in St. Louis, Missouri beigesetzt.

Weg zum Friedhof: Der Calvary Cemetery liegt an der W. Florrisant Avenue Nr. 5279. Nehmen Sie von der I-270 die Ausfahrt 29 und fahren Sie sechs Meilen in südlicher Richtung. Oder nehmen Sie alternativ die Abfahrt 245B von der I-70, von dort aus liegt der Friedhof etwa eine Meile nördlich, dabei passieren Sie zuerst den Bellefontaine Cemetery.

Weg zum Grab: Der Friedhof ist sehr groß und die Wege sind zahlreich und unübersichtlich, halten Sie also am besten am Eingang und besorgen Sie sich eine Karte. Tennessee liegt in Sektion 15 begraben, und obwohl die Sektion 15 wiederum aus drei kleineren Sektionen besteht, ist sein Grab im nördlichen Bereich der Sektion recht leicht zu finden. Es ist der rosafarbene Stein nahe dem Weg.

HELDEN AUS ROCK & BLUES

DIE BEACH BOYS

Dennis Wilson
4. Dezember 1944 – 28. Dezember 1983

Carl Wilson
21. Dezember 1946 – 6. Februar 1998

Im Jahre 1961 schlossen sich die Brüder Brian, Carl und Dennis Wilson gemeinsam mit ihrem Cousin Mike Love und ihrem gemeinsamen Freund Alan Jardine zu den Beach Boys zusammen. Obwohl sie auf ihrem ersten Konzert nur drei Songs spielen konnten, verkörperten die Beach Boys, und jedes Bandmitglied für sich, mit ihren bekannten Gute-Laune-Songs – „Surfin' USA", „Good Vibrations" und „Fun, Fun, Fun" – schon bald die unbekümmerte Stimmung Kaliforniens.

Die Beach Boys surften auch selbst und diese Freizeitbeschäftigung faszinierte schon bald auch Teenager, die weit entfernt von irgendeinem Meer lebten. Der Sound der Band war am besten, wenn er sich innerhalb ihrer Gute-Laune-Songs bewegte, aber schon bald schlug Brian, der kreative Kopf der Band, eine neue Richtung ein, um seiner musikalischen Vision zu folgen, und im Jahre 1966 erschien ihr Album „Pet Sounds". Die komplexe Komposition von Harmonien und Instrumenten hob die Messlatte für musikalische Kunst drastisch an und inspirierte die Beatles ein Jahr später zu ihrem eigenen Meisterwerk „Sgt. Pepper's Lonely Hearts Club Band".

Später wurden die Beach Boys von Bands mit härterem Sound und härterem Image in den Schatten gestellt, und obwohl sie in den nächsten Jahrzehnten in verschiedenen Besetzungen weiter Musik machten (und noch immer machen), verloren sie nach ihrer Glanzzeit in den 60er Jahren ihren Platz unter den Vertretern des Rock.

Dennis war der einzige wahre Surfer der Truppe. Da er immer lieber am Strand war, anstatt zu üben, musste seine Mutter später um seine Aufnahme in die Band kämpfen, was dazu führte, dass er aus Ermangelung einer Alternative zum Drummer der Band wurde. Obwohl man ihn nicht für so talentiert hielt wie seine Brüder, war Dennis doch ein eigenständiger Musiker; er steuerte einige Songs zu den Alben der Beach Boys bei und veröffentlichte im Jahre 1977 ein Soloalbum mit dem Titel „Pacific Ocean Blue". Angespornt von dem Erfolg des Albums ging Dennis gleich wieder ins Studio und begann mit der Arbeit an seinem zweiten Album mit dem Arbeitstitel Bamboo, jedoch lähmte sein Drogenmissbrauch seine Kreativität und das Projekt kam zum Stillstand.

Im Jahre 1983 war Dennis fast pleite, ein Opfer seiner Ausschweifungen. Ein paar Tage nach Weihnachten tauchte er, beobachtet von einigen seiner Freunde, wiederholt im trü-

ben Wasser in Marina del Ray, wo einst sein Boot „Harmony" gelegen hatte. Jedes Mal, wenn Dennis aus der Tiefe auftauchte, präsentierte er stolz irgendwelche schlammigen Schätze, die in den Jahren zuvor von seinem Boot gefallen oder ins Wasser geworfen worden waren: verschiedene Gläser, ein gerahmtes Foto von ihm und seiner Frau Karen. Er tauchte immer und immer wieder hinab, bis er nicht mehr auftauchte. Nach einer verzweifelten Suche wurde der 39-jährige Dennis schließlich eine Stunde später gefunden, ertrunken in den Tiefen des Meeres, wo er seine letzten Momente damit verbracht hatte, nach seinen versunkenen Schätzen zu suchen.
Dennis' Witwe bestand auf einer Seebestattung, da dies sein Wunsch gewesen sei, aber da solch ein Begräbnis ausschließlich verstorbenen Seemännern gestattet ist, musste eine spezielle Erlaubnis von der Regierung eingeholt werden. Die Erlaubnis wurde erteilt und Dennis erhielt eine Seebestattung.
Nachdem sich Brian von den Beach Boys – und der Welt – zurückgezogen hatte und Dennis gestorben war, wurde Carl zum letzten aktiven Mitglied der Wilson-Brüder in der Band. Carl hatte stets im Schatten der aufregenden Lebensstile seiner Brüder gestanden, und seine Position als Leadgitarrist, in deren Funktion er den typischen Sound der Beach Boys formte, war stets unterbewertet worden. Nachdem Brian und Dennis nun nicht mehr da waren, erhielt Carl schließlich die verdiente Aufmerksamkeit. Mit seiner Gitarre, seiner melodischen Stimme und seiner diplomatischen Präsenz führte er die Band in den 80ern und 90ern durch eine endlose Parade von ‚Beach Boys Nostalgie'-Touren.
Im Februar 1998 erlag Carl im Alter von 51 Jahren einer Lungenkrebserkrankung und wurde im Westwood Memorial Park in Santa Monica, Kalifornien beigesetzt.

Weg zum Friedhof: Auf diesem kleinen Friedhof liegen viele berühmte Persönlichkeiten begraben. Er liegt hinter dem Bürokomplex am Wilshire Blvd. 10850, eine halbe Meile östlich der I-405.

Weg zum Grab: Betreten Sie den Friedhof und halten Sie sich an der Friedhofsverwaltung links. Nach etwa 15 Metern stoßen sie auf dem Rasen zu Ihrer Linken auf Carls Grabstein. Er liegt in der fünften Reihe.

Heute ist Mike Love der Frontmann einer Band mit dem Namen „Beach Boys", während Alan Jardine mit einer weiteren Gruppe auftritt, die sich „The Beach Boys Friends and Family" nennt. Viele Menschen nutzen noch immer die Gelegenheit, die letzten Überbleibsel der Beach Boys noch einmal live zu erleben, als seien sie noch immer die Rock-'n'- Roll-Pioniere von damals.

'THE DAY THE MUSIC DIED'

Buddy Holly
7. September 1936 – 3. Februar 1959

Ritchie Valens
13. Mai 1941 – 3. Februar 1959

J. P. 'Big Bopper' Richardson
24. Oktober 1930 – 3. Februar 1959

Als Kind spielte Buddy Holley bereits Violine und Klavier, erst im Teenageralter kam die unverkennbare Gitarre dazu. Im Alter von 20 Jahren schloss er sich den Crickets an, hatte aber bereits zusammen mit dem Label Decca – das Label hatte versehentlich das ‚e' in Buddys Nachnamen weggelassen – ein paar Alben herausgebracht. Des Weiteren hatte er einen ganz eigenen Stil als Songschreiber entwickelt, seine Texte erinnerten sehr an die Inhalte des Blues.
In diesen frühen Tagen des Rock 'n' Roll nahmen Buddy Holly und die Crickets einige Songs in einem Studio in Neumexiko auf und im Mai 1957 veröffentlichten sie „That'll Be The Day"; John Wayne hatte diesen Satz im Film „The Searchers" - „Der schwarze Falke" - geäußert. Der Song stürmte an die Spitze der Charts und Buddy Holly und die

Crickets gingen auf Tour. Im November folgten „Peggy Sue" und „Not Fade Away" auf ihren ersten großen Hit und waren ebenfalls sehr erfolgreich. Innerhalb von kurzer Zeit traten Buddy und die Crickets zweimal in der Ed Sullivan Show auf und das Rampenlicht führte zu einer Veränderung von Buddys Aussehen und Verhalten; er trug nun moderne Anzüge aus New York und besorgte sich die große, schwarz umrandete Brille, die zu seinem Markenzeichen wurde.

Im Herbst 1958 trennte sich Buddy aufgrund von Unstimmigkeiten mit dem Management und wegen der Lizenzen von den Crickets und ihrem Manager. Schnell stellte er eine neue Band zusammen, unter anderem mit dem zukünftigen Country-Star Waylon Jennings am Bass, und schloss sich dann der „Winter Dance Party Tour" an, einer Ansammlung verschiedener Künstler, die durch den oberen Mittleren Westen touren wollten. Mit dabei waren auch Ritchie Valens, ein junger, angesagter Künstler, der mit seiner Rock-'n'-Roll-Version des alten mexikanischen Volkslieds „La Bamba" berühmt geworden war, und Jiles P. „Big Bopper" Richardson, ein DJ aus Texas, der mit dem Song „Chantilly Lace" Erfolge feierte. Buddy würde das Ganze anführen und Dion and the Belmonts rundeten die Liste der Stars ab.

Der elfte Gig der insgesamt 24 Auftritte umfassenden Tour fand im Surf Ballroom in Clearwater, Iowa statt und die Künstler kamen müde, durchgefroren und in mieser Stimmung an. Seit sie zehn Tage zuvor aufgebrochen waren, waren sie, inmitten der Kälte des typischen harten Winters im Mittleren Westen, in einem Bus mit einer defekten Heizung unterwegs. Da es ihnen vor der 400 Meilen langen Fahrt nach Fargo in North Dakota graulte, fragte Buddy die Managerin des Surf Ballroom, Carroll Anderson, ob sie nicht stattdessen einen Charterflug arrangieren könne. Carroll fand ein Flugzeug, eine Beechcraft des Dwyer Flying Service, in der wenigstens drei von ihnen mitfliegen konnten. Buddy sagte seinen Bandmitgliedern Waylon Jennings und Tommy Allsup Bescheid, dass sie nun nicht mehr mit dem Bus nach Fargo fahren müssten. Während des Konzerts im Surf Ballroom trat Waylon Jennings jedoch seinen Sitz im Flugzeug an den Big Bopper ab, der mit seinem fülligen Äußeren kaum in den engen Bus und die unbequemen Sitze passte und sich aufgrund der Kälte bereits eine Erkältung geholt hatte. Nachdem die beiden getauscht hatten, bettelte Ritchie Valens Tommy Allsup um seinen Platz im Flugzeug an. Tommy entschied schließlich, dass eine Münze die Entscheidung bringen solle; Ritchie sagte „Kopf" und gewann damit den letzten freien Platz im Flugzeug. Nach dem Konzert fuhr Carroll Buddy, J. P. und Ritchie zum Flugplatz nahe Mason City und verabschiedete sich von ihnen. Zusammen mit ihrem Mann und ihrem Sohn schaute Carroll zu, wie das Flugzeug abhob und auf Kurs ging. Alles schien normal zu sein und Carroll fuhr mit ihrer Familie nach Hause.

Am nächsten Morgen war sich Jerry Dwyer, der Besitzer des Flugzeugs, jedoch sicher, dass etwas nicht stimmte. Bisher hatte er noch nichts von dem Piloten der Maschine, Roger Peterson, gehört. Nachdem er alle Flughäfen auf der Strecke nach Fargo angerufen und sich nach der Maschine erkundigt hatte, veranlasste Dwyer eine Suche aus der Luft, und schon bald wurde das Wrack der Maschine in einem Kornfeld etwa 5,5 Meilen vom Flughafen in Mason City entfernt aufgefunden. Mit Ausnahme einer Tragfläche, die einigermaßen unbeschadet war, war der Rest des Flugzeugs kaum noch erkennbar. Die drei Passagiere waren aus dem Flugzeug geschleudert worden und lagen im Kornfeld, der Pilot war noch immer in der Maschine gefangen; alle vier waren tot.

Die Untersuchungen ergaben keinen erkennbaren Grund für den Absturz; der Pilot war erfahren und flugtauglich, die Instrumente funktionierten einwandfrei und der Kurs in Richtung Fargo war korrekt eingestellt, das Flugzeug war in tadelloser Verfassung und, entgegen einiger anderer Berichte, herrschte gutes Flugwetter; die Nacht war klar gewesen, es gab nur ein klein wenig Schnee. Alles scheint darauf hinzudeuten, dass der Pilot aus irgendwelchen unerfindlichen Gründen, vielleicht aus Unachtsamkeit oder Desorientierung, die Maschine zum Absturz gebracht hat.

Für die Teenager war der Absturz zu jener Zeit eine riesige Katastrophe, die breite Masse nahm den Vorfall jedoch kaum zur Kenntnis. Buddys Saubermann-Image und sein skandalfreies Leben in Verbindung mit dem jungen Alter der drei anderen Rocker ließen die Story bloß noch schmerzlicher erscheinen. Rock 'n' Roll war zu jener Zeit noch neu und wurde noch nicht ernst genommen und so geriet Buddy Holly bald in Vergessenheit.

Im Jahre 1971 veröffentlichte ein relativ unbekannter Sänger namens Don McLean einen mehr als sieben Minuten langen Song namens „American Pie". Es geht darin um die allegorische Geschichte des Rock 'n' Roll in Reimform, die um den Satz „the day the music died" herumstrukturiert wurde. Dies ist ein direkter Verweis auf Buddys ersten Hit „That'll Be The Day". Seither wird Buddy die verdiente Achtung und Anerkennung entgegengebracht und im Jahre 1986 wurde er in die „Rock 'n' Roll Hall of Fame" aufgenommen.

Buddy war zum Zeitpunkt seines Todes nur 22 Jahre alt und wurde auf dem City of Lubbock Cemetery in Lubbock, Texas beigesetzt.

Weg zum Friedhof: Nehmen Sie die Ausfahrt 3 von der I-27 und folgen Sie der Route 62 etwa 1 1/2 Meilen weit bis zum Martin Luther King Jr. Boulevard. Biegen Sie rechts - in südlicher Richtung - auf den MLK ab und biegen Sie dann etwa eine Meile später links auf die 31st Street ab, die bis in den Friedhof hineinführt.

Weg zum Grab: Betreten Sie den Friedhof und halten Sie sich rechts. Nach etwa 90 Metern stoßen Sie auf der linken Seite des Weges auf zwei silberfarbene Pfosten. Knapp zehn Meter hinter den Pfosten, in der Nähe des Bordsteins, befindet sich Buddys Grab.

Ritchie Valens war erst 17 Jahre alt, als er bei dem Flugzeugabsturz ums Leben kam, und wurde auf dem San Fernando Mission Cemetery in Mission Hills, Kalifornien beigesetzt.

Weg zum Friedhof: Verlassen Sie die I-405 an der Rinaldi Street und folgen Sie dem Sepulveda Boulevard etwa eine halbe Meile in südlicher Richtung. Biegen Sie dann links auf die Stranwood Avenue ab. Der Friedhof liegt gleich links.

Weg zum Grab: Fahren Sie auf das Friedhofsgelände und parken Sie vor dem Blumenladen. Ritchie liegt gegenüber des Blumenladens in der dritten Reihe von der Straße aus gesehen, zwischen den Markierungen 235 und 247 begraben.

Jiles P. „Big Bopper" Richardson war zum Zeitpunkt seines Todes 28 Jahre alt. Er wurde im Forest Lawn Memorial Park in Beaumont, Texas beigesetzt.

Weg zum Friedhof: Nehmen Sie die Ausfahrt 855A von der I-10, folgen Sie der Pine Street etwa 1½ Meilen weit in nördlicher Richtung und biegen Sie dann links auf den East Lucas Drive ab. Der Eingang zum Friedhof liegt gleich auf der rechten Seite.

Weg zum Grab: Nachdem Sie den Friedhof betreten haben, liegt der Lilypool Garden gleich zu Ihrer Linken. Nahe dem Bordstein im Abschnitt 31 liegt das Grab von J. P. Richardson.

Waylon Jennings, der seinen Platz im Flugzeug an J. P. abgetreten hatte, feierte große Erfolge als Country-Musiker. Er starb im Jahre 2002. Einige Jahre nachdem er bei einem Münzwurf seinen Platz im Flugzeug an Ritchie Valens verloren hatte, eröffnete Tommy Allsup eine Kneipe namens Tommys „Head's Up" Saloon in Dallas, Texas. („Head's Up" bezieht sich hierbei auf die Münze; „Heads or Tails" ist die englische Entsprechung des deutschen Ausspruchs „Kopf oder Zahl", Anm. d. Ü.).

CLARENCE LEO FENDER
10. August 1909 – 21. März 1991

In den 30er Jahren funktionierten Musikinstrumente noch auf dieselbe Weise wie in den Jahren zuvor: Das Schlagzeug sorgte für den Rhythmus, Hörner spielten die Melodie und Saiteninstrumente wurden in den Hintergrund verbannt, da man sie nicht besonders gut hören konnte. Aber dann veränderte eine neue Erfindung die moderne Musik – und auch die Popkultur – die elektrische Gitarre.

Die Grundlagen der Physik lehren uns, dass ein schwingendes Metallobjekt – beispielsweise eine Gitarrensaite – durch die Bewegung innerhalb eines elektromagnetischen Feldes ein Signal erzeugt, das man mit einer Spule abnehmen kann. Im Jahre 1931 hatte ein Erfinder namens George Beauchamp dieses Prinzip bei seiner Gitarre angewandt und auf seinem Esstisch eine krude Version der ersten elektrischen Gitarre der Welt entwickelt.
Zum ersten Mal konnte so eine Gitarre mit einem Horn mithalten und die Gitarristen waren nun auch in der Lage, eigene Melodien zu spielen, anstatt nur im Hintergrund den Rhythmus zu unterstützen. Beauchamp ließ seine Erfindung schließlich im Jahre 1937 patentieren, aber zu dem Zeitpunkt wurde die E-Gitarre bereits in der Jazz-Szene verwendet, hatte ganze Swingorchester neu definiert und einige Firmen stellten bereits eigene E-Gitarren her. Nachdem einige technische Schwierigkeiten überwunden und ein paar stilistische Veränderungen von Les Paul und anderen Pionieren vorgenommen worden waren, tauchte im Jahre 1945 plötzlich der Radiomechaniker Leo Fender auf der Bildfläche auf. Leo entwickelte einen neuen Gitarrenkorpus mit einem verbesserten Tonabnehmer und Kontrollen, jedoch war das Bemerkenswerte an der Entwicklung, dass seine Gitarren günstig waren. Leo revolutionierte die Szene, indem er die E-Gitarre zu einem Massenprodukt machte. Er begann im Jahre 1948 mit dem Modell „Broadcaster", der Gitarre für die breite Masse. Die Werkzeuge für die Revolution, die schon bald unter der Bezeichnung Rock bekannt werden sollte, lagen nun in den Händen von Amerikas Jugend, und die Kultur sollte nie wieder dieselbe sein wie zuvor.
Leo unterlag im Alter von 81 Jahren einer Parkinsonerkrankung und wurde im Fairhaven Memorial Park in Santa Ana, Kalifornien beigesetzt.

Weg zum Friedhof: Verlassen Sie die I-5 über die Route 22 in östlicher Richtung und biegen Sie dann auf die Grand Avenue in südlicher Richtung ab. Biegen Sie dann gleich links auf die Fairhaven Avenue ab, der Park liegt etwa eine halbe Meile weiter auf der rechten Seite.

MARVIN GAYE
2. April 1939 – 1. April 1984

Marvin Gaye war einer jener Mitglieder der Generation von Soulsängern, die mithilfe des Labels Motown an die Spitze der Charts schossen. Seine Songs, einzigartige Kompositionen von Soul und alten Gospels, behandelten Themen von heißer sexueller Hingabe bis hin zu pathetischer, sozialer Rechtschaffenheit.
Marvin wuchs in Washington D. C. auf und war der Sohn des zielstrebigen Pfingstpredigers Marvin Gay sen. – für seine Karriere im Showbusiness fügte Marvin Jr. seinem Nachnamen ein ‚e' hinzu. Schon als er noch klein war, wurde jedem in seiner Hörweite bewusst, dass Marvin Jr. wirklich gut singen konnte, und schon bald war der Junge eine feste Größe in der Kirche, der die Hymnen zwischen den Predigten seines Vater leitete.

Doch schon bald führten die langwierigen religiösen Diskurse und die Unbeugsamkeit des Predigers zu einer Entfremdung von Vater und Sohn, die sich in Marvins Teenagerzeit noch verschlimmerte. Obwohl sich Marvins Lebensstil bald Lichtjahre von den strengen Strukturen der Pfingstbewegung entfernte, wies Marvin doch stets darauf hin, dass er den festen Glauben, den er als Grundlage seines Erfolges ansah, seinem Vater verdanke.
Mit 18 trat Marvin in den Dienst der Air Force ein, wurde aber mit beiderseitigem Einverständnis vor Ablauf seiner Dienstzeit ehrenhaft entlassen. Daraufhin spielte er zusammen mit einigen verschiedenen Vokalensembles, was zu einem Vertrag mit dem Label Motown führte. Im Jahre 1964 feierte Marvin seinen ersten großen Erfolg: Zusammen mit Mary Wells nahm er das Duett „My Guy" auf und von nun an standen ihm alle Türen und Tore offen. Bis zum Ende des Jahrzehnts sahnten sowohl Marvin als auch Motown Records tüchtig ab.
Nach einer Reihe von Hits, inklusive „Can I Get a Witness?" und "How Sweet It Is to be Loved by You", veröffentlichte Marvin im Jahre 1971 „What's going on?", ein Album voller sozialer Kommentare, das die Fans, die eigentlich mit weiteren tanzbaren Lovesongs gerechnet hatten, überraschte. Dennoch wurde dieses Album in der Geschichte Motowns zu einem Meilenstein und demonstrierte, dass die berühmten Künstler des Labels mehr konnten, als ein paar einfache Tanzlieder zu entwickeln.
In den späten 70er Jahren kämpfte Marvin mit seinem Drogenkonsum, seine Ehe scheiterte und er verschuldete sich. Marvin floh vor seinen Dämonen, anstatt ihnen ins Gesicht zu sehen, allerdings schien er sich nach einem dreijährigen, selbstgewählten Exil in Europa wieder so weit gefasst zu haben, dass er zurück ins Studio ging. Sein Album „Midnight Love" aus dem Jahre 1982, eine moderne Kombination aus elektronischen Sounds und Reggae-Beats, wurde als grandioses Comeback gefeiert. Marvin gewann zwei Emmys für seine Arbeit und die beiden Titel „Let's Get It On" und „Sexual Healing" gehörten zum festen Programm der Radiosender.
Obwohl sich der professionelle Teil von Marvins Leben nun wieder erholt hatte, ging es im privaten Bereich abwärts; das Finanzamt ermittelte wegen Steuerhinterziehung gegen ihn, er verfiel erneut dem Kokain, romantische Beziehungen scheiterten und er wurde paranoid. Nach einer stürmischen Tour, die er im Anschluss an die Veröffentlichung von „Midnight Love" angetreten hatte, zog sich Marvin nach Los Angeles in das Haus seiner Eltern zurück. Jedoch hatten Marvin und sein Vater ihre nun schon 25 Jahre währenden Streitigkeiten niemals beigelegt und lebten nun zwar im selben Haus, aber nicht miteinander. Marvin verbrachte die Tage stets allein in seinem Zimmer und das Verhältnis der beiden verschlechterte sich weiter.
Am 1. April 1984, nach einem Streit und einer handgreiflichen Auseinandersetzung, bei der es darum ging, dass Marvin sen. einen Brief von der Versicherung nicht finden konnte, eskalierte die Situation. Ohne ein Wort zu sagen, stürmte Marvin sen. mit einem Gewehr bewaffnet in das Zimmer seines Sohnes und schoss auf ihn, während dieser auf seinem Bett saß. Marvin Jr. fiel zu Boden, sein Vater feuerte erneut auf ihn und seine Mutter Alberta betete lauthals für die Seele ihres Sohnes. Marvin sen. ging nach draußen, warf die Waffe in den Vorgarten und wartete auf der Terrasse sitzend auf die Polizei. Am späten Nachmittag, einen Tag vor seinem 45. Geburtstag, wurde Marvin Gaye Jr. für tot erklärt.

Nach einer Trauerfeier, auf der Stevie Wonder gesungen, Smokey Robinson gesprochen und 10.000 Menschen an seinem offenen Sarg vorbeigegangen waren, wurde Marvin Gaye Jr. eingeäschert und seine Asche im Pazifik verstreut.
Marvin Gay sen. wurde verhaftet, stand wegen des Todes seines Sohns vor Gericht und Alberta ließ sich von ihm scheiden. Während der Verhandlung bewiesen einige Aufnahmen, die von Marvin sen.´s Körper gemacht worden waren, dass sein Sohn ihn misshandelt hatte. Er wurde wegen Totschlags verurteilt und zu einer Bewährungsstrafe von fünf Jahren verurteilt. Alberta starb im Jahre 1987 an Knochenkrebs. Marvin sen. erlag im Jahre 1998 einem Schlaganfall.

BRIAN JONES
28. Februar 1942 – 3. Juli 1969

Wenn Brian Jones nicht aufgrund seines großen musikalischen Talents Unsterblichkeit erlangte, dann deswegen, weil er bereits im Alter von 24 Jahren vier verschiedene Klagen auf Unterhalt nichtehelicher Kinder am Hals hatte. Schließlich wurde Brian weit vor der Zeit zu einem weiteren Märtyrer der Rock-Musik.
Im Jahre 1960 war Brian bereits ein hoch talentierter Blues- und Jazzmusiker, nachdem er jedoch die Gitarre für sich entdeckt hatte, bereicherte sein Stil die neuen Rocksounds. Am Ende des Jahres 1962 hatte Brian bereits eine eigene Band, die Rolling Stones, zusammen mit dem Gitarristen Keith Richards und dem Frontmann Mick Jagger, während Charlie Watts am Schlagzeug saß und Bill Wyman den Bass übernahm. Bis 1966 war Brian der Bandleader und führte sie aus der Anonymität zum Starruhm, mit einer Reihe von Hits wie „Not Fade Away", „Time is on My Side" und „Heart of Stone".
Ab dem Jahr 1967 förderte ihr Manager Andrew Oldham verstärkt die kreative Partnerschaft von Jagger und Richards, damit sie besser mit ihren Rivalen Lennon und McCartney mithalten konnten, und Brian, der mittlerweile zum stärksten Konsumenten von allerlei Pharmazeutika geworden war, wurde in seine Schranken gewiesen. Bei den Aufnahmen für das Album Beggar's Banquet im Jahre 1968 lieferte Brian so gut wie keinen Beitrag und im Juni 1969 verließ er die Band aufgrund musikalischer Differenzen.
Jedoch war Brian einen Monat später keinesfalls vergessen, und er kam noch einmal zu traurigem Ruhm, als sich die Zeitungen mit der Meldung füllten, Brian sei im Alter von 27 Jahren tot auf dem Grund seines Swimmingpools aufgefunden worden. Die Obduktion seines Leichnams ergab, dass sowohl sein Herz als auch seine Leber durch exzessiven Alkoholmissbrauch stark vergrößert waren, und in seinem Urin wurde ein Amphetamin nachgewiesen. Jedoch wurden keine weiteren Drogen in seinem Organismus gefunden, und der Gerichtsmediziner stellte schließlich fest, Brian sei wohl verunglückt und daraufhin ertrunken. Die Aussagen der drei Zeugen, die sich zum Zeitpunkt des Unglücks auf Brians Anwesen aufgehalten hatten, stimmten nicht wirklich überein, und die Frage, wer was an jenem besagten Abend getan oder gesehen hat, blieb letztlich offen. Besonders fraglich ist die Aus-

sage von Frank Thorogood, einem von Brians Angestellten, der angab, während sich Brian im Pool aufgehalten hätte, kurz das Haus betreten zu haben, um sich eine Zigarette zu holen. Im Jahre 1994 trat plötzlich ein Geständnis auf, das Thorogood auf seinem Totenbett abgegeben haben soll, jedoch stellte es sich nach einer kurzen Untersuchung als Fälschung heraus. Im Jahre 1999 sagte Brians damalige Freundin Anna Wohlin, die Brian tot im Pool aufgefunden hatte, aus, Thorogood habe Brian wirklich umgebracht, kurz nachdem sich die beiden über Geld gestritten hatten. Es ist nicht genau ersichtlich, wieso sie 30 Jahre lang gewartet hat, bis sie diese Angaben machte, aber da sie diese „Richtigstellung" in Form eines nicht gerade günstigen Buches an die Öffentlichkeit brachte, anstatt es der Polizei direkt zu Protokoll zu geben, gingen Zyniker von einem anderen Motiv aus, während der Rest der Welt ihrem Buch wenig Beachtung schenkte.

Ein von Pferden gezogener Leichenwagen transportierte Brian zu seiner letzten Ruhestätte in Prestbury, Gloucestershire in England. Nach einer von London ausgehenden, etwa zweistündigen Fahrt auf der M40 erreichen Sie den Priory Road Cemetery. Sein sorgfältig gepflegtes Grab liegt auf dem Rasen nahe der Kapelle.

THE MAMAS & THE PAPAS

‚Mama' Cass Elliott
19. September 1943 – 29. Juli 1974

'Papa' John Phillips
30. August 1935 – 18. März 2001

In den 60er Jahren brachen The Mamas and the Papas aus der südkalifornischen Popszene hervor und bombardierten die Top 40 mit harmonischen Folk-Pop-Songs. Die Gruppe war von John Phillips ins Leben gerufen worden, der auch als kreatives Talent und Hitgarant der vier Bandmitglieder galt, nachdem er seine Zelte abgebrochen und New York verlassen hatte, als die Folk-Szene dort langsam zu elektronisch wurde. Die anderen drei Mitglieder der Band – Altistin Cass Elliott, Johns langjähriger Freund Denny Doherty und Johns zweite Ehefrau Michelle Phillips – stimmten in den Gesang mit ein, während Musiker im Hintergrund die instrumentale Begleitung beisteuerten. Mit bunten Hippie-Outfits bekleidet, zeigten sie ihre Andersartigkeit und veröffentlichten mehrere Hitsingles, inklusive „California Dreamin'" und „Monday Monday".

Sie waren ein Teil der Vorhut für jene Gruppen, die mit ihrem neuartigen Musikstil im Fahrwasser der Beatles mitschwammen. Aber all das war schon nach ein paar Jahren vorbei,

als die romantischen Verwicklungen innerhalb der Gruppe und Experimente mit allerlei chemischen Substanzen dafür sorgte, dass die vier nicht mehr zusammenarbeiten konnten. Sie trennten sich im Jahre 1968, kamen im Jahre 1971 jedoch noch einmal kurz zusammen, um ein letztes Album aufzunehmen, zu dem sie vertraglich verpflichtet gewesen waren. Das Album wurde ein Flop und The Mamas and the Papas verblassten zu einer entfernten Erinnerung. Mama Cass Elliott startete daraufhin eine recht erfolgreiche Solokarriere, aber als sie sich während eines zweiwöchigen Engagements im Palladium in London aufhielt, starb sie im Jahre 1974 allein in ihrem Apartment. Ein Gerücht über ihren Tod besagt, sie sei an einem Sandwich erstickt, allerdings ist das keineswegs richtig. Tatsächlich lag ein Sandwich, das sie nicht angerührt hatte, neben ihrem Bett, als sie einen Herzinfarkt erlitt. Nachdem bei ihrer Autopsie eine Herzverfettung diagnostiziert worden war, lautete die offizielle Todesursache „Herzversagen aufgrund von starkem Übergewicht".
Im Alter von 30 Jahren wurde Mama Cass eingeäschert und ihre Asche im Mount Sinai Memorial Park in Nord-Hollywood, Kalifornien beigesetzt.

Weg zum Friedhof: Nehmen Sie die Ausfahrt Forest Lawn Drive vom Highway 134, dem Verbindungsstück zwischen dem Highway 101 und der I-210. Folgen Sie der Straße etwa eine halbe Meile weit, der Eingang zum Friedhof liegt dann auf der linken Seite.

Weg zum Grab: Gehen Sie den Hügel hinauf. Kurz nachdem der Weg eine Biegung nach links beschreibt, liegen zu Ihrer Rechten die beiden Courts of Tanach. Steigen Sie die Stufen hinauf und betreten Sie den ersten der beiden Plätze. Der Grabstein von Mama Cass liegt hinten in der linken Ecke im Gras und trägt ihren richtigen Namen Ellen Naomi Cohen.

Denny verschwand nach der Auflösung der Band in der Versenkung. Nachdem sich John und Michelle hatten scheiden lassen, versuchte sich Michelle an einer Karriere als Schauspielerin. Zur gleichen Zeit befand sich John auf einer stetigen Talfahrt, und er verbrachte den Großteil der 70er Jahre unter dem Einfluss der einen oder anderen Droge, oft war er zusammen mit seiner Tochter MacKenzie high, die ein Star der Fernsehserie „One Day at a Time" war. Schließlich brachte ihm sein ständiger Drogenkonsum eine Therapie ein, und als er clean und trocken aus dieser hervorging, formte er zusammen mit Denny und zwei neuen Mamas eine neue Version der Band. Im Alter von 65 Jahren starb John an einem Herzinfarkt. Er ruht nun im Palm Springs Mortuary and Mausoleum in Cathedral City, Kalifornien. Auf seiner Krypta steht geschrieben: California Dreamin'.

Weg zum Friedhof: Verlassen Sie die I-10 über die Ramon Road und folgen Sie der Straße etwa zwei Meilen südlich, Richtung Da Vall Drive. Biegen Sie links ab und fahren Sie gleich darauf rechts auf das Gelände des Friedhofs. Parken Sie am besten auf dem linken Parkplatz.

Weg zum Grab: Überqueren Sie den Weg am Eingang, gehen Sie am Brunnen vorbei, biegen sie an der ersten Möglichkeit links ab und an der nächsten nach rechts. Johns Krypta liegt auf der linken Seite, kurz hinter dem Brunnen der Familie Frink, in der vierten Reihe von unten.

BOB MARLEY
6. Februar 1945 – 11. Mai 1981

Obwohl Bob Marley in den USA nicht einen einzigen Hit hatte, ist er einer der am meisten verehrten Künstler in der populären Musik. Bob füllte das lose Rahmenwerk aus Reggae-Rhythmen, das die Zuhörer förmlich dazu zwang, sich dem Groove hinzugeben, mit einfachen Texten, in denen jedoch jede Menge Kritik steckte. Die Trauer über sein geliebtes, aber korruptes Heimatland Jamaika, die er in seinen Songs zum Ausdruck brachte, beschäftigte die Gemüter weltweit.

Als Sohn einer jungen, dunkelhäutigen Mutter und eines älteren, weißen Vaters wuchs Bob in einem schönen Dörfchen in den Bergen von Jamaika auf. 1962 brachte er, im Alter von nur 17 Jahren, seine erste Single heraus und nahm in den folgenden zehn Jahren zusammen mit seiner Gruppe The Wailers einige Songs bei kleinen jamaikanischen Labels auf. Leider feierte er keine kommerziellen Erfolge mit seiner Musik und im Jahre 1969 kam der frisch verheiratete Bob in den USA an, um sein Glück in einer Autofabrik in Wilmington, Delaware zu versuchen.

Bob kehrte schon bald nach Jamaika zurück. Mit einem neuen Ziel vor Augen begann er die Arbeit mit einem neuen Produzenten und einem anderen Label. Im Jahre 1973 wurde das Album „Catch A Fire" veröffentlicht - ein Meilenstein in Bobs Karriere. Anders als seine bisherigen Veröffentlichungen wurde dieses Album wie ein professionelles Rockalbum vermarktet und, um die Strategie zu vervollständigen, trat Bob vor Rockfans auf.

Am beeindruckendsten waren hierbei sicher die Auftritte im Vorprogramm von Bruce Springsteen während mehrerer seiner Shows in New York City. Bobs intensive und dynamische Mischung aus Rock, Blues und der Musik, der westindischen Inseln fand Anklang beim Publikum. Nachdem Eric Clapton im Jahre 1974 Bobs Song „I Shot the Sheriff" gecovert hatte, war der Übergang vollzogen und Bob Marley und die Wailers wurden zu Stars.

Als Bobs einzigartige Melodien ihn während der 70er Jahre auf den Gipfel des Erfolgs brachten, erlangte er ebenfalls Anerkennung für sein soziales Engagement. Doch selbst als Nationalheld und König des Reggae konnte er keine Veränderungen im sozialen System seiner Heimat Jamaika erreichen. Bob war ein Rastafari - ein Mitglied einer religiösen Bewegung, die sich der Natur, der Einfachheit, dem Marihuana und vor allem dem Frieden verschrieben hat - und hatte sich eine friedliche Revolution zum Ziel gesetzt. Unglücklicherweise kannte die jamaikanische Regierung nur Waffengewalt. Im Dezember 1976, zwei Tage bevor er das Konzert „Smile Jamaica" abhalten wollte, das dem Spannungsabbau zwischen rivalisierenden politischen Fraktionen gewidmet war, wurden Bob und einige seiner Mitstreiter von Bewaffneten attackiert. Zum Glück kam niemand zu Tode, allerdings erlitten sowohl Bob als auch seine Frau Schussverletzungen, und dieser Vorfall führte nur dazu, dass sich Bobs politische Ansichten weiter verhärteten. Seine späteren Arbeiten, besonders „Exodus" und „Survival", spiegelten seine kämpferischen Neigungen wider.

Im Jahre 1977 wurde an einem von Bobs Zehen, den er sich Jahre zuvor beim Fußballspielen verletzt hatte, eine bösartige Geschwulst gefunden. Im Sommer 1980 wurde bekannt, dass der Krebs nun auch seine inneren Organe befallen hatte, und nur ein knappes Jahr später starb Bob, im Alter von 36 Jahren, in einer Klinik in Miami an Hirn- und Lungenkrebs.

Nur ein paar Schritte von dem Steinhaus entfernt, in dem er zur Welt gekommen war, fand Bob in einem weißen Mausoleum seine letzte Ruhestätte. Der Zaun, der das Mausoleum umgibt, ist in den Landesfarben Jamaikas gestrichen – Rot, Gelb und Grün. Im Jahre 1991 erklärte die Regierung Bobs Geburtstag zu einem nationalen Feiertag und in jedem Jahr seit seinem Tod halten einige Künstler die Erinnerung an ihn durch Konzerte auf einer Bühne nahe seinem Grab aufrecht. Das Mausoleum liegt in dem kleinen Örtchen Nine Mile, etwa 70 Meilen nordwestlich von Kingston. Sie erreichen den Ort über die B3.

FREDDIE MERCURY
5. September 1946 – 24. November 1991

Während in den 70er Jahren so langsam elektronische Musik in Mode kam, rühmte sich die britische Rockband Queen damit, dass ihre Musik auch ohne Synthesizer auskam. Die Band konzentrierte sich stattdessen auf elektrischen Gitarrensound und sanfte Stimmharmonien, während die schrille Leadstimme von Freddie Mercury, dem eindrucksvollen Frontmann der Band, beigesteuert wurde.

Freddies bürgerlicher Name lautete Farok Bulsara und er kam in der britischen Kolonie Sansibar in Afrika zur Welt. Seine indischstämmige Familie zog jedoch bald darauf nach Bombay, und als er 13 Jahre alt war, kam er nach England. Nachdem er ein Diplom in Grafikdesign erworben hatte, hielt sich Freddie in den 60ern in Londons vielseitigem Untergrund auf. Tagsüber verkaufte er Kleidung auf dem Markt von Kensington, nachts sang er zusammen mit verschiedenen Bands. Letztendlich schloss sich Freddie der Gruppe Smile an, und als im Jahre 1971 der Songwriter John Deacon zu ihnen stieß, änderten sie den Bandnamen in Queen um. Die Gruppe feierte mit einigen, vom Publikum begeistert aufgenommenen Singles große Erfolge und wurde im Jahre 1975 durch die unglaubliche Resonanz auf ihr Album „A Night at the Opera" quasi über Nacht zu einer Superstar-Band. Die Verantwortlichen der Plattenfirma waren zunächst nicht begeistert von der Idee, „Bohemian Rhapsody" als erste Single aus dem Album auszukoppeln – mit einer Spielzeit von annähernd sechs Minuten, melodramatischen Einlagen und krassen Tempowechseln brach dieser Song alle Regeln, die einen kommerziell erfolgreichen Song normalerweise ausmachten – aber die Bandmitglieder bestanden darauf. Dank Freddies ausgeklügelter Stimmarrangements schoss der Titel gleich an die Spitze der Charts. Des Weiteren trug ein eilig zusammengestellter Kurzfilm dazu bei, den Song weiter bekannt zu machen – dieser Kurzfilm gilt als Ursprung der Musikvideos.

In den folgenden zehn Jahren tourten Queen auf der ganzen Welt und Freddie wurde bekannt für sein außergewöhnliches Verhalten auf der Bühne und seine ausgefallenen Outfits. In den späten 80ern wurde klar, dass Queen im Studio ihren Höhepunkt überschritten hatten und die Bandmitglieder verfolgten nun Soloprojekte. Jedoch löste sich die Band nicht auf. Stattdessen spielten sie ohne nennenswerte Weiterentwicklungen so nebeneinander her.

Neben einigen anderen Projekten nahm Freddie einige Songs mit dem spanischen Opernstar Montserrat Caballé auf und entdeckte seine Leidenschaft für die exotischen Kois, eine japanische Fischart, von denen ein einzelnes Exemplar mehrere Tausend Dollar wert ist. „Exzess ist ein Teil meiner Natur. Einfallslosigkeit ist eine Krankheit", erklärte er.

Im Jahre 1991 brachten Queen ein Video heraus und Freddies ausgemergelte und kränkliche Erscheinung schockierte seine Fans. Gerüchte, Freddie leide an Aids, wurden stets abgestritten, aber im November des Jahres erschien eine Stellungnahme, die die Gerüchte bestätigte. 25 Stunden später wurde bekannt gegeben, dass Freddie in seinem Haus in Kensington an einer durch die Aidserkrankung hervorgerufenen Lungenentzündung gestorben war.

Im Alter von 45 Jahren wurde Freddie im West London Crematorium in Kensal Green, England eingeäschert. Niemand ist sicher, was mit seinen Überresten geschehen ist. Einige gehen davon aus, dass sich seine Asche im Besitz seines letzten Partners befindet, andere behaupten hingegen, sie sei über dem Genfer See in der Schweiz verstreut worden, an dessen Ufer Freddie eine Hütte besessen hatte.

ROY ORBISON
23. April 1936 – 6. Dezember 1988

Roy war ein introvertierter und dezenter Künstler, aber mit einer klaren Tenorstimme gesegnet, die sich bis zu einem engelsgleichen Falsett steigern ließ – seine Stimme war einfach fesselnd. Roys dramatische Balladen wie „Blue Bayou" und „Crying" wurden in den 60er Jahren im Radio rauf und runter gespielt. In seiner späteren Karriere unternahm er Streifzüge in die Musikrichtungen des Rockabilly und schließlich zum Rock 'n' Roll, was seine Fans begeistert aufnahmen.

Nachdem seine Frau bei einem Motorradunfall tödlich verunglückt war und zwei seiner Kinder bei einem Feuer ums Leben gekommen waren, hörte Roy mit dem Songschreiben auf und seine Karriere ruhte in den folgenden 15 Jahren. Jedoch kam sie in den 80er Jahren erneut in Schwung, als einige Künstler des Rock - Musiker, die von seiner Musik inspiriert worden waren - seinen Titeln neue Popularität verliehen. Roy wurde in die „Rock 'n' Roll Hall of Fame" aufgenommen, war in einem Special im Kabelfernsehen zu sehen, ging wieder regelmäßig auf Tour und tat sich mit ein paar zeitgenössischen Künstlern zusammen, die gemeinsam ein Album unter dem Namen „The Traveling

Wilburys" herausbrachten. Roys Karriere befand sich gerade wieder auf dem aufsteigenden Ast, als er im Alter von 52 Jahren einem Herzinfarkt erlag.
Roy wurde im Westwood Memorial Park in Los Angeles beigesetzt.

Weg zum Friedhof: Auf diesem kleinen Friedhof fanden viele berühmte Menschen ihre letzte Ruhestätte und seltsamerweise liegt er direkt hinter einem Bürokomplex am Wilshire Boulevard Nr. 10850, etwa eine halbe Meile östlich der I-405.

Weg zum Grab: Viele Menschen scheinen noch immer nicht glauben oder verstehen zu wollen, dass Roy in einem anonymen Grab liegt, genauso wie Frank Zappa, etwa acht Meter weiter. Gehen Sie von der Friedhofsverwaltung aus auf die zentrale Rasenfläche und zählen Sie acht Reihen ab bis zum Grabstein von Frank Tuttle. Roys Grab liegt im nächsten Abschnitt der Rasenfläche, gleich links neben dem Wasserhahn.

DIE RAMONES

Nachdem die Freunde Jeffrey Hyman, Douglas Colvin, John Cummings und Tom Erdelyi im Jahre 1973 die Highschool abgeschlossen hatten bzw. hinausgeworfen worden waren, gründeten sie eine Punk-Rock-Band, die aus fünf fiktiven Brüdern bestehen sollte, den Ramones – Joey, Dee Dee, Johnny und Tommy. Den Nachnamen Ramone hatten sie sich von Paul McCartney entliehen, der ihn benutzt hatte, um unerkannt zu reisen, jedoch endete an diesem Punkt jegliche Gemeinsamkeit zwischen den konventionellen Rockstars und den Ramones.
Die Ramones waren Musiker im akademischen Sinn; sie besaßen Instrumente und benutzten sie, um Musik zu machen. Tommy spielte gerade mal zwei Wochen lang Schlagzeug, als die Band ihren ersten Auftritt hatte. Dee Dee gab zu, niemals wirklich Noten gelernt zu haben und einfach nur an einer Saite seines Basses „herumzuzupfen". Obwohl die Ramones als erste Punk-Rock-Band einen Plattenvertrag erhielten, waren sie weder Dichter auf der Suche nach der Seele noch schmachtende Balladensänger. Sie schufen auch keine besonders einprägsamen Melodien. Die meisten ihrer fast 200 Songs endeten nach 2:19 Minuten, und es scheint, als sei der einzige Sinn und Zweck eines Ramones-Songs, so schnell wie möglich zu enden. Sie brachten insgesamt 18 Alben heraus, von denen es jedoch nur zwei in die US Top 100 schafften, und sie hatten niemals einen wirklichen Hit. Nichtsdestotrotz machten die Ramones etwas richtig und ihr beachtlicher Erfolg kann ihrer unglaublichen Harnäckigkeit zugeschrieben werden.
Trotz einiger Veränderungen in der Besetzung waren sie eine hart arbeitende Band und verbrachten zermürbende 20 Jahre miteinander. Im Jahre 1989 sagte Dee Dee: „Die Leute fragen uns immer, warum wir immer noch zusammen spielen. Das tun wir, weil wir noch keine Hitsingle hatten und wir für unseren Lebensunterhalt arbeiten müssen." Obwohl sie sich zunehmend im Randgebiet der Musikszene aufhielten und trotz ihres ausbleibenden kommerziellen Erfolgs spielten sie weiter Punk und blieben ihren Legionen von Fans

treu. Auch nach vielen Jahren ließen sie sich in kein Schema pressen und präsentierten Songs wie „I Don't Wanna Be Learned", „Now I Wanna Sniff Some Glue" und „Gimme Gimme Shock Treatment" immer noch mit derselben feurigen Intensität. Im Jahre 2002 wurden die Ramones in die ‚Rock 'n' Roll Hall of Fame' aufgenommen.

Jeffrey ‚Joey Ramone' Hyman
19. Mai 1951 – 15. April 2001

Hinter einem Vorhang aus langem, glattem, schwarzem Haar brachte Joey, der dürre Frontmann der Ramones, das Publikum 20 Jahre lang mit Rufen wie „Hey, Ho, Let's Go!" oder „Gabba Gabba Hey!" zum Ausrasten. Seine düstere, in Leder gekleidete Erscheinung verband Joey sofort mit der unzufriedenen Jugend, aber es war seine ausdruckslose, sachliche Einstellung, die die Fans bei der Stange hielt.
Als sich die Ramones im Jahre 1996 nach über 2.200 atemberaubenden Live-Shows trennten, galt Joey noch immer als ausgesprochener Gegner jeglicher Art von Zensur. Er trat hin und wieder bei Konzerten im Vorprogramm auf und präsentierte, in seiner Eigenschaft als amtierender Herrscher des Underground-Musikstils, verschiedene Musikevents und -galas.
Das erste Gerücht um eine ernste Erkrankung wurde im Jahre 1998 bekannt, als er aufgrund seines schlechten Gesundheitszustands einige Auftritte in Kanada absagen musste. Im März 2001 wurde Joey in ein Krankenhaus gebracht, wo er sich wegen eines Non-Hodgkin-Lymphoms behandeln ließ, einer Krebserkrankung, die das Immunsystem des Patienten zerstört. Leider brachte die Behandlung keinen Erfolg und Joey starb im Alter von 49 Jahren im Kreis seiner Familie und Freunde.
Joey (Jeff Hyman) wurde auf dem New Mount Zion Cemetery begraben, dieser gehört zum Hillside Cemetery in Lyndhurst, New Jersey.

Weg zum Friedhof: Verlassen Sie die I-280 an der Ausfahrt 17 und folgen Sie dann der Harrison Avenue (Route 508) eine halbe Meile in westlicher Richtung bis zur Schuyler Avenue. Biegen Sie rechts auf die Schuyler Avenue ab. Nach ein paar Meilen ändert sich der Name der Straße in Orient Avenue. Von dort aus gesehen liegt der Friedhof nur noch eine halbe Meile entfernt auf der rechten Seite.

Weg zum Grab: Fahren Sie durch das zweite Tor auf das Friedhofsgelände. Fahren Sie geradeaus weiter. Nach etwa 90 Metern kommen Sie an zwei Granitsäulen vorbei, die auf der rechten Seite der Straße stehen und zum New York Social Club gehören. Joeys Grab liegt von den Säulen aus gezählt drei Reihen dahinter und fünf Reihen rechts davon.

Douglas ‚Dee Dee Ramone' Colvin
18. September 1952 – 5. Juni 2002

Dee Dee war den Großteil seines erwachsenen Lebens stark drogenabhängig und verließ die Band im Jahre 1989. Sein Weggang läutete das Ende einer Ära ein, wenn nicht sogar das Ende einer ganzen Stilrichtung. Unter dem Namen Dee Dee King versuchte er sich erfolglos an einer Rap-Karriere, gründete eine Ramones-Coverband und wurde Maler.

Dee Dee verstarb im Alter von 49 Jahren, er war genauso alt wie Joey. Er wurde in seinem Haus in Hollywood gefunden, in seiner Küche lagen mehrere Drogenutensilien herum, unter anderem eine Spritze. Als Todesursache gilt eine versehentliche Drogenüberdosis.

Douglas wurde auf dem Friedhof Hollywood Forever in Hollywood, Kalifornien beigesetzt.

Weg zum Friedhof: Dieser Friedhof ist leicht zu finden – er liegt am Santa Monica Boulevard Nr. 6000, gleich westlich des Highway 101.

Weg zum Grab: Fahren Sie auf das Friedhofsgelände, biegen Sie gleich links ab und halten Sie vor dem Grass-Mausoleum, das an der nächsten Kreuzung zu Ihrer Rechten liegt. Dee Dee ist unter einem der Bäume beerdigt, die gleich rechts vor dem Mausoleum stehen.

SID VICIOUS
10. Mai 1957 – 2. Februar 1979

Als die Sex Pistols zum ersten Mal im Jahre 1975 in Londons Musikszene auftauchten, wusste niemand so richtig etwas mit ihnen oder ihren Anti-Love-Songs anzufangen. Diese Bande von unangepassten Sonderlingen schrieb sich Rebellion und Anarchie auf ihre Fahne, doch schon bald wurde deutlich, dass die einzigen, die sich für ihre Musik interessierten, die Sex Pistols selbst waren. In ihrem ersten Interview stellte Johnny Rotten – den Spitznamen erhielt er aufgrund seiner ungepflegten Zähne – klar, dass die Band weniger an der Musik als am Chaos interessiert sei, und später fügte er noch hinzu, dass ihr zweites Schlüsselinteresse dem lieben Geld gelte. Den Zeitungen fiel bald auf, dass die Band immer wieder für eine Schlagzeile gut war. Durch eine Reihe bizarrer Berichte wuchs der Bekanntheitsgrad der Band weiter an.

Im Jahre 1977 galten die Sex Pistols als vollkommene Götter des Punk-Rock. Im Februar wurde der Bassist der Band durch John Ritchie ersetzt, besser bekannt als Sid Vicious, und die Sex Pistols wurden zu etwas völlig Neuem. Sid war nicht mehr als ein kriminelles und verstörtes Kind mit einem Hang zum Ruhm und personifizierte damit alles, was

PAARE FÜR DIE EWIGKEIT

SID VICIOUS & NANCY SPUNGEN

die Sex Pistols zum Ausdruck bringen wollten; er war grausam und selbstzerstörerisch, stark heroinabhängig, litt an Verletzungen, die er sich selbst zugefügt hatte, und lebte sein Leben in einem Nebel aus Brutalität und Wahnsinn. Leider war für Sid keines seiner Verhaltensmuster nur ein Spiel, um dem Ruf der Band gerecht zu werden. Nach Sids Tod gab Johnny Rotten sogar zu, Sid sei nicht mehr gewesen als ein Accessoire, um einen leeren Platz auf der Bühne auszufüllen.

Überraschenderweise sah es eine Zeit lang gar so aus, als würden die Sex Pistols vom größten Fehlschlag zum größten Erfolg des Rock werden, als neun Monate nach Sids Einstieg ihr heiß erwartetes Album „Never Mind The Bullocks-Here's The Sex Pistols" kurz an die Spitze der Charts stürmte, obwohl oder vielleicht auch gerade weil sich viele Plattenläden weigerten, das Album zu verkaufen. Nach einer glorreichen Zeit endloser Schandtaten erklärte Johnny Rotten auf ihrem sechsten Konzert in den USA das Ende der Band.

Nach dem Ende der Sex Pistols im Jahre 1978 galten Sid und seine Ex-Groupie-Freundin Nancy Spungen als das berüchtigtste Paar des Jahres. Nancy, eine ehemalige Go-Go-Tänzerin und selbst ein Junkie, war Sids glühendste Verehrerin, und ihre stürmische Beziehung hatte ein Jahr zuvor begonnen, als sie nach London gereist war, um nach eigenen Angaben mit einem Sex Pistol in die Kiste zu hüpfen. Aus dem einmaligen Vergnügen wurde eine lang anhaltende, chaotische Romanze inklusive durch den Drogenmissbrauch ausgelöste exzessive Ausschweifungen, und nachdem sich das Paar in Zimmer Nr. 100 des Chelsea Hotels in Manhattan zurückgezogen hatte, wurde ihre Beziehung sogar noch stürmischer.

Nach zweimonatigem Aufenthalt im Hotel, während dem sich Nancy als Prostituierte verdingt hatte, um ihren Lebensstil und ihre Drogengewohnheiten finanzieren zu können, rief Sid eines Morgens im Oktober an der Rezeption an und teilte dem Hotelpersonal mit, dass er aufgewacht sei und Nancy tot aufgefunden habe. Als die Polizei eintraf, fanden sie Nancy im Badezimmer vor, zusammengesunken über dem Waschbecken. Ihre Unterwäsche war blutverschmiert, eine einzige tiefe Stichwunde im Bauch, hervorgerufen durch ein Jagdmesser, war erkennbar. Sid war noch im Drogenrausch, als er wegen Mordes an Nancy verhaftet und eingesperrt wurde allerdings wurde er einige Tage später freigelassen, als sein Ex-Manager eine Kaution in Höhe von 50.000 Dollar überbrachte, die ihm von Virgin Records bereitgestellt worden war.

Sid blieb nach seiner Entlassung in Manhattan, da man ihm den Pass abgenommen hatte. Im Dezember geriet er in einer Diskothek in einen Kampf und wurde erneut ins Gefängnis auf Riker's Island gebracht. Dort absolvierte er ein siebenwöchiges Programm zum Drogenentzug. Am ersten Februar wurde er clean entlassen und von einigen seiner Junkie-Freunde aus Chelsea in Empfang genommen. Im Zimmer eines Freundes wurde er direkt wieder rückfällig, schleppte sich später nach Hause und fiel in sein Bett. Seine Mutter Beverly war aus England angereist, um sich um ihren Sohn zu kümmern, und da sie befürchtete, ihr Sohn könne beim Drogenkauf auf der Straße erwischt und wieder eingesperrt werden, hatte sie ihm Heroin gekauft. Sid erwachte irgendwann nach Mitternacht, fand das Heroin in der Tasche seiner Mutter und begab sich erneut auf einen Trip – diesmal für immer. Am nächsten Morgen fand Beverly ihn nackt auf dem Boden liegend vor. Er habe ganz friedlich ausgesehen, sagte sie später. Sids Mutter schüttelte ihn, bis sie feststellte, dass sein Körper schon ganz kalt war. Sids Tod im Alter von 21 Jahren wurde zum Unfall erklärt. Unerwartet kam er jedoch nicht.

Sid wurde eingeäschert, und es wird berichtet, seine Asche sei über Nancys Grab verteilt oder dort beigesetzt worden. Dies scheint doch etwas zu romantisch und ich bin mir sicher, dass Nancys Familie dagegen protestiert hätte, wenn man die Umstände ihres Todes bedenkt. Übrigens erwähnte Johnny Rotten während einer Pressekonferenz im Jahre 1996, in der er eine Reunion-Tour der Sex Pistols ankündigte, er wolle eine Urne zu Sid nach Hause bringen, aber unglücklicherweise sei seine – Sids – Asche vor langer Zeit über den ganzen Flughafen Heathrow verteilt worden und er hätte einen Staubsauger gebraucht, um die Asche wieder zusammenzukriegen.

KEITH MOON
23. August 1946 – 7. September 1978

Keith Moon war vor allem für seine wilden Einlagen am Schlagzeug bekannt und zerstörte in seinem Leben wahrscheinlich mehr davon, als die meisten Musiker überhaupt die Möglichkeit haben zu spielen. Obwohl er oft nur mittelmäßig den Takt halten konnte, war er aus der Sicht der Zuschauer sicherlich einer der interessantesten Schlagzeuger überhaupt, seine explosiven Trommelwirbel und sein außergewöhnlicher Stil passten hervorragend zum wilden Stil der Band The Who.
Obwohl Keith gern behauptete, er habe niemals Schlagzeugunterricht gehabt, hatte er doch welchen bekommen. Allerdings konnte man ihm diese kleine Schwindelei durchaus abnehmen, denn Disziplin war nicht gerade seine Stärke. Keith galt als einer der größten Schlagzeuger des Rock, allerdings spielte er nur zusammen mit The Who, übte nie, und sogar nachdem er berühmt geworden war, hatte er zu Hause nie ein Schlagzeug stehen. Keith verbrachte die Zeit ohne seine Bandkollegen meist mit endlosen Partys und lebte seinen hedonistischen Lebensstil voll aus. Seine Fans verehren ihn dafür, dass er mal ein Auto in einen Swimmingpool gefahren hat, aber sorry, das ist niemals geschehen.
Im Jahre 1978 lebte Keith zusammen mit seiner Freundin Annette in Mayfair, London, in Harry Nilssons Apartment am Curzon Place Nr. 9 – in derselben Wohnung, Nr. 12 im obersten Stockwerk, in der vier Jahre zuvor ‚Mama' Cass Elliot gestorben war. Keith hatte seit einiger Zeit Tabletten eingenommen, die ihm sein Arzt verschrieben hatte, um seinen Alkoholentzug zu erleichtern. Bevor er eines Morgens gegen 3 Uhr zu Bett ging, nahm Keith eine Handvoll der Tabletten ein. Ein paar Stunden später wachte er wieder auf, aß etwas, nahm noch ein paar Tabletten und legte sich wieder schlafen. Als Annette einige Stunden später versuchte, ihn aufzuwecken, reagierte er nicht. Der ultimative Partylöwe, das Paradebeispiel für exzessiven Drogenmissbrauch und einen ausschweifenden Lebensstil, war an einer versehentlichen Überdosis des verschreibungspflichtigen Medikaments Heminevrin gestorben.

Im Alter von 32 Jahren wurde Keith ins Golder's Green Crematorium in London gebracht und seine Asche wurde dort in Sektion 3P verstreut. Es gibt keine Tafeln oder Gedenksteine; die Sektion besteht nur aus einem Feld voller Blumen.

JOHN ENTWISTLE
9. Oktober 1944 – 27. Juni 2002

Da die Band The Who stets nur über einen einzigen Gitarristen verfügt hatte, nämlich Pete Townshend, war es stets entscheidend, dass der Bassist John Entwistle laute und schwierige Passagen auf dem Bass spielen musste, um die fehlende Rhythmusgitarre zu ersetzen. John füllte nun die Lücken und ergänzte die Melodien mit seinem Bass und machte damit den Sound der Band unverwechselbar. Später galt er als bester Bassist der Rockszene. Doch obwohl Johns musikalisches Talent herausragend war, war er selbst es nicht. Bevor er zu The Who gestoßen war, hatte er als Steuerbeamter gearbeitet. Er war stets zufrieden damit, der ruhige Vertreter der Band zu sein, dessen leise, bodenständige Präsenz einen klaren Kontrast zu den energiegeladenen Ausbrüchen seiner Bandkollegen bildete. Jedoch steuerte auch John einige Songs zum Repertoire der Band bei, unter anderem „My Wife" und „Boris the Spider". Darüber hinaus brachte er auch sechs Soloalben heraus.
Eine Nacht bevor The Who im Jahre 2002 ihre Tour antreten wollten, starb John im Hard Rock Hotel in Las Vegas. Obwohl er an einem Herzinfarkt gestorben war, stellte der Gerichtsmediziner fest, dass dieser durch Kokain verursacht worden war.
Im Alter von 57 Jahren wurde John unter einem einfachen Gedenkstein in der St. Edwards Church in Stow-on-the-Wold, Gloucester, in England beigesetzt. Die kleine Stadt liegt etwa 1,5 Autostunden nordwestlich von London.

FRANK ZAPPA
21. Dezember 1940 – 4. Dezember 1993

Frank Zappa war einer der engagiertesten Ikonoklasten des Rock und suchte neue Wege innerhalb des Genres. Frank war einfach zu ambitioniert, um sich nur innerhalb der Grenzen des Rock zu bewegen, und während seines ganzen Lebens probierte er alles von Doo-Wop und Heavy Metal bis hin zu Big-Band- und Orchestermusik aus. Wann immer eine neue Modeerscheinung des Pop aufkam, konnte man mit einem seiner berüchtigten, sarkastischen Kommentare rechnen. Franks Songs waren von bizarren Texten geprägt, und die musikalischen Richtungen, die er einschlug, waren hin und wieder absolut unerträglich. Aber darum ging es eigentlich nicht. Er wollte die Grenzen jeder musikalischen Region austesten, herausfinden, was hinter dem Horizont liegt, den Dingen einfach ihren Lauf lassen.

Frank wagte seinen ersten Vorstoß in die Musik als Trommler in der Marschkapelle seiner High School, aber dieser Abschnitt endete, als er in seiner Uniform unter der Tribüne beim Rauchen erwischt wurde. Frank erholte sich erstaunlich schnell von diesem Rückschlag und im Jahre 1966 brachten er und seine Band, The Mothers of Invention, ihr Album „Freak Out!" heraus, eines der ersten Doppelalben des Rock. Auf dieses Album folgten recht bald „Absolutely Free" und „We're Only In It for the Money", zwei Alben, die zu einem gewissen Teil zu Hymnen der Gegenkultur der 60er Jahre wurden. In den folgenden 25 Jahren veröffentlichte Frank mehr als 60 Alben und produzierte einige Filme. Obwohl er sich einen gewissen Grundstil aneignete, war die Qualität seiner Musik nicht gleichbleibend – einige Fans halten seine drei ersten Alben für die besten – und Frank war von einem kommerziellen Standpunkt aus gesehen nie wirklich erfolgreich. Aber darum ging es ihm auch nicht.

Frank gelang es schließlich, mit seinen beißenden, satirischen und manchmal auch lasziven Texten einige politische und soziale Gruppierungen gegen sich aufzubringen. Normalerweise ignorierte er jede Form von Kritik, als allerdings im Jahre 1985 das Parents Music Resource Center vorschlug, CDs mit einem Aufkleber zu versehen, der auf einen ‚fragwürdigen' Inhalt der CD hinweist, machte sich Frank Sorgen darüber, dass die Künstler davon abgehalten werden könnten, sich selbst auszudrücken. Er begab sich zum Capitol Hill und beschuldigte den Senat, Zensur zu fördern. Frank verglich die Taktik mit den warnenden Aufklebern damit, einem Menschen mit Haarschuppen gleich den Kopf abschlagen zu wollen, und obwohl es im Jahre 1985 so schien, als habe er Erfolg gehabt, sind diese warnenden Aufkleber heutzutage die Regel.

Seine Innovationen sorgten dafür, dass seine Aufnahme in die „Rock 'n' Roll Hall of Fame" zweimal abgelehnt wurde. Andererseits wurde er, nachdem er zwei Alben mit Pierre Boulez und The Londoner Symphonieorchester aufgenommen hatte, zusammen mit anderen avantgardistischen Musikern im Jahre 1992 auf dem Frankfurt Festival geehrt. Zum Schluss setzten sich klügere Köpfe durch und im Jahre 1995 wurde Frank posthum in die „Rock 'n' Roll Hall of Fame" aufgenommen.

Im Frühjahr 1990 wurde bei Frank Prostatakrebs diagnostiziert. Er hielt noch vier weitere Jahre durch, erlag der Krankheit jedoch im Alter von 52 Jahren und wurde im Westwood Memorial Park in Los Angeles beigesetzt.

Weg zum Friedhof: Folgen Sie dem Wilshire Boulevard eine halbe Meile östlich der I-405 und biegen Sie dann rechts auf die Glendon Avenue ab. Der Friedhof liegt gleich auf der linken Seite. Alternativ können Sie auch am Wilshire Boulevard parken und den Friedhof hinter dem Bürogebäude am Wilshire Boulevard Nr. 10850 betreten.

Weg zum Grab: Gehen Sie von der Friedhofsverwaltung aus auf die zentrale Rasenfläche und zählen Sie acht Reihen in Richtung der Bronzestatue von Charles Bassler ab. Frank liegt in dem anonymen Grab oberhalb von Bassler.

IKONEN DER POPMUSIK UND DES SCHLAGERS

ALEXANDRA
19. Mai 1942 – 31. Juli 1969

Auch die deutsche Prominenz liefert Material für Verschwörungstheoretiker, wie nicht zuletzt der Blick in den Wikipedia-Eintrag zu Doris Nefedov beweist. Über den frühen Tod der als „Alexandra" berühmt gewordenen Schlagersängerin kursierten viele Gerüchte.

Nefedov war als Doris Treitz in Heydekrug geboren worden, einem Ort in der damals als Memelland bekannten Region des heutigen Litauens. Sie kam in den Kriegswirren nach Kiel und wuchs dort und in Hamburg auf und lernte die Entbehrungen der Nachkriegsjahre am eigenen Leib kennen. Nach der Schulzeit wollte sich die seit Kindesbeinen musisch interessierte Treitz als Sängerin versuchen, wusste aber nicht so recht, wie sie es anstellen sollte. Also schrieb sie sich für ein Studium des Modedesigns ein und jobbte nebenher in diversen Berufen.

Mit knapp 20 Jahren heiratete sie den russischen Immigranten Nikolai Nefedov. Das Paar bekam einen Sohn, Alexander, und schmiedete große Pläne. In den Vereinigten Staaten von Amerika wollte sie unter ihrem Ehenamen Doris Nefedov als Sängerin Erfolge feiern. Doch die Ehe hielt nicht. Nach nur zwei Jahren war der Traum vom Familienleben ausgeträumt – und Doris blieb in Deutschland.

Abermals jobbte sie, um ihren Lebensunterhalt zu verdienen. Ihr Arbeitgeber, ein Hamburger Verleger, empfahl sie dem Musikproduzenten Fred Weyrich, und dieser willigte ein, Nefedov Gehör zu schenken. Die Sängerin reiste zu ihm, sang ihm, so sagt man, eine Nacht lang begleitet von der Gitarre vor – und hatte einen Plattenvertrag.

Weyrich nutzte Nefedovs östliche Herkunft und rauchige Stimme für einen Stil, der in der deutschen Schlagerszene der Zeit noch nicht etabliert war: die Melancholie. Mit Stücken wie „Zigeunerjunge" und emotionalem Gesang schaffte die in Anlehnung an ihren Sohn „Alexandra" genannte Künstlerin den Sprung in die Charts. Auch international fand sie zunehmend Beachtung.

Doch der Erfolg war nur von kurzer Dauer. Im Juli 1969 verstarb Doris Nefedov bei einem Autounfall. Es heißt, sie habe zu der Zeit unter persönlichen Problemen gelitten und nur wenige Tage vor ihrem Tod ihr Testament gemacht und Grabstätten für sich und ihre Familie besorgt – aber damit wären wir schon fast im Bereich der Verschwörungstheorie.

Friedhof: Der Münchner Westfriedhof befindet sich im Süden des Stadtbezirks Moosach, sein Haupteingang liegt in der Baldurstraße 28.

Zum Grab: Alexandras Grab, der Künstlername steht auch auf dem Grabstein, liegt im Sektor 101 der Anlage und ist einen Spaziergang vom Haupteingang entfernt. Die Grabstätte trägt die Kennung 101-A-81.

C. H.

LOUIS ARMSTRONG
4. August 1901 – 6. Juli 1971

Die meisten Menschen der ‚Baby Boom'-Generation erinnern sich an Louis „Satchmo" Armstrong als einen lächelnden, älteren Onkel, der in verschiedenen Shows mit seiner rauchigen Stimme „What a Wonderful World" zum Besten gibt und nachher ein wenig Trompete spielt. Jazzenthusiasten haben jedoch eine andere Erinnerung an Louis und verehren ihn als ein Genie. Nach Aussage von Tony Bennett, der es schließlich wissen muss, hat Armstrong quasi so nebenbei den Jazzgesang erfunden. Außerhalb der Jazzgemeinde ist es bis heute noch eher unbekannt, dass Louis als junger, aufstrebender Musiker mit seinen Aufnahmen in den Formationen „Hot Five" und „Hot Seven" in den 20er Jahren eine musikalische Revolution losgetreten hat.

Louis' Leistungen sind umso erstaunlicher, wenn man seine Vorgeschichte dazu betrachtet, denn er verbrachte sein frühes Leben in extremer Armut in einem Slum in New Orleans. Irgendwie gelang es ihm jedoch, diesen Nachteil als Chance zu ergreifen. Nachdem er mit dem Gesetz in Konflikt geraten war, verbrachte er eine Zeit lang im ‚Colored Waifs' Home for Boys', einer Erziehungsanstalt für obdachlose, farbige Jugendliche, entdeckte das Kornett für sich und begann, damit Musik zu machen. In Joe Oliver, einem bekannten Kornettisten, der die damals ganz neue Musikrichtung Jazz vertrat, fand Louis einen Mentor und eine Vaterfigur. Im Jahre 1922 schloss sich Louis Olivers Creole Jazz Band in Chicago an, kurz darauf machte er seine ersten eigenen Aufnahmen, die bis heute als Meilenstein des Jazz gelten.

Vor diesen Aufnahmen waren Jazzmusiker auf ihre Soli beschränkt, dagegen waren Louis' Einlagen länger und kühner, und er begann damit, mit dem Aufbau der Stücke zu experimentieren. Seine Rhythmen waren flüssig, und er fing an, mit und gegen den Takt zu spielen, womit er dem Swing, der in den 30er Jahren aufkam, den Weg bereitete. Louis entwickelte auch einen neuen Gesangsstil, indem er mit seiner Stimme den Klang eines Horns nachahmte und anstelle eines Textes sinnlose Abfolgen von Silben improvisierte. Als die Zeit der Big Bands vorüber war, scharte er seine All Stars um sich. Sie wurden zu Sonderbotschaftern des Jazz auf der ganzen Welt und halfen überall dort, wo sie spielten, die Barrieren des Rassismus einzureißen.

Louis vergaß niemals, woher er kam, und erkannte, dass er zweifach gesegnet war – mit einer rauen, unverwechselbaren Stimme und mit hervorragendem Talent als Trompetenspieler. Diese beiden Talente unterstützten ihn dabei, die Chancen wahrzunehmen, die den meisten richtungsweisenden Künstlern der Zeit verwehrt blieben. Die Affinität für seine Trompete verdrängte alles andere. Er sagte einst: „Ich verdränge alles, was mich daran hindern könnte, mein Instrument zu spielen. Die Trompete steht an erster Stelle, vor allem anderen, sogar vor meiner Frau."

Louis entschlief eines Nachts friedlich und wurde auf dem Flushing Cemetery in Queens, New York beigesetzt.

Zu der Zeit, in der Louis auf die Welt kam, kümmerte sich niemand so recht um die Geburt eines illegitimen schwarzen Jungen in New Orleans, und Louis, der sein Geburtsdatum nicht wusste, entschied sich, es auf den 4. Juli 1900 zu verlegen. Im Jahre 1989 wurde schließlich eine Taufurkunde gefunden, auf dem sein Geburtsdatum mit dem 4. August 1901 verzeichnet war. Also war Louis zum Zeitpunkt seines Todes 69 Jahre alt und nicht, wie bisher angenommen, 71.

Weg zum Friedhof: Nehmen Sie die Abfahrt 25 von der I-495 und folgen Sie dem Utopia Parkway in nördlicher Richtung etwa eine halbe Meile weit bis zur Pigeon Meadow Road. Biegen Sie links auf die Pigeon Meadow Road ab und folgen Sie ihr bis zur Kreuzung mit der 46th Avenue. Biegen Sie dort gleich rechts auf das Friedhofsgelände ab.

Weg zum Grab: Fahren Sie auf das Friedhofsgelände und halten Sie sich links, bleiben Sie parallel zur 46th Avenue. Zählen Sie die gepflasterten Straßen zu Ihrer Rechten ab und parken Sie an der vierten davon. Vor Ihnen liegt die Sektion 9, Louis dunkelbrauner Grabstein mit der eingravierten Trompete ist leicht zu erkennen. Er liegt einige Reihen oberhalb des Bordsteins.

LEONARD BERNSTEIN
25. August 1918 – 14. Oktober 1990

Leonard Bernstein war bekannt für seine Leistungen als Dirigent, Komponist, Pianist, Autor und Lehrer und war der erste amerikanische Musiker, der weltweite Anerkennung erlangte. Mit 17 ging er nach Harvard, war später ein Protégé von Koussevitzky und sorgte im Jahre 1943 für eine Sensation, als er im Alter von nur 25 Jahren kurzfristig für einen erkrankten Kollegen als Dirigent des New York Philharmonic Orchestra einsprang. Mit seiner einnehmenden Persönlichkeit und seinem flamboyanten Stil wurde Leonard Bernstein zu einer festen Größe, und bis zu seinem Lebensende wurde er mit der Philharmonie in Verbindung gebracht, von 1958 bis 1969 war er sogar der Musikdirektor des Orchesters. 1957 feierte sein Blockbuster-Musical „West Side Story" Premiere und wurde ein paar Jahre später zu einem Oscar-prämierten Kinofilm. Im Jahre 1983 wurde Leonard zum Ehrenmitglied der Wiener Philharmoniker ernannt. Die Anerkennung und Akzeptanz aus Wien bestätigte seinen Status als wahrer Meister seiner Kunst.
Im Alter von 72 Jahren starb Leonard an einem Herzinfarkt. Er wurde auf dem Greenwood Cemetery in Brooklyn, New York beigesetzt.

Weg zum Friedhof: Der Haupteingang zum Friedhof liegt an der Kreuzung 5th Avenue und 25th Street und ist am besten über den Prospect Expressway erreichbar. Nehmen Sie entweder die Ausfahrt 2 oder 3.

Weg zum Grab: Fahren Sie durch die kunstvoll gestalteten Tore auf das Friedhofsgelände, biegen Sie links auf die Battle Avenue ab und fahren Sie den Hügel hinauf. Wenn Sie an der Kreuzung der Battle Avenue und Fern Avenue ankommen, parken Sie Ihren Wagen und steigen Sie die Stufen zu Ihrer Linken hinauf. Folgen Sie dem Steinpfad bis zur linken Seite des Monuments und folgen Sie dann dem Liberty Path zu Ihrer Rechten. Nach etwa 15 Metern liegt rechts das Grab von Leonard Bernstein.

ROY BLACK
25. Januar 1943 – 9. Oktober 1991

Gerhard Höllerich, Sohn von Elisabeth und dem Kaufmann Georg, stammte aus Bobingen-Straßberg, einem kleinen Ort in der Nähe von Augsburg. Seine Liebe war die Musik, er trat schon in jungen Jahren auf regionalen und lokalen Festen auf und hatte eigene Bands.
Sein Künstlername Roy Black entstand aus der Verehrung des großen Roy Orbison und der eigenen schwarzen Haarpracht. Er gründete die Band „Roy Black and his Cannons"

und hatte ab 1963 einige Auftritte im Augsburger Raum, bei denen die Band Rock-Titel coverte. Ein Jahr später, „Roy Black and his Cannons" hatten gerade einen Talentwettbewerb gewonnen, wurde ein Musikproduzent von Polydor auf sie aufmerksam und verschaffte den Jungmusikern einen Plattenvertrag. Höllerich alias Black, der zu der Zeit in München BWL studierte, sah seine Chance gekommen und gab die Betriebswirtschaftslehre zugunsten einer Musikerkarriere auf.

„Du bist nicht allein", die dritte Single der Combo, sang Black ohne seine Cannons. Sie wurde ein Riesenerfolg und stieg in die Top 10 der deutschen Hitparade. Als Solist gab es eine Zukunft für Roy Black.

Sänger und Produzenten versuchten, an den Erfolg anzuknüpfen und den Rock- und Beatmusiker zum Schlagerinterpreten umzugestalten. Die Verkaufszahlen gaben ihnen Recht. Mitte der 60er Jahre kam seine Karriere in Schwung. Titel wie „Ganz in Weiß" und „Schön ist es auf der Welt zu sein" (Letzterer mit der Norwegerin Anita Hegerland) verkauften sich sehr gut und machten Black endgültig zu einer bekannten Größe der deutschen und insbesondere der deutschsprachigen Musikszene.

Da sich Musikfilme mit bekannten Sängern gut vermarkten ließen, trat Black ab 1967 auch vermehrt als Schauspieler in Erscheinung, nicht selten auch in Hauptrollen. Diese Produktionen, meist harmlose Komödien, unterhielten ihr Publikum, ohne es sonderlich zu fordern. Das Seichte, die „heile Welt" schien sein Metier zu sein, ob der Künstler es wollte oder nicht.

Doch Mitte der 70er Jahre brachen die Plattenverkäufe ein, auch die schauspielerischen Erfolge wurden weniger. Der Sänger, frisch mit dem Model Silke Vagts verheiratet und Vater eines Sohnes, trennte sich von seinen Produzenten, nahm eine kreative Auszeit und meldete sich 1976 mit Produktionen von Ralph Siegel und anderen erfolgreich zurück. Black tourte mit seinem Schlagerprogramm nun auch im Ausland und in der DDR. Mitte der 80er Jahre wurde seine Ehe geschieden. 1986 musste Black einige Gänge zurückschalten und sich einer schwierigen Herzklappen-OP unterziehen, von der er sich aber erholte und wieder auftreten konnte.

Mit dem Ende des Jahrzehnts erlebte Roy Black ein furioses Comeback. In der Fernsehserie „Ein Schloss am Wörthersee" war er der Hauptdarsteller – und er wurde erneut zum Publikumsliebling. Mit seiner neuen Lebensgefährtin Carmen Böning bekam er ein weiteres Kind.

Am 9. Oktober 1991 starb Gerhard Höllerich, alias Roy Black, in Heidenstein an Herzversagen.

Friedhof: Der kleine Friedhof von Gerhard Höllerichs Heimatgemeinde Straßberg ist zu einer Pilgerstätte für Roy-Black-Fans geworden. Er liegt in der Ludger-Hölker-Straße.

Zum Grab: Gerhard Höllerich wurde bei seinen Eltern beigesetzt. Eine Marmorplatte auf dem Grab, gestiftet von seinen Fans, besagt: „In unseren Herzen lebst du weiter."
C. H.

KAREN CARPENTER
2. März 1950 – 4. Februar 1983

In den 70er Jahren hatten Karen Carpenter und ihr Bruder Richard ihre eigene Soft-Rock-Band, die Carpenters. Die beiden waren sehr erfolgreich und hatten einige bekannte Hits. Ihre leichten, unbeschwerten Melodien standen in einem starken Kontrast zur lauten Rockmusik jener Zeit. Während die meisten Musiker, die die Carpenters damals belächelt hatten, mittlerweile vergessen sind, haben die sorgfältig komponierten Songs des Duos die Zeiten überdauert.

Ursprünglich war Karen Schlagzeugerin gewesen, aber schon bald wurde klar, dass ihr größtes Talent in ihrer Stimme lag, und sie wechselte zum Gesang. Ihre volle Altstimme wurde zum Markenzeichen der Carpenters und zusammen brachten die beiden fast zwei Dutzend Hitsingles hervor, inklusive „Yesterday Once More", „Close to You" und „We've Only Just Begun". Letzteres wurde nach der Hippie-Zeit zu einem beliebten Hochzeitslied.

In den späten 70er Jahren erschöpfte sich die Zusammenarbeit der beiden Geschwister zusehends; Richard war oft high von verschiedenen Methamphetaminen, während Karen unter starker Reizbarkeit und Müdigkeit litt. Schließlich kündigte Richard im Jahre 1978 während eines Auftritts in Las Vegas an, dass sich die Carpenters eine ausgedehnte Pause gönnen wollten. Tatsächlich war dies der letzte gemeinsame Auftritt der beiden.

Es stellte sich heraus, dass Karens mysteriöse Müdigkeit durch selbst verursachtes Verhungern ausgelöst wurde; sie litt unter schwerer Magersucht. In den folgenden Jahren durchlitt sie die Höhen und Tiefen der Erkrankung. Mithilfe psychologischer Betreuung gelang es ihr, ein einigermaßen normales Gewicht zu erreichen, aber schon bald fing sie heimlich wieder an zu hungern. Im Februar 1983 schien Karen die Krankheit besiegt zu haben; sie wog 55kg und schien auch mental wieder auf der Höhe zu sein. Doch obwohl ihr Körper nun gesund aussah, hatte er doch fast zehn Jahre lang unter dem ständigen Entzug von Nahrung stark gelitten.

Eines Abends ging Karen mit ihrer Mutter in ein Restaurant und aß einen Shrimpssalat. Als sie in ihr Elternhaus zurückkehrten, war Karen sehr müde und zog sich in ihr altes Zimmer zurück, um dort die Nacht zu verbringen. Am folgenden Morgen hörte ihre Mutter, wie Karen aufstand und die Badezimmertür öffnete. Als sie einige Zeit später noch immer nicht nach unten gekommen war, stieg ihre Mutter die Stufen hinauf und fand Karen auf dem Boden des Badezimmers vor, sie atmete nicht. Im Alter von 32 Jahren war Karen an Herzversagen gestorben.

Sie wurde im Forest Lawn Memorial Park in Cypress Kalifornien beigesetzt.

Weg zum Friedhof: Verlassen Sie den Highway 91 an der Abzweigung zur Carmenita Road und folgen Sie dieser in südlicher Richtung. Biegen Sie dann in westlicher Richtung auf die Lincoln Avenue ab. Der Friedhof liegt etwa eine Meile entfernt auf der rechten Seite.

Weg zum Grab: Fahren Sie durch das Haupttor auf das Friedhofsgelände, biegen Sie dann rechts ab und fahren Sie bis zum Ascension Mausoleum. Parken Sie vor dem Gebäude und betreten Sie es durch die Glastüren auf der linken Seite. Halten Sie sich im ersten Flur, dem Sanctuary of Compassion, links, die wunderschöne Krypta von Karen Carpenter liegt am Ende des Flurs.

Als Karen und Richard mit ihrer Musik langsam Geld verdienten, investierten sie einiges davon in Immobilien. Sie kauften in ihrer Heimatstadt Downey in Kalifornien zwei Apartmenthäuser und nannten sie „Close to You" und „Only Just Begun". Die Gebäude tragen noch heute diese Namen und Sie können sie in der Fifth Street Nr. 8356 finden. Obwohl sie beide keinen Abschluss gemacht haben, besuchten Richard und Karen die Universität von Kalifornien in Long Beach, um ihre Musikfertigkeiten zu verbessern. Im Jahre 1994 eröffnete dort das Carpenter Performing Arts Center und enthält ein kleines, aber interessantes Carpenters-Museum.

NAT KING COLE
17. März 1919 – 15. Februar 1965

Wie es bei vielen afroamerikanischen Musikern der Fall ist, erhielt auch Nat King Cole sein erstes musikalisches Training in der Kirche, wo er im Gospelchor mitsang und Hymnen am Klavier begleitete. Im Alter von 16 Jahren war er bereits ein Aufsteiger in der Jazzszene von Chicago und für seine besonderen Fertigkeiten am Klavier bekannt; außerhalb der Kirche hatte er niemals auch nur einen Ton gesungen. Im Jahre 1938 landete er schließlich in Los Angeles und gründete das erste der ‚Nat King Cole'-Trios. Bald war er dort als Swing-Pianist bekannt.

Im Jahre 1940 hatte Nat mittlerweile Vertrauen in seine Sangeskünste gefasst und entwickelte sich zu einem wahren Schnulzensänger; im Jahre 1944 feierte sein Trio einen ersten Hit mit „Straighten Up and Fly Right", und als es im Radio rauf und runter gespielt wurde, begann Nat, sich ein wenig von seinem Klavierspiel zu lösen. Im Jahre 1950 schob sich seine weiche Stimme mehr und mehr in den Vordergrund, unter anderem wegen des großen Erfolgs der beiden Singles „The Christmas Song" und „Mona Lisa", und Nat wurde zu einem der am meisten bewunderten Popkünstler seiner Zeit. Jedoch war nicht jeder über Nats Erfolg erfreut und er wurde mit dem hässlichen Thema der Rassenzugehörigkeit konfrontiert. Im Jahre 1954 beendeten einige Mitglieder des Ku Klux Klan eines seiner Konzerte in Birmingham vorzeitig. Als sich Nat später ein schönes Haus in Hollywood kaufen wollte, stellte sich ihm ein erzkonservatives Komitee in den Weg und verhinderte den Kauf. Als sie Nat sagten, dass sie keine unerwünschten Personen in ihrer Nachbarschaft wollten, gab er ihnen zur Antwort: „Falls hier so jemand einzieht, sage ich Ihnen schon Bescheid." Sofort darauf wurden jegliche vertraglichen Klauseln, die einen Immobilienverkauf an Juden oder Afroamerikaner ausschlossen, von den Gerichten gestrichen.

NAT KING COLE

HARRY "BING" CROSBY

Im Jahre 1957, zeitgleich mit der Bürgerrechtsbewegung, die die Nation in Atem hielt, erreichte die Angelegenheit ihren Höhepunkt: Nat ging mit seiner eigenen Fernsehshow, der Nat King Cole Show, auf Sendung – die erste Sendung mit einem schwarzen Moderator. Die Show wurde zu einer der erfolgreichsten jener Zeit und zwar nicht nur wegen ihres großen Unterhaltungswertes; es war auch ein soziales Experiment. Afroamerikanische Zuschauer, die nach positiven Bildern im Fernsehen lechzten, schalteten ein, um Nat zu sehen, allerdings war dieser auch bei den weißen Zuschauern äußerst beliebt. Einige Fernsehsender im Gebiet der Südstaaten weigerten sich, die Show auszustrahlen, und als sich in den 50er Jahren die Rassenunruhen verstärkten, wurde es immer schwerer, Sponsoren für die Show zu akquirieren. Nachdem sich einige weiße Fernsehzuschauer darüber aufgeregt hatten, dass Nat einen Gast der Show, eine weiße Dame, am Arm berührt hatte, wurde die Show im Jahre 1958 eingestellt.
Nat war ein starker Raucher und in den 60er Jahren bauten seine Stimme und seine Gesundheit rapide ab. Im Alter von 45 Jahren starb er an Lungenkrebs. Auf Nats Beerdigung sagte Jack Benny in seiner Grabrede: „Manchmal ist es tragischer, nicht zu wissen, wie man lebt, anstatt zu sterben. Dieser Mann wusste, wie man lebt und wie man andere dazu bringt, sich lebendig zu fühlen."
Nat fand im Forest Lawn Memorial Park in Glendale, Kalifornien seine letzte Ruhestätte.

Weg zum Friedhof: Verlassen Sie den Highway 2 an der Ausfahrt San Fernando Road und halten Sie sich in nordwestlicher Richtung. Biegen Sie eine Meile später rechts auf die Glendale Avenue ab. Der Eingang zum Park liegt gleich auf der rechten Seite.

Weg zum Grab: Betreten Sie das Freedom Mausoleum durch den Vordereingang, gehen Sie durch den Flur zu Ihrer Rechten und biegen Sie dann links ins Sanctuary of Heritage ein. In der obersten Reihe auf der rechten Seite liegt Nats Krypta.
Im Jahr 1991 gewann Nats Tochter Natalie Cole einen Grammy für ihr Album „Unforgettable With Love", auf dem sie Coverversionen der Hits ihres Vaters sang. Millionen schauten gebannt zu, als sie ein ergreifendes Duett mit ihrem Vater sang, der über eine Leinwand zu sehen war.

HARRY „BING" CROSBY
2. Mai 1901 – 14. Oktober 1977

Harry Crosbys Spitzname 'Bing', den er sein ganzes Leben lang beibehielt, stammte aus einem berühmten Comic mit dem Titel „Bingville Bugle", den er als Kind sehr gemocht hatte.
In den 20er Jahren, als noch ein gewisses Lungenvolumen und Ausstrahlung für Popsänger wichtig waren, tat er sich mit einem Klavierspieler zusammen und trat in Nachtclubs auf. Er war einer der ersten Künstler, die sich einen elektronischen Verstärker

zunutze machten. Um seine ausgetüftelten Gesangskünste dem Publikum am besten nahezubringen, benutzte er ein Mikrofon und seine auffallende, lockere Art ließ reihenweise Herzen dahinschmelzen. Seine Songs waren eine willkommene Abwechslung für die Menschen, die unter den Auswirkungen der großen Depression litten, und während der Zweite Weltkrieg tobte, vertrieben seine Interpretationen von „Silent Night" und „White Christmas" die Sorgen der Menschen, die durch den Krieg getrennt waren, besser als jede andere Art von Musik.

Schon bald sorgte Bing auch für volle Kinokassen. Er trat in mehr als 60 Kinofilmen auf und zu seinen berühmtesten Filmen zählen seine ‚Road Movies' mit Bob Hope, unter anderem „The Road to Singapore" und „The Road to Zanzibar". Im Jahre 1944 erhielt Bing für die Darstellung eines Priesters in „Going My Way" - der deutsche Titel lautet „Der Weg zum Glück" - sogar einen Oscar. Da er weiter Songs produzierte und Auftritte absolvierte - er nahm in seinem Leben etwa 1.600 Songs auf - wurde Bing schnell zur Nummer 1 im Showbusiness. In den 60ern musste Bing jedoch einige Einbußen in seiner Karriere hinnehmen, denn die Balladen wichen dem Rock 'n' Roll, der Geschmack des Kinopublikums änderte sich und die jüngere Generation hielt Einzug. Jedoch war Bing nicht nur einer der am besten bezahlten Entertainer des Landes, sondern auch einer der gerissensten. Über die Jahre hinweg hatte er sein Vermögen investiert und es durch eine Vielzahl verschiedener Anlagen noch vergrößert; er hatte in alles investiert, von gefrorenem Orangensaft bis hin zu Ölquellen, von Viehzucht und Rennpferden bis hin zu Preisboxern und von professionellen Baseball- und Hockeymannschaften bis hin zu Banken.

In den 70ern geriet Bings Gesundheit ins Wanken; im Jahre 1973 wurde ihm ein Tumor aus der Lunge entfernt und kurz darauf lag er einen Monat lang im Krankenhaus, da er kopfüber in einen Orchestergraben gefallen war. Nach einem zweiwöchigen Engagement im Londoner Palladium reiste Bing, ein hervorragender Golfer, nach Spanien, um auf dem La Morajela Golfkurs nahe Madrid zu spielen. Nachdem er 85 Punkte erreicht und zwei spanische Profis geschlagen hatte, schlenderte Bing zum Clubhaus und kollabierte nach einem schweren Herzinfarkt.

Wie viele seiner Zeitgenossen hatte Bing während seiner Karriere sein Geburtsdatum um ein paar Jahre verschoben. Er war 76 Jahre als, als er auf dem Holy Cross Cemetery in Culver City, Kalifornien beigesetzt wurde, und nicht etwa 72 oder 73, wie von den meisten angenommen.

Weg zum Friedhof: Verlassen Sie die I-405 über die Slauson Avenue und folgen Sie ihr für etwa eine halbe Meile. Der Friedhof liegt am rechten Straßenrand an der Nr. 5835.

Weg zum Grab: Betreten Sie den Friedhof, halten Sie sich links und gehen Sie den Hügel hinauf. Nach etwa 90 Metern liegen auf der linken Seite eine Rasenfläche und ein Altar. Bings Grab liegt vier Reihen vom Altar entfernt.

DRAFI DEUTSCHER
9. Mai 1946 – 9. Juni 2006

Als Drafi Deutscher, dessen Hit "Marmor, Stein und Eisen bricht" zum ewigen Partyknaller geworden ist, im Mai 2006 60 Jahre alt wurde, gratulierte die „B.Z." auf ihre Weise: Ein Foto des Sängers und Musikproduzenten zierte das Blatt, und Deutscher sah darauf alt aus, müde. „Drafi Deutschers trauriger 60. Geburtstag. An seinem Ehrentag hockt der Schlagerstar allein auf der Parkbank", war da zu lesen – und wer es bisher nicht wusste, der ahnte nun: Es ging zu Ende. Wochen zuvor war Deutscher noch auf Tour gewesen, hatte auf Schlagerfesten seine Hits präsentiert, doch der gebürtige Berliner war angeschlagen. Seinen ersten Schlaganfall hatte er bereits 1998 erlitten.

Drafi Deutscher stammte aus ärmlichen Verhältnissen und wuchs im Berliner Stadtteil Wedding auf. Sein Vater, der ungarische Klassik-Pianist Drafi Kalman, verließ die Familie schon früh. Mit zwölf Jahren brachte sich Drafi junior selbst das Gitarrespielen bei und versuchte sein Glück auf der Bühne. Es folgten Talentwettbewerbe und erste Bands. Musiker wie Elvis Presley und Bill Haley zählten zu seinen Vorbildern, ihrem Musikstil eiferte der junge Musiker nach – oft mit gefälschtem Ausweis, um an entsprechenden Wettbewerben überhaupt erst teilnehmen zu dürfen. Dort begegnete er schließlich dem Schlagerproduzent Peter Meisel. Die beiden waren sich sympathisch und wollten es gemeinsam versuchen: Drafi wurde Schlagersänger. Mit Meisel nahm er erste Songs auf und landete mit „Shake Hands" und „Heute mal ich dein Bild, Cindy Lou" gleich respektable Erfolge in der Hitparade. Als 1965 sein erfolgreichster Hit „Marmor, Stein und Eisen bricht" erschien, war Deutscher endgültig eine feste Größe in der Branche. Der Hit stieg bis auf Platz 1 der Singlecharts, eine englische Version – ebenfalls von Drafi eingespielt – konnte sich sogar in den US-Hitparaden platzieren. Drafi heiratete insgesamt dreimal und wurde Vater von Zwillingen. Doch eine üble Pressegeschichte bremste die junge Karriere: Nachdem Deutscher in betrunkenem Zustand auf einer Party aus dem Fenster urinierte, stürzte sich die Presse auf ihn und an eine Fortführung der musikalischen Erfolge war erst einmal nicht mehr zu denken. Anfang der 70er Jahre fasste Deutscher wieder Fuß im Musikgeschäft, wenn auch unter Pseudonym. Er schrieb zudem Titel für Peggy March und Boney M. und verhalf dem Interpreten Bino mit dem Schlager „Mama Leone" zum Durchbruch in Deutschland. Außerdem textete er für Bernd Clüver oder auch Katja Epstein.

Anfang der 80er Jahre wendete sich das Blatt, und Deutscher publizierte auch wieder unter seinem eigenen Namen. 1983 hatte er Nino de Angelo mit „Jenseits von Eden" zu einem Riesenhit verholfen und den Titel auf Englisch selbst eingespielt, nun folgten neue und sehr erfolgreiche Deutscher-Alben. Auch die Presse behielt ihn im Auge und berichtete ausgiebig über das Ende seiner zweiten Ehe mit der Sängerin Isabell Varell. Der Karriere konnte dies aber keinen Dämpfer verpassen. In späteren Jahren verlagerte Deutscher, der auch viele Kooperationen mit anderen Musikern einging und gerne musikalisch experimentierte, seine Arbeit zusehends auf das Schlagergenre.

Kurz nach seinem 60. Geburtstag wurde Deutscher mit einem Kreislaufzusammenbruch in ein Aschaffenburger Krankenhaus eingeliefert und später in die Frankfurter Universitätsklinik überführt. Herzprobleme stellten sich ein, und ein künstliches Koma wurde eingeleitet. Deutscher sollte sich davon nicht mehr erholen.

Friedhof: Der Künstler wurde im Süden von Berlin auf dem Parkfriedhof Lichterfelde bestattet, einer Ruhestätte im Bezirk Steglitz-Zehlendorf, Thuner Platz 2-4.

Zum Grab: Drafi Deutschers Grab ist nicht zu übersehen, denn sein weißer Grabstein in Form des Schlapphuts, seines Markenzeichens, ist schon von Weitem zu erkennen.

MILES DAVIS
25. Mai 1926 – 28. September 1991

In seiner mehr als 40-jährigen Jazz-Karriere war Miles Davis stets unabhängig und folgte keinen Trends. Er wuchs sozusagen in der Bebop-Ära auf, wollte sich jedoch nicht nur auf einen einzigen Stil festlegen. Alle paar Jahre entwickelte Miles ein neues Format und jedes Mal rief dieses eine zwar nur kurze, aber doch negative Reaktion der Kritiker hervor. Miles' Karriere lässt sich grob in fünf verschiedene, sich teilweise überlappende Phasen unterteilen: Bebop (1945-1948), Cool Jazz (1948-1958), Hard Bop (1952-1963), Modern Jazz (1958-1968) und Fusion aus Jazz und Rock (1969-1991).
Generell läutete Miles jede neue Phase mit einem Meilenstein seiner Karriere ein, inklusive „The Birth of the Cool" im Jahre 1949, „Milestones" im Jahre 1958 und „Bitches Brew" im Jahre 1969. Letzteres wurde zum Standardwerk der aufkommenden Jazz-Fusion-Bewegung und war deshalb so bedeutend, weil die Vermischung von Jazz, Rock und Funk (und nicht zu vergessen das ausgeflippte Cover-Design) dazu führte, dass sich auch das Rock-Publikum für diese Musikrichtung begeistern ließ; Miles wurde sozusagen von einer neuen Generation „entdeckt". In den ersten fünf Jahren der 70er wandte er sich verstärkt dem Rock zu, bezog neue Inspiration von Jimi Hendrix und trat sogar zusammen mit Grateful Dead auf.
Obwohl er gerade wieder ein neues Musikgenre aus der Taufe gehoben hatte, zog sich Miles davon genauso wie von seinen bisherigen Kreationen zurück, als er im Jahre 1975 aus dem Musikbusiness ausstieg, um eine fünfjährige Pause einzulegen. Der Kampf gegen seine Heroin- und Alkoholabhängigkeit, seine unbarmherzige Suche nach Perfektion und ein erbarmungsloser Tourplan hatten ihren Tribut gefordert und Miles litt unter Magengeschwüren, Polypen am Kehlkopf und Schleimbeutelentzündungen. Er gibt an, in jenen Jahren seine Trompete nicht einmal angerührt zu haben. Als sich jedoch der Fusion-Stil in den 80er Jahren ausbreitete, kam Miles zurück und zwar mit einem Ansatz, der bereits in den 50er Bebop-Jahren erfolgreich gewesen war - der Neuinterpretation bekannter Songs. Mit Hits wie Cyndi Laupers „Time After Time" und Michael Jacksons „Human Nature" erinnerte Miles sein Publikum daran, dass sein unnachahmlicher Sound die Seele so berühren konnte, wie es keine menschliche Stimme vermochte.

Nach einer Reihe von gesundheitlichen Problemen starb Miles im Alter von 65 Jahren an Atemstillstand und wurde auf dem Woodlawn Cemetery in der Bronx, New York beigesetzt.

Weg zum Friedhof: Der Friedhof liegt an der Ecke 233rd Street und Webster Avenue, gleich hinter der Ausfahrt 233rd Street vom Bronx River Expressway.

Weg zum Grab: Der Woodlawn Cemetery ist enorm groß und beherbergt 350.000 Verstorbene auf einer Fläche von etwa 160 ha. Am besten besorgen Sie sich zunächst eine Karte an der Information, falls dort jemand zugegen ist. Falls nicht, fahren Sie an der Information vorbei, den Zaun zu Ihrer Linken. Biegen Sie an der Robin Avenue rechts ab, dann weiter auf die Knollwood Avenue. Biegen Sie dann links auf die Heather Avenue ab. Miles liegt in der Alpine Section an der Heather Avenue, sein Grabstein findet sich gleich neben dem von Duke Ellington.

JOHN DENVER
31. Dezember 1943 – 12. Oktober 1997

Der Folk-Pop-Sänger Henry John Deutschendorf Jr., besser bekannt als John Denver, erhielt mit seiner hauchigen Stimme und seiner Liebe zur Natur internationale Anerkennung als Sänger, Songschreiber und Menschenfreund. Johns Durchbruch erfolgte im Jahre 1967, als er durch die einsame Folk-Nachtclubszene tourte; Peter, Paul und Mary nahmen sich seine Single „Leaving on a Jet Plane" vor und machten daraus einen Nummer-1-Hit. Johns Songschreiberqualitäten fielen auch bald den Plattenfirmen auf, er erhielt einen Plattenvertrag und war mit Hits wie „Rocky Mountain High", „Country Roads" und „Sunshine on My Shoulders" in den folgenden zehn Jahren nicht mehr aus den Charts wegzudenken.

Mit seinem guten Aussehen, seiner an die Hippiezeit erinnernde Brille und seinem atemberaubenden Talent war John auch im Fernsehen erfolgreich und wurde dort zu einer festen Größe. Er harmonierte mit jedem auf dem Bildschirm, von George Burns über Kermit den Frosch bis hin zu Jacques Cousteau.

Johns Erfolg im Musikbusiness sorgte für die Geldmittel, die er brauchte, um einer anderen Vorliebe nachzugehen: der Fliegerei. Im Jahre 1997 war John bereits ein sehr erfahrener Pilot und hatte mittlerweile von der traditionellen Cessna auf verschiedene andere Fluggeräte umgesattelt, unter anderem flog er ein experimentelles, aus Fiberglas hergestelltes Flugzeug mit der Bezeichnung Long EZ. Dieses Flugzeug verfügte über einen Tankwahlschalter innerhalb des Cockpits, der es dem Piloten ermöglichte, das Kerosin entweder aus dem linken oder aus dem rechten Tank zu beziehen. Der Tankwahlschalter war unglücklicherweise hinter dem Pilotensitz angebracht, und die einzige Möglichkeit, den Schalter während des Fluges zu erreichen, bestand darin, das Steuer loszulassen, sich nach links umzudrehen und den Schalter mit der rechten Hand umzulegen. Außerdem musste der Pilot den rechten Fuß abstützen, um sich umzuwenden, was kaum zu machen war, ohne dabei das rechte Seitenruderpedal bis zum Boden durchzutreten.

An einem Sonntagnachmittag führte John einige Durchstartübungen mit seiner neuen Long EZ auf dem Flughafen von Monterey in Kalifornien durch. Nachdem er Übungen durchgeführt hatte, brach er zu einem kleinen Ausflug entlang der Küste auf. Einige Minuten später, das Flugzeug war zu diesem Zeitpunkt etwa nur 150 Meter hoch, versagte der Motor, da einer der Tanks leer war. Als John sich umwandte, um den Schalter für den anderen Tank umzulegen, trat er versehentlich auf das rechte Seitenruderpedal, das Flugzeug rollte nach rechts und stürzte innerhalb von drei Sekunden mit der Nase voran in den Pazifik.

Johns Überreste wurden eingeäschert und die Asche auf seiner Ranch in seiner Wahlheimat Aspen, Colorado verstreut. Er wurde 53 Jahre alt.

FALCO
19. Februar 1957 – 6. Februar 1998

Johann - oder auch Hans - Hölzel hat geschafft, was bis dahin keinem anderen deutschsprachigen Musiker gelungen war: Er hielt sich drei Wochen lang an der Spitze der amerikanischen Charts. Obwohl: Eigentlich war es Falco, jene von Hölzel erfundene und kultivierte Kunstfigur, von der die Presse auch als „erstem weißen Rapper" sprach - berechtigt oder nicht.

Der gebürtige Wiener war ein Scheidungskind und wuchs bei Mutter und Großmutter auf. Eine nach der Schule begonnene Lehre zum Bürokaufmann brach er ab und widmete sich der Musik, nicht umsonst hatte ihm die Wiener Musikakademie schon mit fünf Jahren das absolute Gehör bescheinigt. Auch ein Studium am Musikkonservatorium brach er ab, es war ihm wohl zu theoretisch.

Hölzel verdingte sich in Bands, zeitweise lebte er in Berlin und suchte Kontakte zur dortigen Musikerszene. Schließlich nahm er den Künstlernamen Falco an, inspiriert von einem Wintersportler. Zurück in Wien trat er mit verschiedenen Gruppen auf. Sein Song „Ganz

Wien" wurde 1980 ein Geheimtipp-Hit in der österreichischen Metropole und machte Falco regional bekannt. Schließlich erhielt Hölzel einen Plattenvertrag über drei LPs.

Auf dem ersten Album fand sich der Titel „Der Kommissar". Er wurde 1982 als Single ausgekoppelt und ein Welthit. Falco wurde zum „Künstler des Jahres" gekürt, mehrfach ausgezeichnet, und seine Platte verkaufte sich millionenfach. Es war ein Erfolg über Nacht. Bei der hohen Meßlatte des ersten Albums konnte das zweite nur schlechter abschneiden.

Hölzel zog die Konsequenz und wechselte die Produzenten. „Rock Me Amadeus" aus dem dritten Album "Falco 3" übertraf selbst den "Kommissar" noch um Längen und hielt sich drei Wochen auf der Spitzenposition der US-amerikanischen Billboard Charts. „Jeanny", die zweite Single des Albums, sorgte aufgrund ihrer Thematik für heftige Diskussionen in den Medien und Rundfunkanstalten der Heimat.

So erfreulich und lukrativ dieser Erfolg auch war, so wusste Hölzel doch, dass er ihn nie wiederholen konnte. Der Zenit war erreicht, was sollte jetzt noch kommen? Falco brachte weitere Alben auf den Markt, spielte Konzerte im In- und Ausland und trat oft im Fernsehen auf, doch an die vergangenen Erfolge konnte er nicht mehr anknüpfen. Auch privat machte er Schlagzeilen, als seine Ehe mit Isabella Vitkovic schon ein knappes Jahr nach der Hochzeit wieder geschieden wurde. Die 1986 geborene Tochter Katharina-Bianca war, so musste Hölzel 1993 schmerzhaft erfahren, nicht von ihm.

Mit dem Album „Nachtflug" meldete er sich 1992 zurück, nachdem vorherige Produktionen nur wenig erfolgreich waren und sogar Konzerttourneen abgesagt werden mussten. Mitte der 90er Jahre zog Hölzel in die Dominikanische Republik, nicht zuletzt um dem heimischen Presserummel zu entgehen, und arbeitete an einem neuen Album. Hans „Falco" Hölzel starb am 06. Februar 1998 bei einem Autounfall in der Dominikanischen Republik. Sein letztes Album mit dem Titel „Out of the Dark" wurde posthum veröffentlicht und ein Riesenerfolg.

Friedhof: Mit einer Grundfläche von fast 2,5 Quadratkilometern zählt der Wiener Zentralfriedhof zu den größten Anlagen dieser Art in ganz Europa. Er liegt im Wiener Bezirk Simmering, am südöstlichen Stadtrand.

Zum Grab: Eine Glasscheibe mit eingebranntem Foto, ein Grabstein für Hans Hölzel und ein Obelisk für Falco – diese Ruhestätte muss man gesehen haben. Sie liegt in Sektor 40.
C. H.

ANDY GIBB
5. März 1958 – 10. März 1988

Kurz nach dem Erfolg seiner ‚Bee Gee'-Brüder mit dem Film „Saturday Night Fever" sicherte sich auch Andy Gibb einen Plattenvertrag. Für eine kurze Zeit führten danach die Australier die Charts der Popmusik an, als Andy dazustieß und schon bald darauf seine Brüder mit seinem Teenie-Herzensbrecher-Image in den Schatten stellte.

Andys Erfolg fußte auf seinen drei Disco-Singles „I Just Want to Be Your Everything", „Thicker Than Water" und „Shadow Dancing", allerdings nahm seine Popularität in der unerbittlichen und unbeständigen Arena der pubertären Tagträume auch schnell wieder ab und Andy endete als Moderator von „Solid Gold" und war Gast in Sitcoms wie „Punky Brewster".

Im Jahre 1986 befand sich Andys Leben im freien Fall; er war geschieden, Victoria Principal hatte ihre Affäre mit ihm beendet und sein Kokainkonsum hinterließ Spuren. Im Alter von 30 Jahren starb Andy an Myokarditis, einer durch Viren ausgelösten Herzmuskelentzündung, und wurde auf dem Forest Lawn Memorial Park in den Hollywood Hills, Kalifornien beigesetzt.

Weg zum Friedhof: Verlassen Sie den Highway 134, der das Verbindungsstück zwischen dem Highway 101 und der I-210 bildet, an der Ausfahrt Forest Lawn Drive. Folgen Sie der Straße in westlicher Richtung, der Eingang zum Park liegt auf der linken Seite.

Weg zum Grab: Besorgen Sie sich an der Information eine Karte und begeben Sie sich zu den Courts of Remembrance. Parken Sie an der Ascension Road neben der Sektion ‚Serenity Lawn' und gehen Sie über den Rasen bis zu den Krypten zu Ihrer Linken. Andys Krypta liegt in der zweiten Reihe von unten und trägt die Nummer 2534.

DIZZY GILLESPIE
21. Oktober 1917 – 6. Januar 1993

Der Jazz-Trompeter John Birks „Dizzy" Gillespie setzte in den 40er Jahren neue Maßstäbe als Wegbereiter des Übergangs vom Swing zum Bebop. Als Arrangeur und Komponist verfasste Dizzy einige der größten Jazz-Hits der Ära, inklusive „Groovin' High" und „A Night in Tunisia". Später half ihm sein Interesse für kubanische und afrikanische Musik dabei, diese Stile auch dem amerikanischen Publikum schmackhaft zu machen. Mal abgesehen von Dizzys Beiträgen zur Musik, ist er am besten für seine witzigen Possen bekannt; er erhielt nicht zufällig den Spitznamen „Dizzy", dieser wurde von seiner „Happy Clown"-Persönlichkeit abgeleitet.

Als Kind hatte sich Dizzy für die Posaune interessiert, gab dieses Vorhaben aber auf, nachdem er festgestellt hatte, dass seine Arme zu kurz waren, um ein wirklich guter Spieler zu werden. Im Jahre 1935 war der 18-jährige Dizzy eine aufsteigende Größe in der Jazz-Szene und für seine übermütige Art bekannt. Einmal wurde er sogar aufgrund seines Verhaltens gefeuert: Im Jahre 1941 wurde Dizzy von dem ebenso verrückten, ausgefallen gekleideten Bandleader Cab Calloway wegen seiner übertriebenen Effekthascherei gefeuert, nachdem

Dizzy Calloways Hintern während eines Auftritts „nur ganz leicht" mit einem Messer erwischt hatte. Der „kleine" Schnitt musste mit zehn Stichen genäht werden, später fanden die beiden Witzbolde jedoch wieder zueinander.

Im Jahre 1953 erschien Dizzy auf der Bühne noch außergewöhnlicher als zuvor, denn neben seiner schwarzen Hornbrille und seinem Barett fiel nun auch sein Instrument stark auf, der Schalltrichter zeigte in einem 45°-Winkel nach oben. Der Knick in seinem Instrument war eigentlich die Folge eines Unfalls, denn ein anderes Instrument war während der Umräumarbeiten hinter der Bühne auf Dizzys Trompete gefallen. Da er kein Ersatzinstrument dabeihatte, ging Dizzy mit der verbogenen Trompete auf die Bühne und fand heraus, dass sie sich durch die Biegung teilweise etwas leichter spielen ließ. Ein Hersteller von Trompeten begann, auch die anderen Schalltrichter von Dizzys Trompeten nach oben zu biegen, und zusammen mit seinen prall aufgeblasenen Wangen wurde sie zu seinem Markenzeichen.

Im Jahre 1956 wurde Dizzy zum Bandleader einer Jazz-Band, die zu wohltätigen und diplomatischen Zwecken durch den Mittleren Osten und Südamerika tourte. Nach seiner Rückkehr nach Amerika nahm er weiterhin Musik auf, tourte mit einigen Bands durchs Land und trat hin und wieder zusammen mit anderen Legenden des Bebop in All-Star-Gruppen auf. Dizzys ausgezeichneter Lebensstil und seine große Beliebtheit beim Publikum machten sich bezahlt und in den letzten Jahren seines Lebens war er als einer der älteren Vertreter des Jazz noch immer hoch angesehen.

Im Alter von 75 Jahren starb Dizzy an Bauchspeicheldrüsenkrebs und wurde auf dem Flushing Cemetery in Queens, New York, beigesetzt.

Weg zum Friedhof: Verlassen Sie die I-495 an der Ausfahrt 25 und folgen Sie dem Utopia Parkway etwa eine halbe Meile in nördlicher Richtung bis zu Pigeon Meadow Road. Biegen Sie links auf die Pigeon Meadow Road ab und folgen Sie dieser etwa eine Meile weit bis zur Kreuzung mit der 46th Avenue. Dort liegt die Einfahrt zum Friedhof.

Weg zum Grab: Fahren Sie auf das Friedhofsgelände, biegen Sie links ab und halten Sie sich bis zum hinteren Teil des Friedhofs immer links. Halten Sie an der Sektion 30 Ausschau nach dem „Tassa"-Grabstein zu Ihrer Linken, gleich neben dem Randstein. Dizzys Grab liegt etwa 45 Meter hinter diesem Grabstein, vier Reihen vom Zaun entfernt. Die Nummer seines Grabes lautet 1252.

REX GILDO
2. Juli 1936 – 28. Oktober 1999

Man kennt ihn als immerbraunen Schlagerstar mit südländischer Art und südländischen Themen – doch Rex Gildo, alias Ludwig Franz Hirtreiter, war weit mehr als nur der „Mann mit dem Hossa".

Der gebürtige Münchner begann seine Gesangskarriere mit zehn Jahren als Mitglied der Regensburger Domspatzen. Nach dem Besuch der Handelsschule absolvierte er die „Otto Falckenberg Schule - Fachakademie für Darstellende Kunst der Landeshauptstadt München", wo er in Schauspiel, Gesang und Tanz ausgebildet wurde. Danach zog es ihn zur Bühne. 1957 nahm ihn die Managerin Ada Tschechowa unter Vertrag. Er arbeitete zu dieser Zeit gerade bei den Münchner Kammerspielen. Mit dem Künstlernamen Alexander Gildo erschien Hirtreiter in den nächsten Jahren in einigen deutschen Filmproduktionen, wo er durch sein gutes Aussehen und stimmliche Qualitäten überzeugte.

1959 unterschrieb er einen Plattenvertrag bei Electrola und nannte sich von jetzt an Rex Gildo. Er feierte erste Erfolge in den Charts und blieb parallel auch dem Kinopublikum erhalten. Zweimal trat er in den 60er Jahren als Sänger beim Vorentscheid zum Grand Prix Eurovision de la Chanson auf. Seine Version des Pat-Boone-Hits „Speedy Gonzales" wurde 1962 ein Bestseller, obwohl bereits viele andere Künstler mit einer deutschen Fassung dieses Titels kommerziell gescheitert waren. Spätestens seit „Speedy" hatte Gildo den Ruf des Mexikaners weg. Die Folgesingle „Maddalena" zielte inhaltlich in die gleiche Richtung.

Zum Ende des Jahrzehnts drohte englischsprachige Musik dem deutschen Schlager den Rang abzulaufen. Gildo, der seit 1966 bei Ariola unter Vertrag stand, litt wie viele Kollegen unter sinkenden Absatzzahlen seiner Platten. Erst mit der „ZDF-Hitparade" und dem damit einsetzenden Schlager-Revival konnte er wieder an alte Popularitätswerte anknüpfen und weitere Hits landen, darunter auch „Fiesta Mexikana" aus dem Jahre 1972, der zum Partyknaller wurde.

Nach dieser zweiten Hochphase wurde es ruhig um ihn. Hirtreiters Karriere befand sich auf dem absteigenden Ast, und der Künstler wusste dies nur zu gut. Wo immer er auftrat – und die Anlässe wurden zusehends banaler bis hin zu Bierzelten und den nach seinem Tod vielfach erwähnten Baumärkten – musste er den Rex spielen, jenen ewig jugendlichen Südländer, der von „Hossa" sang und von „schönen Senoritas". Mehrere Versuche, mit neuen Titeln und Produzenten, darunter auch Dieter Bohlen, wieder in die Charts zu gelangen, scheiterten. Die Welt hatte sich verändert, der Geschmack des jugendlichen Publikums ebenfalls, und Gildo litt unter der Stigmatisierung als „Hossa"-Typ.

Am 23. Oktober 1999 sprang Ludwig Franz Hirtreiter – den noch vor wenigen Jahrzehnten die Zeitschrift "BRAVO" mehrfach preisgekrönt hatte, der eigene TV-Sendungen im ZDF bestritten und mit Künstlern wie Conny Froboess und Gitte Haenning gearbeitet hatte – aus dem Fenster seiner Wohnung in München. Drei Tage später erlag er seinen Verletzungen.

Friedhof: Der Münchner Ostfriedhof liegt im Stadtteil Obergiesing.

Zum Grab: Ludwig Hirtreiter wurde neben seinem Lebensgefährten bestattet; ihr Grab befindet sich im Sektor 122-1-21.

C. H.

BENNY GOODMAN
9. Mai 1909 – 13. Juni 1986

Da Benny Goodmans Vater seine elfköpfige Familie mit seinem Lohn, den er in einem Ausbeuterbetrieb in einem verarmten jüdischen Ghetto erhielt, kaum ernähren konnte, glaubte er daran, dass für seine ältesten Söhne vielleicht die Musik ein Ausweg sein könnte. Also meldete er sie in den freien Musikkursen an, die in einer nahe gelegenen Synagoge angeboten wurden. Benny war zu diesem Zeitpunkt erst zehn Jahre alt. Seine älteren Brüder erhielten eine Tuba und eine Posaune, während man dem kleinen Benny eine Klarinette in die Hand drückte. Er sollte bis zum Ende seines Lebens nicht mehr davonlassen.

Benny verließ mit 15 Jahren die Schule, um Profimusiker zu werden, und mit 17 Jahren war er bereits Mitglied des Ben Pollack Orchestra in Los Angeles. Die Ära des Swing war eine aufregende Zeit in Amerika. Der Swing, sozusagen das Stiefkind des Jazz, war so etwa um 1930 entstanden. Er charakterisierte sich durch große, bassstarke Bands, deren Mitglieder nacheinander Soli einlegten, was im Kontrast zur Gruppenimprovisation stand. Der Swing-Jazz-Rhythmus der Big Bands beschleunigte den Puls einer Generation, die sich ihren Weg durch die Depression erkämpfen mussten, und er hob eine Kultur aus der Taufe, die sich durch freche Outfits charakterisierte und in der Jazzmusiker zu ‚Hipstern' wurden. Die ausgeflippten Anhänger des Swing, die sogenannten „Bobbysoxers", folgten nur ihrem eigenen „King of Swing" und der war Mitte der 30er Jahre ohne Zweifel Benny Goodman.

Mit der Klarinette in der Hand wurden der große, gut aussehende Benny und seine verschiedenen Bands schon fast tumultartig begrüßt, wo immer sie spielten. Über den Swing lenkte Benny den Jazz in den kommerziellen Mainstream, und er war der erste Bandleader, der schwarze und weiße Musiker zusammen auf die Bühne stellte. Darüber hinaus brachte er die Musik des ‚kleinen Mannes' in die Heiligkeit der Carnegie Hall, in der er die Weiten des Raumes während eines Auftritts mit einer atemberaubenden Darbietung füllte, die Jahre später als Live-Aufnahme zu einem der am meisten verkauften Jazz-Alben aller Zeiten wurde.

Jedoch verschwand der Swing-Jazz, trotz seines Elans und seiner Spritzigkeit, genauso schnell, wie er aufgekommen war, und in den 40er Jahren waren die Big Bands von einer neuen Form des Jazz, dem Bepop, abgelöst worden. Benny stellte eine kleine Gruppe zusammen, die einige Auftritte im Fernsehen absolvierte und in den 50ern und 60ern einige Touren unternahm. Im Jahre 1955 kam die Verfilmung seines Lebens ins Kino, „The Benny Goodman Story", und der Film wurde ein großer Erfolg. Im Vergleich zu seinen glorreichen Jahren als König des Swing war Benny nun nicht mehr sehr gefragt, aber es gab noch immer einen Platz für seine Musik; seine letzten Jahre verbrachte Benny als Sonderbotschafter bei verschiedenen musikalischen Engagements.

Benny achtete stets auf eine makellose Musikstruktur und verlangte auch von seinen Bandmitgliedern exzellente Ergebnisse, jedoch litten die Musiker oft unter seinen pedantischen Vorgaben. Nach Bennys Tod sagte einer seiner Pianisten: „Zusammen mit ihm

war es niemals weit bis zur Perfektion. Ich habe mir vorgestellt, Benny würde in seinem Bett sterben, während er auf dieser verdammten Klarinette spielt." Wie es sich herausstellen sollte, war es gar nicht viel anders gewesen. Nachdem er eine Sonate von Brahms eingeübt hatte, die er auf einem bevorstehenden Konzert im Lincoln Center spielen wollte, legte sich Benny auf sein Sofa und starb im Schlaf an einem Herzinfarkt.
Im Alter von 77 Jahren wurde Benny auf dem Long Ridge Cemetery in Stamford, Connecticut beigesetzt.

Weg zum Friedhof: Folgen Sie der Route 104 vom Stadtzentrum von Stamford aus etwa fünf Meilen in nördlicher Richtung. Biegen Sie links auf die Erskine Road ab und der Friedhof liegt ein Stück weiter auf der linken Seite.

Weg zum Grab: Bennys Grab liegt in der dritten Reihe von hinten, etwa in der Mitte des Friedhofs. Es ist durch einen flachen Stein und eine kleine Bank gekennzeichnet.

HANNE HALLER
14. Januar 1950 – 15. November 2005

Spricht man über den deutschen Schlager der 80er Jahre, kommt man an einem Namen nicht vorbei: Hanne Haller. Nicht nur, dass die Interpretin selbst im Rampenlicht stand und mit Titeln wie „Mein lieber Mann" Erfolge feierte. Sie schrieb, komponierte und produzierte auch für namhafte Kollegen aus der Branche. Ob Drafi Deutscher oder Rex Gildo, Katja Ebstein oder Jürgen Drews – sie alle waren schon mit Haller-Titeln unterwegs.
Die Liebe zur Musik wurde Hannelore Haller quasi schon in die Wiege gelegt. Die in Schleswig-Holstein aufgewachsene Tochter einer Opernsängerin und eines Bankkaufmanns spielte schon in ihrer Kindheit in Bands mit. Nach der Schule besuchte sie die Universität, musste das begonnene Sportstudium aber bald aus gesundheitlichen Gründen aufgeben.
Haller sattelte um und ließ sich zur Medizinisch-Technischen Assistentin ausbilden, 1970 legte sie ihr Examen ab und abermals kam alles anders. Ein Verwandter stellte sie dem Musikproduzenten Georg Moslener vor, der aus Haller die neue Alexandra machen wollte – eine erste Single entstand. Das Album „Applaus für Hanne Haller" folgte, wurde wegen des Konkurses der Plattenfirma jedoch nie veröffentlicht.
Haller sattelte abermals um. In München ließ sie sich zur Tonmeisterin ausbilden, arbeitete weiter an ihrer Musik und jobbte zur Finanzierung nebenbei. Schließlich begann sie, selbst zu komponieren, und legte sich dazu das Pseudonym Hansi Echer zu – eine Komponistin hätte es in der damaligen Branche schwer gehabt.
Der Erfolg ließ nicht lange auf sich warten. 1978 sang Karel Gott einen Haller-Titel, weitere Kollegen folgten, und 1979 stand die Künstlerin auch wieder selbst im Rampenlicht.

Mehrfach nahm sie, entweder als Interpretin oder Komponistin, unter anderem für die Gruppe „Wind", am deutschen Vorentscheid zum Grand Prix d'Eurovision de la Chanson teil, dem heutigen Eurovision Song Contest. Jahrelang arbeitete sie mit dem Texter Bernd Meinunger zusammen und beide gründeten 1982 ein eigenes Tonstudio.
Haller, die seit Mitte der 90er Jahre an Brustkrebs litt, starb 2005 an den Folgen dieser Krankheit.

Friedhof: Hanne Hallers Grab befindet sich auf dem Friedhof von Egenstedt, das zum niedersächsischen Diekholzen gehört. Auf ihrem Grabstein verweist ein Notenschlüssel auf ihre musikalische Karriere.
C. H.

WOLFGANG AMADEUS MOZART
25. Januar 1756 – 5. Dezember 1791

Mozart war ein gefeiertes Wunderkind, das schon im Alter von sechs Jahren das Publikum in Salzburg mit seiner erstaunlichen Fähigkeit beeindruckte, komplizierte Musikstücke fehlerfrei zu lesen und ein ganzes Lied auswendig zu spielen, nachdem er es nur ein einziges Mal vorher gehört hatte. Im Alter von zehn Jahren hatte er seine Fähigkeiten bereits weiter verfeinert, er konnte mit seinen älteren Zeitgenossen durchaus mithalten und als Teenager überflügelte er sie sogar.
Trotz seiner Reputation fand Mozart keine passende Anstellung, also machte er sich im Jahre 1769 auf den Weg nach Italien, um dort seine erste Serie von Opern zu inszenieren, unter anderem „Mitridate" und „Lucio Silla" – und das alles, noch bevor er 18 Jahre alt war. Nach längeren Aufenthalten in München und Paris kam Mozart im Alter von 25 Jahren schließlich nach Wien, wo er bis zum Ende seines Lebens bleiben sollte, und startete dort eine der erfolgreichsten Karrieren der Musikgeschichte.
In den zehn Jahren vor seinem frühzeitigen Tod entwickelte sich Mozarts Musik weit über das Verständnis vieler seiner Zeitgenossen hinaus. In Dutzenden von Werken, inklusive Symphonien und Kammermusik auf dem höchsten Level der menschlichen Vorstellungskraft, brachte er dem Publikum wundervolle Geschenke dar, die nur wenige anzunehmen in der Lage waren. Noch erstaunlicher ist es, dass Mozart drei seiner größten Opern, „Figaro", „Don Giovanni" und „Cosi fan Tutte", in den letzten drei Jahren seines Lebens komponierte.
Schließlich begann Mozart mit der Niederschrift seines letzten Werkes, des „Requiems". Der Auftrag zu dieser Komposition war im Namen eines Auftraggebers an ihn herangetragen worden, den Mozart nicht kannte, und er war ganz besessen von diesem Projekt, obwohl er es zu guter Letzt nur für sich selbst komponierte. Während er am „Requiem" arbeitete, erkrankte Mozart schwer und schaffte es noch, den Anfang des „Requiems" niederzuschreiben, bevor er endgültig ans Bett gefesselt war. Er litt unter Kopfschmerzen,

Fieber und Ohnmachtsanfällen. Gegen Ende seines Lebens war er teilweise gelähmt, und nachdem er die Sterbesakramente erhalten hatte, verstarb er im Alter von nur 35 Jahren. Heutzutage wird angenommen, dass Mozart an einem rheumatischen Fieber oder einer Harnvergiftung in Folge von Nierenversagen gestorben ist.

Trotz seines musikalischen Genies war Mozart zum Zeitpunkt seines Todes fast pleite, erhielt eine drittklassige Beerdigung und wurde in einem Armengrab auf dem Sankt Marxer Friedhof in Wien, Österreich beigesetzt. Im Jahre 1859 versuchte man, den Standort seines Grabes so genau wie möglich zu ermitteln, und errichtete an dieser Stelle ein Denkmal.

Etwa zehn Jahre nach Mozarts Tod wurde das Gebiet, in dem er begraben lag, umgegraben, um mehr Platz für neue Gräber zu schaffen. Die Knochen aus diesen Gräbern wurden zerkleinert, um ihre Größe zu verringern. Nach weiteren hundert Jahren überreichte man dem Mozarteum in Salzburg ein außergewöhnliches Geschenk: Mozarts Schädel. Angeblich rettete ein Totengräber den Schädel während der „Reorganisation" des Friedhofs, und seine Nachkommen, die es wahrscheinlich leid waren, den Schädel dauernd abzustauben, entschieden sich, auch andere daran teilhaben zu lassen. Er wird dort noch immer ausgestellt, aber es gibt keinen Beweis dafür, dass es wirklich Mozarts Schädel ist.

MANUELA
18. August 1943 – 13. Februar 2001

Es ist eine Geschichte, wie sie sich geschickte Marketingstrategen ausdenken würden, um Schallplatten zu verkaufen: Ein Mädchen aus ärmlichen Verhältnissen schuftet tagsüber in der stupiden Fabrik, nur um abends auf den kommunalen Bühnen zu stehen, zu singen und von der großen Karriere zu träumen. Millionen Teenies träumten und träumen immer noch davon, solche Geschichten sind zur Identifikation bestens geeignet. Im Falle von Doris Inge Wegener sind sie sogar wahr.

„Ich geh noch zur Schule", sang sie 1963 über ihren unverhofften Kontakt mit dem professionellen Musikgeschäft, doch in Wahrheit lief das etwas anders ab als in dem Song beschrieben. Wegener, alias Schlagerstar Manuela, war als Löterin bei der Berliner AEG beschäftigt und hatte die Volksschule längst hinter sich, als sie eines Abends in der Weddinger Kneipe „Ufer-Eck" von dem Musikmanager Peter Meisel entdeckt wurde. Meisel brachte die junge Künstlerin zur Plattenindustrie, ihr Titel „Schuld war nur der Bossa Nova" wurde 1963 ein Nummer-1-Hit in Deutschland und verschaffte der einstigen Fabrikangestellten den lang ersehnten Durchbruch. In den folgenden zehn Jahren war sie mit 25 Singles in den Charts vertreten und wurde eine der beliebtesten Schlagersängerinnen des jungen deutschen Publikums. Die Zeitschrift „BRAVO" ehrte sie der großen Nachfrage wegen gleich zweimal mit einem Starschnitt. Neben der Musikkarriere konnte Wegener auch eine Modekollektion auf dem Markt positionieren.

Wie bei vielen ihrer Kollegen klopfte eines Tages auch das Kino an und buchte die gut vermarktbare Sängerin für Filmauftritte.
Doch der Erfolg ist eine launige Sache. Anfang der 70er Jahre kippte die Stimmungslage und das züchtige, tüchtige Arbeitermädchen aus Berlin-Wedding war plötzlich nicht mehr angesagt. Die Boulevardmedien unterstellten ihr einen Mangel an Privatleben, was Manuela zum Verhängnis wurde. Sie wurde gar als das „singende Neutrum" bezeichnet. Entsprechend sanken auch die Verkaufszahlen ihrer Alben, Manuela musste diverse Male die Plattenfirma wechseln. Zum endgültigen Eklat kam es, als sie behauptete, ein Mitarbeiter der ZDF-Hitparade, Deutschlands führender Schlager-Fernsehsendung, habe sie nur in die Show nehmen wollen, wenn sie bereit gewesen wäre, dafür ordentlich zu bezahlen. Die Hitparaden-Story wurde vom ZDF aufs Heftigste bestritten, ging vor Gericht und wurde nach langen Verhandlungen gegen Wegener entschieden. Zu der Zeit hatten sich die Medien aber schon vollends auf sie eingeschossen und boykottierten den einstigen Star konsequent und erfolgreich. Manuela war Geschichte.
Dennoch träumte sie immer von einem Comeback und arbeitete bis zuletzt an diversen Versuchen, wieder „Boden zu spüren", wie es in einem ihrer letzten Titel hieß. Es sollte nicht sein. Doris Inge Wegener verstarb am 13. Februar 2001 in Berlin an Kehlkopfkrebs.

Friedhof: Manuela wurde auf dem Martin-Luther-Friedhof in Berlin-Tegel, Barnabasstraße beigesetzt.
C. H.

ROB PILATUS
8. Juni 1965 – 2. April 1998

Rob Pilatus wuchs bei Adoptiveltern in München auf. Gemeinsam mit Fabrice Morvan arbeitete er als Tänzer und Fotomodell, als Frank Farian dem Künstler begegnete. Der deutsche Musiker und Musikproduzent nahm das Duo, das bereits für die gefloppte Formation „Empire Bizarre" in Erscheinung getreten war, unter Vertrag und präsentierte sie Ende der 80er Jahre als Musikgruppe „Milli Vanilli". Pilatus und Morvan hatten das Aussehen und das tänzerische Talent, um als Popstars der MTV-Generation vermarktet zu werden, doch der Plan hatte einen Haken. Einen Haken, der heutzutage kaum noch hinderlich wäre, damals aber einen Sturm der Entrüstung losbrach: Sie sangen nicht selbst.
1990 wurden Milli Vanilli, die bereits mit ihrem ersten Album internationalen Erfolg genossen, mit dem Grammy ausgezeichnet, dem Oscar der Musikbranche. Ihre Alben wurden millionenfach verkauft und sie traten international auf.
Schon früh kamen Zweifel daran auf, ob Pilatus und Morvan auch wirklich die Stimmen von Milli Vanilli waren. Als bei einem Konzert in Bristol das Playback aufgrund technischer Schwierigkeiten abbrach, nährte dies diejenigen Kritiker, die eben dieses vermute-

ten. Insbesondere Pilatus reagierte in Interviews sehr selbstbewusst auf derartige Vorwürfe und lobte die Talente der Formation.
Doch die Gerüchte waren damit nicht aus der Welt. Gegen Ende des Jahrzehnts verstärkten sich die Hinweise in der Presse, und die öffentliche Meinung zu Milli Vanilli wandelte sich. Ende 1990 gab auch Produzent Frank Farian öffentlich bekannt, dass es sich bei Pilatus und Morvan „nur" um Darsteller handelte, die sich zum Gesang anderer Männer bewegten.
Aus heutiger Sicht ist nicht ganz nachzuvollziehen, warum die Empörung so groß war. Es ist keine allzu große Seltenheit im Musikbusiness, dass Stimme und vermeintlicher Interpret nicht identisch sind. Farian selbst hatte schon mehrfach so gearbeitet, und auch international angesehene Musik-Acts bedienten sich dieser Methode, um markttauglicher zu sein. Doch Milli Vanilli nahm man es plötzlich übel. Morvan und Pilatus mussten ihre Preise zurückgeben. Pilatus drohte mit Selbstmord.
Ein Comeback als „Rob & Fab" misslang. Rob Pilatus, ohnehin den Drogen zugeneigt, geriet verstärkt auf die schiefe Bahn. Er starb 1998 an einer Überdosis.

Friedhof: Rob Pilatus wurde auf dem Waldfriedhof in München bestattet.
C. H.

RIO REISER
9. Januar 1950 – 20. August 1996

Ralph Möbius, alias Rio Reiser, wurde in Berlin geboren und wuchs in verschiedenen Gegenden Westdeutschlands auf, weil die Familie wiederholt umziehen musste. Schon in Jugendjahren bewies Reiser ein großes Interesse an der Musik, insbesondere an den Rock- und Popformationen der Zeit. Er wurde bekennender Fan der „Beatles" und der „Rolling Stones" und brachte sich selbst mehrere Instrumente bei, darunter Klavier und Cello.
Nach der abgebrochenen Schullaufbahn startete Reiser eine Fotografenlehre, die er aber auch nicht zu Ende brachte. Stattdessen riss er aus und ging, vermutlich beeindruckt von der Musik, nach Liverpool, kehrte aber schnell wieder nach Deutschland zurück, wo er sich in Westberlin niederließ und Kontakte zur aufkommenden Studentenbewegung knüpfte. Im Umfeld der Außerparlamentarischen Opposition (APO) entstand bald eine Theatertruppe namens „Rote Scherben", der Reiser angehörte. Außerdem musizierte er in verschiedenen Bands und gehörte zum „Hoffmanns Comic Theater".
1970 gründete er mit mehreren Gleichgesinnten die Band „Ton Steine Scherben", deren musikalischer Stil und inhaltliche Ausrichtung die gängigen Genregrenzen sprengte und zu einem einflussreichen und bedeutsamen Kapitel deutscher Musikkultur wurde. Mit ihrem Klang und ihrer unverhohlen vertretenen politisch-sozialen Statements machten die „Scherben" auf sich aufmerksam. 1985 löste sich die zeitweise von der heutigen Grünen-Politikerin Claudia Roth gemanagte Formation auf.

Reiser nutzte die Zeit nach den „Scherben" für eine kleine Solokarriere. Das Album „Rio I." wurde zum Erfolg, nicht zuletzt dank der Single „König von Deutschland" und des melancholischeren „Junimond". Seine Jahre später erschienene Biografie trug ebenfalls den Titel „König von Deutschland". In der Folge spielte Reiser mehrere Soloalben ein. Neben seiner Gesangskarriere arbeitete Reiser auch als Filmkomponist, unter anderem für die TV-Serie „Tatort", und als Schauspieler. Für seine Hauptrolle in „Johnny West" wurde ihm 1977 der Bundesfilmpreis verliehen.

Der Künstler verbrachte seine letzten Jahre in Fresenhagen, wo er infolge innerer Blutungen an Herz-Kreislaufversagen verstarb. Dem Engagement diverser Freunde, Familienangehöriger und regionaler Politiker ist es zu verdanken, dass Reiser auf seinem Grundstück bestattet werden konnte. Das Rio-Reiser-Haus dient heute als Tagungsstätte für Kulturschaffende. Reisers Musik wurde insbesondere in den Jahren nach seinem Tod immens populär, als diverse Künstler Coverversionen alter Reiser-Titel aufnahmen und damit Erfolge feierten.

Zum Grab: Sein Grab ist direkt beim Rio-Reiser-Haus in Fresenhagen zu finden, Fresenhagen 11. Es ist seitdem eine Art Pilgerstätte.
C. H.

DUSTY SPRINGFIELD
16. April 1939 – 2. März 1999

Im Jahre 1960 gehörte die britische Sängerin mit der ungewöhnlichen Soulstimme, Dusty Springfield, noch zu einem Trio mit dem Namen The Springfields. Mithilfe von Dustys kräftiger, rauchiger Stimme schoss die Gruppe mit mehreren Singles an die Spitze der Charts, am besten bekannt ist sicher „Silver Thread and Golden Needles".

Im Jahre 1963 trennte sich die Gruppe und Dusty, die immer gern experimentierte, schwenkte von der einfachen, folkigen Alt-Stimme zu einer sinnlichen, weißen Soulstimme über. Mit einem frischen und einzigartigen Sound, einer hoch aufragenden Beehive-Frisur und tiefschwarzem Maskara trat sie zurück ins Scheinwerferlicht und veröffentlichte ihr Soloalbum „A Girl Called Dusty". In kürzester Zeit wurde Dusty zur Wegbereiterin einer neuen Mode und einer Subkultur in der Musikszene, die unter der Bezeichnung „Mod" bekannt wurde.

Im Jahre 1969 nahm sie ihr Album „Dusty in Memphis" auf, das heute als Meilenstein ihrer Karriere bezeichnet wird, und obwohl ihre bekannte Single „Son of a Preacher Man" auf beiden Seiten des Atlantiks in die Top Ten stürmte, ging es auf finanzieller Ebene abwärts. Ihr stürmisches Leben hatte auch physische Auswirkungen: Ihre Stimme hatte nach mehreren Kehlkopfentzündungen irreparable Schäden erlitten und ihre Gesundheit war durch ständigen Drogenkonsum schwer geschädigt worden.

Als sie den Ruhm leid war, zog sich Dusty nach Kalifornien zurück. Abgesehen von ein paar wenigen Auftritten als Gastsängerin und einem halbherzigen Comeback im Jahr 1978, das für geringes Aufsehen sorgte, ließ sie ihre Musikkarriere bis zum Ende ihres Lebens ruhen. Stattdessen konzentrierte sie sich auf die Durchsetzung der Rechte von Homosexuellen und engagierte sich im Tierschutz.

Im Jahre 1999 wurde bekannt gegeben, dass Dusty in die „Rock 'n' Roll Hall of Fame" aufgenommen werden sollte, jedoch verstarb Dusty zehn Tage vor der Aufnahmezeremonie im Alter von 59 Jahren an Brustkrebs. Sie wurde eingeäschert und ihre Asche befindet sich im Besitz ihrer Familie.

HANK WILLIAMS
17. September 1923 – 1. Januar 1953

Hiram „Hank" Williams, auch bekannt als „Hilbilly Shakespeare", schrieb einfache Melodien, die sich aus Gospel-, Blues- und Countryelementen zusammensetzten, und erweiterte sie um Texte, die kraftvolle Emotionen hervorriefen. Ihm wird oft zugeschrieben, die Countrymusik dem breiten Publikum zugänglich gemacht zu haben.

Als Kind putzte Hank Schuhe und verkaufte Erdnüsse auf den Straßen von Alabama, um seiner armen Familie ein paar Pennies nach Hause zu bringen. Nachdem er jedoch irgendwie eine Gitarre in die Hände bekommen und sich selbst beigebracht hatte, wie man darauf spielt, gab er sich im Alter von 13 Jahren den Namen „The Drifting Cowboy" und hatte bereits ein Jahr später seine eigene Band, die bei Squaredance-Veranstaltungen und in einigen Kneipen den Hut rumgehen ließ.

Mit Beginn des Zweiten Weltkriegs ruhte Hanks Musikkarriere eine Weile, da er Arbeit in einer Schiffswerft erhalten hatte, aber im Jahr 1944 hatten sich die Drifting Cowboys wieder vereint und traten regelmäßig in der Louisiane Hayride Radio Show auf. Hanks Version des „Lovesick Blues" stürmte im Jahr 1949 auf den ersten Platz der Charts, und da der Titel so großen Anklang gefunden hatte, wurde er eingeladen, auch in der Radioshow Grand Ole Opry zu spielen, wo er schon bald regelmäßig zu hören war. In den folgenden paar Jahren befand sich Hank auf der Spitze seines Erfolgs und brachte kurz hintereinander mehrere Hits heraus, unter anderem „Cold, Cold Heart", „Hey, Good Lookin'" und „Your Cheatin' Heart". Trotz seines Erfolges war Hanks Privatleben eine einzige Katastrophe und seine Ehe scheiterte aufgrund seiner Frauengeschichten. Da Hank unter chronischen Rückenschmerzen litt, wurde er abhängig von Schmerzmitteln, und auch sein Alkoholkonsum geriet außer Kontrolle. Nachdem er bei einigen Auftritten so betrunken gewesen war, dass er nicht spielen konnte, oder sich gar nicht erst blicken ließ, wurde er im August 1952 von Grand Ole Opry gefeuert.

Hanks Gesundheit hatte durch den hohen Konsum von Schmerzmitteln und Alkohol stark gelitten, und als er auf dem Weg zu einer Show in Ohio war, starb er im Alter von 29 Jahren an einem Herzinfarkt infolge übermäßigen Alkoholkonsums.

Hank wurde auf dem Oakwood Annex Cemetery in Montgomery, Alabama beigesetzt.

Weg zum Friedhof: Nehmen Sie die Ausfahrt 172 von der I-65 und folgen Sie dann der Herron Street in östlicher Richtung, die kurz darauf eine Kurve nach links beschreibt und in die Bibb Street übergeht. Biegen Sie nach einer viertel Meile auf die Molton Street und dann rechts auf die Tallapoosa Street ab. Die Tallapoosa Street geht nach einer Rechtskurve in die Jefferson Street über, die zur Upper Wetumpka Road wird. Nachdem Sie dieser Straße etwa eine Meile weit gefolgt sind, sehen Sie den Friedhof zu Ihrer Linken.

Weg zum Grab: Fahren Sie auf das Friedhofsgelände und folgen Sie der Straße bis zum Kreisverkehr auf der Spitze des Hügels. Die beiden Monolithen, die Hanks Grab und das seiner ersten Ehefrau Audrey markieren, sind kaum zu verfehlen.

BERÜHMTE UND BERÜCHTIGTE PERSÖNLICHKEITEN

ROBERT BOSCH
23. September 1861 – 12. März 1942

Der Industrielle Robert August Bosch wurde in eine kinderreiche Albecker Familie geboren, in der viel Wert auf die gute Schulbildung der Sprösslinge gelegt wurde. Bosch besuchte die Realschule und legte danach eine Lehre zum Mechaniker ab.
Nach ausgiebigeren Lehr- und Wanderjahren, die ihn unter anderem nach Amerika in die Werkstatt von Thomas Alva Edison führten und während der er Vorlesungen an der TH Stuttgart hörte, sowie einem Militärdienst wurde Robert Bosch Unternehmer. Am 15. November 1886 gründete er in Stuttgart eine Werkstatt für Feinmechanik und Elektrotechnik. Ein knappes Jahr später heiratete er.
Die Automobiltechnik steckte zu dieser Zeit noch in den Kinderschuhen, und Boschs Stuttgarter Haus entwickelte wegweisende Methoden und Techniken, die die gesamte Branche prägten, etwa die sogenannte „Bosch-Zündung". Auch die Entstehung schneller Benzinmotoren wurde durch die Bosch-Forschung beschleunigt.
Als überzeugter Sozialdemokrat – man nannte ihn auch den „roten Bosch" – führte Robert Bosch als einer der ersten deutschen Unternehmer 1906 die Fünftagewoche und den Achtstundentag in seinem Betrieb ein. Schon mehrere Jahre vorher hatte er sich erfolgreich für eine Auslandsexpansion des eigenen Betriebes starkgemacht. 1898 begannen Geschäftsbeziehungen mit Großbritannien, weitere europäische Länder folgten, und 1910 eröffnete Bosch seine erste Fabrik auf nordamerikanischem Boden. 1913 erwirtschaftete das Gesamtunternehmen knapp 90 Prozent seines Umsatzes im Ausland. Die einstige Stuttgarter Werkstatt für Automobilbelange war zum multinationalen Elektrotechnik-Konzern herangewachsen.
Der vierfache Vater Bosch war zweimal verheiratet und engagierte sich während des Zweiten Weltkriegs auch im Widerstand gegen die Nationalsozialisten. 1937 wandelte er sein Unternehmen in die „Robert Bosch GmbH" um und legte genaue Richtlinien zu deren zukünftiger Führung fest. Das Unternehmen ist noch heute in vielen elektrotechnischen Bereichen aktiv und gilt als weltweit führender Automobilzulieferer.
Robert Bosch verstarb 1942 in Stuttgart. Eine nach ihm benannte Stiftung nahm 1964 ihre Arbeit auf.

Friedhof: Robert und Margarete Bosch wurden auf dem Waldfriedhof in Stuttgart-Degerloch beerdigt.
Der Friedhof befindet sich in der Jahnstraße 24 in 70597 Stuttgart und ist mit den Stadtbahnlinien U5 und U6 bis Haltestelle Degerloch (Albplatz) oder der Straßenbahn-Linie 10 (Zahnradbahn) bis Haltestelle Zahnradbahnhof zu erreichen.
C. H.

UWE BARSCHEL
13. Mai 1944 – 11. Oktober 1987

Sein Tod wird die Verschwörungstheoretiker sicher noch etliche Jahre beschäftigen. Als der ehemalige Ministerpräsident von Schleswig-Holstein 1987 tot in der Badewanne eines Genfer Hotelzimmers aufgefunden wurde, hinterließ er ein Meer von Fragen.
Barschel war bei seinen Großeltern aufgewachsen. Der Vater hatte den Krieg nicht überlebt und seine Mutter musste ihren Lebensunterhalt als Näherin verdienen. Schon in der Schulzeit zeigte Uwe Barschel außergewöhnliches Engagement. Er kandidierte als Schulsprecher seines Geesthachter Gymnasiums, gewann die Wahl und sorgte vermutlich nicht ganz unbeabsichtigt für große Diskussionen, als er in dieser Position Karl Dönitz, Adolf Hitlers letzten Reichspräsidenten, in die Schule einlud.
Nach dem Abitur begann er in Kiel mit dem Studium. Er belegte die Fächer Jura, Volkswirtschaftslehre, Politikwissenschaften und Pädagogik und beendete das Studium mit zwei Promotionen. Schon 1960 war Barschel der Jungen Union beigetreten, 1962 wurde er Mitglied der CDU.
Der Rechtsanwalt, Notar und vierfache Vater, der gelegentlich auch unterrichtete, war von 1971 bis 1973 Parlamentarischer Vertreter des Kultusministers und Regierungsbeauftragter für Jugend und Sport. Im Anschluss war er sechs Jahre lang Vorsitzender der CDU-Landtagsfraktion und bis 1981 Kreisvorsitzender im Herzogtum Lauenburg. 1979 ernannte ihn Gerhard Stoltenberg zum Finanzminister des Landes Schleswig-Holstein, kurze Zeit später übernahm er das Amt des Innenministers. 1982 wechselte Gerhard Stoltenberg ins Bundeskabinett und Barschel trat seine Nachfolge als Ministerpräsident von Schleswig-Holstein an. Neben seiner politischen Tätigkeit und der Arbeit in mehreren Verbänden publizierte der seit 1973 mit Freya von Bismarck verheiratete Politiker juristische und politikwissenschaftliche Arbeiten.
Die wahren Umstände seines Todes sind bis heute ungeklärt. Im September 1987, einen Tag vor der schleswig-holsteinischen Landtagswahl, wurde ein Gerücht lanciert. Wie es hieß, habe „Der Spiegel" Beweise dafür, dass Uwe Barschels Wahlkampfleitung verleumderische Informationen über Barschels politischen Kontrahenten um das Amt des Ministerpräsidenten, Björn Engholm, in Umlauf gebracht habe. Barschel habe seinen Herausforderer überwachen lassen und herausgefunden, dass Engholm homosexuelle Kontakte pflege und an AIDS erkrankt sei. Engholm dementierte vehement, doch seine Partei, die SPD, verlor bei der kommenden Landtagswahl die absolute Mehrheit.
Der Skandal war groß, und Barschel gab der Öffentlichkeit in einer eiligst einberufenen Pressekonferenz sein Ehrenwort, dass die Beschuldigungen – man sprach auch von der Barschel-Affäre – unzutreffend und unhaltbar wären. Am 2. Oktober des Jahres trat Barschel von seinem Posten als Ministerpräsident zurück. Am 11. Oktober fand ein Reporter des Magazins „Stern" Uwe Barschel nachts tot in der Badewanne seines Zimmers im Hotel Beau-Rivage. Wie die Obduktion ergab, hatte Barschel mehrere medikamentöse Substanzen einge-

nommen, die letztlich zu seinem Tod geführt hatten. Ob der Tod durch Selbstmord oder Fremdeinwirkung eingetreten war, ließ sich nicht zweifelsfrei feststellen. Am Tag nach seinem Tod hätte Barschel vor einem Untersuchungsausschuss aussagen sollen.

Friedhof: Uwe Barschel wurde auf dem Alten Friedhof im schleswig-holsteinischen Mölln in der Hindenburgstrasse bestattet.
C. H.

BONNIE & CLYDE

Clyde Barrow
24. März 1909 – 23. Mai 1934

Bonnie Parker
1. Oktober 1910 – 23. Mai 1934

An einem heißen Tag in Texas im Juli 1930 besuchte der Kleinganove Clyde Barrow einen Freund. Dort lernte er auch Bonnie Parker kennen, die Nachbarin seines Freundes. Die beiden waren schon bald unzertrennlich, und als Clyde einige Monate später wegen Raubes im Gefängnis saß, schmuggelte Bonnie eine Waffe ins Gefängnis. Und so begann die berüchtigte Sage von Bonnie und Clyde.
In verschiedenen Büchern und vier Filmen wurden ihre Raubzüge endlos romantisiert und verklärt. Tatsächlich ist es jedoch schwer, irgendetwas Romantisches an der Beziehung der beiden zu entdecken. Kurz gesagt zog die Barrow Gang, bestehend aus Bonnie, Clyde und anderen Verbrechern, die hin und wieder zu ihnen stießen, eine blutige Spur durch die südlichen Staaten der USA. Sie nahmen sich nicht nur „reiche" Banken vor, sondern überfielen auch Tankstellen, Läden und sogar Obststände. Als die Polizei den Ring um die beiden enger zog und die Situation immer aussichtsloser wurde, gerieten Bonnie und Clyde in eine Art Raserei und starben einige Zeit später selbst im Kugelhagel; zwölf unschuldige Menschen waren bei ihren Raubzügen zu Tode gekommen.
Im November 1932 wurden Bonnie und Clyde wegen Mordes an zwei Ladeninhabern und einem Polizisten gesucht, und da sie von den kleineren Raubzügen, die ihnen nicht so viel einbrachten, die Nase voll hatten, raubten sie ihre erste Bank aus. Im März schlossen sich Clydes Bruder Buck, der auf Bewährung war, und dessen skeptische Frau Blanche der Barrow Gang an, und die Überfälle verstärkten sich. Jedoch blieb auch das Gesetz nicht untätig und das folgende Jahr war geprägt von einer Reihe von Feuergefechten in staubigen, von der

PAARE FÜR DIE EWIGKEIT

BONNY & CLYDE

Weltwirtschaftskrise geprägten Städten. Als sich der Rauch verzog, war Buck tot und Blanche in Polizeigewahrsam, aber Bonnie und Clyde waren noch immer auf der Flucht.

Im Februar 1934 hatten die Behörden in Texas endgültig genug von den Verbrechen der beiden, und sie heuerten den Kopfgeldjäger Frank Hamer an, um der Sache ein Ende zu machen. Im Mai versteckten sich Bonnie, Clyde und ihr neues Gangmitglied Henry Methvin auf der Farm von Methvins Vater Iverson nahe Gibsland in Louisiana. Hamer, der ihnen dicht auf der Spur war, erreichte schon bald die Stadt und heckte bei einem geheimen Treffen zusammen mit Iverson einen Plan aus: Im Tausch gegen eine geringere Strafe für dessen Sohn würde Iverson Bonnie und Clyde in eine Falle Hamersons locken.

Während ihres Aufenthalts auf Iversons Farm waren Bonnie und Clyde in eine Art Routine verfallen. Jeden Morgen fuhren sie schon früh nach Sailes, um ein paar Vorräte zu besorgen, und waren stets gegen 10 Uhr vormittags zurück. Um ein Ziel für die Scharfschützen zu markieren, hatte Iverson seinen auffälligen, verbeulten Truck an der Straße nach Sailes geparkt, so als ob er liegen geblieben wäre, während sich auf der anderen Seite der Straße ein halbes Dutzend Scharfschützen und ein unbewaffneter Iverson im Dickicht des Waldes verbargen. Pünktlich nach Zeitplan kamen Bonnie und Clyde um 9.15 Uhr die Straße entlang, wurden langsamer und hielten schließlich an Iversons Truck. Als sie zweifelsfrei identifiziert worden waren, gab Hamer den Schießbefehl, und 167 Geschosse beendeten das Leben von Bonnie und Clyde.

Im Auto umklammerte Bonnies leblose Hand noch immer ein blutiges Päckchen Zigaretten, Clydes Kiefer hing schief herunter und zwischen den Waffen auf dem Rücksitz fand Hamer ein Saxofon. Das Auto wurde mitsamt den Leichen zu einem Totengräber nach Arcadia, Louisiana geschafft.

Anders als im Mythos angegeben, wurden Bonnie und Clyde weder im selben Sarg noch in einem gemeinsamen Grab bestattet. Tatsächlich liegen sie noch nicht einmal auf demselben Friedhof, obwohl beide in Dallas, Texas ihre letzte Ruhestätte fanden. Die 23-jährige Bonnie wurde im Crown Hill Memorial Park beigesetzt, während der 25-jährige Clyde neben seinem Bruder Buck auf dem Western Heights Cemetery begraben wurde.

Weg zum Friedhof, auf dem Bonnie begraben liegt: Nehmen Sie die Ausfahrt 436 von der I-35E und folgen Sie dem Northwest Highway (Route 12) zwei Meilen in östlicher Richtung. Biegen Sie dann links auf die Webb Chapel Road ab, der Crown Hill Memorial Park liegt etwa eine halbe Meile weiter auf der rechten Seite.

Weg zu Bonnies Grab: Fahren Sie durch die grünen Stahltore auf das Friedhofsgelände und biegen Sie an der ersten Möglichkeit links ab. Halten Sie etwa 30 Meter weiter. Zu Ihrer Rechten befindet sich eine Hecke und Bonnys flacher Grabstein liegt direkt an der Hecke, etwa ein Dutzend Grabsteine vom Ende entfernt.

Weg zum Friedhof, auf dem Clyde und Buck begraben liegen: Die beiden liegen auf einem kleinen Friedhof, der halb versteckt an einer Durchgangsstraße liegt und mittlerweile aufgegeben worden ist. Es ist interessant, dass jeden Tag Tausende von Menschen dort vorbeigehen und kaum einen Blick darauf werfen. Verlassen Sie die I-35E an der Ausfahrt 427 und folgen

Sie dem Colorado Boulevard etwa drei Meilen in westlicher Richtung bis zur Fort Worth Avenue. Biegen Sie rechts auf die Fort Worth Avenue ab, der Western Heights Cemetery liegt etwa eine Dreiviertelmeile weiter auf der linken Seite auf einer kleinen Anhöhe.

Weg zum Grab von Clyde und Buck: Betreten Sie den Friedhof – dazu müssen Sie über einen kleinen Zaun springen – und gehen Sie dann etwa 30 Meter nach links. Direkt vor zwei hohen Büschen liegt ihr flacher Grabstein.

Weg zum Gedenkstein von Bonnie und Clyde: Der Gedenkstein wurde in der Nähe von Bienville, Louisiana errichtet, wo Bonnie und Clyde erschossen wurden. Verlassen Sie die I-20 an der Ausfahrt 61 und folgen Sie der Route 154 etwa 9,5 Meilen weit, der Gedenkstein steht am rechten Straßenrand. Bonnie und Clyde fuhren in nördlicher Richtung, während sich die Polizisten auf der östlichen Seite der Straße versteckt hielten.

Einige Jahre lang wurde der 1934er-Ford, in dem sie erschossen worden waren, auf Jahrmärkten ausgestellt und konnte für 25 Cent besichtigt werden. Nun steht er zwischen der Outlet Mall und dem Primm Valley Resort Casino in Primm, Nevada. Primm liegt etwa 40 Meilen südlich von Las Vegas an der I-15, die entlang der Staatengrenze zwischen Nevada und Kalifornien verläuft.
Henry Methvin wurde wie versprochen vom Staat Texas begnadigt, aber Oklahoma lehnte eine Begnadigung ab. Er wurde wegen Mordes verhaftet und zum Tode verurteilt, jedoch wurde die Strafe später abgemildert und nach zwölf Jahren Haft wurde er freigelassen. Im Jahre 1948 wurde Henry von einem Zug überrollt.

AL CAPONE & ELIOT NESS

Al Capone
17. Januar 1899 – 25. Januar 1947

Eliot Ness
19. April 1903 – 7. Mai 1957

Al Capone, auch unter seinem Spitznamen „Scarface" bekannt, auf Deutsch „Narbengesicht" – er erhielt den Spitznamen aufgrund einiger Schnittverletzungen auf seiner linken Wange –, war der wahrscheinlich berühmteste Mafioso. Seine kriminelle Karriere nahm ihren Anfang in Brooklyn und in Chicago stieg er in den Reihen des

Syndikats schnell auf. Schließlich kontrollierte er während der Prohibition den Alkoholschmuggel, was ihm ein Jahreseinkommen von etwa 15 Millionen Dollar einbrachte.

In den späten 20er Jahren wurde dem Agenten Eliot Ness die Aufgabe übertragen, die Capone-Gang zu Fall zu bringen. Nachdem er eine Einsatztruppe aus zehn sorgfältig ausgewählten Agenten zusammengestellt hatte, die unter der Bezeichnung „die Unbestechlichen" bekannt wurden – sie erhielten diesen Spitznamen, da sie allen Bestechungsversuchen Capones trotzten –, führte diese Truppe Razzien in Capones Destillerien und illegalen Kneipen durch. Es gab viele Verhaftungen und Capones Unternehmen erlitten einen deutlichen Schaden. Jedoch war Ness immer wieder frustriert, da es ihm nicht gelang, an Capone selbst heranzukommen.

Der Durchbruch der Regierung kam endlich, als der Agent Eddie O'Hare feststellte, dass Capone sich stets geweigert hatte, Einkommenssteuer zu bezahlen. Genau genommen hatte er noch nie Einkommenssteuer gezahlt. Die Regierung hatte zuvor niemals in Betracht gezogen, Capone wegen Steuerhinterziehung zu verhaften – solch eine Anklage klang zu unbedeutend für einen Mann, der mindestens 100 Morde angeordnet hatte. Aber dies war der Moment der amerikanischen Steuerbehörde. Im Jahre 1931 wurde Capone schuldig gesprochen und zu elf Jahren Haft im Bundesgefängnis verurteilt.

Bei seiner Eintrittsuntersuchung im Gefängnis gab Capone zu, sich ein paar Jahre zuvor mit der Syphilis infiziert zu haben, bestand jedoch darauf, nun geheilt zu sein, und lehnte genauere Untersuchungen ab. Zwei Jahre später wurde Capone nach Alcatraz überführt, das gerade eröffnet hatte, und wurde dort eines Tages in seiner Zelle gefunden; er starrte mit leerem Gesichtsausdruck gegen eine Wand. Die Ärzte stellten fest, dass sich seine Syphiliserkrankung nun in einem fortgeschrittenen Stadium befand und Capone verbrachte das folgende Jahr auf der Krankenstation des Gefängnisses.

Im November 1939 wurde Capone, der von der Krankheit gezeichnet und mittlerweile dement war, für ungefährlich erklärt und entlassen. Der paranoide und verrückte Capone zog sich auf ein Anwesen in der Nähe von Miami Beach zurück, wo es mit ihm weiter bergab ging. Er verlor langsam die Kontrolle über seinen Körper, seine Sprache war wirr und manchmal angelte er viele Stunden lang von seinem Dock aus, nur mit seinem Pyjama bekleidet. Im Jahre 1942 wurde seine Syphilis erfolgreich mit Penicillin behandelt, aber sogar das neue Wundermittel vermochte es nicht, seinen schweren Hirnschaden zu heilen.

Capone erlag einer Hirnblutung, als er im Bett lag.

Im Alter von 48 Jahren wurde er auf dem Mount Carmel Cemetery in Hillside, Illinois beigesetzt.

Weg zum Friedhof: Verlassen Sie die I-294 und folgen Sie dann der Route 38 in östlicher Richtung, der Friedhof liegt gleich auf der linken Seite.

Weg zum Grab: Fahren Sie durch den Haupteingang auf das Friedhofsgelände, es ist die zweite Einfahrt. Biegen Sie auf dem Gelände gleich rechts ab und halten Sie nach etwa 30 Metern. Zu Ihrer Rechten befindet sich das Grab, umgeben von einer Hecke.

Eliot Ness' Beharrlichkeit beim Kampf gegen Capone sicherte ihm einen Platz unter den Legenden des Gang-Widerstands. Später wurde er zum Leiter der öffentlichen Sicherheit in Cleveland, jedoch verstarb er bereits im Alter von 54 Jahren an einem Herzinfarkt. Eliot wurde eingeäschert und seine Asche wurde 40 Jahre lang von seiner Familie aufbewahrt. Im Jahre 1997 wurde seine Asche im Rahmen einer besonderen Zeremonie, die seine Verdienste für die Stadt ehrte, über dem See auf dem Gelände des Lake View Cemetery in Cleveland verstreut.

JACQUES COUSTEAU
11. Juni 1910 – 25. Juni 1997

Jacques Cousteau, der Wissenschaftler ohne wissenschaftliches Diplom, verbrachte den Großteil seines Lebens damit, die Ozeane der Welt zu erforschen und ihre Wunder und Geheimnisse zu enthüllen. Indem er seine Erkenntnisse in Form von Fernsehsendungen verbreitete, half er dabei, die Naturdokumentation zu einem eigenen Genre zu machen – doch egal, welches Lebewesen vor seiner Kamera auftauchte, es stand nie außer Frage, dass Cousteau selbst der Star seiner Produktionen war. Um seinem Image als federführendem Forscher seiner Zeit mehr Ausdruck zu verleihen, sprach er Englisch mit starkem französischem Akzent, und mit seinem warmen Lächeln, dem zerfurchten Gesicht und seiner roten Wollmütze war er den Menschen auf der ganzen Welt bekannt. Jacques war Miterfinder des ersten Lungenautomaten für Taucher und befreite während des Zweiten Weltkriegs französische Häfen von deutschen Unterwasserminen. Später gründete er eine Reihe von Korporationen und gemeinnützige Organisationen, mit denen er seine Unterwasserexpeditionen finanzierte. Im Jahre 1953 wurde er mit der Veröffentlichung seines Buchs „Silent World" bekannt, einem Bericht über die Entwicklung und die Vorzüge des Gerätetauchens, und die Verfilmung desselben brachte ihm den ersten seiner drei Oscars ein.

In den 60er Jahren machte sich Cousteau daran zu beweisen, dass Menschen auf dem Meeresgrund arbeiten und leben könnten. Seine Experimente mit Forschungs-U-Booten und die damaligen Regierungsprojekte zur Erforschung des Weltraums wetteiferten um die Aufmerksamkeit der Öffentlichkeit. Später brachte Jacques die Wunder der Meere – Haie, Wale, Delfine, versunkene Schätze und Korallenriffe – mittels seiner TV-Serie „The Undersea World of Jacques Cousteau" in die heimischen Wohnzimmer. Er begeisterte die Welt mit ausgedehnten Reisen von Alaska über Afrika bis hin zur Antarktis an Bord seines Forschungsschiffs „Calypso". Als bekannt wurde, dass die Umweltverschmutzung das Leben im Meer stark in Mitleidenschaft zog, wurde Jacques zum Umweltaktivisten und gründete im Jahre 1974 die Cousteau-Gesellschaft zur Erforschung und zum Schutz der Meere, die heute über mehr als 300.000 Mitglieder verfügt.

Im Alter von 87 Jahren starb Jacques an einem Herzinfarkt und wurde auf dem Friedhof seines Heimatortes Saint André-de-Cubzac in Frankreich, etwa 24 Kilometer nördlich von Bordeaux, beerdigt.

GOTTLIEB DAIMLER
17. März 1834 – 6. März 1900

Der Sohn eines Bäckers stammte aus Schorndorf bei Stuttgart, wo er die Realschule besuchte und später eine Lehre als Büchsenmacher absolvierte. 1852 und 1853 verbrachte er an der Württembergischen Landesgewerbeschule und ließ sich danach im Elsass nieder, als Angestellter einer Maschinenbaufirma aus Grafenstaden.

1857 kam er zurück nach Stuttgart, besuchte dort die Polytechnische Schule und studierte Maschinenbau. Während dieser Zeit führten ihn diverse Studienreisen auch ins Ausland. In Geislingen fand er 1862 eine Anstellung als Konstrukteur, drei Jahre später leitete er schon eine Reutlinger Maschinenfabrik und machte die Bekanntschaft von Wilhelm Maybach.

Anfang der 1870er Jahre arbeitete Daimler bei der Gasmotorenfabrik Deutz als Technischer Direktor, legte den Posten 1882 nach Differenzen mit dem Arbeitgeber Nikolas August Otto aber nieder und verließ die Firma mit einer großzügigen Abfindung.

Daraufhin gründete Daimler in Cannstadt seine erste eigene Werkstatt. Er stellte Benzinmotoren her und war maßgeblich am Patent des ersten Einzylinder-Viertaktmotors mit Glührohrzündung beteiligt. Für die Verwendung von Benzin als Treibstoff für Verbrennungsmotoren waren die Entwicklungen und Ergebnisse der Daimlerschen Versuchswerkstatt von bleibender und entscheidender Bedeutung.

Oft in Kooperation mit dem befreundeten Maybach entwickelte und testete Gottlieb Daimler verschiedene Motorentypen in unterschiedlichsten Fahrzeugtypen. Vom „Reitwagen", einer Motorrad-Vorstufe, bis zum Gasballon, vom Rennwagen bis zum Boot – der Kreativität der Entwickler waren kaum Grenzen gesetzt, und so manches später gebaute motorisierte Gefährt hat seine Wurzeln in diesen Jahren des ersten Ausprobierens.

Nachdem es zu Streitigkeiten mit seinen Aktionären gekommen war, zog sich Daimler 1893 aus der 1890 entstandenen Daimler-Motoren-Gesellschaft zurück, wurde später aber wieder Anteilseigner und war 1899 auch an der von Wilhelm Maybach gestemmten Entwicklung des „Mercedes" betitelten Rennwagens beteiligt, der ein kommerzieller Erfolg sondergleichen wurde.

Gottlieb Daimler war zweimal verheiratet und mehrfacher Familienvater. Der Industrielle, Unternehmer und Entwickler verstarb am 6. März 1900 in Bad Cannstatt bei Stuttgart. Zwar hatte er seiner Familie Aktienanteile am Unternehmen hinterlassen, bei verschiedenen Biografen heißt es jedoch, er habe Gelder unterschlagen. Um einem Skandal zu entgehen, ließen sich Daimlers Erben immer mehr aus der Führungsposition drängen und verloren zusehends Einfluss auf die Geschicke des erfolgreichen Betriebes. 1926 verschmolz die Daimler-Motoren-Gesellschaft mit der Benz & Cie. Rheinische Gasmotorenfabrik in Mannheim zur Daimler-Benz AG mit Sitz in Stuttgart.

Friedhof: Gottlieb Daimler wurde auf dem Uff-Kirchhof, Wildunger Straße 59, in Stuttgart beigesetzt.

Zum Grab: Daimler teilt sich sein Grab mit Angehörigen.
C. H.

RUDI DUTSCHKE
7. März 1940-24. Dezember 1979

Er gilt als die herausragende Führungspersönlichkeit der deutschen Studentenbewegung und als unbequemer Intellektueller: Alfred Willi Rudi Dutschke, dreifacher Familienvater, Marxist und Soziologe, stammte aus Schönefeld bei Luckenwalde. 1961, kurz vor dem Bau der Berliner Mauer, siedelte er nach West-Berlin um und studierte an der dortigen Freien Universität, wo er 1973 auch promovierte. Ein Studium in seiner Heimat DDR war ihm aus politischen Gründen untersagt worden.

Dutschke engagierte sich während seiner Studentenzeit auch politisch. Er gehörte zur Gruppierung „Subversive Aktion" und nach 1964 auch zum „Sozialistischen Studentenbund" (SDS), mit dem er mehrere Veranstaltungen, Demonstrationen und Aktionen organisierte und durchführte. Dutschke machte sich für einen Einsatz gegen das „Establishment" stark und nahm an Demonstrationen der von ihm propagierten

Außerparlamentarischen Opposition (APO) teil. Themen waren der Vietnamkrieg, die Notstandsgesetze und die Große Koalition der Bundesrepublik.
Als der Student Benno Ohnesorg 1967 während einer Demo gegen den Besuch des Schahs von Persien von einem Polizisten erschossen wurde, riefen Dutschke und seine Mitstreiter zu Protesten auf, mit denen sie erreichen wollten, dass die Hintergründe des Todesfalls aufgeklärt werden. Die Proteste richteten sich auch gegen den Axel-Springer-Verlag, da dieser, wie es hieß, in der „kampagnenartigen Berichterstattung" seiner Printmedien eine indirekte Mitschuld am Tod Ohnesorgs trug.
Diese Aktion machte Dutschke national bekannt. In der Folge suchten immer mehr Volksvertreter und Medienrepräsentanten den offenen Dialog mit den Studenten, und Rudi Dutschke erwies sich als ein patenter und überzeugt kritischer Gesprächspartner. Aber er polarisierte. Auch in den eigenen Reihen stand Dutschke, der in der Öffentlichkeit zusehends als Symbolfigur der deutschen Studentenbewegung betrachtet wurde, nicht kritiklos da. Am 11. April 1968 lauerte Hilfsarbeiter Josef Bachmann dem Studentenführer auf und feuerte drei Schüsse auf ihn ab. Dutschke überlebte das Attentat schwer verletzt und musste sich in einem langwierigen Prozess die einfachsten körperlichen Fähigkeiten wieder aneignen. Die Zeit seiner Genesung verbrachte er im Ausland. 1972 kam er zurück nach Deutschland und sprach 1973 auch wieder öffentlich. Der zweifache Familienvater, seit 1966 mit der USA-stämmigen Studentenaktivistin Gretchen Klotz verheiratet, engagierte sich abermals politisch, unter anderem im Umfeld der noch jungen Grünen-Bewegung, und begann im Rahmen eines Stipendiums der Deutschen Forschungsgemeinschaft an der FU Berlin wissenschaftlich zu arbeiten. 1974 veröffentlichte er seine Dissertation.
Rudi Dutschke erlitt am 24. Dezember 1979 in der heimischen Badewanne als Folge des Attentats von 1968 einen epileptischen Anfall und ertrank.

Friedhof: Der St.-Annen-Kirchhof befindet sich in der Königin-Louise-Straße 55–57 in Berlin-Dahlem und geht in den Friedhof Dahlem-Dorf über.

Zum Grab: Dr. phil. Rudi Dutschke, so auch die Inschrift auf dem Stein, hat dort ein Ehrengrab.
C. H.

JACK DANIEL
5. September 1850 – 10. Oktober 1911

Die älteste Destillerie der Vereinigten Staaten und ihr bekannter Whiskey erhielten ihren Namen von Mr. Jasper Newton (Jack) Daniel. Im Alter von sieben Jahren wurde Jack angeworben, um für den evangelischen Pfarrer Dan Call zu arbeiten, der zufälligerweise auch eine Whiskey-Destillerie besaß. Im Jahre 1863 überzeugte seine

Gemeinde Call, dass er sie lieber mit Gebeten als mit Alkohol aufheitern sollte, und so verkaufte Call seine Destillerie an seinen jungen Partner, der zu diesem Zeitpunkt 13 Jahre alt war. „Mr. Jack", wie ihn alle nannten, fuhr nun mit der Kunst des Whiskey-Brennens fort und sein Tennessee Whiskey wurde auf der ganzen Welt berühmt.

Er war als netter und großzügiger Mensch bekannt, jedoch war Geduld nicht unbedingt eine seiner Stärken. Eine Legende besagt, Jack habe während eines Wutausbruchs mit dem Fuß gegen seinen Safe getreten und sich dabei einen Zeh gebrochen. Dieser entzündete sich und sechs Jahre später starb er an den Folgen einer Blutvergiftung.

Im Alter von 61 Jahren wurde Jack auf dem Lynchburg Cemetery in Lynchburg, Tennessee beigesetzt.

Weg zum Friedhof: Biegen Sie von der Route 55 aus eine halbe Meile südlich der Destillerie in westlicher Richtung auf die Elm Street ab und folgen Sie dieser bis zum Friedhof.

Weg zum Grab: Fahren Sie auf das Friedhofsgelände und biegen Sie an der ersten Kreuzung rechts ab. An der nächsten Kreuzung liegt Jacks Grab zu Ihrer Rechten.

BOBBY DARIN
14. Mai 1936 – 20. Dezember 1973

Bobby Darin hatte aus zwei Gründen eine ungewöhnliche Kindheit. Erstens war er ein kränkliches Kind, das neben anderen Gesundheitsproblemen an schweren rheumatischen Fieberanfällen litt, und sein Arzt meinte, es sei unwahrscheinlich, dass Bobby sein 21. Lebensjahr erreiche. Nun ja, Bobby schaffte es, älter zu werden, und lebte lang genug, um mit Mitte 30 zu erfahren, dass die Frau, die er immer für seine ältere Schwester gehalten hatte, in Wahrheit seine Mutter war.

Nach einer ansonsten unauffälligen Kindheit hielt sich Bobby mit dem Schreiben von Songs und Werbejingles über Wasser, bis er mit der Veröffentlichung von „Splish Splash" zum Teenie-Idol wurde. Im folgenden Jahr wollte Bobby ein breiteres Publikum erreichen und veröffentlichte zu diesem Zweck ein Album mit Coverversionen von alten Klassikern, inklusive einer neuen Version von „Mack the Knife". Mit diesem Album gelang ihm der Durchbruch.

Er war ein unwiderstehlicher Unterhaltungskünstler und trat schon bald in Clubs von New York bis Las Vegas auf, um dort seine auffälligen Tanzeinlagen zu präsentieren. Er wurde zu einem der berühmtesten und am besten bezahlten Künstler des Landes. Wie nach dem Standardrezept folgten schon bald Filmrollen, Hochzeiten, Scheidungen und Berichte in der Klatschpresse.

Abgesehen von Herzproblemen, die dafür sorgten, dass Bobby hin und wieder ins Krankenhaus musste, trat er auf, bis er 37 Jahre alt war. Dann erlag er seiner Erkrankung und starb an Herzversagen. Er hatte eine Beerdigung abgelehnt und wollte seinen Körper stattdessen medizinischen Zwecken zur Verfügung stellen. Bobbys Wunsch wurde erfüllt und sein Körper wurde nach seinem Tod der UCLA zu Forschungszwecken übergeben.

HARRY HOUDINI
24. März 1874 – 31. Oktober 1926

Nachdem er sich in Anlehnung an den bekannten Illusionisten Jean Eugène Robert Houdin den Namen „Houdini" gegeben hatte, begann Erich Weiß, der ungarisch-österreichischer Abstammung war, seine Karriere als professioneller Unterhaltungskünstler auf Jahrmärkten, bevor er schließlich zum führenden Zauber- und Entfesselungskünstler seiner Zeit wurde.

Im Jahre 1894 heiratete Houdini eine Schauspielerin namens Bess und mithilfe ihres Werbetalents gewann Houdinis Zaubershow schnell an Aufmerksamkeit. Er führte Kartentricks und einige gewöhnliche Illusionen vor, als das Paar jedoch bemerkte, dass besonders makabre und gefährliche Tricks das Publikum am meisten faszinierten, stellte Houdini seine Show dementsprechend um. Zuerst kam der Nadeltrick, ein grausiger

Trick, bei dem er Nadeln und Faden verschlucken musste und sie nachher wieder hochwürgte, der Faden war dann durch alle Nadelöhre gezogen. Im Jahre 1898 etablierte Houdini seinen Ruf als Entfesselungskünstler, indem er sich aus jedem Paar Handschellen befreite, das das Publikum ihm zur Verfügung stellen konnte.
Vor den Augen des Publikums entkam Houdini schon bald aus Fußfesseln, Zwangsjacken und Gefängniszellen, und wenn diese Tricks zu einfach wurden, erhöhte er einfach den Schwierigkeitsgrad. Houdini wurde in Kisten und verschnürten Postsäcken in Flüsse geworfen, die mit einem Vorhängeschloss versehen waren, er sprang in Handschellen von Brücken, er wurde in Särgen lebendig begraben. Auf der Bühne hielt er sein Publikum mit weiteren Tricks in Atem, bis ihnen die Münder vor Erstaunen offen standen – er entkam aus mit Wasser gefüllten Riesenmilchkannen und befreite sich aus riesigen Wassertanks. Houdini stand noch weitere zwei Jahrzehnte im Scheinwerferlicht. Er war der Erste, der einige Tricks in Filmform vorführte, und entlarvte in späteren Jahren skrupellose spirituelle Medien und betrügerische Hellseher.
Im Jahre 1926 begeisterte der mittlerweile 52-jährige Houdini noch immer die Massen und sein Ruf war unerreicht. Während einer Tour im Herbst jenes Jahres litt Houdini verstärkt an Bauchschmerzen, lehnte es jedoch stur ab, einen Arzt zu konsultieren. Nach einem Auftritt im Princess Theater in Montreal fragte ihn der Student J. Gordon Whitehead, ob es wahr sei, dass Houdini Schläge in seine Magengegend ohne Verletzungen überstehen könne. Da Houdini gerade in eine Unterhaltung vertieft war, überging er die Frage mehr oder weniger und war nicht darauf vorbereitet, was nun folgen sollte. Ohne Vorwarnung schlug ihm Whitehead mindestens dreimal in die Magengegend, und Houdini entschuldigte sich daraufhin höflich, während er versuchte, seinen Schmerz zu verbergen.
Houdini brachte so eben seine Show am nächsten Tag über die Bühne, und nachdem er in London, Ontario angekommen war, wo seine nächste Show stattfinden sollte, informierte ihn ein Arzt darüber, dass er an einer akuten Blinddarmentzündung leide. Jedoch lehnte es der Showbusiness-Veteran ab, die ausverkaufte Show an diesem Abend abzusagen, die zu seiner letzten werden sollte. Als ihm um drei Uhr am Morgen des nächsten Tages der Blinddarm entfernt wurde, hatte sich die Entzündung bereits in seinem Körper ausgebreitet, und er starb sechs Tage später, an Halloween.
Obwohl die Legende existiert, dass allein Whiteheads Schläge für Houdinis Tod verantwortlich gewesen seien, ist das nicht ganz die Wahrheit. Es scheint, als habe Houdini zu jenem Zeitpunkt bereits an einer Blinddarmentzündung gelitten, und auch wenn Whitehead ihn niemals geschlagen hätte, wäre sein Blinddarm wahrscheinlich kurz darauf trotzdem durchgebrochen. Dennoch konnte Houdinis Frau Bess eine doppelte Entschädigung aus der Lebensversicherung herausschlagen, da die Schläge mit einem Unfall gleichzusetzen seien, der Harry Houdinis frühzeitigen Tod verursacht habe.
Houdini wurde auf dem Machpelah Cemetery in Queens, New York beigesetzt und zwar in eben dem bronzenen Sarg, aus dem er zuvor so viele Male entkommen war. Ursprünglich war auf seinem ohnehin schon sehr großen Grabstein eine Büste mit seinem Konterfei angebracht, allerdings wurde diese bereits vor vielen Jahren gestohlen und niemals ersetzt.

Weg zum Friedhof: Verlassen Sie den Interboro Parkway an der Ausfahrt 3 und folgen Sie dann der Cypress Hill Street in nördlicher Richtung, der Friedhof liegt ein paar Hundert Meter weiter auf der linken Seite. Bitte achten Sie darauf, dass Sie die Cypress Hill Street nicht mit der Cypress Hill Avenue verwechseln.

Weg zum Grab: Harrys Grab ist kaum zu verfehlen: Betreten Sie den Friedhof durch den Haupteingang und Sie sehen Harrys Grabstein etwa 15 Meter hinter der Friedhofsverwaltung.

Als ultimativen spirituellen Test hatten sich Houdini und Bess eine Auswahl verschiedener, kodierter Nachrichten zurechtgelegt, mithilfe derer derjenige von ihnen, der zuerst stirbt, mit dem anderen kommunizieren sollte. Nachdem Bess 12 Jahre lang versucht hatte, mittels der kodierten Nachrichten mit ihrem Mann in Kontakt zu treten, erklärte sie das Experiment schließlich für gescheitert, allerdings unternehmen noch heute an Halloween einige andere Leute den Versuch, Houdini zu erreichen.

HOWARD HUGHES
24. November 1905 – 5. April 1976

Als einziges Kind eines vermögenden Elternpaars hatte Howard Hughes gewiss einen guten Start ins Leben, jedoch war es seine eigene Leistung, seinen silbernen Löffel in einen aus Platin zu verwandeln.

Der Reichtum der Familie Hughes stammte aus der Hughes Tool Company, einer Werkzeugfirma, die die wachsende Ölindustrie mit Erdölbohrköpfen versorgte, die auch durch hartes Gestein dringen konnten. Als Howard im Alter von 18 Jahren zum Waisen wurde, übernahm er das Familienunternehmen, kaufte auf geschickte Weise seine Mitbewerber auf und verfügte innerhalb weniger Jahre über ein Jahreseinkommen von zwei Millionen Dollar. Das ist heutzutage ein recht respektables Einkommen und im Jahre 1928 war dies fast undenkbar gewesen.

Später interessierte sich Howard zunehmend für die Arbeit als Produzent von Hollywood-Filmen, war jedoch mit seiner Stellung im Hintergrund eher unzufrieden. Stattdessen wurde er zu einem unabhängigen Filmemacher, kaufte das angeschlagene Hollywood-Studio RKO auf, machte Jean Harlow und Jane Russel zu Stars und erhielt für seinen Film „Two Arabian Knights" - der deutsche Titel lautet „Schlachtenbummler" - sogar einen Oscar. Natürlich umgab sich Howard während dieser Zeit mit Filmschönheiten und den größten Stars und wurde zum Symbol des ausschweifenden und exzentrischen Lebensstils in Hollywood.

Inmitten seines hektischen Terminplans - er war immer noch Geschäftsführer von Hughes Tool - entdeckte Howard seine Vorliebe für das noch junge Feld der Fliegerei. Wie es seine Art war, lernte er nicht nur zu fliegen, sondern entwarf auch eigene Flugzeuge, gründete eine Firma, die sich mit experimentellen Fluggeräten beschäftigte, und stellte persönlich einige Geschwindigkeitsrekorde auf. Im Zweiten Weltkrieg, als der Preis für Metall über dem Nennwert lag, baute seine Firma ein Flugzeug aus Birkenholz, die „Spruce Goose". Sie flog allerdings nur ein Mal und auch nur eine Meile weit mit Howard am Steuerruder. Im Jahre 1938 flog er in 91 Stunden um die Welt und bekam für seine Verdienste die Ehrenmedaille der amerikanischen Streitkräfte verliehen. Howard hatte sich den Preis niemals abgeholt. Nach dem Tod von Präsident Roosevelt fand Harry Truman die Medaille und schickte sie Hughes zu.

Nach einem beinahe tödlichen Flugzeugabsturz im Jahre 1946 wurde Howard abhängig von Opiaten und sein Leben geriet mehr und mehr aus den Fugen. Im Jahre 1950 lebte Howard in kompletter Abgeschiedenheit, sein Kommen und Gehen wurde geheim gehalten und nur einige mormonische Krankenschwestern durften ihn sehen. Seine Unternehmen wurden von ihm per Notizzettel geleitet, geschäftliche Sitzungen wurden nur dann anberaumt, wenn es sich nicht vermeiden ließ. Oft wurden diese dann in Waschräumen von Hotels abgehalten, Howard befand sich dabei in einer Toilettenkabine und die anderen Teilnehmer hielten sich bei den Waschbecken auf. Ab dem Jahr 1956 wurde Howard für den Rest seines Lebens nie wieder in der Öffentlichkeit gesehen oder fotografiert. Im Jahre 1970, als das FBI untersuchte, ob Howard eventuell ermordet worden sei und jemand sich an seinem Vermögen zu schaffen machte, bestätigte dieser mit einem Telefonanruf, dass es ihm gut gehe, und dankte der Nachfrage.

Im November 1966 hatte man Howard, bekleidet mit einem blauen Pyjama, aus seinem Privatzug herausgetragen und ins Desert Inn Hotel in Las Vegas gebracht, wo er sich in die oberen beiden Etagen eingemietet hatte. Als er kurz vor Anbruch des neuen Jahres vom Management gebeten wurde, Platz für die ankommenden, gut betuchten Glücksspieler zu machen, kaufte Howard einfach das ganze Hotel. In den folgenden drei Jahren kaufte Howard fünf weitere Casinos, inklusive des Casinos „The Sands", aus dem er Frank Sinatra hinauswerfen ließ, nachdem Howard ihm dessen Kredit gekürzt hatte. Nachdem Howard

sich beim in Las Vegas ansässigen Fernsehsender KLAS darüber beschwert hatte, dass dieser nach Mitternacht nicht mehr sendete, und seine Beschwerden unbeantwortet blieben, kaufte er den Sender und ließ die ganze Nacht lang seine Lieblingsfilme laufen.
Er veranlasste all dies, ohne jemals die Penthouse-Suite seines Hotels Desert Inn verlassen zu haben. Die meiste Zeit verbrachte er nackt in einem weißen Ledersessel in der Mitte des Wohnzimmers, ein Gebiet, das er „keimfreie Zone" nannte. Er schaute sich einen Film nach dem anderen an, während die Fenster mit schwarzen Gardinen zugehangen waren, damit nicht versehentlich auch nur ein Lichtstrahl auf Howards Körper fiel. Er wurde von Wächtern beschützt, die ihren Boss niemals zu Gesicht bekamen, und seine Angestellten erwarteten im Salon Tag und Nacht seine Anweisungen. Wegen seiner großen Angst vor Keimen schlief Howard auf Bettwäsche, die mit Papiertüchern bedeckt war, und er ließ seinen Angestellten genaue Anweisungen darüber zukommen, wie sie sein Besteck mit Papiertüchern umwickeln sollten.
Schließlich wurde zu Thanksgiving im Jahre 1970 das Neurosenbündel namens Howard, mit seinen überlangen Zehennägeln, dem fettigen, schulterlangen Haar und den verfaulten Zähnen, zu einem wartenden Flugzeug gebracht und auf die Bahamas geflogen. Ironischerweise hatte der Mann, der besessen davon war, sich keinerlei Keimen auszusetzen, keine Zimmermädchen in seiner Suite geduldet, und deshalb war diese widerlich stinkig und verdreckt. Seine Angestellten blieben zurück, um aufzuräumen.
In seinen letzten Lebensjahren hielt sich Howard immer nur kurz an ständig wechselnden Orten auf: den Bahamas, London, Mexiko, Panama und wahrscheinlich noch an weiteren Orten. Jedes Mal kam er ungesehen in einem luxuriösen Hotel an, nachdem im Vorfeld etliche Maßnahmen getroffen worden waren, um seine Privatsphäre zu schützen, und dann ließ er sich während seines ganzen Aufenthalts nicht blicken. Im Jahre 1976 war Howard kaum mehr als eine lebende Leiche: Der vormals über 1,90 Meter große Mann war in sich zusammengesunken und hatte bereits 50 Kilo Gewicht verloren, sein Gesicht war hager und seine Augen lagen tief in den Höhlen, sein Haar hatte eine geisterhaft graue Farbe angenommen. Als er dem Tode nahe war, wurde Howard in seinen Jet gebracht und sollte in das Methodist Hospital in Houston geflogen werden, aber Howard starb im Alter von 70 Jahren an Bord seines Jets in über 9.000 Metern Höhe an Nierenversagen. Das Bundesfinanzministerium, das kurz davor stand, über eine Milliarde Dollar an Steuern einzuheimsen, verlangte, dass Howards Identität per Fingerabdruck überprüft würde. Eine Autopsie ergab, dass abgebrochene Injektionsnadeln noch in seinen Armen steckten.
Die Legende von Howard Hughes und das Vermögen, das er hinterließ, waren größer, als man mit herkömmlichen Berechnungen hätte feststellen können. Er hatte auf der Basis eines revolutionären Unternehmens mit Erdölbohrköpfen ein ganzes Geschäftsimperium entwickelt, das ihn zu einem der reichsten Männer der Welt gemacht hatte: sein Vermögen wurde auf über zwei Milliarden Dollar geschätzt. Da er weder Erben noch ein Testament hinterlassen hatte, meldeten mehr als 400 mögliche Nutznießer seines Vermögens ihren Anspruch an, jedoch wurde seine Hinterlassenschaft schließlich unter 22 Cousinen und Cousins auf beiden Seiten der Familie aufgeteilt.
Howard wurde auf den Glenwood Cemetery in Houston, Texas, beigesetzt.

Weg zum Friedhof: Der Friedhof liegt nicht weit von der Innenstadt von Houston entfernt, die Adresse lautet Washington Avenue Nr. 2525. Fahren Sie entweder von der I-10 oder der I-45 aus auf die Washington Avenue und folgen Sie dann den Hausnummern.

Weg zum Grab: Fahren Sie auf das Friedhofsgelände und biegen Sie hinter dem Kreisverkehr und der Brücke rechts ab. Halten Sie sich stets rechts und geraten Sie nicht versehentlich auf eine der linken Straßen. Nach ein paar Hundert Metern liegt das Grab auf der rechten Seite, umgeben von einem grünen Stahlzaun.

CARL FRIEDRICH GAUSS
30. April 1777 – 23. Februar 1855

Der Mathematiker und Astronom Carl Friedrich Gauß zählt zu den hellsten Köpfen seiner Zeit und beeinflusste die Mathematik nachhaltig. Gauß stammte aus ärmlichen Verhältnissen und fiel schon in der Schulzeit durch sein naturwissenschaftliches Verständnis auf. Ein Besuch der höheren Lehranstalten und ab 1795 der Göttinger Universität gelang ihm durch finanzielle Unterstützung seiner Ausbilder und des Herzogs von Braunschweig, dem Gauß in jungen Jahren begegnet war und der seine Talente erkannte und fördern wollte. Sein Vater Gerhard Dietrich Gauß stand der akademischen Karriere seines Sprösslings eher ablehnend gegenüber.
Gauß hörte Vorlesungen bei Heyne und Lichtenberg, wechselte aber schnell in die Fachrichtung Mathematik, wo er auch promovierte. Nach der Universität verlegte sich Gauß auf die Forschung. Mit theoretischer Fachkenntnis ausgestattet und dem Talent und Schaffenswillen zur Praxis widmete er sich mathematischen und astronomischen Überlegungen – ein Stipendium des Herzogs hielt ihn auch in dieser Zeit finanziell am Leben.
Nur sehr spärlich publizierte Gauß seine Erkenntnisse. Er vertrat die Auffassung, man solle erst dann an die Öffentlichkeit treten, wenn die Resultate den Aufwand und die Aufmerksamkeit der wissenschaftlichen Gemeinschaft auch verdienten: pauca sed matura. Dennoch gelangten viele seiner Arbeiten auch schon zu Lebzeiten in die Hände eines begeisterten Publikums. Gauß revolutionierte die zeitgenössische Mathematik in verschiedensten Bereichen. Seine Gaußsche Ebene ermöglichte die Darstellung komplexer Zahlen, seine Dissertation bewies den Fundamentalsatz der Algebra und die Ende des 18. Jahrhunderts entstandene Arbeit „Disquisitiones Arithmeticae" begründete die moderne Zahlentheorie. Insbesondere die Arithmetik, sein Hauptforschungsgebiet, brachten Gauß' Überlegungen und Berechnungen nach vorn.
Auch als Astronom machte sich Gauß einen Namen. Er berechnete die Laufbahnen verschiedener Himmelskörper und veröffentlichte seine Erkenntnisse. Ab 1807 leitete er die Sternwarte Göttingen. Auch Landvermesser profitierten von den Gaußschen Forschungsergebnissen. Der passionierte Tagebuchschreiber Gauß galt als zutiefst religiö-

ser Mann und war zweimal verheiratet. Insgesamt hatte er sechs Kinder. Auch wenn Gauß' mathematisches Schaffen im Alter weniger wurde und er sich mehr der Literatur zuwandte, blieb er den Zahlen und Berechnungen stets treu.
Carl Friedrich Gauß verstarb in der Nacht zum 23. Februar 1855 in seiner Wohnung in der Göttinger Sternwarte. Sein Gehirn wurde seinem Körper entnommen und in den folgenden Jahrhunderten mehrfach untersucht – in der Hoffnung, daraus Rückschlüsse über sein mathematisches Genie zu erhalten. Heute befindet es sich – in konserviertem Zustand – an der Göttinger Universität.

Friedhof: Gauß wurde auf dem Albanifriedhof (Cheltenham-Park) beigesetzt, im Südosten der Stadt Göttingen, Schildweg 10a, 37085 Göttingen.
C. H.

LIBERACE
16. Mai 1919 – 4. Februar 1987

Wladziu Valentino Liberace wurde von seinem Publikum für sein musikalisches Talent und sein einzigartiges Showtalent verehrt, seine Markenzeichen waren seine extravaganten Kostüme und der große Kandelaber, der stets auf seinem Klavier stand. In seiner langen und lukrativen Karriere – die meiste Zeit davon verbrachte er in glitzernden Kostümen, die aus juwelenbesetzten Umhängen, Pailletten, Perlen und sogar Hot Pants bestanden – fanden die Kritiker kaum einen Ansatz, sich über ihn lustig zu machen, da er selbst immer so viel Spaß daran zu haben schien, seine wie er es nannte „Reader's Digest"-Versionen bekannter klassischer Melodien zu spielen. Liberace spielte Chopins „Minutenwalzer" in 37 Sekunden.
Für Tschaikowskis 1. Klavierkonzert, das ursprünglich 45 Minuten dauern sollte, brauchte er nur vier Minuten. Sein Geheimnis bestand darin, so sagte er, die langweiligen Passagen auszusparen. Aber auch Liberace kam nicht ohne klassische Musikbildung aus: Er besuchte das College of Music in Wisconsin und spielte daraufhin drei Jahre lang im Symphonieorchester von Chicago. Während einer Zugabe nach einem Konzert im Jahre 1939 stolperte er über die musikalische Formel, die ihn berühmt machen sollte, denn er brach mit der Konzerttradition und spielte den neuen Song „Three Little Fishes". Das Publikum flippte völlig aus, und Liberace erkannte später, dass er in diesem Moment den Grundstein für seinen Reichtum und Ruhm gelegt hatte. Im Jahre 1952 wurde er mit seiner Fernsehsendung „Liberace Television Hour" in ganz Amerika bekannt und spielte für den Rest seiner Karriere jedes Jahr Dutzende ausverkaufter Konzerte. Er war eine amerikanische Musikikone und eine feste Größe in Las Vegas.
Im Jahre 1986 hatte Liberace jedoch stark an Gewicht verloren und war in schlechter gesundheitlicher Verfassung. Die Klatschblätter berichteten schon bald, Liberace sei an AIDS erkrankt, und wie erwartet wurde diese Annahme von Liberaces Management

dementiert. Allerdings kam nach Liberaces Tod im Alter von 67 Jahren heraus, dass er an einer durch Viren ausgelösten Lungenentzündung und einer virusinduzierten Immunschwächeerkrankung gestorben war.

Man legte Bilder seines letzten Lebenspartners und seines Hundes Wrinkles mit in Liberaces Sarg. Liberace selbst war bühnentauglich geschminkt und trug seinen weißen Frack. Er wurde im Forest Lawn Memorial Park in den Hollywood Hills in Kalifornien beigesetzt.

Weg zum Friedhof: Verlassen Sie den Highway 134, der das Verbindungsstück zwischen dem Highway 101 und der I-210 bildet, an der Ausfahrt Forest Lawn Drive. Folgen Sie der Straße in westlicher Richtung, der Eingang zum Park liegt auf der linken Seite.

Weg zum Grab: Halten Sie am Infostand und besorgen Sie sich eine Karte. Begeben Sie sich dann zu den Courts of Remembrance. Gehen Sie in den Hof hinein und Sie können Liberaces großen, weißen Grabstein an der rechten Mauer nicht verfehlen.

KURT GEORG KIESINGER
6. April 1904 – 9. März 1988

Der Sohn eines kaufmännischen Angestellten und spätere Kanzler der Bundesrepublik Deutschland stammte aus dem württembergischen Ebingen und wuchs in bescheidenen Verhältnissen auf. In Stuttgart machte er das Abitur und begann danach ein Studium der Philosophie und Geschichte, das er aber bald abbrach, um in Berlin Rechts- und Staatswissenschaften zu belegen. Kiesingers gesellschaftliches Engagement reicht bis in seine Studienzeit zurück.
Während der Nazizeit war er Mitglied der NSDAP, deren Gefährlichkeit er eigenen Angaben zufolge falsch eingeschätzt hatte, arbeitete als Repetitor und Rechtsanwalt und schließlich als stellvertretender Leiter der „Rundfunkpolitischen Abteilung" seiner Partei. 1948 wurde er in Tübingen wieder als Rechtsanwalt zugelassen und begann, seinen Beruf erneut auszuüben. Außerdem engagierte er sich als Landesgeschäftsführer der CDU, für die er 1949 auch in den Bundestag zog. In den 50er Jahren wurde er Vorsitzender des Vermittlungsausschusses und des Ausschusses für Auswärtige Angelegenheiten, Vorstandsmitglied der CDU und Mitglied der Beratenden Versammlung des Europarates. Seit Dezember 1958 hatte er auch das Amt des Ministerpräsidenten von Baden-Württemberg inne. Nach dem Scheitern der Regierung Ludwig Ehrhards nominierte ihn die CDU/CSU zum Nachfolgekandidaten für das Amt des Bundeskanzlers. Eine Wahl am 1. Dezember 1966 bestätigte den Politiker in diesem Posten, Kiesinger wurde dritter Kanzler der jungen Republik.
Trotz seiner NSDAP-Vergangenheit, die von vielen im Bundestag scharf kritisiert wurde, schaffte es Kanzler Kiesinger, sich als patenter und kompetenter Redner und Vermittler

einen Namen zu machen und eine große Koalition zu ertragreichen Ergebnissen zu führen. 1967 übernahm er auch den Posten des Parteivorsitzenden.
Und dann änderte sich alles: Bei der Bundestagswahl 1969 unterlag Kiesingers Partei knapp der durch ein Bündnis aus SPD und FDP möglich gewordenen Mehrheit und musste in die Opposition wechseln. Willy Brandt löste ihn als Kanzler nach einer nur dreijährigen Amtszeit ab. 1971 gab Kiesinger auch den Parteivorsitz wieder ab.
Kiesinger blieb weiterhin politisch aktiv. Der Ehrenvorsitzende seiner Partei, der seit 1932 mit Marie-Luise Schneider verheiratet und Vater zweier Kinder war, zog sich erst Anfang der 80er Jahre aus der Politik zurück. Kurt Georg Kiesinger, mehrfacher Ehrendoktor und Würdenträger, verstarb am 9. März 1988 in Tübingen.

Friedhof: Der Stadtfriedhof Tübingen liegt zwischen Wildermuth- und Gmelinstraße.

Zum Grab: K.G. Kiesingers Grab ist recht zentral im Friedhofsabschnitt H gelegen. Die Grabkennung ist G XX 03.
C. H.

SEBASTIAN KNEIPP
18. Oktober 1777 – 21. November 1811

„Wer immer die Wirkungen des Wassers versteht und in seiner überaus mannigfaltigen Art anzuwenden weiß, besitzt ein Heilmittel, welches von keinem anderen, wie immer Namen habenden Mittel übertroffen werden kann. Keines ist mannigfaltiger in der Wirkung, sozusagen dehnbarer als das Wasser." So schrieb er in einem seiner Werke – und begründete mit dieser These eine ganze Therapierichtung: Pfarrer und „Wasserdoktor" Sebastian Anton Kneipp stammte aus einer Weberfamilie aus Stephansried im Allgäu, wo er auch zur Schule ging. 1842 wurde er Lateinschüler in Grönenbach. Zwei Jahre später besuchte er das Dillinger Gymnasium und begann dort 1848 ein Theologiestudium, das er in München fortsetzte.
Im Zusammenhang mit einer Tuberkuloseerkrankung stieß Kneipp 1849 auf Schriften, die die Heilkraft frischen Wassers propagierten. Kneipp versuchte diese unkonventionelle Behandlungsmethode und genas. Auch Kommilitonen ließen sich daraufhin von ihm behandeln. 1852 wurde Sebastian Kneipp zum Priester geweiht und Kaplan in Schwaben. Doch Kneipps ungewöhnliche Methoden fanden nicht nur Freunde. Mehrfach wurde er der Kurpfuscherei bezichtigt und musste schließlich eine gerichtliche Anordnung unterzeichnen, derartige Behandlungen zu unterlassen. Er hielt sich jedoch nicht daran.
Als Kneipp 1855 Beichtvater im Dominikanerinnenkloster Wörishofen wurde, hatte sich sein Ruf schon herumgesprochen. Immer mehr Menschen, meist aus wohlhabenden Kreisen, kamen zu ihm, um von seinem medizinischen Wissen zu profitieren. Nach und nach wurde der Ort zum Kurort. Kneipp hielt Vorträge, schrieb Bücher und bereiste nahezu ganz Europa. In Rom behandelte er sogar den Papst. Sein Buch „Meine Wasserkur", erschienen

1886, wurde in mehrere Sprachen übersetzt – Kneipps Methode war, wenn auch umstritten, international angekommen. Mit „So sollt ihr leben" legte er 1889 einen zweiten Bestseller vor. Das 1893 erschienene Buch „Mein Testament" trägt auch autobiografische Züge.
1894 ließ Kneipps Gesundheitszustand nach. Zwar erholte er sich zunächst, erlitt aber Rückschläge und schließlich wurde ein Tumor im Unterleib diagnostiziert. Er starb 1897 an den Folgen seiner Erkrankung.

Friedhof: Sebastian Kneipps Sarkophag steht in einer Gedächtniskapelle auf dem Friedhof von Bad Wörishofen.
C. H.

HANNELORE KOHL
7. März 1933 – 5. Juli 2001

Hannelore Renner war in Leipzig aufgewachsen und im Zuge des Zweiten Weltkriegs mit ihrer Familie in die Pfalz geflüchtet. Dort lernte sie im Alter von 15 Jahren den kaufmännischen Angestellten und CDU-Abgeordneten Helmut Kohl kennen.
Renner wollte Naturwissenschaften studieren, musste aber aus finanziellen Gründen zurückstecken: Nach dem Tod ihres Vaters stand es um die Rennerschen Finanzen nicht gut genug, um ihr ein Studium zu ermöglichen. Sie wurde stattdessen Fremdsprachensekretärin.
1960 heiratete sie Helmut Kohl, nachdem sie sich zwölf Jahre kannten. Um ihrer Ehe willen gab sie eine lukrative Stellung bei der BASF auf und ordnete sich der politischen Karriere ihres Mannes unter. 1963 und 1965 kamen die Söhne Peter und Walter zur Welt. Helmut Kohl wurde Ministerpräsident von Rheinland-Pfalz, 1982 Bundeskanzler, und Hannelore war stets die klassische „Frau an seiner Seite".
16 Jahre lang war Helmut Kohl als Kanzler im Amt, und seine Gattin engagierte sich als First Lady, auch in diversen Wohltätigkeitsorganisationen. Für ihren humanitären Einsatz wurde Hannelore Kohl 1988 mit dem Verdienstorden des Landes Baden-Württemberg ausgezeichnet, nur eine von vielen Ehrungen. 1999 erhielt sie das Bundesverdienstkreuz. Die nach ihr benannte Hannelore-Kohl-Stiftung, ursprünglich als „Kuratorium ZNS" initiiert, setzt sich bis heute für Verletzte mit Schäden des Zentralen Nervensystems ein.
1994 erkrankte die Kanzlergattin an einer seltenen Lichtallergie, die auf die Einnahme von Penicillin zurückgeführt wurde. In den Folgejahren wurde es für sie zunehmend qualvoller, sich Sonnenstrahlen, schließlich sogar generell der Helligkeit auszusetzen. Kohl lebte in verdunkelten Räumen, selbst das Fernsehen wurde zur Qual. Sie litt nach Aussagen ihrer Familie unter großen Schmerzen und konnte das Haus nur noch nach Sonnenuntergang verlassen. Am 5. Juni 2001 hielt sie das Leiden nicht mehr aus und nahm sich in ihrem Haus in Ludwigshafen das Leben.

Friedhof: Hannelore Kohl wurde im Familiengrab auf dem Friedhof in Ludwigshafen-Friesenheim bestattet. Der Friedhof befindet sich in der Kopernikusstraße 55, Ludwigshafen.
C. H.

HEINRICH LÜBKE
14. Oktober 1894 – 6. April 1972

Als Sohn eines katholischen Schuhmachers und Landwirts wurde Heinrich Lübke 1894 in Enkhausen/Westfalen geboren. 1913 begann er ein Landwirtschaftsstudium, brach es aber im Folgejahr ab, um sich im Ersten Weltkrieg zu engagieren. 1918 studierte er wieder. In Münster und Berlin bildete er sich in den Bereichen Volkswirtschaft, Verwaltungsrecht und Boden- und Siedlungsrecht. Danach war er im ländlichen Siedlungswesen in Münster aktiv, leitete landwirtschaftliche Organisationen in Berlin und initiierte einen Zusammenschluss der Klein- und Mittelbauernverbände. Die Leitung dieses Verbandes namens „Deutsche Bauernschaft" übernahm er 1926.
Als Abgeordneter der katholischen Zentrumspartei zog Lübke 1931 in den Preußischen Landtag ein. Nach der Machtübernahme durch Hitler und die Nationalsozialisten musste er 1933 aber alle politischen Ämter wieder aufgeben. Ein in dieser Zeit gegen ihn angestrebtes Verfahren wegen Korruptionsverdacht zog sich mehrere Monate hin, während derer Heinrich Lübke in Untersuchungshaft saß. Die restlichen Kriegsjahre verbrachte er im Bau- und Siedlungswesen, wo er sich beruflich einsetzte.
1945 wurde Lübke Mitglied der CDU und des von der britischen Militärregierung genehmigten Provinziallandtages von Westfalen. Von dort zog er in den Folgejahren zunächst in den westfälischen Landtag ein, dann wurde er Landtagsabgeordneter. Bis 1952 fungierte er zudem als Vorsitzender des Ausschusses für Ernährung, Landwirtschaft und Forsten. Sein Bundestagsmandat legte er 1950 zwar nieder, kehrte drei Jahre später aber wieder in den Bundestag zurück. Unter Konrad Adenauer wurde er Bundesminister für Ernährung, Landwirtschaft und Forsten.
Am 15. September 1959 wurde Heinrich Lübke zum zweiten Bundespräsidenten gewählt, nicht zuletzt, da Adenauer für den Posten nicht zur Verfügung stand. Lübke engagierte sich in seinem Amt und machte sich auch außenpolitisch stark. Trotz zunehmender Kritik aufgrund seiner Tätigkeiten zu NS-Zeiten – Lübke hatte in einem Architekturbüro gearbeitet, welches u. a. für Albert Speer aktiv war – blieb Lübke zehn Jahre im Amt und legte seinen Präsidentschaftsposten 1969 aus gesundheitlichen Gründen nieder.
Lübke, seit 1929 mit Wilhelmine Keuthen verheiratet, war für seine rhetorischen Unzulänglichkeiten bekannt. Seine unfreiwilligen Stilblüten, wie das berühmte „Equal goes it loose" oder die Bemerkung „Dann kamen wir nach Teheran. Und da habe ich gesehen, die Leute waren alle sauber gewaschen ..." haben Geschichte geschrieben und ihm wiederholt den Spott der Presse eingebracht. Den Biografen zufolge litt der Politiker im Alter an Zerebralsklerose und schließlich auch an Magenkrebs. Mit 77 Jahren starb Lübke in Bonn.

Zum Grab: Heinrich und Wilhelmine Lübke sind auf dem Friedhof von Enkhausen, der Heimatgemeinde des Politikers, bestattet worden. Der sauerländische Ort gehört mittlerweile zu Sundern. In der ehemaligen Volksschule des Ortes befindet sich ein Gedächtnishaus, in dem man sich über Leben und Werk des Politikers informieren kann.
C. H.

ULRIKE MEINHOF
7. Oktober 1934 – 8. Mai 1976

Ulrike Meinhof stammte aus Oldenburg, zog aber bald nach Jena, wo ihr Vater, ein bekannter Kunsthistoriker, eine Anstellung bekommen hatte. Um den Kriegswirren zu entkommen, übersiedelte die Familie nach dem Tod des Vaters ins Fichtelgebirge und dann nach Oldenburg. Als Meinhofs Mutter ebenfalls verstarb, übernahm Renate Riemeck, eine Freundin der Familie, die Vormundschaft über Ulrike und deren Schwester.
In Weilburg legte Ulrike das Abitur ab, bekam ein Stipendium und studierte in Marburg Geisteswissenschaften. In Münster schloss sie sich dem Sozialistischen Deutschen Studentenbund an und engagierte sich politisch. Sie begann, ihre politische Meinung zu publizieren, meist in studentischen Printmedien, und trat 1956 der KPD bei.
Für die Zeitschrift „konkret" war Meinhof lange Jahre als Journalistin, zeitweise auch als Chefredakteurin tätig und festigte ihren Ruf als Symbolfigur der politischen Linken. Ihrer 1967 geschiedenen Ehe mit „konkret"-Herausgeber Klaus Rainer Röhl entstammen zwei Kinder, mit denen Meinhof schließlich nach Berlin zog. 1970 arbeitete sie am Fernsehfilm „Bambule" mit.
Meinhof hatte die Bekanntschaft mehrerer Extremisten der linken Bewegung gemacht, darunter die späteren RAF-Führungskräfte Andreas Baader und Gudrun Ensslin, und entwickelte auch selbst eine zunehmend radikalere Einstellung. Sie war 1970 maßgeblich an der Befreiung des inhaftierten Andreas Baader beteiligt, was später als die Gründungsstunde der RAF bezeichnet wurde, sowie an mehreren anderen Überfällen und terroristischen Anschlägen. Meinhof hatte inzwischen Erfahrung im Umgang mit Schusswaffen und nutzte diese.
Im Juni 1972 wurde sie zusammen mit einigen anderen Mitgliedern ihrer Bewegung festgenommen und vor Gericht gestellt. Ulrike Meinhof wurde wegen diverser terroristischer Aktivitäten zu einer mehrjährigen Haftstrafe verurteilt, während der sie durch einen Hungerstreik auf sich aufmerksam machte. Sie war zunächst in Köln, dann in Stuttgart inhaftiert. Parallel zu ihrer Haftzeit begann eine neue Generation von RAF-Aktivisten mit ihrem terroristischen Kampf.
Am 9. Mai 1976 fand man sie in ihrer Stuttgarter Zelle, wo sie sich mit einem Streifen ihres Handtuchs erhängt hatte. Bis heute halten sich Gerüchte über die vermeintlichen Hintergründe dieses Todes.

Friedhof: Ulrike Meinhofs Bestattung erwies sich als schwierig, da sich diverse Friedhofsverwaltungen weigerten, sie aufzunehmen. Heute befindet sich ihr Grab auf dem Dreifaltigkeitsfriedhof in Berlin-Tempelhof, Eisenacher Straße 61.
C. H.

ANNELIESE MICHEL
21. September 1952 – 1. Juli 1976

Anneliese Michel stammte aus Klingenberg am Main und wurde streng katholisch erzogen. Sie besuchte die Klingenberger Volksschule und wechselte schließlich ans Gymnasium in Aschaffenburg.
Eines Nachts im Jahre 1968 erlitt sie einen epileptischen Anfall und wurde schließlich ins Krankenhaus eingeliefert. Nach ihrer vermeintlichen Genesung erschienen ihr Teufelsfratzen, während sie den Rosenkranz betete – eine Folge der mitunter nach Epilepsien auftretenden Depressionen. Doch diese Diagnose stellte niemand.
Ab 1970 besuchte Michel wieder die Schule, war aber sehr scheu und zurückhaltend. Anneliese glaubte, vom Teufel besessen zu sein, und bildete sich mittlerweile auch ein, Stimmen zu hören, die ihr eben dies bestätigten. Versuche, ihr Leiden medizinisch in den Griff zu bekommen, scheiterten an Fehldiagnosen und Annelieses Überzeugung, dass die Ursache in ihrem religiösen Leidensweg liegt.
1973, Anneliese war mittlerweile Pädagogikstudentin, baten ihre Eltern verschiedene Geistliche, es mit einer Teufelsaustreibung zu versuchen. Sie scheiterten zunächst, fanden aber Unterstützung bei dem Pfarrer, der sie betreute. Dieser empfahl Anneliese einen noch strenger religiös orientierten Lebenswandel.
Sie befolgte den Rat, hatte aber stets weitere Episoden, in denen sie sich verhielt, wie es ihre eigene Diagnose und ihr Umfeld suggerierten.
Im September 1975 war auch der Würzburger Bischof überzeugt genug, um einen Exorzismus an der jungen Frau zu genehmigen. Ein- bis zweimal pro Woche wurde Anneliese, die entsprechend auf die Vorgänge reagierte, daraufhin dem Ritual unterzogen. Tonbandaufzeichnungen dokumentieren das Geschehen.
Anneliese Michel verstarb am 1. Juli 1976 in ihrem Elternhaus in Klingenberg an Unterernährung. Sie hatte geglaubt, die in sie gefahrenen Dämonen verweigerten ihr das Recht auf Nahrungsaufnahme. Ihre Eltern und die Priester wurden wegen fahrlässiger Tötung durch Unterlassung zu Bewährungsstrafen verurteilt. Selbst eine offizielle Aussage der Deutschen Bischofskonferenz änderte die Naivität nicht, mit der manche Menschen dem Fall Michel begegneten: Mehr als ein Jahr nach ihrer Beisetzung wurde Anneliese exhumiert, weil sich das Gerücht hielt, ihr Körper verwese nicht. Er tat es doch. Michels Grab auf dem Friedhof von Klingenberg wurde zum Wallfahrtsort, ihr Schicksal mehrfach verfilmt.
C. H.

JÜRGEN W. MÖLLEMANN
15. Juli 1945 – 5. Juni 2003

Jürgen Wilhelm Möllemann stammte vom Niederrhein, wo er in Appeldorn aufwuchs und in Rheinberg zur Schule ging. Nach dem Studium in Münster begann er als Lehrer zu arbeiten, engagierte sich aber zunehmend auch politisch: Von 1962 bis 1969 war er Mitglied der CDU. Danach trat er der FDP bei, für die er 1972 auch in den Deutschen Bundestag einzog und in verschiedenen Ämtern jahrzehntelang vertreten blieb. Nach einem Jahr als stellvertretender Vorsitzender wurde er 1983 Vorsitzender der nordrhein-westfälischen FDP – einen Posten, den er bis 1994 innehatte und 1996 nochmals übernahm.
Schon 1982 wurde Möllemann unter dem damaligen Außenminister Genscher Staatsminister im Auswärtigen Amt. 1987 übernahm er selbst einen größeren Posten im Kabinett Helmut Kohls, als Bundesminister für Bildung und Wissenschaft. Dieses Engagement zahlte sich aus: Einige Jahre später wurde der Politiker zum Bundeswirtschaftsminister ernannt und wurde nach dem Rücktritt Hans-Dietrich Genschers Vizekanzler.
Möllemanns politischer Werdegang war neben allen Erfolgen auch von Reibereien und Tiefschlägen gekennzeichnet. Nachdem der Minister offizielles Briefpapier des Ministeriums benutzt hatte, um deutschen Handelsketten die Geschäftsidee eines Familienmitglieds zu empfehlen – man sprach auch von der „Briefbogen-Affäre" – musste er 1993 aufgrund des öffentlichen und politischen Drucks als Wirtschaftsminister und Vizekanzler abdanken. Eine Meinungsverschiedenheit mit dem FDP-Bundesvorsitzenden Klaus Kinkel führte 1994 außerdem dazu, dass der komplette nordrhein-westfälische Landesverband zurücktrat – und seinen Landesvorsitzenden Möllemann somit auch selbst zum Rücktritt zwang.
Doch Möllemann hielt sich – in der Fraktion und auch auf bundespolitischer Ebene. 2001 wurde er stellvertretender Leiter der Bundes-FDP unter Guido Westerwelle, dessen Kanzlerkandidatur Möllemann 2002 unterstützte. Seine Meinung zum Israel-Palästina-Konflikt brachte den Politiker 2002 abermals in die Schlagzeilen, nachdem er sich vehement gegen einige Argumente Michel Friedmans, des Vizepräsidenten des Zentralrats der Juden in Deutschland, aussprach und Verständnis für palästinensische Selbstmordattentäter ausdrückte. In diesem Zusammenhang ließ Möllemann Flugblätter drucken und an Haushalte in NRW verteilen.
Diese Aktion schlug hohe Wellen und führte dazu, dass sich die FDP öffentlich von Möllemann und seinen Ansichten in dieser Frage distanzierte. Im März 2003 zog er die Konsequenz und trat aus der Partei aus.
Jürgen W. Möllemann war zweimal verheiratet und mehrfacher Vater. Er starb am 5. Juni 2003 bei einem Fallschirmsprung. Ob es sich bei seinem Tod um Suizid oder einen Unfall handelte, ist bis heute nicht geklärt. Am gleichen Tag wurde seine Wohnung durchsucht, da ein Verdacht der Steuerhinterziehung und des Verstoßes gegen das Parteiengesetz bestand.

Friedhof: Sein Grab befindet sich auf dem Zentralfriedhof in Münster, dem Hauptfriedhof der Stadt. Er liegt direkt am Aasee.

RUDOLPH MOSHAMMER
20. September 1940 – 14. Januar 2005

Er war der Paradiesvogel der Münchner Schickeria und einer der markantesten Größen im Modegeschäft, und doch stammte der so extravagant auftretende Rudolph Hans Albert Moshammer aus ärmlichen Verhältnissen.

Zunächst sehr behütet aufgewachsen, änderte sich Moshammers Leben mit der Arbeitslosigkeit seines Vaters, des Versicherungsdirektors Richard Moshammer, grundlegend. Die berufliche Situation ließ den Vater in den Alkoholismus abrutschen, die Eltern trennten sich schließlich. Aus der Ferne erlebte Rudolph, der mit seiner Mutter Else ausgezogen war, wie sein Vater sozial immer weiter abstieg, obdachlos wurde und schließlich starb.

Schon in der Schulzeit interessierte sich Moshammer eher für Mode als für den Lehrplan und entwarf Kleidungsstücke für die Freundinnen seiner Mutter. Einer kaufmännischen Lehre bei der Münchner Stoffgroßhandlung Ernst & Knecht schloss sich ein Praktikum bei Christian Dior in Paris an. Diese Berufserfahrung half Moshammer, sich und seine Mutter aus der Armut zu retten, in die sie nach der Trennung vom Vater abzurutschen drohten. Gemeinsam eröffneten sie 1968 in München die Boutique „Carnaval de Venise". Moshammer entwarf schon seit Jahren eigene Modelle, er hatte sein Handwerk verfeinert und war harte Arbeit gewohnt. Die Boutique in der Maximilianstraße 14 wurde zum Stammsitz des Moshammerschen Modeimperiums und zählte auch zahlreiche Prominente und Würdenträger zu ihren Kunden.

Trotz einer bewussten Nähe zum Boulevard engagierte sich Moshammer zeitlebens auch für sozial schwache Bürger. Insbesondere Obdachlose genossen seine Fürsprache. Rudolph und Else Moshammer, die auf Promipartys ganz selbstverständlich im Doppelpack auftauchten, unterstützten im Schatten der Regenbogenpresse Bedürftige durch Geldspenden und arbeiteten mit der Münchner Tafel zusammen. „Mosi", wie ihn die Presse nannte, bemühte sich um die Obdachlosenzeitschrift „Biss" (Bürger in sozialen Schwierigkeiten) und gründete selbst einen Hilfsverein.

Auch als Autor war der Modedesigner erfolgreich. Moshammer veröffentlichte Bücher über München, das Kochen und seine Hundedame Daisy, einen Yorkshire-Terrier, der zu seinem Markenzeichen geworden war. Darüber hinaus stand er gelegentlich als Schauspieler vor der Kamera und auf der Theaterbühne. Moshammer arbeitete mit Musikern zusammen, nahm einmal am deutschen Vorentscheid für den Eurovision Song Contest teil und betätigte sich als Sprecher und Rezitator.

Am 14. Januar 2005 wurde Rudolph Moshammer Opfer eines Gewaltverbrechens. In seinem Haus im Münchner Stadtteil Grünwald wurde er von einem 25-jährigen Mann erdrosselt und erst am nächsten Morgen von seinem Chauffeur gefunden. Die Presse überschlug sich mit Meldungen über die Todesursache und die vermuteten Hintergründe. Der Täter wurde schnell gefasst und der Prozess ging lange Zeit durch die Presse. Auch Moshammers Beerdigung, die der TV-Sender Sat.1 am 22. Januar 2005 live übertrug, wurde zum Medienspektakel.

Friedhof: Der 1821 errichtete Münchner Ostfriedhof liegt im Stadtteil Obergiesing (Stadtbezirk 17).

Zum Grab: Rudolph Moshammer wurde in einem Mausoleum beigesetzt, gleich neben seiner Mutter Else; das Grab trägt die Kennung 60-9-7 a-d.
C. H.

HENRI NANNEN
25. Dezember 1913 – 13. Oktober 1996

Henri Nannen, gebürtiger Emdener, hatte in München von 1934 bis 1938 Kunstgeschichte studiert – und die Kunst war es auch, die den jungen Mann zum Journalismus brachte. Denn als Kunstberichterstatter verstärkte er das Autorenteam der Fachzeitschrift „Die Kunst", bis der Zweite Weltkrieg seine Arbeit unterbrach. In Hannover gründete er 1946 die „Hannoverschen Neusten Nachrichten", als deren Herausgeber er fortan fungierte. Doch Nannen hatte Größeres vor. 1948 übernahm er die Jugendzeitschrift „Zick-Zack" und baute sie zu einem völlig anderen Magazin um: Der „Stern" sollte sich unter seiner Ägide zum auflagenstärksten Magazin Europas entwickeln. Am 1. August 1948 startete der „Stern" seine Erfolgsgeschichte – mit der jungen Hildegard Knef als Covermotiv. Nannen war Verleger und Herausgeber des Magazins in Personalunion, trat seine verlegerischen Ambitionen aber schon 1951 ab, als er seine Anteile am „Stern" an Vertreter des später entstehenden Verlages Gruner + Jahr verkaufte: an Gerd Bucerius' „Die Zeit" und an Richard Gruner. Nannen selbst blieb Chefredakteur der Publikation und hatte inhaltlich nach wie vor das Sagen.
Unter Nannens Führung entwickelte sich der „Stern" zu einem führenden politischen und kulturellen Magazin, das in ganz Europa gelesen und beachtet wurde. Mit ungewöhnlichen Reportagen und mitunter bewusst inszenierten „Skandälchen" wusste der Journalist auf sein Magazin aufmerksam zu machen und rüttelte nicht selten an den Moralvorstellungen und Konventionen seiner Zeit. Das Konzept war erfolgreich – bis die Affäre um die gefälschten Hitler-Tagebücher kam und dem Blatt nachhaltigen Schaden zufügte, von dem es sich nicht mehr erholen sollte.
Im April 1983 erklärte der „Stern", die Tagebücher Adolf Hitlers erworben zu haben. Mehrere Gutachten wurden eingeholt und zum Monatsende wurde mit der, von den Medien und der Öffentlichkeit kritisch beachteten, Veröffentlichung der Texte begonnen. Wenige Tage später hatten sich die für mehrere Millionen DM eingekauften Unterlagen allerdings als Fälschungen entpuppt. Der „Stern" hatte sich blamiert und musste sich öffentlich entschuldigen.
Nannen selbst gestand ein, seine Sorgfaltspflicht in dieser Sache vernachlässigt zu haben. Er zog sich in der Folge als aktiver Herausgeber des Magazins zurück, als Chefredakteur war er bereits seit 1980 nicht mehr tätig.

Nannen konzentrierte sich nun wieder verstärkt auf die Kunst und stiftete 1986 in Emden eine Kunsthalle. 1989 wurde er Ehrenbürger der Stadt. Er starb 1996 in der Klinik der Medizinischen Hochschule in Hannover an den Folgen eines schweren Krebsleidens.

Friedhof: Henri Nannen wurde auf dem Emdener Hauptfriedhof, auch Friedhof Tholenswehr genannt, bestattet. Dieser findet sich zwischen den Stadtteilen Tholenswehr und Wolthusen: Die Postanschrift lautet Tholenswehr 1.
C. H.

JOSEF NECKERMANN
5. Juni 1912 – 13. Januar 1993

„Die Akte Joel" heißt ein Dokumentarfilm, der im Jahre 2001 auf dem Filmfestival von Montreux ausgezeichnet wurde. Er handelt von den Nachfahren Karl Amson Joels, darunter der weltberühmte Sänger Billy Joel und Josef Neckermann, und von ihrer gemeinsamen Geschichte.
Josef Neckermann, von Freunden „Necko" genannt, strebte schon früh nach Erfolgen. Nach der mittleren Reife verließ er die Schule, versuchte sein Glück im Berufsleben und fand es. Sein unternehmerischer Durchbruch kam in den 30er Jahren. Zu dieser Zeit saß in Nürnberg und Berlin der jüdische Textilunternehmer Karl Joel und leitete seine 1928 gegründete Firma, die zweitgrößte Versandhandlung für Textilien in ganz Deutschland. Doch unter den Nationalsozialisten waren Menschen jüdischer Abstammung, gerade auch in leitenden Funktionen, nicht geduldet. Joel wurde gezwungen, seinen florierenden Betrieb zu verkaufen – natürlich ohne dafür Geld zu bekommen – und floh mit seiner Familie ins Ausland. Der in Würzburg geborene Sohn eines Kohlehändlers und spätere stellvertretende NS-Reichsbeauftragte für Kleidung Josef Neckermann übernahm den Betrieb und baute ihn in den folgenden Jahren zu einer Marke aus. Neckermann machte es möglich, wie der Werbeslogan des Hauses versprach, auch wertvollere und anspruchsvollere Textilarbeiten zu erschwinglichen Preisen zu erwerben. Dank professioneller Massenfertigung.
Nach und nach konnte Neckermann sein Versandgeschäft um weitere Produktbereiche erweitern. Besonders in den 50er Jahren wurde der Name Neckermann zu einem Synonym für günstige Konsumgüter. Neckermann eröffnete Ladengeschäfte und eine Reisebüro-Sparte. Neben seinem Beruf war der Unternehmer zudem als Profisportler aktiv und holte als Dressurreiter Meistertitel und olympische Medaillen.
Mitte der 70er Jahre schwankte das Neckermann-Imperium. Finanzielle Krisen schüttelten das Unternehmen so stark, dass eine Sanierung aus eigener Kraft unmöglich erschien. Banken sprangen ein und retteten, was zu retten war – und übernahmen schließlich den ganzen Betrieb. Josef Neckermann musste tatenlos zusehen, wie seine Firma von Karstadt übernommen wurde, ohne ihn. Der Unternehmer verlor beim Untergang des Imperiums auch große Teile seines Privatvermögens.

Josef Neckermann starb 1993 im Alter von 79 Jahren. Karl Joel starb 1982 in Nürnberg, wohin er erst 1964 zurückgekehrt war. Sieben Jahre zuvor, in der Blütezeit des Unternehmens, hatte man ihm eine finanzielle Entschädigung von zwei Millionen DM zugestanden.

Friedhof: Der Frankfurter Hauptfriedhof liegt an der Eckenheimer Landstraße in der Mainmetropole.

Zum Grab: Josef Neckermanns Grab befindet sich im Gewann B an der Mauer, Kennung 380-81.
C. H.

AUGUST OETKER
6. Januar 1862 – 10. Januar 1918

Der im niedersächsischen Obernkirchen geborene Bäckersohn August Oetker legte den Grundstein für ein erfolgreiches Großunternehmen – durch Backpulver. Oetker hatte in Berlin promoviert und sich – so die Quellen – nach mehreren erfolglosen Versuchen als Unternehmer der Pharmazie verschrieben. In Bielefeld übernahm er die Aschoffsche Apotheke in der Innenstadt, und als Apotheker gelang ihm sein Meisterstück, indem er Anfang der 1890er Jahre das „Backin" entwickelte.
Dieses Backpulver war eigentlich keine Weltneuheit. Schon Jahrzehnte vorher war der US-Amerikaner Eben Norton Horsford auf die Idee gekommen, es zu entwickeln. Oetker lieferte nun das Rundum-Sorglos-Paket. Als geschickter Jungunternehmer verstand er es, sein „Backin" an seine Zielgruppe, die Hausfrau, zu bringen. Er füllte es in Portionstütchen ab, deren Dosierung für 500 Gramm Mehl reichte, und bot den Kundinnen neben der Backhilfe auch noch Rezeptideen an. Für zehn Pfennige angeboten, entwickelten sich seine Backpulvertüten zum Verkaufsschlager.
Oetker legte auch Wert auf das Marketing. 1899 gab er seinen Hauptberuf zugunsten der Firma auf und wollte aus der Pulvererzeugung eine Marke machen. Im gleichen Jahr schrieb er einen Grafikwettbewerb aus: Man solle ihm, so die Aufgabe, ein Motiv schaffen, das zu seinem Slogan „Ein heller Kopf verwendet nur Dr. Oetker-Fabrikate" passte. Was entstand, war das bis heute bekannte Oetker-Emblem.
Ab 1910 erschienen auch Kochbücher unter Oetkers Regie und Marke. Zu der Zeit gingen seine Backin-Tüten bereits millionenfach über den Ladentisch. Aus Dr. Oetkers Arbeit wurde die Oetker-Gruppe und schließlich die Dr. August Oetker KG, die bis heute in Bielefeld ansässig ist.

Friedhof: August Oetker wurde auf dem Bielefelder Johannisfriedhof beigesetzt, Am Botanischen Garten 1d.
C. H.

ADAM OPEL
9. Mai 1837 – 08. September 1895

Adam Opel stammte aus einer Schlosserfamilie und wurde in Rüsselsheim geboren. Nach einer Lehre im Betrieb seines Vaters Philipp Wilhelm ging Adam auf Wanderschaft, kam unter anderem nach Frankreich und kehrte Anfang der 1860er Jahre wieder nach Rüsselsheim zurück.

Nähmaschinen hatten es ihm nun angetan, und Adam trug den Gedanken mit sich herum, in die Produktion dieser praktischen Maschinen einzusteigen. 62 gründete er eine Nähmaschinen-Manufaktur und legte damit den Grundstein für die bis in die Gegenwart in Rüsselsheim tätige Firma Opel. Bereits Mitte der 1860er Jahre hatte Opel 300 Mitarbeiter und stellte im Jahr, nachdem die Anschaffung einer Dampfmaschine die Massenproduktion ermöglicht hatte, etwa 18.000 Nähmaschinen her.

Mit der Gastwirtstochter Sophie Scheller gründete Adam Opel 1868 eine Familie, und Sophie erwies sich als große Hilfe für das junge Unternehmen. Sie brachte Geld mit in die Ehe und kümmerte sich um administrative und buchhalterische Tätigkeiten – wenn sie nicht gerade nach den fünf Söhnen schauen musste, die sie und Adam im Lauf der Jahre bekamen.

1887 erweitere Adam Opel seine Produktpalette um Fahrräder. Ohne auf die überaus lukrativen Nähmaschinen zu verzichten, stellte der Rüsselsheimer Betrieb nun auch Fahrräder her, ein Projekt, das angeblich auf die Initiative von Opels Söhnen zurückzuführen ist. Autos jedoch waren Opels Sache nicht. Erst Jahre nach seinem Typhustod begannen die Söhne damit, auch Motorfahrzeuge zu produzieren und sich aus der Nähmaschinen-Herstellung zurückzuziehen.

Friedhof: Adam Opels Grab befindet sich auf dem Alten Friedhof in Rüsselsheim. Auf dem Grabstein befindet sich die Inschrift: anno domini MCMXXIV hoc sepulcrum in quorum hic requiescunt aeterna in pace memoriam erectum est. (Im Jahre des Herrn 1924 wurde dieses Grab in Erinnerung derer errichtet, die hier ruhen.)
C. H.

NIKOLAUS AUGUST OTTO
10. Juni 1832 – 26. Januar 1891

Holzhausen im Taunus ist der Geburtsort von Nikolaus August Otto, dem Sohn des früh verstorbenen Gastwirts Phillip Wilhelm Otto. Nach dem Besuch der heimatlichen Dorfschule und dem Wechsel zur Realschule in Langenschwalbach ließ sich Otto zum Kaufmann ausbilden. 1853 kam er nach Köln, wo er Reisender einer Kolonialwarenhandlung wurde. Beim berühmten Kölschen Karneval lernte er seine spätere Gattin Anna Gossi kennen.

Seine Karriere als Handlungsreisender verlief gut. 1860 war Otto für den ganzen Westen des Landes zuständig und arbeitete für Karl Mertens. Doch ihm schwebte etwas anderes vor. Otto hatte von den in Frankreich aufgekommenen Verbrennungsmotoren und Heißluftmaschinen gehört und Interesse entwickelt, sich selbst an der Konstruktion eines ähnlichen Geräts zu versuchen. 1861 reichten er und sein Bruder Willhelm das Patent für einen Verbrennungsmotor, einen Spiritusverdampfer, ein. Darüber hinaus experimentierte Otto mit weiteren Motorenmodellen und -konzepten.

Vom väterlichen Erbe halbwegs getragen, richtete er sich 1863 eine eigene Werkstatt in Köln ein. Erste Patente für seine Motoren gingen ins Ausland. Aus dem Kontakt zum Zuckerfabrikanten und Ingenieur Eugen Langen entstand eine Geschäftsbeziehung, die 1864 in der Gründung der ersten Motorenfabrik der Welt resultierte: „N.A.Otto & Cie". 1867 reiste Otto mit seinem Gasmotor nach Paris, um diesen auf der Weltausstellung zu präsentieren. Das Gerät wurde dort sehr wohlwollend aufgenommen und sogar mit einer Medaille ausgezeichnet – für den Kölner Unternehmer bedeutete diese Würdigung endgültig den Durchbruch.

So wie sich der Kundenstamm vergrößerte, wuchs auch das Unternehmen. 1872 machten Otto und Langen eine Aktiengesellschaft daraus, die „Gasmotoren-Fabrik Deutz AG", benannt nach dem Kölner Stadtteil, in dem sie mittlerweile beheimatet war. Gottlieb Daimler und Wilhelm Maybach arbeiteten zeitweise für das Unternehmen.

1876 gelang Otto die Schöpfung eines mit einer Verdichtung des Gas-Luftgemisches arbeitenden Viertaktmotors – das war die Geburtsstunde des Otto-Motors. In späteren Lebensjahren brachten diese Erfolge Schattenseiten für den Kölner Unternehmer mit sich. Es stellte sich nämlich heraus, dass das mit ihm assoziierte Motorenprinzip bereits Jahre vorher an anderen Orten patentiert worden war. Die Streitigkeiten um die Rechts- und Urheberfragen erstreckten sich über einen langen Zeitraum und raubten Nikolas August Otto viel Kraft. Er starb 1891 in seinem Wohnhaus am Kölner Heumarkt.

Friedhof: Der Melatenfriedhof ist der bekannteste Kölner Friedhof. Zahlreiche Prominente und namhafte Persönlichkeiten der Zeitgeschichte sind hier bereits bestattet worden. Er befindet sich im Stadtteil Lindenthal.

Zum Grab: Nikolas August Otto, „der Schöpfer des Verbrennungsmotors", wie auf dem Grabstein zu lesen ist, wurde im Sektor Lit. C der Anlage beigesetzt.

MAX PLANCK
23. April 1858 – 4. Oktober 1947

Max Karl Ernst Ludwig Planck, geboren in Kiel, stammte aus einer Familie von Gelehrten und Akademikern. Er besuchte das Gymnasium in München, wo Plancks zu der Zeit wohnten, und begann dort 1874 auch sein Physikstudium. Nach einem Jahr wechselte er auch nach Berlin, wo er interessante Vorlesungen hörte und erste Kontakte zu wissenschaftlichen Größen seiner Zeit knüpfte.

1878/1879 machte er seinen Studienabschluss und legte seine Promotion ab, ein Jahr später habilitierte er und nahm eine Stellung als Privatdozent in München an. 1885 wechselte er zur Universität Kiel, wo eine Stellung als Professor für mathematische Physik auf ihn wartete. 1887 heiratete Planck Marie Merck, mit der er vier Kinder bekam.

Plancks wissenschaftliches Ansehen wuchs langsam, aber beständig. Neben seiner universitären Tätigkeit forschte und testete er eigene Projekte und Theorien. 1889 siedelte er mit seiner kleinen Familie nach Berlin um, wo er zunächst als außerordentlicher Professor, ab 1892 als Professor für theoretische Physik aktiv wurde. Als Mitglied der Preußischen Akademie der Wissenschaften widmete sich der Physiker verstärkt der Forschung. Planck entdeckte eine neue Naturkonstante, das Plancksche Wirkungsquantum, und entwickelte das exakte Gesetz der schwarzen Wärmestrahlung, das Plancksche Strahlungsgesetz. Nach 1900 und nicht zuletzt im Zuge der von Einstein postulierten Relativitätstheorie begründete Planck die Quantentheorie und hob die physikalische Wissenschaft auf ein ganz neues Level. Für diese Leistung verlieh man ihm 1918 den Nobelpreis.

Max Planck, der nach dem Tod seiner Frau 1910 ein zweites Mal heiratete, war zweimal Vorsitzender der Deutschen Physikalischen Gesellschaft, diente als Sekretär der Preußischen Akademie der Wissenschaften und wurde schließlich Rektor der Berliner Universität.

Auch als Emeritus blieb er der Physik erhalten. Planck war Präsident der Kaiser-Wilhelm-Gesellschaft zur Förderung der Wissenschaften und musste im Krieg einen schweren Verlust erleiden. Sein Sohn Erwin, Mitwisser beim Attentat des 20. Juli 1944, wurde von den Nationalsozialisten zum Tode verurteilt und hingerichtet. Als Folge der Kriegswirren zog Max Planck im hohen Alter nach Göttingen, wo die Kaiser-Wilhelm-Gesellschaft wieder aufgebaut wurde. Planck wurde Ehrenpräsident. 1948, ein Jahr nach seinem Tod, nannte man die Vereinigung in Max-Planck-Gesellschaft um.

Friedhof: Max Planck wurde auf dem Stadtfriedhof in Göttingen beigesetzt.
C. H.

JOHANNES RAU
16. Januar 1931 – 27. Januar 2006

Eigentlich war der achte Präsident der Bundesrepublik Deutschland in der Verlagsbranche zu Hause. Johannes Rau, als drittes von fünf Kindern in eine evangelische Wuppertaler Kaufmannsfamilie geboren, ging vor dem Abitur vom Gymnasium ab und begann eine Ausbildung zum Verlagsbuchhändler. Parallel arbeitete er auch als Journalist. Bei kleineren Verlagen der Region fing er nach der Lehre als Lektor und Vertreter an, schließlich schaffte er es bis auf den Direktorenposten. Nebenbei schrieb er eigene Erzählungen.

Doch Rau engagierte sich auch außerhalb seiner Branche. Schon in der Schulzeit hatte er sich für die Kirche eingesetzt, mit zunehmendem Alter ergänzte sich dies um ein Interesse für die Politik. Nach einigen Jahren in der Gesamtdeutschen Volkspartei, die 1957 aufgelöst wurde, trat er der SPD bei und wurde Vorsitzender der Wuppertaler Jungsozialisten.
Es war der Beginn einer beispielhaften Karriere. Schnell stieg Rau in den politischen Kreisen auf, wurde zunächst in den Vorstand des SPD-Unterbezirkes berufen, dann diente er als stellvertretender Vorsitzender. Ende der 60er Jahre wurde er kurzzeitig Oberbürgermeister seiner Heimatstadt.
1958 zog Rau erstmals in den nordrhein-westfälischen Landtag ein, einige Jahre später übernahm er dort den Vorsitz der SPD-Fraktion. 1970 wurde er Minister für Wissenschaft und Forschung im Kabinett Heinz Kühns.
Nach einem Jahr als Landesvorsitzender seiner Partei in Nordrhein-Westfalen wählte der dortige Landtag den Politiker 1978 zum Regierungschef. Johannes Rau nahm den Ruf an und blieb diesem Amt 20 Jahre lang treu.
1982 folgte er Helmut Schmidt als stellvertretender Bundesvorsitzender der SPD. Als deren Kanzlerkandidat scheiterte er 1987 gegen Helmut Kohl und kündigte an, nicht als Parteivorsitzender zu kandidieren. Stattdessen wurde er Bundespräsident. Schon 1994 hatte die SPD den Politiker zur Wahl gestellt, damals war Rau noch an Roman Herzog gescheitert. Fünf Jahre später beerbte er diesen und wurde in Berlin vereidigt.
Rau war seit 1982 mit Christina Delius verheiratet, der Enkelin des früheren Bundespräsidenten Gustav Heinemann. Das Paar bekam drei Kinder.
In den letzten Lebensjahren war es nicht gut bestellt um Raus Gesundheit. So musste er sich 2000 einer Operation an der Bauchschlagader unterziehen, vier Jahre später wurde ihm eine neue Herzklappe eingesetzt. Von diesem Eingriff erholte er sich nicht mehr und musste sein öffentliches Leben zusehends der gesundheitlichen Tagesform unterordnen. An einem von Präsident Horst Köhler zu seinen Ehren abgehaltenen Geburtstagsempfang konnte Rau schon nicht mehr teilnehmen. Er starb am Morgen des 27. Januars.

Friedhof: Johannes Raus Ehrengrab befindet sich auf dem Dorotheenstädtischen Friedhof in Berlin-Mitte. Dort wurde er am 7. Februar 2006 beigesetzt. Den Grabstein ziert sein Bild.
C. H.

WILHELM CONRAD RÖNTGEN
27. März 1845 – 10. Februar 1923

Das heute zu Remscheid gehörende Lennep, genauer gesagt das dortige Haus seines Vaters, eines Kaufmanns und Tuchfabrikanten, war der Geburtsort Wilhelm Conrad Röntgens. Er war ein Einzelkind und zog in jungen Jahren mit der Familie ins niederländische Apeldoom, wo Röntgen zunächst die Schule besuchte. Er hatte gute Noten, durfte wegen eines ihm irrtümlich zugeschriebenen Schülerstreichs aber nicht das Abitur machen.

1865 besuchte er Kurse der Utrechter Universität, durfte sich wegen des mangelnden Abiturzeugnisses jedoch nur als Gasthörer dort aufhalten. In Zürich fand er schließlich die Möglichkeit, doch noch ein richtiges Studium zu beginnen – die eigentlich erforderliche, strenge Aufnahmeprüfung für Studenten ohne Abitur erließ man ihm sogar. Röntgen galt als fleißiger Student, der auch gerne über den Tellerrand seines Fachgebiets Maschinenbau blickte. Nach dem Diplom verlobte er sich mit der Wirtstochter Anna Bertha Ludwig.
An den Maschinenbau schloss sich Physik an. Abermals schrieb sich Röntgen für ein Studium ein, promovierte 1869 und arbeitete als Assistent seines Professors August Kundt. Als dieser 1870 nach Würzburg wechselte, folgte ihm Röntgen. Später ging es nach Straßburg, wo Röntgen sich endlich habilitieren konnte.
Nach einer kurzen Anstellung als Dozent der Landwirtschaftlichen Akademie Hohenheim übernahm Röntgen 1876 die zweite Physikprofessur in Straßburg. Drei Jahre später, Röntgen war längst als wissenschaftliche Koryphäe anerkannt, nahm er den Ruf an die Universität Gießen an. 1888 wechselte er nach Würzburg, sechs Jahre später war er Rektor der dortigen Universität. 1900 ging er nach München, wo er bis zu seiner Emeritierung blieb.
Mitte der 1890er Jahre stieß Röntgen bei seinen Forschungen auf die „X-Strahlen" oder Röntgenstrahlen, wie sie später zu seinen Ehren umbenannt wurden. Seine Berichte über diese Entdeckung brachten ihm die Aufmerksamkeit der Weltöffentlichkeit und wissenschaftliches Ansehen. 1901 erhielt er den Nobelpreis.
Wilhelm Conrad Röntgen erlag mit 78 Jahren einem Darmleiden.

Friedhof: Röntgen wurde im Familiengrab auf dem Alten Friedhof in Gießen beigesetzt. Dort ruhten schon seine Eltern und seine vier Jahre vor ihm verstorbene Ehefrau.
C. H.

CARL SAGAN
9. November 1934 – 20. Dezember 1996

Der Wissenschaftler Carl Sagan studierte an der Universität von Chicago Astronomie und Biologie und begann in den 50er Jahren damit, den Ursprung des Lebens zu erforschen. Im Jahre 1962 unterrichtete er in Harvard und arbeitete nebenbei als Astrophysiker im Smithonian Observatorium. 1970 wurde er als Astronomieprofessor und Leiter der planetarischen Studien an die Cornell Universität berufen.
Seitdem benutzte Carl sein angeborenes Talent, Geschichten zu erfinden, um die Großartigkeit und das Mysterium des Universums zu rühmen und um das öffentliche Interesse an der astronomischen Forschung zu befriedigen; die PBS-Fernsehserie „Cosmos: A Personal Voyage" – der deutsche Titel lautete „Unser Kosmos" –, die Carl präsentierte, wurde zu einer der erfolgreichsten Serien in der Geschichte des öffentlichen Fernsehens in den USA. Carl schaffte es vortrefflich, die Wissenschaft der Öffentlichkeit zugänglich zu machen, und ging dieser Leidenschaft bis an sein Lebensende nach. Er veröffentlichte 600

wissenschaftliche Abhandlungen in acht Büchern, inklusive „Dragons of Eden", das unter dem deutschen Titel „Die Drachen von Eden" erschien, für das er den Pulitzer-Preis erhielt. Carl spielte bei den Mariner-, Viking-, Voyager- und Galileo-Expeditionen zu anderen Planeten eine entscheidende Rolle, durch Studien über den Treibhauseffekt auf der Venus und umherwirbelnden Staub als Ursache für saisonale Schwankungen auf dem Mars. Er unterbrach sogar teilweise seine Studien des Weltraums und untersuchte die Langzeitfolgen eines möglichen Atomkriegs auf unserer Erde. Jedoch galt Carls unbändiger Enthusiasmus der Suche nach intelligentem Leben im Universum.
„Sind wir nur das Produkt eines unwahrscheinlichen Unfalls, oder schäumt das Universum über vor Intelligenz?" Dies fragte er sich, als die Radioteleskope zwischen den Milliarden von Sternen und Galaxien nach Zeichen von Leben horchten.
Bisher haben wir noch keine Antwort erhalten, doch Carl sagte, dass dies etwas über die Außergewöhnlichkeit und Kostbarkeit des Lebens auf diesem Planeten aussage. Die Kehrseite der Tatsache, dass wir kein Leben auf anderen Planeten finden, ist, das Leben auf der Erde zu schätzen.
Carl verstarb im Alter von 62 Jahren nach einem zweijährigen Kampf mit der Krankheit Myelodysplasie an einer Lungenentzündung und wurde auf dem Lakeview Cemetery in Ithaca, New York beigesetzt.

Weg zum Friedhof: Verlassen Sie die Route 13 nördlich der Stadt an der Ausfahrt Stewart Park und folgen Sie dann dem East Shore Drive etwa eine halbe Meile weit. Biegen Sie dann links auf die Kline Road ab, fahren Sie den Hügel hinauf und biegen Sie am Stoppschild links ab. Biegen Sie dann an der nächsten Möglichkeit links auf die Wyckoff Road ab und fahren Sie links auf das Friedhofsgelände.

Weg zum Grab: Fahren Sie auf das Friedhofsgelände und parken Sie rechts an der Straße, direkt hinter der Sektion Temple Bethel. Wenn Sie den Hügel hinunterblicken, sehen Sie links einen niedrigen Drahtzaun, auf der anderen Seite des Zauns befindet sich Carls Grab.

HANNS MARTIN SCHLEYER
1. Mai 1915 – 18. Oktober 1977

Sein Name ist mit einem der dunkelsten Kapitel der deutschen Nachkriegszeit verbunden: Der ehemalige Arbeitgeberpräsident Hanns Martin Schleyer, Sohn von Landgerichtsdirektor Ernst Schleyer und Helene Rheitinger, wurde von Terroristen im sogenannten Deutschen Herbst ermordet.
Nach seinem Abitur in Rastatt wechselte Schleyer, der sich auch im Nationalsozialismus engagierte und in die SS und NSDAP eintrat, zur Universität Heidelberg, wo er Jura studierte. Darüber hinaus arbeitete er als Leiter des Studentenwerks, zunächst vor Ort, dann in Innsbruck, wo er promovierte, und schließlich auch in Prag.

Im Mai 1945 kehrte er nach Konstanz zu seinen Eltern zurück, wurde dort aber vom französischen Militär gestellt und inhaftiert. Nach drei Jahren Haft und einem von Schleyer angestrengten Berufungsverfahren wurde er als „Mitläufer ohne Sühnemaßnahmen" eingestuft und von aktiver Mitschuld an den Gräueltaten der Nazis freigesprochen. Schleyer konnte sein Leben jenseits des Dritten Reichs fortsetzen.

1949 begann er seine berufliche Laufbahn bei der Industrie- und Handelskammer Baden-Baden, wechselte dann aber zur Daimler-Benz AG, wo er 1953 auch den Posten des Hauptsekretariats und die Assistenz des Vorstandsvorsitzenden übernahm. 1956 leitete er die Personalabteilung und trat drei Jahre später dem Vorstand des Unternehmens bei. Auch in Arbeitgeber-Organisationen und insbesondere im Verband der Metallindustrie Baden-Württembergs engagierte er sich. Schleyer, seit 1970 Mitglied in der CDU, wurde am 6. Dezember 1973 zum Präsidenten der Bundesvereinigung der Deutschen Arbeitgeberverbände (BdA) gewählt. Schon im Folgejahr ernannte man ihn auch zum Präsidenten des Bundesverbandes der Deutschen Industrie (BDI).

Schleyer war seit 1939 mit Waltrude Ketterer verheiratet, mit der er vier Söhne großzog. Am 5. September 1977 wurde er in Köln von der linksextremistischen Rote Armee Fraktion (RAF) entführt und als Geisel verschleppt. Die Terroristen wollten mit ihm als Faustpfand die Freilassung inhaftierter Kameraden erzwingen und wendeten sich mit ihrer Forderung an die Bundesregierung. Kanzler Helmut Schmidt verweigerte ein Einlenken mit der Begründung, die Regierung lasse sich nicht erpressen. Auch als RAF-Mitglieder das Flugzeug Landshut unter ihre Kontrolle brachten und seine Crew und Passagiere als Geiseln nahmen, wich die Bonner Regierung nicht von ihrem Kurs ab, obwohl Schleyers Familie bereits ein Lösegeld bereitgestellt hatte. Nachdem die GSG 9 die Situation in der Landshut unter Kontrolle bringen konnte, worauf sich einige der inhaftierten RAF-Mitglieder das Leben nahmen, wurde Hanns Martin Schleyer am 18. Oktober 1977 von seinen Entführern erschossen. Am Tag darauf fand man seine Leiche im Kofferraum eines in Mülhausen im Elsass abgestellten Autos.

Friedhof: Der Stuttgarter Ostfilderfriedhof liegt im Stadtteil Sillenbuch, Kirchheimer Straße 125.

C. H.

JOHANN CHRISTIAN SENCKENBERG
28. Februar 1707 – 15. November 1772

Johann Christian Senckenbergs Vater war Stadtarzt in Frankfurt, und dort erblickte der spätere Naturforscher auch das Licht der Welt. Er folgte dem Vater in dessen beruflichen Fußstapfen, konnte aus finanziellen Gründen aber erst spät mit dem Studium der Medizin beginnen.

Die Wartezeit überbrückte er, indem er in Frankfurter Arztpraxen hospitierte. Doch das 1730 in Halle begonnene Studium brachte er zunächst nicht zu Ende, da er sich offenbar in theologische Auseinandersetzungen hineinziehen ließ, die ihn dazu zwangen, die Stadt zu verlassen. Zurück in Frankfurt arbeitete er fortan ohne Approbation, bis er 1737 in Göttingen promovieren konnte.

Das Schicksal von Senckenbergs Familie stand unter keinem guten Stern. Seine erste Frau starb im Kindbett, die zweite an Tuberkulose und auch seine Kinder lebten nicht lange. Seine dritte Frau verstarb nach einer Krebserkrankung.

1763 nutzte Senckenberg sein Vermögen zur Gründung und Etablierung einer Stiftung, die sich mit dem Medizinalwesen seiner Heimatstadt beschäftigen sollte. Doch legte der Gründer großen Wert darauf, dass sich das Projekt unabhängig und ohne die Einflussnahme der Stadt entwickeln konnte. Das Gelände der Stiftung am Eschenheimer Tor wurde auch Senckenbergs Wohnsitz, die dortigen Baumaßnahmen überwachte er persönlich. 1771 legte er auch den Grundstein für das geplante Bürgerhospital, ein Krankenhaus für die Frankfurter Bevölkerung.

Doch Senckenberg sollte die Fertigstellung der von ihm in die Wege geleiteten Projekte nicht mehr erleben. Am 15. November 1772 stürzte er bei einer Begehung der Baustelle von einem Gerüst und verstarb an einer Halswirbelfraktur. Seine Leiche war die erste, die in der von ihm gebauten Anatomie seziert wurde.

Friedhof: Johann Christian Senckenberg wurde auf dem Gelände des von ihm initiierten Bürgerhospitals in Frankfurt am Main beigesetzt. Sein Grab befindet sich im Westteil der Hospitalanlage, in der Nibelungenallee.

HEINZ SIELMANN
2. Juni 1917 – 6. Oktober 2006

Dr. Paul Sielmann war Chemiker in einem Kabelwerk in Rheydt/Mönchengladbach, als sein Sohn Heinz zur Welt kam. Einige Jahre später zog der passionierte Musiker und Jäger mit seiner Familie nach Ostpreußen, gründete eine Elektro- und Baustoffhandlung und machte lange Wanderungen durch die Natur – auf denen Heinz ihn oft begleitete. Heinz fand schnell Gefallen an der Natur und fotografierte die Tierwelt mit Begeisterung, sehr zur Sorge seines Vaters, der unter diesem Hobby die schulischen Leistungen seines Sprösslings leiden sah. Doch Heinz' Naturbetrachtungen zeigten erste Erfolge: Bereits mit 18 Jahren sprach er vor dem Zoologischen Institut in Königsberg. Während seines Biologiestudiums drehte er 1938 seinen ersten Tierfilm: „Vögel über Haff und Wiesen", damals noch ohne Ton.

Während des Zweiten Weltkriegs wurde der als Funker eingeteilte Sielmann für ornithologische Forschungen von der Wehrpflicht befreit: Der Regisseur eines Tierfilmes war verstorben, und man bat Sielmann, die Dreharbeiten auf Kreta zu beenden – weit weg von der Front. Heinz überlebte, doch seine Eltern nicht. Nach Kriegsende ließ er sich daher zunächst in London nieder, kehrte 1947 jedoch nach Deutschland zurück, wo eine Stellung am Hamburger Institut für Film und Bild in Wissenschaft und Unterricht auf ihn wartete. Bis 1958 arbeitete er dort als Regisseur und Kameramann und erstellte Filmmaterial, das bundesweit im Schulunterricht eingesetzt wurde. Sielmann zeichnete sich insbesondere durch seine außergewöhnliche Herangehensweise aus: So nahm er 1954 das Leben der Waldspechte auf, indem er seine Kamera in einem eigens dafür präparierten Baumstamm platzierte und die Spechte quasi aus ihrem Wohnzimmer heraus filmte – das Projekt lief in England erfolgreicher als die Fußballweltmeisterschaft und brachte Sielmann eine langjährige Kooperation mit der BBC ein.

Unter dem Titel „Herrscher des Urwalds" drehte der Filmemacher 1957 im Kongo einen Kinofilm, unter der Schirmherrschaft des belgischen Königshauses und mit vielen internationalen Kollegen. Dann machte er sich selbstständig, um die Themen und Inhalte seiner Produktionen selbst bestimmen zu können. Sielmann bereiste nun die ganze Welt und brachte von überall her beeindruckende Tieraufnahmen mit. Seine TV-Serie „Expeditionen ins Tierreich", die seit den 60er Jahren in der ARD erfolgreich lief, kam auf über 170 Folgen und wurde bis ins Jahr 1991 ausgestrahlt, als Sielmann zum Privatfernsehen wechselte und für RTLplus und Sat.1 produzierte.

Sielmann, dessen Sohn bei einer Expedition in Kenia an den Folgen eines Unfalls starb, zog sich Mitte der 90er Jahre vom Film zurück und gründete mit seiner Ehefrau Inge die „Heinz-Sielmann-Stiftung". Diese gemeinnützige Einrichtung hat es sich zur Aufgabe gemacht, für Naturschutz einzutreten und die Menschen stärker für die Belange und Eigenarten der Tier- und Pflanzenwelt zu sensibilisieren.

Mit 89 Jahren starb Heinz Sielmann in München im Kreis seiner Familie.

Friedhof: Heinz Sielmanns letzte Ruhestätte befindet sich auf dem Gelände der Heinz-Sielmann-Stiftung in Duderstadt.

Zum Grab: Der Tierfilmer ist in der sogenannten Franz-von-Assisi-Kapelle auf Gut Herbitshagen in Duderstadt beigesetzt worden.
C. H.

WERNER VON SIEMENS
13. Dezember 1816 – 6. Dezember 1892

Die Gutspächterfamilie aus Lenthe bei Hannover hatte 14 Sprösslinge und Ernst Werner Siemens – das „von" kam erst 1888 dazu – war der vierte. Aus finanziellen Gründen war ihm der gymnasiale Schulabschluss verwehrt, also verschaffte sich Siemens über den Eintritt in die preußische Armee eine ingenieurwissenschaftliche Ausbildung. Sein 1847 entstandener Zeigertelegraph überstieg die Leistung und Sicherheit der bisher gebräuchlichen Geräte und legte den Grundstein für die gemeinsam mit Johann Georg Halske in Berlin gegründete „Telegraphen-Bauanstalt von Siemens & Halske". Zwei Jahre später verabschiedete sich Siemens vom Militär, um sich ganz auf das Unternehmen zu konzentrieren. Schon bald agierte die Berliner Elektrofirma auf internationaler Ebene. Sie baute bis Mitte der 1850er Jahre das russische Telegraphennetz und war auch in England sehr erfolgreich.

Siemens engagierte sich neben seiner unternehmerischen Karriere auch als Forscher. Das 1866 von ihm entdeckte dynamoelektrische Prinzip bedeutete den Durchbruch in der Ausnutzung von Energie zur Kraftversorgung. Auf dem Gebiet der Starkstrom- und Elektrotechnik wurde Siemens genauso zur Koryphäe wie als Wissenschaftler und als Industrieproduzent. Auch innerbetrieblich setzte er Maßstäbe und achtete auf die soziale Absicherung seiner Angestellten: 1872 begründete er in Form einer Pensions-, Witwen- und Waisenkasse die betriebliche Altersversorgung und sicherte sich so im selben Zug auch die Loyalität seiner Mitarbeiter.

Auch außerhalb des direkten Berufsumfelds war Siemens aktiv. Als Mitglied der Deutschen Fortschrittspartei gehörte er dem Preußischen Landtag an und war auch im Reichspatentamt vertreten. Der von ihm mitbegründete Elektrotechnische Verein engagierte sich für die Errichtung von Lehrstühlen in diesem Fachgebiet. 1888 wurde der bereits mehrfach ausgezeichnete und geehrte Unternehmer von Kaiser Friedrich III. in den Adelsstand erhoben, zwei Jahre später zog er sich aus dem aktiven Berufsleben zurück. Er starb 1892 an einer Lungenentzündung.

Friedhof: Siemens wurde auf dem Südwestfriedhof in Berlin-Stahnsdorf beigesetzt.
Grab: Sein Grab befindet sich im Block Trinitatis der Anlage.
C. H.

PAUL SPIEGEL
31. Dezember 1937 – 30. April 2006

Paul Spiegel stammte aus Westfalen und lernte die Schrecken des Zweiten Weltkriegs schon früh am eigenen Leib kennen. Als Zweijähriger musste er mit seiner Mutter nach Belgien fliehen, weil die Lage für die jüdische Familie nicht mehr sicher war. Eine belgische Bauernfamilie versteckte Spiegel, sein Vater überlebte das KZ in Deutschland. Spiegels ältere Schwester Rosa ging in den Kriegswirren verloren und ist vermutlich im Konzentrationslager ums Leben gekommen.

Nach Kriegsende kehrten die Spiegels in die Heimat zurück, wo Paul die Schule besuchte und sein Vater sich dem Aufbau einer neuen jüdischen Gemeinde widmete. Paul folgte seinem Beispiel.

Beruflich startete er 1958 als Journalist und wurde Redakteur der „Allgemeinen Jüdischen Wochenzeitung", einer damals in Düsseldorf ansässigen, überregionalen Publikation.

Spiegel machte seine Sache gut und bewies Talent. Schon wenige Jahre später arbeitete er als politischer Korrespondent mehrerer Blätter, auch für die ausländische Presse. 1964 heiratete er Gisèle Spatz, das Paar bekam zwei Töchter.
1973 und 1974 fungierte Spiegel als Chefredakteur der Zeitschrift „Mode und Wohnen", dann wechselte er zur Öffentlichkeitsabteilung des Rheinischen Sparkassen- und Giroverbands, wo er die nächsten zwölf Berufsjahre verbrachte. Mitte der 80er Jahre gründete er eine Künstleragentur, nicht zuletzt auf Anraten des jüdischen TV-Moderators Hans Rosenthal.
Spiegel engagierte sich zeitlebens für die Juden und ihre Geschichte. Er war jahrzehntelang in der jüdischen Gemeinde Düsseldorfs aktiv und engagierte sich auch überregional. Auch im Zentralrat der Juden in Deutschland, dessen Vize-Vorsitz Spiegel 1993 übernahm, konnte er einiges umsetzen. Im Januar des Jahres 2000 folgte er Ignatz Bubis als Präsident der Vereinigung.
Anfang Februar 2006 erlitt Paul Spiegel einen Herzinfarkt und zog sich später noch eine Lungenentzündung zu, worauf man ihn ins künstliche Koma versetzte. Der Unternehmer und Journalist verstarb im April im Alter von 68 Jahren.

Friedhof: Der Düsseldorfer Nordfriedhof liegt zwischen den Stadtteilen Derendorf und Unterrath und wird vom Thewissenweg, der Ulmen-, der Hugo-Viehoff- und der Danziger Straße umgrenzt.

Zum Grab: Paul Spiegels Grab befindet sich auf dem Jüdischen Friedhof der Anlage.
C. H.

AXEL SPRINGER
2. Mai 1912 – 22. September 1985

Verlegersohn Axel Cäsar Springer wuchs in Hamburg/Altona auf und absolvierte nach seiner Schulzeit eine Setzer- und Druckerlehre im väterlichen Betrieb. Daran schlossen sich ein Volontariat bei einer Nachrichtenagentur und bei einer Zeitung an. Für die „Altonaer Nachrichten" übernahm er schließlich den Chefredakteursposten und blieb auf dieser Position, bis die Nationalsozialisten das Printmedium einstellten. Der selbst als kriegsuntauglich geltende Springer wechselte daraufhin als Gesellschafter in den Verlag seines Vaters, der noch bis 1944 produzierte.
Nach Kriegsende bemühten sich Vater und Sohn schnell wieder um eine Drucklizenz und konnten schon 1945 erste Titel auflegen. 1946 gründete Springer dann den Axel Springer Verlag. Nach ersten Versuchen im Zeitschriftensegment brachte er auch das „Hamburger Abendblatt" heraus, und am 24. Juni 1952 startete er das Projekt, das wie kein anderes mit seinem Namen verbunden sein sollte: die Bild-Zeitung.
1953 baute Springer sein Programm weiter aus. Er kaufte von den Alliierten die Lizenzen

für „Die Welt", „Das neue Blatt" und „Welt am Sonntag", später auch für „Bild am Sonntag", und konnte auf seinem bisherigen verlegerischen Erfolg aufbauen. Springer sah sich in der Pflicht, am Aufbau seines vom Krieg gezeichneten Heimatlandes zu helfen: 1958 reiste er nach Moskau, um dort persönlich mit Staatschef Nikita S. Chruschtschow über eine deutsche Wiedervereinigung zu sprechen, doch mehr als ein Interview für die „Welt" kam bei seinen Bemühungen nicht heraus. Auch um eine Versöhnung mit dem jüdischen Volk bemühte sich Springer aktiv.

Auch die 60er Jahre konnte er verlegerisch mitgestalten, und sein Unternehmen expandierte, obwohl – und sehr zu seinem Missfallen – nun auch die ihm eher kritisch gegenüberstehende Zeitschrift „Der Spiegel" in seinem Haus gedruckt wurde. Gegen Ende des Jahrzehnts geriet der Verlag in die Kritik, als er Zielscheibe der deutschen Studentenunruhen wurde. Auch führende Schriftsteller und Publizisten kritisierten sein Unternehmen wiederholt. Zudem betrachtete die Pressekommission Springers Fülle an Print-Organen kritisch, woraufhin der Verleger sich von mehreren Titeln trennte. Zum Januar 1970 wandelte er sein Haus in eine Aktiengesellschaft um und fasste alle Tätigkeitsbereiche unter dem Namen „Axel Springer GmbH" zusammen.

Axel Springer war fünfmal verheiratet und mehrfacher Vater. Der Selbstmord seines Sohnes Axel im Jahre 1980 traf in schwer und er zog sich in den Folgejahren zunehmend aus dem täglichen Unternehmensgeschäft zurück.

Der Verleger starb 1985 in Berlin. Laut seinem Testament sind seine Erben dazu verpflichtet, ihren Erbteil bis zum Jahre 2015 nicht zu verkaufen.

Friedhof: Der Evangelische Kirchhof Nikolassee, Kirchweg 8-12, 14129 Berlin, ist täglich ab 9 Uhr geöffnet. Seine Grabstelle befindet sich in der Abteilung E Nr. 98 (Familienstelle).
C. H.

NAMHAFTE PERSÖNLICHKEITEN DER GESCHICHTE

KONRAD ADENAUER
5. Januar 1876 – 19. April 1967

Konrad Hermann Joseph Adenauer, erster Kanzler der Bundesrepublik Deutschland, war das dritte von insgesamt fünf Kindern des Sekretärs Johann Konrad Adenauer und dessen Frau Helene. Er wuchs in recht bescheidenen Verhältnissen auf und studierte an verschiedenen deutschen Universitäten Jura. Bis 1904 arbeitete er dann in Köln als Gerichtsassessor und Hilfsrichter. Adenauer, der inzwischen verheiratet war, trat 1906 in die Zentrumspartei ein und wurde Beigeordneter der Stadt Köln; drei Jahre später war er Stellvertreter des dortigen Oberbürgermeisters. Seine Frau Emma starb im Jahre 1916.
Von 1917 wurde er zum jüngsten Oberbürgermeister einer deutschen Großstadt gewählt und hatte dieses Amt bis 1933 und einige Monate des Jahres 1945 inne. Adenauers Amtszeit im Rathaus verlief erfolgreich. Unter ihm öffnete die Kölner Messe und die Universität, Letztere verlieh ihm 1919 die Ehrendoktorwürde. Im gleichen Jahr heiratete er ein zweites Mal, seine Frau Auguste Zinsser verstarb 1948.
Da er sich entschieden gegen die Politik der Nationalsozialisten stellte und sogar Adolf Hitler eine Rede in Köln verweigerte, entließ man ihn 1933 aus seinem kommunalpolitischen Amt. In den nächsten Jahren befand er sich oft auf der Flucht vor den Nationalsozialisten und musste Köln verlassen.
Nach Kriegsende setzten ihn die amerikanischen Besatzungsmächte erneut als Kölner Oberbürgermeister ein, doch Adenauer, dem unter anderem ein politisches Bündnis des Rheinlands mit Frankreich vorschwebte, entsprach in der Praxis nicht ihren Erwartungen und wurde schnell wieder entlassen.
Der Politiker engagierte sich nun für die im Entstehen begriffene Christlich-Demokratische Union (CDU), an deren Gründung er aktiv mitwirkte. 1949 zog er für die CDU in den Deutschen Bundestag ein und war bis 1966 ihr Vorsitzender. Mit nur einer Stimme Mehrheit wurde er 1949 zum Bundeskanzler gewählt. Es gelang ihm, in diesem Amt dreimal bestätigt und wiedergewählt zu werden. Seine Politik, die er jahrelang in Personalunion auch als Außenminister durchsetzte, war von dem erfolgreichen Versuch geprägt, insbesondere zu den westlichen Nachbarstaaten wieder ein versöhnliches, partnerschaftliches Verhältnis aufzubauen – auf politischer, gesellschaftlicher, kultureller und vor allem auch auf wirtschaftlicher Ebene. Seine Erfolge, wie der Deutsch-Französische Freundschaftsvertrag und das Luxemburger Abkommen, stehen beispielhaft für diese Bemühungen, den einstigen Kriegstreiber Deutschland wieder zu rehabilitieren.
Auch im hohen Alter engagierte und äußerte sich Konrad Adenauer noch auf politischer Ebene und sparte nicht mit Kritik an seinem Kanzlernachfolger Ludwig Erhard. Den CDU-Vorsitz hatte er bis nach seinem 90. Geburtstag inne.
Adenauers Gesundheit nahm in den 60er Jahren ab. Nach drei Herzinfarkten 1962 und 1967 verstarb er 1967 an den Folgen einer Grippe in Rhöndorf bei Bonn.

Friedhof: Konrad Adenauers Grab befindet sich auf dem Rhöndorfer Waldfriedhof.
C. H.

OTTO VON BISMARCK
1. April 1815 – 30. Juli 1898

Der preußische Staatsmann Otto Eduard Leopold von Bismarck-Schönhausen, Sohn eines Rittmeisters, stammte aus einer ostelbischen Landadelsfamilie und wurde in Schönhausen in der Nähe von Stendal geboren. Nach einer humanistischen Schulbildung zog Bismarck nach Göttingen, wo er Rechtswissenschaften studierte. 1829 setzte er sein Studium in Berlin fort. Bismarck strebte zunächst eine Beamtenlaufbahn an, studierte nach einem freiwillig absolvierten Militärdienst jedoch Landwirtschaft.
1839, nach dem Tod der Mutter, verwaltete er einen Teil der familiären Ländereien und Besitztümer. Die Beschäftigung mit Literatur, Philosophie, Kunst und Religion dienten ihm als intellektueller Ausgleich zur Landwirtschaft, die ihn geistig nicht ausfüllte. Schon damals verfügte er über ein ausgeprägtes rhetorisches Talent und war politisch ambitioniert. 1847 heiratete er Johanna von Puttkamer, das Paar bekam drei Kinder.
Nach der Revolution von 1848, der Bismarck sehr kritisch gegenüberstand, wurde er Abgeordneter im Parlament von Erfurt und ein wertvolles und wichtiges Mitglied der Konservativen Partei. Nach 1851 setzte er sich im Frankfurter Bundestag als Abgesandter für die Belange Preußens ein. Dieses Amt brachte ihn in den Folgejahren auch ins Ausland. Den bisherigen Höhepunkt seiner Karriere markierte die Ernennung zum Ministerpräsidenten von Preußen 1862 durch König Wilhelm I. In dieser Position griff Bismarck hart durch und löste das Abgeordnetenhaus auf, um mit einem von diesem nicht bewilligten Militärhaushalt regieren zu können.
Unter Bismarcks Führung erstarkte Preußens Stellung im Deutschen Bund und im restlichen Europa. Preußen führte erfolgreich Kriege gegen Dänemark und Österreich und machte letztlich sogar den Bund selbst obsolet. 1867 gründete sich der Norddeutsche Bund unter preußischer Vormacht, Bismarck wurde Bundeskanzler.
Nach dem Deutsch-Französischen Krieg von 1870/1871 bemühte sich Bismarck um nationale Einigung und hatte Anteil an der Entstehung des Deutschen Reiches unter Wilhelm von Preußen als erstem Kaiser. Ein geeintes Deutschland unter preußischer Führung war Bismarcks politisches Ziel. Der Politiker wurde Reichskanzler und blieb weiterhin preußischer Ministerpräsident. Um ein Erstarken der sozialistischen Bewegung auf innenpolitischer Ebene zu verhindern, nutzte Bismarck ein Attentat auf den Kaiser im Jahre 1878 zum Erlass des Sozialistengesetzes. Dieses Vorhaben war langfristig aber nicht erfolgreich. Die Beziehungen zwischen Bismarck und Kaiser Wilhelm II. waren deutlich angespannter als zu dessen Vorgänger. Der „Lotse", wie ihn die Geschichtsschreibung nannte, wurde am 20. März 1890 entlassen, ging von Bord. Gut acht Jahre später verstarb er auf seinem Landsitz Friedrichsruh.

Friedhof: Otto von Bismarck wurde in Friedrichsruh beigesetzt. Von seiner Beerdigung wurden Postkarten produziert, die die Trauergemeinde bei der Bestattung zeigen. Sein Grab befindet sin im sogenannten Bismarck-Mausoleum, Postanschrift: Am Museum 1.
C. H.

WILLY BRANDT
18. Dezember 1913 – 8. Oktober 1992

Er war regierender Bürgermeister Berlins, Bundesaußenminister und der vierte Kanzler der Bundesrepublik Deutschland. Der Sozialdemokrat Willy Brandt stammte aus einer Lübecker Lehrerfamilie und wuchs als Herbert Ernst Karl Frahm bei der Mutter und dem Großvater auf. Schon in Schulzeiten kam der Wunsch bei ihm auf, Journalist zu werden. Ein entsprechendes Studium war ihm damals aber nicht möglich.

1930 trat er in die SPD ein, wechselte jedoch schon ein Jahr später in die Sozialistische Arbeiterpartei SAP, die 1933 verboten wurde. Frahm emigrierte nach Norwegen, von wo aus er weiter für die Partei arbeitete, ein Geschichtsstudium begann und journalistisch tätig war. 1934 nahm er den Tarnnamen Willy Brandt an, um seine Spuren zu verwischen. Zwar war er zeitweise und unter einem weiteren Alias auch in Nazideutschland unterwegs, doch blieb Norwegen während der Kriegsjahre Brandts Basis. 1940 wurde er norwegischer Staatsbürger.

Nach dem Krieg kehrte er als skandinavischer Journalist in seine Heimat zurück, nahm 1948 wieder die deutsche Staatsbürgerschaft an und begann seine politische Karriere in der Bundesrepublik als Berliner Abgeordneter für die SPD im ersten Deutschen Bundestag. 1957 wurde er Otto Suhrs Nachfolger als Regierender Bürgermeister von Berlin, ein Amt, das ihm sehr viel Popularität einbrachte und das er bis 1966 innehatte. 1961 trat er als Kanzlerkandidat seiner Partei gegen Konrad Adenauer an, konnte ihm das Amt jedoch nicht streitig machen. 1969 wurde Willy Brandt – den Namen trug er seit 1947 offiziell – der vierte Bundeskanzler der Bundesrepublik Deutschland. Seine Regierungszeit war geprägt durch die Bemühungen um eine neue Ostpolitik in Zeiten des Kalten Krieges. Das Ziel von Brandts Entspannungspolitik waren die freundschaftlichen Beziehungen zu den östlichen Nachbarstaaten, die er auf- und ausbauen wollte. Für sein Engagement wurde der Politiker 1971 mit dem Friedensnobelpreis ausgezeichnet. Aufgrund parteipolitischer Querelen regte CDU-Politiker Rainer Barzel 1972 ein konstruktives Misstrauensvotum gegen Brandt an, was jedoch scheiterte. Brandt selbst stellte dem Bundestag daraufhin die Vertrauensfrage und wurde bei den Neuwahlen im Winter desselben Jahres als Kanzler bestätigt.

1974 wendete sich das Blatt. Als bekannt wurde, dass Brandts Referent Günter Guillaume als Spion für die DDR arbeitete, zog Brandt die Konsequenz und trat als Bundeskanzler zurück, blieb aber weiterhin politisch aktiv, unter anderem im Europaparlament.

Der dreimal verheiratete Familienvater litt seit 1991 an Darmkrebs, der zunächst zwar operativ entfernt wurde, 1992 aber zurückkehrte und inoperabel blieb. Daraufhin zog sich Brandt in sein Haus in Unkel zurück, wo er im Herbst desselben Jahres verstarb.

Friedhof: Willy Brandts Ehrengrab befindet sich auf dem Berliner Waldfriedhof Zehlendorf, Potsdamer Chaussee 75-77. Sein Grab hat die Nummer 083/484.
C. H.

WILLIAM „BUFFALO BILL" CODY
26. Februar 1846 – 10. Januar 1917

Die legendären Abenteuer des Buffalo Bill, wovon einige wahr und andere erfunden oder ausgeschmückt sind, verkörpern den Geist des Westens und nähren noch heute die Vorstellung vom Wilden Westen. Obwohl er sicher ein interessantes und abenteuerliches Leben gelebt hat, wurde seine Biografie im Nachhinein immer wieder romantisiert, und somit ist es schwierig, die Fakten von der Fiktion zu trennen. An diesem Punkt erreichen wir den interaktiven Teil dieses Buches: Ich biete Ihnen die allgemein angenommene chronologische Version von Bills Leben, und Sie können hinzufügen oder ausstreichen, was Ihrer Meinung nach stimmt oder nicht stimmt.

William Cody wurde in Iowa geboren und arbeitete schon im Kindesalter für ein Transportunternehmen als Kurier und Kutscher und durchquerte die Ebenen des mittleren Westens mehrere Male. Sein Vater starb, als er 12 Jahre alt war, daraufhin wurde Bill ein Trapper und versuchte sich später während des Goldrauschs im Jahre 1859 als Goldsucher am Pikes Peak. Im Alter von 14 Jahren begann Bill für den Pony-Express zu arbeiten, nachdem die Gesellschaft in ihrer Anzeige nach „dünnen, ausgezeichneten Reitern" gesucht hatte, „die gewillt sind, täglich ihr Leben zu riskieren. Waisen bevorzugt."

Während des Bürgerkriegs arbeitete er als Scout für die Armee der Nordstaaten in Tennessee und Missouri. Im Jahre 1867 wurde er zum Büffeljäger und lieferte Fleisch an die Arbeiter der Kansas Pacific Railroad. In dieser Phase seines Lebens erhielt er seinen berühmten Spitznamen „Buffalo Bill". Vom folgenden Jahr angefangen bis zum Jahre 1872 arbeitete er als ziviler Scout für die Fünfte Kavallerie, die gegen die Sioux und die Cheyenne kämpften. Für seine Dienste wurde Bill mit der Ehrenmedaille der amerikanischen Streitkräfte ausgezeichnet, die ihm jedoch 1917 wieder aberkannt wurde, da er nicht in der Armee gewesen war.

Im Jahre 1869 begann der Autor Edward Judson, besser bekannt unter seinem Pseudonym Ned Buntline, Buffalo Bill in seine Groschenromane einzubauen; während Bill im wahren Leben seinen Ruf pflegte, wurde er ganz nebenbei auch in der Vorstellungskraft der Leser zum nationalen Volkshelden. 1872 überredete Buntline Bill dazu, sich selbst in einem Theaterstück zu spielen, das den Titel „The Scouts of the Plains" tragen sollte. Bill entpuppte sich als wahres Showtalent und erhielt tosenden Beifall. Nachdem er sich im Streit von Buntline getrennt hatte, blieb Bill noch weitere elf Spielzeiten lang Schauspieler und begann damit, seine eigenen „Buffalo Bill"-Groschenromane herauszubringen. Es gab wohl um die 1.700 dieser Geschichten, die meisten davon wurden von Prentiss Ingraham verfasst.

Im Jahre 1883 schlug Bill noch weiteres Kapital aus seiner Berühmtheit und stellte seine eigene Show mit dem Titel „Buffalo Bill's Wild West Show" auf die Beine. Die Show fand unter freiem Himmel statt und beinhaltete einige der bekanntesten Elemente des Wildwest-Lebens, inklusive dem Pony-Express, Büffeljagden und Angriffe durch Indianer. Die Show war zu einer Hälfte Zirkus und zur anderen Hälfte Geschichtsunterricht, feierte enorme Erfolge und Bill tourte damit 30 Jahre lang durch die Welt. Obwohl Bill mit

seinen Erfolgen im Showbusiness ein kleines Vermögen machte, verlor er es recht schnell wieder durch falsches Management und seine Schwäche für dubiose Investitionen. Am Ende gehörte sogar die Wildwest-Show selbst den Gläubigern.
Ab 1885 besaß Bill eine riesengroße Ranch außerhalb des Yellowstone Nationalparks, die ihm vom Staat Wyoming übergeben worden war. Heutzutage liegt auf dem ehemaligen Gebiet der Ranch die Stadt Cody, und man könnte annehmen, dass Bill als Gründer dieser Stadt dort begraben liegen sollte. Aber so ist es nicht. Im Alter von 70 Jahren starb er an Altersschwäche, während er sich in Denver aufhielt, und seine Frau Louisa behauptete, dass Bill es sich tatsächlich gewünscht haben soll, nahe Denver begraben zu werden, auf einem Felsvorsprung mit einem spektakulären Ausblick über die Berge und die Ebenen, wo er den schönsten Teil seines Lebens verbracht hatte. Und so ruht Bill in einer Gruft aus solidem Fels auf dem Gipfel des Lookout Mountain in **Golden**, Colorado.

Weg zum Grab: Verlassen Sie die I-70 an der Ausfahrt 254 und folgen Sie der Route 40 in östlicher Richtung. Biegen Sie etwa 1 $1/4$ Meilen weiter links auf die Lookout Mountain Road ab und biegen Sie dann nach weiteren 2 $1/2$ Meilen links auf das Gelände des ‚Buffalo Bill Memorial Museum' ab. Bills Grab liegt auf Privatbesitz und das Tor wird nicht vor neun Uhr morgens geöffnet. Jedoch kann man auch vor dem Tor parken und den Hügel zu Bills Grab zu Fuß hinaufsteigen, der Weg ist ausgeschildert.

KARL CARSTENS
14. Dezember 1914 – 30. Mai 1992

Karl Carstens machte in Bremen Abitur und studierte an verschiedenen Universitäten Jura und Politologie. 1936 und 1939 legte er die Staatsexamina ab und erhielt 1938 seine Promotion zum Dr. jur.
Während des Zweiten Weltkriegs war der Sohn eines Studienrats, der von 1940 bis 1945 der NSDAP angehörte, Soldat bei der Flakartillerie. 1944 heiratete er die Ärztin Veronika Prior. Mit Beendigung des Krieges kehrte Carstens nach Bremen zurück und ließ sich dort als Rechtsanwalt nieder, zog aber drei Jahre später schon nach New Haven, USA, wo er an der Yale-Universität seinen Master of Laws machte.
Mit diesem akademischen Grad wurde Carstens Rechtsberater des Bremer Senats und hatte ab 1950 einen Lehrauftrag an der Kölner Universität inne. Parallel dazu arbeitete er dort an seiner Habilitation, die er 1952 abschloss. Die Politik ließ den Juristen Karl Carstens nicht los. 1954 trat er in den Auswärtigen Dienst der BRD ein und wirkte zeitweise im Straßburger Europarat. Auch für das Auswärtige Amt in Bonn war er unter Konrad Adenauer als Experte für Europafragen aktiv. 1955 trat er der CDU bei.
Auch auf bundespolitischer Ebene machte sich Carstens einen Namen, so war er Staatssekretär im Verteidigungsministerium und im Bundeskanzleramt, zunächst Mitglied und dann Präsident des Deutschen Bundestages und Fraktionsvorsitzender der Union.

1979 wurde der passionierte Wanderer Nachfolger von Walter Scheel im Amt des Bundespräsidenten – eine Wahl, die insbesondere aufgrund von Carstens' NSDAP-Vergangenheit nicht unumstritten war. Doch der „Wanderpräsident" zeigte Qualitäten. Er suchte stets den Kontakt zum Bürger und seinen Anliegen und diente vor allem der interessierten Jugend als offener und geduldiger Gesprächspartner.
Aus Altersgründen lehnte Carstens eine zweite Amtszeit ab und zog sich 1984 von seinem Amt zurück. Nicht aber von der Politik; als Unionsmitglied war und blieb er aktiv, wenn auch in reduzierter Form. Für sein politisches Schaffen wurde Carstens mehrfach ausgezeichnet.
Karl Carstens starb Ende Mai 1992 in seinem Heim in Meckenheim bei Bonn an einem nächtlichen Schlaganfall.

Friedhof: Der Riensberger Friedhof liegt in Schwachhausen, einem Stadtteil von Bremen. Der Haupteingang befindet sich in der Friedhofstraße.
C. H.

THEODOR HEUSS
31. Januar 1884 – 12. Dezember 1963

Der erste Präsident der Bundesrepublik Deutschland wurde in Brackenheim geboren und besuchte in Heilbronn die Schule. In München und Berlin studierte er unter anderem Kunstgeschichte und Staatswissenschaften und war danach als Redakteur und Feuilletonist aktiv.
Schon in der Schulzeit hatte sich Heuss durch besonderes politisches Interesse und Engagement ausgezeichnet, was später auch seinen beruflichen Werdegang prägen sollte. In Berlin war er zeitweise als Geschäftsführer des Deutschen Werkbundes und als Dozent an der Hochschule für Politik tätig. Er war Gründungsmitglied der Deutschen Demokratischen Partei, aus der später die Deutsche Staatspartei wurde, Stadtverordneter in Berlin-Schöneberg und mehrfach Abgeordneter des deutschen Reichstags in der Weimarer Republik.
Als Gegner der Nationalsozialisten verlor Heuss in den 30er Jahren viele seiner Ämter und wurde 1936 mit einem Publikationsverbot belegt. Heuss arbeitete aber weiter, zum Beispiel für die Frankfurter Zeitung, und veröffentlichte Biografien und andere Texte. Auch unter Pseudonym erschienen Beiträge von ihm in der Presse.
Nach Kriegsende erhielt er die Lizenz, in seiner damaligen Heimat Heidelberg bei der „Rhein-Neckar-Zeitung" zu arbeiten. Kurze Zeit später ereilte ihn aber der Ruf, als Kultusminister der Stuttgarter Landesregierung aktiv zu werden. Heuss übte den Posten kurzzeitig aus, stellte sein Amt aber 1946 wieder zur Verfügung und ging zur Technischen Hochschule Stuttgart, wo er daraufhin Geschichte unterrichtete. Dem Landtag blieb er als Mitglied der dort vertretenen Demokratischen Volkspartei aber bis 1949 erhalten.

1948 engagierte sich Theodor Heuss für den Zusammenschluss der liberalen Parteien zur FDP und wurde schließlich deren Fraktionsvorsitzender im Bundestag. Außerdem hatte er Anteil an der Entstehung des deutschen Grundgesetztes, der Verfassung der Bundesrepublik. Im Bundestag wurde er am 12. September 1949 zum ersten Präsidenten der jungen Republik gewählt. Er wurde 1954 in diesem Posten bestätigt und absolvierte somit auch eine zweite Amtszeit.

Mit seinen Staatsbesuchen und seiner überparteilichen Amtsführung trug Theodor Heuss zum Ansehen des Bundespräsidenten in der Öffentlichkeit, aber auch zum Ansehen der jungen BRD im benachbarten Ausland bei. Heuss zeigte sich stets als kompetenter, engagierter und interessierter Gesprächspartner. Der Familienvater war seit 1908 mit Elly Heuss-Knapp verheiratet und seit 1952 verwitwet. Nach seiner letzten Amtszeit zog Theodor Heuss nach Stuttgart, wo er 1963 verstarb, und widmete sich wieder publizistischen Tätigkeiten.

Friedhof: Theodor Heuss liegt auf dem Waldfriedhof von Stuttgart bestattet, im Stadtteil Degerloch.

C. H.

KÖNIG FRIEDRICH II. VON PREUSSEN

24. Januar 1712 – 17. August 1768

Als der „alte Fritz" noch jung war, eckte er an. Der berühmteste Herrscher unter den Hohenzollern litt unter der Strenge und Dominanz seines Vaters, des Königs Friedrich Wilhelm I., der für die musisch-kreative Ader seines Filius nur wenig Geduld aufbringen konnte. 1730 floh Friedrich aus der Kontrolle und dem Einflussbereich des sogenannten Soldatenkönigs, kam aber nicht weit. Sein Freund und Fluchtkumpan Leutnant Hans Hermann von Katte und er wurden bereits nach kurzer Reise festgesetzt und inhaftiert, Katte sogar auf königlichen Befehl hingerichtet.

Einige Zeit später hatten sich Vater und Sohn zumindest so weit angenähert, dass der König seinem Sprössling das Schloss Rheinsberg übereignete. In diesem umgab sich Friedrich mit Freunden, Künstlern und Elisabeth Christine von Braunschweig-Bevern, die er 1733 heiratete. Die Ehe blieb kinderlos.

Nach seinem Regierungsantritt 1740 begann Friedrich II. mit mehreren Kriegstaktiken. Er erhob Anspruch auf Schlesien und war gewillt, diesen gegenüber Österreich auch mit militärischen Mitteln geltend zu machen. Die Schlesischen Kriege brachten ihm aber nicht nur den gewünschten Landbesitz, sondern festigten auch seinen Ruf als großer Feldherr und machten Preußen zu einer politischen Großmacht in Europa.

Friedrich der Große, wie man ihn nannte, war aber weit mehr als ein Schlachtenführer. Seine nahezu fünfzigjährige Amtszeit zeichnete sich auch dadurch aus, dass der Monarch einen aufgeklärten Absolutismus förderte und verkörperte. Ohnehin den Musen zugetan, errichtete der König bei Potsdam das Schloss Sanssouci, wo er mit Philosophen, Autoren und weiteren Denkern einen geistigen Austausch pflegte. Man spricht in diesem Zusammenhang auch von der „Tafelrunde von Sanssouci". Friedrich ließ Schulen bauen und setzte sich für Toleranz und Offenheit gegenüber Einwanderern und religiösen Minderheiten ein.

König Friedrich II. von Preußen starb 74-jährig in seinem Sessel in Schloss Sanssouci. Er war in späteren Jahren immer mehr vereinsamt und wollte dort neben seinen Hunden begraben werden, was aber missachtet wurde.

Bis 1944 lagen seine Gebeine in der Garnisonskirche von Potsdam, wo Friedrich in einer Gruft neben seinem Vater bestattet worden war. Danach wurden sie auf die Burg Hohenzollern umgebettet und schließlich 1991 nach Sanssouci überführt.

Zum Grab: Friedrichs Grabplatte ist Besuchern des Potsdamer Schlosses zugänglich. Manche bringen ihm zu Ehren Kartoffeln mit, die der alte Fritz sehr schätzte.
C. H.

CHRISTOPH KOLUMBUS
1451 – 20. Mai 1506

Heutzutage scheint sich eine Art Bewegung auf dem Vormarsch zu befinden, die Christoph Kolumbus' Entdeckung Amerikas in Misskredit bringen will. Die Anhänger dieser Bewegung bringen vor, dass die Ureinwohner Amerikas dieses Land schon vor mehreren Tausend Jahren besiedelt hatten und dass die Wikinger aus Nordeuropa schon im 11. Jahrhundert in Nordamerika an Land gegangen seien. Obwohl beide Behauptungen wahr sind, ist das Argument, das dahintersteckt, eher dürftig und Auslegungssache.

Die Ureinwohner waren mehr oder weniger zufällig über die Äonen nach Amerika eingewandert; sie wussten nichts über die verschiedenen Landmassen der Erde und folglich auch nichts über Europa – und sie hatten nicht vor, in naher Zukunft irgendetwas zu entdecken. Die Wikinger waren nur auf die kalten, felsigen, windgepeitschten Küsten des heutigen Kanada gestoßen, und da sie in ihrer Heimat Grönland mehr als genug davon hatten, verließen sie den Kontinent wieder. Andererseits stieß Kolumbus auf die üppigen Inseln und warmen Gewässer der Karibik. Obwohl er also nicht der erste Mensch war, der von der Existenz des amerikanischen Kontinents erfahren hatte, war er doch derjenige, der die Entdeckung im Europa des 15. Jahrhunderts bekannt machte und damit den Grundstein für die europäische Kolonisations- und Migrationspolitik legte.

Ursprünglich plante Kolumbus, einen schnellen Weg nach Asien zu finden, indem er den Atlantik in westlicher Richtung überquerte, was ein Irrtum war. Im Allgemeinen wird angenommen, dass Kolumbus Schwierigkeiten bei der Beschaffung von Geldmitteln hatte, da noch immer der Glaube vorherrschte, die Erde sei eine Scheibe. Obwohl dies vielleicht die Meinung der ungebildeten Masse gewesen war, wussten die gebildeten Menschen bereits in jener Zeit – inklusive der Seeleute und Navigatoren –, dass die Erde kugelförmig ist. Das eigentliche Problem bestand darin, dass niemand mit Kolumbus in seinen Berechnungen der Distanz nach Asien übereinstimmte: Er hatte ausgerechnet, die Distanz betrage 2.700 Seemeilen, während die Experten von König Ferdinand und Königin Isabella berechneten, dass die Entfernung etwa 5.000 Seemeilen betrug.

Tatsächlich lagen beide falsch; es sollte sich später herausstellen, dass die westliche Entfernung zwischen Spanien und Japan 12.000 Seemeilen beträgt. Da jedoch der amerikanische Kontinent im Weg lag, waren diese Fehlkalkulationen sowieso irrelevant.

Auf seinem vermeintlichen Weg nach Asien stießen die drei bekannten Schiffe aus Kolumbus' Flotte auf eine Insel im karibischen Meer, die heute Watling Island heißt und zur Inselgruppe der Bahamas gehört. Ein paar Monate später kehrte Kolumbus mit den guten Neuigkeiten nach Spanien zurück. Schnell verbreitete sich die Nachricht, dass Kolumbus auf neues Land in Asien gestoßen war, und Spaniens neuer Held führte im folgenden Jahrzehnt Dutzende von Schiffen und Tausende Siedler zurück in die Karibik. In einigen Tagebüchern beschrieb Kolumbus das von ihm gefundene Land als Teil eines bisher unbekannten Kontinents, kehrte jedoch später zu seiner anfänglichen Annahme zurück, dass das Land zu Asien gehöre, und blieb bis zu seinem Tod dabei.

Natürlich war Spanien sehr daran interessiert, diese neuen Lande zu kolonisieren, seine Reichtümer auszubeuten und sie mit Christen zu besiedeln; ob sie nun zu Ostasien oder einem neuen Kontinent gehörten, war dabei irrelevant. Kolumbus nannte sich selbst „Vice King and General Governor of the Islands and Terra Firma of Asia and India", was in der deutschen Übersetzung „Vizekönig und Generalgouverneur der Inseln und des Festlands von Asien und Indien" heißt, und es scheint, als habe die spanische Obrigkeit das eine Zeit lang so durchgehen lassen. Doch obwohl Kolumbus ein wahrlich guter Seemann war, war er ein schrecklich grausamer Herrscher. Ferdinand und Isabella hatten ihn zwar genau instruiert, doch Kolumbus, noch immer der Rebell, verweigerte den Gehorsam und hob den europäischen Imperialismus aus der Taufe. Er betrieb Sklaverei und Völkermord und plünderte die Goldreserven der Ureinwohner. Nachdem ihm die spanischen Siedler Misswirtschaft vorgeworfen hatten, wurde er im Jahre 1500 in Ketten zurück nach Spanien gebracht und seines Amtes enthoben.

Als Nächstes versprach Kolumbus dem König und der Königin, dass er nun genau wüsste, wo der direkte Weg nach Indien verlaufe, und ihm wurde im Jahre 1502 eine letzte Reise gewährt. Kolumbus segelte nun südlich an den neuen spanischen Kolonien vorbei und suchte entlang der heutigen ‚Mosquito Coast' in Zentralamerika vergeblich nach einer Passage. Im Jahre 1504 kehrte er mit leeren Händen nach Spanien zurück und wurde nicht länger bei Hofe geduldet. Zwei Jahre später starb Kolumbus im Alter von 55 Jahren an einer Herzerkrankung.

Doch sogar im Tod vermochte es Kolumbus nicht, an einem Ort zu verweilen, und seine vielen Umbettungen ließen Zweifel an seiner letzten Ruhestätte aufkommen. Die Vertreter der Städte Sevilla in Spanien und auch Santo Domingos in der Dominikanischen Republik behaupten, dass Kolumbus dort begraben sei. Zunächst lag Kolumbus für drei

Jahre in Valladolid in Spanien und dann in Sevilla, aber im Jahre 1542 verfügte sein Sohn, dass die Überreste seines Vaters in die Kathedrale von Santo Domingo gebracht werden sollten. 1795 übernahmen die Franzosen die Dominikanische Republik und der aktivste Leichnam der Welt kam in die Stadt Havanna, die unter spanischer Kontrolle stand. Als Kuba schließlich im Jahre 1898 unabhängig wurde, nutzte Kolumbus die letzten Schiffsmeilen von seinem Reisekonto, um in seine Heimat Spanien zurückzukehren, wo er in der Kirche von La Cartuja in Sevilla seine nun wirklich letzte Ruhestätte fand. Allerdings wurde bei einer Ausgrabung in der Kathedrale von Santo Domingo eine Kiste mit der Aufschrift „Angesehener und berühmter Herr Cristóbal Colón" - Kolumbus' spanischer Name - gefunden. Die Bewohner von Santo Domingo nehmen nun an, dass damals der falsche Leichnam nach Havanna überführt wurde, und vielleicht liegen sie richtig damit. Forensische Untersuchungen und DNA-Analysen haben bisher keine eindeutigen Ergebnisse hervorgebracht.

GENERAL GEORGE CUSTER
5. Dezember 1839 – 25. Juni 1876

Nachdem George Custer als Letzter seines Jahrgangs in West Point graduiert hatte, überraschte er seine Lehrer, indem er sich einen Ruf als hart kämpfender Offizier in der Kavallerie der Unionsarmee aufbaute. Während des Bürgerkriegs führte er seine Männer in fast alle Schlachten entlang des Potomac und erhielt schließlich den Rang eines Generals.
Jedoch wurde Custer nach dem Krieg wieder zum Captain degradiert und als Befehlshaber des 7. Kavallerieregiments mit der Aufgabe betraut, entflohene Sioux-Stämme wieder in ihre Reservate zurückzubringen. Als er eines Sommertags am Ufer des Little Bighorn in Montana ein Indianerlager vorfand, teilte Custer sein Regiment in drei Gruppen auf, um das Lager einzukesseln und den Indianern den Fluchtweg abzuschneiden. Unglücklicherweise hielten sich die Indianer nicht an Custers Plan und er wurde mitsamt seinen 267 Soldaten getötet. Er starb im Alter von 36 Jahren. Drei Tage später wurden die Toten hastig beerdigt und im Jahr darauf wurden Custers Überreste exhumiert und nach militärischem Zeremoniell auf dem Post Cemetery auf dem Gelände der West Point Militärakademie in New York beigesetzt.

Weg zum Grab: Seit dem 11. September 2001 gibt es leider in vielen staatlichen und militärischen Einrichtungen einige Zugangsbeschränkungen, inklusive der West Point Militärakademie. Früher wurde eine zweistündige Tour über das Gelände der Akademie angeboten, die auch über den Friedhof führte. Leider wurde diese Tour aus Sicherheitsgründen vorerst ausgesetzt. Es wird noch immer eine einstündige Tour angeboten, doch diese führt nicht über den Friedhof. Ob oder wann die zweistündige Tour wieder angeboten wird, ist noch ungewiss.

Bis auf Weiteres ist es folglich unmöglich, Custers Grab zu besuchen, doch vielleicht lohnt es sich zu warten, denn das Grab ist wirklich einen Besuch wert. Sein Grabstein ist mit einer Bronzeplakette geschmückt, auf der seine Verdienste aufgelistet sind, und auf jeder Seite befinden sich zwei große Büffelköpfe.

Allerdings kann man alternativ einen Blick in das Besucherzentrum werfen, das definitiv einen Besuch wert ist. Verlassen Sie die I-84 über die Ausfahrt 10S und folgen Sie der Route 9W etwa 15,5 Meilen weit in südlicher Richtung und fahren Sie an der zweiten West-Point-Ausfahrt ab. Oder nehmen Sie, falls Sie über die I-287 anreisen, die Ausfahrt 11, folgen Sie dann der Route 9W etwa 21 Meilen weit in nördlicher Richtung und fahren Sie an der ersten West-Point-Ausfahrt ab. In beiden Fällen fahren Sie noch eine Meile weiter, biegen Sie dann an der „Y"-Kreuzung rechts ab. Das Besucherzentrum liegt eine halbe Meile weiter auf der rechten Seite.

Das Schlachtfeld am Little Bighorn ist heute ein nationales Denkmal, und wenn Sie sich das nächste Mal in der Gegend um Crow Agency in Montana aufhalten, sollten Sie dort mal vorbeischauen.

CHARLES DARWIN
12. Februar 1809 – 19. April 1882

Im Jahre 1859 veröffentlichte Darwin seine Evolutionstheorie in seinem Werk „On the Origin of Species"- der deutsche Titel lautet „Die Entstehung der Arten" - und wurde damit quasi über Nacht zu einer sowohl respektierten als auch verschmähten Figur in der Welt der Wissenschaft. Seine Evolutionstheorie steht im Widerstreit mit einigen biblischen Theorien und erschüttert nach der Meinung einiger Menschen die Grundfesten des christlichen Glaubens. Darwin löste mit seinem Buch eine Kontroverse aus, die bis heute anhält.

Jedoch war Darwin nicht der erste Wissenschaftler, der sich mit der Evolution beschäftigte. In wissenschaftlichen Kreisen diskutierte man dieses Thema schon lange, bevor Darwin seine Theorie veröffentlichte. Die Frage war eher: Wie ist es zur Evolution gekommen? Darwin stellte einen brauchbaren Mechanismus für die Evolution vor, die natürliche Selektion, die folgendermaßen funktioniert: Individuen, die mit einigen vorteilhaften Charakteristika ausgestattet sind, haben ihren Artgenossen gegenüber einen Vorteil und ihre Nachkommen haben dieselben Vorteile. Mit der Zeit haben es die Individuen mit den vorteilhaften Charakteristika besser, sie leben länger und produzieren eine größere Anzahl von Nachkommen und die Population sieht plötzlich ganz anders aus als die Ursprungspopulation. Mit anderen Worten: Es entstehen neue Arten, wenn sich einige Charakteristika gegenüber anderen durchsetzen und diese verdrängen.

Was sich nun so einfach anhört, hat damals einige Kontroversen zur Folge gehabt, die teilweise noch bis in die heutige Zeit hinein andauern, teilweise wegen der fehlerhaften Simplifizierung, der Mensch stamme vom Affen ab. Doch Darwin blieb bei seiner

Theorie und verteidigte sie bis zum Ende seines Lebens. Er überarbeitete stetig seine Notizen, um noch präzisere Nachweise zu erbringen. Niemals wich er von seiner Doktrin ab und sie wird bis heute von Wissenschaftlern auf der ganzen Welt akzeptiert.

Nachdem er monatelang an Brustschmerzen und Krämpfen gelitten hatte, starb Darwin im Alter von 73 Jahren an Herzversagen.

Die Westminster Abbey in London ist zwar weder eine Kathedrale noch eine Pfarrkirche, untersteht jedoch der Kontrolle der Krone, und seit 1066 finden dort die Krönungsfeiern statt. Dort begraben zu werden, gehört zu den seltensten und höchsten britischen Ehren und Darwin verdiente sich diese Ehre; er ruht in einem Teil der Kirche, die als „Scientist's Corner" bekannt ist.

Seine Familie ließ im Jahre 1888 in der Nähe seines Grabes eine lebensgroße Büste von ihm aufstellen, aber hierzu gibt es noch eine interessante Folgegeschichte. Der genaue Ort, an dem er begraben wurde, liegt unter der großen Steinplatte in der Mitte des nördlichen Kirchenschiffs und zwar genau an der Stelle, an dem heute ein Gitter mit einem Tor und einem Ticketschalter steht. Darwins Grab liegt genau unter dem Tor, und jeder einzelne Besucher, der dort durchkommt, um seinen Eintritt zu bezahlen, geht über Darwins Grab.

THOMAS EDISON
11. Februar 1847 – 18. Oktober 1931

Mit Ausnahme des Verbrennungsmotors und des Flugzeugs ist es wirklich schwer, eine Erfindung aus der Zeit der Industriellen Revolution zu finden, an deren Entwicklung Thomas Edison nicht auf irgendeine Weise beteiligt war, wenn er nicht sogar das Patent daran hatte. Obwohl er nur drei Wochen lang eine öffentliche Schule besucht hatte und ein paar Jahre lang von seiner Mutter zu Hause unterrichtet worden war, ließ Edison 1.093 Erfindungen patentieren, die die Struktur der modernen Zivilisation nachhaltig prägten.

Im Alter von 15 Jahren arbeitete er in einem Telegrafenamt und wurde dort zu seinen ersten Erfindungen inspiriert: Er entwickelte einen automatischen Telegrafen und einen Drucker, was zu seinem neuen Job als Vollzeiterfinder führte. Bald darauf folgten der Stimmenzähler und der Börsenticker, und die Erlöse aus den Verkäufen seiner Patente bildeten den Grundstock für Thomas' eigene Erfindungswerkstätten, zunächst in Newark und später in Menlo Park, in denen einige Techniker an neuen Entwicklungen arbeiteten. Die riesige Fabrik in New Jersey war der Vorgänger heutiger moderner Forschungs- und Entwicklungslabore, und im Verlauf von 50 Jahren brachte diese Fabrik Ideen hervor, die zur Entwicklung oder Weiterentwicklung von allerlei Dingen beitrugen, von Zementfabriken bis zum Spiegelglas, von Schreibmaschinen bis zur Trockenbatterie, von Kopierern bis hin zu Phonographen und zum Tonfilm. Er machte auch eine enorme, rein wissenschaftliche Entdeckung, den „Edison-Effekt", der zur Entwicklung der

Elektronenröhre und damit zur grundlegenden Technologie für Radioübertragungen, Fernseher und Röntgenstrahlen beitrug.

Um weitere Lichtquellen zu entwickeln, gründete er die Edison Electric Light Company, die heutige General Electric. Die Glühbirne wurde im Jahre 1879 vorgestellt und kommunale Energiesysteme folgten bald darauf aus der Edison Electric Company. Als Berater der US-Navy entwickelte Thomas während des Ersten Weltkriegs weitere 45 Erfindungen, darunter Navigationsausrüstung, das Schiff-zu-Schiff-Telefon und Abwehrsysteme gegen U-Boot-Angriffe. Zusammen mit Henry Ford und der Firestone Company entwickelte er im Jahre 1930 eine Möglichkeit zur industriellen Gewinnung von Gummi – dies war sein letztes Patent.

Im Alter von 84 Jahren starb er an Komplikationen einer Diabeteserkrankung und wurde hinter seinem Haus ‚Glenmont House' in West Orange, New Jersey beigesetzt. Das Haus ist heute Teil des ‚Edison National Historic Site', unter anderen befindet sich hier auch das Edison Laboratory Museum, in dem Sie, neben anderen Memorabilien, auch Einblick in einige seiner 3.400 Bücher mit Aufzeichnungen erhalten, die seine Ideen und Experimente enthalten. Das Ausstellungsgelände ist von der Interstate 280 aus leicht zu finden. Falls Sie aus westlicher Richtung kommen, nehmen Sie die Ausfahrt 9, und aus östlicher Richtung die Ausfahrt 10, folgen Sie dann den Schildern.

Weitere Teile von Edisons Labor in Menlo Park finden Sie in „Henry Ford's Greenfield Village Museum" in Dearborn, Michigan.

ALBERT EINSTEIN
14. März 1879 – 18. April 1955

Um der Wehrpflicht zu entgehen, bemühte sich der deutschstämmige Albert Einstein um die Schweizer Staatsbürgerschaft und fand dort eine Anstellung im Patentamt. Im Jahre 1905 veröffentlichte er eine Reihe von theoretischen Abhandlungen auf dem Gebiet der Physik, ohne die Hilfe von Fachliteratur oder Kollegen. Besonders erstaunlich war hierbei eine Theorie über die Relativität, die, falls sie korrekt wäre, die klassische Physik umstürzen und die wissenschaftliche Gesellschaft auf den Kopf stellen würde.

Er benutzte seine neue Theorie als Basis für die Umdeutung der klassischen Prinzipien der Relativität und legte fest, dass die physikalischen Gesetze in jedem Bezugssystem die gleiche Form haben müssten. Er löste sich von der traditionellen Annahme, dass Raum und Zeit absolute Größen seien, und seine „Spezielle Relativitätstheorie" besagt, dass sowohl Zeit als auch Raum variable Größen sind.

In den folgenden zehn Jahren perfektionierte Einstein seine Relativitätstheorie und fasste sie mit seiner berühmter Gleichung $E=mc^2$ zusammen. Des Weiteren berechnete er, dass ein Lichtstrahl von einem weit entfernten Stern, der nah an der Sonne vorbeiführt, leicht in die Richtung der Sonne abgelenkt würde. Nachdem diese Berechnung von der Royal Society of London verifiziert worden war und damit die Relativität bewiesen und physikalische Studien Newtons über den Haufen geworfen worden waren, erhielt Einstein die internationale Anerkennung, die ihm zustand.

Als feste Größe der Wissenschaft verwendete Einstein den Rest seines Lebens darauf, die sogenannte „Weltformel" zu finden, die die Eigenschaften der Gravitation, Materie und Energie in sich vereinen soll. Leider blieb diese Forschung ohne Ergebnis und beschäftigt noch immer die klügsten Köpfe dieser Welt.

Im Jahre 1932 nahm er einen Posten an der Universität Princeton an und wurde im Jahre 1940 amerikanischer Staatsbürger. In einem Brief, den er später als größten Fehler seines Lebens bezeichnete, drängte Einstein Präsident Roosevelt dazu, die Nuklearforschung voranzutreiben, und obwohl er nicht an der Entwicklung der Atombombe beteiligt gewesen war, blieb sein Name doch stets mit dem Atomzeitalter verbunden.

Nach dem Krieg wurde Einstein zu einem politischen Aktivisten und schloss sich mit anderen Wissenschaftlern zusammen, um gegen den Einsatz von Atomwaffen vorzugehen, und plädierte für eine internationale Rüstungskontrolle.

Im Alter von 76 Jahren starb Albert Einstein im Schlaf. Er wurde noch am selben Tag eingeäschert und seine Asche im Fluss Delaware in New Jersey verstreut.

HENRY FORD
30. Juli 1863 – 7. April 1947

Henry Ford wird stets mit der Entwicklung des Automobils in Verbindung gebracht, doch nicht, weil er das erste benzinbetriebene Fahrzeug entwickelt hat – das hat er nämlich nicht – und auch nicht wegen der Erfindung der Fließbandfertigung oder der Ersatzteile. Was wirklich eine Rolle spielt, ist die Tatsache, dass Henry Ford den Massenkonsum entwickelt hat. Fords Vision half bei der Entstehung einer Mittelschicht, die gekennzeichnet war durch Urbanisierung, höhere Löhne und ein wenig Freizeit, in der man die Löhne auch ausgeben konnte. Wenn er keinen Massenmarkt für seine Automobile geschaffen hätte, hätte sich die aufkeimende amerikanische Wirtschaft, die auf der Kaufkraft der Mittelschicht basierte, weit weniger schnell entwickelt.

Im Jahre 1905 hatte die Ford Motor Company 50 Mitbewerber und man baute Autos für die Reichen. Jedoch erkannte Ford, dass man ihm die Tür einrennen würde, wenn es ihm gelänge, ein Automobil zu bauen, dass sich jeder leisten kann, und zeitgleich eine Infrastruktur für die Automobile entstehen würde. Also ließ er in seinen Fabriken ein einfaches, aber zuverlässiges Auto bauen, nämlich das berühmte Modell T, er setzte sich in Washington für bessere Straßen ein und machte sich für eine Verbreitung von Tankstellen stark.

Im Jahre 1914 schockierte Ford die industrielle Welt, indem er seinen Arbeitern einen Mindestlohn von fünf Dollar pro Tag bezahlte, mehr als das Doppelte des damals üblichen Tageslohns. Das Wall Street Journal nannte dies ein „ökonomisches Verbrechen", und seine Mitbewerber waren sich sicher, dass sich Ford mit dieser Aktion selbst aus dem Rennen genommen hatte; sie konnten nicht begreifen, wie weit Ford seine

Herstellungskosten pro Auto nach unten geschraubt hatte und dass die hohen Lohnkosten im Vergleich zu den immensen Absatzzahlen kaum ins Gewicht fielen. Ford hatte sich ausgerechnet, dass jeder seiner Angestellten ein Auto kaufen würde, wenn er ihnen nur genug Lohn bezahlte. Und er lag richtig. Innerhalb von zwei Jahren verkaufte sich das Modell T 720.000 Mal. Die Menschen strömten in Fords Fabriken, um dort einen Job zu bekommen – in seiner Fabrik „River Rouge" arbeiteten mehr als 100.000 Angestellte – und jeder von ihnen kaufte ein Auto. Als die Produktion des Modell T im Jahre 1927 eingestellt wurde, waren mehr als 15 Millionen Stück verkauft worden.

Henry Ford war eine komplizierte Person, er hegte einige Schwärmereien und auch Vorurteile. Im Jahre 1915 charterte er ein Schiff, das er „Peace Ship" nannte, und versuchte, den Ersten Weltkrieg zu beenden. Dazu nahm er eine Reihe amerikanischer Delegierter an Bord, die sich zwar zu einer Konferenz in Europa einfanden, aber kein Ergebnis hervorbrachten. Drei Jahre später kaufte Ford die Zeitung „Dearborn Independent" und veröffentlichte dort sieben Jahre lang Attacken auf den „internationalen Juden", eine mythische Figur, die er für die Missstände in der Gesellschaft verantwortlich machte. Unter anderem behauptete er, das wo immer irgendetwas in seinem Lande schieflaufe, Juden darin verwickelt seien. Er stand Immigranten, Arbeitern und Alkohol ablehnend gegenüber und stellte sich gegen Hollywoodfilme, externe Kinderbetreuung und neue Musik- und Kleidungsstile. Da er sich Sorgen darüber machte, dass seine Arbeiter ihren verhältnismäßig hohen Lohn für irgendetwas ausgeben könnten, was er missbilligte, gründete er das „Sociological Department". Außerdem sorgte er dafür, dass dem „einfachen Volk" in einer wöchentlichen Radioshow bizarre Essays vorgelesen wurden, und er experimentierte mit Sojabohnen und haltbaren Lebensmitteln. Er gründete das ländlich gelegene Greenfield Village und das Henry Ford Museum und füllte es mit Artefakten.

In den späten 20er Jahren war sein Riesenunternehmen wirtschaftlich unabhängig und rühmte sich mit Gummiplantagen in Brasilien und Eisenerzminen in Minnesota. Ford wurde so arrogant, dass er annahm, die Autokäufer brauchten Ford dringender als Ford die Autokäufer. Mit dieser Einstellung und seinem autoritären Führungsstil legte er den Grundstein für den Abstieg des Imperiums. Er verließ sich auf seinen, wie er meinte, unfehlbaren Instinkt für den Markt und weigerte sich, irgendwelche Innovationen anzubieten, sogar andere Farben lehnte er ab und sagte, die Kunden könnten jede Farbe haben, die sie wollten, solange es Schwarz sei. Angestellte, die seine Philosophie ablehnten, warf er hinaus. Er lehnte Gewerkschaften ab und gründete eine Art Firmenpolizei, die solche Zusammenschlüsse verhindern sollte. Im Jahre 1936 belegte die Ford Motor Company nur noch Platz 3 bei den Autoverkäufen, und wenn der Zweite Weltkrieg nicht ausgebrochen wäre und der Firma Aufträge zur Herstellung von Bombern, Panzern und Jeeps erteilt hätte, wäre es durchaus möglich, dass der V-8-Motor aus dem Jahre 1932 Fords letzte Innovation gewesen wäre.

Als bekannter Pazifist lehnte Ford den Eintritt der USA in den Zweiten Weltkrieg zwar ab, erklärte sich jedoch im Mai 1940 dazu bereit, Flugzeugmotoren für die Briten herzustellen. Nach dem Angriff auf Pearl Harbor leistete Ford einen unglaublichen Kraftaufwand bei der Unterstützung des Militärs, unter anderem stellte er B-24 Liberator Bomber im Stundentakt in einer Fließbandproduktion her, die sich über eine Meile

erstreckte. Am Ende des Krieges hatte er um die 86.000 Flugzeuge, 277.000 Jeeps, 57.000 Flugzeugmotoren und mehr als eine Million weitere Kampffahrzeuge in Ford-Fabriken von Indien über Großbritannien bis hin zu Neuseeland hergestellt.
Obwohl er weiter die Kontrolle über seine Firma hatte, übertrug Ford im Jahre 1919 seinem Sohn Edsel den Vorsitz. Als Edsel im Jahre 1943 starb, übernahm Ford den Posten wieder, übergab die Zügel jedoch nach einer Reihe von Schlaganfällen an seinen Enkel. Im Jahre 1947 verstarb der Erfinder in seinem Bett auf seinem Anwesen Fair Lane. Im Alter von 83 Jahren wurde er in der Saint Martha's Episcopal Church in Detroit, Michigan beigesetzt.

Weg zum Friedhof: Verlassen Sie die I-96 an der Ausfahrt 183 und folgen Sie dem Highway 39 in südlicher Richtung etwa eine Meile weit bis zur Ausfahrt 13. Biegen Sie auf die Joy Road ab und folgen Sie dieser etwa eine Meile in östlicher Richtung, die Kirche und der Friedhof liegen zu Ihrer Rechten.

Weg zum Grab: Fords Grab ist leicht zu finden und befindet sich in der Ford-Sektion des Friedhofs.
Der Großteil seines Privatvermögens, etwa 205 Millionen Dollar, ging an die Ford Foundation, die im Jahre 1936 gegründet worden war, um der Familie die Kontrolle über die Firma zu sichern. Heute ist sie eines der größten Treuhandunternehmen der Welt.

SIGMUND FREUD
6. Mai 1856 – 23. September 1939

Obwohl der österreichische Arzt Sigmund Freud seinen großen Bekanntheitsgrad der Erforschung der Psyche verdankt, ist ebenfalls erwähnenswert, dass er der erste Experte war, der Kokain als Stärkungsmittel propagierte, obwohl sich schon bald Papst Leo XIII., Jules Verne und Thomas Edison dieser These anschlossen. Im Jahre 1884, als Freud noch ein junger Neurologe gewesen war und noch weit davon entfernt, der Papst der Psychoanalyse zu sein, hatte man die Verwendung von Kokain als Lokalanästhetikum untersucht. Freud fand darin jedoch ein Heilmittel für seine Depressionen und seine chronische Müdigkeit; er schätzte diese Droge aufs Höchste und pries sie als Heilmittel für Asthma und Verdauungsbeschwerden an und empfahl sie sogar zur Bekämpfung von Morphin- und Alkoholsucht. Er wurde gar von pharmazeutischen Großunternehmen dafür bezahlt, ihre konkurrierenden Kokain-Marken zu bewerben, und als das mit Kokain versetzte ‚Gesundheitstonikum' Coca-Cola im Jahre 1886 zum ersten Mal verkauft wurde, war dies unbestreitbar von Freud inspiriert worden. Später distanzierte sich Freud von seinen früheren Behauptungen und gab zu, dass wiederholter Gebrauch der Droge Halluzinationen und gewalttätiges Verhalten verursachen könne, jedoch war der Schaden bereits entstanden.

Zehn Jahre später litt Freuds Ruf unter einer weiteren Kontroverse, nämlich unter einer Zusammenstellung von Theorien, die Freud später „Psychoanalyse" nennen sollte. Seine zugrunde liegende Idee war, dass alle Menschen mit einem Unterbewusstsein ausgestattet sind, in dem sexuelle Potenz und aggressive Tendenzen um die Vorherrschaft kämpfen. Diese These wurde von vielen als romantische, aber wissenschaftlich unhaltbare Behauptung abgetan. Seine Überzeugung, dass all die Neurosen, unter denen die Menschheit leidet, fast immer das Werk sexueller Verhaltensstörungen seien und dass diese sexuellen Ursachen nicht in der Pubertät, sondern bereits im frühen Kindesalter ihren Ursprung hätten, erschien den meisten Wissenschaftlern zu jener Zeit einfach nur obszön. Seine Theorie eines universellen Ödipus-Komplexes, bei dem der Sohn in die Mutter verliebt ist und seinen Vater hasst, erscheint noch heute vielen eher als ein literarisches Konzept und nicht als haltbare These, die eines Wissenschaftlers von Freuds Format würdig ist.

Freuds Theorie fußte sowohl auf medizinischen Erkenntnissen als auch auf philosophischen. In seiner Eigenschaft als Wissenschaftler war Freud interessiert daran zu erfahren, wie der menschliche Geist auf den Körper einwirkt, besonders bei Paranoia, Hysterien und anderen mentalen Erkrankungen. Als Theoretiker erforschte er die Basis, auf der die Persönlichkeit eines Menschen beruht. Im Jahre 1923 war Freud schließlich so weit und stellte ein Modell des menschlichen Bewusstseins auf, das aus drei Teilen bestand – dem Es, dem Ich und dem Über-Ich.

Seine große Popularität erhielt Freud jedoch um die Jahrhundertwende mit seinem Werk „Die Traumdeutung", einem unangefochtenen Meisterwerk zur Traumanalyse, Autobiografie, Bewusstseinstheorie und sogar Geschichte. Das Prinzip, dem diese Arbeit unterliegt, ist die These, dass mentale Erfahrungen und Traumgebilde, genauso wie physische Erlebnisse, ein Teil der Natur sind und dass es keine ‚Unfälle' in den mentalen Abläufen gibt. Die unsinnigste Äußerung, der kurioseste Versprecher, der seltsamste Traum eines Menschen hat eine tiefere Bedeutung und kann genutzt werden, um unsere oft unverständlichen Gedanken und Handlungen zu verstehen.

Sigmund Freud prägte mehr als jeder andere Forscher der Psyche die Vorstellungen der Menschen im 20. Jahrhundert und die Methoden der heutigen Psychoanalyse. Die Vehemenz und Beharrlichkeit seiner Gegner sind ein ironischer Tribut an die Nachhaltigkeit seiner Theorien.

Im Jahre 1923 wurde bei Freud Gaumenkrebs diagnostiziert, jedoch blieb er weiterhin ein starker Raucher und bestand darauf, dass der Tabak ihn mit Kreativität und Arbeitswillen versorge. Im Jahre 1938 waren ihm in bereits 31 Operationen mehrere Tumore entfernt worden, und er trug eine Prothese, die seinen halben Mund ersetzte. Im selben Jahr waren die Nationalsozialisten in Österreich einmarschiert, der sterbende Freud floh nach London und ließ buchstäblich seinen ganzen Besitz zurück. Im folgenden Sommer konnte der 83-jährige Freud nichts mehr essen und befand sich Tag und Nacht unter einem Insektennetz, um die Fliegen von seinen offenen Wunden fernzuhalten. Freud bat daraufhin seinen Arzt um Sterbehilfe und dieser injizierte ihm eine tödliche Dosis Morphin. Freud wurde eingeäschert und seine Asche in einer griechischen Vase auf dem Gelände des Ernest George Mausoleum of Golder Green Crematorium in London beerdigt.

DIE KENNEDY-ATTENTATE

John F. Kennedy
29. Mai 1917–22. November 1963

Robert F. Kennedy
20. November 1925–6. Juni 1968

Jacqueline Kennedy
28. Juli 1929–19. Mai 1994

Die Kennedys sind in der politischen Kultur Amerikas des letzten halben Jahrhunderts so stark vertreten wie keine andere Familie. Der Status der Familie liegt zum Teil in dem immensen Vermögen begründet, das der Familienpatriarch Joe Kennedy sowohl mit seinen Bankgeschäften und im Schiffsbau als auch durch Alkoholschmuggel während der Prohibition angehäuft hatte. Wie es scheint, geht Einfluss mit Geld Hand in Hand, und bei Joe war dies nicht anders; er wurde zum ersten Vorsitzenden der „Securities and Exchange Commission" ernannt und ging im Jahre 1938 als Botschafter der USA nach Großbritannien. Joe hatte die Hoffnung, Präsident der Vereinigten Staaten zu werden, jedoch ging diese Hoffnung mit dem Angriff der Japaner auf Pearl Harbor zugrunde.
Nach dem Krieg trat Joes zweitältester Sohn John Fitzgerald Kennedy in die politischen Fußstapfen seines Vaters. Einmal abgesehen von der Tatsache, dass John aus einer angesehenen und wohlhabenden Familie stammte, war er auch aus anderen Gründen der perfekte Kandidat; er hatte in Harvard studiert, war ein guter Redner, sah umwerfend aus und er hatte sich im Krieg als mutiger Anführer hervorgetan. Als Kommandant des Schnellbootes PT-109 hatte er einen verwundeten Kameraden an Land gebracht, nachdem sein Boot von einem japanischen Zerstörer gerammt und zerstört worden war.
Im Jahre 1946 wurde John zum Kongressabgeordneten von Boston gewählt und zog im Jahre 1952 in den Senat ein. Im Jahr darauf heiratete er die elegante Jacqueline Bouvier, und während er sich im Jahre 1956 von einer Operation erholte, schrieb er das Buch „Profiles in Courage", das unter dem deutschen Titel „Zivilcourage" erschienen ist, eine Abhandlung über acht berühmte politische Anführer. Für sein Werk erhielt er den Pulitzer-Preis. John war schon vorher ein sehr aussichtsreicher Kandidat gewesen, aber nun war er der perfekte Kandidat und schon bald sollte seine Präsidentschaftskandidatur beginnen.

Mit seinem Bruder Robert als Manager seiner Wahlkampagne besiegte John F. Kennedy im Jahre 1960 den republikanischen Kandidaten Richard M. Nixon und wurde der 35. Präsident der Vereinigten Staaten. Mit seinen 43 Jahren war er der jüngste Kandidat und erster Katholik in diesem Amt. Präsident Kennedys berühmter Ausspruch verbreitete eine Art jugendlichen Idealismus, der die Hoffnung der Nation weckte: „Ask not what your country can do for you, ask what you can do for your country", was auf Deutsch heißt: „Frage nicht, was dein Land für dich tun kann, sondern was du für dein Land tun kannst." Er und seine neue Administration machten deutlich, dass eine Veränderung bevorstand.
Kennedys ökonomisches Programm führte das Land in die größte Expansion seit dem Zweiten Weltkrieg. Er setzte sich für soziale Rechte ein, inklusive der Bürgerrechtsreform, und nach der Gründung der „Alliance for Progress" und des „Peace Corps" setzte sich Amerika verstärkt für Entwicklungsländer ein. Auf dem Höhepunkt des Kalten Krieges hielt sich Kennedy zurück und bewies ein ruhiges Händchen in der Außenpolitik. Er übernahm die Verantwortung für das Fiasko in der Schweinebucht und später, als das Risiko eines Atomkriegs so groß war wie nie zuvor, legte er sich mit der Sowjetunion in einem alles entscheidenden Showdown an, in dem es um die Installation von Atomwaffen auf Kuba ging. Um das Wettrüsten zu stoppen, handelte er im Jahre 1963 mit der Sowjetunion ein begrenztes Testverbot für nukleare Waffen aus.
Kennedys Verstand und Charme verhalfen ihm zu einer enormen Popularität und seine Familie faszinierte Amerika. Es wurde zu Camelot und Magie lag in der Luft. Der verwegene Anführer des Landes hielt flammende Reden, während seine glamouröse Frau Jackie entschlossen neben ihm saß und ihm ihre ganze Liebe schenkte.
Zur selben Zeit huschten die ersten Kinder des Traumpaars durchs Weiße Haus; Tochter Caroline ritt auf einem Pony über den Rasen, während ihr kleiner Bruder John Jr. mit seinen Spielzeugautos in Papas Oval Office spielte.
Doch am Mittag des 22. November 1963 in Dallas, Texas versagte die Magie plötzlich. Während einer Wahlkampfreise war der Präsident in einem offenen Wagen unterwegs, und als dieser langsam die Elm Street entlangfuhr, wurde dreimal auf ihn geschossen. Um 13 Uhr wurde der 46-jährige John F. Kennedy im Parkland Memorial Hospital für tot erklärt.
John wurde auf dem Arlington National Cemetery in Arlington, Virginia beigesetzt und in den folgenden drei Jahren waren mehr als 15 Millionen Menschen an seinem Grab gewesen. Es wurde entschieden, dass ein angemesseneres Grab geschaffen werden sollte, und im Jahre 1965 wurde er an seine letzte Ruhestätte gebracht, die in der Nähe seines ersten Grabes liegt. Die neue Grabstätte besteht aus einem runden Weg mit verschieden großen Granitblöcken aus Cape Cod, dieser führt auf eine kleine Terrasse. Präsident Kennedy ruht unter der erhöhten Terrasse und sein Grab wird von einer einfachen Marmortafel geschmückt. Am Kopf seines Grabes steht ein runder Stein, in dessen Mitte ein ewiges Feuer brennt.
Nach der Ermordung des Präsidenten und nachdem die Warren Commission entschieden hatte, dass der Attentäter Lee Harvey Oswald allein gehandelt haben musste, bewegte sich die geschockte Nation langsam wieder vorwärts, obwohl die Narben niemals heilen sollten. Jackie Kennedy blieb als Johns Witwe im Blick der Öffentlichkeit und war ein paar Jahre später auch an Robert F. Kennedys eigener Präsidentschaftskandidatur beteiligt. Aber am 5. Juni 1968 schlug das Schicksal erneut zu und Bobby wurde ermor-

det. Um 0.15 Uhr hatte ein jordanischer Immigrant namens Sirhan Bishara Sirhan dreimal auf Bobby geschossen, als dieser nach einer Wahlkampfrede durch die Küche des „Ambassador"-Hotels in Los Angeles ging. Bobby starb 25 Stunden nach dem Anschlag und wurde im Alter von 42 Jahren in der Nähe seines Bruders John beerdigt. Sein Grab auf dem Friedhof von Arlington ist mit einem schlichten, weißen Kreuz gekennzeichnet. Im Oktober 1968 wurde Jacke zu „Jackie O", als sie den Reeder Aristoteles Onassis heiratete. Die Ehe erschien schwierig, das Paar verbrachte die meiste Zeit getrennt voneinander, und als Jackie im Jahre 1975 erneut zur Witwe wurde, schien eine Last von ihren Schultern zu fallen. Kurz vor Aristoteles' Tod hatte Jackie begonnen, als Buchlektorin zu arbeiten, und sie ging dieser Aufgabe bis zum Ende ihres Lebens nach. Da Jackie pausenlos von Paparazzi verfolgt wurde, tarnte sie sich mit dunkler Sonnenbrille und hochgeschlagenem Kragen, ihr Haar versteckte sie unter einem Kopftuch. Im Januar 1994 gab Jackie bekannt, dass sie wegen eines Non-Hodgkin-Lymphoms in Behandlung sei, und im Mai des Jahres erlag sie der Erkrankung. Im Alter von 64 Jahren wurde Jackie neben ihrem ersten Ehemann John in Arlington beigesetzt.

Weg zum Friedhof: Der Arlington National Cemetery liegt in der Stadt Arlington im Bundesstaat Virginia, von Washington aus gesehen auf der gegenüberliegenden Seite des Potomac. Folgen Sie der Beschilderung zu den Besucherparkplätzen, egal über welchen Highway Sie kommen.

Weg zum Grab: John, Jackie und Bobby liegen nicht weit voneinander entfernt im selben Teil des Friedhofs begraben, nur kurz hinter dem Haupteingang. Folgen Sie einfach den Schildern.

FERDINAND LASSALLE
11. April 1825 – 31. August 1864

Ferdinand Lassalle wurde in Breslau geboren, als Sohn eines jüdischen Seidenhändlers. Er besuchte dort das Gymnasium, wechselte aber mit 15 Jahren zur Leipziger Handelsschule. Gegen den Willen seines Vaters schloss er die dortige Ausbildung jedoch nicht ab. Heimlich kehrte er nach Breslau zurück und lernte in einer Dachkammer für das Abitur. Erst als er dieses bestanden hatte, teilte er seine Anwesenheit auch seinem Vater mit. Lassalle wollte Geisteswissenschaften studieren, und Vater Heymann stimmte nun widerwillig zu.
Ferdinand studierte zunächst in Breslau, dann in Berlin Philosophie, Geschichte und Philologie und war insbesondere von Hegels Schriften beeindruckt. Lassalle freundete sich mit Heinrich Heine an und entwickelte zudem ein Interesse für die Juristerei.
Nach dem Studium arbeitete er als Privatgelehrter in Berlin. Aus einem von ihm mitbetreuten Prozess wurde eine langjährige Freundschaft zur Klägerin: Sophie Gräfin von Hatzfeldt unterstützte Lassalle jahrelang auch finanziell, da er sich so energisch für sie

und ihre Sache eingesetzt hatte. Lassalle hatte keine Angst, sich gegen Obrigkeiten aufzulehnen, wenn er sich im Recht fühlte. Schon während des Hatzfeldt-Verfahrens war er selbst zeitweise inhaftiert worden, Ende der 40er Jahre sperrte man ihn abermals ein, weil er – politisch interessiert, wie er nun einmal war – eine gewaltsame Auseinandersetzung mit der Restauration befürwortet hatte.
Lassalle brauchte sich dank der Zuwendungen der Gräfin nicht mehr um finanzielle Belange zu sorgen und konnte sich ganz seinen Schriften widmen. In Berlin verfasste er ein Drama sowie philosofische Texte, die ihm schon seit Studientagen beschäftigt hatten.
Zwischen Karl Marx und Lassalle bestand Kontakt, die beiden begegneten sich gelegentlich – vielleicht liegt darin ein Grund für Lassalles Hinwendung zur Arbeiterschaft, wie sie sich unter anderem in seiner 1862 veröffentlichten Rede „Über den besonderen Zusammenhang der gegenwärtigen Geschichtsperiode mit der Idee des Arbeiterstandes" widerspiegelt. Ein Jahr später gründete er in Leipzig den Allgemeinen Deutschen Arbeiterverein (ADAV) zur Vertretung der sozialen Interessen des deutschen Arbeiterstandes, dem er fünf Jahre als Präsident vorstand. Seine revolutionären Ansichten zur Arbeiteremanzipation und zum Wahlrecht sorgten dafür, dass er in Regierungskreisen erneut negativ auffiel und 1863 ein weiteres Mal verhaftet wurde.
Danach reiste Lassalle in Kur, wo er die Bekanntschaft Helene von Dönniges machte und sich in die bereits verlobte, junge Frau verliebte. Nachdem ihr Vater ihm ihre Hand verweigerte, forderte Lassalle ihn zum Duell. Der Vater erschien nicht selbst, sondern schickte Helenes ehemaligen Verlobten. Lassalle erlag drei Tage nach dem Duell seinen Verletzungen.

Friedhof: Ferdinand Lassalle wurde auf dem jüdischen Friedhof seiner Heimatstadt Breslau bestattet. 1870 bettete man seine verstorbene Mutter Rosalie zu ihm.
C. H.

ROSA LUXEMBURG
5. März 1871 – 15. Januar 1919

Rozalia Luksenburg stammte aus dem polnischen ZamoÊç und war die Tochter eines Holzhändlers. Nachdem die Familie 1880 nach Warschau gezogen war, besuchte Rosa Luxemburg dort das Mädcheninternat. Schon in jungen Jahren interessierte und engagierte sie sich für politische Ziele und schwamm damit nicht selten gegen den Strom. Als ihre Mitgliedschaft in der verbotenen Linkspartei „Proletariat" bekannt wurde, musste Rosa fliehen und verließ ihre Heimat. Sie ging nach Zürich, wo sie sich 1890 an der Universität einschrieb, studierte und weiterhin politisch tätig war.
Für die Pariser Exilzeitung „Sprawa Robotnicza" („Arbeitersache") formulierte sie ihre Ansichten über ein unabhängiges Polen und vertrat die Auffassung, dass zunächst europaweit gegen Kapitalismus und Monarchie anzugehen sei. Außerdem war sie an der Gründung der Vereinigung „Sozialdemokratie des Königreiches Polen" beteiligt.

1897 wurde sie in Zürich promoviert und ging mit Gustav Lübeck eine Scheinehe ein, um die deutsche Staatsbürgerschaft zu erhalten. Rosa zog nach Berlin, engagierte sich für die deutsche Arbeiterbewegung und schloss sich der SPD an.

Luxemburg erwies sich schnell als scharfzüngige und energische Rednerin, die auch das Streitgespräch mit Parteikollegen nicht scheute, wenn es der Sache diente. So reagierte sie lautstark auf Eduard Bernsteins Aussagen, der späteren Revisionismusdebatte, über die Zukunft der Partei und ihrer Ausrichtung. Auch in Zeitungsartikeln, nicht zuletzt in der Leipziger Volkszeitung, deren Chefredaktion Luxemburg zeitweise übernahm, schrieb sie über wirtschaftliche und politisch-gesellschaftliche Fragen der Zeit. Ihre wiederholten Angriffe gegen den Militarismus und Imperialismus handelten ihr so manche Strafanzeige ein, 1904 musste sie sogar wegen Majestätsbeleidigung ins Gefängnis. 1907 übernahm sie einen Lehrauftrag an der SPD-Parteischule in Berlin.

Nachdem Rosa Luxemburg 1913 bei einer Kundgebung in Frankfurt am Main zur Kriegsdienstverweigerung aufrief, wurde sie zu einem Jahr Haftstrafe verurteilt, welche sie 1915 antrat. Drei Monate nach ihrer Entlassung wurde sie ein weiteres Mal verurteilt. Auch während ihrer Inhaftierung schrieb Luxemburg weiterhin politische Texte, welche aus den Haftanstalten herausgeschmuggelt und geheim publiziert wurden. Bis 1918 blieb sie in „Sicherheitsverwahrung".

Im November desselben Jahres gründete sie mit Karl Liebknecht die Zeitschrift „Die Rote Fahne", die zunächst als Organ des Spartakusbundes gedacht war, sich aber zum Zentralorgan der KPD entwickelte. 1919 fielen Liebknecht und Luxemburg den Januaraufständen in Berlin zum Opfer: Soldaten der Garde-Kavallerie-Schützendivision verschleppten die beiden und ermordeten sie am Folgetag.

Friedhof: Die „Gedenkstätte der Sozialisten" ist eine Sektion des Zentralfriedhofs Friedrichsfelde im heutigen Berlin-Lichtenberg und liegt in der Nähe des Haupteingangs. Auf dem Friedhof sind viele sozialdemokratische, sozialistische und kommunistische Aktivisten bestattet.

LEE HARVEY OSWALD
18. Oktober 1939 – 24. November 1963

Es scheint bewiesen, dass Lee Harvey Oswald John F. Kennedy von der sechsten Etage des Texas School Book Depository aus erschossen hat. Davon abgesehen ist alles andere ungewiss. Jede nur erdenkliche Möglichkeit und Unmöglichkeit in seinem Leben, Aufenthaltsorte, Motive, Verbindungen und Identität wurden endlos debattiert und von einer Untersuchungskommission bewertet. Millionen von wahrheitssuchenden Bürgern und Gott weiß wie viele Verschwörungstheoretiker – von denen einige, frei herausgesagt, total verrückt sind – bemühen sich noch heute darum, die Wahrheit ans Licht zu bringen.

Abgesehen vom Warren Report ist es, selbst nach nur einem kurzen Blick auf die Fakten, sehr schwierig zu glauben, dass Oswald allein für die Ermordung Kennedys verantwortlich sein soll. Jedes nur erdenkliche Szenario ist vorgebracht worden, und es ist so gut wie sicher, dass niemals jemand wissen wird, was genau passiert ist und wer letztendlich an der Ermordung beteiligt oder nicht beteiligt war.

Es scheint einige gute Gründe für die Annahme zu geben, dass Oswald mindestens einen Komplizen gehabt haben muss. Hätte Oswald das Attentat im Alleingang durchgezogen, Ton- und Filmaufnahmen sowie die ballistischen Beweise lassen mehrere Szenarien zu, ergäben sich folgende unerklärbare Probleme: Die forensischen Untersuchungen bieten der Theorie eines einzigen Schützen keinerlei Unterstützung. Die Unterstützer einer bestimmten Theorie über den einsamen Schützen nehmen an, dass Oswald dreimal gefeuert hat. Doch wenn das wahr wäre, hätte laut ballistischem Gutachten eines der Geschosse sieben Wunden in zwei verschiedenen Körpern verursachen müssen - manche davon befanden sich fast im rechten Winkel zueinander. Und dann wurde noch festgestellt, dass dieses Geschoss jenes sein muss, dass in fast makellosem Zustand auf Kennedys Bahre gelegen hat, was absolut unmöglich ist. Anhänger einer weiteren Theorie des einsamen Schützen bestehen darauf, dass Oswald vier Schüsse abgefeuert hat, allerdings ist dieses Szenario genauso unglaubwürdig, weil Oswald in den sechs Sekunden, in denen geschossen worden war, niemals vier Schüsse aus seinem Gewehr hätte abfeuern können, wie es in Zapruders berüchtigtem Film zu sehen gewesen ist - außerdem muss man im Gedächtnis behalten, dass er es hätte üben müssen, so präzise auf ein bewegliches Ziel zu feuern, das sich knapp 70 Meter von ihm entfernt befunden hat.

Die forensischen Untersuchungen der Ermordung Kennedys unterstützen nicht ein einziges Szenario, in dem nur ein einziger Schütze vorkommt, also kann Oswald unmöglich allein gehandelt haben.

Oswald wurde zwei Tage nach seiner Verhaftung in einem Parkhaus erschossen, noch bevor er vor Gericht gestellt werden konnte.

MARTIN LUTHER KING JR.
15. Januar 1929 – 4. April 1968

Nachdem er an der Universität von Boston seinen Doktor in Theologie erworben hatte, zog Martin Luther King Jr. nach Montgomery, Alabama, wo er als Priester in einer Baptistengemeinde tätig werden sollte. Da er in Alabama aufgewachsen war, waren ihm die Vorurteile der Südstaatenbewohner nicht fremd, aber die von unverhohlenem Rassismus geprägte Engstirnigkeit der Bewohner Montgomerys war so empörend, dass sich Martin ein neues Ziel setzte: Er widmete sein Leben von nun an der Bekämpfung dieser Ungerechtigkeit und verschaffte den Schwarzen eine faire Chance auf den amerikanischen Traum.

Nach Rosa Parks' Weigerung, ihren Sitz im Bus für einen weißen Fahrgast zu räumen, entbrannte der Boykott der Busse von Montgomery, der von Martin organisiert worden war, und er endete erst vor dem obersten Gerichtshof der Vereinigten Staaten, als die Trennung von Schwarzen und Weißen in öffentlichen Transportmitteln für unzumutbar erklärt wurde. Martin baute auf diesem Erfolg auf, der ohne Gewalt erreicht worden war, und gründete 1957 die Southern Christian Leadership Conference – damit wurde er zu einer Leitfigur mit einer nationalen Plattform. Die Bürgerrechtsbewegung hatte ihren Anfang genommen.

In den Jahren darauf organisierte Martin viele ähnliche gewaltlose Proteste, und die Bewegung erreichte ihren Zenit, als im Jahre 1964 der Civil Rights Act verabschiedet wurde. Die weitreichende Gestzgebung hob die Rassentrennung auf und setzte gleiche Rechte in allen öffentlichen Bereichen durch, und eine eigens gebildete Kommission sorgte dafür, dass die Gesetze auch eingehalten wurden. Obwohl Martin und seine mehrere Tausend Anhänger nicht vergeblich gekämpft hatten, hatte sie der Sieg auch einiges gekostet. Man hatte Feuerwehrschläuche auf sie gerichtet, um Mitternacht Kreuze vor ihren Häusern verbrannt und sie gelyncht. Martin hielt jedoch seinen friedvollen Kurs ein und versicherte seinen Anhängern mit biblischem Tonfall, dass ihr Kampf siegreich sein könne, wenn kein Blut in ihrem Namen vergossen würde.

Im Alter von 39 Jahren wurde Martin in Memphis, Tennessee ermordet. Als er auf dem Balkon des Lorraine Motels stand, wurde von einem Badezimmer eines gegenüberliegenden Gebäudes aus ein einziger Schuss auf ihn abgefeuert. Ein Flüchtling aus einem Gefängnis in Missouri mit dem Namen James Earl Ray hatte sich in dem Gebäude aufgehalten und bei ihm wurden ein Gewehr und ein Fernglas mit seinen Fingerabdrücken gefunden. Zwei Monate später wurde er in London verhaftet, jedoch stand er niemals vor Gericht, da er sich schuldig bekannt hatte, um der Todesstrafe zu entgehen. Ballistische Tests waren niemals in der Lage zu beweisen, dass das Geschoss aus Rays Waffe abgefeuert wurde oder nicht, und auf der Basis dieser Erkenntnisse versuchte Ray, sein Geständnis zu widerrufen, und stellte deshalb wiederholt Anträge auf Aufnahme eines Verfahrens, jedoch ging kein Gericht auf diese Forderung ein. Im Jahre 1998 starb Ray an Hepatitis und wurde eingeäschert.

Martin liegt in einer wunderschönen Krypta auf dem Gelände der Martin Luther King Jr. National Historic Site begraben, die im Jahre 1970 in Atlanta eröffnet worden war.

Weg zum Grab: Verlassen Sie die I-75/85 an der Ausfahrt 95 und folgen Sie entweder der Butler Road oder der Hilliard Street einen Block weit in nördlicher Richtung bis zur Auburn Avenue. Biegen Sie rechts auf die Auburn Avenue ab, die Örtlichkeit liegt etwa eine Meile entfernt auf der rechten Seite.

GENERAL DOUGLAS MACARTHUR
26. Januar 1880 – 5. April 1964

Douglas MacArthur war der Sohn eines Kriegshelden, der im Bürgerkrieg für die Nordstaatenarmee gekämpft hatte. Sein Vater und er sind das einzige Vater-Sohn-Paar, das die Ehrenmedaille der amerikanischen Streitkräfte erhalten hat.
Nachdem er die West Texas Military Academy besucht hatte, wurde Douglas nach West Point berufen und graduierte als Erster in der Klasse von 1903. Im folgenden Jahrzehnt stieg er stetig die Karriereleiter der Army hinauf und wurde schließlich zu ihrem ersten Offizier für öffentliche Angelegenheiten. Außerdem wurde ihm zugute gehalten, den Amerikanern das Mobilmachungsgesetz von 1917 schmackhaft gemacht zu haben. Als die Vereinigten Staaten in den Ersten Weltkrieg eintraten, kommandierte MacArthur eine Kampftruppe in Frankreich und wurde zum am höchsten dekorierten amerikanischen Soldaten des Kriegs.
Während seine Kameraden degradiert wurden und wieder die Ränge erhielten, die sie vor dem Krieg innegehabt hatten, erhielt MacArthur einen völlig neuen Posten als Leiter von West Point und führte die Akademie ins 20. Jahrhundert. Er sorgte dafür, dass Offiziere aus der Akademie hervorgingen, die in der Lage waren, das Land in solch einem modernen Krieg zu führen, den er selbst gerade erst erlebt hatte.

1923 übernahm er die Leitung der Einheiten auf den Philippinen und im Jahre 1930 ernannte ihn Präsident Hoover zum Generalstabschef. Nach nur fünf Jahren in der Heimat wurde MacArthur zurück auf die Philippinen versetzt, um eine Militärmission der USA zu leiten und die Inseln auf ihre Unabhängigkeit vorzubereiten. Am 7. Dezember 1941 versetzte das expandierende Japan der USA in Pearl Harbor jedoch einen harten Schlag, und ohne genug Zeit oder Geld, um eine Truppe aufzustellen, die es mit den Japanern hätte aufnehmen können, zogen sich seine Streitkräfte auf die Halbinsel Bataan zurück, wo sie um ihr Überleben kämpften, während Arthur nach Australien beordert wurde.

MacArthur ließ seine Männer im Angesicht des Todes zurück, nur sein Glaube, er könne zu einem späteren Zeitpunkt mit einer Armee zurückkehren, um sie zu retten, tröstete ihn. In den folgenden drei Jahren wurde sein Versprechen, zurückzukehren, fast schon zu einem Synonym für den Krieg im Pazifik. Obwohl MacArthurs Pfad durch die Dschungel der südpazifischen Inseln kaum in den frühen Kriegsplänen vorherzusehen gewesen war, kehrte er mit einer Streitmacht im Oktober 1944 auf die Philippinen zurück und watete während der Befreiung in Leyte ganz dramatisch an Land. Im Jahr darauf führte MacArthur den Vorsitz über die Kapitulation Japans an Bord der USS Missouri, welche den Zweiten Weltkrieg beendete.

Nach dem Krieg wurde er zur Leitfigur und seinen wahrscheinlich größten Beitrag zur Geschichte leistete er in den folgenden fünf Jahren als Oberkommandierender der Alliierten Streitmächte in Japan. Als militärischer Gouverneur führte er politische Grundsätze ein, die Japan vom Militarismus befreien sollten, und nach der erfolgreichen Übernahme des verwüsteten Japans sorgte er dafür, dass es wieder aufgebaut wurde, eine demokratische Regierung eingesetzt wurde und dass das Land einen Kurs einschlug, der es zu einem der führenden Industrienationen der Welt gemacht hat.

Nach dem Ausbruch des Koreakrieges im Juli 1950 erhielt MacArthur den Oberbefehl über die mit UN-Mandat ausgestatteten internationalen Truppen und führte diese im Hafen von Incheon zum Sieg, indem er die Nordkoreaner zwang, den Großteil des von ihnen eroberten Gebiets aufzugeben. Als sich jedoch China aufseiten Nordkoreas einmischte, sprach sich MacArthur für eine Ausweitung des Kriegs auf China aus, und Präsident Truman enthob ihn daraufhin am 11. April 1951 seines Kommandos.

Als der letzte große General des Zweiten Weltkriegs nach Hause zurückkehrte, wurde er wie ein Held willkommen geheißen und beendete seine Ansprache an den Senat mit einem Zitat aus einem alten Kriegslied: „Old soldiers never die, they just fade away", was auf Deutsch etwa folgendermaßen lautet: „Alte Soldaten sterben nie, sie verschwinden nur." Er blieb diesem Satz treu und verschwand aus der Öffentlichkeit. Er verbrachte den Rest seines Lebens an einem ruhigen Plätzchen in New York, bis er im Alter von 84 Jahren verstarb.

Douglas MacArthur erhielt sein eigenes Denkmal, das MacArthur Memorial, in Norfolk, Virginia.

Weg zum Grab: Verlassen Sie die I-264 an der Ausfahrt 10, die auf die City Hall Avenue führt und folgen Sie dann der Beschilderung bis zum MacArthur Center, einem großen Einkaufszentrum gegenüber des MacArthur Memorials. Vielleicht finden Sie an der Straße einen Parkplatz, allerdings ist es am einfachsten, wenn sie in der Südgarage des MacArthur Centers parken und dann zum Denkmal hinübergehen. Nehmen Sie Ihr Parkticket mit - am Denkmal wird es entwertet und Sie müssen das Parken nicht bezahlen.

Das MacArthur Memorial ist ein Nationaldenkmal und nimmt aus diesem Grund auch Spenden an. Was immer Sie auch zu spenden bereit sind - es ist es wert. Der wunderschön gestaltete Komplex beinhaltet ein Theater, eine Bibliothek und ein Museum mit neuen Ausstellungsgalerien. Der General und seine Frau liegen in der Mitte des Komplexes begraben.

JOE MCCARTHY
14. November 1909 – 2. Mai 1957

Joe McCarthy war ein gewöhnlicher Senator von Wisconsin in seiner ersten Amtszeit, als er im Februar 1950 seine Bestimmung erkannte. Als er bei einem Treffen des Republican Women's Club in West Virginia auftrat, gab McCarthy bekannt, dass er im Besitz einer Liste sei, auf der 205 Personen verzeichnet wären, die Mitglieder der kommunistischen Partei seien und trotzdem noch im Außenministerium arbeiteten.
Einmal abgesehen von der Tatsache, dass es keinesfalls ein Verbrechen war, Mitglied der kommunistischen Partei zu sein, weigerte sich McCarthy, Auskunft darüber zu erteilen, wie er an die Namen gekommen war, und obwohl er die genaue Anzahl derjenigen gar nicht bestimmen konnte, die das Außenministerium möglicherweise infiltrierten - er sprach in seiner Rede in Salt Lake City eine Woche später von 57 und wiederum fünf Tage später von 81 Verdächtigen -, wirkte seine Aussage wie Benzin, das auf die glühenden Kohlen des Kalten Krieges gegossen wurde.
Die Anspannung hätte sich im Juli 1950 legen sollen, nachdem es McCarthy nicht geschafft hatte, einen einzigen der Kommunisten beim Namen zu nennen und der Senat verkündete, McCarthys Kampagne sei nur Schall und Rauch gewesen. Jedoch war McCarthys fantastische Kontroverse bereits außer Kontrolle geraten und konnte sicher nicht mehr durch die bloße Meinung eines untergeordneten Komitees aufgehalten werden. Stattdessen hetzte McCarthy seine Anhänger mit flammenden Reden auf und ließ einige bekannte Bürger Washingtons vorladen und forderte, dass Namen genannt würden. Damit unterlief er die exekutiven und judikativen Autoritäten und stellte jeden unter Verdacht, der ihm nicht passte. Seinen Charakter oder seine Vorgehensweise bei dieser Hexenjagd zu kritisieren, konnte dazu führen, dass man ausgeschlossen wurde, und das bedeutete, man war so gut wie „Rot".
Seine Kassen schäumten schon fast über von dem ganzen Geld, das ihm von glühenden Anhängern zur Verfügung gestellt worden war. Im Jahre 1952 erreichte McCarthy seine Wiederwahl und wurde zum Vorsitzenden des „Ständigen Unterausschusses für Untersuchungen", dem „Permanent Subcommittee on Investigations". 1954 ließ er

Gesinnungsprüfungen durchführen, um kommunistische Spione in den Reihen der Army aufzuspüren. Seine eigene republikanische Partei lehnte die Verhöre ab, da sie wusste, dass man nichts finden würde. Jedoch ließen die Demokraten die Verhöre zu und erlaubten McCarthy damit, politischen Selbstmord zu begehen, und mit etwas Glück würde er seine Partei gleich mitnehmen.
Die Verhöre begannen am 23. April 1954 und McCarthys schamlose Ablehnung von angemessenen Untersuchungen und seine unerhörten Fragetechniken wurden etwa 20 Millionen Fernsehzuschauern auf dem Silbertablett serviert. Nach 36 Tagen fühlte sich die Army bestätigt und Senator McCarthy verlor sogleich an Bedeutung. Im Juli wurde McCarthy getadelt und ein Antrag gestellt, ihn aus dem Senat zu entfernen, und im Dezember 1954 folgte der Ausschluss.
Schon bevor sein politischer Ruf zerstört worden war, gab es Gerüchte, McCarthy leide unter Alkoholsucht, und obwohl er noch offiziell ein Senator war, blieb er daheim und schaute sich Seifenopern an, dabei trank er kontinuierlich. Im Sommer 1956 wurde er zum Zweck einer Entgiftung in ein Krankenhaus gebracht, wo er unter starken Entzugserscheinungen litt und schrie, er würde von Schlangen angegriffen. Die Behandlung zeigte schließlich Wirkung, aber schon bald verfiel McCarthy erneut dem Alkohol und sein Gesicht war aufgeschwemmt, sein Körper war ausgemergelt und seine Haut hatte sich gelb verfärbt.
Als er wiederum in das Navy Medical Center in Bethesda, Maryland eingeliefert wurde, sagte seine Frau, er unterziehe sich einer Behandlung wegen einer alten Knieverletzung, aber als er vier Tage später im Alter von 47 Jahren verstarb, gab das Krankenhaus bekannt, McCarthy sei an einer akuten Hepatitis verstorben, Ursache unbekannt. Später wurde bekannt, dass McCarthy in der Neurologie wegen seiner Alkoholsucht behandelt worden war, die letztendlich zu einem Leberversagen geführt hatte.
Er wurde auf dem Saint Mary's Church Cemetery in Appleton, Wisconsin beigesetzt.

Weg zum Friedhof: Verlassen Sie die Route 41 oder die Route 10 an der Ausfahrt 136 und folgen Sie der Prospect Avenue etwa eine Meile weit in östlicher Richtung. Der Friedhof liegt zu Ihrer Rechten.

Weg zum Grab: Fahren Sie auf das Friedhofsgelände, überqueren Sie die Brücke und halten Sie hinter der Kapelle. Joes Grabstein liegt auf der rechten Seite am Ufer des Flusses.

In den 50 Jahren nach den Anhörungen durch McCarthy tauchten immer wieder Informationen des KGB auf, die besagen, dass die Kommunisten tatsächlich die Regierung infiltriert hatten. Jedoch rechtfertigen diese Enthüllungen die Vorgehensweise McCarthys nicht. Es ist klar, dass McCarthy eine Infiltration nur vermutet hatte und keine Informationen über irgendwelche Verdächtigen besaß. Nachdem er sich diese Liste mit Bedrohungen ausgedacht hatte, trat er die Verfassung der Vereinigten Staaten mit Füßen, verleumdete Hunderte von Amerikanern und profitierte, jedenfalls für eine Weile, politisch und persönlich von der Hysterie, die er ausgelöst hatte.

J. ROBERT OPPENHEIMER
22. April 1904 – 18. Februar 1967

Im Jahre 1939 brachte Niels Bohr eine Neuigkeit mit in die Vereinigten Staaten, die besagte, dass deutschen Wissenschaftlern die Kernspaltung gelungen war. Dies bedeutete, dass die Nationalsozialisten dabei waren, eine Atombombe zu entwickeln, und nachdem Präsident Roosevelt diese schreckliche Neuigkeit erfahren hatte, rief er ein wissenschaftliches Programm ins Leben, in dessen Rahmen eine solche Waffe entwickelt werden sollte, bevor es der Feind tun konnte.

An der Columbia Universität, der Universität von Chicago und in einer Anlage in Oak Ridge, Tennessee fanden bereits Forschungen in dieser Richtung statt, aber nun erlangte das Atomprojekt höchste Priorität; im Angesicht der drohenden Gefahr war kein Preis zu hoch und kein Opfer zu groß. Die Top-Physiker des Landes und ein paar Tausend Helfer begannen mit der Arbeit an dem sogenannten „Manhattan-Projekt" in Los Alamos, Neumexiko. Das wissenschaftliche Genie J. Robert Oppenheimer wurde zum technischen Direktor ernannt.

Unter seiner Führung arbeiteten die hellsten Köpfe in der Physik daran, die Rätsel der Atombombe zu entschlüsseln. Die Anstrengungen der Menschen, die für das Manhattan-Projekt arbeiteten, wurden am 16. Juli 1945 belohnt, als die erste nukleare Detonation in der Wüste von Neumexiko stattfand. Als Oppenheimer dastand und die pilzförmige Wolke an diesem historischen Tag in den Himmel aufsteigen sah, lag das Gewicht dieser Errungenschaft schwer auf seinen Schultern, und später erzählte er, ihm sei ein Satz aus einer Schrift der Hindus durch den Kopf gegangen: „Nun bin ich der Tod, der Zerstörer der Welten."

Wenige Wochen später wurden Atombomben über den japanischen Städten Hiroshima und Nagasaki zur Explosion gebracht, die eine bedingungslose Kapitulation Japans und das Ende des Zweiten Weltkriegs zur Folge hatten.

Nach dem Krieg übernahm Oppenheimer den Vorsitz des Beratungskomitees der amerikanischen Atomenergiebehörde und brachte dort seine Bedenken gegenüber der nächsten Generation von Atombomben zum Ausdruck, den Wasserstoffbomben. Auf dem Höhepunkt der Hexenjagd auf mögliche kommunistische Spione im Jahre 1953 entzog man Oppenheimer seinen Sicherheitsstatus, und er verlor später seinen Posten, da er sich gegen weitere Massenvernichtungswaffen aussprach und für eine liberale Vorgehensweise aussprach.

Bis zu seinem Tod war Oppenheimer der Direktor des Institute for Advanced Study an der Universität Princeton. Er verstarb im Alter von 62 Jahren an Kehlkopfkrebs.

Er wurde eingeäschert und seine Asche über den Virgin Islands verstreut.

OSKAR SCHINDLER
28. April 1908 – 9. Oktober 1974

Oskar Schindler wuchs als Sohn wohlhabender Eltern auf dem Gebiet der heutigen Tschechischen Republik auf, jedoch musste das Familienunternehmen während der Weltwirtschaftskrise, die dem Zweiten Weltkrieg vorausging, schließen, und die Familie Schindler war bankrott. Im Jahre 1939 marschierten die ersten Divisionen in die Tschechoslowakei ein, und Oskar wurde gedrängt, der nationalsozialistischen Partei beizutreten. Nach kurzer Zeit fiel Polen an die Deutschen, und Oskar ging nach Krakau, um dort sein Glück zu versuchen.

In Polen angekommen, arbeitete er nach einer Unterredung mit der Gestapo als Spion für die Deutschen – er sollte Informationen über polnische Bürger sammeln, die gegen die Nazis waren. Als Spion erhielt er einen hohen Status uns war so in der Lage, zwei Fabriken, die zuvor in jüdischer Hand gewesen waren, zu „erwerben".

Oskar führte seine Emailwarenfabrik genauso, wie es die anderen Nationalsozialisten taten. Er beschäftigte Juden aus der Gegend, die billigsten Arbeitskräfte, die er finden konnte, und wandte sich von der Realität ab, die ihm seinen neu gewonnenen Unternehmererfolg erst ermöglicht hatten.

Doch schon bald hatte Oskar Bedenken und begann, hohe Vertreter der Nationalsozialisten zu manipulieren, damit seine jüdischen Arbeiter nicht in die Konzentrationslager deportiert wurden. Oskar versuchte nun verstärkt, seine Arbeiter zu schützen, allerdings nur im Geheimen, bis ihm im Jahre 1942, nachdem er Zeuge eines Angriffs auf ein jüdisches Ghetto gewesen war, plötzlich klar wurde, dass die Nationalsozialisten nicht weniger wollten als die komplette Vernichtung der Juden. Als er sah, wie unschuldige Menschen in Zügen zusammengepfercht wurden und dem sicheren Tod entgegenfuhren, erwachte etwas in ihm. „Von diesen Tag an musste jeder denkende Mensch wissen, was passieren würde", sagte er später. „Ich war nun fest entschlossen, alles in meiner Macht Stehende zu tun, um das System aufzuhalten."

Bald darauf hatte Oskar einige Offizielle davon überzeugt, ein privates Unterlager des Hauptlagers P[]aszów für seine jüdischen Arbeiter nahe seiner Fabrik einrichten zu dürfen, um die nötigen Arbeiter rekrutieren zu können. Die Alten wurden 20 Jahre jünger gemacht und die Kinder als Erwachsene vermerkt. Anwälte, Doktoren und Künstler wurden als Metallarbeiter und Mechaniker ausgegeben, damit alle überleben konnten.

Im Herbst 1944 versuchten die Nationalsozialisten mit aller Macht, die Vernichtung der polnischen Juden zu vollenden, bevor die Russen eintreffen würden, um sie zu befreien, und es schien, als sei die Zeit der Schindler-Juden abgelaufen. Aber anstatt aufzugeben, nutzte Oskar verzweifelt all seine Kontakte von Krakau über Warschau bis nach Berlin aus, um seine Fabrik und besonders seine Arbeiter zu schützen. Und obwohl es niemand für möglich gehalten hatte, schaffte er es. Er erhielt die Erlaubnis, die gesamte Fabrik in das besetzte Brünnlitz in der Tschechoslowakei umzusiedeln und seine Arbeiter mitzunehmen. Die 1.098 Arbeiter, die auf Schindlers Liste der Beschäftigten vermerkt waren, entgingen dem Schicksal unzähliger anderer, die in den Gaskammern der Nationalsozialisten ums Leben kamen.

Im Mai 1945 war alles vorbei. Die Russen marschierten in Brünnlitz ein, aber durch eine ironische Wendung war Schindler, der Nazi, nun ein Flüchtling, während die jüdischen Arbeiter in seiner Fabrik endlich frei waren. Zusammen mit seiner Frau und einer Handvoll Arbeiter floh Schindler nach Argentinien, wo er bis zum Jahre 1958 lebte und dann nach Deutschland zurückkehrte. Er verbrachte den Rest seines Lebens zwischen Deutschland und Israel, wo er von den Kindern der von ihm geretteten Juden in hohen Ehren gehalten wurde. Als man von ihm eine Erklärung für seine Heldentat verlangte, sagte Schindler: „Ich bin das Gewissen all jener, die etwas wussten, aber nichts taten."
Im Jahre 1962 wurde Schindler in der Gedenkstätte Yad Vashem empfangen, der bedeutendsten Gedenkstätte der nationalsozialistischen Judenvernichtung, die auf dem Hügel der Erinnerung nahe des Herzlbergs im westlichen Teil Jerusalems liegt. Er wurde eingeladen, in der dortigen „Allee der Gerechten unter den Völkern" einen Johannisbrotbaum zu pflanzen, und im Jahre 1967, als Schindler den Baum schließlich pflanzte, wurde er mit einem Auszug aus dem Talmud versehen: „Wer eine einzige Seele rettet, rettet die ganze Welt."
1993 drehte Steven Spielberg einen Film, der auf Thomas Keneallys ausgezeichnetem Buch „Schindler's Ark" aus dem Jahre 1982 beruhte, der unter dem deutschen Titel „Schindlers Liste" in die Kinos kam. Der Film fesselte die Zuschauer und machte die Geschichte von Oskar Schindler berühmt.
Schindler starb im Alter von 66 Jahren in Hildesheim an Leberversagen. Er wurde in der katholischen Sektion des Mount Zion Cemetery in Jerusalem beerdigt. Dieser liegt auf dem Gipfel des Berges Zion, der Friedhof und das Grab sind leicht zu finden.

HARRIET TUBMAN
1820 – 10. März 1913

Harriet Tubmans Vorfahren waren als Sklaven in Ketten von Afrika nach Amerika gebracht worden, um auf den Farmen im Osten Marylands zu arbeiten. Im Jahre 1849 gelang Harriet jedoch die Flucht in die Freiheit, nachdem sie erfahren hatte, dass sie an einen Sklavenhalter im tiefen Süden verkauft werden sollte. Sie erreichte Philadelphia und sagte später: „Ich war frei, doch es war niemand da, um mich im Land der Freiheit willkommen zu heißen." Man schickte sie zu dem Sklavereigegner William Still, der das General Vigilance Committee leitete. Er verriet Harriet die Existenz der Underground Railroad, einem losen Zusammenschluss sicherer Häuser von Sympathisanten der Sklavereigegner, die eine Route aus dem Süden hinaus in die Freiheit darstellten. In den folgenden 16 Jahren bis zur Einführung der Emancipation Proclamation, der Emanzipationserklärung, im Jahre 1865, kehrte Harriet mindestens 18 Mal in den Süden zurück und führte mehr als 300 Sklaven, darunter sieben Mitglieder ihrer eigenen Familie, über die Underground Railroad in die Freiheit und wurde zu ihrer bekanntesten „Zugführerin". Nach ihren eigenen Angaben hat Harriet ihren „Zug stets auf den Schienen gehalten und keinen einzigen Passagier verloren".

Während des Bürgerkriegs verbrachte Harriet zwei Jahre in South Carolina und arbeitete dort für die Armee der Nordstaaten als Krankenschwester, nebenbei half sie der schwarzen Bevölkerung dabei, ihre Flucht in den Norden zu organisieren. Nach dem Krieg ließ sie sich in Auburn, New York nieder und die Regierung half ihr dabei, ein Haus zu bekommen. Im Jahre 1896, Harriet war bereits über 70 Jahre alt, kaufte sie ein weiteres Grundstück und eröffnete das Altenheim „Harriet Tubman Home for the Aged", das der notleidenden schwarzen Bevölkerung Zuflucht und Hilfe bot. Harriet verbrachte die letzten beiden Jahre ihres Lebens als Patientin in ihrem eigenen Altenheim, wo sie später an einer Lungenentzündung verstarb.
Sie war etwa 93 Jahre alt, als sie auf dem Fort Hill Cemetery in Auburn, New York beigesetzt wurde.

Weg zum Friedhof: Verlassen Sie die I-90 an der Ausfahrt 40 und folgen Sie der Route 34 für etwa neun Meilen in südlicher Richtung, bis sie das Stadtzentrum von Auburn erreichen. Biegen Sie rechts auf die Genesse Street ab und biegen Sie eine halbe Meile weiter gleich links auf die Fort Street ab, die direkt zum Friedhof führt.

Weg zum Grab: Halten Sie sich gleich vor dem Steingebäude rechts und fahren Sie auf das Friedhofsgelände. Folgen Sie der Straße entlang des Maschendrahtzauns. Halten Sie, kurz bevor die Straße einen Knick nach links macht, zu Ihrer Linken Ausschau nach einer großen Fichte. Direkt vor der Fichte liegt Harriets Grabstein, umgeben von einigen Büschen.

Harriet Tubmans Altenheim ist heute ein Museum und liegt eineinhalb Meilen weiter südlich an der Route 34.

WALTER ULBRICHT
30. Juni 1893 – 1. August 1973

Schneidersohn Walter Ernst Paul Ulbricht stammte aus Leipzig und absolvierte nach dem Besuch der Volksschule eine Tischlerlehre. Bereits in der Schulzeit zeigte Ulbricht politisches Interesse und war mit 15 Jahren in die Sozialistische Arbeiterjugend eingetreten, mit 17 gehörte er zum Deutschen Holzarbeiterverband. Im Jahre 1912 wurde er Mitglied der SPD und besuchte danach die Leipziger Bezirksparteischule der Sozialdemokraten. 1914 trat er der Karl-Liebknecht-Gruppe bei. Der Erste Weltkrieg brachte den Soldaten Ulbricht ins Ausland. Er leistete seinen Dienst in Belgien, Serbien und Mazedonien und trat 1917 der USPD bei, einer Abspaltung der SPD. Auch an der Novemberrevolution von 1918 nahm Walter Ulbricht teil, als Mitglied des Soldatenrates seines Armeekorps.

Als 1919 die KPD gegründet wurde, war der inzwischen wieder nach Leipzig zurückgekehrte Ulbricht Gründungsmitglied und saß einige Jahre später auch im sächsischen Landtag. Zudem arbeitete er als Redakteur für die KPD-Zeitung „Klassenkampf". Als Mitglied des Politbüros des Zentralkomitees hatte Ulbricht nach 1929 maßgeblichen Einfluss auf die Parteipolitik der KPD, seit 1928 saß der Politiker auch im Reichstag und engagierte sich für die KPdSU. Bis zur Machtübernahme der Nationalsozialisten verlief Ulbrichts politische Karriere schnell und stetig, doch 1933 beschuldigten ihn die neuen Machthaber um Adolf Hitler antifaschistischer Tätigkeiten. Ulbricht floh nach Paris und übernahm von dort aus die Auslandsleitung der KPD. Auch in Prag und Moskau wurde er in den Kriegsjahren aktiv und war unter anderem an der Gründung des Nationalkomitees Freies Deutschland beteiligt, einem Zusammenschluss Kriegsgefangener und Emigranten zum Kampf gegen den Nationalsozialismus.

1945 kehrte Ulbricht nach Deutschland zurück und nahm wieder eine Stellung im Vorstand der KPD ein. Bis 1950 war er stellvertretender Parteivorsitzender. Mit der Gründung der Deutschen Demokratischen Republik nahm Ulbricht als Mitglied des SED-Politbüros regen Anteil an der Gestaltung und inhaltlichen Ausrichtung der DDR. Ulbricht wurde 1950 Generalsekretär des Zentralkomitees der SED und 1953 dessen Erster Sekretär. Darüber hinaus war er zeitweise im sächsischen Landtag und in der DDR-Volkskammer vertreten.

Nach Wilhelm Piecks Tod wurde Ulbricht neues Staatsoberhaupt der DDR und hatte die höchsten Ämter des Landes inne. Nach internen Streitigkeiten musste er 1971 gehen und wurde von Erich Honecker abgelöst. Ulbricht blieb der Politik auf einem Ehrenposten erhalten und war bis zu seinem Lebensende Vorsitzender des Staatsrates. Walter Ulbricht starb 1973 während der Weltfestspiele der Jugend im Gästehaus der DDR-Regierung, nahe des im Berliner Norden gelegenen Döllnsees.

Friedhof: Der Zentralfriedhof Friedrichsfelde liegt in Berlin-Lichtenberg.

Zum Grab: Walter Ulbrichts Grab befindet sich im Rondell der dortigen Gedenkstätte der Sozialisten.

C. H.

DIE BRÜDER WRIGHT

Wilbur Wright
16. April 1867 – 30. Mai 1912

Orville Wright
19. August 1871 – 30. Januar 1948

Im späten 19. Jahrhundert entdeckten Wilbur und Orville Wright ihre Leidenschaft für die Fliegerei, was zu dieser Zeit Gleiten bedeutete, und in kurzer Zeit lasen sie alles über das Thema, was jemals darüber geschrieben worden war. Sie stimmten mit den Ansätzen der damaligen Konstrukteure nicht überein, also wagte Wilbur einen kompletten Neuanfang und hielt fest, was seiner Meinung nach die wichtigsten Elemente einer Flugmaschine waren. Sie bräuchte Flügel, um zu gleiten, eine Energiequelle für den Vortrieb und einen Kontrollmechanismus. Als Erster der Flugpioniere erkannte Wilbur, dass im Flugzeug in allen drei Rotationsachsen kontrolliert werden muss, und es scheint, dass diese simple Entdeckung den Durchbruch der Brüder bedeutete. Dies und ihr beharrliches Durchhaltevermögen sorgten dafür, dass die Brüder ihre erste erfolgreiche Flugmaschine bauen konnten.

Im Jahre 1902 verfügten die Brüder über einen kontrollierbaren Gleitapparat, aber um eine propellerbetriebene Flugmaschine herzustellen, fehlte ihnen ein leichter Verbrennungsmotor, der bis dahin noch nicht existierte. Jedoch ließen sich die Brüder davon nicht aufhalten, und nach einem Jahr hatten die beiden einen Vierzylinder-Motor mit zwölf PS in ihrem Fahrradladen fertiggestellt und mit einem Propeller versehen, dessen Design an das aeronautische Prinzip der von ihnen konstruierten Tragflächen angelehnt war. Orville und Wilbur hatten herausgefunden, dass ein Propeller im Grunde eine sich drehende Tragfläche ist.

Im Herbst 1903 hatten die Brüder ihre Flugmaschine fertiggestellt. Sie brachten sie nach Kitty Hawk in North Carolina, und nachdem die Brüder eine Münze geworfen hatten, machte sich Wilbur daran, sie zu fliegen. Er würgte beim Start den Motor ab und verursachte einen geringen Schaden, also durfte Orville den nächsten Versuch unternehmen. Drei Tage später, am 17. Dezember 1903, tat Orville zwölf Sekunden lang das, was vor ihm noch kein anderer Mensch getan hatte: Er flog.

Nachdem sie zwei Jahre lang einige Verbesserungen an ihrem „Flyer" vorgenommen hatten, konnten sie so lange in der Luft bleiben, wie sie wollten oder bis ihnen der Treibstoff ausging, und im Jahre 1905 wurde ihr „Wright Flyer" zum ersten nutzbaren Flugzeug der Welt. Die Brüder Wright wandten sich an das United States War Department und auch an ausländische Regierungen, um ihnen eines ihrer Flugzeuge zu verkaufen, aber sie wur-

den immer und immer wieder abgewiesen. Die Bürokraten der Regierung hielten die Brüder für verrückt, und andere dachten, wenn zwei Fahrradmechaniker ein Flugzeug bauen können, könnten sie das auch. Aber die Wrights setzten sich durch und verkauften schließlich im Jahre 1908 ihr erstes Flugzeug an die Regierung der Vereinigten Staaten. Leider erlebte Wilbur die großartigen Entwicklungen in der Fliegerei, die in den folgenden Jahrzehnten gemacht wurden, nicht mehr, da er 1912 an Typhus gestorben war. Er war 45 Jahre alt. Orville wurde immerhin 76 und starb an einem Herzinfarkt, als er 1948 die Türklingel in seinem Haus reparieren wollte.
Beiden blieben ihr Leben lang Junggesellen und liegen gemeinsam auf dem Woodlawn Cemetery in Dayton, Ohio.

Weg zum Friedhof: Verlassen Sie die I-75 an der Ausfahrt 52 und folgen Sie der Route 35 in östlicher Richtung bis zur Jefferson Street. Biegen Sie in südlicher Richtung auf die Jefferson Street ab, die erst in die Warren Street übergeht und dann zur Brown Street wird. Biegen Sie nach etwa einer halben Meile links auf die Woodland Avenue ab, der Friedhof liegt ein kleines Stück voraus.

Weg zum Grab: Fahren Sie auf das Friedhofsgelände, biegen Sie an der T-Kreuzung links ab und fahren Sie den Hügel hinauf. Halten Sie sich an der ersten Abzweigung am Lowes Mausoleum links und am Staniland Mausoleum rechts. Halten Sie am Phillips Mausoleum, das zu Ihrer Rechten liegt. Die Wrights liegen in dieser Sektion begraben, etwa 15 Meter hinter dem Mausoleum.

MALCOLM X & BETTY SHABAZZ

Malcolm X
19. Mai 1925 – 21. Februar 1965

Betty Shabazz
28. Mai 1936 – 23. Juni 1997

Der Vater von Malcolm X trat schon lange vor der Bürgerrechtsbewegung für die Rechte der Schwarzen ein. Aus diesem Grund wurde die Familie von gewalttätigen Gruppen bedrängt und Malcolms Vater endete schließlich auf der Straße, sein Schädel war zertrümmert und sein Körper beinahe in zwei Hälften zerteilt – trotzdem wurde sein Tod als Unfall abgetan.

PAARE FÜR DIE EWIGKEIT

MALCOM X &
MARTIN LUTHER KING, JR.

Im Jahre 1946 ging Malcolm wegen Einbruchdiebstahls ins Gefängnis und während seiner Haft schloss er sich der „Nation of Islam" an. Nachdem er 1952 vorzeitig entlassen worden war, trat er in die Fußstapfen seines Vaters und setzte sich unermüdlich für das Argument ein, dass das Böse eine angeborene Eigenschaft in der Welt des weißen Mannes sei. Er glaubte, dass die schwarze Bevölkerung nur gedeihen könne, wenn man sie komplett von der weißen Zivilisation trennte. Schon bald wurde er zum Anführer ernannt, und im Jahre 1956 traf er seine zukünftige Ehefrau Betty, die auch den Nachnamen „X" angenommen hatte, wie es viele Anhänger der „Nation of Islam" tun - das „X" repräsentiert den afrikanischen Familiennamen, den sie niemals wissen können.

In den 50er Jahren und den frühen 60ern entwickelte Malcolm einen brillanten Redestil und machte aus der „Nation of Islam", einer vormals unbedeutenden Splittergruppe, eine Organisation mit mehreren Tausend offiziellen Mitgliedern und unzähligen Anhängern. Da er der bekannteste und eindrucksvollste Redner der Organisation war, sprach er oft an Universitäten, wo er die Bürgerrechtsbewegung verhöhnte und die Integration und Gleichheit der Rassen ablehnte. Stattdessen sprach er sich für schwarzen Separatismus aus und plädierte dafür, zu den Waffen zu greifen und gegen die weiße Bevölkerung vorzugehen. Seine Botschaft richtete sich gegen die gewaltlosen Proteste, die Aktivisten wie Martin Luther King Jr. predigten, und aufgrund seiner militaristischen Haltung betrachteten ihn viele Weiße mit Furcht und Verachtung, doch auch viele Schwarze distanzierten sich deutlich von ihm.

Als Malcolms Bekanntheitsgrad zunahm, rief er Spannungen und Eifersüchteleien unter den Anführern der „Nation of Islam" hervor. Daraufhin fasste der Gründer Elijah Muhammad den Entschluss, die Bedrohung loszuwerden. Nachdem Malcolm John F. Kennedys Ermordung als „A case of chickens coming home to roost" bezeichnet hatte, was auf Deutsch etwa heißt „Die eigenen Taten fallen auf einen selbst zurück", schloss Muhammad ihn aus der „Nation of Islam" aus.

Im Jahre 1964 pilgerte Malcolm nach Mekka und führte im Mittleren Osten eine Zeit lang Studien durch. Er war überrascht, dass im Namen des Islam Menschen aller Rassen zusammenkamen. Er kehrte als anderer Mensch in die Vereinigten Staaten zurück, konvertierte zum orthodoxen Islam, nahm einen neuen Namen an und nannte sich von nun an El-Hajj Malik El-Shabazz. Er entwarf eine neue Philosophie namens „Black Consciousness" und ermutigte seine schwarzen Mitbürger, ihr kulturelles Erbe miteinander zu teilen.

Malcolm nahm nun nicht länger an, dass alle weißen Menschen böse seien, und er wurde ein Kritiker der nun rivalisierenden „Nation of Islam" und verurteilte ihre Überzeugungen als kontraproduktiv; es sei die Wirtschaft, nicht die Hautfarbe, die die schwarze Bevölkerung vom Erreichen ihrer Ziele abhalte, propagierte der neue Malcolm. Ferner prangerte Malcolm finanzielle Ungereimtheiten innerhalb der „Nation of Islam" an und denunzierte Elijah Muhammad als Schwindler und unmoralischen Schwerenöter. Während sich beide Seiten immer weiter beschuldigten, eskalierte der Konflikt zu unverhohlener Gewalt und es wurden sogar Todesdrohungen ausgesprochen.

Als Malcolm im Februar 1965 im Audubon Ballroom in Harlem eine Rede hielt, wurde mehr als ein Dutzend Mal auf ihn geschossen und er erlag schließlich seinen schweren

Verletzungen. Obwohl die drei Attentäter Verbindungen zur „Nation of Islam" hatten, gaben sie an, jemand anderes hätte sie für den Anschlag bezahlt. Alle drei wurden wegen Mordes angeklagt und zu lebenslanger Haft verurteilt.

Nach dem Tod ihres Mannes erwarb Betty Shabazz einen Doktorgrad in Erziehungswissenschaften und reiste herum, um über Bürgerrechte und Rassentoleranz zu sprechen. Im Jahre 1994 sprach sie in aller Öffentlichkeit über den schon lange gehegten Verdacht, Louis Farrakhan, der derzeitige Anführer der „Nation of Islam", habe die Ermordung ihres Mannes in Auftrag gegeben, und ein Jahr später wurde ihre Tochter Qubilah dabei erwischt, als sie einen Attentäter anheuerte, um Farrakhan ermorden zu lassen. Qubilah musste nicht ins Gefängnis, allerdings wurde ihr auferlegt, sich wegen Alkoholmissbrauchs und psychischen Problemen einer Behandlung zu unterziehen. Währenddessen legten Betty und Farrakhan ihre Streitigkeiten bei. Im Juni 1997 starb Betty an schweren Verbrennungen, die sie in einem Feuer erlitten hatte, das ihr zwölfjähriger Enkel, Qubilahs Sohn, gelegt hatte. Nach seinen Aussagen war er unglücklich darüber gewesen, bei seiner Großmutter leben zu müssen.

Malcolm X und Betty ruhen Seite an Seite auf dem Ferncliffe Cemetery in Hartsdale, New York.

Weg zum Friedhof: Verlassen Sie die I-87 an der Ausfahrt 7 in Ardsley und folgen Sie dann der Route 9A etwa 1 $1/4$ Meilen in Richtung Norden. Biegen Sie an der Ampel rechts auf die Secor Road ab, der Friedhof liegt ein Stück weiter auf der linken Seite.

Weg zum Grab: Nehmen Sie die dritte Einfahrt auf den Friedhof und halten Sie sich rechts. Zu Ihrer Linken liegt am oberen Ende des befestigten Weges die Sektion ‚Pinewood'. Fahren Sie etwa $3/4$ der Strecke, durch den Kreisverkehr hindurch, und halten Sie an dem schmalen Pfad zu Ihrer Linken. Die Gräber von Malcolm X und Betty Shabazz liegen von der Straße aus vier Reihen entfernt und vom Pfad aus zehn Reihen entfernt an der Markierung Nr. 150.

WIE MAN HERAUSFINDET, WER WO BEGRABEN LIEGT

Falls Ihr persönlicher Held nicht in diesem Buch aufgelistet ist und Sie seine oder ihre letzte Ruhestätte finden möchten, verzagen Sie nicht. Mit etwas Durchhaltevermögen finden Sie jedes Grab.
Als ich anfing, nach den Gräbern berühmter Menschen zu suchen, fing ich mit den naheliegendsten und amateurhaften Methoden an. Ich orderte Kopien von Totenscheinen aus weit entfernten Gerichten, durchsuchte Mikrofilme nach alten Todesanzeigen und wühlte mich durch endlose Biografien. Doch obwohl jede dieser Methoden am Anfang vielversprechend klang, kam dabei nie etwas Brauchbares heraus: In Todesanzeigen werden die Informationen über den Ort des Grabes meist völlig ausgespart; Totenscheine werden schon ausgestellt, wenn noch gar nicht klar ist, wo der Leichnam beigesetzt werden soll; und obwohl in einigen Biografien die Friedhöfe genannt werden, bleibt jedoch unklar, wo genau das Grab der betreffenden Person liegt. Ich stieß auf mehrere Bücher, die sich mit diesem Thema auseinandersetzten, allerdings waren diese hoffnungslos veraltet und oftmals fehlerhaft. Ich war zwar mithilfe der einen oder anderen Methode in der Lage, einige Friedhöfe herauszufinden, aber nicht ein einziges Mal stieß ich dabei auf präzise Wegbeschreibungen, sowohl zum Friedhof als auch zum Grab. Mir wurde klar, dass ich auf mich allein gestellt war - und ich machte mich daran, eine ganz neue Technik zu entwickeln, um die Gräber berühmter Menschen ausfindig zu machen.

Es war naheliegend, dass man Informationen über die Toten am einfachsten von den Lebenden erhält. Ich erkannte, dass jeder Tote - ob er nun begraben, eingeäschert oder in den Weltraum geschossen wurde - ein paar Hinterbliebene zurückgelassen hat. Zu dieser Gruppe gehören alle Menschen von Freunden und Verwandten über Kollegen bis hin zu Totengräbern - es sind alles Leute, die Kenntnis über den Verbleib der Verstorbenen besitzen. Also begann ich damit, diese Menschen ausfindig zu machen und sie zu befragen. Ich wurde zu einem richtigen Detektiv, und obwohl meine Befragungen manchmal für beide Seiten etwas unangenehm sein konnten, entwickelte ich schnell ein gewisses

Geschick dafür, die benötigten Informationen zu erhalten, ohne meinen Gesprächspartnern Unannehmlichkeiten zu bereiten. Ich zog es stets vor, die Familie und Freunde des Verstorbenen nur dann zu befragen, wenn es unbedingt sein musste, also begann ich meine Suche meist bei verschiedenen Bestattungsinstituten. Zuerst musste ich die Stadt herausfinden, in der die Person verstorben war, und dann rief ich die Bestattungsinstitute in der Gegend an. Selbst in größeren Städten brauchte ich meist nicht mehr als zwei Telefonate zu führen, um das richtige Bestattungsinstitut zu finden. Diese Branche ist eher klein und übersichtlich; jeder Bestattungsunternehmer wusste Bescheid darüber, wenn ein anderer in der Stadt eine Beerdigung einer berühmten Person arrangiert hatte, und konnte mich dementsprechend darüber aufklären. Mit dem nächsten Telefonanruf fand ich meist gleich die genaue Position des Grabes heraus.

Das liest sich jetzt vielleicht ganz einfach, und manchmal war es das auch, aber dennoch möchte ich Ihnen Folgendes ans Herz legen: Um durch Telefonbefragungen an den genauen Standort eines Grabes zu kommen, müssen Sie über diplomatisches Geschick und Taktgefühl verfügen, schnell denken können und starke Nerven haben. Am wichtigsten ist es jedoch, hartnäckig zu bleiben und alle Hindernisse zu überwinden. Hier sind einige Hindernisse, auf die ich während meiner Recherchen gestoßen bin und auch einige Strategien, diese zu überwinden:

Ein Bestattungsunternehmer weigert sich im Allgemeinen, die letzte Ruhestätte eines Verstorbenen preiszugeben. Die Leiter dieser Einrichtungen achten das Recht auf Privatsphäre und rücken meist nicht damit heraus, was aus einem Klienten geworden ist. Wenn dies passiert ist, habe ich später noch mal angerufen und das Gespräch mit anderen Angestellten gesucht – einem Verkäufer, dem Fahrer des Leichenwagens oder einem Sargbauer, es spielt wirklich keine Rolle, mit wem genau – und bin dabei auf einer eher persönlichen Basis vorgegangen. Manchmal ist es hilfreich, eine Liste von den Friedhöfen in der Nähe des Instituts vorliegen zu haben. Wenn sich Ihr Kontakt weigert, nähere Informationen herauszurücken, können Sie ihn am Telefon halten und vielleicht über das Ausschlussverfahren an die gewünschte Information gelangen.

Nun haben Sie den Namen des Friedhofs herausgefunden, aber es kann trotzdem sein, dass er weder in den Gelben Seiten noch im Telefonbuch aufgeführt ist. Dies passiert überraschend oft und dafür gibt es drei Gründe: Entweder wurde der Name des Friedhofs geändert, der Friedhof verfügt über keinen Telefonanschluss, da er sehr klein ist, oder der Friedhof wird von der einen oder anderen Verwaltungsbehörde geführt.

Laut Geologischem Dienst der USA gibt es in den Vereinigten Staaten etwa 115.000 Friedhöfe. Wie in jedem anderen Gewerbe gibt es hin und wieder Zusammenschlüsse und oft wurden mehrere kleine, nah beieinanderliegende Friedhöfe zu einem großen verbunden. Die kleineren Friedhöfe sind zwar immer noch unter ihren ursprünglichen Namen bekannt, aber in einem Telefonverzeichnis sind sie unter diesen nicht mehr zu finden. In einem solchen Fall sollten Sie sich an einen der größeren Friedhöfe in der Gegend wenden und dort nachfragen, ob man Ihnen die gewünschten Informationen geben kann. Viele kleinere Friedhöfe verfügen weder über einen Telefonanschluss noch beschäftigen sie Angestellte, die ständig vor Ort sind, aber nichtsdestotrotz habe ich eine ganz einfache Möglichkeit gefunden, mit den Verwaltern in Kontakt zu treten. Rufen Sie im Rathaus, bei der Feuerwehr, der Polizeistation oder einer anderen kommunalen Einrichtung an und fragen Sie nach, ob jemandem bekannt ist, wer den Friedhof verwaltet. Irgendjemand kennt sicher die betreffende Person und oft erhalten Sie gleich die gewünschte Telefonnummer. Wenn Sie klar am Namen des Friedhofs erkennen können, dass er zu einer bestimmten religiösen Einrichtung gehört, wenden Sie sich am besten direkt an die betreffende Kirche oder Synagoge. Sie finden immer jemanden, der etwas weiß, glauben Sie mir. Hartnäckigkeit ist der Schlüssel zum Erfolg.

Normalerweise weigern sich die Friedhofsverwalter, den genauen Ort eines Grabes preiszugeben. Auf kleineren Friedhöfen weiß man davon meistens nichts, aber auf den größeren Friedhöfen ist das gang und gäbe, besonders auf denen in Südkalifornien, wo viele Berühmtheiten begraben liegen. Diese Friedhöfe sind so riesig, dass es unmöglich ist, dort ein Grab zu finden, es sei denn, Sie wissen wenigstens, in welcher Sektion oder in welchem Mausoleum die Person liegt. Auch hier zahlt sich Hartnäckigkeit aus, aber auf den Friedhöfen der Forest Lawn-Memorial-Park-Kette sind die Angestellten angewiesen, der Öffentlichkeit keine Informationen über den genauen Standort der Gräber berühmter Persönlichkeiten zu geben. Hier müssen Sie ein wenig listig sein und ein Ass im Ärmel haben. Anstand beiseite, ich hatte so meine Momente.

Als ich versuchte, das Grab von George Burns zu finden, entwickelte ich ein ziemlich listiges Manöver. Ich ging einfach zur Friedhofsverwaltung des Forest Lawn Memorial Parks und fragte, wo George begraben liegt. Die Dame an der Rezeption erkannte den Namen natürlich sofort und gab mir keine Auskunft. Also fragte ich sie höflich, ob sie mir den Weg zum Grab meiner Großtante Mrs. Grace Allen weisen könne. Natürlich war meine „Tante" die berühmte Gracie Allen, Georges Frau, von der ich wusste, dass sie neben George begraben liegen würde. Mit meiner Frage erwischte ich sie auf dem falschen Fuß und sie zeichnete mir eine Karte zum Grab.

Der Friedhof in Fort Worth, Texas, auf dem Lee Harvey Oswald beerdigt wurde, hat eine strikte Weisung, die Lage seines Grabes nicht preiszugeben, jedoch war eine Angestellte so freundlich, meine Anfrage nach einem „Leonard Oswold" zu bearbeiten, der in den 60er Jahren verstorben sei. Zehn Minuten später kehrte die Dame aus dem Hinterzimmer zurück, entschuldigte sich für die lange Wartezeit und erklärte mir, sie habe keinen Eintrag unter diesem Namen finden können. Tatsächlich gäbe es nur einen Eintrag mit einem ähnlichen Namen, einen gewissen Lee Oswald, der im Jahre 1963 gestorben war. „Würden Sie sich den Grabstein gern einmal ansehen?", fragte sie mich. „Vielleicht sind ein paar Buchstaben verdreht worden oder so was." Ich stimmte zu.

Wenn all diese Methoden fehlschlagen und Sie den Standort eines Grabes partout nicht finden können, müssen Sie einen Zahn zulegen und Menschen kontaktieren, die näher an der Sache dran sind. Ich habe mit Verwandten einiger Rockstars telefoniert, E-Mails von Agenten einiger Sportler und Schauspieler erhalten und von dem Lektor eines berühmten Autors wurde mir sogar eine handgezeichnete Karte zugefaxt. Es war recht schwierig, das Grab von Gene Siskel zu finden, also rief ich vom Friedhof aus bei seinem ehemaligen Arbeitgeber, der Chicago Tribune, an. Mit ein wenig diplomatischem Geschick brachte ich einen Angestellten dazu, mich über den Friedhof zu lotsen. Er war auf Genes Beerdigung gewesen, und während er die Straßen des Friedhofs entlangfuhr, beschrieb er mir den Weg zu Genes Grab aus seiner Erinnerung. Schließlich war es sehr einfach, das Grab zu finden. Man braucht nur Kreativität und Durchhaltevermögen.

Abschließend möchte ich Sie noch daran erinnern, dass das Internet wirklich alles verändert hat. Heutzutage können eine Onlinesuche oder ein paar gut platzierte, höflich formulierte E-Mails an die richtigen Leute einige Telefonanrufe ersparen. Wenn Sie nach dem Grab einer berühmten Persönlichkeit suchen, die nicht in diesem Buch aufgelistet ist, gehen Sie zuerst auf die Internetseite www.findagrave.com. Es scheint ein Ziel des Webmasters Jim Tipton zu sein, seine Informationen mit der Welt zu teilen, und mit der Hilfe von Tausenden Besuchern seiner Internetseite hat er eine beachtliche Datenbank aufgebaut, die die letzten Ruhestätten vieler Berühmtheiten enthält. Diese Seite ist ein exzellenter Startpunkt. Einige Einträge beinhalten Sektionen und Grabnummern oder generelle Anhaltspunkte, die Ihnen dabei helfen können, das gesuchte Grab zu finden, ein paar Einträge enthalten sogar GPS-Koordinaten. Aber Sie finden dort keine genaue Wegbeschreibung zu den Gräbern – „Wo liegen sie begraben?" ist die einzige umfangreiche Quelle für solche Informationen.
Viel Glück!

Tod Benoit

INDEX DER NAMEN

Abbott, William 'Bud'	S. 23	Borchert, Wolfgang	S. 192
Adams, Douglas	S. 181	Bosch, Robert	S. 336
Adenauer, Konrad	S. 379	Brandt, Willy	S. 381
Adorno, Theodor	S. 181	Brecht, Bertolt	S. 194
Albers, Hans	S. 45	Bridges, Lloyd	S. 88
Alexandra	S. 308	Buck, Pearl S.	S. 189
Alcott, Louisa May	S. 182	Buonarotti, Michelangelo	S. 191
Armstrong, Louis	S. 309		
Astaire, Fred	S. 44	Camus, Albert	S. 197
		Candy, John	S. 89
Barrow, Clyde	S. 338	Canetti, Elias	S. 195
Barschel, Uwe	S. 337	Capone, Al	S. 341
Baum, Frank L.	S. 160	Capote, Truman	S. 197
Belushi, John	S. 150	Carpenter, Karen	S. 313
Beltz, Matthias	S. 185	Carrell, Rudi	S. 84
Benn, Gottfried	S. 186	Carstens, Karl	S. 383
Bertelsmann, Carl	S. 188	Chaplin, Charlie	S. 47
Bergman, Ingrid	S. 84	Christie, Agatha	S. 199
Bernstein, Leonard	S. 311	Clarin, Hans	S. 85
Bixby, Bill	S. 86	Cobain, Kurt	S. 13
Black, Roy	S. 311	Cody, William 'Buffalo Bill'	S. 382
Blake, William	S. 187	Cole, Nat 'King'	S. 314
Blandick, Clara	S. 161	Colvin, Douglas	
Bogart, Humphrey	S. 46	'Dee Dee Ramone'	S. 301
Böll, Heinrich	S. 193	Cooper, Gary	S. 91
Bolger, Ray	S. 162	Costello, Lou	S. 23
Bono, Sonny	S. 30	Cotta, Johann Friedrich	S. 196

Cousteau, Jacques	S. 343	Fitzgerald, Zelda	S. 204
Crane, Bob	S. 94	Fleming, Ian	S. 210
Crawford, Joan	S. 98	Flynn, Errol	S. 104
Crosby, Harry 'Bing'	S. 316	Fontane, Theodor	S. 211
Custer, General George	S. 388	Ford, Henry	S. 392
		Fossey, Dian	S. 170
Daimler, Gottlieb	S. 344	Freud, Sigmund	S. 394
Dalí, Salvador	S. 200	Friedrich, Caspar David	S. 212
Daniel, Jack	S. 346	Friedrichs, Hanns Joachim	S. 90
Darin, Bobby	S. 348	Fröbe, Gert	S. 54
Darwin, Charles	S. 389	Frost, Robert	S. 213
Davis, Bette	S. 50		
Davis, Miles	S. 319	Gable, Clark	S. 107
Davis, Sammy Jr.	S. 66	Garbo, Greta	S. 110
Dean, James	S. 100	Gardner, Ava	S. 112
Denver, John	S. 320	Garland, Judy	S. 158
Deutscher, Drafi	S. 318	Gauß, Carl Friedrich	S. 353
Diana, Prinzessin von Wales	S. 169	Gaye, Marvin	S. 291
Dickens, Charles	S. 201	George, Stefan	S. 214
Disney, Walt	S. 102	Gernhardt, Robert	S. 215
Duden, Konrad	S. 200	Gerstäcker, Friedrich	S. 216
Durante, Jimmy	S. 53	Gibb, Andy	S. 322
Dutschke, Rudi	S. 345	Gildo, Rex	S. 324
		Gillespie, Dizzy	S. 323
Edison, Thomas	S. 390	Goodman, Benny	S. 326
Einstein, Albert	S. 391	Grant, Cary	S. 114
Elliot, 'Mama' Cass	S. 294	Gründgens, Gustaf	S. 57
Emerson, Ralph Waldo	S. 184		
Ende, Michael	S. 202	Haley, Alex	S. 219
Entwistle, John	S. 305	Haley, Jack	S. 163
Epstein, Brian	S. 26	Haller, Hanne	S. 327
Erhardt, Heinz	S. 49	Hamann, Evelyn	S. 92
		Hardy, Oliver	S. 55
Fallada, Hans	S. 203	Harrison, George	S. 29
Falco	S. 321	Haughton, Aaliyah	S. 14
Feddersen, Helga	S. 87	Hawthorne, Nathaniel	S. 186
Fender, Clarence Leo	S. 290	Heine, Heinrich	S. 224
Feik, Eberhard	S. 89	Hegel, Georg Wilhelm Friedrich	S. 221
Fest, Joachim	S. 207	Hemingway, Ernest	S. 222
Fichte, Johann Gottlieb	S. 208	Hendrix, Jimi	S. 32
Fischer, O. W.	S. 52	Henson, Jim	S. 116
Fischer, Samuel	S. 209	Hepburn, Audrey	S. 118
Fitzgerald, F. Scott	S. 204	Hesse, Hermann	S. 225

Heuss, Theodor	S. 384	Lahr, Bert	S. 156
Hill, Benny	S. 120	Langenscheidt, Gustav	S. 240
Hitchcock, Alfred	S. 122	Lassalle, Ferdinand	S. 398
Hölderlin, Friedrich	S. 226	Laurel, Stan	S. 55
Holiday, Billie	S. 171	Leary, Timothy	S. 33
Holly, Buddy	S. 287	Lee, Brandon	S. 131
Hoon, Shannon	S. 15	Lee, Bruce	S. 131
Houdini, Harry	S. 348	Leibniz, Gottfried Wilhelm	S. 241
Hudson, Rock	S. 125	Leigh, Vivien	S. 134
Hughes, Howard	S. 350	Lembke, Robert	S. 103
Humperdinck, Engelbert	S. 227	Lemmon, Jack	S. 135
Hüsch, Heinz Dieter	S. 228	Lennon, John	S. 27
Hyman, Jeffrey 'Joey Ramone'	S. 300	Lessing, Gotthold Ephraim	S. 242
		Liberace	S. 354
Irving, Washington	S. 229	Lindbergh, Anne Morrow	S. 58
Jannings, Emil	S. 63	Lindbergh, Charles	S. 58
Jones, Brian	S. 293	Lindbergh, Charles Jr.	S. 58
Joplin, Janis	S. 173	Lombard, Carole	S. 107
Joyce, James	S. 230	London, Jack	S. 239
Juhnke, Harald	S. 93	Lorre, Peter	S. 72
Jürgens. Curd	S. 70	Lorentz, Lore	S. 243
		Lugosi, Bela	S. 138
Kaufmann, Andy	S. 128	Lübke, Heinrich	S. 358
Karloff, Boris	S. 127	Luxemburg, Rosa	S. 399
Kästner, Erich	S. 232		
Keller, Gottfried	S. 233	MacArthur, General Douglas	S. 403
Kempowski, Walter	S. 234	Malcolm X	S. 413
Kennedy, Jacqueline	S. 396	Mann, Heinrich	S. 245
Kennedy, John F.	S. 396	Mann, Thomas	S. 246
Kennedy, Robert	S. 396	Mansfield, Jayne	S. 140
King, Martin Luther	S. 401	Manuela	S. 329
Kiesinger, Kurt Georg	S. 355	Marley, Bob	S. 296
Klee, Paul	S. 235	Martin, Dean	S. 65
Knef, Hildegard	S. 95	Marx, Groucho	S. 62
Kneipp, Sebastian	S. 356	Marx, Karl	S. 243
Knuth, Gustav	S. 71	Matthau, Walter	S. 141
Kohl, Hannelore	S. 357	May, Karl	S. 249
Kolumbus, Christoph	S. 386	McCarthy, Joe	S. 405
Konsalik, Heinz Günther	S. 238	Meinhof, Ulrike	S. 359
Köpcke, Karl-Heinz	S. 96	Mercury, Freddie	S. 297
Krebs, Diether	S. 99	Meyer, Conrad Ferdinand	S. 250
Krüger, Pit	S. 101	Meysel, Inge	S. 105
		Michel, Anneliese	S. 360

Millowitsch, Willy	S. 106	Presley, Elvis	S. 36
Mira, Brigitte	S. 111		
Mitchell, Margaret	S. 247	Rahn, Helmut	S. 81
Möllemann, Jürgen W.	S. 361	Rau, Johannes	S. 368
Monroe, Marilyn	S. 144	Reeves, George	S. 147
Moon, Keith	S. 304	Reiser, Rio	S. 331
Moore, Dudley	S. 146	Richardson, J. P.	S. 287
Morgan, Frank	S. 164	Roddenberry, Gene	S. 148
Morrison, Jim	S. 34	Rogers, Ginger	S. 44
Moshammer, Rudolph	S. 362	Röntgen, Wilhelm Conrad	S. 369
Mozart, Wolfgang Amadeus	S. 328	Rosenthal, Hans	S. 119
Mühe, Ulrich	S. 113	Rühmann, Heinz	S. 74
Müller, Heiner	S. 251		
Murnau, F. W.	S. 73	Sagan, Carl	S. 370
Mutter Teresa	S. 175	Savalas, Telly	S. 152
		Schell, Maria	S. 121
Nannen, Henri	S. 363	Schiller, Friedrich	S. 260
Neckermann, Josef	S. 364	Schindler, Oskar	S. 408
Ness, Elliott	S. 341	Schleyer, Hanns Martin	S. 371
Newton, Helmut	S. 252	Schneider, Romy	S. 75
Nietzsche, Friedrich Wilhelm	S. 253	Scholz, Gustav	S. 82
Nitribitt, Rosemarie	S. 176	Schubert, Heinz	S. 124
Nolde, Emil	S. 254	Schulz, Charles	S. 38
Noris, Günter	S. 255	Sedlmayr, Walter	S. 126
		Selena	S. 16
Oetker, August	S. 365	Sellers, Peter	S. 41
Opel, Adam	S. 366	Senckenberg, Johann Christian	S. 372
Oppenheimer, J. Robert	S. 407	Shabazz, Betty	S. 413
Orbison, Roy	S. 298	Shakespeare, William	S. 261
Orwell, George	S. 256	Shakur, Tupac	S. 19
Oswald, Lee Harvey	S. 400	Shelley, Mary	S. 263
Ott, Edgar	S. 115	Sielmann, Heinz	S. 373
Otto, Nikolaus August	S. 366	Sinatra, Frank	S. 67
		Spiegel, Paul	S. 375
Parker, Bonnie	S. 338	Springer, Axel	S. 376
Pfitzmann, Günter	S. 117	Springfield, Dusty	S. 332
Phillips, 'Papa' John	S. 294	Stifter, Adalbert	S. 264
Phoenix, River	S. 15	Steinbeck, John	S. 265
Picasso, Pablo	S. 256	Stevenson, Robert Louis	S. 267
Pilatus, Rob	S. 330	Stewart, Jimmy	S. 153
Planck, Max	S. 367	Sutcliffe, Stuart	S. 26
Plath, Sylvia	S. 174		
Poe, Edgar Allan	S. 258	Thomalla, Georg	S. 127

Tolkien, J. R. R.	S. 269	Waechter, Fiedrich Karl	S. 280
Tolstoi, Lew	S. 270	Wallace, Christopher	
Torriani, Vico	S. 130	'Notorious B.I.G.'	S. 19
Toto	S. 165	Walter, Fritz	S. 79
Tubman, Harriet	S. 409	Warhol, Andy	S. 276
Tucholsky, Kurt	S. 268	Wayne, John	S. 154
Twain, Mark	S. 271	Welles, Orson	S. 156
		Wendl, Annemarie	S. 136
Uhse, Beate	S. 178	Wennemann, Klaus	S. 139
Ulbricht, Walter	S. 411	West, Mae	S. 157
Unseld, Siegfried	S. 273	Westphal, Gert	S. 280
Ustinov, Peter	S. 76	Wilder, Laura Ingalls	S. 279
		Williams, Hank	S. 333
Valens, Ritchie	S. 287	Williams, Tennessee	S. 281
Valentin, Karl	S. 277	Wilson, Carl	S. 285
van Beethoven, Ludwig	S. 183	Wilson, Dennis	S. 285
von Bismarck, Otto	S. 380	Wood, Natalie	S. 166
van Gogh, Vincent	S. 275	Wright, Eric 'Easy-E'	S. 18
van Goethe, Johann Wolfgang	S. 217	Wright, Orville	S. 412
Vicious, Sid	S. 301	Wright, Wilbur	S. 412
von Harbou, Thea	S. 61	Wussow, Klaus Jürgen	S. 143
von Karajan, Herbert	S. 231		
von Kleist, Heinrich	S. 236	Zappa, Frank	S. 305
von Knigge, Freiherr	S. 237		
von Preußen, König Friedrich II	S. 385		
von Siemens, Werner	S. 374		
Volkmann, Elisabeth	S. 133		

INDEX DER ORTE

Afrika
Ruanda, 171

Deutschland
Aschau im Chiemgau   S. 86
Aufkirchen   S. 75
Wörishofen   S. 356
Bad Hersfeld   S. 200
Berlin   S. 62, 74, 82, 94, 96, 112, 115, 117, 119, 144, 187, 194,
                          207, 208, 209, 212, 222, 227, 237, 240, 246, 252, 253,
                          318, 359, 368, 374, 376, 381, 399, 411
Bielefeld   S. 189, 365
Braunschweig   S. 217, 242
Bremen   S. 238, 383
Carwitz   S. 204
Dresden   S. 213
Duderstadt   S. 373
Düsseldorf   S. 178, 243, 375
Egenstedt   S. 327
Emden   S. 363
Essen   S. 82, 99
Frankfurt   S. 102, 181, 185, 216, 273, 280, 364, 372
Fresenhagen   S. 331
Friedrichsruh   S. 380
Gießen   S. 389
Glücksburg   S. 179
Göttingen   S. 367

Gyhum	S. 235
Hamburg	S. 50, 57, 91, 93, 97, 106, 193
Hannover	S. 241
Icking	S. 54
Kaiserslautern	S. 80
Kempfenhausen	S. 46
Kerpen	S. 255
Klingenberg	S. 360
Köln	S. 107, 239, 366
Ludwigshafen	S. 357
Merten	S. 193
Moers	S. 229
Mölln	S. 337
München	S. 104, 126, 128, 134, 137, 203, 233, 277, 308, 324, 330, 362
Münster	S. 361
Oberried	S. 89
Oer-Erkenschwick	S. 140
Potsdam	S. 385
Radebeul	S. 250
Rhöndorf	S. 379
Röcken	S. 254
Rüsselsheim	S. 366
Seebüll	S. 254
Strassberg	S. 311
Stuttgart	S. 88, 196, 251, 336, 372, 384
Sundern	S. 358
Syke	S. 85
Sylt	S. 124
Tübingen	S. 227
Walbeck	S. 114
Weimar	S. 218, 261

England	
Blackboys	S. 135
Bournemouth	S. 263
Cholsey	S. 200
Golders Green	S. 41
Guildford	S. 127
Heptonstall	S. 175
Kensal Green	S. 297
Liverpool	S. 26, 27, 28
London	S. 170, 188, 202, 244, 304, 389, 243

Northampton	S. 170
Prestbury	S. 293
Rochester	S. 202
Sevenhampton	S. 211
Shirley	S. 120
Stow-on-the-Wold	S. 305
Stratford upon Avon	S. 262
Sutton Courtenay	S. 256
Wolvercote	S. 270

Frankreich
Auvers-sur-Oise	S. 275
Boissy-sans-Avoir	S. 76
Lourmarin	S. 197
Paris	S. 35, 225
Saint-André-de-Czubac	S. 343
Vauvenargues	S. 257

Indien
Kalkutta	S. 176
Yamuna (Fluss)	S. 29

Israel
Jerusalem	S. 408

Italien
Florenz	S. 192
Rom	S. 264

Jamaika
Nine Mile	S. 296

Österreich
Linz	S. 265
Preitenegg	S. 122
Salzburg	S. 328
St. Wolfgang	S. 64
Wien	S. 70, 184, 321

Polen
Breslau   S. 398

Russland
Jasnaja Poljana   S. 270

Samoa
Apia   S. 267

Schweden
Mariefred   S. 269
Stockholm   S. 84, 111

Schweiz
Anif   S. 232
Bern   S. 236
Corsier-sur-Vevey   S. 49
Fluntern   S. 195, 231
Genfer See   S. 47
Kilchberg   S. 247, 251, 280
Locarno   S. 215, 226
Lugano   S. 53, 130
Salzburg
Tolochenaz   S. 118
Waadt   S. 77
Zürich   S. 71, 234

Spanien
Figueras   S. 201
Ronda   S. 156
Sevilla   S. 386

USA
Alabama
Montgomery   S. 333

Colorado
Aspen   S. 320
Golden   S. 382

Connecticut
Stamford   S. 326

Florida
Gainesville   S. 16

Georgia
Atlanta   S. 248, 401

Hawaii
Hana   S. 87
Kipahulu   S. 60

Idaho
Ketchum   S. 223

Illinois
Hillside   S. 341
River Grove   S. 150

Indiana
Fairmount   S. 101

Kalifornien
Altadena   S. 148
Cathedral City   S. 31, 68, 125, 294
Chatsworth   S. 44, 95
Corona del Mar   S. 155
Culver City   S. 53, 90, 138, 162, 163, 316
Cypress   S. 313
Glendale   S. 47, 63, 67, 103, 105, 109, 153, 160, 161, 314
Glen Ellen   S. 230
Hollywood   S. 73, 166, 294, 301,
Hollywood Hills   S. 52, 56, 152, 322
Los Angeles   S. 167, 198, 298, 305
Marin County   S. 173
Mission Hills   S. 62, 287
Nord Hollywood   S. 55
Salinas   S. 266

Santa Ana	S. 290
Santa Monica	S. 65, 95, 136, 142, 146, 285
Sebastopol	S. 40
Whittier	S. 18
Maryland	
Baltimore	S. 259, 260
Rockville	S. 206
Massachussets	
Chilmark	S. 151
Concord	S. 182, 186
Michigan	
Dearborn	S. 390
Detroit	S. 392
Missouri	
Mansfield	S. 279
St Louis	S. 281
Montana	
Crow Agency	S. 388
New Jersey	
Delaware (Fluss)	S. 391
Lyndhurst	S. 300
Scotch Plains	S. 147
West Orange	S. 390
New Mexico	
Santa Fe	S. 116
New York	
Auburn	S. 409
Bronx	S. 172, 319
Brooklyn	S. 157, 165, 311
Elmira	S. 271
Elmont	S. 129
Hartsdale	S. 14, 98, 159, 413
Ithaca	S. 370
Long Island	S. 92
New York	S. 388

Sleepy Hollow/
North Tarrytown   S. 230
Queens   S. 164, 309, 323

North Carolina
Smithfield   S. 113

Ohio
Dayton   S. 15, 412

Pennsylvania
Dublin   S. 190
Castle Shannon   S. 276
Pen Argyl   S. 140

Tennessee
Henning   S. 220
Lynchburg   S. 346
Memphis   S. 38

Texas
Beaumont   S. 297
Corpus Christy   S. 17
Houston   S. 350
Dallas   S. 338
Lubbock   S. 287

Vermont
Bennington   S. 214

Virginia
Arlington   S. 394
Norfolk   S. 402

Virgin Islands   S. 407

Washington
Renton   S. 32
Seattle   S. 132

Wisconsin
Appleton   S. 405